李中華　注譯
黃志民　校閱

新譯抱朴子（上）

三民書局

國家圖書館出版品預行編目資料

新譯抱朴子／李中華注譯;黃志民校閱.－－二版三刷.－－臺北市：三民，2023
面；　公分.－－(古籍今注新譯叢書)

ISBN 978-957-14-2174-2（上冊:平裝）
ISBN 978-957-14-2463-7（下冊:平裝）
1.抱朴子－注釋

123.42

古籍今注新譯叢書

新譯抱朴子（上）

注譯者　李中華
校閱者　黃志民

發行人　劉振強
出版者　三民書局股份有限公司
地　址　臺北市復興北路 386 號（復北門市）
　　　　臺北市重慶南路一段 61 號（重南門市）
電　話　(02)25006600
網　址　三民網路書店 https://www.sanmin.com.tw

出版日期　初版一刷 1996 年 4 月
　　　　　二版一刷 2013 年 5 月
　　　　　二版三刷 2023 年 3 月
書籍編號　S031220
ISBN　978-957-14-2174-2

刊印古籍今注新譯叢書緣起

劉振強

人類歷史發展，每至偏執一端，往而不返的關頭，總有一股新興的反本運動繼起，要求回顧過往的源頭，從中汲取新生的創造力量。孔子所謂的述而不作，溫故知新，以及西方文藝復興所強調的再生精神，都體現了創造源頭這股日新不竭的力量。古典之所以重要，古籍之所以不可不讀，正在這層尋本與啟示的意義上。處於現代世界而倡言讀古書，並不是迷信傳統，更不是故步自封；而是當我們愈懂得聆聽來自根源的聲音，我們就愈懂得如何向歷史追問，也就愈能夠清醒正對當世的苦厄。要擴大心量，冥契古今心靈，會通宇宙精神，不能不由學會讀古書這一層根本的工夫做起。

基於這樣的想法，本局自草創以來，即懷著注譯傳統重要典籍的理想，由第一部的四書做起，希望藉由文字障礙的掃除，幫助有心的讀者，打開禁錮於古老話語中的豐沛寶藏。我們工作的原則是「兼取諸家，直注明解」。一方面熔鑄眾說，擇善而從；一方面也力求明白可喻，達到學術普及化的要求。叢書自陸續出刊以來，頗受各界的喜愛，使我們得到很大的鼓勵，也有信心繼續推廣這項工作。隨著海峽兩岸的交流，我們注譯的成員，也由臺灣各大學的教授，擴及大陸各有專長的學者。陣容的充實，使我們有更多的資源，整理更多樣化的古籍。兼採經、史、子、集四部的要典，重拾對通才器識的重視，將是我們進一步工作的目標。

古籍的注譯，固然是一件繁難的工作，但其實也只是整個工作的開端而已，最後的完成與意義的賦予，全賴讀者的閱讀與自得自證。我們期望這項工作能有助於為世界文化的未來匯流，注入一股源頭活水；也希望各界博雅君子不吝指正，讓我們的步伐能夠更堅穩地走下去。

新譯抱朴子 目次

刊印古籍今注新譯叢書緣起
導讀：論葛洪及其《抱朴子》

上冊

內篇

抱朴子內篇序……三
卷一 暢 玄……七
卷二 論 仙……一八
卷三 對 俗……五六

卷四 金丹……八二
卷五 至理……一二八
卷六 微旨……一五〇
卷七 塞難……一七六
卷八 釋滯……一九五
卷九 道意……二二一
卷一〇 明本……二四四
卷一一 仙藥……二六四
卷一二 辨問……三〇二
卷一三 極言……三二二
卷一四 勤求……三四四
卷一五 雜應……三六八
卷一六 黃白……三九六
卷一七 登涉……四二一
卷一八 地真……四六〇
卷一九 遐覽……四七六
卷二〇 祛惑……四九七

下冊

外篇

卷一 嘉遯……五一七
卷二 逸民……五四二
卷三 勖學……五六九
卷四 崇教……五八四
卷五 君道……五九五
卷六 臣節……六二〇
卷七 良規……六三〇
卷八 時難……六四〇
卷九 官理……六四四
卷一〇 務正……六四七
卷一一 貴賢……六五〇
卷一二 任能……六五四
卷一三 欽士……六五八

卷一四 用刑……六六二
卷一五 審舉……六八六
卷一六 交際……七〇六
卷一七 備闕……七二五
卷一八 擢才……七二九
卷一九 任命……七三六
卷二〇 名實……七四七
卷二一 清鑒……七六〇
卷二二 行品……七七〇
卷二三 弭訟……七八七
卷二四 酒誡……七九四
卷二五 疾謬……八一二
卷二六 譏惑……八三七
卷二七 刺驕……八四五
卷二八 百里……八五九
卷二九 接疏……八六五
卷三〇 鈞世……八六八

卷三一 省煩……八七六
卷三二 尚博……八八四
卷三三 漢過……八九六
卷三四 吳失……九〇四
卷三五 守塉……九一六
卷三六 安貧……九二六
卷三七 仁明……九三八
卷三八 博喻……九四七
卷三九 廣譬……一〇一〇
卷四〇 辭義……一〇六六
卷四一 循本……一〇七二
卷四二 應嘲……一〇七五
卷四三 喻蔽……一〇八二
卷四四 百家……一〇九〇
卷四五 文行……一〇九四
卷四六 正郭……一〇九九
卷四七 彈禰……一一一三

卷四八 詰鮑……………………一一二一
卷四九 知止……………………一一五七
卷四九 窮達……………………一一七〇
卷四九 重言……………………一一七七
卷五〇 自敘……………………一一八三

導讀：論葛洪及其《抱朴子》

葛洪，字稚川，號抱朴子，晉丹陽郡句容縣（今屬江蘇省）人。他是晉代著名的學者，其思想與著作在中國道教史、哲學史、文學批評史以及科學發展史上都佔有重要的地位。而他的學術觀點及論述，則主要保存在他的《抱朴子》內、外篇中。

為了透徹地把握葛洪的思想及學說的脈絡，有必要先對他所處的時代作一宏觀的闡說，並概述他的人生態度及生平履歷。

壹、時代與生平

一、從短暫統一走向動亂的西晉政局

葛洪所處的時代，是中國社會由短暫統一又走向分裂的時代，也是社會最動盪、政治最黑暗、民族災難最深重的時期之一。

西元二六五年，司馬炎代魏稱帝，即晉武帝。十五年後，晉滅吳國。經歷漢末大亂、三國鼎立而形成的混亂分裂的局面暫時宣告結束，中國又歸於統一。然而好景不常，史載晉武帝自太康以後，不復留心朝政，而是沈耽酒色，寵幸后黨，請謁公行。因而在晉武帝於太熙元年（西元二九〇年）死後，一場

激烈的權力爭奪所引發的宮廷鬥爭立即便爆發了。

這場權力爭奪首先在外戚楊氏與賈后之間展開。外戚楊駿是武帝之后楊氏的父親，其為人專權自恣而又平庸無能。當晉武帝病重時，他趁機安插私人，樹立心腹，又擅自藏匿晉武帝命汝南王司馬亮與楊駿共同輔政的詔書，改由楊駿單獨輔政。晉惠帝元康元年（西元二九一年），賈后聯絡楚王司馬瑋，殺楊駿及其兄弟黨羽，皆夷三族，死者數千人，又廢黜楊駿之女楊太后。改命汝南王司馬亮為太宰，與太保衛瓘共同輔政。未久，賈后又令楚王司馬瑋殺司馬亮與衛瓘，隨後賈后又以矯詔的罪名殺司馬瑋。元康二年，逼死楊太后。元康九年，賈后設計陷害愍懷太子，次年又殺太子於許昌。永康元年（西元三〇〇年），趙王司馬倫、齊王司馬冏殺賈后。司馬倫專斷朝政，自封相國、侍中、都督中外諸軍事。淮南王司馬允興兵討伐司馬倫，被害，遭夷滅者數千人。永寧元年（西元三〇一年），司馬倫遷惠帝於金墉城，自立為帝。齊王司馬冏、成都王司馬穎、常山王司馬乂興兵討伐，殺司馬倫。太安元年（西元三〇二年），司馬穎、司馬乂又殺司馬冏。此後的幾年間，是諸王間的大廝殺、大混戰，諸王相繼敗亡，惠帝被毒死。這場主要在晉王室內部展開的極其凶惡殘忍的大屠殺歷時十六年，史稱「八王之亂」。

八王之亂爆發時，葛洪十八歲，正好步入他的青年時期。建興四年（西元三一六年），葛洪三十四歲，漢劉曜攻陷長安，愍帝出降，西晉宣告滅亡。次年，司馬睿在建康稱帝，即晉元帝。這一時期，正是葛洪關注社會、探索人生的時期，也正是他撰寫《抱朴子》的時期。因此，這場發生於中世紀的大殘殺、大動亂、大破壞、大苦難對於葛洪的身世經歷、思想以及《抱朴子》的寫作自然地產生了極其深遠的影響。

二、動亂世道的抱朴之士

葛洪出生於江南的士族家庭。他的祖父葛系（一作奚），曾仕吳，歷任海鹽、臨安、山陰三縣宰，入為吏部侍郎、御史中丞、盧陵太守、吏部尚書、太子少傅、中書、大鴻臚、侍中、光祿勳、輔吳將軍，封吳壽縣侯。《抱朴子・自敘》說他「學無不涉，究測精微。文藝之高，一時莫倫，有經國之才」。葛洪的父親葛悌，亦曾仕吳為建城、南昌二縣令、中書郎、廷尉、平中護軍，拜會稽太守。吳國滅亡後，又仕於晉，歷任郎中、大中大夫、大中正、肥鄉令、吳王郎中令等職，遷邵陵太守，卒於任所。葛悌為官清正，廉潔無私。

葛洪出生，大約在晉武帝太康三年。當十三歲時，他的父親去世，家道從此衰落。又因為多次遭遇兵燹，家中收藏的典籍蕩然無存，葛洪只能向別人借書來讀。有時還要親自砍柴，賣後換回紙筆。晚上便在燈火下抄書。十六歲時，才開始讀《孝經》、《論語》、《詩經》、《周易》等書。

葛洪是一個性格內向而堅毅執著的人。他在〈自敘〉中說自己「性鈍口訥，形貌醜陋」，「期於守常，不隨世變」，「不喜博戲，寡所玩好，不善交往，不慕權貴」，「不得其人，終日默然」。因此，家鄉的人們稱他為「抱朴之士」。在〈吳失〉中又曾引用左慈的話說：「我生不辰，弗先弗後，將見吳土之化為晉域、南民之變成北隸也。」這一段話，可以認為道出了葛洪內心隱祕的悲哀。當時吳亡未久，吳地的士大夫被中原人士視為「亡國之餘」（《世說新語・言語》），受到歧視，政治上難以取得成功。這使得葛洪從少年時代起，就選定了隱逸著述作為他的人生目標。他曾說：「洪少有定志，決不出身。每覽巢、許、子州、北人、石戶、二姜、兩袁、法真、子龍之傳，嘗廢書前席，慕其為人。念精治五經，著一部子書，令後世知其為文儒而已。」（〈自敘〉）

三、儒道雙修的人生軌跡

葛洪實際的人生道路並不如他所設想的那樣簡單。太安二年（西元三〇三年），義陽張昌舉兵起事，攻破郡縣。其別帥石冰率眾攻破江州、揚州，戰火蔓延到了葛洪的家鄉一帶。此時，吳興太守顧祕任義軍大都督，召葛洪為將兵都尉。葛洪於是在家鄉募合數百人參戰，在戰鬥中立下功績，被顧祕加封為伏波將軍。這是年輕的葛洪首次展現用世的才能。

石冰亂平，葛洪欲往洛陽廣尋異書。然而此時的中原，已是晉室諸王拼殺的戰場。北去的道路不通，而江東又有陳敏之亂，歸鄉的道路受到阻隔。葛洪因而顛沛於徐、豫、荊、襄諸州之間。正當此時，他的友人嵇含被朝廷任命為廣州刺史，邀他出任參軍之職。葛洪接受邀請，先期到達廣州。不料嵇含卻在襄陽遭人殺害，葛洪於是滯留廣州數年。這是他的一次沒有成功的仕途經歷。

建興三年（西元三一五年），琅邪王司馬睿為丞相、大都督，葛洪被薦名為掾屬。太興元年（西元三一八年），葛洪因為先前討伐石冰的功績而被賜爵關中侯，食句容之邑二百戶。不過這種封賞名義上的價值乃大於實際。一直到東晉成帝咸和初年（西元三二六年），因遭遇饑荒，葛洪家境困難，司徒王導乃召補葛洪為州主簿，轉司徒掾，遷諮議參軍。在此之前，葛洪並未擔任具體的職事。

此時的葛洪，仍過著半官半隱的生活。友人干寶向朝廷推薦他「才堪國史」，被選為散騎常侍、領大著作，他固辭不就。由於對現實的完全絕望，加上漸近老年，他的精神寄託也完全轉到養生修煉上。他聽說交趾出產丹砂，便要求出任所屬的句漏縣令。朝廷說他的資歷崇高而不批准，他解釋說「非欲為榮，以有丹耳」。待朝廷同意後，他便攜帶子侄南下。

葛洪途經廣州時，受到刺史鄧嶽盛情的挽留。他於是停留在廣州附近的羅浮山，隱居煉丹。鄧嶽曾經上表朝廷任命葛洪為東官太守，又辭不就。葛洪在羅浮山，一直到生命的結束。

考察葛洪一生的經歷，可知他既有著治世的理想，絕非忘懷於世事；又醉心於修煉長生術，嚮往著一旦飛升成仙。前期的抱負重在著書立說，希望以著述補助社會的教化。後期乃傾心於神仙，幻想藉丹藥以脫離塵世。他在〈金丹〉之末說：

> 予忝大臣之子孫，雖才不足以經國理物，然疇類之好，進趍之業，而所知不能遠余者，多揮翮雲漢、耀景辰霄者矣。余所以絕慶弔於鄉黨、棄當世之榮華者，必欲遠登名山，成所著子書，次則合神藥、規長生故也。

可知葛洪的人生理想，首在著作子書，次則合丹藥，求長生。所以在完成「子書」的創作之後，他便將主要的精力轉移到修煉神仙長生術上了。

四、金丹傳承與葛洪之死

在道教系統中，葛洪屬於丹鼎派。葛洪所著《神仙傳》載道士合煉金丹得以長生的事例甚多。如馬鳴生得《太清神丹經》三卷，入山合藥，但服半劑，乃為地仙，遊於九州五百餘年，然後白日升天而去。馬鳴生以丹經傳陰長生，陰長生亦煉丹成功，大作黃金數十萬斤，布施天下窮人。陰長生在世一百七十年，而色如童子，最後也白日升天而去。又如張道陵得《黃帝九鼎丹經》，丹成服之，與弟子趙昇、王長皆白日升天，沒於雲霄。又如淮南王劉安合鼎藥成，骨肉三百餘人同日升天，連雞犬舐藥器者亦同時飛去。在當時，金丹被視為是最神妙、最有靈驗之仙藥。

關於金丹術之傳承，葛洪在〈金丹〉中曰：

> 昔左元放於天柱山中精思積久，而神人授之金丹仙經。會漢末大亂，不遑合作，而避地來渡江東，志欲投名山以修斯道。余從祖仙公又從元放受之，凡受《太清丹經》三卷及《九鼎丹經》一卷、《金液丹經》一卷。余師鄭君者，則余從祖仙公之弟子也，又於從祖受之，而家貧無用買藥。余親事之，灑掃積久，乃於馬迹山中立壇盟受之，並具諸口訣之不書者。江東先無此書，書出於左元放，元放以授余

從祖，從祖以授鄭君，鄭君以授余，故他道士了無知者也。

左元放即左慈，江東著名之道士。余從祖即葛玄，號為仙公。鄭君即鄭隱，字思遠，本儒士，晚年由儒入道，是一個儒道兼修的學者。太安元年（西元三〇二年），預知天下將大亂，帶領入室弟子，東投霍山而去，不知所終。因為仙術最講究授受有緒，所以葛洪歷歷述之如此。又據《晉書・葛洪傳》載曰：

（葛洪）後師事南海太守上黨鮑玄。玄亦內學，逆占將來。見洪深重之，以女妻洪。洪傳玄業，兼綜練醫術。凡所著撰，皆精覈是非，而才章富贍。

所云鮑玄即鮑靚，字太玄，也是西晉著名的道士。據史書記載，他學兼內外，明天文、《河》《洛》之書。又傳說他曾見仙人陰長生，獲其道訣。又據《雲笈七籤》載：鮑靚曾師左慈，受中部法及《三皇經》、《五嶽真形圖》，能役使鬼神，封山制魔，行之神驗。

總結以上記述，可知葛洪師承關係如下：

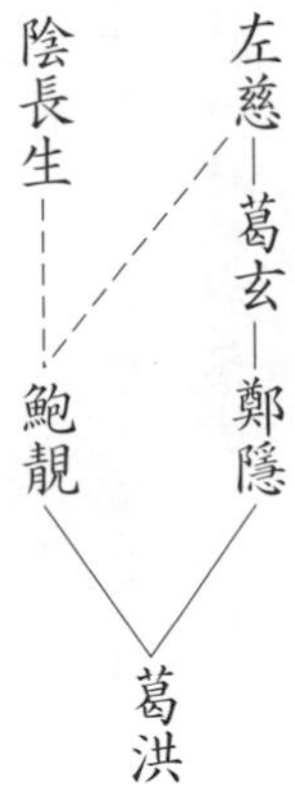

葛洪的志向，是要廣泛地搜集當時的神仙方術，以進行理論的總結與實踐的探索。葛洪晚年在羅浮山煉丹，同時「優遊閒養，著作不輟」。臨死前寄函廣州刺史鄧嶽曰：「當遠行尋師，剋期便發。」鄧嶽匆忙前往，而葛洪已「坐至日中，兀然若睡而卒」。世人傳說他是尸解成仙了。

葛洪的年壽有二說：一曰六十一歲而卒，一曰活到了八十一歲。

貳、外篇：對於社會人事的評說

《抱朴子》外篇五十卷，共五十二篇。從內容上劃分，有關於社會政治的論述，如〈君道〉、〈臣節〉、〈良規〉、〈用刑〉、〈百里〉等篇；有對於民間風俗的批評，如〈弭訟〉、〈酒誡〉、〈疾謬〉、〈譏惑〉、〈刺驕〉等篇；有論述歷史、評價人物的，如〈漢過〉、〈吳失〉、〈正郭〉、〈彈禰〉等篇；有表明人格理想的，如〈嘉遯〉、〈逸民〉、〈守塉〉、〈安貧〉、〈知止〉、〈重言〉等篇；也有對於文學及其他學術的評論，如〈鈞世〉、〈尚博〉、〈百家〉、〈文行〉、〈辭義〉、〈仁明〉等篇；還有演連珠體的文章匯集，即〈博喻〉、〈廣譬〉兩篇。

總的來看，《抱朴子》外篇所展示的社會理想深受儒家的影響。他在首篇〈嘉遯〉中提出「興儒教以救微言之絕」，在〈崇教〉中提出「競尚儒術，撙節藝文，釋老莊之不急，精六經之正道」，都是儒家思想的明白宣示。其實際的表現則是對於聖君賢臣政治的提倡、對於禮制教化的重視以及對於世俗頹弊不良風氣的嚴厲批判。

一、對於聖君賢臣政治的嚮往與提倡

葛洪所處的時代，政治的崩壞達到無以復加的地步。君王昏庸，大臣橫暴，上下驕奢，朝綱不振，賴以維繫君臣倫理的原則幾乎全部被破壞、遭褻瀆了。史載晉軍滅吳後，大臣王渾與王濬在朝廷爭功，晉武帝不能判決其是非。中護軍散騎常侍羊琇恃寵驕侈，犯罪當死，朝臣劉毅上書彈劾，晉武帝竟派人

去向劉毅求情。劉毅又曾當面批評晉武帝像漢末的桓帝、靈帝，晉武帝曰：「何至於此？」劉毅對曰：「桓、靈賣官，錢入官庫；陛下賣官，錢入私門。以此言之，殆不如也。」晉武帝又私助王愷與石崇競賽奢侈豪華。這些典型的事例，都表明朝綱廢弛、道德頹靡的嚴重。晉惠帝昏庸無知，是歷史上有名的白癡。至於賈后對待楊太后手段的殘暴，更是滅絕倫理、不堪言說了。

所以，葛洪對於君臣政治理想的闡說，可說是針對時代而發的。概而言之，葛洪要求君主勤修道德、戒除荒淫、博納善言、親近賢者、嚴明法制、愛護百姓，要總攬朝政，內則和睦宗親，外則招徠多士，不能造成枝大傷本、尾大不掉之勢。要求臣下秉持公心、謙虛謹慎，不辭辛苦、貢獻勞績，忠君守節、至死不渝。其〈臣節〉曰：

> 臣喻股肱，則手足也。履冰執熱，不得辭焉。是以古人方之於地，掘之則出水泉，樹之則秀百穀。生者立焉，死者入焉。功多而不望賞，勞瘁而不敢怨。

這就明確地要求臣下對待君主與國家要竭盡忠誠，任勞任怨，要像土地一樣承受並擔當一切的勞作與重負。

外篇特別撰有〈良規〉一篇，警告朝中權臣不得壟斷朝政，更不能妄行廢立之事。這顯然是針對八王之亂中的政局反覆而發的。八王之亂中，諸王相繼攻伐，帝位如同虛設，趙王司馬倫甚至廢黜惠帝而自立。面對這種混亂的朝局，葛洪認為即使朝廷中出了壞人，也不能隨意貶黜舊君。〈良規〉曰：

> 若有姦佞翼成驕亂，若桀之干辛、推哆，紂之崇侯、惡來，厲之黨也，改置忠良，不亦易乎！除君側之眾惡，流凶族於四裔。擁兵持壇，直道守法。嚴操柯斧，正色拱繩。明賞必罰，有犯無赦。官賢任

能，唯忠是與。事無專擅，請而後行。君有違謬，據理正諫。戰戰兢兢，不忘恭敬。使社稷永安於上，己身無患於下。功成不處，乞骸告退。高選忠能，進以自代。不亦綽有餘裕乎？何必奪至尊之璽紱，危所奉之見主哉！

簡而言之，葛洪要求握有重權的大臣忠君、守法、讓賢，使國家政治盡快走上良性發展的道路。這表明了他對於朝廷政局的期望。他還感嘆說：如果「許廢立之事，開不道之端，下陵上替，難以訓矣！」現實的事態證明葛洪的憂慮並不是多餘的。

二、對於世俗頹弊風氣的批評

晉世風俗大壞，推究本源，在於君王的腐朽、官員人格的喪失與社會倫理的廢弛。晉武帝好色，泰始九年詔選公卿以下女子入宮，採擇未畢，禁止天下嫁娶。十年又詔取良家及下級將吏之女五千人入宮，太康二年，又選孫皓之宮女五千人入宮，自此晉掖廷宮女超過萬人。晉武帝在後宮，常乘羊車，恣其所之。宮女則競取竹葉插戶，以鹽汁灑地，而招引帝車。君王的荒淫，為大臣們提供了榜樣。當時朝臣驕縱淫逸，競尚奢侈，成為了風氣。《晉書・五行志》曰：

武帝初，何曾薄太官御膳，自取私食。子劭又過之，而王愷又過劭。王愷、羊琇之儔，盛致聲色，窮珍極麗。至元康中，夸恣成俗，轉相高尚。石崇之侈，遂兼王、何而儷人主矣。

據《世說新語・汰侈》載：王濟、王愷、石崇奢靡浪費，乃至以人乳餵養小豬、以婢女侍廁、作錦布障達數十里。又載石崇與王愷爭豪鬥富，並窮極綺麗，晉武帝每助王愷，亦不能勝。所以車騎司馬傅咸上書朝廷，說「奢侈之費，甚於天災」。

更有甚者，在於官僚貴族以公開的搶劫作為致富的途徑。據王隱《晉書》曰：「石崇為荊州刺史，劫奪殺人，以致巨富。」又據《世說新語．任誕》，祖逖之門客出外搶劫，祖逖則加以保護。官員道德之敗壞，社會倫理之喪失，僅此一端亦可想見大概了。

由於上層官僚不擇手段地掠奪、聚斂財富，以滿足其窮侈極欲的耗費需要，使得社會風氣遭到嚴重的敗壞。潘尼〈安身論〉形容道：

人人自私，家家有欲。眾欲並爭，群私交伐。爭則亂之萌也，伐則怨之府也。怨亂既搆，危害及之。得不懼乎？然棄本要末之徒，知進忘退之士，莫不飾才銳智，抽鋒擢穎，傾側乎勢利之交，馳騁乎當途之務。朝有彈冠之朋，野有結綬之友。黨與熾於前，榮名扇其後。握權則赴者鱗集，失寵則散者瓦解。求利則託刎頸之懽，爭路則搆刻骨之隙。於是浮偽波騰，曲辯雲沸，……風頹於上，俗弊於下。

這就是晉世的現實：人人都懷著自私的欲望，大家都去趨附爭奪，爭錢財、爭利祿、爭權勢。為此可以結成刎頸之好，也可以結下刻骨之仇。文化理性喪失了，道德良知沈淪了。這種世風頹弊的另一表現是：士人崇尚放達，而不守節操。正如裴頠〈崇有論〉所指出的：「立言藉於虛無，謂之玄妙；處官不親所司，謂之雅遠；奉身散其廉操，謂之曠達。故砥礪之風，彌以陵遲。」因而晉世的禮法與秩序全面的崩壞。

葛洪在〈疾謬〉中形容道：

世故繼有，禮教漸積。敬讓莫崇，傲慢成俗。儔類飲會，或蹲或踞。暑夏之月，露首袒體。盛務唯在摴蒱彈棋，所論極於聲色之間。舉足不離綺繻紈袴之側，游步不去勢利酒客之門。不聞清談講道之言，專以醜辭嘲弄為先。以如此者為高遠，以不爾者為騃野。於是馳逐之庸民，偶俗之近人，慕之者猶宵蟲之赴明燭，學之者猶輕毛之應飆風。

這一段批評大體包括四個方面：一是不崇敬讓，二是不講禮儀，三是極於聲色遊樂，四是以醜言相嘲戲。關鍵在於違背了禮教，不務正業。葛洪對於社會上醉酒放誕之風尤其不滿，專門寫了〈酒誡〉對這種風氣加以猛烈的批評。

在〈刺驕〉中，作者寫道：

今為犯禮之行，而不喜聞「遄死」之譏，是負豕而憎人說其臭，投泥而諱人言其污也。昔辛有見被髮而祭者，知戎之將熾。余觀懷、愍之世，俗尚驕褻，夷虜自遇。其後羌胡猾夏，侵掠上京，及悟斯事乃先著之妖怪也。

將風俗的盛衰與國家的興亡聯繫在一起，乃至於認為朝局的混亂、中原的淪陷都是由於風俗頹壞所致。這表現了葛洪對於風俗教化的重視。干寶在〈晉紀總論〉中亦曰：「禮法刑政，於此大壞。如室斯構，而去其鑿契。如水斯積，而決其堤防。如火斯畜，而離其薪燎也。國之將亡，本必先顛。其此之謂乎？」葛洪與干寶之論，是完全相通的。

三、提倡尊重並任用賢者

尊賢、尚賢，是我國古代一貫的傳統。《尚書・大禹謨》曰：「野無遺賢，萬邦咸寧。」《說苑・尊賢》曰：「人君之欲平治天下而垂榮名者，必尊賢而下士。……夫朝無賢人，猶鴻鵠之無羽翼也。」葛洪繼承了這一思想，他在《抱朴子》外篇中，用大量的篇幅闡述了人才對於國家的重要，反覆告誡當權者要認真識別、選拔、任用人才。〈貴賢〉曰：

舍輕艘而涉無涯者，不見其必濟也；無良輔而羨隆平者，未聞其有成也。鴻鸞之凌虛者，六翮之力也；淵虯之天飛者，雲霧之偕也。故招賢用才者，人主之要務也；立功立事者，髦俊之所思也。

這是說治理國家達於教化的興隆離不開賢者，而賢者也希望能報效國家。所以察舉、選用人才，是君主首要的大事。

然而在實際上，賢者得遇明主的機會是很少的。葛洪分析其中的原因，首先是君主荒於淫樂，無意求賢。〈貴賢〉又曰：

患於生乎深宮之中、長乎婦人之手，不識稼穡之艱難，不知憂懼之何理。承家繼體，蔽乎崇替。所急在乎侈靡，至務在乎游宴。般于畋獵，湎于酣樂。聞淫聲則驚聽，見豔色則改視。役聰用明，止此二事。鑒澄人物，不以經神。唯識玩弄可以悅心志，不知奇士可以安社稷。

君主自幼不知世事艱難，長大之後又唯以沈醉遊宴為樂，哪裡能有心思求賢呢？加上賢者立身正直，有堅定不拔的節操，不肯侍候逢迎權貴，而世俗之士則是鑽營攀附，以財物賄賂，因而賢者不易為朝廷所知，亦不為當權者所用。朝廷大臣出以私心，對於秉公正直者感到畏懼，對於以私利相合者感到親近，他們「所舉皆在乎附己者也，所薦者先乎利己者也」（〈名實〉）。葛洪因而在〈勖學〉中感嘆道：

世道多難，儒教淪喪。文、武之軌，將遂凋墜。或沈溺於聲色之中，或驅馳於競逐之路。孤貧而精六蓺者，以游、夏之資而抑頓乎九泉之下。因風而附鳳翼者，以駑庸之質猶迴遑乎霞霄之表。舍本逐末者，謂之勤修庶幾；擁經求己者，謂之陸沈迂闊。……此川上所以無人，〈子衿〉之所為作，愍俗者所以痛心而長慨，憂道者所以含悲而頹思也。

所以，葛洪特別強調要選用出身疏賤而有真才實學之士。他在〈接疏〉中寫道：

若以沈抑而可忽乎，則姜公不用於周矣；若以疏賤而可距乎，則毛生不貴乎趙矣；若積素行乃託政，則甯戚不顯於齊矣；若貴宿名而委任，則陳韓不錄於漢矣。

這是說任用官員不能看其出身門第的尊卑與聲名的大小，而要看其實際的才能，否則就會埋沒人才。〈備闕〉曰：

淮陰，良將之元也，而不能修農商、免飢寒。周勃，社稷之骾也，而不能答錢穀、責獄辭。若以所短棄所長，則逸儕拔萃之才不用矣。責具體而論細禮，則匡世濟民之勳不著矣。

這是說選用人才要不拘一格，不可因小失大。

四、對於前朝歷史教訓的總結與批評

《抱朴子》外篇用了大量的篇幅，對於漢末社會的弊病進行了分析；概括地說，有以下三方面。

首先是宦官、外戚的專權，造成朝廷所用非人、朋黨比周的局面，使得政治全面敗壞。〈漢過〉曰：

歷覽前載，逮乎近代，道微俗弊，莫劇漢末也。當塗端右閹官之徒，操弄神器，秉國之鈞，廢正興邪，殘仁害義。蹲踏背憎，即聾從昧。同惡成群，汲引姦黨。

任人唯親，勾結成黨，是漢末政治的痼疾。大體上說，封建肌體愈腐朽，社會危機愈深重，這種任人唯親的現象就愈嚴重。〈審舉〉曰：

漢之末葉，桓、靈之世，柄去帝室，政在姦臣。網漏防潰，風積教沮。抑清德而揚諂媚，退履道而進多財。……或父兄貴顯，望門而辟命。或低頭屈膝，積習而見私。

奸邪在上，排斥忠良，政治怎麼能保持清明，社會怎麼能不陷於混亂呢？

其次是輿論是非顛倒，而名實背反。大致上，當正人君子尚能掌握輿論，世道人心尚未喪失理智，則社會總能保存若干的生機。然而漢末之世並非如此，其時正人君子遭受中傷構陷，無人敢於相助。傲慢無禮者被說成是「弘偉大量」，凶險狠毒者被說成是「公方正直」，嗜酒好色者被說成「率任不矯」，貪得無厭者被說成「淹曠遠節」，賄賂權勢者被說成是「知變之奇」，懈怠政務者被說成是「業大志高」，結黨營私者被說成「以文會友」，附和世俗者被說成是「英才碩儒」。而節操清廉的獨立之士，卻被說成「闒駿徒苦」；夙興夜寐、勤於公務的官員，卻被說成「小器俗吏」（〈漢過〉）。在〈名實〉中，葛洪不僅揭露了這種名實錯亂的現象，而且分析了它之所以產生的社會原因。文中說：

夫佞者鼓珍賂為勁羽，則無高而不到矣；乘朋黨為舟楫，則無遠而不濟矣。持之以夙興側立，加之以先意承指。其利口諛辭也似辨，其道聽塗說也似學，其心險貌柔也似仁，其行污言潔也似廉，其好說人短也似忠，其不知忌諱也似直，故多通焉。

金錢賄賂、朋黨比周與阿諛逢迎，使這種惡劣的風氣在社會上暢通無阻。

其三，清談、任誕之風瀰漫士林，嚴重地敗壞了社會風氣。〈刺驕〉曰：

漢末，諸無行自相品藻次第，群驕慢傲，不入道檢者，為都魁雄伯、四通八達。皆背叛禮教而從肆邪僻，訕毀真正，中傷非黨。口習醜言，身行弊事。凡所云為，使人不忍論也。

禮儀的崩毀、道德規範被沖決、士風的敗壞使得社會陷於動盪，最終導致了漢室的覆滅。

葛洪對於吳國末世的批判略同於漢。〈吳失〉曰：「吳之杪季，殊代同疾。知前失之於彼，不能改弦於此。鑒亂亡之未遠，而躡傾車之前軌。」其弊端亦不外乎朝廷賄賂公行、小人勾結為朋黨，「匪富匪勢，窮年無冀」，「主昏於上，臣欺於下，不黨不得，不競不進」。朝廷的官員「非母后之親，則阿諂之人」。這些人驕奢淫逸，享樂腐化，無才無德，卻竊據要職。形勢的危急如同箭在弦上，國家將亡的徵兆如同日月一樣顯明，然而吳之君主卻不思變革，於是就有了亡國之禍。

葛洪對於漢之末世、吳之杪季的這種分析，顯然用的是借古諷今的筆法。作者深入地揭露前朝政治及社會的弊病，乃是要在晉朝統治者面前樹起一面鏡子，使他們得以認識當朝弊端的嚴重與危機的急迫，警告他們若不改弦更張，則前車覆轍可鑒。這正是葛洪批評漢、吳末世的真實意圖所在。

五、對於郭泰、禰衡等人物的批評

《抱朴子》外篇之〈正郭〉、〈彈禰〉、〈詰鮑〉，分別批評郭泰的人生態度、禰衡之生活作風與鮑敬言的無君論思想，是相互關聯的一組文章。

郭泰是漢末的大名士，其行止風範為當時人所推崇，並為魏晉人所效仿。考察郭泰一生的作為，他之拒絕朝廷官員的舉薦，這是葛洪所贊許的。然而郭泰名滿天下，卻不能向朝廷推薦人才，無補於時，這又是葛洪所深為不滿的。〈正郭〉批評郭泰「出不能安上治民，移風易俗，入不能揮毫屬筆，祖述六藝」，「進無補於治亂，退無跡於竹帛」，這正是葛洪批評的重點。文中又引殷伯緒的話說：「林宗周旋，清談閭閻，無救於世道之陵遲，無解於天民之憔悴也。」可知葛洪之批評，著眼點在於郭泰「周旋清談、無補於世」上。

〈彈禰〉則著重批評禰衡傲慢、怪誕的作風。晉世士風虛浮放誕、醜態多端，葛洪嚴厲地指責禰衡，也是出於警告世人、糾正風氣的目的。

葛洪又駁斥了鮑敬言的無君論。鮑敬言其人，史書無載，生平事跡無可考。鮑敬言喜愛老莊之說，認為上古之世，無君無臣，社會反而勝於今世。他說：「曩古之世，無君無臣。穿井而飲，耕田而食。日出而作，日入而息。汎然不繫，恢爾自得，不競不營，無榮無辱」，「勢利不萌，禍亂不作。干戈不用，城池不設。萬物玄同，相忘於道。疫癘不流，民獲考終。純白在胸，機心不生。含餔而熙，鼓腹而遊。其言不華，其行不飾。」這些對於上古之世的想像描寫，大體上本於《莊子・馬蹄》。鮑敬言批評後世有了君臣，因而有了賦稅，有了刑罰，有了掠奪，有了戰爭。而專制之君王「肆酷恣欲，屠割天下」，「蘊崇寶貨，飾玩臺榭。食則方丈，衣則龍章。內聚曠女，外多鰥男。采難得之寶，貴奇怪之物，造無益之器，恣不已之欲。」百姓在君主政治之下，身受剝削與壓迫，「勞之不休，奪之無已，田蕪倉虛，杼柚乏空。食不充口，衣不周身。欲令勿亂，其可得乎？」鮑敬言對於暴君奢侈荒淫、危害天下的揭露與抨擊，無疑是正確的。但是鮑敬言未能認識到君主政治的出現乃是古代社會的必然現象，而認為原始社會勝過了後世的封建文明，並且主張返回到上古無君無臣的原始社會中去，這又是錯誤的。葛洪的理想，是要建立一個聖君賢臣、上下和諧的社會，因而他極力反對鮑敬言的無君論。他認為如果國家沒有君主，就會造成天下大亂。

〈正郭〉、〈彈禰〉、〈詰鮑〉三篇都具有糾正現實的意義。評論郭泰，是對名士清談、無補於世的批評；彈擊禰衡，是對文人傲慢、狂放任誕不良作風的聲討；駁斥鮑敬言的無君論，則含有維護君主政治、反對社會動亂的意味。

六、主張社會進化、今勝於古的思想

道家的思想，崇尚上古無為之治。《老子・第三十八章》曰：「失道而後德，失德而後仁，失仁而後義，失義而後禮。夫禮者，忠信之薄，而亂之首。」這是說社會逐漸地蛻化，人性逐漸地澆薄，世道也因之而走向混亂。《莊子・馬蹄》曰：

> 至德之世，同與禽獸居，族與萬物並，……同乎無知，其德不離。同乎無欲，是謂素樸。素樸而民性得矣。

又曰：

> 夫赫胥氏之時，民居不知所為，行不知所之。含哺而熙，鼓腹而遊，民能以此矣。及至聖人，屈折禮

樂以匡天下之形，縣跂仁義以慰天下之心。而民乃始踶跂好知，爭歸於利，不可止也。此亦聖人之過也。

道家的這種思想，從主張人性的素樸、自然、純白的意義上說，實在足以啟示後人的深思。然而從人類智力開發、文明進步的意義上說，道家的這種主張又是行不通的。

葛洪反對貴古賤今的思想。在〈尚博〉中，他說：

世俗率神貴古昔而黷賤同時。雖有追風之駿，猶謂之不及造父之所御也；雖有連城之璧，猶謂之不及楚人之所泣也；雖有疑斷之劍，猶謂之不及歐冶之所鑄也；雖有起死之藥，猶謂之不及和鵲之所合也；……俗士多云今山不及古山之高，今海不及古海之廣，今日不及古日之熱，今月不及古月之朗。何肯許今之才士，不減古之枯骨！重所聞、輕所見，非一世之所患矣。

葛洪指出人類文明的發展，諸如交通、住房、醫藥、器具、機械的進步都給人們帶來巨大的利益，因此不可能再倒退回到原始社會中去。他假設說：今天如果要你住在簡陋的巢穴中，死則拋屍於野外，沒有舟船而只能游水渡越江河，沒有車馬只能徒步負重，飢餓了便生食鳥獸，生病了又沒有醫藥，男女婚姻沒有禮儀制度，你也一定不會同意的。

在〈用刑〉中，他又批評世人「嘉老莊之誕談」說：

道家之言高則高矣，用之則弊，遼落迂闊。譬猶干將不可以縫線，巨象不可使捕鼠，金舟不能淩陽侯之波，玉馬不任騁千里之跡也。若行其言，則當燔桎梏，墮囹圄，罷有司，滅刑書，鑄干戈，平城池，散府庫，毀符節，撤關梁，掊衡量，膠離朱之目，塞子野之耳，汎然不繫，反乎天放。不訓不營，相忘江湖。朝廷闃爾若無人，民則至死不往來。可得而論，難得而行也。

這些論述，表現了葛洪以發展的眼光認識人類社會，著眼當世、獨立思考的態度。

七、立言助教、文德並重的文學主張

與上述社會發展觀相一致，葛洪認為隨著社會的演進，文學自然地要發生變化，不能貴古賤今，貴遠賤近。在〈鈞世〉中，他批評世俗之士說：「守株之徒，嘍嘍所翫，有耳無目，……是以古書雖質樸，而俗儒謂之墮於天也；今文雖金玉，而常人同之於瓦礫也。」他還將古今作品進行了一番比較：

且夫《尚書》者，政事之集也，然未若近代之優文、詔策、軍書、奏議之清富贍麗也。《毛詩》者，華彩之辭也，然不及〈上林〉、〈羽獵〉、〈二京〉、〈三都〉之汪濊博富也。……若夫俱論宮室，而奚斯路寢之頌，何如王生之賦靈光乎？同說遊獵，而〈叔畋〉、〈盧鈴〉之詩，何如相如之言上林乎？並美祭祀，而〈清廟〉、〈雲漢〉之辭，何如郭氏〈南郊〉之豔乎？等稱征伐，而〈出車〉、〈六月〉之作，何如陳琳〈武軍〉之壯乎？

對於古今詩風的演化，葛洪評論說：

今詩與古詩俱有義理，而盈於差美。方之於士，並有德行，而一人偏長藝文，不可謂一例也。比之於女，俱體國色，而一人獨閑百伎，不可混為無異也。

總之，葛洪對於古今文學，採取具體分析的態度。他認為古代文學質樸醇素，而晉代文學雕飾華麗，各有其特色。因此，他反對尊古卑今，認為對於古人之作不應盲目崇拜，而應有所區別，以作為學習與借鑒之資。他說：「古書者雖多，未必盡美，要當以為學者之山淵，使屬筆者得采伐漁獵其中。」

葛洪十分重視文學的教化功能。〈應嘲〉曰：「立言者貴於助教，而不以偶俗集譽為高。若徒阿順諂諛，虛美隱惡，豈所匡失弼違、醒迷補過者乎？」在葛洪看來，文學的價值在於有助於推廣教化，警醒世人的迷誤，匡救社會的弊端，以提高人生的品質。否則，只知「飾弄華藻、張磔迂闊，屬難驗無益之辭，治靡麗虛言之美」，對於社會人生，又有什麼實際的意義可言呢？

正是基於文學應當有助教化的考慮，葛洪對於晉代詩壇的風氣有所批評。〈辭義〉曰：「古詩刺過失，故有益而貴；今詩純虛譽，故有損而賤也。」他之大力推崇子書，也是出於同樣的原因。其〈尚博〉曰：「正經為道義之淵海，子書為增深之川流。……雖津塗殊闢，而進德同歸；雖離於舉趾，而合於興化。」

葛洪還主張文德並重，反對貶低及否定文學價值的言論。〈循本〉曰：「德行文學者，君子之本也。」針對有人以文章為末事的說法，他反駁說：「文章之與德行，猶十尺之與一丈。謂之餘事，未之前聞」，「文之所在，雖賤猶貴。犬羊之鞟，未得比焉」（〈尚博〉）。因此，他主張深入地研討文學的藝術特性，所謂「翰跡韻略之宏促，屬辭比事之疏密，源流至到之修短，蘊藉汲引之深淺」（〈尚博〉），而不是簡單地否定文學的價值。

八、隱逸著述、藏器待時的人生態度

《抱朴子》外篇有一類篇章，以辭賦體之設為問答的形式闡說自己的人生理想。在這些篇章中，作者都假設了一位正面的人物形象，如〈嘉遯〉之懷冰先生，〈逸民〉之逸民，〈任命〉之居冷先生，〈守堉〉之潛居先生，〈安貧〉之樂天先生，〈重言〉之玄泊先生。這些假託的人物，都是作者理想之人格、人生態度及志向情趣的化身。

這些人物身上，都有一種共同的品質，即不羨慕、不追求俗世的榮華富貴。他們寧願居住在貧瘠的土地上，過著清苦寡欲的生活，也不願意步入世俗，去追逐榮名與利祿。懷冰先生「背朝華於朱門，保恬寂乎蓬戶。絕軌躅於金張之門，養浩然於幽人之作」（〈嘉遯〉）。逸民先生住在雲臺之山，木食山棲，混跡鳥獸。然而他們不以為苦，不以為憂。在懷冰先生看來，尊榮顯爵是不幸的，金玉財貨就像草芥與糞土一樣。他認定「道存則尊，德勝則貴」，「安貧者以無財為富，甘卑者以不仕為榮」（〈嘉遯〉），因而獲得精神的充實。逸民則說：「醇而不雜，斯則富矣。身不受役，斯則貴矣。若夫剖符有土，所謂祿利耳，非富貴也。」（〈逸民〉）正因為心靈的滿足與歡悅，他們對於返樸歸真的生活感到是一種享受。「躬耕以食之，穿井以飲之，短褐以蔽之，蓬廬以覆之，彈詠以娛之，呼吸以延之。逍遙竹素，寄情玄毫。守常待終，斯亦足矣」（〈嘉遯〉），這就是他們理想的生活方式。

他們並非沒有治世的抱負，而只是等待著得以施展抱負的一天到來。如果這種日子永遠不可能到來，他們便隱逸著述終其一生。在〈任命〉中，居冷先生說：

> 士能為可貴之行，而不能使俗必貴之也；能為可用之才，而不能使世必用之也。被褐茹草、垂綸罝兔，則心歡意得，如將終身。服冕乘軺、兼朱重紫，則若固有之，常如布衣。此至人之用懷也。

至人雖有超世的品德與才能，社會卻未必能用。然而無論是隱逸山林還是出仕朝廷，他都會懷著平常的心境、抱著自如的態度去對待。他又說：「其靜也，則為逸民之宗；其動也，則為元凱之表。或運思於立言，或銘勳乎國器。殊途同歸，其致一焉。」出世立功與隱逸立言，都是服務社會，只是途徑不同罷了。

《抱朴子》外篇主要反映了葛洪對於社會、政治、民俗、禮法、刑治、文學諸方面的認識，包含著廣泛的時代內涵，以上只是略舉其大端而已。

參、內篇：對於神仙道術的探求

《抱朴子》內篇撰寫的時間比外篇稍晚。在內容上，內篇與外篇也有著明確的分工。〈自敘〉曰：「其內篇言神仙方藥、鬼怪變化、養生延年、禳邪卻禍之事，屬道家。其外篇言人間得失，世事臧否，屬儒家。」這大體上點明了它們之間的差異。內篇或論玄道，或傳方術，或解釋疑惑，或指示津途，專注於個人生命的修煉，寄託了對於神仙世界的嚮往。所以從總體看，內篇建立了一個基本完整的神仙道教的理論體系。

一、玄道本體的思想

內篇之首曰〈暢玄〉。「玄」，是古代哲人對於世界之本體及其運化規律的把握。《老子・第一章》曰：「無名天地之始，有名萬物之母。……此兩者同出而異名，同謂之玄。玄之又玄，眾妙之門。」〈暢玄〉則曰：

> 玄者，自然之始祖，而萬殊之大宗也。眇昧乎其深也，故稱微焉。緜邈乎其遠也，故稱妙焉。其高則冠蓋乎九霄，其曠則籠罩乎八隅。光乎日月，迅乎電馳。或倏爍而景逝，或飄颻而星流。或滉漾於淵澄，或雰霏而雲浮。因兆類而為有，託潛寂而為無。淪大幽而下沈，淩辰極而上游。金石不能比其剛，湛露不能等其柔。方而不矩，圓而不規。來焉莫見，往焉莫追。乾以之高，坤以之卑。雲以之行，雨

以之施。……增之不溢，挹之不匱。與之不榮，奪之不瘁。

在葛洪的筆下，「玄」又名「道」。其〈道意〉曰：

> 道者涵乾括坤，其本無名。論其無，則影響猶為有焉；論其有，則萬物尚為無焉。……為聲之聲，為響之響，為形之形，為影之影。方者得之而靜，員者得之而動，降者得之而俯，昇者得之以仰。

「玄」「道」具有同樣的性質：首先，它是世界的本體，造就了天地萬物；其次，它又是自然與人世運行的法則。它不僅化生出天地萬物，而且規範了人間的倫理原則。所以〈明本〉曰：「道也者，所以陶冶百氏，範鑄二儀，胞胎萬類，醞釀彝倫者也。」這些，表達了作者對於自然與人世存在的內在動因及本質規律的探求，是一種深層次的理性思考。

葛洪還將玄、道的思想引入他的養生修煉學說。他說：「玄之所在，其樂不窮。玄之所去，器弊神逝。」（〈暢玄〉）因此，生命的修煉就在於依附、保有並達到與玄道的和同一體。所以〈暢玄〉曰：「夫玄道者，得之者內，失之者外，歸之者神，忘之者器，此思玄道之要言也。」葛洪所說的玄道，在養生修煉的意義上，頗類似於老子筆下的「食母」與「無名之樸」。這是葛洪養生學說的一個最基本的思想，也是他的神仙學說的出發點與最終歸宿。〈暢玄〉說得到玄道的人就能「乘流光，策飛景，凌六虛，貫涵溶」，能夠「咽九華於雲端，咀六氣於丹霞」。這也就達於神仙的境界了。

二、仙道可成的假說

神仙可以修成，是葛洪神仙學說的前提與基礎。葛洪堅信神仙的存在，一是依據前代典籍的記載，

〈論仙〉曰：「劉向博學則究微極妙，經深涉遠；思理則清澄真偽，研覈有無。其所撰《列仙傳》，仙人七十有餘。誠無其事，妄造何為乎？」又曰：「《列仙傳》炳然，其有必矣。」其二則是出於一種推理，他說：「若夫仙人，以藥物養身，以術數延命，使內疾不生，外患不入。雖久視不死，而舊身不改。苟有其道，無以為難也。」認為養生有道可令人不死，這是一種假說。

葛洪之相信神仙，還由於當時的社會過於黑暗。在困苦無望的生活中，神仙世界便成為一種永恆的理想寄託。因此，他提倡對於神仙世界要堅信不疑。〈微旨〉曰：「凡學道當階淺以涉深，由易以及難。志誠堅果，無所不濟，疑則無功，非一事也。」他又主稟氣受命之說，認為人之受氣結胎，都與天上的星宿相應。有的人在胞胎之中，就稟受了神仙之氣，所以後來就喜愛其事，並且得遇明師指點，能夠修煉成功。這就使得神仙學說更加神祕化了。

三、儒道兼修的倡導

葛洪的思想，本有調和儒道的傾向。〈塞難〉曰：「仲尼，儒者之聖也；老子，得道之聖也」；「道者，萬殊之源也。儒者，大淳之流也」。由於《抱朴子》內篇的基本內容是宣傳神仙道教，為了回答世人的責難，提高道教的社會地位，他提出了道儒一體、道本儒末的思想，認為道可兼儒，道為儒本。〈明本〉曰：「道者，儒之本也。儒者，道之末也。」他推崇道是「百家之君長、仁義之祖宗」，但是並不排斥儒，而是試圖將儒家之積極用世與道教之修煉長生揉和在一起。

他因此而特別推崇那些既能治世致太平，又能修煉成神仙的人。〈釋滯〉曰：

> 內寶養生之道，外則和光於世，治身而身長修，治國而國太平。以六經訓俗士，以方術授知音。欲少留則且止而佐時，欲昇騰則淩霄而輕舉者，上士也。

又舉例說：

昔黃帝荷四海之任，不妨鼎湖之舉；彭祖為大夫八百年，然後西適流沙。伯陽為柱史，甯封為陶正，方回為閭士，呂望為太師，仇生仕於殷，馬丹官於晉，范公霸越而泛海，琴高執笏於宋康，常生降志於執鞭，莊公藏器於小吏。古人多得道而匡世，修之於朝隱，蓋有餘力故也。何必修於山林，盡廢生民之事，然後乃成乎？

他認為黃帝既能治世，又能升仙，勝過了堯舜；老子既懂禮教，又能長生，勝過了孔子。道本儒末、道儒一體的思想，在黃帝、老子的身上得到了形象的說明。

作為長生之術，葛洪要求道德兼修。道指道術，德指德行。〈對俗〉曰：「欲求仙者，要當以忠孝、和順、仁信為本。若德行不修，而但務方術，終不得長生也。」又云：「人欲地仙，當立三百善。欲天仙，立千二百善。若有千一百九十九善，而忽復中行一惡，則盡失前善，……故善不在大，惡不在小也。」又認為天地有司過之神監視人的行為，若能積善行德，慈心待物，就會受福於天，求仙就有希望了。這樣，葛洪就將儒家行善積德的思想與道教長生不死之說聯繫在一起了。

四、金丹黃白術的授受

金丹是成仙的「大藥」，金丹術是最重要的方術，是「仙道之極」。〈金丹〉曰：

余考覽養生之書，鳩集久視之方，曾所披涉篇卷，以千計矣，莫不皆以還丹金液為大要者焉。然則此二事，蓋仙道之極也。服此而不仙，則古來無仙矣。

這裡所說的還丹即九轉丹，金液則是液態的丹藥。〈金丹〉中所介紹的丹藥，最重要的有九鼎神丹、太清神丹和金液。據傳九鼎神丹為黃帝始創，黃帝服之以升天；太清神丹為元君始創，元君服後總管天下諸神；金液之方始創於太乙尊神，服後成為天帝。這三種丹藥，傳說都有白日飛升、長生不死的功效，最為神仙道教所重。所以〈金丹〉又引老子訣云：「子不得還丹金液，虛自苦耳。」

又有黃白術，是以藥物合煉金銀的方術。這裡的黃白，並非後世科學意義上的黃金、白銀，而只是具備金銀色調的藥金、藥銀。前面說到的金液之方，便要用到這種藥金。古人又認為以金銀為服食之器，可以延年益壽，甚至長生不死。所以〈黃白〉引《銅柱經》曰：「丹砂可為金，河車可作銀。立則可成，成則為真。子得其道，可以仙身。」又引《龜甲文》曰：「我命在我不在天，還丹成金億萬年。」〈仙藥〉之末附有〈小餌黃金方〉及〈兩儀子餌銷黃金法〉，稱服餌金銀二物一年，就可以輕舉飛升，又稱「飡一斤金，壽弊天地。食半斤金，壽二千歲。五兩，千二百歲。」

這種對於丹藥、金銀的崇拜，乃是基於漢魏以來流行的一種思想，即幻想通過服食某種內質堅固、永不腐敗的藥物，可以達到長期保有生命的目的。魏伯陽《周易參同契》曰：「巨勝尚延年，還丹可入口。金性不敗朽，故為萬物寶。術士服食之，壽命得長久。」葛洪在〈金丹〉中亦曰：

> 夫金丹之為物，燒之愈久，變化愈妙。黃金入火百鍊不消，埋之畢天不朽。服此二物，鍊人身體，故能令人不老不死。此蓋假求於外物以自堅固，有如脂之養火而不可滅。

〈仙藥〉又引《玉經》曰：「服金者壽如金，服玉者壽如玉。」這反映了中古時期人們追求生命久長的一種幻想。

五、醫藥衛生的探求

葛洪不僅是著名的道教學者，也是一位醫術高明、成就卓著的醫藥學家。有感於諸家醫書卷帙浩繁，而所載救治急病多用貴重之藥，倉促之間不易辦得，他因而撰寫了《肘後救卒方》三卷。此書後經陶弘景整理，今作《肘後備急方》，載於《四庫全書》中。《抱朴子》內篇中，還引用了一些當時的成藥或藥方名，如〈至理〉云：

> 理中、四順，可以救霍亂；款冬、紫苑，可以治欬逆；萑蘆、貫眾之煞九蟲；當歸、芍藥之止絞痛；秦膠、獨活之除八風；菖蒲、乾薑之止痺濕；兔絲、蓯蓉之補虛乏；甘遂、葶歷之逐痰癖；括樓、黃連之愈消渴；薺苨、甘草之解百毒；蘆如、益熱之護眾創；麻黃、大青之主傷寒……。

從總體上看，葛洪的醫藥學是注重實際，以治病救人為目的的。

另一方面，葛洪的醫藥學又與他的神仙長生學說緊密的聯繫在一起。〈仙藥〉曰：

> 仙藥之上者丹砂，次則黃金，次則白銀，次則諸芝，次則五玉，次則雲母，次則明珠，次則雄黃，次則太乙禹餘糧，次則石中黃子，次則石桂，次則石英，次則石腦，次則石硫黃，次則石粭，次則曾青，次則松柏脂、茯苓、地黃、麥門冬、木巨勝、重樓、黃連、石韋、楮實、象柴。

葛洪首重丹砂、金銀，次則五芝，又次則各類石藥，最後才是草木類的藥物，這種排列的順序就體現了他的道教思想。

他還強調要養成良好的生活及衛生習慣，糾正各種不利於健康的作法。他指出：才所不逮而困思之，力所不及而強舉之，過度的悲哀與喜樂，寢息失時，沈醉嘔吐，飽食即臥，對人的健康都有所傷害。他主張「耳不極聽，目不久視，坐不至久，臥不及疲，先寒而衣，先熱而解。不欲極飢而食，食不過飽；不欲極渴而飲，飲不過多」，「冬不欲極溫，夏不欲窮涼。不露臥星月，不眠中見肩」（〈極言〉）。這些養生的經驗，對於後代有著深遠的影響。

六、胎息食氣、守一內視之術的闡說

我國古代哲人將生命的過程認作氣的聚散。如《莊子・知北遊》曰：「人之生，氣之聚也。聚則為生，散則為死。」《論衡・自然》曰：「天地合氣，萬物自生。猶夫婦合氣，子自生矣。」《太平經》亦曰：「夫人本生混沌之氣，氣生精，精生神，神生明。」葛洪繼承了這一思想，他說：「夫人在氣中，氣在人中，自天地至於萬物，無不須氣以生者也。」（〈至理〉）養生修煉的目的，就是使生命之形、氣、神三者合一。這就要節制欲望，保養精氣。葛洪又說：「身勞則神散，氣竭則命終。根竭枝繁，則青青去木矣。氣疲欲勝，則精靈離身矣。」（〈至理〉）所以養生的關鍵，在於養氣。

養氣有胎息之法。〈釋滯〉介紹說：

> 得胎息者，能不以鼻口噓吸，如在胞胎之中，則道成矣。初學行氣，鼻中引氣而閉之，陰以心數至一百二十，乃以口微吐之及引之，皆不欲令己耳聞其氣出入之聲。常令入多出少，以鴻毛著鼻口之上，吐氣而鴻毛不動為候也。

據此，可知胎息乃是調養內氣的一種功法。要求調整鼻息使之微細而綿長，若有若無，心息相依，恬靜如一。《神仙傳・卷六》載王真「習閉氣而吞之，名曰胎息」，即此術。

又有守一之法。〈地真〉曰：「子欲長生，守一當明。思一至飢，一與之糧；思一至渴，一與之漿」，「不施不與，一安其所。不遲不疾，一安其室。能暇能豫，一乃不去。守一存真，乃能通神。」守一又可分為守真一與守玄一兩種方法。守真一，其實就是意守體內三丹田之神。守玄一，即保持精神的沖虛，使心與玄道相通。

又有存思內視之法。此法術要求在練功之時，微閉雙目，存思、觀想自己體內的器官或神靈，或外在之景物，排除一切的雜念，以達到凝神入靜、調和氣血的目的。有內視全身之法，即存想全身變化為玉石，其顏色隨四時季節而不同，「春色青，夏赤，四季月黃，秋白，冬黑」（〈雜應〉）。又有內視五臟法，存思肺之神以金巾為冠，存思心臟大如斗，狀如炎火，五臟之氣各有顏色，從兩目出，周繞全身。又有存想外物法等等。

「守一」、「存思」，即後世氣功意守的工夫。〈微旨〉有一段話，用隱語來解說「守身鍊形之術」，其辭曰：

> 夫始青之下月與日，兩半同昇合成一。出彼玉池入金室，大如彈丸黃如橘，中有嘉味甘如蜜。子能得之謹勿失，既往不追身將滅。純白之氣至微密，昇於幽關三曲折。中丹煌煌獨無匹，立之命門形不卒，淵乎妙矣難致詰。

這實際上說的是體內元氣運行時的想像與感受。當氣功修煉時，全身入靜，存想日月。使體內的神氣、口中的津液合為一體，下行至心肺，逐漸結成大如彈丸、金黃似橘的元氣團。引其沿任督二脈運行，最後在命門、丹田之間結為一粒金丹。對照《黃庭外景經》所述「呼吸廬間入丹田，玉池清水灌靈根」，

「幽闕俠之高巍巍，丹田之中精氣微。玉池清水上生肥，靈根堅固老不衰」，可知二者基本上是相通的。

又有辟穀食氣之法。古代有關辟穀的記載甚多。三國曹植〈辨道論〉自述曾與術士郤儉一處生活，郤儉絕穀百日，行步起居自若。〈雜應〉亦記載曰：吳有道士石春，每行氣為人治病，或百日、或一月乃食。吳景帝聞之，乃召取鏁閉，令人備守之。石春但求三二升水，如此一年餘，石春顏色更鮮悅，氣力如故。辟穀者有的需輔以符水、酒及藥物之類，然而更重要的是食氣。食氣的方法有多種，〈雜應〉舉出食十二時氣、食歲星氣、食六戊精氣等。又有龜息吞氣法，即摹仿龜的伸頸吞氣。這些都有著抑制飢餓、強身健體的功效。

七、房中微旨的暗示

葛洪在〈釋滯〉中說：「欲求神仙，唯當得其至要。至要者在於寶精、行氣、服一大藥便足，亦不用多也。」以房中術（寶精）、氣功（行氣）與金丹大藥同視為神仙至要之術，顯示了葛洪對於這一問題的重視。其〈至理〉又曰：

服藥雖為長生之本，若能兼行氣者，其益甚速……。然又宜知房中之術，所以爾者，不知陰陽之術，屢為勞損，則行氣難得力也。

可知若不懂房中術，氣功之修煉亦難以奏效。

〈微旨〉曰：

夫陰陽之術，高可以治小疾，次可以免虛耗而已。……人不可以陰陽不交，坐致疾患。若欲縱情恣欲，不能節宣，則伐年命。善其術者，則能卻走馬以補腦，還陰丹以朱腸，采玉液於金池，引三五於華梁，令人老有美色，終其所稟之天年。

可知房中之術，其大要在於節欲，以煉精補腦。其事如同水火能使人致死，又能造福於人，關鍵在於是否通曉其道。又以隱語宣示曰：

長谷之山，杳杳巍巍。玄氣飄飄，玉液霏霏。金池紫房，在乎其隈。愚人妄往，至皆死歸。有道之士，登之不衰。採服黃精，以致天飛。

房中術在我國有悠久的歷史，漢魏時一度廣泛流行於世。葛洪的房中術傳自其師鄭隱，而鄭隱又傳自左慈。〈釋滯〉曾闡述說：房中之法十餘家，其大要在於還精補腦之一事耳。人不可以隔絕陰陽，故幽閉怨曠，多病而不壽；任情肆意，又損年命。唯有得其節宣之和，可以不損。這一段話，表明了葛洪在這一問題上的主要意見。

八、道籍目錄的記載

《抱朴子》內篇之〈遐覽〉載錄了葛洪所見各類道書的名稱及卷數，這也是最早介紹道教著作的專篇。

《漢書・藝文志》著錄道家書近千篇，另有神仙、房中、雜占、著龜等諸家的著作各若干篇。這些，大體上可以認作是道教思想及方術的淵藪。道教產生之後，又出現了《老子想爾注》、《太平經》、《周易參同契》等重要著作。魏晉之世，道教的思想傳播廣泛，有關的書籍出世更多。故〈釋滯〉曰：「道書之出於黃老者，蓋少許耳，率多後世之好事者，各以所知見而滋長，遂令篇卷至於山積。」

另一方面，由於道士視道書為祕寶，不肯輕易示人，因而多數道書流傳不廣，並且容易散失。〈遐覽〉所列書目，共計道書二百零五種，約六百七十卷；符書五十七種，約五百餘卷，反映了這一時期道教書籍的概貌，為研究魏晉之道教史提供了可貴的資料。

總之，《抱朴子》內篇是一部集漢晉神仙思想、道教理法與養生方術之大成的重要著作。它以長生不死作為生命修煉的終極目標，以道德雙修作為求仙學道的重要原則，建立了基本完整的神仙道教理法與方術的體系，從而對於後世產生了深遠的影響。

《晉書》評價葛洪曰：「稚川束髮從師，老而忘倦。紬奇冊府，總百代之遺編；紀化仙都，窮九丹之祕術。謝浮榮而捐雜藝，賤尺寶而貴分陰。游德棲真，超然事外。全生之道，其最優乎！」又贊曰：「稚川優洽，貧而樂道。載範斯文，永傳洪藻！」這些贊譽之語，對於葛洪來說，是並不為過分的。

葛洪的一生，是勤力著述的一生。僅據《晉書》本傳，他的著作除《抱朴子》內、外篇，還有碑、誄、詩、賦百卷，移檄、章表三十卷，《神仙傳》、《良吏傳》、《隱逸傳》、《集異傳》各十卷，抄五經、史漢、百家之言、方伎雜事三百一十卷，《金匱藥方》一百卷，《肘後要急方》四卷。其內容涉及到社會、人事、宗教、歷史、文學、方術、醫藥、養生等廣泛的領域。他在《抱朴子》內篇所記錄的為探求外丹黃白術而作的各項試驗，在中國科技發展史上也有著重要的地位。

《抱朴子》內、外篇原本各起次第，分別流傳於世。《隋書・經籍志》以內篇屬道家，與外篇分行。《道藏》雖同時收錄內、外篇，中間卻安插〈抱朴子別旨〉一篇，以示區別。明人至近代則多將內、外篇合刊，以便閱覽。在長期流傳中，《抱朴子》內、外篇的文字都有所奪訛、錯亂，這是毫無疑問的。其內篇原作二十卷，與今本相合，可能基本維持著原本的概貌。外篇原作五十卷，而今本有五十二篇。其中〈百家〉、〈文行〉兩篇，內容大都與〈尚博〉重複。而卷四九包含〈知止〉、〈窮達〉、〈重言〉三篇，與其他各卷不合。這些都是錯亂的明顯痕跡。又各篇長短不一，其長者數千言，而短者不足二百字，亦絕非體例。考《隋書．經籍志》著錄外篇已作三十卷，則是書至隋世已有散佚可知。至於《晉書．葛洪傳》錄葛洪〈自序〉，稱《抱朴子》「大凡內外一百一十六篇」，則其散佚者不在少數。今以清孫星衍所刻《平津館叢書》本為底本，以明正統《道藏》本、《四庫全書》本、《四部叢刊》本為主要之參校本。注釋中，則參考了王明《抱朴子內篇校釋》及有關的論著，特此說明。

歲月如斯，學海無際。古人為伴，苦樂自知。幸得全書初成，就正博雅君子。指我疏謬，匡我缺失，一言之贈，重於尺璧。謹致謝忱，言不盡意。

李中華

一九九六年二月二十日

於武漢珞珈山寓室

內篇

抱朴子內篇序

洪體乏超逸之才，偶好無為之業❶。假令奮翅則能淩厲玄霄❷，騁足則能追風躡景❸，猶故欲戢❹勁翮於鷦鷯❺之群，藏逸跡❻於跛驢之伍。豈況大塊❼稟我以尋常之短羽，造化假我以至駑❽之蹇足❾！以自卜者審❿，不能者止。豈敢力蒼蠅而慕沖天之舉，策跛鼈而追飛兔⓫之軌；飾嫫母⓬之陋醜，求媒媼⓭之美談；推沙礫之賤質，索千金於和肆⓮哉？夫以焦僥⓯之步，而企及夸父⓰之蹤，近才⓱所以躓閡⓲也；以要離之羸⓳，而強赴扛鼎之契⓴，秦人所以斷筋㉑也。是以望絕於榮華之途，而志安乎窮否㉒之域。藜藿㉓有八珍㉔之甘，而蓬蓽㉕有藻棁㉖之樂也。故權貴之家，雖咫尺弗從也；知道之士㉗，雖艱遠必造也。

【章　旨】說明自己以平常之才能，無意於世俗榮華，而喜愛養生修道之事。

【注　釋】❶無為之業　指養生修煉之事。❷淩厲玄霄　奮迅高飛，直上青天。玄霄，青天。❸追風躡景　追上疾風與光影。躡，踩；趕上。景，通「影」。❹戢　收束；斂束。❺鷦鷯　鳥名。體小，飛不高。❻逸跡　指駿馬之足。❼大塊　大自然；造物主。❽駑　行動遲緩。❾蹇足　跛腳。❿自卜者審　自我估量，已經決定。卜，考慮。審，明確。⓫飛兔　駿馬之名。

⑫嫫母 古代傳說中著名的醜女。⑬媒媼 媒人；媒婆。媼，原本作「揚」，此據《四庫全書》本。⑭和肆 出售寶玉的地方。和，和氏璧。此泛指寶玉。⑮焦僥 即「僬僥」。傳說中州以東四十萬里有僬僥國，其人身長僅一尺五寸。見《列子・湯問》。⑯夸父 傳說中的巨人。欲追日影，飲於河渭，河渭不足，道渴而死。棄其杖，化為鄧林。見《列子・湯問》。⑰近才 指才能淺短之人。⑱躓閡 窒礙困頓，進退失據。⑲要離之羸 要離，春秋人。他曾經說自己「細小無力，迎風則僵，負風則伏」。羸，瘦弱。⑳強赴扛鼎之契 據《史記・秦本紀》：秦武王有力好戲，曾與力士孟說舉鼎，斷脛骨。㉑斷筋 折斷筋骨。㉒窮否 窮困。㉓藜藿 野菜之名。㉔八珍 泛指珍貴之美食。㉕蓬蓽 柴門茅屋。㉖藻梲 有花紋圖案的梁上短柱。此泛指雕梁畫棟的華麗殿堂。㉗知道之士 通曉道術之人士。

【語譯】葛洪生來便缺乏超逸之才，偶爾喜愛養生修煉之業。假如能像鯤鵬一樣展翅便飛上雲天，像駿馬一樣騁足就能追風逐影，我還是會斂束翅膀與鷦鷯同群，收藏駿足與跛驢為伍。更何況大自然只給了我平常的短羽，造物主只賦予我行動遲緩的跛足！我自我估量已經打定主意，既然力所不能也就算了。又豈敢僅以蒼蠅之力而羨慕鯤鵬沖天的壯舉，用跛鼈之足去追趕駿馬的足跡，妝飾起嫫母的醜容以求得媒人的美談，憑藉沙石之賤質而希望賣出美玉的千金之價呢？以僬僥國人之短步而想要追上夸父的蹤影，所以短淺之人才會窒礙困頓、進退失據；以要離般瘦弱的身體，而勉強去赴扛起大鼎的邀約，所以秦人才會筋斷骨折。因此我就斷絕了對於榮華富貴的希望，而安心於窮困的境遇。吃藜藿之野菜，覺得有山珍海味之甘美；住柴門茅屋，覺得有雕梁畫棟般的歡樂。所以權勢富貴之家，即使近在咫尺也從未前去拜訪；明曉道術之士，即使路程遙遠難行也一定前往請教。

考覽奇書❶，既不少矣。率❷多隱語，難可卒❸解。自非至精，不能尋究。自非篤勤❹，不能悉見也。道士淵博洽聞者寡，而意斷妄說者眾。至於時有好事者，欲有所修為，倉卒不知所從。而意之所疑，又無可諮問。今為此書，粗舉長生之理。其至妙者，不得宣之於翰墨。蓋麤言較略❺，以示一隅。冀悱憤之徒❻省之，可以思過半矣。豈為暗塞❼，必能窮微暢遠乎？聊論其所先覺❽耳。

【章旨】說明著作《內篇》的目的，在於粗舉長生之理，為後學者指示大略而已。

【注釋】❶奇書　指神仙養生、道教方術之類的圖籍。❷率　大概；大致。❸卒　通「猝」。倉促。❹篤勤　專心誠意，勤於搜求。❺麤言較略　粗略介紹其大體。麤，同「粗」。較略，大致的情況。❻悱憤之徒　有所不通、誠心求學之人。悱，口有所疑問而未言之貌。憤，內心有所不通、思而未得之貌。❼暗塞　愚昧不通。❽先覺　原本作「先舉」，茲據《晉書・葛洪傳》改。

【語譯】我所研究閱讀的奇書，已經不少了。其中多用隱語，難以很快讀懂。倘若不是考索精深，便難得探究明白。如果不是專心誠意地努力搜集，就不能全部讀到。道士中見多識廣、學問淵博的少，而隨意妄說的多。以至於常常有人立志修煉，想要有所作為，然而急切倉促之間，竟不知從何處入手。而心中的疑惑不解，又無人可以請教。我如今寫了這本書，只能粗略地舉出長生之理的大要。其中最精妙的，無法用筆墨表達。因為是粗舉大略，只能指示一隅。希望那些誠心求學、有所疑問者讀後，能夠懂得大半。難道以我之愚昧，一定能夠窮盡精微、暢達遠旨嗎？不過聊且將我所先覺悟到的，論述出來罷了。

世儒徒知服膺❶周、孔，桎梏皆死。莫信神仙之事，謂為妖妄之說。見余此書，不特大而笑之❷，又將謗毀真正❸。故不以合於余所著子書❹之數，而別為此一部，名曰《內篇》，凡二十卷，與《外篇》各起次第也。雖不足以藏名山石室，且欲緘之金匱❺，以示識者。其不可與言者，不令見也。貴使來世好長生者，有以釋其惑。豈求信於不信者乎？謹序❻。

【章　旨】陳明著述之意，欲以《內篇》緘於金匱之中，留待後世之識者。

【注　釋】❶服膺　衷心信服；牢記。❷大而笑之　以為迂闊而笑之。❸真正　神仙；真人。❹余所著子書　即《抱朴子・外篇》。❺緘之金匱　鎖藏於金匱之中。金匱，金屬製成的藏書櫃，收藏珍貴的書籍。❻謹序　孫星衍原注：「藏本作『葛洪稚川謹序』，後人所增。」

【語　譯】世上儒生之輩只知道信服周公、孔子，受周、孔束縛至死，而不相信神仙之事，認為是妖妄不經之說。他們看見我的這本書，不只是以為迂闊而嘲笑不已，又將會誹謗仙人。所以我不將此書與我以前所著子書合在一起，而另外以此作為與之分開的一部書，名叫《內篇》，共二十卷，與《外篇》各起次序。雖然不足以藏於名山石室，亦欲將它鎖於金匱之內，以留待後世之識者。那些不值得告訴的人，不讓他們見到。可貴的是使後世愛好長生仙術的人，能夠解除他們的困惑。難道是為了求得不信仙術的人，使之相信嗎？謹此為序。

卷一　暢玄

【題解】暢玄，就是演說「玄」的要義與作用。「玄」既是世界的本源，也是道家修煉的理想境界。作為世界的本源，它孕育萬物，生養萬物，造化萬物。萬殊的世界莫不是它的表象。因此，它無高不至，無深不在，既柔弱如水，又堅不可摧。道家所追求的，就是使人的精神達到這種境界。認識「玄」，體味「玄」，與「玄」親合為一體。實現了這種境界，便可以擺脫紛擾，內足於心，齊貴賤，外榮辱，在親近自然中得到精神的昇華。「玄」的另一個效用是出神入化，長生不死。而世人沈醉享樂，追求榮華，違背玄道，只能招致禍患與敗亡。

全篇共分六章。首論「玄」，次論「玄道」，再次論得道者的精神境界，最後批判世俗之人馳逐名利、追求高官厚爵，並指出其嚴重的危害。

抱朴子❶曰：「玄者，自然之始祖，而萬殊❷之大宗❸也。眇昧❹乎其深也，故稱微❺焉。緜邈❻乎其遠也，故稱妙❼焉。其高則冠蓋乎九霄❽，其曠則籠罩乎八隅❾。光乎日月，迅乎電馳。或倏爍❿而景逝⓫，或飄颻⓬而星流。或滉漾⓭於淵澄⓮，或雰霏⓯而雲浮。因兆類⓰而為有⓱，託潛寂⓲而為無⓳。淪大幽⓴而下沈，淩辰極㉑而上游。金石不能比其剛，湛露㉒不能等其柔。方而不矩㉓，圓而不規㉔。來焉莫見，往焉莫追。乾㉕以之高，坤㉖以之卑。雲以之行，雨以之施。胞胎元一㉗，範鑄兩儀㉘。吐納大始㉙，鼓冶億類㉚。佪旋四七㉛，匠成㉜草昧㉝。轡策㉞靈機㉟，吹噓四氣㊱。函括㊲沖默㊳，舒闡㊴粲尉㊵。抑濁揚清，斟酌㊶河渭㊷。增之不溢，挹之不匱㊸。與之不榮，奪之不瘁㊹。

【章　旨】「玄」是自然的始祖，萬物的宗主。它深奧綿長，微妙難言，無處不在，無窮無盡。

【注　釋】❶抱朴子　保持天賦本性之人。葛洪用以自號。語出《老子》：「見素抱朴，少私寡欲。」❷萬殊　各種各類的事物。萬，言其多。❸大宗　偉大的宗主；最終之本源。❹眇昧　微細，看不清楚。❺微　「玄」之表現形態。即無形、無聲、無態。❻緜邈　遙遠；長遠。❼妙　「玄」化成萬物之形態。❽九霄　九天極高之處。❾八隅　八方。❿倏爍　光影閃動之貌。⓫景逝　像影子一樣飛逝。景，同「影」。⓬飄飖　飄動、飛馳之貌。一作「飄瀁」，此據孫星衍平津館校刊本。⓭滉瀁　水波蕩漾之貌。⓮淵澄　深沈清澄的潭水。⓯雰霏　雲氣飛動之貌。⓰兆類　眾多的物類。⓱有　指物之存在而有形、有名、有器的狀態。⓲潛寂　隱藏無形，寂靜無聲。⓳無　與「有」相對。為物之存在無形、無名、無器的狀態。無形並非虛無，只是形象希微，難以辨識。⓴大幽　大幽之國。在北海之內，地下幽冥之處。㉑辰極　北極星。㉒湛露　重露。㉓方而不矩　自然之方不必求合於人間之矩。矩，工匠測量方形的器械。㉔圓而不規　自然之圓不必求合於人間之規。規，工匠測量圓形的器械。㉕乾　天。㉖坤　地。㉗胞胎元一　孕育了萬物之本源。元一，天地未分時混沌之元氣。㉘範鑄兩儀　造就了天地。範鑄，熔煉金屬以造成器物。㉙大始　原始之氣；世界之本源。㉚鼓冶億類　鼓風冶煉，造就了萬物。億類，極言物類之眾多。㉛佪旋四七　回旋布置了天上的二十八星宿。四七，即二十八。㉜匠成　像工匠一樣造成。㉝草昧　天地初開時，一片混沌不清之貌。㉞轡策　主宰鞭策。㉟靈機　萬物變化的樞紐關鍵。㊱四氣　春夏秋冬四時之氣。㊲函括　包涵總括。「函」原作「幽」，形近而訛。〈喻蔽〉：「函括八荒」，〈道意〉：「函乾括坤」，可證。㊳沖默　沖虛靜穆。指天地初分時的景象。㊴舒闡　舒展；生發而成。㊵粲尉　鮮明繁盛，文采華美。尉，同「蔚」。㊶斟酌　安排；布局。㊷河渭　黃河、渭水。㊸匱　減少；缺乏。㊹瘁　疲勞；疾病。

【語　譯】抱朴子說：「玄，是自然的始祖，是萬物的本源。它細微不清，深奧難辨，所以稱作『微』；它長遠不絕，綿綿無盡，所以又稱作『妙』。它高得足以覆蓋雲霄，它廣得足以籠罩八方。它比日月更光明，比電光更迅速。它有時像影子倏忽而逝，有時像流星飄然而去。有時蕩漾在澄澈的深淵之內，有時翻飛在飄浮的雲陣之中。它透過萬物表現為有形之物，又依託潛藏而無形、無名、無聲。它沒入海中大幽之國而下沈，又淩越北極星而上升。堅硬的金石比不上它的剛強，濃重的露珠比不上它的柔軟。它自然的方，不必依照人間的尺矩；它自然的圓，不必依照人間的圓規。它來時看不見，去時不可追。天因它而崇高，地因它而卑伏，雲因它而流動，雨因它而降落。它孕育了萬物本源的元一，造就了天地開始的兩儀。它呼吸著原始之氣，鑄造了萬般物類。它旋轉布置了天上的二十八星宿，造化了世界最初的混沌境界。它主宰鞭策著萬物變化的樞機，吹動著四時不同的氣息，涵蘊著沖虛靜穆之態勢，生發化成各種鮮明燦爛、文采蔚然的物象。它使重濁之物下沈，使輕清之物上浮，安排了大地上的黃河、渭水。有所增添，『玄』不會因為充滿而溢出；有所舀取，『玄』不會因為減少而匱乏；有所給與，『玄』不會因此而榮盛；有所減損，『玄』也不會因此而衰弊。

故玄之所在，其樂不窮。玄之所去❶，器弊❷神逝❸。夫五聲❹八音❺，清商流徵❻，損聰❼者也。鮮華豔采，彧麗❽炳爛❾，傷明❿者也。宴安逸豫⓫，清醪芳醴⓬，亂性⓭者也。冶容媚姿，鉛華素質⓮，伐命者也。其唯玄道⓯，可與為永⓰。不知玄道者，雖顧眄⓱為生殺之神器⓲，脣吻為興亡之關鍵。綺榭⓳俯臨乎雲漢⓴，藻室華椽㉑以參差㉒。組帳㉓霧合㉔，羅幬㉕雲離㉖。西毛㉗陳於閒房㉘，金觴㉙曄以交馳㉚。清絃嘈囋㉛以齊唱，鄭舞㉜紛繇以蜲蛇㉝。哀簫鳴於淩霞，羽蓋㉞浮於漣漪㉟。掇芳華於蘭林之囿㊱，弄紅葩於積珠之池㊲。登峻則望遠以忘百憂，臨深則俯覽㊳以遺朝飢㊴。入宴千門㊵之焜焜㊶，出驅㊷朱輪㊸之華儀㊹。然樂極則哀集，至盈必有虧。故曲終則歎發，燕㊺罷則心悲也。寔㊻理勢之攸召㊼，猶影響之相歸㊽也。斯㊾假借而非真，故物往若有遺㊿也。

【章　旨】「玄道」為人生永恆的原則。沈醉於淫巧的音樂，鮮豔的色彩，宴安遊樂，美容麗色，都違背「玄道」，只能給人帶來損害與悲傷。

【注　釋】❶去　離開。❷器弊　指物的形體敗壞、衰弊。❸神逝　指精神消散，生氣喪失。❹五聲　指宮、商、角、徵、羽。古樂的五個音階。❺八音　古代的八類樂器。即金（鐘）、石（磬）、絲（琴瑟）、竹（簫管）、匏（笙竽）、土（壎）、革（鼓）、木（柷敔）。❻清商流徵　均古代歌曲樂調名。❼聰　指聽力。❽彧麗　文采茂盛、鮮麗。❾炳爛　光亮燦爛。❿明　指視力。⓫宴安逸豫　安逸、享樂。⓬清醪芳醴　指各種美酒。⓭性　本性。⓮鉛華素質　指粉飾梳妝的美色女子。⓯玄道　玄虛、精妙之旨。⓰永　長存；永在。⓱顧眄　還視曰顧，邪視曰眄。此指貪戀女色。⓲神器　神異之器物。指寶劍。⓳綺榭　雕鏤華麗的臺榭。臺上有室名榭。⓴雲漢　天河；銀河。原作「雲雨」，據明刊慎懋官校本改。㉑華椽　雕飾華美的椽柱。原作「華綠」，據明刊慎懋官校本改。㉒參差　長短錯落不齊。㉓組帳　華麗的帷帳。組，繫帳的絲帶。㉔霧合　像霧一樣多。㉕羅幬　絲羅製成的床帳。㉖雲離　像雲一樣羅列、遍布。㉗西毛　西施、毛嬙。都是古代著名的美女。㉘閒房　幽深之曲室。㉙金觴　金屬製成的酒杯。㉚交馳　指相互勸酒酬答。㉛嘈囋　聲音和諧、悅耳。㉜鄭舞　泛指美妙的舞蹈表演。鄭國之女子善舞，一說楚懷王寵姬鄭袖善舞，故名鄭舞。㉝蜲蛇　委婉曲致。㉞羽蓋　即羽觴。一種酒器。㉟漣漪　水面之波紋。形容杯中酒液蕩漾之狀。㊱囿　花園；園林。㊲積珠之池　蓮花池。蓮蓬內蓮子如珠，故名。㊳俯覽　俯身觀賞。原作「俯擥」，據敦煌殘卷校改。㊴朝飢　清晨的飢餓。㊵千門　宮門。漢建章宮千門萬戶，故以千門代宮門。㊶焜焜　光彩輝煌、明亮。㊷駈　驅車。㊸朱輪　朱色車輪。漢代顯貴所乘坐的車子。㊹華儀　儀表、外觀華美。㊺燕　同「宴」。宴會。㊻寔　實。㊼理勢之攸召　由事理、趨勢所招致。也就是理勢必然發展的結果。㊽影響之相歸　物體及其影子、聲響與其回聲，二者相依存，不可分離。㊾斯　指富貴榮華的享受。原作「彼」，據敦煌殘卷校改。㊿物往若有遺　事情過後，若有遺失，感覺空虛不足。

【語譯】所以玄所在之處，就有著無窮的歡樂；玄不在之處，就會形體衰弊，神氣消散。各種紛繁的音樂、美妙的樂曲，是有損於聽力的；鮮豔的色調、奪目的文采，是有害於視力的；安逸的享受、芳香的美酒，是會擾亂本性的；妖冶的姿容、美妙的女色，是會傷害生命的。只有玄道，可以與人永遠共存。不明白玄道的人，貪戀美色會成為殺人致死的利劍，貪圖享受會成為生死存亡的關鍵。高聳入雲的臺榭可以俯視天上的銀河，裝飾精緻的屋舍雕椽畫柱長短參差，華麗的絲羅帷帳多得不可計數，像西施、毛嬙一樣的美女安置在幽致的小房。金杯往返勸酒，閃閃發亮；絲絃齊鳴，聲音和諧悅耳；舞姿紛繁，動作優美而曲致。哀怨動人的簫鳴聲響入雲霄，杯中美酒輕輕地蕩漾。到蘭林園中去採摘鮮花，到蓮花池中去賞玩紅蓮。登高遠眺，可以忘卻人間的各種憂傷；俯臨深池，可以觀覽景色而忘記飢餓。入則參加宮中輝煌的盛宴，出則乘坐華美的官車。然而歡樂到了極點便會出現憂愁，圓滿之後便會出現虧缺。所以樂曲終了會情不自禁地歎息，宴會結束便由衷地感到悲傷。這實在是事物發展的必然趨勢，就像物體與它的影子、聲響與它的回音一樣相互聯繫。那些榮華富貴的享受都只是虛假的現象，所以當它們過去時，便會感到空虛，內心若有所失。

夫玄道者，得之者內，失之者外❶，歸之者神❷，忘之者器❸，此思玄道之要言❹也。得之者貴，不待黃鉞❺之威；體❻之者富，不須難得之貨。高不可登，深不可測。乘流光⑦，策飛景⑧，凌六虛⑨，貫涵溶⑩。出乎無上⑪，入乎無下⑫。經乎汗漫⑬之門，游乎窈眇⑭之野，逍遙恍惚⑮之中，倘佯⑯彷彿⑰之表⑱。咽九華⑲於雲端，咀六氣⑳於丹霞。徘徊茫昧㉑，翱翔希微㉒，履略蜿虹㉓，踐跚旋璣㉔，此得之者也。

【章　旨】「玄道」的最高境界超出世俗之外，不貴重人間的財富與權勢，而與天地同體。

【注　釋】❶失之者外　失去玄道是由於外在的誘惑。失，原作「守」，據明刊慎懋官校本改。外，指榮利、富貴、美色、嘉餚之類。❷歸之者神　玄道之旨歸於心神的修煉。歸，原作「用」，據敦煌殘卷校改。❸器　形體；形器。❹要言　關鍵的重要言辭。❺黃鉞　金斧。為帝王諸侯所秉持，是權勢的象徵。❻體　以玄道為體。即得玄道。❼流光　閃動的光華。❽策飛景　飛馳的光影。景，同「影」。❾六虛　上下四方。❿涵溶　代指天地。天地涵容包舉萬物，故名。⓫無上　極高之處，沒有超乎其上者。⓬無下　極低之處，沒有更在其下者。⓭汗漫　廣泛無際。⓮窈眇　幽遠不明。⓯恍惚　若有若無的混一景象。⓰倘佯　來回走動。⓱彷彿　意同「恍惚」。⓲表　外。⓳九華　日月的精華。⓴六氣　天地之精氣。六氣的內容，有不同的說法，一說平旦朝霞之氣、日午正陽之氣、日沒飛泉之氣、夜半沆瀣之氣，加上天地二氣，合為六氣。㉑茫昧　空虛、幽暗不明。㉒希微　無聲無形的境界。㉓履略蜿虹　巡行經過彎曲的飛虹。略，巡行。蜿，屈曲之狀。㉔踐跚旋璣　散步逍遙在北斗星宿之間。跚，行而不進。引申為閒遊逍遙。旋、璣均為北斗七星中之星名。

【語　譯】說到玄道，得到它有待於內心的領悟，失掉它是由於外在的誘惑，其宗旨在於修煉內在的心神，而忘懷外在有形的體器，這是領會玄道最重要的話語。得到玄道的人，不必要有威勢與重權，也是高貴的。與玄道同體的人，不必有寶貴的財貨，也是富有的。其高不可攀登，其深不可測量。乘著閃動的光華，駕著飛馳的光影，飛升在六合之上，貫穿於天地之間。可以超越極高之處，可以深入極低之地。經歷廣泛無際之門，漫遊在幽遠不明之野，逍遙於若有若無之中，散步於混沌不明之外。在雲層之表吞咽日月的精華，在丹霞之上咀吸天地之靈氣。徘徊於空虛混茫之中，飛翔於無聲無形之間。踏過天上彎曲的虹橋，在北斗列星之間自由地漫步，這樣的人便得到了玄道。

其次則有知足，知足者則能肥遁勿用❶，頤光❷山林。紆❸鸞龍之翼於細介❹之伍，養浩然之氣❺於蓬蓽❻之中。繿縷帶索❼，不以貿❽龍章之暐曄❾也；負步杖筴❿，不以易結駟之駱驛⓫也。藏夜光⓬於嵩岫⓭，不受他山之攻⓮；沈靈甲⓯於玄淵⓰，以違鑽灼⓱之災。動息知止，無往不足。棄赫奕之朝華⓲，避僨車⓳之險路。吟嘯蒼崖之間，而萬物化為塵氛⓴；怡顏豐柯㉑之下，而朱戶㉒變為繩樞㉓。握耒甫田㉔，而麾節㉕忽若執鞭㉖；啜菽漱泉㉗，而太牢㉘同乎藜藿㉙。泰爾㉚有餘歡於無為之場，忻然㉛齊貴賤於不爭之地。

【章旨】知足者隱於山林，放棄人間的富貴顯達，視貴賤如一，心情平靜而歡悅。

【注釋】❶肥遁勿用　自由自在的隱逸，不求用世。❷頤光　養生；頤養光澤。❸紆　收斂。❹細介　小甲蟲。介，原作「分」，據敦煌殘卷校改。❺浩然之氣　剛正浩大之氣。❻蓬蓽　蓬門蓽戶。以蓬蒿、荊條編作門窗。指貧窮人的住所。❼繿縷帶索　衣裳破爛，以繩為衣帶。❽貿　交換。❾龍章之暐曄　有龍形花紋圖案光彩明亮的衣服。❿負步杖筴　手拄竹杖，徒步行走。⓫結駟之駱驛　往來不斷的駟馬高車。四匹馬並駕一車為駟。⓬夜光　寶珠之名。即夜光珠。⓭嵩岫　高山岩洞。⓮他山之攻　山石的琢磨。《詩經・小雅・鶴鳴》：「他山之石，可以攻玉。」攻，琢磨成器。⓯靈甲　靈龜；神龜。靈，原作「鱗」，據敦煌殘卷校改。⓰玄淵　深淵。⓱鑽灼　古代卜卦之法，將龜甲鑽孔，用火燒後觀察裂紋，以占吉凶。⓲赫奕

之朝華　形容榮華富貴顯赫、盛大之勢。⑲僨車　車子翻覆。比喻權勢崩潰。⑳塵氛　塵埃；灰塵。比喻細微不足道。㉑豐柯　大樹。㉒朱戶　朱紅色門戶。指富貴人家。㉓繩樞　用繩索繫窗戶。指貧窮人家。㉔握耒甫田　在大田中握耒翻耕。耒，翻土的農具。甫田，大田。㉕麾節　將帥大臣手中所持的符節，是權力的象徵。㉖執鞭　指農夫手中趕牛的鞭子。㉗啜叔漱泉　吃著菽豆，喝著泉水。形容生活清苦。叔，同「菽」。豆類總稱。原作「荈」，據敦煌殘卷校改。㉘太牢　古代宴會或祭祀時用牛、羊、豕三牲，叫太牢。㉙藜藿　兩種野菜名。㉚泰爾　泰然。安閒適意之貌。㉛忻然　欣然。歡欣之貌。

【語譯】其次則要明白知足之理。知足的人則能夠隱逸於山林，不求為世所用，自由自在地頤養天年。他們像鸞鳳飛龍收斂起翅膀，與細小的蟲類相伴。他們身居茅舍之內，培養著浩然的正氣。他們寧肯穿破爛的衣服，用粗繩為衣帶，也不願換上繡著龍紋、光彩閃亮的服裝；寧肯拄著拐杖徒步行走，也不願乘著駟馬高車，往來奔馳不停。將寶珠收藏在高山岩洞中，不受山石的琢磨；將靈龜沈入深淵，以免除龜甲被鑽孔火燒的災禍。或動或息，適當而止。隨遇而安，無不滿足。拋棄顯赫的權勢，避開導致翻車的危險道路。高吟長嘯於山崖之間，把世間萬物看得如同塵埃微不足道。在茂盛的大樹下開顏歡笑，把富貴的朱門看得如同柴門窮戶。手握著農具躬耕田畝，覺得將帥的麾節與農夫的牛鞭沒有兩樣；吃著菽豆，喝著泉水，覺得太牢的味道與野菜大致相同。逍遙於無為的境界，心情泰然，充滿了歡樂；處身於不爭之地，視貴賤如一，自然欣喜而適意。

含醇❶守樸❷，無欲無憂。全真❸虛器❹，居平味澹❺。恢恢蕩蕩❻，與渾成❼等其自然。浩浩茫茫，與造化❽鈞其符契❾。如闇而明❿，如濁而清⓫。似遲而疾，似虧而盈。豈肯委⓬尸祝⓭之坐⓮，釋大匠⓯之位，越樽俎⓰以代無知之庖，舍繩墨⓱而助傷手之工⓲。不以臭鼠⓳之細瑣⓴，而為庸夫之憂樂。藐然㉑不喜流俗之譽，坦爾㉒不懼雷同之毀㉓。不以外物汨㉔其至精㉕，不以利害汙其純粹也。故窮富極貴㉖，不足以誘之焉，其餘何足以悅之乎？直刃㉗沸鑊㉘，不足以劫㉙之焉，謗讟㉚何足以戚㉛之乎？常無心於眾煩㉜，而未始與物雜㉝也。

【章旨】總結得玄道者之精神境界，在於保持淳樸的稟性，輕視世俗的毀譽。既不感受富貴權勢的誘惑，也不曲從暴力刑法的威脅，而與自然混成一體。

【注釋】❶含醇　保存淳樸厚重，不尚虛華。❷守樸　堅守天賦質樸的稟性。❸全真　保持天然本性。❹虛器　心無物欲。虛，無。器，物。❺居平味澹　敦煌殘卷作「居乎淡味」。❻恢恢蕩蕩　寬闊廣大之貌。❼渾成　即混成。指形成世界的本源。❽造化　造物主；化生萬物之自然。❾鈞其符契　如同符契，完全相吻合。符契，古代用為憑證的信物。剖分為二，各執其一，以兩片相合為驗。❿而明　原作「如明」，據敦煌殘卷校改。⓫而清　原作「如清」，據敦煌殘卷校改。⓬委　放棄。⓭尸祝　古代祭祀中代鬼神享祭、傳達鬼神言辭的人。⓮坐　原作「塵」，據敦煌殘卷校改。⓯大匠　木工之首領。⓰樽俎　盛酒食之器皿。⓱繩墨　墨線。木匠用以取直的工具。⓲傷手之工　指工藝拙劣的木工。⓳臭鼠　比喻人世的爵位利祿、榮華富貴。⓴細瑣　瑣碎。㉑藐然　輕視之貌。㉒坦爾　坦然。㉓雷同之毀　同聲的讒毀。㉔汩　擾亂。㉕至精　最精粹之精神境界。㉖窮富極貴　富貴之極。㉗直刃　刀劍之類。㉘沸鑊　沸騰的湯鍋。㉙劫　以暴力酷刑相威脅。㉚謗讟　非議毀謗。㉛戚　憂愁；傷心。㉜眾煩　世界各種煩雜之事。㉝未始與物雜　從來沒有因為物慮擾亂心神。

【語譯】立身淳樸，保持著天然的稟性。沒有欲念，沒有憂愁。真摯自然，物欲不染。遵循平正之道，體會清澹之味。寬闊廣大，浩蕩無際，與『混成』同屬自然。浩浩茫茫，完全與造化相合。好似愚暗，而又明朗；好似渾濁，而又清澈；好似遲緩，而又迅疾；好似虧缺，而又充滿。哪肯放棄尸祝祭祀的職位，越過盛酒食的樽俎去代替無知的廚師；放棄大匠繩墨的職事，去代替拙劣的木工。得玄道的人不會為了一隻臭老鼠般微不足道的祿利，而像世俗之輩那樣為之憂傷、為之歡樂。藐視世俗的贊譽，對於人云亦云的讒毀坦然置之，毫不在意。不因為外物而擾亂其精神，不為了利害而玷污其純潔。人間最崇高的榮華、最豐富的財寶，都不足以對他形成誘惑，其他的東西怎麼會令他高興並為之動心呢？刀劍加身、烹煮而死，尚且不足以對他構成威脅，口頭誹謗之辭怎麼能使他傷感呢？從來不將煩雜的世事繫掛在心上，所以也從來不因為物欲而擾亂心神。

若夫操隋珠❶以彈雀，舐秦痔以屬車❷，登朽條❸以探巢，泳呂梁❹以求魚，旦為稱孤之客❺，夕為狐鳥之餘❻。棟撓❼餗覆❽，傾溺不振❾。蓋世人之所為載馳而企及❿，而達者之所為寒心而悽愴者也。故至人⓫嘿⓬韶夏⓭而韜藻棁，奮其六羽⓮於五城之墟⓯，而不煩銜蘆之衛⓰，翳其鱗角⓱乎勿用之地，而不恃曲穴之備⓲。俯無倨鵄之呼⓳，仰無亢極之悔⓴，人莫之識，邈㉑矣遼哉！」

【章　旨】批判世俗背離玄道，追逐權位，是所失者大，所得者小。不如遠離人世，隱逸學仙。

【注　釋】❶隋珠　隋侯之珠。是古代著名的寶珠。❷舐秦痔以屬車　指用卑賤的行為得到榮華富貴。《莊子・列禦寇》說：秦王有病招醫，能使瘡疽毒氣潰散的賞車一乘，舔舐痔瘡的賞車五乘。行為愈卑下，得車愈多。❸朽條　枯枝。條，原作「緡」，據敦煌殘卷校改。❹呂梁　地名。其地水急浪惡，連魚鼈也不能游。見《莊子・達生》。❺稱孤之客　指國君、王侯。古代侯王稱孤道寡。❻狐鳥之餘　指被殺身死，屍體無人收殮，為狐貍飛鳥所食，殘缺不全。❼棟撓　屋梁脆弱。比喻衰敗之世，形勢危急。❽餗覆　鼎中食物翻倒出來。比喻當朝重臣遭遇到重大的政治及社會危機。❾傾溺不振　面臨傾覆、沒頂之災，而無法拯救。振，救。❿載馳而企及　奔逐、追求。「而」字據敦煌殘卷校補。⓫至人　聖人；具有最高道德者。⓬嘿　同「默」。閉口不言。⓭韶夏　韶，舜的樂曲；夏，禹的樂曲。代指美妙之樂曲。⓮六羽　即六翮。鴻鵠的六根健羽。⓯五城之墟　指崑崙山。傳說崑崙山上有五城十二樓，是神仙的住處。墟，大丘。⓰銜蘆之衛　口銜蘆草，防止翅膀被矰矢射中。

⑰翳其鱗角　藏起龍的鱗角。翳，遮蓋；掩藏。⑱曲穴之備　在曲折的洞穴中防備禍患。⑲倨鵄之呼　貓頭鷹妄自尊大，害怕鵷鶵奪去牠的腐鼠，而發出「嚇」的呼叫聲。見《莊子・秋水》。鵄，同「鴟」。貓頭鷹。⑳亢極之悔　處在極為尊貴的地位，其勢不可長久，物極必反，容易招致悔恨。㉑邈　遙遠。

【語　譯】至於用貴重的隋侯之珠去彈射鳥雀，以替秦王舐痔去得到車馬的賞賜，登上枯朽的樹枝去探取鳥巢，在波濤險惡的激流中去捕魚，清晨還是稱孤道寡的王侯，晚上就被殺身死，屍體為鳥獸所食，殘缺不全。當棟梁摧折、鼎器翻覆之時，局勢危急，面臨滅頂之災卻回天無術。世俗之人所奔波追逐、希望達到的目標，在通達之士眼中，卻是值得寒心而傷悲的啊！所以至人主張棄置美妙的音樂，掩藏起雕梁畫棟的裝飾。像鴻鵠一樣遠翔於崑崙仙山之上，而不必銜起蘆草以防被繒矢射中。收藏起龍的鱗角，不求有用於世，而不必營造深曲的洞穴以防備禍患。向下沒有貓頭鷹為腐鼠發出傲慢的呼叫，向上不會有盛極而衰的悔恨。世人都不識他的蹤影，真是遙遠而又渺茫啊！」

卷二 論仙

【題解】神仙是道教最高的追求，而仙人的存在，則是這種追求首要的前提。本篇的宗旨，便是闡說論證仙道的存在。

文中的論證可以分為三個層次：一、列舉大千世界種種奇怪無方的變異之事，尤其是自然物種的轉換以及人類種屬的變化，說明修煉成仙的可能；二、列舉古代典籍中關於神仙的記載（主要依據劉向的《列仙傳》），說明神仙之事絕非虛妄；三、指出秦始皇、漢武帝二君沈浸於嗜欲、權勢之中，荼毒生靈無數，又不得明師指導，他們求仙不成，不足以證明世上沒有仙術。

文中始終貫穿下面的認識：世界無限，變化萬品，而人類已知的只是有限的內容，不能僅僅依據耳目的見聞，便斷言事物的有無。其大旨所歸，仍在於說明長生可以修得、神仙確實存在。

或問曰：「神仙不死，信❶可得乎？」

抱朴子答曰：「雖有至明❷，而有形者不可畢見❸焉；雖稟極聰❹，而有聲者不可盡聞焉；雖有大章、豎亥❺之足，而所常履者❻未若所不履之多；雖有禹、益、齊諧❼之博❽，而所記識者❾未若所不識之眾也。萬物芸芸❿，何所不有？況列仙之人，盈乎竹素⓫矣。不死之道⓬，曷為無之？」

【章旨】人的知識、經歷都是有限的，而世界之大，無所不有，因而神仙不死也是可能的。

【注釋】❶信　確實；的確。❷至明　最明亮的眼睛。❸畢見　完全看到。❹極聰　極為靈敏的聽力。❺大章豎亥　夏禹時兩個善於行走的人。傳說禹派大章從東極走到西極，派豎亥從北極走到南極。❻常履者　指雙足所踐踏、所經歷的土地。❼禹益齊諧　夏禹、伯益、齊諧。傳說夏禹「開九州、通九道、陂九澤、度九山」，見聞廣博。伯益是舜之臣，助禹治水，傳說他始作井，又懂鳥語。齊諧是人名，所著之書多記怪的事物。❽博　原作「智」，《道藏》本作「識」，據敦煌殘卷校改。❾記識者　原作「嘗識者」，據敦煌殘卷校改。❿芸芸　眾多之貌。原作「云云」，據明刊慎懋官校本改。⓫竹素　竹簡素帛，即典冊書籍。⓬不死之道　指長生不死的神仙之術。

【語譯】有人問道：「神仙不死，真的可以做到嗎？」

抱朴子答道：「即使視力再明亮，也不能把所有的有形之物都完全看到；即使聽覺再靈敏，也不能把所有的聲音都全部聽見；即使有大章、豎亥那樣善於行走的雙腳，他們所走過的地方，還是不如沒有走過的地方多；即使有夏禹、伯益、齊諧那樣廣博的知識，而他們所知道的東西還是沒有不知道的多。普天之下萬物眾多，什麼樣的沒有呢？何況關於神仙的記載，古代的典冊書籍中到處都可以見到。不死之道，怎麼會沒有呢？」

於是問者大而笑❶曰：「夫有始者必有卒，有存者必有亡。故三五、丘、旦❷之聖，棄、疾、良、平❸之智，端、晏、隨、酈❹之辯，賁、育❺、五丁❻之勇，而咸❼死者，人理之常勢❽、必至之大歸❾也。徒聞❿有先霜而枯瘁⓫，當夏而凋青，含穗而不秀⑫，未實而萎零⑬，未聞有享於萬年之壽，久視不已之期⑭者矣。故古人學不求仙，言不語怪⑮，杜彼異端⑯，守此自然，推龜鶴於別類⑰，以死生為朝暮也。

夫苦心約己，以修⑱無益之事；鏤冰雕朽⑲，終無必成之功。未若攄⑳匡世之高策㉑，招當年㉒之隆祉㉓。使紫青㉔重紆㉕，玄牡㉖龍跱㉗，華轂㉘易步趍㉙，鼎餗㉚代耒耜㉛，不亦美哉！每思詩人〈甫田〉之刺㉜，深惟㉝仲尼皆死之證㉞。無為握無形之風，捕難執之影，索不可得之物，行必不到之路。棄榮華而涉苦困，釋甚易㉟而攻至難㊱，有似桑者㊲之逐游女㊳，必有兩失㊴之悔；單、張㊵之信偏見，將速內外之禍㊶也。

夫班㊷、狄㊸不能削瓦石為芒鍼㊹，歐冶㊺不能鑄鉛錫為干將㊻。故不可為者，雖鬼神不能為也；不可成者，雖天地不能成也。世間亦安得奇方，能使當老者常㊼少，而應死者久㊽生哉？而吾子乃欲延蟪蛄㊾之壽㊿，養朝菌(51)使之累晦積朔(52)，不亦謬乎？願加九思(53)，不遠迷復(54)焉。」

【章旨】發問者認為人生應當建立功名、享受榮華富貴，批評神仙長生久視之道是虛妄的幻想，不值得為之努力。

【注　釋】❶大而笑　以為迂闊不切實際而笑之。大，誇張。❷三五丘旦　三皇五帝、孔丘、周公旦。❸棄疾良平　后稷、樗里子、張良、陳平。后稷，名棄，周之始祖。教民耕種，天下得其利。樗里子，名疾。戰國秦之貴族。為人滑稽多智，秦人號曰「智囊」。事見《史記・樗里子甘茂列傳》。張良，字子房。曾輔助劉邦平定天下。事見《史記・留侯世家》。陳平，漢人。足智多謀，曾任丞相，常出奇計，為國救難除患。事見《史記・陳丞相世家》。❹端晏隨酈　端木賜、晏嬰、隨何、酈食其。端木賜，字子貢。孔子弟子。善於辯說。見《史記・仲尼弟子列傳》。晏嬰，春秋時齊大夫。善於辭令。《晏子春秋》載其言論甚多。隨何，曾為劉邦說英布叛楚歸漢。見《史記・黥布列傳》。酈食其，著名的說客，曾勸說齊王田廣歸附劉邦，「伏軾下齊七十餘城」。見《史記・酈生陸賈列傳》。❺賁育　孟賁、夏育，都是古代的勇士。❻五丁　傳說中蜀國的大力士。《華陽國志》載五丁見一大蛇入穴中，大呼拽蛇，山崩分為五嶺。❼咸　全；都。❽人理之常勢　人生變化的正常趨勢。勢，原作「然」，據敦煌殘卷校改。❾大歸　總的歸宿。歸，原作「端」，據敦煌殘卷校改。❿徒聞　只是聽說。⓫先霜而枯瘁　在霜降之前便枯萎。⓬秀　開花。⓭萎零　枯萎凋零。⓮久視不已之期　永遠活著；長生不死。⓯言不語怪　《論語・述而》說孔子不語怪力亂神。⓰異端　指神仙之事。⓱別類　異類。⓲修　原作「行」，據敦煌殘卷校改。⓳鏤冰雕朽　在冰塊、朽木上雕刻。⓴攄　抒發；發表。㉑匡世之高策　匡世救時的妙計。㉒當年　少壯年華之時。㉓隆祉　顯赫的功名爵祿。㉔紫青　漢代公侯的印綬為紫色，九卿的印綬為青色。㉕重紆　重重縈繞。㉖玄牡　黑色的公馬。㉗龍跱　形容威武雄壯的站立。㉘華轂　裝飾華麗的車子。㉙步趍　徒步行走。㉚鼎餗　本指烹調鼎中的食物。轉指主持政務。㉛耒耜　農具名。代指耕作。㉜甫田之刺　《詩經・齊風》有〈甫田〉之詩，〈毛詩序〉認為是刺齊襄公「無禮義而求大功，不修德而求諸侯，志大心勞，所以求者非其道也」。此處取其刺「志大心勞」之義，以為求仙之事空有大志而無結果。㉝惟　思；想。㉞仲尼皆死之證　《論語・顏淵》載孔子說：「自古皆有死，民無信不立。」㉟甚易　指追求功名利祿。㊱至難　指修煉仙道。㊲桑者　採桑之人。原作「喪者」，據敦煌殘卷校改。㊳游女　漢水之女神。《列仙傳》載：江妃二女出游於漢水之濱。鄭交甫見而悅之，乃請其佩珠。二神女解開佩珠贈給鄭交甫，交甫受而懷之。去數十步，發現懷中並無佩珠，再看神女也不見了。㊴兩失　謂游女既不能求得，又誤了採桑的工夫。意謂功名不成，神仙不得。㊵單張　單豹、張毅。單豹遠離世俗，隱逸於山林，行年七十而有嬰兒之色，最後卻被餓虎所食。張毅恭敬仁義，不與百姓爭利，形神勞累，行年四十而有內熱之病以死。見《莊子・達生》、《呂氏春秋・必己》。㊶內外之禍　意謂單豹為虎所食，是外來的禍患；張毅因病而死，是自身內在的禍患。㊷班　公輸班，即魯班，戰國人，著名的巧匠。㊸狄　墨翟。能以木為鳶，飛於空中。㊹芒鍼　像芒刺一樣的細針。㊺歐冶　古代越國鑄劍之工匠。曾為越王鑄造湛盧、純鉤之劍。㊻干將　古代著名寶劍之名。㊼常　原作「復」，據敦煌殘卷校改。㊽久　原作「反」，據敦煌殘卷校改。㊾蟪蛄　寒蟬。春生夏死，夏生秋死。㊿歷紀之壽　數百年的壽命。紀，或指十二年，或指三十年，或指一千五百年。51朝菌　朝生暮死之蟲。52累晦積朔　指生命長達一月或數月。陰曆每月之首為朔，每月之末為晦。原作「累晦朔之積」，據王明引古寫殘卷改。53九思　多思；深思。54迷復　迷失徑路，不能回到原來的處所。

【語　譯】於是提問者以為抱朴子的回答迂闊不切實際，笑著說：「萬事萬物有開始就有結束，有存在就必然有消亡。所以像三皇五帝、孔子、周公這樣的聖人，像后稷、樗里子、張良、陳平這樣的智者，像子貢、晏嬰、隨何、酈食其這樣的辯士，像孟賁、夏育、五丁這樣的武夫，最後都不免一死。這是人生正常的趨勢、必然的歸宿啊！只聽說有在霜降之前便先行枯死，正當盛夏反而凋萎，雖然吐穗但不開花，沒有結出果實卻先零落的事，卻沒有聽說有享壽萬年、長生不死的人。所以古人讀書而不求神仙，言語不談怪異，杜絕那些異端邪說，信守自然一定之理。將長壽的龜鶴看作異類，將人的生死看作如同朝暮必然的推移。

如果檢束身心以從事艱苦的修煉，去做那些無益的事情，就好像在冰塊和朽木上雕鏤花紋圖案，終究難以成功。還不如顯露非凡的謀略，施展治世的抱負，在青春年華得到高官厚爵，位在公卿，紆青拖紫。有高頭大馬拖著華麗的車子，用不著徒步行走；以治國之政務代替農田耕作。這不也是很好的嗎！我時常想起《詩經·齊風》中〈甫田〉一詩對於志大心勞的諷刺，深思孔子關於『自古皆有死』的論述，認為人生不應當捕風捉影，妄想追求不可得之物，走那不可能有結果的路。拋棄人間的榮華富貴去經歷困厄與苦難，放棄容易成就的人事去追求萬難實現的仙道，就好似採桑者去追求神女，結果神女既不可求得，又誤了採桑之事。又好像單豹、張毅都只偏信一個方面，結果招致內外不同的禍患而喪生。

即使像魯班、墨翟這樣的巧匠，也不能將瓦石削成細針；即使像歐冶子這樣善於鑄劍的人，也不能將鉛錫之材鑄造成鋒利的寶劍。所以做不到的事，連鬼神也沒有辦法；不能成功的事，天地也無法使之成功。世間哪會有奇妙的藥方，能使應當衰老的人永遠年輕，使將要死去的人長久地存活呢？而先生竟然希望將蟪蛄短暫的生命延長到數百年，使朝生暮死的蟲有數月之久的壽命，這不是很荒唐的嗎？希望多多地考慮，不要誤入迷途、不知回返啊。」

抱朴子答曰：「夫聰❶之所去❷，則震雷不能使之聞；明❸之所棄❹，則三光❺不能使之見。豈輷磕❻之音細，而麗天之景❼微哉？而聾夫謂之無聲焉，瞽者❽謂之無物焉。又況管絃之和音❾，山龍❿之綺粲⓫，安能賞克諧⓬之雅韻、暐曄⓭之鱗藻哉？故聾瞽在乎形器⓮，則不信豐隆⓯之與玄象⓰矣，而況物有微乎此者乎？暗昧⓱滯乎心神，則不信有周、孔於在昔矣，況告之以神仙之道乎？

夫存亡終始⓲，誠是大體⓳。其異同參差⓴，或然或否，變化萬品㉑，奇怪無方㉒。物是事非㉓，本鈞末乖㉔，未可一也。夫言始者必有終者多矣，混而齊之㉕，非通理矣。謂夏必長，而薺麥㉖枯焉；謂冬必凋，而竹柏茂焉；謂始必終，而天地無窮焉；謂生必死，而龜鶴長存焉。盛陽宜暑，而夏天未必無涼日也；極陰宜寒，而嚴冬未必無暫溫也。百川東注，而有北流之活活㉗；坤㉘道至靜，而或震動而崩弛㉙；水性純冷，而有浔㹠㉚之湯泉；火體宜熱㉛，而有蕭丘之寒焰㉜；重類應沈，而南海有浮石之山㉝；輕物當浮，而牂牁㉞有沈羽之流㉟。萬殊之類，不可以一概斷之，正如此也久矣。

【章　旨】抱朴子回答說，世上的事物參差異同，紛紜萬端，未可一概而論。倘若閉目塞聽，失去判斷的能力，自然不會相信神仙之道。

【注　釋】❶聰　聽力；聽覺。❷去　離去；消失。❸明　視力。❹棄　喪失；失去。❺三光　日、月、星。❻輷磕　車轟鳴、石碰撞聲。形容巨雷的聲音。❼麗天之景　指日月之光。麗天，附著於天。此指日月懸於天。景，光。❽瞽者　瞎子。❾和音　優美柔和的樂聲。❿山龍　古代將山與龍的形象繡在旌旗及袞服上，以為裝飾。⓫綺粲　文采鮮明、秀麗。⓬克諧　能夠柔美和諧。⓭暐曄　光明燦爛之貌。⓮形器　有形之器。此指耳目。⓯豐隆　傳說中的雷師。此指雷的轟鳴聲。⓰玄象　天象。此指日月星辰。⓱暗昧　愚昧；糊塗。⓲存亡終始　有存必有亡，有始必有終。⓳大體　大致如此。⓴異同參差　有同有異，長短不齊。㉑萬品　萬物；萬類。㉒無方　無常。㉓物是事非　物體相同，而事變各異。㉔本鈞末乖　本同而末異。鈞，均同。㉕混而齊之　混同萬物，一樣看待。㉖薺麥　薺菜、麥子。薺，一作「蒜」。㉗北流之活活　《詩經·衛風·碩人》有「河水洋洋，北流活活」之句。活活，水流的聲音。㉘坤　地。㉙崩弛　崩裂；崩毀。㉚潯狆　煮熟小豬。羅振玉曰：「『狆』即『豚』別構，『潯』殆『燖』之譌。」《華陽國志·蜀志》：「邛都縣有溫泉穴，冬夏熱，其溫可湯雞豚。」㉛熱　原作「熾」，據敦煌殘卷校改。㉜蕭丘之寒焰　傳說南海有島名蕭丘，上有自然之火，春生秋滅，為寒火。㉝浮石之山　《太平御覽·卷四九》引〈交州記〉云：海有浮石山，高數十丈，浮於水上。㉞牂牁　即牂牁。漢代郡名。在今貴州境內。㉟沈羽之流　傳說弱水不能浮起一根羽毛。

【語　譯】抱朴子回答說：「一個人如果喪失了聽力，即使是巨大的雷聲轟鳴也不能使他聽到；一個人如果喪失了視力，即使是日月星辰也不能使他看見。雷聲轟鳴的聲音難道還小嗎，日月掛在天上的光芒難道細微不明嗎？然而聾子說什麼也聽不到，瞎子說什麼也看不見。又況且管絃演奏出優美的樂曲，山龍裝飾成秀麗的圖紋，他們怎麼能夠品味其中雅致和諧的韻調，怎麼能夠欣賞其中鮮明秀美的彩飾呢？所以聾子、瞎子的器官有毛病，他們連雷聲也聽不見、連日月也看不到，何況比這些要微弱的聲音與物象呢？當一個人精神愚昧、心靈糊塗時，他甚至連曾經有過周公、孔子都不肯相信，何況告訴他神仙之道，他怎麼會相信呢？

事物有存在必有滅亡、有開始必有終結，誠然大致如此。然而其中又有所不同、有所差別，或者這樣、或者那樣，變化萬物，奇怪無常。或者同一物類，而事變不同；或者本源相同，而發展乖異，不可一律等同看待。關於有開始必有終結的論述是很多的，但是如果說天下之事全都如此，就不符合通達之理。說夏天萬物必定生成，然而薺菜麥類卻成熟枯焦；說冬天樹木一定凋落，然而竹子松柏卻蔥綠茂盛。說有始必有終，然而天地無窮無盡；說有生必有死，然而龜鶴卻生命長存。說陽氣興盛理應炎熱，然而盛夏未嘗沒有涼爽的日子；說陰氣極盛理應寒冷，然而嚴冬未嘗沒有暫時溫暖的時候。江河向東奔流，然而《詩經》中有『北流活活』的語句；大地是最安靜的，然而又有地震時的動搖崩毀。水性是寒冷的，然而又有能煮熟小豬的溫泉；燃燒的火應該是熾熱的，然而蕭丘的火焰卻是寒冷的。重的東西在水中應該沈沒，然而南海中卻有浮石之山；輕的東西在水中應該浮起，然而牂牁郡內卻有河流載不起一根羽毛。天下的萬事萬物，不可以一概而論，就像以上所列舉的，這種情況已經存在很久了。

有生最靈，莫過於人。貴性之物❶，宜必鈞一❷。而其賢愚、邪正、好醜、修短❸、清濁、貞淫、緩急、遲速，趨舍所尚❹、耳目所欲，其為不同，已有天淵之降❺、冰炭之乖矣。何獨怪仙者之異，不與凡人皆死乎？若謂受氣❻皆有一定，則雉之為蜃❼，雀之為蛤❽，壤蟲❾假翼，川蛙翻飛❿，水蠆為蛉⓫，荇苓為蛆⓬，田鼠為鴽⓭，腐草為螢⓮，鼉之為虎⓯，蛇之為龍⓰，皆不然乎？

若謂人稟正性，不同凡物，皇天賦命⓱，無有彼此，則牛哀⓲成虎，楚嫗為黿⓳，枝離為柳⓴，秦女為石㉑，死而更生，男女易形㉒，老彭㉓之壽，殤子之夭，其何故哉？苟有不同，則其異有何限乎？

【章旨】進一步舉出自然物種內部以及與人類之間相互變化的事例，證明修煉成仙是可能的。

【注釋】❶貴性之物　指人。《說文》：「人，天地之性最貴者也。」❷鈞一　相同；均一。❸修短　身材長短。❹趨舍所尚　取捨的好尚。❺天淵之降　高天、深淵之差距。❻受氣　稟受天地之氣。❼雉之為蜃　雉是野雞，蜃是大蛤。《禮記·月令》上說，孟冬「雉入大水為蜃」。❽雀之為蛤　《禮記·月令》上說，季秋「爵入大水為蛤」。爵，即「雀」。❾壤蟲　比蝗蟲略小的一種昆蟲。能長出薄膜狀的直翅。❿川蛙翻飛　水中之蛙可以化鳥翻飛於空中。《墨子·經說上》：「若鼃為鶉」。鼃，即「蛙」。⓫水蠣為蛉　幼蟲化為蜻蜓。水蠣，蜻蜓之幼蟲。蠣，同「蠆」。「蠣」，原作「蠣」，據敦煌殘卷及孫詒讓《札迻》校改。蛉，蜻蜓。「蛉」，原作「蛤」。⓬荇苓為蛆　荇苓變出蛆螢。荇、苓均為草名。蛆，一種螢火蟲。名叫蛆螢。參見⓮。⓭田鼠為鴽　田鼠化為鵪鶉。《禮記·月令》上說，季春之月，「桐始華，田鼠化為鴽」。鴽，鵪鶉。⓮腐草為螢　腐爛的草化為螢火蟲。《禮記·月令》說，季夏之月，溫風始至，「腐草為螢」。⓯鼉之為虎　《國語·晉語九》：「黿鼉魚鱉，莫不能化。」鼉，水中爬行動物，形似蜥蜴，皮可為鼓。⓰蛇之為龍　古人認為蛇與龍同類，常以龍蛇並稱。《史記·外戚世家》：「蛇化為龍，不變其文。」⓱皇天賦命　上天所賦與的本性。命，性。⓲牛哀　公牛哀。周代人。傳說他病七日後，化為虎。見《淮南子·俶真》。⓳楚嫗為黿　漢靈帝時，江夏黃氏之母，浴而化為黿，人於深淵。見《後漢書·五行志》。⓴枝離為柳　《莊子·至樂》說：「支離叔與滑介叔觀於冥伯之丘、崑崙之虛……俄而柳生其左肘。」據《莊子》文意，柳生左肘為滑介叔事。晉人舊解認為「柳」是楊柳之「柳」，後人認為「柳」是「瘤」的假借字。㉑秦女為石　秦惠王曾獻五美女於蜀王，蜀王派五丁迎接。途逢大蛇入山穴中，五丁拽蛇引起山崩，五名秦女遂化為石。見《述異記·卷下》。㉒男女易形　男變為女，女變為男。《漢書·五行志》載漢哀帝建平中，豫章有男子化為女子。《後漢書·方術列傳》載：徐登，閩中人，本女子化為丈夫。㉓老彭　老子、彭祖。老子在周三百餘年。彭祖是帝顓頊之玄孫，傳說至殷末已有七百六十七歲，而不衰老。

【語譯】世界上的生物之中，人被稱為萬物之靈。既然稟賦高貴的性靈，人的各方面應該是相同的。然而其中有賢有愚，有邪有正，有美有醜，有高有矮，有清有濁，有堅貞有淫邪，性格有緩有急，行動有快有慢，心靈的好惡取捨各有不同，耳目的喜愛也有著差別。這些差異之大，已經令人感到有天淵之別，好像火炭與冰塊難以相容。那麼，為什麼要對神仙不與凡人同歸於死亡感到奇怪呢？如果說同一物種，稟受天地一定之氣，那麼野雞可以變化為大蛤，飛雀可以變化為蛤蜊，土中的幼蟲後來可以長出薄膜般的翅膀，水中之蛙可以化作飛鳥高翔於空中，幼蟲可以變成蜻蜓，荇苓可以變出蛆螢，田鼠可以變化成鴽鶉，腐草中會長出螢火蟲，鼉可以變成虎，蛇可以變成龍，事實難道不是如此嗎？

如果說人生下來稟受的是中正的本性，不同於平常的物類。那麼上天的稟賦，應該沒有什麼區別。然而公牛哀病後化為虎，楚地老婦浴時化為黿；滑介叔左肘長出柳，秦國之美女化為石；有的人死後又活過來，有的男變為女、女變為男；老子、彭祖享受高壽，有的孩子卻未成年就夭折了。這些又是為什麼呢？倘若人的稟賦是不同的，那麼他們的差異又哪有限度呢？

若夫仙人，以藥物養身，以術數❶延命，使內疾不生，外患不入。雖久視❷不死，而舊身不改。苟有其道，無以為難也。而淺識之徒，拘俗守常，咸曰世間不見仙人，便云天下必無此事。夫目之所曾見，當何足言哉？天地之間，無外❸之大，其中殊奇❹豈遽有限？詣老戴天❺而無知其上，終身履地❻而莫識其下。形骸己所自有也，而莫知其心志之所以然❼焉；壽命在我者也，而莫知其脩短之所能至❽焉。況乎神仙之遠理，道德之幽玄❾，仗其短淺之耳目，以斷微妙❿之有無，豈不悲哉？

設有哲人大才⑪，嘉遁⑫勿用⑬，翳景⑭掩藻⑮，廢偽去欲⑯，執大朴⑰於至醇⑱之中，遺末務於流俗之外。世人猶尠⑲能標美逸於無名之表⑳，得精神於陋形之裡。豈況仙人殊趣異路㉑，以富貴為不幸，以榮華為穢汙㉒，以厚玩㉓為塵壤，以聲譽為朝露。蹈炎飆㉔而不灼，躡玄波㉕而輕步。鼓翮㉖清虛㉗，風駟雲軒㉘。仰凌紫極㉙，俯棲崑崙。尸行之人㉚，安得見之？假令遊敖㉛或經人間，匿真隱異㉜，外同凡庸，比肩接武㉝，孰能有覺乎？若使皆如郊間㉞兩瞳之正方㉟，邛疏㊱之雙耳出乎頭巔㊲，馬皇㊳乘龍而行，子晉㊴躬御白鶴，或鱗身蛇軀㊵，或金車羽服㊶，乃可得知耳。自不若斯，則非洞視者安能覿其形，非徹聽者安能聞其聲哉？世人既不信，又多疵毀㊷，真人疾之，遂益潛退。

且常人之所愛，乃上士㊸之所憎；庸俗之所貴，乃至人㊹之所賤也。英儒㊺偉器㊻，養其浩然㊼者，猶不樂見淺薄之人，風塵之徒㊽，況彼神仙，何為汲汲㊾使芻狗之倫㊿知有之？何所索乎，而怪於未之嘗見(51)也。

【章　旨】神仙與俗人志趣不同，偶爾遨遊人間，也必然隱藏著自己的真相，不願意世人知曉。所以世人沒有見過神仙，便沒有什麼奇怪的了。

【注　釋】❶術數　方術。❷久視　長生不死。❸無外　沒有界限、範圍。❹殊奇　特殊、奇異之事。❺詣老戴天　終身頭頂藍天。詣，至。❻終身履地　一生都腳踏著土地。❼心志之所以然　心理意識、思想活動產生的因果。❽脩短之所能至　壽命何以有長有短。❾道德之幽玄　道家的學說幽遠而玄妙。❿微妙　指神仙之道。⓫哲人大才　聖哲、超群之才。⓬嘉遁　符合道義原則的隱逸行為。⓭勿用　不求任用。⓮翳景　遮蓋住自身的光彩，使不外露。⓯掩藻　掩藏起超眾的才華。藻，比喻才華。⓰廢偽去欲　廢除世俗的虛偽，克服世俗的欲念。⓱大朴　原始樸質之大道。原作「太璞」，據敦煌殘卷校改。⓲至醇　原始之淳真狀態。⓳尠　鮮；少。⓴標美逸於無名之表　透過無名無為的表象，識別出他們高邁超逸的姿態。標美逸，原作「甄別或莫造志行」，據敦煌殘卷校改。標，表而出之。無名，無以名之。㉑殊趣異路　趨向不同，路途互異。趣，同「趨」。㉒穢汙　骯髒；汙穢。㉓厚玩　豐厚、眾多的玩物。㉔炎飆　狂風捲起大火。㉕玄波　深水面之波瀾。㉖鼓翮　鼓動翅膀。即飛翔。㉗清虛　清空。原作「清塵」，據敦煌殘卷校改。㉘風驅雲軒　以風為馬，以雲為車。㉙紫極　道教境界中的神仙宮殿。在天之極高處。㉚尸行之人　指凡俗之人。㉛遊敖　遊樂；漫遊。原作「遊戲」，據敦煌殘卷校改。㉜匿真隱異　隱藏真實的身分，將不同於凡人之處收斂起來。㉝比肩接武　與凡人並肩而行，步履相接。㉞郊間　周宣王時採薪之人。有千歲之壽。見葛洪《神仙傳‧王真傳》。㉟兩瞳之正方　《神仙傳》上說「八百歲人目瞳正方」，所以兩瞳正方是神仙的標誌。㊱邛疏　神仙名。能行氣煉形。見劉向《列仙傳》。㊲雙耳出乎頭巔　〈微旨〉說：「若令吾眼有方瞳，耳長出頂，亦將控飛龍而駕慶雲」，可知雙耳長出頭頂亦為神仙之標誌。㊳馬皇　馬師皇。黃帝時之馬醫。曾給龍治病，最後乘龍而去。見劉向《列仙傳》。㊴子晉　王子喬。周靈王之太子，一名王子晉。好吹笙作鳳凰鳴，後駕白鶴揮手謝時人而去。見《列仙傳》。㊵鱗身蛇軀　後漢王延壽〈魯靈光殿賦〉曰：「伏羲鱗身，女媧蛇軀。」軀，原作「首」，據敦煌殘卷校改。㊶金車羽服　金色之車、鳥羽之衣。均為仙人所用。㊷疵毀　指責、詆毀。㊸上士　超凡得道的人。㊹至人　具有最高道德的人。指仙人。㊺英儒　傑出超群的學者。㊻偉器　大器。有雄偉才器的人。㊼養其浩然　培養剛正浩然之氣。㊽風塵之徒　世俗之人。㊾汲汲　急切。㊿芻狗之倫　指普通百姓、世俗之輩。古代結草為狗，以供祭祀，祭後棄去。(51)未之嘗見　原作「未嘗知」，據敦煌殘卷校改。

【語　譯】至若仙人，他們以藥物滋養著身體，以方術延長著生命，使體內不生疾病，外在的禍患不能侵人，雖然長生不老，而身體如故。只要掌握了有關的方法，做到這些並不困難。而那些見識短淺的人，只知道世俗平常之事，都說世上沒有看到仙人，便斷定天下必無此事。人所親眼目睹的事，又能有多少呢？天地包容萬物，境界極大，其中奇怪特殊之事，難道可以限定嗎？人一輩子頭頂天空，然而並不知道天上的情況；人終身腳踏著大地，然而並不知道地下的情況。身體是人們所擁有的，然而人的心理意識如何產生卻並不知道；生命屬於人們自己，然而壽命的長短如何形成也並不明白。況且超遠的仙道、玄妙的道德，僅僅憑著世人短淺的耳目之見，來判斷神仙之道的有無，豈不是可悲的嗎？

如果有洞明哲理的傑出之士，為堅守高潔而隱逸於世，不求任用。他們掩藏住自身精神的光彩，不顯露非凡的才華，破除世俗的虛偽，捐棄個人的欲望，保持著質樸淳真的風采，遺棄人間瑣細的事務。尚且很少有人能透過無名無為的表象，識別出他們高邁超逸的真相，能從平常的形骸中感受到他們非凡的精神。更何況仙人與凡人走的不是同一條道路，仙人把富貴當作不幸，把榮華當作骯髒，將豐厚的財物當作塵土，把世間的聲譽當作清晨的露珠。仙人可以踐踏火焰而不被燒傷，可以在深水之上輕步行走。他們像鳥一樣乘風展翅、飛翔清空，以風為馬，以雲為車。他們高則飛向紫極之神宮，下則棲身崑崙之仙山。凡夫俗子，怎麼能見到他們呢？假令仙人外出遊玩，也可能來到人間。然而他們將真實的身分深藏起來，將不同於世人的特徵收斂起來，外表與凡人沒有兩樣。當他們與凡人肩並著肩、步履相隨地走在一起，誰又能覺察他們的真實身分呢？假如他們都像仙人郊閒長有一對正方形的眼珠，都像仙人邛疏的雙耳高出頭頂，都像仙人馬師皇一樣乘龍而行，都像仙人王子喬一樣駕著白鶴飛升，或者長著鱗甲、身如龍蛇，或者駕著金車、身著羽衣，那時人們才得以知曉。假如不是如此，則除了有著透徹見識的人，誰能看出他們的真相？除了聽力非凡的人，誰能分辨出他們的聲音？世俗之人既不相信有仙人，又經常詆毀仙人。神仙之輩為此而痛心，所以更加潛藏、隱退。

而且一般人所喜愛的，乃是得道之士所憎惡的；庸人所寶貴的，乃是至人所鄙賤的。有著傑出見識的學者，注重培養浩然之氣的人，尚且不樂意見到淺薄之人、名利之徒，況且神仙，為什麼要急切地使世俗之輩知道神仙的存在呢？既然如此，哪裡又能找得到神仙呢，世人不知道有神仙，也就不算奇怪了。

目察百步，不能了了❶。而欲以所見為有，所不見為無，則天下之所無者，亦必多矣。所謂以指測海，指極則謂水盡；猶目察百步，而云見極❷也。蜉蝣❸校巨鼇❹，日及❺料❻大椿❼，豈所能及哉？

魏文帝❽窮覽洽聞❾，自呼於物無所不經。謂天下無切玉之刀❿、火浣之布⓫，及著《典論》⓬，嘗據言此事。其間未期⓭，二物畢至。帝乃歎息，遽⓮毀斯論⓯。事無固必⓰，殆為此也。

陳思王⓱著〈釋疑論〉⓲云：『初謂道術，直呼愚民詐偽空言定矣。及見武皇帝⓳試閉左慈等⓴，令斷穀近一月，而顏色不減，氣力自若。常云可五十年不食，正爾復何疑哉！』又云：『令甘始㉑以藥含生魚而煮之於沸脂㉒中，其無藥者熟而可食，其銜藥者游戲終日㉓，如在水中也。又以藥粉桑以飼蠶，蠶乃到十月不老。又以住年藥㉔食㉕雞雛，及新生犬子，皆止不復長。以還白藥食白犬，百日毛盡黑。乃知天下之事不可盡知，而以臆斷之，不可任㉖也。但恨不能絕聲色，專心以學長生之道耳。』

彼二曹學則無書不覽，才則一代之英，然初皆謂無，晚乃云有㉗。窮理盡性㉘，其難㉙如此！不逮若人㉚者，不信神仙，不足怪也。

【章　旨】用魏文帝曹丕、陳思王曹植始則不信神仙道術，後來才轉變看法的例子，說明人的認識有限，要相信神仙的存在，是不容易的事情。

【注　釋】❶了了　清楚；明白。❷猶目察百步二句　如目力能察百步之人，即以百步為極遠。此九字原無，據《太平御覽・卷三七〇》校補。❸蜉蝣　小蟲名。身長僅數分。❹巨鼇　海中大龜。傳說海中有巨鼇駝負起仙山。見《列子・湯問》。❺日及　一種朝生暮死的菌類植物。❻料　計算；估計。❼大椿　樹名。《莊子・逍遙遊》說：「上古有大椿者，以八千歲為春，八千歲為秋。」❽魏文帝　即曹丕。曹操之子。代漢稱帝。❾窮覽洽聞　遍覽眾籍，見聞廣博。❿切玉之刀　極鋒利的刀，可以切割玉石。《列子・湯問》說：西戎曾獻寶劍，用之切玉如切泥。⓫火浣之布　即石棉布。能耐火燒。⓬典論　曹丕之論著，共五卷。全書已散佚，清人有輯本。⓭期　一週年。一作「幾」。⓮遽　遂；於是。⓯毀斯論　毀棄斷言無切玉之刀、火浣之布的論述。《三國志・卷四》裴松之注說曹丕不信火浣布，「著之《典論》，明其不然之事」，魏明帝將《典論》刊刻石碑之上，景初三年「西域使至而獻火浣布焉，於是刊滅此論，而天下笑之。」⓰固必　固執；不知變通。⓱陳思王　即曹植。字子建，曹丕之弟。曾被封陳王，諡曰思，故稱陳思王。⓲釋疑論　原論已佚。或即〈辨道論〉。⓳武皇帝　即曹操。字孟德，封魏王。曹丕即帝位，追尊為太祖武帝。⓴左慈等　左慈、郗儉等術士。曹植〈辨道論〉曰：「余嘗試郗儉，絕穀百日，躬與之寢處，行步起居自若也。」㉑甘始　人名。甘陵人。《博物志》說他善於行氣，老有少容。㉒沸脂　滾燙沸騰的油鍋。㉓銜藥者游戲終日　含有藥物的魚終日在沸騰的油鍋中遊戲。〈辨道論〉曰：甘始又言「取鯉魚五寸一雙，令其一著藥，俱投沸膏中。有藥者奮尾鼓鰓，游行沈浮，有若處淵。其一者已熟而可噉。」㉔住年藥　使生命不再向前發展以避免衰老的藥物。㉕食飼養；餵養。㉖不可任　不堪；不勝任。㉗晚乃云有　原作「晚年乃有」，據敦煌殘卷校改。㉘窮理盡性　徹底地探究萬物之理，以及生靈的稟性。㉙難　原作「歎息」，據敦煌殘卷校改。㉚若人　此人。指曹丕、曹植。

【語　譯】人的視力，即使在百步以內也不能看得很清楚。如果認為看見的東西便有，看不見的便不存在，那麼天下不存在的東西，一定是很多的了。這就像以手指來測量大海的深度，手指所盡就說海水到底了；就像目光只能觀察到百步以內，卻說看到了世界的盡頭一樣。以微小的蜉蝣去考量載負五山的巨鼇，以朝生暮死的朝菌去計算大椿的長壽，又怎麼可能呢？

魏文帝曹丕博覽群書，見多識廣，他自己說天下之事無所不經。他曾說天下沒有可以切玉之刀、沒有可以耐火燒之布。他撰寫《典論》時，曾經論及此事。然而沒過多久，切玉之刀、火浣之布都送來了。曹丕因此而歎息，於是便毀棄了這篇文章。凡事不要過於絕對，就是為了這種緣故。

陳思王曹植所著〈釋疑論〉說：『開始我認為道術是愚昧百姓欺詐騙人的空言。後來見到武皇帝試將左慈等人關起來，讓他們斷絕五穀近一月之久，而左慈等人顏色不改、氣力照舊。他們曾說可以五十年不吃食物。事已如此，還有什麼可懷疑的呢？』又說：『讓甘始以藥含在活魚的口中，在滾開的油鍋中煮。其中沒有含藥的魚煮熟了，可以食用，含藥的魚還遊戲整天，像在水中一樣。又用拌有藥粉的桑葉養蠶，蠶可以十月不老。又以住年藥飼養小雞小狗，這些小動物都不再長大。又以還白藥餵白狗，一百天白狗的毛色全部變黑。然後才知道天下之事不是都能夠通曉明白的。如果只憑推測猜想來下判斷，那是不行的。只恨不能斷絕聲色之欲，專心學習長生之道啊。』

曹丕、曹植二人在學問上無書不讀，才華算得上一代之英傑，然而最初他們都說沒有神仙，後來才承認有神仙。窮究物理、探討性命，是如此的困難！在才學上不如二曹的人，不相信神仙，也就不足為怪了。

劉向❶博學則究微極妙❷，經深涉遠❸；思理則清澄❹真偽，研覈❺有無。其所撰《列仙傳》，仙人七十有餘。誠❻無其事，妄造何為乎？邃古❼之事何可親見？皆賴記籍❽傳聞於往耳。《列仙傳》炳然❾，其有必❿矣。然書不出周公⓫之門，事不經仲尼⓬之手，世人終於不信。然則古史所記，一切皆無，何但一事哉？俗人貪榮好利、汲汲名位⓭，以己之心，遠忖⓮昔人，乃復不信古者有逃帝王之禪授⑮，薄卿相之貴任⑯，巢、許⑰之輩，老萊、莊周⑱之徒，以為不然也。況於神仙，又難知於斯⑲，亦何可求今世皆信之哉？

多謂劉向非聖人，其所撰錄，不可孤據⑳，尤所以使人歎息者也。夫魯史㉑不能與天地合德㉒，而仲尼因之以著經㉓；子長㉔不能與日月並明，而揚雄㉕稱之為實錄㉖。劉向為漢世之名儒賢人，其所記述，庸㉗可棄哉？

【章旨】舉出漢代劉向《列仙傳》的記載，說明神仙的存在不可不信。

【注釋】❶劉向　西漢著名經學家、目錄學家、文學家。曾整理宮廷圖籍，撰為《別錄》。編輯先秦至漢朝史事，為《新序》、《說苑》二書。又有《列仙傳》、《列女傳》，亦題劉向撰。又曾整理《楚辭》，並有辭賦數十篇。❷究微極妙　探討深微，窮究奧妙。❸經深涉遠　造詣深遠。❹清澄　鑒別、澄清。❺研覈　深入地研討、考究。❻誠　果真；真的。❼邃古　遠古。「邃」一作「遠」。❽記籍　書籍典冊。❾炳然　光明貌。轉為明白、顯明之意。❿有必　原作「必有」，據敦煌殘卷校改。⓫周公　周公旦。周武王之弟，輔助武王滅商。成王年幼，代為攝政。制禮作樂，建立典章制度。被儒家奉為聖人。⓬仲尼　孔子。名丘，字仲尼。曾整理《詩經》等古代文獻，作《春秋》，讀《周易》至韋編三絕，以詩書禮樂教授弟子，為儒家的開創者。⓭名位　名譽地位。原作「名利」，據敦煌殘卷校改。⓮忖　忖度。⓯逃帝王之禪授　不接受帝王之位。傳說堯要將君位禪讓給巢父、許由，先後被他們二人拒絕。⓰薄卿相之貴任　鄙視卿相高貴的官位。傳說莊子、老萊子都曾拒絕楚卿相的高位。⓱巢許　巢父、許由。均為古代著名的隱士。⓲老萊莊周　老萊子是春秋末年楚國的隱士，相傳耕於蒙山之陽，蓬蒿為室，杖木為床，楚王派使者禮聘他為官，他逃到江南繼續隱居。莊子名周，楚王曾派使者要他任楚相，他表示不願為有國者所羈，終身不仕。⓳難知於斯　比逃避帝王、卿相之事更難以理解。⓴孤據　孤獨的證據。㉑魯史　魯國的史書。㉒不能與天地合德　不能與天地有共同之德。魯為諸侯之國，故不能比於天地之德。㉓仲尼因之以著經　孔子依據魯國之史書而作《春秋》，後人尊之為經。杜預〈春秋左氏傳序〉：「春秋者，魯史記之名也。……仲尼因魯史策書成文，考其真偽，而志其曲禮。」㉔子長　司馬遷，字子長，《史記》的作者。㉕揚雄　西漢著名學者、文學家。曾仿《論語》作《法言》，仿《周易》作《太玄》。㉖實錄　如實的記錄。揚雄《法言・重黎》以「實錄」肯定《史記》的成就。㉗庸　何；難道。

【語譯】劉向學識廣博，能夠透徹地探究細微的物理，達到深遠的造詣。他思考問題能夠清楚地辨別真偽，深入地考察有無。他所撰寫的《列仙傳》，記載了七十多位仙人。若是沒有神仙，劉向何必隨意編造呢？遠古的事情，人們怎麼能夠親眼目見呢？都是依靠書籍記載相傳，才得知往古的情況。《列仙傳》記載得明明白白，神仙的存在是可以肯定的。然而書籍不是出自周公之門，事情不是經過孔子之手，世俗之人總是不相信。倘若如此，那麼古史記載的一切都是不存在的，難道僅只神仙一事嗎？世人貪圖榮華利祿，急切地追求功名，他們以自己的心思去猜度古人，乃至不相信古代有逃避禪讓、拒絕帝王寶座及鄙視卿相高位的人。他們不相信巢父、許由之輩，不相信老萊子、莊子等人的行為，以為不是那麼回事。況且神仙，比逃避帝王、鄙視卿相的事更難以理解，又怎麼能使今世之人都相信呢？

世人多說劉向不是聖人，他所撰寫的《列仙傳》，不能單獨作為證據，這是尤其使人歎息的事。魯國的史書其內蘊德化不能比擬於天地，然而孔子依據這些史料著作了《春秋經》；司馬遷不能像日月一樣光照四海，然而揚雄稱《史記》為『實錄』。劉向是漢代有名的鴻濡、賢者，他所記敘的事情，怎麼可以棄而不信呢？

凡世人所以不信仙之可學、不許命之可延者，正以秦始❶、漢武❷求之不獲，又少君❸、欒大❹為之無驗故也。然不可以黔婁❺、原憲❻之貧，而謂古者無陶朱❼、猗頓❽之富；不可以無鹽❾、宿瘤❿之醜，而謂在昔無南威⓫、西施之美。進趨⓬猶有不達⓭者焉，稼穡⓮猶有不收者焉。商販⓯或有不利者焉，用兵或有無功者焉。

況乎求仙，事之難者，為之者何必皆成哉？彼二君兩臣，自可求而不得。或始勤而卒怠，或不遭乎明師，又何足以定天下之無仙乎？

【章　旨】秦始皇、漢武帝等二君，李少君、欒大等兩臣求仙而不得，不能證明天下沒有神仙。

【注　釋】❶秦始　秦始皇。據《史記》，秦始皇曾派徐福發童男女數千人，入海求仙人，又派韓終、侯公、石生求仙人不死之藥，是秦始皇亦好神仙。始，原作「皇」，據敦煌殘卷校改。❷漢武　漢武帝。好神仙之道，寵信方士，賞賜甚厚，又遣方士入海求蓬萊、安期生之屬，又事化丹砂為黃金之術。見《史記・封禪書》。❸少君　李少君。漢代方士。曾以卻老方獻漢武帝，又稱曾於海上見仙人安期生，後來病死。見《史記・封禪書》。❹欒大　漢代方士。曾對漢武帝說：「黃金可成，而河決可塞，不死之藥可得，僊人可致。」大受寵幸，拜五利將軍，封樂通侯。因其方無驗，被誅。❺黔婁　春秋魯人。生時食不果腹，衣不蔽體，死後蓋以布被，不能覆體。見劉向《列女傳・魯黔婁妻》。❻原憲　孔子的弟子。《史記・仲尼弟子列傳》說子貢「排藜藿、入窮閻，過謝原憲。原憲攝敝衣冠見子貢」，可知其窮。❼陶朱　春秋越之范蠡輔助句踐成功後，泛五湖而去。至陶地，稱朱公，善治產業，資產巨萬。❽猗頓　春秋魯人。原本窮人，後來用盬鹽起家，成為巨富。❾無鹽　戰國齊醜女名。❿宿瘤　古代醜女之名。劉向《列女傳》載：宿瘤乃齊東都採桑之女，項頸有大瘤，故號曰宿瘤。⓫南威　春秋晉之美女。即南之威。晉文公得之，三天不聽朝政。⓬進趨　向著目標前進。⓭猶有不達　尚有未能到達目標的情況。猶，原作「尤」，據敦煌殘卷校改。⓮稼穡　種植莊稼作物。⓯商販　販賣經商之事。

【語　譯】大凡世人不相信神仙可以學得、不同意生命可以延長的說法，正是因為秦始皇、漢武帝求仙沒有成功，因為李少君、欒大的話無法得到驗證的緣故。然而不能因為有過黔婁、原憲那樣的窮人，便說古代沒有像陶朱公、猗頓那樣的富人；不能因為有過無鹽、宿瘤那樣的醜女，就說過去沒有南威、西施那樣的美女。向著目標前進還有走不到目的地的情況，種莊稼還有收成不好的時候，販運經商有時賺不到利潤，用兵打仗有時徒勞無功。更何況求仙是一件困難的事情，為什麼一定都能成功呢？那二位君王、兩個臣子，自然可能求仙而不得，他們或者開始時勤奮努力，後來就怠慢鬆懈，或者沒有遇見高明之師指導，怎麼可以由此推斷天下沒有神仙呢？

夫求長生、修至道[1]，訣[2]在於志，不在於富貴也。苟非其人，則高位厚貨，乃所以為重累[3]耳。何者？學仙之法，欲得恬愉[4]澹泊，滌除嗜欲，內視反聽[5]，尸居[6]無心。而帝王任[7]天下之重責，治鞅掌[8]之政務，思勞於萬幾[9]，神馳於宇宙。一介失所[10]，則王道[11]為虧；百姓有過，則謂之在予[12]。醇醪[13]汩[14]其和氣，豔容伐其根荄[15]。所以翦精損慮[16]、割削平粹[17]者，不可曲盡而備論也。蚊蚋噆膚[18]則坐不得端[19]，蚤蝨群攻[20]則臥不獲安[21]。四海之事，何祇若是！安得掩翳聰明[22]，歷藏數息[23]，長齋久潔，躬親爐火，夙興夜寐[24]，以飛八石[25]哉？漢武享國最為壽考[26]，已得養性之小益矣。但以升合之助，不供鍾石[27]之費；畎澮[28]之輸，不給尾閭[29]之洩耳。

仙法欲靜寂無為，忘其形骸，而人君撞千石之鍾[30]，伐雷霆之鼓。砰磕嘈囋[31]，驚魂蕩心，百技[32]萬變，喪精塞耳[33]。飛輕走迅[34]，釣潛弋高[35]。

仙法欲令愛逮蠢蠕[36]，不害含氣[37]，而人君有赫斯之怒[38]、芟夷之誅[39]。黃鉞[40]一揮，齋斧[41]暫授，則伏尸千里，流血滂沱[42]。斬斷之刑，不絕於市。

仙法欲止絕臭腥[43]，休糧清腸[44]，而人君烹肥宰腯[45]，屠割群生[46]。八珍[47]百和[48]，方丈[49]於前。煎熬勺藥[50]，旨嘉饜飫[51]。仙法欲溥愛八荒[52]，視人如己，而人君兼弱攻昧[53]，取亂推亡[54]。闢地拓疆，泯人社稷。駈合生民[55]，投之死地。孤魂絕域[56]，暴骸朔野[57]。五嶺[58]有血刃之師[59]，北闕[60]懸大宛之首[61]。坑生煞服[62]，動數十萬；京觀[63]封尸，仰干雲霄。暴骸如莽[64]，彌山填谷。秦皇使十室之中，思亂者九；漢武使天下嗷然[65]，戶口減半[66]。祝其有益，詛亦有損[67]。結草知德[68]，則虛祭[69]必怨。眾煩[70]攻其膏肓[71]，人鬼齊其毒恨。彼二主徒有好仙之名，而無修道之實，所知淺事，不能悉行，要妙深祕[72]，又不得聞。又不得有道之士為合成仙藥以與之，不得長生，無所怪也。

【章　旨】秦始皇、漢武帝既不能遵照仙法，躬自修煉，又大肆殺伐、極度享樂，使得人鬼齊恨、怨聲載道，不得長生，毫不足怪。

【注　釋】❶至道　最高的道。指神仙之道。❷訣　法；祕法。一作「決」。❸重累　重重的負累。❹恬愉　安靜歡悅。❺內視反聽　道家修煉養生之術。即眼不觀外界之物，耳不聽外界之聲，專心一意，自視體內器官，自聽體內聲息。❻尸居　像神像一樣靜默無為。尸為神像。❼任　承當；擔負。❽鞅掌　事務忙碌、煩勞。❾萬幾　紛繁細微的事務。❿一介失所　一個人流離失所，無家可居。⓫王道　帝王以德化治理天下。⓬在予　責任在我一人。⓭醇醪　醇厚的美酒。⓮汨　擾亂。⓯根

荄　性命的根本。⑯翦精損慮　戕害人的精神，損傷人的心靈。⑰割削平粹　割離、傷害心情的平靜與專一。《淮南子・原道》：「無所好憎，平之至也；不與物殺，粹之至也。」⑱蚊蚋嗜膚　蚊蟲叮咬皮膚。原無「蚋」，據敦煌殘卷校補。⑲端　端正。原作「安」，據敦煌殘卷校改。⑳蚤蝨群攻　跳蚤、蝨子成群的咬人。原無「蝨」，據敦煌殘卷校補。㉑獲安　原作「得寧」，據敦煌殘卷校改。㉒掩翳聰明　掩藏耳目的功用。指眼不見外界之物，耳不聽外界之聲，專心內視反聽。㉓歷藏數息　閉目塞聽，默數呼吸，使心神寧靜。歷藏，《百子叢書》本作「閉藏」。㉔夙興夜寐　早起晚睡。指勤奮努力的修煉。㉕飛八石　將丹砂、雄黃、雌黃、石留青、曾青、礬石、磁石、戎鹽合煉為飛丹。㉖壽考　年代長久；長壽。㉗鍾石　皆容量單位。春秋時齊國曾以四升為豆，四豆為區，四區為釜，十釜為鍾。又十斗為石。㉘甽澮　田間水溝。㉙尾閭　海中的大壑，專門泄漏海水之所。下為無底之谷。㉚千石之鍾　極大極重的鐘。一百二十斤為一石。鍾，通「鐘」。㉛砰磕嘈囋　如雷如鼓的巨大聲響。㉜百技　各種競技、把戲。㉝喪精塞耳　驚心動魄，使人塞住耳朵，不敢去聽。㉞飛輕走迅　即飛鷹走犬之類。㉟釣潛弋高　釣魚射鳥。㊱愛逮蠢蠕　慈愛普及於蠕蟲之類。㊲含氣　含氣之物。指生物。㊳赫斯之怒　赫然大怒。專用於帝王。㊴芟夷之誅　指剷除叛逆、平定動亂。㊵黃鉞　金斧。權力的象徵。㊶齋斧　用於征伐之斧。凡出師征討，必齋戒入廟受斧，故曰齋斧。又作齊斧。齊，通「齋」。㊷滂沱　本為大雨之貌。此處形容流血成河。㊸臭腥　指魚肉之類。㊹休糧清腸　不吃五穀糧食，以清潔腸胃。㊺腯　肥。㊻群生　各類生物。㊼八珍　指各種美味。㊽百和　調和各種滋味。㊾方丈　一丈見方。㊿勺藥　調和五味，使之可口。(51)旨嘉饜飫　吃遍美味嘉餚。(52)溥愛八荒　普遍的愛護各處的民眾，廣及荒遠之地。(53)兼弱攻昧　兼併弱小的國家，攻打昏暗無道的國家。(54)取亂推亡　因其動亂而取之，因其將亡而滅之。(55)駈合生民　驅使百姓，將他們編成軍隊，強迫他們打仗。(56)孤魂絕域　將孤獨的魂魄留在人跡不通的絕遠之地。(57)朔野　北方之荒野。(58)五嶺　指南方大庾、始安、臨賀、桂陽、揭陽五嶺。(59)血刃之師　殺戮、征伐之軍。(60)儿闕　漢代皇宮以北左右對稱的建築物。(61)大宛之首　大宛王的頭顱。大宛是漢代西域的一個國家。漢武帝太初四年，貳師將軍李廣利攻破大宛。(62)坑生煞服　將人活埋，將投降者殺死。(63)京觀　古代打勝仗之後，收集戰敗者的屍體，積高為塚，封土其上，以誇耀武功，謂之京觀。(64)暴骸如莽　屍體拋扔在亂草之中。(65)嗷然　哀號嘈雜之貌。(66)戶口減半　《漢書・昭帝紀》說：漢武帝用兵，「師旅之後，海內虛耗，戶口減半。」(67)祝其有益二句　為帝王祈求福祥之辭是有益的，然而百姓的詛咒對帝王亦有損害。(68)結草知德　《左傳・宣公十五年》記載：魏顆有德於婦人，後該婦人之父結草以報答之。(69)虛祭　家有親人從軍，戰死於邊疆之地，其家人遙望而祭之，謂虛祭。(70)崇煩　人間紛擾之萬事。(71)膏肓　心下為膏，心臟與膈膜之間為肓。膏肓之間，藥力所不可達到。(72)要妙深

祕　重要而精妙的祕術。

【語　譯】再說求長生、修煉至高無上的仙道，關鍵在於樹立志向，而不在於富貴與否。倘若不是決心求仙之人，則崇高的地位、豐厚的財富，反倒成為求仙的多重負累。為什麼呢？因為學仙的方法，就要求心情恬靜、歡悅、澹泊沖遠，排除世俗的嗜欲與雜念，專心一意，內視自身，靜居無心，任其自然。然而帝王擔負天下的重任，要處理繁雜的政務，日理萬機，勞心費神，心思奔馳在廣闊的天地之間。一個人流落失所，便是帝王德化的缺陷；百姓犯有過失，就說責任在我一人。醇厚的美酒擾亂了體內的純和之氣，美貌女色傷害了生命的根基，各種損害人的心靈、破壞精神平靜專一的事情，不能一一具體的陳說。蚊蚋叮咬皮膚，人就不能坐得端正；跳蚤蝨子成群的咬人，就不能安穩的睡覺。天下萬事的煩擾，豈只像蚊蚋蚤蝨這樣微不足道！帝王又怎麼能對外物不聞不問，專心修煉、內視五臟、調整呼吸、長期地齋戒、親自照看爐火、早起晚睡，以煉得飛丹仙藥呢？漢武帝稱帝時間最長，已經得到了養生的小的補益。但是小的幫助，難以供給大的耗費；田間溝渠中的流水，難以供給海中大壑的泄漏啊！

修仙之法要求寂靜無為，忘記自身的形骸，然而帝王的威勢，猶如撞擊千石的洪鐘、擂起聲如霹靂的大鼓，所發出的巨大的聲響，驚心動魄。各種奇特的表演競賽變化萬端，使人喪魂落魄，不敢視聽。還時常驅趕著飛鷹走狗，去射釣畋獵。

修仙之法要求慈愛普及一切生靈，不要危害活著的生命。而帝王有赫然大怒之時，有平叛討逆之舉，當帝王手握黃鉞、將齋斧授給臣下之時，便會橫屍遍地，血流成河，斬首殺戮，不絕於市。

修仙之法要求禁絕一切魚肉葷腥，不吃五穀糧食以清潔腸胃，而帝王烹肥食鮮，殺害各類動物以滿足口腹之欲。美味嘉餚，陳列於前，各種珍奇異味的食品都吃夠了。

修仙之法要求胸懷天下，慈愛八方，視人如己，而帝王兼併弱國、進攻朝政昏暗之國，乘他國動盪之機處心積慮而奪取之，因他國衰弊之勢推波助瀾以滅亡之。開闢領土，拓寬疆域，消滅別人的國度，驅趕百姓去從軍打仗，將他們置之死地。士兵們的孤魂飄蕩異域，他們的屍骸暴露在邊疆荒野。

秦始皇時，南方五嶺之地有殺戮的軍隊；漢武帝時，宮外北闕懸掛著大宛王的頭顱。坑殺投降的士卒，動輒數十萬之多；收集敗軍的屍體，堆積得高入雲霄。拋屍荒野，可以填滿山谷。秦始皇使得天下百姓十室有九希望天下大亂，起而推翻暴政；漢武帝使得天下傷亡慘重，戶口減半，哀號遍野，怨聲載道。祝史為帝王祈求福祥固然有益，而百姓的詛咒對於帝王則有損害。有德於人會得到報答，而使得征夫拋屍邊陲也必然招致怨恨。眾多煩雜的事務消耗著精神，給他們致命的損傷。活著的人們和死去的鬼魂都對他們怨憤不已。秦始皇、漢武帝空有好仙之名，而無誠心修煉之實。對於已知淺近的要求，尚且不能完全照辦，精深奧妙的祕術，他們又不得而聞。又沒有得道之士合成仙藥送給他們服用。他們不得長生，是並不奇怪的。

吾徒匹夫❶，加之罄困❷，家有長卿壁立之貧❸，腹懷翳桑❹絕糧之餒，冬抱戎夷❺後門之寒，夏有儒仲❻環堵之暵。欲經遠而乏舟車之用，欲有營而無代勞之役❼。入無綺紈❽之娛，出無遊觀之歡。甘旨❾不經乎口，玄黃❿不過乎目，芬芳不歷乎鼻，八音⓫不關乎耳。百憂攻其心曲⓬，眾難萃⓭其門庭。居世如此，無可戀也。或得要道之訣，或值不群之師，而猶恨恨⓮於老妻弱子，眷眷於狐兔之丘⓯。遲遲以臻⓰殂落，日月不覺衰老。知長生之可得而不能修，患流俗之臭鼠⓱而不能委⓲。何者？愛習之情⓳難可卒遣⓴，而絕俗之志㉑未易果㉒也。

況彼二帝四海之主，其所耽玩㉓者非一條也，其所親幸者至不少矣。正使之為旬月之齋㉔，數日閒居，猶將不能。況乎內棄婉孌之寵㉕，外捐㉖赫奕之尊㉗，口斷甘肴㉘，心絕所欲，背榮華而獨往，求神仙於幽漠㉙，豈所堪㉚哉？是以歷覽在昔得仙道者，多貧賤之士，非勢位之人。

【章　旨】普通百姓，尚且難以割捨世俗之情，帝王富有四海，要他們捐棄尊榮，苦修仙道，就更困難了。

【注　釋】❶匹夫　普通百姓。❷罄困　一無所有，貧困不堪。❸長卿壁立之貧　像司馬相如一樣，家中徒有四壁。司馬相如，字長卿，漢代著名文學家，《史記》說他「家居徒四壁立」。❹翳桑　指靈輒。翳桑人。《左傳・宣公二年》載，晉執政者趙宣子舍於翳桑，見靈輒，已不食三日。❺戎夷　齊國之仁人。《呂氏春秋・長利》載，戎夷去齊之魯，天大寒而與弟子宿於郊外，夜半解衣與弟子，因凍而死。❻儒仲　東漢王霸，字儒仲。《後漢書・逸民列傳》說他「隱居守志，茅屋蓬戶」。❼代勞之役　代主人辦事的奴僕、差役。❽綺紈　有花紋之絲織品。❾甘旨　甘甜肥美的食物。❿玄黃　黑與黃。代指美麗的顏色。⓫八音　八種樂器發出的聲音。代指美好的音樂。⓬心曲　心間。⓭萃　聚集。⓮恨恨　疑為「悢悢」之訛。意謂眷戀而難以割捨。⓯狐兔之丘　指故鄉。⓰臻　到。⓱臭鼠　腐鼠。代指世俗的欲望與利益。⓲委　委棄；拋棄。⓳愛習之情　習慣、喜愛之情。⓴難可卒遣　難以猝然排除。原作「卒難遣」，據敦煌殘卷校改。㉑絕俗之志　離開世俗的志向。㉒果　必然實行。㉓耽玩　沈浸其中，留戀賞玩。㉔旬月之齋　齋戒十天半月的時間。㉕婉孌之寵　宮中年輕貌美、受寵幸的人。㉖捐　拋棄。㉗赫奕之尊　顯赫、榮耀，尊貴非常。㉘甘肴　甜美可口的菜餚。㉙幽漠　幽曠、寂寥之境界。㉚所堪　原作「不勘」，據敦煌殘卷校改。

【語　譯】我們普通百姓，加上境況困頓，一無所有：像司馬相如那樣家中徒有四壁，像翳桑之靈輒那樣時常斷糧挨餓，像戎夷那樣在冬天挨凍受寒，像王霸那樣夏天室內不蔽陽光，想去遠方沒有車船可用，想要辦事沒有人可供差遣。內無絲羅繡帳令人歡悅，外無觀覽遊賞使人快樂。美味嘉餚從未入口，美妙五色從未入目，芬芳之氣從未入鼻，動聽的音樂從未入耳。各種憂傷之事困擾心間，數不清的艱難苦楚聚集在面前。人生在世是這種光景，應該是沒有什麼值得留戀的了。然而如果掌握了得道的祕訣，或者遇到了傑出不群的老師，這時依然難以丟開老妻弱子，依舊眷戀自己的家鄉故土。到死還是猶豫不決，日月如逝，不知不覺之中人已經衰老了。他們明知長生可得卻不能堅持修煉，厭惡世俗的私情榮利卻不能毅然割捨。為什麼呢？因為長期的私情難以一下子丟開，離絕世俗之志難以決心實行。

何況秦始皇、漢武帝，身為四海之主，供他們沈醉賞玩之事非只一端，為他們寵幸之輩也很不少。要秦始皇、漢武帝齋戒十天半月，獨自閒居數日，尚且不能做到，要他們內則捨棄年輕美貌的寵妃，外則捐棄顯赫尊貴的地位，不再品嘗美味嘉餚，斷絕心中的欲念，背棄榮華，孤身前往探求幽曠寂寞的神仙世界，怎麼可能做到呢？所以歷覽以前得道成仙者，多數是貧賤之士，而非權勢之輩。

又欒大所知實自淺薄，飢渴榮貴❶，冒干貨賄❷，衒❸虛妄於苟且，忘禍患於無效❹。區區小子❺之奸偽為事❻，豈足以證天下之無仙哉？昔句踐式怒鼃❼，戍卒爭蹈火❽；楚靈愛細腰，國人多餓死；齊桓嗜異味，易牙蒸其子❾；宋君賞瘠孝❿，毀歿者比屋⓫。人君所欲，莫有不至。漢武招求方士，寵待過厚，致令斯輩⓬敢為虛誕耳。欒大若審⓭有道者，安可得煞乎？夫有道者視爵位如鑊湯⓮，見印綬如縗絰⓯，視金玉如土糞，睹華堂⓰如牢獄。豈當扼腕空言⓱，以僥倖榮華？居丹楹⓲之室，受不訾之賜⓳，帶五利之印⓴，尚公主之貴㉑，耽淪勢利㉒，不知止足，實不得道，斷可知矣。

【章　旨】方士欒大是一個渴求榮華富貴、空言欺世的奸偽小人，而絕非得道之士。

【注　釋】❶飢渴榮貴　如飢似渴地追求榮華富貴。❷冒于貨賄　貪婪於金錢財物。于，原作「干」，形近而訛。❸衒　自我宣揚，以求得信用。❹效　原作「為」，據敦煌殘卷校改。❺區區小子　微不足道之小人。指欒大。❻為事　據敦煌殘卷增補。❼句踐式怒鼃　句踐曾經對大聲鳴叫的青蛙表示敬意，以激厲士氣。見《韓非子・內儲說上》。式，通「軾」。俯身憑軾以示敬。❽蹈火　前往救火。❾易牙蒸其子　易牙，春秋時齊國人。善於烹調。齊桓公用為寺人，很受親信。齊桓公曾說自己「惟蒸嬰兒之未嘗」，易牙於是殺其子而蒸之，獻給齊桓公品嘗。見《管子・小稱》。❿瘠孝　因服喪而瘠瘦致病的人。⓫毀歿者比屋　因服喪而使身體摧殘、致病而死者到處都有。比屋，一家挨著一家。⓬斯輩　指欒大之流。⓭審　果然。⓮鑊湯　指在沸騰的滾湯中煎熬。鑊是煮食物的器皿，將犯人在鑊中開水裡煮死，是古代的一種酷刑。⓯縗絰　縗，服喪時胸前的麻布條。絰，頭上或腰間的麻帶。⓰華堂　華美的殿堂。⓱扼腕空言　握住手腕，誇誇其談。⓲丹楹　朱漆的楹柱。⓳不訾之賜　最豐厚的賞賜。不訾，不可計數。⓴五利之印　《史記・封禪書》載，欒大對漢武帝說：「黃金可成……不死之藥可得，僊人可致。」大受寵幸，被封為五利將軍。㉑尚公主之貴　得到與公主結婚的榮華富貴。漢武帝曾以衛長公主嫁給欒大。㉒耽淪勢利　沈陷於權勢利祿之中。欒大被封五利將軍、樂通侯，賜列侯甲第、奴僕千人，車馬器物充斥其家。

【語　譯】又加上欒大所知道的，實在非常的淺薄。他如飢似渴地追求富貴榮華，貪婪地接受金錢財物。他只顧一時鼓吹虛偽的謊言，忘記了謊言無法證實的禍殃。一個微不足道的小人使出的奸偽伎倆，怎麼能夠證明天下沒有神仙呢？從前句踐向怒鳴之蛙表示敬意，於是士卒爭先恐後赴湯蹈火不怕犧牲；楚靈王喜愛細腰女子，國內女子不少人為求細腰飢餓而死；齊桓公喜歡異常的美味，易牙便殺了自己的兒子蒸給國君品嘗；宋國的君主獎賞服喪致病的人，於是國內居喪身體摧殘、因而致死的人也出現了不少。帝王所希望的事情，沒有不能實現的。漢武帝招求方術之士，給他們的寵幸待遇過於豐厚，致使這些人敢於虛偽造假。欒大若果真是得道者，怎麼會等到被殺的一天呢？在得道者的眼中，爵位像沸騰的鑊湯，綬帶就像喪服麻帶，黃金寶玉像糞土一樣，官府高堂像牢獄一樣，又怎麼會裝出激動奮發的樣子，誇誇其談，以追求富貴榮華呢？欒大身居在華麗的宮室之中，接受最為豐厚的賞賜，佩帶五利將軍的印信，得到娶公主為妻的榮華，沈醉在權勢利祿之中，不知滿足。欒大實在不是得道者，斷然可知了。

按董仲舒❶所撰〈李少君家錄〉云：『少君有不死之方，而家貧無以市其藥物，故出於漢，以假塗求其財❷，道成而去。』又按〈漢禁中起居注〉云：『少君之將去也，武帝夢與之共登嵩高山❸。半道，有使者乘龍持節從雲中下，云太乙❹請少君。帝覺，以語左右曰：如我之夢，少君將舍我去也。數日，而少君稱病死。久之，帝令人發其棺，無尸，唯衣冠在焉。』按《仙經》云：『上士舉形昇虛❺，謂之天仙；中士遊於名山，謂之地仙；下士先死后蛻❻，謂之尸解仙。』今少君必尸解者也。近世壺公❼將❽費長房❾去，及道士李意期❿將兩弟子去，皆託卒死⓫，家殯埋之。積數年，而長房來歸。又相識人見李意期將兩弟子⓬皆在郫縣⓭。其家各發棺視之，三棺悉⓮有竹杖一枚，以丹書符於杖⓯，此皆尸解者也。

【章旨】以李少君、費長房、李意期諸人尸解成仙的事例，說明世間確有仙人。

【注釋】❶董仲舒 疑為「董仲躬」之訛。下云董仲舒撰〈李少君家錄〉，此事他書無載，而《神仙傳》載李少君曾與朝議郎董仲躬相親愛，少君與之成藥兩劑，服之大有效。❷假塗求其財 假借這種辦法以求得錢財。❸嵩高山 即嵩山。五嶽之中嶽。❹太乙　天神名。漢武帝尊禮太乙，以為天神之最尊貴者。❺舉形昇虛　舉體飛升成仙。❻蛻　蛻變。指脫去凡體，變化為仙。❼壺公　不知其姓名，賣藥於市，懸一壺於肆頭，市罷輒跳入壺中，市人莫之見。見《神仙傳・壺公》。❽將　帶；攜。❾費長房　汝南人。為市掾，後隨壺公入山修道，遂有仙術。見《後漢書・方術列傳》。❿李意期　蜀人。傳說漢文帝時人，有仙術。見《神仙傳・李意期》。⓫卒死　猝死；突然而死。⓬將兩弟子　自「去，皆託卒死」至此共二十九字，原缺，據敦煌殘卷校補。⓭郫縣　地名。在今四川省內。⓮悉　皆；都。原作「遂」，據敦煌殘卷校改。⓯丹書符於杖　以丹字書寫符文於杖上。原無「符」字，據敦煌殘卷校補。

【語　譯】據董仲舒所撰〈李少君家錄〉說：『李少君有不死之方，然而家中貧窮，不能購買有關藥物，所以來到漢朝廷，通過這種途徑求得財物，得道之後便離去了。』又據《漢禁中起居注》說：『李少君死的前幾天，漢武帝夢見與少君一道登上嵩山。半途中，有使者乘著飛龍、手持符節從雲空中下來，說：太乙尊神有請少君。漢武帝醒後對左右人員說：如果像我夢中情況的話，少君將要離我而去了。過了幾天，李少君便說有病而死。又過了很久，漢武帝讓人打開少君的棺木，發現裡面沒有屍體，只有衣冠在。』據《仙經》說：『上士可以舉體飛升，叫做天仙；中士遊於名山，叫做地仙；下士先死而後變成仙，叫做尸解仙。』李少君必定是尸解仙無疑了。近世壺公帶著費長房離開人世，又有道士李意期帶著兩個弟子離開人間，都是託言突然死去，家人將他們埋葬了。然而數年之後，費長房又回來了。又有相識者見李意期帶著兩個弟子出現在蜀中的郫縣。他們家中的人打開棺木看，只見三具棺木中各有一根竹杖，上有丹書符文。上面所舉都是尸解成仙的人。

昔王莽❶引典墳❷以飾其偽❸，不可謂儒者皆為篡盜❹也；相如❺因鼓琴以竊文君❻，不可謂雅樂❼主於淫佚也。噎死者不可譏神農❽之播穀，燒死者不可怒燧人⑨之鑽火，覆溺⑩者不可怨帝軒⑪之造舟，酗醟⑫者不可非杜⑬、儀⑭之為酒。豈可以欒大之邪偽，謂仙道之果無乎？是猶見趙高⑮、董卓⑯，便謂古無伊⑰、周⑱、霍光⑲；見商臣⑳、冒頓㉑，而云古無伯奇㉒、孝己㉓也。

又《神仙集》中有召神劾鬼㉔之法，又有使人見鬼之術，俗人聞之，皆謂虛文㉕。或云天下無鬼神，或云有之亦不可劾召，或云見鬼者在男為覡、在女為巫，當須自然㉖，非可學而得。按《漢書》及《太史公記》㉗皆云齊人少翁㉘，武帝以為文成將軍。武帝所幸李夫人㉙死，少翁能令武帝見之如生人狀㉚。又令武帝見竈神㉛，此史籍之明文也。夫方術既令鬼見其形，又令本不見鬼者見鬼，推此而言，其餘亦何所不有耶？

鬼神數為人間作光怪變異㉜，又經典所載多鬼神之據，俗人尚不信天下之有神鬼。況乎仙人居高處遠，清濁異流㉝，登遐㉞遂往㉟，不返於世，非得道者安能見聞？而儒墨之家㊱知此不可以訓，故終不言其有焉。俗人之不信，不亦宜乎？惟有識真者㊲，校練眾方㊳，得其徵驗，審其必有，可獨知之耳，不可強也。故雖不見鬼神，不可得謂天下無鬼神也㊴；雖不見仙人，不可謂世間無仙人也。

【章　旨】以古代史籍明白記載鬼神之事而世人不信鬼神，說明仙人雖然不為凡人所見，但不可以據此便說世間沒有仙人。

【注　釋】❶王莽　漢元城人，字巨君。元帝皇后之侄。以外戚掌握朝廷重權，號安國公。初始元年稱帝，改國號為新。❷典墳　三墳、五典。傳說中的上古典籍。❸飾其偽　粉飾其奸偽。❹篡盜　篡奪君位之竊國大盜。❺相如　司馬相如。漢代著名的辭賦家。❻因鼓琴以竊文君　司馬相如遊於臨邛，當地富人卓王孫之女卓文君新寡，司馬相如乃彈奏琴歌以挑動其意。卓文君於是夜奔相如，他們一起回到成都，成為夫妻。見《玉臺新詠・卷九》。❼雅樂　正樂。這裡指琴曲。❽神農　傳說中中華民族之始祖（即炎帝）。史書說他「斫木為耜，揉木為耒……始教耕，故號神農氏。」❾燧人　傳說中中華民族之始祖。遠古人民茹毛飲血，燧人氏開始鑽木取火，教民熟食。❿覆溺　舟船翻覆而淹死。⓫帝軒　即黃帝。號軒轅氏，五帝之一。傳說黃帝始造舟車。⓬酗醟　醉酒後有所失誤。⓭杜　杜康。古之造酒者。一說為黃帝時之宰人，始造酒。一說為夏之少康。⓮儀　儀狄。傳說夏禹時儀狄作酒。⓯趙高　秦宦官。秦始皇死後，他逼死始皇長子扶蘇，立胡亥為秦二世。居中用事，專權暴虐，指鹿為馬，使得天下大亂。殺李斯，又殺秦二世，後被殺。⓰董卓　東漢隴西臨洮人，字仲穎。本為涼州豪強，後來率軍入洛陽。廢少帝、立獻帝，自為太師。專斷朝政，兇狠殘暴，後被殺。⓱伊　伊尹。商初之大臣。曾輔佐商湯討滅夏桀，被尊為阿衡。又曾放逐太甲。⓲周　周公旦。曾佐周武王伐商。成王幼，他攝理朝政，討伐叛亂，制禮作樂。⓳霍光　漢之大臣。漢武帝死，他以大司馬大將軍輔幼主，先後執掌朝政達二十年。《漢書》說他臨大節而不可奪，匡定國家社稷之功，可以與周公、伊尹相比。⓴商臣　楚成王之子。為了爭奪王位，他率軍包圍王宮，逼迫其父成王自殺，自立為楚穆王。㉑冒頓　秦末漢初時的匈奴首領。射殺其父頭曼，自立為單于。㉒伯奇　古代之孝子。為周宣王時重臣尹吉甫之長子。因後母之譖言而遭放逐，乃作琴曲〈履霜操〉。㉓孝己　商代國君武丁之子。有賢孝之行，遭後母之難，憂苦而死。㉔劾鬼　查證、追究鬼事。㉕虛文　空話；假話。㉖自然　天然；天生如此。㉗太史公記　即《史記》。㉘少翁　漢代之方士。《史記・封禪書》說他「以鬼神方見上」，被封為文成將軍。後因其術無驗、造作偽書而被殺。㉙李夫人　本為樂人，妙麗善舞，為漢武帝所寵幸，死後追上尊號曰孝武皇后。㉚如生人狀　像活人的樣子。《漢書・外戚傳》載：漢武帝「思念李夫人不已，言士齊人少翁言能致其神。乃夜張燈燭、設帷帳，陳酒肉，而令上居他帳，遙望見好女如李夫人之貌，還帷坐而步。又不得就視，上愈益相思悲感。」㉛武帝見竈神　《史記・封禪書》曰：「少翁以方蓋夜致王夫人及竈鬼之貌云，天子自帷中望見焉。」㉜光怪

變異　形形色色，變化奇異之事。㉝清濁異流　神仙為清流，以塵世為污濁，互不相涉。㉞登遐　超出凡塵，升於高遠之仙境。㉟遂往　前往幽遠之地。遂，通「邃」。㊱儒墨之家　儒家與墨家。孔子不語怪力亂神，是儒家不言其有；墨子有〈明鬼〉之論，對於鬼神的存在有所保留。㊲識真者　洞明玄道的人。㊳校練眾方　研究、比較、考察各種情況。㊴不可得謂天下無鬼神也　此句原缺，據敦煌殘卷校補。

【語　譯】昔日有王莽引用古籍來文飾自己邪惡的行為，不可因此便說儒者都是竊國之盜；司馬相如彈琴引誘卓文君私奔，不可因此便說琴曲都是表現淫佚的主題。如果有人吃飯哽咽而死，不可因此便譏刺神農氏教民播種五穀；如果有人被燒死，不可因此便對燧人氏發明用火表示憤怒；如果有人因翻船而淹死，不可因此而抱怨軒轅氏發明舟船；有人醉酒之後犯有過失，不可因此而責怪杜康、儀狄發明了造酒的技術。難道可以因為欒大的虛偽與姦邪，便說世界上一定沒有仙道嗎？倘若如此，那就好像見歷史上有趙高、董卓等奸相，便說古代沒有伊尹、周公、霍光等賢明的輔佐大臣一樣；又好像看見有商臣、冒頓等弒父的逆子，便說古代沒有伯奇、孝己等孝子一樣。

《神仙集》中有召致神仙、追究鬼魂之法，又有能使人見鬼的法術。世俗之人聽說此事，都認為是虛假的空話。他們有的說天下並沒有鬼神，或者說有鬼神，但是不可以招來查證。有的說能夠見到鬼魂的人，男的叫『覡』，女的叫『巫』，是先天自然的能力，不是可以學得的。據《漢書》及《史記》記載說，齊人少翁在漢武帝時被封為文成將軍。武帝所寵幸的李夫人死後，少翁能讓武帝見到李夫人的魂靈，就像活人的形象一樣。少翁又讓漢武帝見到了竈神。這都是史書中明白記載了的。方術既然可以使鬼魂現形，又可以讓本來看不見鬼魂的人看到，依此推斷，其他什麼樣的事情沒有呢？

鬼神經常在人間製造形形色色奇怪的事變，而且典籍的記載，也有許多鬼神存在的證據，俗人還是不肯相信天下有鬼神。何況仙人居住在高遠之地，與人間清濁異流、涇渭分明。仙人飛升向渺忽的仙境，前往那幽遠的處所，便不再返回人世，若非得道之人，怎麼能見到仙人的身影、聽到仙人的聲音？而儒家、墨家知道神鬼之事不可為訓，所以終究不說有神鬼之事。俗人不信神仙，不是很自然的嗎？只有洞明玄道的人，認真考察各方面的情況，掌握了神仙存在的證據，認定神仙一定是有的，只有他們才知道神仙之事。這是勉強不得的。所以不見鬼神，不能說世上沒有鬼神；不見仙人，不能說世上沒有仙人。

人無❶賢愚，皆知己身之有魂魄。魂魄分去❷則人病，盡去則人死。故分去則術家有拘錄之法❸，盡去則禮典有招魂之義❹，此之為物至近者也。然與人俱生，至乎終身，莫或有自聞見之❺者也。豈可遂以不聞見之，而云❻無之乎？若夫輔氏報施之鬼❼，成湯怒齊之靈❽，申生交言於狐子❾，杜伯報恨於周宣❿，彭生託形於玄豕⓫，如意假貌於蒼狗⓬，灌夫守田蚡⓭，子儀掊燕簡⓮，蓐收⓯之降於莘，欒侯之止民家⓰，素姜之說讖緯⓱，孝孫之著文章⓲，神君言於上林⓳，羅陽仕於吳朝⓴，鬼神之事著於竹帛㉑，昭昭㉒如此，不可勝數，然而蔽者㉓猶謂無之，況長生之事世所希聞㉔乎！望使必信，是令蚊虻負山㉕、與井蛙論海㉖也。俗人未嘗見龍麟㉗鸞鳳，乃謂天下無有此物，以為古人虛設瑞應㉘，欲令人主自勉不息，冀致斯珍㉙也。況於今人之信有仙人乎！

【章　旨】以鬼神之事著於典籍，屢見記載，世人尚且不肯相信，說明要使他們相信仙人的存在，是很困難的事情。

【注　釋】❶無　原作「有」，據敦煌殘卷校改。❷魂魄分去　指散失的魂魄。❸拘錄之法　收回散失的魂魄使復歸的方法。❹禮典有招魂之義　闡說禮儀的典籍上記有招魂的禮儀。《禮記・檀弓下》：「復，盡愛之道也。」復即招魂復魄之意。❺自聞見之　指自己見到自己的魂魄。❻而云　原作「又云」，據明刊慎懋官校本改。❼輔氏報施之鬼　春秋晉大夫魏武子臨死時命其子魏顆以妾殉葬，魏顆不從父命將此妾嫁出。後來魏顆與秦力士杜回戰於輔氏，見一老人結草使杜回仆地，遂擒獲杜回。此老人即前所嫁妾之父的鬼魂，以此報魏顆之德。事見《左傳・宣公十五年》。❽成湯怒齊之靈　商湯王的神靈對齊景公表示憤怒。《晏子春秋・內篇諫上》載：齊景公舉兵伐宋，師過泰山，夢見一丈夫立而盛怒。占夢者以為是泰山之神發怒，晏子則認為怒者是宋國的先祖商湯與伊尹。❾申生交言於狐子　春秋晉獻公世子申生被誣而自殺，其鬼魂曾與狐突（人名）交談。事見《左傳・僖公十年》。❿杜伯報恨於周宣　周宣王冤殺其臣杜伯，後三年周宣王田獵於圃，見杜伯乘白馬素車，執弓矢，射殺周宣王。事見《墨子・明鬼下》。⓫彭生託形於玄豕　公子彭生為齊人所殺，其魂魄託體於黑豬。事見《左傳・莊公八年》。⓬如意假貌於蒼狗　劉邦死後，呂后殘害了戚夫人，鴆殺了趙王如意，後來趙王如意的鬼魂化作蒼狗為祟，呂后遂死。事見《漢書・五行志》。⓭灌夫守田蚡　漢武帝時，灌夫、竇嬰與田蚡交惡。田蚡以外戚為丞相，因杯酒之爭使二人被殺。其後未久，田蚡患重病。《史記・魏其武安侯列傳》載：田蚡病中「專呼服謝罪，使巫視鬼者視之，見魏其（即竇嬰）、灌夫共守，欲殺之，竟死。」⓮子儀掊燕簡　莊子儀是燕簡公的臣子，無罪而被殺。其後年許，燕簡公乘車途中，莊子儀的鬼魂荷朱杖而擊之，燕簡公斃於車上。事見《墨子・明鬼下》。⓯蓐收　為少皞氏之子，是天之刑神。《國語・晉語》載：虢公夢神人面白毛虎爪，執鉞立於西阿，即蓐收之神。⓰欒侯之止民家　漢中有鬼神名曰欒侯，常在民宅天花板上，喜食鮓菜，能知吉凶。見《列異傳》。⓱素姜之說讖緯　素姜曾依據讖書緯書以解說符命、預言人事。素姜，鬼神之名。或疑為三國武都人李庶姜。見《三國志・文帝紀》裴松之注引〈獻帝傳〉。⓲孝孫之著文章　孝孫以鬼魂而著作文章。孝孫，鬼神之名。⓳神君言於上林　神君本為長陵女子，死後為神。《史記・封禪書》說漢武帝「求神君，舍之上林中蹏氏觀」，「聞其言，不見其人」。「林」原作「臨」，據敦煌殘卷校改。⓴羅陽仕於吳朝　《三國志・吳書・吳主傳》載羅陽縣有神，自稱王表，周旋民間，與人無異，然不見其形，後來出仕吳國，任輔國將軍、羅陽王。㉑著於竹帛　載於史冊、書籍。竹指竹簡，帛指白絹，古代用以書寫文字。㉒昭昭　明白；顯明。㉓蔽者　指愚暗不明事理的人。㉔希聞　少有聽說。㉕蚊虻負山　使蚊虻背負大山。比喻不可能。㉖井蛙論海　與井底之蛙談論大海的廣闊。《莊子・秋水》：「井蛙不可以語於海者，拘於虛也。」㉗麟　麒麟。祥瑞之獸。原作「鱗」，據《道藏》本校改。㉘瑞應　祥瑞的感應。古人認為天下太平、政治清明，則有吉祥之草木鳥獸出現以為感應。㉙冀致斯珍　希望使得這些珍奇吉祥之鳥獸出現。斯珍，指上述龍、麟、鸞、鳳之類。

【語　譯】人無論賢明還是愚蠢，都知道自己身上有魂魄。魂魄如果散失一部分人就會生病，魂魄完全離去人就會死亡。所以魂魄散逸方士有拘收之法，人死之後禮儀典籍中記載有招魂之事。魂魄與人體的關係，再親密不過了。然而魂魄雖然與人同在，人從生到死卻始終沒有誰見過自己的魂魄。難道可以因為未曾見過，就說它沒有嗎？至如輔氏之戰中鬼魂結草報德，商湯王的神靈對齊景公表示憤怒，申生的鬼魂與狐突交談，杜伯的冤魂向周宣王復仇，公子彭生的魂魄託體於黑豬，趙王如意的鬼魂附著於蒼狗，灌夫的鬼魂監視田蚡，莊子儀的鬼魂打死燕簡公，蓐收的神靈降臨在莘地，欒侯之神來往於民宅，素姜的魂靈闡說符命，孝孫之魂靈著作文章，神君在上林隱形發言，羅陽之神出仕吳國，這些有關鬼神的事情，如此明白地記載在史冊圖籍之上，多得不可勝數。然而愚昧的人還是否認它們的存在，何況長生之事，世間很少聽說啊！要世俗相信神仙，就像要蚊虻背負起大山、與井底之蛙談論大海一樣，是不可能的事情。世俗之人沒有見過神龍、麒麟、鸞鳥、鳳凰，就說天下沒有這些東西。認為古人故意假造出這些吉祥感應之事，使得帝王自我勉勵，努力不止，修明政治，以使上述吉祥珍異的鳥獸出現。況且要讓他們相信仙人的存在，就更加不可能了。

世人以劉向作金不成❶，便謂索隱行怪❷，好傳虛無，所撰《列仙》，皆復妄作。悲夫！此所謂以分寸之瑕❸，棄盈尺之夜光❹；以蟻鼻之缺❺，捐無價之淳鈞❻；非荊和之遠識❼、風胡之賞真❽也。斯朱公❾所以鬱悒、薛燭❿所以永歎矣。

夫作金皆在《神仙集》中，淮南王⓫抄出，以作《鴻寶枕中書》⓬。雖有其文，然皆祕其要言⓭，必須口訣，臨時指解，然後可為耳。其所用藥物，復多改其本名，不可按之便用也。劉向父德治淮南王獄⑭時遺得此書，非為師授也。向本不解道術，偶偏見此書，便謂其意當盡在紙上，是以作金不成耳。至於撰《列仙傳》，自刪秦大夫阮倉⑮書中出之，或所親見，然後記之，非妄造⑯也。

狂夫童謠，聖人所擇⑰；芻蕘⑱之言，或不可遺⑲。采葑采菲，無以下體⑳。豈可以百慮之一失㉑，而謂經典之不可用；以日月曾蝕㉒之故，而謂懸象㉓非大明㉔哉？

【章旨】劉向煉金不成，是由於他不懂道術。至於《列仙傳》其來有自，則非虛造。不可因劉向煉金不成，便懷疑神仙之說。

【注釋】❶劉向作金不成　西漢五鳳二年，劉向獻書朝廷，說依據此書可以煉出黃金。然而所費甚多，卻未能成功。劉向因此入獄。❷索隱行怪　求索隱祕異聞，而行奇怪之事。❸分寸之瑕　小毛病；微小的缺陷。❹盈尺之夜光　直徑滿尺的夜光珠。❺蟻鼻之缺　微不足道的缺點。❻淳鈞　古代寶劍名。傳說鑄造此劍時，赤堇之山破而出錫，若耶之溪涸而出銅，雨師掃灑，雷公擊橐，蛟龍捧爐，天帝裝炭，歐冶子因天之精神造為此劍，故曰無價之寶。見《越絕書·卷一一》。❼荊和之遠識　楚人卞和得玉璞於荊山，先後獻給楚厲王及武王，皆以為石，刖其左右足。楚文王即位，使玉匠治其璞，而得寶玉，即和氏之璧。見《韓非子·和氏》。❽風胡之賞真　風胡是春秋楚人，善能識劍。事見《吳越春秋·卷四》、《越絕書·卷一一》。❾朱公　古代一位善於鑒賞璧玉的人。或曰即陶朱公范蠡。賈誼《新書·連語》載朱公自言家有二白璧，其色相如也，其徑相如也，其澤相如也，然其價一者千金，一者五百金。❿薛燭　春秋吳人。善於識劍。越王句踐有五把寶劍，薛燭一一給以鑒別、說明。事見《越絕書·卷一一》。⓫淮南王　劉安。文帝時襲父封為淮南王。好讀書，工辭賦，曾招致賓客著為《淮南鴻烈》，亦稱《淮南子》。後圖謀叛亂，事洩被迫自殺。⓬鴻寶枕中書　《漢書·楚元王傳》曰：「淮南有《枕中鴻寶苑祕書》，書言神仙使鬼物為金之術，及鄒衍重道延命方，世人莫見。」書名曰「枕中」，言其祕密不外洩露。⓭祕其要言　將關鍵的話隱藏起來，祕而不宣。⓮劉向父德治淮南王獄　劉德，字路叔，劉向之父。曾任宗正丞，參與調查辦理劉安謀反一案。⓯阮倉　秦大夫，一作秦太史，〈神仙傳序〉說他記載古之得仙者數百人。⓰妄造　虛妄的編造。原作「妄言」，此據敦煌殘卷校改。⓱狂夫童謠二句　對於普通百姓的歌謠，聖人亦有所擇取。⓲芻蕘　樵夫；採薪者。⓳遺　遺棄；不採納。⓴采葑采菲二句　葑是蔓菁，菲是蘿蔔。收穫蔓菁、蘿蔔時，不要把地下的部分遺棄了。這兩句詩出自《詩經・邶風・谷風》。㉑百慮之一失　思慮、論說甚多，其中偶有一失。㉒日月曾蝕　曾有日蝕月蝕。蝕，虧缺。㉓懸象　天象。㉔大明　太陽。

【語　譯】世人因為劉向燒煉黃金沒有成功，就說他專門追求隱祕的異聞，做些奇怪的舉動，喜歡講述子虛烏有的事情，說劉向所撰寫的《列仙傳》，都是虛妄之作。可悲啊！這就好像為了一點小小的瑕疵，拋棄極為貴重的夜光珠；為了微不足道的缺陷，拋棄價值連城的寶劍。不像楚人卞和善能識得璧玉，不像風胡能認識寶劍的價值所在，所以善於鑒賞璧玉的朱公要因之不快，善於識別寶劍的薛燭要為之而長歎啊！

關於燒煉黃金的事都記載在《神仙集》中，淮南王劉安將它們抄出，成為《鴻寶枕中書》。雖有相關的文字，然而關鍵的話語都祕而不宣。必須有口傳的密訣，對照文字一一指示解說，然後才能實際的操作。煉金所用的藥物，又多改換了它們的原名，因此不可以按照書中的藥名去施行。劉向的父親劉德辦理淮南王劉安一案時留下了此書，所以並非有老師傳授。劉向本來不懂道術，偶然見到此書，便以為煉金的方法都寫在書上，所以燒煉黃金不能取得成功。至於所撰《列仙傳》，是依據秦大夫阮倉所記仙人傳記刪削而成，有的則是劉向親眼所見，然後記錄下來，並不是隨意的編造。

尋常百姓的歌謠，聖人尚且有所擇取；普通樵夫的言論，也不可以棄而不聞。收穫蔓菁和蘿蔔時，不要忘了採掘地下的果實。難道可以因為有百慮一失的差誤，就說經典也不可用了嗎？難道因為有過日蝕月蝕的緣故，就說懸掛在天空的不是太陽嗎？

外國作水精椀❶，實是合五種灰❷以作之，今交廣❸多有得其法而鑄作之者。今以此語俗人，俗人❹殊不肯信，乃云水精本自然之物，玉石之類。況於世間幸有自然之金，俗人當何信其有可作之理哉？愚人乃不信黃丹❺及胡粉是化鉛所作❻，又不信騾及駏驉❼是驢馬所生，云物各自有種，況乎難知之事哉？夫所見少，則所怪多，世之常也。信哉此言❽！其事雖天之明，而人處覆甑❾之下，焉識至言哉！」

【章旨】以五種灰可以合成水晶，鉛可以燒化為黃丹及胡粉，驢馬交配可以生出騾子及駏驉，說明燒煉黃金也是可能的。

【注釋】❶水精椀　水晶之碗。水精，即水晶。❷五種灰　《太平御覽・卷七六〇》作「百灰」，〈卷八七一〉作「五百種灰」。❸交廣　南方交州、廣州一帶。❹俗人　原本不重「俗人」二字，茲據敦煌殘卷校補。❺黃丹　一種黃色的丹藥。❻胡粉是化鉛所作　胡粉一名「鉛華」，為化妝品。《博物志》：「燒鉛錫成胡粉」。❼駏驉　騾子與馬交配生出的後代，較騾子為瘦小。❽信哉此言　自此至篇末二十二字，敦煌殘卷本無。❾覆甑　甑是蒸飯的瓦器，將其翻轉覆蓋於地，則陽光照射不進。

【語譯】外國所造的水晶碗，實際是將五種灰混合製作而成的。如今交州、廣州一帶已有許多得其方法而製造的。但是若將此事告訴世俗之人，他們一定不會相信。他們會說水晶本來是自然之物，就像玉石之類。況且世界上本有自然天生的黃金，世俗之人怎麼會相信有燒煉黃金之理呢？愚蠢的人不相信黃丹與胡粉是將鉛燒化而成，又不相信騾子及駏驉是驢馬交配所生，他們說動物都有各自的種屬，又何況其他難知的事呢？所見少則所怪多，乃是世之常情。這句話是值得相信的！即使事理像太陽當空一樣明明白白，然而人若是處在翻覆的釜甑之下，又怎麼能夠認識這些至理之言呢！」

卷三 對俗

【題解】本篇的內容，是向世俗解說有關長生不死問題的種種疑問。

世俗懷疑修煉神仙之道，可以達到長生不死的境界。他們的疑問首先是由龜鶴長壽而引出的：一是說人的壽命稟之自然，神仙之道何可學得？二是說龜鶴長壽，是誰始終相隨、親自得知呢？三是說即使龜鶴長壽，人也未必可以學得。其次問到長生之道，其道理何在？藥物與人本為異類，為什麼藥物可以使人長生？又其次問修煉成仙，誰來承奉祭祀之事？既已成仙，為什麼有的飛升天上、有的留在人間呢？最後問修道者是否應當先立功德？針對這些疑問，抱朴子或引經典、或析事理，一一加以說明。

這些解說所要達到的目的，一是堅定人們對於神仙長生的信念，二是勸導人們修行道德，戒除惡行，多做善事。

或人難曰：「人中之有老、彭❶，猶木中之有松柏，稟之自然，何可學得乎？」

抱朴子曰：「夫陶冶造化❷，莫靈於人。故達其淺者，則能役用❸萬物，得其深者，則能長生久視。知上藥之延命❹，故服其藥物以求仙；知龜鶴之遐壽❺，故效其道引❻以增年。且夫松柏枝葉與眾木則別，龜鶴體貌與眾蟲❼則殊，至於彭老猶是人耳，非異類而壽獨長者，由於得道，非自然也。眾木不能法松柏，諸蟲不能學龜鶴，是以短折❽耳。人有明哲，能修彭老之道❾，則可與之同功矣。若謂世無仙人乎，然前哲所記，近將千人，皆有姓字，及有施為本末❿，非虛言也。若謂彼皆特稟異氣，然其相傳皆有師授、服食⓫，非生知也。若道術不可學得，則變易形貌，吞刀吐火⓬，坐在立亡⓭，興雲起霧⓮，召致蟲蛇⓯，合聚魚鼈⓰，三十六石立化為水⓱，消玉為粘⓲，漬金為漿⓳，入淵不沾⓴，蹴㉑刃不傷，幻化之事㉒九百有餘，按而行之，無不皆效，何為獨不肯信仙之可得乎？

仙道遲成，多所禁忌。自無超世之志，強力之才，不能守之㉓。其或頗好心疑，中道而廢，便謂仙道長生果不可得耳。《仙經》曰：『服丹守一㉔，與天相畢㉕。還精胎息㉖，延壽無極』，此皆至道要言也。民間君子，猶內不負心、外不愧影，上不欺天、下不食言；豈況古之真人，寧當虛造空文，以必不可得之事，誑誤將來㉗，何所索乎？苟無其命㉘，終不肯信仙，亦安可強令信哉！」

【章旨】針對神仙稟之自然、不可學得的說法，指出彭祖、老子並非異類，且神仙之事載之典籍，只要有超世之志，堅持修煉，必有效驗。

【注釋】❶老彭 老子與彭祖。《神仙傳》說老子在周三百餘年，時俗見其久壽，號為老子。彭祖至商末已有七百六十七歲。故世俗以老子、彭祖為修煉得道的仙人。❷陶冶造化　指天地如同燒製陶器、冶煉金屬般造就、化成萬物。❸役用　役使、利用。❹上藥之延命　上等之藥可以延長生命。命，原作「年」，據敦煌殘卷校改。❺遐壽　長壽；久壽。❻效其道引　模仿龜鶴的動作以為導引之術。❼眾蟲　指各類動物。禽為羽蟲，獸為毛蟲，龜為甲蟲，魚為鱗蟲。❽短折　短命而亡。❾彭老之道　指長壽之道。❿施為本末　行為的前因後果、始末經過。⓫師授服食　指明師傳授、服食修煉之事。⓬吞刀吐火　葛洪《神仙傳》載孫博能「口中吐火，指大樹生草即焦枯，若更指之，則復如故」，「又能吞刀劍數十枚」。⓭坐在立亡　坐時得見，頃刻不見蹤影。《神仙傳》載皇初起「服松脂、茯苓至五千日，能坐在立亡，行於日中無影」。⓮興雲起霧　《神仙傳》載劉政能「噓水興雲，奮手起霧，聚壤成山，刺地成淵」。⓯召致蟲蛇　《神仙傳》載劉政能召江海中蛟龍黿鼉，即皆登岸。⓰合聚魚鼈　《神仙傳》載仙人玉子能「臨淵投符，召魚鼈之屬，悉來上岸」。⓱三十六石立化為水　將三十六種藥石頃刻溶化於水。《列仙傳》記載：八公曾經傳授給淮南王劉安《三十六水方》。〈遐覽〉著錄有《三十六水經》。⓲消玉為粭　使玉石化為軟漿。粭，糖漿。⓳漬金為漿　將金溶化成水漿。漬，原作「潰」，據敦煌殘卷校改。⓴沾　一作「溺」，一作「沒」。㉑蹴　踢；踐踏。一作「就」。㉒幻化之事　《列子．周穆王》載「西極之國有化人來，入水火，貫金石，反山川，移城邑，乘虛不墜，觸實不硋，千變萬化，不可窮極」，皆幻術變化之事。㉓守之　堅持修煉仙道。「守」一作「為」。㉔守一　意念專一，保守元氣。㉕與天相畢　與天永存。即長生不死。㉖還精胎息　以胎息之法，煉精化氣，煉氣化神。胎息，服氣之術。㉗將來　後來者；後世之人。㉘苟無其命　如果沒有這種好仙道的命。抱朴子認為一個人是否喜好仙道為命中所定。參見〈塞難〉。

【語　譯】有人提出辯難說：「人中間有老子、彭祖之長壽，就像樹木中有四季長青的松柏，都是本於天賦的稟性，怎麼能夠學得呢？」

抱朴子回答說：「天地陶冶造就了萬物，其中最有靈性的莫過於人。僅僅達到人的性靈的表層者則能役使萬物，而得其深者則能長生不死。知道上藥可以延長人的生命，所以服食藥物以求仙；知道龜鶴生命久長，所以模仿其動作而為導引之術以長壽。再說松柏的枝葉不同於別的樹木，龜鶴的身體形貌不同於別的動物，至於彭祖、老子，他們都還是人，並非與人不同的異類。他們長壽是由於修煉得道，而不是天生如此。眾多的樹木不能仿效松柏，各類動物不能學習龜鶴，所以短命而死。世間明哲之士，若能修煉彭祖、老子之道，則可以收到同樣的功效。

如果說世上沒有仙人，然而前代賢哲所記載的仙人將近千人，都有名有姓，又有修煉成仙的始末經過、前因後果，可見仙人的存在並不是沒有憑據的空話。如果說這些人特別地稟受了非常之氣，然而相傳他們都有老師傳授，以及服藥修煉之事，可見他們並非生來就得道了。如果說道術不可以學得，然而變形易貌，吞刀吐火，頃刻不見蹤影，當場興雲起霧，召來蟲蛇，讓魚鼈自己上岸，使三十六石頃刻化為溶液，使玉石化成軟糊，將金屬溶為漿液，使人沒入深淵而不沾濕，踐踏刀刃而不割傷，種種變化之事，共有九百多件。按法去作，沒有不見效果的。為何唯獨不肯相信神仙可以修成呢？

仙道晚成，又有許多禁忌。所以如果沒有超出世俗的志氣，沒有堅韌的毅力，就不能堅持修煉。或者有人心中有所疑惑，中途荒廢，便說神仙長生之術果然不是修煉可得的。《仙經》上說：『服丹守一，與天永存；煉氣還精，壽命無極。』這其中蘊涵著精妙的道理，是重要的言論啊！民間的君子尚且內則不辜負自己的良心，外則不愧對自己的身影；上不欺騙蒼天，下不自食其言。況且古代的君子，怎麼會假造空言，以必定不能實現的事情去誑騙耽誤後來的人，他們有什麼可求的呢？如果命中與仙人無緣，便終究不會相信神仙之事，又怎麼能夠強迫他們相信仙道呢！」

或難曰：「龜鶴長壽，蓋世間之空言耳。誰與二物終始相隨而得知之也？」

抱朴子曰：「苟得其要，則八極❶之外，如在指掌❷；百代之遠，有若同時。不必在乎庭宇❸之左右，俟❹乎瞻視之所及，然後知之也。《玉策記》❺曰：『千歲之龜，五色具焉。其額上兩骨起似角，解人之言❻。浮於蓮葉之上❼，或在叢著之下❽，其上時有白雲蟠旋❾。千歲之鶴，隨時而鳴，能登於木。其未千載者，終不集於樹上也。色純白而腦盡成丹。』如此則見，便可知也。然物之老者多智，率皆深藏遠處⑩，故人少有見之耳。

按《玉策記》及《昌宇經》⑪，不但此二物之壽也。云千歲松樹，四邊披越⑫，上杪⑬不長，望而視之，有如偃蓋⑭。其中有物，或如青牛⑮，或如青羊，或如青犬，或如青人，皆壽萬歲。又云蛇有無窮之壽，獼猴壽八百歲變為猨⑯，猨壽五百歲變為玃⑰，玃壽千歲則變為老人⑱。蟾蜍⑲壽三千歲，騏驎⑳壽二千歲，騰黃㉑之馬，吉光㉒之獸，皆壽三千歲。千秋之鳥㉓，萬歲之鳥㉔，皆人面而鳥身，壽亦如其名。虎及鹿、兔，皆壽千歲，壽滿五百歲者其毛色白。熊㉕壽五百歲者則能變化。狐及狸狼㉖皆壽八百歲，滿五百歲則善潛變為人形。鼠壽三百歲，滿百歲則色白，善憑人而卜㉗，名曰仲㉘，能知一年中吉凶及千里外事。

如此比例㉙，不可具載。但博識者觸物能名㉚，洽聞者㉛理無所惑耳。何必常與龜鶴周旋，乃可知乎？苟不識物，則園中草木，田池禽獸，猶多不知，況乎巨異者㉜哉！

【章　旨】舉出有關龜鶴長壽的記載，以及其他動植物長壽變化之事，為神仙的存在提供旁證。

【注　釋】❶八極　八方極遠之地。❷指掌　手掌。形容近在眼前。❸庭宇　庭院、屋宇。❹俟　等到；等待。❺玉策記　〈遐覽〉著錄有《玉策記》，〈仙藥〉曰《太乙玉策》，殆即此書。❻解人之言　懂得人的語言。《搜神記・卷一二》：「千歲龜黿，能與人語。」❼浮於蓮葉之上　《史記・龜策列傳》曰：「余至江南……問其長老，云龜千歲乃遊蓮葉之上。」❽叢蓍之下　千歲之龜常在叢蓍之下。《淮南子・說山》：「上有叢蓍，下有伏龜。」叢蓍，指生長百年有神靈的蓍草。百草共一根，故曰叢蓍。古人認為龜千歲而靈，蓍百歲而神，所以用龜蓍卜筮。❾蟠旋　盤旋堆積。旋，原作「蛇」，據《百子全書》本校改。❿深藏遠處　藏在深隱之地、遙遠之處。遠，原作「遂」，據敦煌殘卷校改。⓫昌宇經　昌宇相傳為黃帝時人。〈仙藥〉提及《昌宇內記》，疑同為後人託名所作。⓬披越　向四面散開。原作「枝起」，據《太平廣記・卷四〇七》校改。⓭杪　樹梢的上端。⓮偃蓋　偃伏的車蓋。⓯青牛　〈嵩高山記〉說：嵩山有大樹松，或百歲千歲，其精變為青牛。見《藝文類聚・卷八八》。⓰猨　同「猿」。獸名。⓱玃　獸名。大猴。⓲則變為老人　《吳越春秋》載有女子道逢老人，自稱袁公，相試擊劍。女子擊之，袁公則飛身上樹，化為白猿。此五字原缺，據《藝文類聚・卷九五》校補。⓳蟾蜍　俗稱癩蝦蟆。⓴騏驎　即麒麟。㉑騰黃　神馬之名。其色黃，形狀如狐，背上有兩角，或曰乘之壽三千歲。見《太平御覽・卷八九六》。㉒吉光　神獸之名。毛色黃白。一說是一種神馬。㉓千秋之鳥　千秋鳥。鳥名。秋，原作「歲」，據敦煌殘卷校改。㉔萬歲之鳥　萬歲鳥。鳥名。鳥，原作「禽」，據敦煌殘卷校改。㉕熊　原作「能」，據敦煌殘卷校改。㉖狐及貍狼　原作「狐貍豺狼」，據敦煌殘卷校改。㉗憑人而卜　依據人事，占卜吉凶。《搜神記・卷一二》：「百歲之鼠，而能相卜。」㉘名曰仲　《白孔六帖》「仲能」連文，《太平御覽》以「仲骨」連文，故「仲」下當脫去一字。㉙比例　同類之事例。㉚觸物能名　接觸某物，便可推斷其命。名，性命；壽命。㉛洽聞者　見聞、知識廣博者。㉜巨異者　差異巨大的事。

【語　譯】有人反駁說：「龜鶴長壽，只是世間的空談。誰能與龜鶴始終在一起，而知道牠們長壽的呢？」

抱朴子說：「如果掌握了認識事物的關鍵樞要，那麼極遠之事也好像近在目前，百代以前之事就像發生在同時。不必要在房舍庭院的左右，一定待到親眼目睹然後才得以知曉。《玉策記》上說：『壽滿千年的神龜，身上五色齊備，前額上兩骨突起，好像角一樣，能懂人的語言。這種神龜常常浮在蓮葉之上，或者伏在叢生的蓍草之下，牠的上面常有白雲盤旋繚繞。千歲的鶴能按時鳴叫，能在樹上棲息，壽命不滿千歲的鶴是不能棲息在樹上的。千歲的鶴毛色純白而腦全部成丹。』從這些情況看，龜鶴長壽便可知了。但是年老之物多富於智慧，大都躲藏在深隱偏遠之地，所以人們很少見到牠們。

據《玉策記》及《昌宇經》說，不是只有龜鶴這兩種生物長壽。據說千年的松樹，枝條朝四邊紛披，樹杪不再向上生長，遠遠望去，好像偃伏的車蓋。其中有各種形狀之物，有的像青牛，有的像青羊，有的像青狗，有的像青人，都能活到萬歲。又說蛇的壽命是沒有窮盡的。八百歲的獮猴變為猿，五百歲的猿變為玃，玃壽滿千歲則變為老人。蟾蜍壽三千歲，麒麟壽兩千歲，名叫騰黃的神馬，名叫吉光的神獸，壽命都長達三千歲。千秋鳥、萬歲鳥，都是人面鳥身，牠們的壽命就像牠們的名字所表明的一樣。虎、鹿及兔子都有千年之壽，年滿五百歲以上的毛色變白。熊的年齡在五百歲以上的，則能夠變化。狐狸、貓、狼可以達到八百歲的壽命，滿五百歲就能暗中變化成人的樣子。老鼠能有三百年的壽命，滿百歲者毛色變白，善能依據人事占卜禍福，名叫仲，能知道人一年內的吉凶以及千里外的事情。

諸如此類的例證，不能一一列舉出來。只是學識淵博者見到一種生物，便可以推測判斷牠們的性命狀況，而見多識廣者不會對此感到困惑罷了。為什麼必須經常與龜鶴在一起，才知道牠們的壽命短長呢？如果不通達事理，則園中的草木、田野池塘中的禽獸，尚且有許多不明白的，何況與此差異巨大的事物呢！

《史記．龜策傳》云：江淮間居人為兒時，以龜枝床❶，至後老死，家人移床，而龜故生❷，此亦不減五六十歲也。不飲不食，如此之久而不死，其與凡物不同亦遠矣。亦復何疑於千歲哉？《仙經》象龜之息❸，豈不有以❹乎？

故太丘長、潁川陳仲弓❺，篤論士❻也，撰《異聞記》❼云：其郡人張廣定者，遭難常❽避地。有一女年四歲，不能步涉❾，又不可擔負，計棄置之固❿當餓死，不欲令其骸骨之露。村口有古大冢，上巔先有穿穴⑪，乃以器盛，縋之下此女於冢中⑫，以數月許⑬乾飯及水漿與之而舍去。候世平定⑭，其間三年，廣定乃得還鄉里。欲收冢中所棄女骨，更殯埋之。廣定往視，女故⑮坐冢中，見其父母猶識之，甚喜，而父母猶初恐其鬼也。父下入就之，乃知其不死。問之從何得食，女言糧初盡時甚飢，見冢角有一物伸頸吞氣，試效之，轉不復飢。日日⑯為之，以至於今。父母去時所留衣被自在冢中，不行往來，衣服不敗，故不寒凍。廣定乃索女所言物，乃是一大龜爾。女出食穀，初小腹痛，嘔逆⑰，久許乃習。此又足以知龜有不死之法，及為道者效之，可與龜同年之驗也。

史遷與仲弓，皆非妄說者也。天下之蟲鳥多矣，而古人獨舉斯二物者，明其獨有異於眾故也。睹一隅⑱則可以悟之矣。」

【章旨】以司馬遷《史記》及陳寔《異聞記》中的有關記載，證明龜鶴的確是長壽之物。

【注釋】❶枝床　支墊床腿。❷龜故生　龜仍然活著。故，仍然；尚。《史記·龜策列傳》：「南方老人用龜支床足，行二十餘歲。老人死，移床，龜尚生不死。」❸象龜之息　模仿、效法龜之呼吸。❹有以　有緣由；有道理。❺陳仲弓　陳寔字仲弓，潁川（今河南許昌）人。東漢末年，曾任太丘長。黨錮之禍起，他說「吾不就獄，眾無所恃」，自請囚禁。解除黨錮後，官府招辟，皆辭不就，為當世之名士。❻篤論士　言論確鑿可靠、值得相信的人。❼異聞記　此書不見史志著錄，唐李亢《獨異志》、段公路《北戶錄》各引有一則。❽常　疑為「當」字，形近而訛。❾步涉　步行、跋涉。❿固　必然；一定。

⓫穿穴　墳洞口。⓬縋之下此女於塚中　以器物盛著女孩，用繩索垂放到墓中。⓭許　大約；左右。⓮候世平定　等到世道安定下來。「世」一作「比」。⓯故　仍然；依然。⓰日日　原作「日月」，據敦煌殘卷校改。⓱嘔逆　作嘔；要嘔吐。⓲一隅　一個角落、部分。

【語　譯】《史記・龜策列傳》說：江淮之間有人還是兒童時，曾經以一隻龜墊支床腳。後來他老死了，家中人移動床腳，那隻龜還仍然活著，這其間不會少於五、六十年。不飲不食，如此之久而不死，龜與平常之物的差距顯然很遠了。又何必懷疑牠能活到千歲呢？《仙經》上說要像龜一樣呼吸服氣，難道不是有道理的嗎？

已故太丘長、潁川陳仲弓，是一位言論確實可靠、不尚空談之士。他所撰寫的《異聞記》記載說：與他同郡有一個名叫張廣定的人，遭遇戰亂要逃往外地。他有一女年紀才四歲，不能長途跋涉。若要丟棄她，那麼女孩一定會餓死，又不願讓她的屍體暴露在外。村口有座古代的大墓，墓頂部分已經先有了一個洞穴。張廣定便用器物盛著女孩垂放進墓中，在旁邊放了大約幾個月的乾飯及飲水，就丟下女孩走了。等到這裡戰亂平定，其間三年已經過去，張廣定才得以回到家鄉。他想要將大墓中所棄女孩的骨骸重新安葬，前去一看，見女孩還是坐在墓中。女孩還認識自己的父母，很是歡喜，而女孩的父母親開始時還把她當作鬼魂。張廣定下到墓中，到女孩身邊，才知道她並沒有死。問她從何處得到食物，女孩講糧食剛吃完時非常飢餓。後來看見墓角有一個東西伸著頸子吞氣，試著仿效牠的動作，於是變得不再飢餓。每天如此，直到如今。父母走時留下的衣被還在墓中，因為不來回走動，衣服也沒有破爛，所以也不寒冷。張廣定於是尋找女孩所說的那個『伸頸吞氣』之物，原來是一隻大龜。女孩初出來時，吃五穀糧食覺得小腹疼痛，想要嘔吐，過了許久才習慣。這又足以知道龜有不死之法，修煉道術的人只要依法仿效，可以與龜同樣長壽，這就是證明。

司馬遷與陳寔，都不是隨意妄說的人。天下的動物生靈多著哩，而古人唯獨舉出龜鶴來，就是由於牠們與眾不同的緣故。觀此一端便可以悟出其中的道理了。」

或難曰：「龜能土蟄❶，鶴能天飛，使人為須臾之蟄，有頃刻之飛，猶尚不能。其壽安可學乎？」

抱朴子答曰：「蟲之能蟄者多矣，鳥之能飛者饒❷矣。而獨舉龜鶴有長生之壽者，其所以不死者，不由蟄與飛也。是以真人但令學其道引以延年❸，法其食氣以絕穀❹，不學其土蟄與天飛也。夫得道者上能竦身❺於雲霄，下能潛泳於川海。是以蕭史偕翔鳳以淩虛❻，琴高乘朱鯉於深淵❼，斯其驗❽也。何但須臾之蟄、頃刻之飛而已乎？龍蛇蛟螭❾、狙猬鼉蟸❿，皆能竟冬⓫不食。不食之時，乃肥於食時也，而莫得其法耳⓬。

且夫一致之善⓭者，物多勝於人，不獨龜鶴也。故太昊師蜘蛛而結網⓮，金天⓯據九鳸以正時⓰，帝軒俟鳳鳴以調律⓱，唐堯⓲觀蓂莢以知月⓳。歸終知往⓴，乾鵲知來㉑。魚伯㉒識水旱之氣，蚍蜉㉓曉潛泉之地㉔。白狼知殷家之興㉕，鸑鷟見有周之盛㉖。龜鶴偏解導養，不足怪也。

且《仙經》長生之道有數百事，但有遲速煩要㉗耳，不必皆法龜鶴也。上士用思遐邈㉘，自然玄暢，難以愚俗之近情，而推神仙之遠旨。」

【章　旨】生物稟負某一方面的特長，可以超出於人類，人類只要學習這一方面就行了。效法龜鶴的導引食氣，即屬於此類。

【注　釋】❶土蟄　動物在冬眠時潛伏土中，不食不動。❷饒　多。❸學其道引以延年　效法鶴之導引，即伸縮、搖動肢體以養形魄，延長壽命。❹法其食氣以絕穀　學習龜之呼吸服氣，以不食糧食。食氣是一種呼吸養生之法。❺竦身　引領舉足，飄然飛升。❻蕭史偕翔鳳以淩虛　蕭史是秦穆公時人，善吹簫，能招引孔雀白鶴於庭。秦穆公有女字弄玉，好之，二人結為夫妻。蕭史日教弄玉作鳳鳴，後來有鳳凰來止其屋。一旦蕭史、弄玉皆隨鳳凰飛去。見《列仙傳・卷上》。❼琴高乘朱鯉於深淵　琴高是趙人，以善鼓琴而為宋康王舍人。修道術，遊於冀州、涿郡之間二百餘年。後辭別時人入涿水中取龍子，與弟子期約在水邊設祠，屆時琴高果乘赤鯉魚來，出坐祠中。留一月餘，琴高復入水而去。見《列仙傳・卷上》。❽驗　證明。❾蛟螭　傳說中之龍類，體似龍而無角。❿狙猬鼉蝨　狙是猿猴之類，猬是刺蝟，鼉是揚子鱷，蝨是一種蟲類。⓫竟冬　整個冬天。⓬而莫得其法耳　「而」、「耳」二字，據敦煌殘卷校補。⓭一致之善　偏於某一方面的優點、特長。⓮太昊師蜘蛛而結網　伏犧氏學習蜘蛛結網之法，而發明了網罟。《周易・繫辭下》：「古者包犧氏之王天下也，仰則觀象於天，俯則觀法於地……作結繩而網罟，以佃以漁。」⓯金天　即少昊氏。黃帝之子。⓰據九鳫以正時　九鳫是少昊時九農正之官名。九農正以不同鳥類的狀況來判斷節令、安排農事。參見《左傳・昭公十七年》注。⓱帝軒俟鳳鳴以調律　黃帝依據鳳凰鳴叫的聲音來調音律。傳說黃帝之臣容成曾造笙以象鳳鳴。⓲唐堯　即堯。始封於唐，故名。⓳觀蓂莢以知月　蓂莢是一種樹，傳說它每月從初一到十五，每天長一莢。每月十六至三十，每天落一莢。周而復始，每月一遍。王者見蓂莢長、落的情況，便知道月日了。見《論衡・是應》。⓴歸終知往　歸終知道往者的情況。歸終，神獸之名。原作「終歸」，據敦煌殘卷校改。㉑乾鵠知來　乾鵠知道來者的情況。《淮南子・氾論》高誘注：「乾鵠，鵲也。人將有來事憂喜之徵則鳴，此知來也。」鵠，原作「鵲」，據孫詒讓《校補》改。㉒魚伯　一種生長在水中的蟲類，即青蚨。㉓蚍蜉　一種較大的螞蟻。原作「蜉游」，據敦煌殘卷校改。㉔曉潛泉之地　知道地下泉水之所在。〈博喻〉：「蛇螘知潛泉之所居。」㉕白狼知殷家之興　白狼是傳說中的吉祥之獸。舊說王者德化興盛，則白狼出現。《田俅子》說：「商湯為天子，都於亳，有神手牽白狼，口銜金鉤，而入湯庭。」㉖鸑鷟見有周之盛　鸑鷟是一種鳳凰。《國語・周語》說，周王朝興起之時，鸑鷟鳴於岐山。㉗遲速煩要　效果的快慢、要領的煩簡。㉘用思遐邈　思緒深遠。

【語譯】有人辯論說：「龜能蟄伏在土中，鶴能飛翔在天上。人若要在土中蟄伏一會兒，或者在空中飛一會兒，尚且不能。要想學得龜鶴的長壽，怎麼可能呢？」

抱朴子回答說：「能潛伏在地下的動物很多，能在天上飛翔的鳥兒也很多。而單獨舉出龜鶴有長久的壽命，就意味著牠們長生不死的緣由，不是由於牠們能夠蟄伏與飛翔。所以真人只讓人學習鶴的導引之術以延長壽命，效法龜的食氣養生以辟除五穀，並不要學習牠們潛伏於土、飛翔於天啊。得道之士，上能引身飄飛到雲霄之上，下能潛泳在江河湖海之中。所以蕭史能伴著鳳凰飛向天空，琴高能乘著紅色的鯉魚游向深淵。這些就是證明啊，哪裡只是短時的蟄伏、頃刻的飛翔呢？龍蛇蛟螭、狙猬鼉蝨都能整個冬天不吃食物。不吃之時，比起吃食物時還要肥些，然而人們不知道牠們的方法。

再說單就某一方面的特長而論，生物往往勝過了人類，不獨龜鶴如此。所以伏犧氏學習蜘蛛的結網而發明了網罟，少昊氏依據不同鳥類的活動以判明節令，軒轅氏按照鳳凰鳴叫的聲音調整音律，帝堯依據階前蓂莢的生長以掌握月日。歸終知道往者，乾鵲知道來者。青蚨熟悉水旱之氣，螞蟻知道地下泉水的所在。白狼知道商王朝將要興起，鸑鷟知道周王朝將要發達。因此龜鶴擅長於導引養生，是不足為怪的。

再說《仙經》上記載修煉長生的法術有數百件，只是有效果遲早、要領繁簡的不同，不一定都要求學習龜鶴。超凡之士考慮問題深遠暢達，自然玄妙，因此難以用世俗愚昧短淺的見識，去推測深遠玄妙的神仙之事。」

或曰：「我等不知所以令人❶長生之理，古人緣何❷獨知之？」

抱朴子曰❸：「此蓋愚暗之局談❹，非達者之用懷❺也。夫占天文之道度❻，步七政之盈縮❼，論淩犯於既往❽，審崇替❾於將來。仰望雲物之徵祥❿，俯定卦兆之休咎[11]。運三棋[12]以定行軍之興亡，推九符[13]而得禍福之分野。乘除一算[14]，以究鬼神之情狀[15]；錯綜六爻[16]，而處無端之善否[17]。其根元可考[18]也，形理可求[19]也。而庸才近器[20]，猶不能開學之奧治[21]。至於振素[22]，徒銳思[23]於糟粕，不能窮測其精微也。夫鑿枘[24]之麤伎[25]，而輪扁有不傳之妙[26]；掇蜩[27]之薄術[28]，而傴僂有入神之巧[29]。存乎其人[30]，由於至精也。況於神仙之道旨意深遠，求其根荄[31]，良未易也。

松、喬[32]之徒，雖得其效[33]，未必測其所以然也，況凡人哉？其事可學，故古人記而垂[34]之，以傳識者耳。若心解意得[35]，則可信而修之。其猜疑在胸，皆自其命[36]，不當詰[37]古人何以獨曉此，而我何以獨不知之意耶？吾今知仙之可得也，吾能休糧不食[38]也，吾保流珠之可飛[39]也，黃白之可求[40]也。若責吾求其本理，則亦實復不知矣。世人若以思所能得謂之有，所不能及則謂之無，則天下之事亦尠[41]矣。故老子有言：以貍頭之治鼠漏[42]，以啄木之護齲齒[43]，此亦可以類求者也；若蟹之化漆[44]，麻之壞酒[45]，此不可以理推者也。萬殊[46]紛然，何可以意極[47]哉？設令[48]抱危篤之疾[49]，須良藥之救，而不肯即服，須知神農[50]、歧伯[51]所以用此草治此病本意之所由，則未免於愚也。」

【章 旨】神仙之道旨意深遠，難於以理推求。吾人只須心解意得，便可信而修之，不必求其本理。

【注 釋】❶所以令人 原本脫「所以」二字，「令」訛為「今」，據敦煌殘卷校改、補正。❷緣何 因何。原本脫「緣」字，據敦煌殘卷校補。❸抱朴子曰 原本脫此四字，各段皆有，因補之。❹局談 見識狹小之言論。❺用懷 指思想、胸襟。❻占天文之道度 推算天體運行的方位、行程。道度，原作「玄道」，據敦煌殘卷校改。❼步七政之盈縮 預測日月五星的盈虧、變化，如日蝕、月蝕之類。七政指日、月及金、木、水、火、土五星。❽論淩犯於既往 解釋星月相侵犯的天象。如嚴子陵曾伴光武帝宿，第二天太史報告「其夜客星犯天子宿」，即此類。❾崇替 盛衰、興廢的變化。❿望雲物之徵祥 古人認為天上的雲物預示著地上的人事，如春耕時有黃雲覆車則預兆五穀豐登，四方常有五色雲則下有賢人隱。⓫定卦兆之休咎 依據卦象、龜兆來確定吉凶、禍福。⓬三棋 布列以卜筮的方術。類似棋局，故云。⓭九符 九宮之符。是一種預言吉凶的方術。九宮為太一、攝提、軒轅、招搖、天符、青龍、咸池、太陰、天一。每宮一神、一星、配一卦，以推算禍福。⓮乘除一算 推斷、計算人的壽命、禍福。⓯究鬼神之情狀 探討鬼神是如何安排人事的。指上述占卜預言之術。⓰錯綜六爻 指卜卦，探究其寓意。每卦有六爻，故云。⓱處無端之善否 預言未來變化無端的善惡。⓲根元可考 是說占卜推算，其本源有書可為憑據，非常清楚。⓳形理可求 是說方法、道理都明明白白，可以求得。⓴庸才近器 平庸的人、見識淺近者。㉑奧治 奧妙之區。㉒振素 頭髮變白。指年老。振，原作「樸」，據敦煌殘卷校改。㉓銳思 苦思；專心思考。㉔鑿枘 鑿穿木器、打榫頭。㉕麤伎 粗活；不要高深技術的工作。㉖輪扁有不傳之妙 輪扁是春秋時齊國的一名工匠。他曾對齊桓公說：鑿斫車輪，如果孔眼寬大則甘而不固，如果孔眼窄小則苦而不入。孔眼不大不小，得之於手而應於心，這種技巧父子不能相傳，這就是「不傳之妙」。㉗掇蜩 以竹竿黏取蟬。㉘薄術 小的技術。㉙傴僂有入神之巧 《莊子・達生》載：孔子前往楚國，途中見一駝背者以竿黏蟬，好像從地上拾東西一樣容易，孔子贊揚他「用志不分，乃凝於神。」㉚存乎其人 意謂在乎人的運用，為當時之成語。存，原作「在」，據敦煌殘卷校改。㉛根荄 指根本之理。荄，草根。原作「根莖」，據敦煌殘卷校改。㉜松喬 赤松子、王子喬。皆古仙人。㉝效 效果。指修成了仙人。㉞垂 垂示。留下來傳給後人。㉟心解意得 內心能夠領悟，意中有所得。㊱皆自其命 都是他們命中所註定的。作者認為人受氣結胎，各有星宿。命屬死星，則其人不信仙道。參見〈塞難〉。㊲詰 責問。㊳休糧不食 道教的一種修煉術，又稱辟穀。即不食五穀，僅以服食藥物、調息導引以進行修煉。㊴流珠之可飛 指以汞、鉛等合煉丹藥是可以成功的。流珠即汞。飛，指加溫使汞昇華。㊵黃白之可求 黃金、白銀可以用人工合成。黃白術是古代方士合煉金銀之術。㊶尠　少見。㊷貍頭之治鼠漏　貓可以降服老鼠，所以古人認為野貓頭可以治好老鼠嚙人的瘡痕。《淮南子・說山》：「貍頭愈鼠。」貍是野貓。鼠漏是老鼠咬嚙的創傷。㊸啄木之護齲齒　啄木鳥可以啄食樹中的蟲子，所以古人認為牠有保護牙齒的功效。《淮南子・說山》：「斲木愈齲。」㊹蟹之化漆　以蟹放進漆中，則漆不能乾燥。《淮南子・覽冥》：「蟹之敗漆。」㊺麻之壞酒　芝麻富於油脂，能使酒敗壞變質。㊻萬殊　萬物。㊼極　窮極；終極。㊽設令　假使；假令。㊾危篤之疾　嚴重、危險的疾病。㊿神農　炎帝神農氏，中華民族之始祖。傳說他曾嘗百草，著《本草》四卷，為中醫學之祖。[51]岐伯　古代之名醫，相傳是黃帝之臣。今所傳《內經》，即託為岐伯與黃帝論醫之語。

【語　譯】有人說：「我們不知道所以使人長生之理，古人為什麼能夠知道呢？」

抱朴子回答說：「這是愚昧、見識短淺的說法，而不是通達事理的人應有的胸懷。比如推算天體運行的方位及行程，預測日月五星的盈虧變化，解說星月相犯的天象，探討人間未來的盛衰興廢。仰觀天上雲霞的徵兆，俯定人間的吉凶禍福。運用卜筮推定行軍作戰的成敗，依據九宮之法判斷禍福的分野。用通盤的考量，探究鬼神安排人事的情狀；以占卦的方法，來確定變化無端的善惡。這些推算卜筮之術其根源都非常清楚，方法道理也都有所依據，然而智能平庸、目光淺近之輩，還是不能掌握其中的奧祕。一直到滿頭白髮，只是在文字糟粕之中冥思苦索，不能深入地探討其中的精微。在木材上鑿孔打眼，並不需要精深的技術，然而輪扁有無法言傳的技巧。用竹竿黏蟬乃是微不足道的小技，而駝背者有出神入化的技巧。這些在於人們持久的修煉，由於他們精深的造詣。何況神仙之道，旨意深厚而遠大，要掌握其根本之理，是很不容易的。

赤松子、王子喬這些人，雖然得道成仙，卻未必能知其所以然，何況平常之人呢？神仙之術可以學得，所以古人記下來留給後世，傳給識者。如果心中能夠理解，意中有所感悟，便可以信從並且修煉。如內心有所猜疑，那是自己命中所註定的。不應當再責問古人何以獨知此事，而我為何獨不知此事呢？我知道仙人可以修得，我能夠辟穀不吃糧食，我可以保證汞鉛可以煉成飛丹，黃金白銀可以合成。但若要我說明其中的道理，則我也並不知曉。世人如果對於能認識到的事物便肯定它的存在，對於不能認識到的事物便說它不存在，那麼天下之事也就甚少了。所以老子說過：用野貓的頭治好老鼠咬嚙的創傷，用啄木鳥治癒蛀牙，這可以用類別不同的道理去解釋；至如蟹能使漆敗壞，芝麻能使酒變質，這是不可以用道理推論的。世上的事物紛紜萬千，怎麼是人的認識得以窮盡的呢？假令一個人染有嚴重而危險的疾病，必須良藥救命之時，卻不肯服藥，而要知道神農、歧伯用這些藥草治病的緣由，那就未免愚蠢了。」

或曰：「生死有命❶，修短❷素定，非彼藥物所能損益❸。夫指既斬而連之，不可續也；血既灑而吞之，無所益也。豈況服彼異類之松柏，以延短促之年命，甚不然❹也。」

抱朴子曰：「若如所論❺，必須同類乃能為益。然則既斬之指、已灑之血，本自一體，非為殊族❻。何以既斬之而不可續、已灑之而不中服❼乎？余數見人以蛇銜膏❽連已斬之指，桑蟲❾易雞鴨之足，異物之益，不可誣❿也。若如子言不恃他物，則宜擣肉治骨⓫，以為金瘡⓬之藥；煎皮熬髮⓭，以治禿鬢之疾耶？夫水土不與百卉⓮同體⓯，而百卉仰之以植⓰焉；五穀非生人⓱之類，而生人須之以為命焉。脂非火種⓲，水非魚屬⓳，然脂竭則火滅，水涸⓴則魚死。伐木而寄生㉑枯，芟草而兔絲萎㉒，小蟹不歸而蛣敗㉓，桑樹見斷而蠹殄㉔。觸類而長之㉕，斯可悟矣。金玉在九竅㉖，則死人為之不朽；鹽滷沾肌理㉗，則脯腊㉘為之不爛。況於以宜身益命之物，納之於己，何怪其令人長生㉙乎？」

【章旨】舉出醫學上藥草療治創傷以及生物之間相互依存的例證，說明不同種屬之物也可以有所補益，從而否定服食藥物不能有益長生之說。

【注釋】❶生死有命　人之生死皆命中所定。❷修短　指壽命之長短。修，長。❸損益　損害或補益。指縮短或延長。❹不然　不以為然；不認為是可能的。❺若如所論　原作「若夫此論」，據敦煌殘卷校改。❻殊族　不同之族類；異族。❼不中服　不可吞服；吞之無益。❽蛇銜膏　蛇銜，藥草名，可治創傷。以此種藥草製成的藥膏叫蛇銜膏。葛洪《肘後備急方・卷八》載有此藥膏名。❾桑蠹　即桑蠹蟲。古醫書認為牠有補肉、生不足的效用。「蟲」一作「豆」。❿不可誣　不可認為是虛妄的欺騙。⓫擣肉治骨　擣爛人的骨肉，製為藥物。「治」原作「治」，此據《道藏》本。⓬金瘡　指刀槍箭戟諸兵器所留下的創傷。⓭煎皮熬髮　以人之皮膚、頭髮煎熬為藥物。⓮百卉　百草。代指各類植物。⓯同體　同一體質；同一種屬。⓰植生長發育。⓱生人　人。⓲脂非火種　油脂與火，並非同種之物。⓳水非魚屬　水與魚，歸屬於不同的物類。⓴涸　原作「竭」，據敦煌殘卷校改。㉑寄生　寄生草。又名寓木。依附別的樹木生長。㉒芟草而兔絲萎　割去蔓草，菟絲子便會枯萎。芟，割除。兔絲，即菟絲子。莖細長，纏繞在別的植物上生長。㉓小蟹不歸而蛣敗　蛣是一種蚌，長兩三寸，腹中有小蟹共生。此句意謂蛣依蟹而生活，小蟹若不歸來，蛣則死亡腐爛。㉔桑樹見斷而蠹殄　桑樹被砍斷，樹幹中的寄生蟲就會死去。殄，滅絕；消滅。㉕觸類而長之　依此類推。㉖九竅　人體之九孔。指眼耳鼻口及大小便處。㉗鹽滷沾肌理　用鹽水滷汁塗抹肉類。肌理，一作「肌髓」。㉘脯腊　乾肉塊。㉙令人長生　一作「不能令人長生」。

【語譯】有人說：「人的生死都是命中所定，壽命的長短早就確定了，不是藥物所能夠增減的。手指被斬斷了，不能夠再連接起來；血液已經流灑出來，再吞下去也是無益的。何況服食與人不同種屬的松柏，以希望延長短促的生命，這是不可能的。」

抱朴子說：「若像你所論說，必須同類之物才能有所補益。那麼被斬斷的手指、已經流出的血液與人本為一體，並非異類之物。為什麼被斬斷的手指不可以接上、已流出的血液不可以吞服呢？我多次見到人用蛇銜膏將斬斷的手指連起來，用桑蠹蟲使雞鴨的傷足復原。不同類屬之物可以相互補益，這不會是虛假的欺騙。若是如你所說異類之物不可依靠，那豈不是要擣碎骨肉，製成藥物去醫治刀槍損傷；煎熬皮膚頭髮，製成藥膏以醫療禿頭之疾嗎？水土與植物本質不同、種類相異，而植物仰賴水土以生長；五穀與人不同類，而人卻必須五穀以維持生命。油脂與火不同種，水與魚不同族。然而油脂燒盡火就會熄滅，水乾涸魚就會死亡。將樹砍倒寄生草便要枯死，將蔓草割去菟絲子就不能存活。小蟹不歸與之共生的蛣就會死亡腐爛，桑樹折斷其中的蠹蟲就必然滅亡。依此類推，就可以明白了。將黃金玉石塞入死者的九竅，死人便不會腐朽。用鹽鹵塗抹在肉塊之上，肉就不會腐爛。何況用健身補體、有益生命之物來滋養自己，能夠使人長生又有什麼奇怪的呢？」

或難曰：「神仙方書❶似是而非，將非❷好事者妄所造作，未必出黃老之言❸、經松喬❹之目也！」

抱朴子曰：「若如雅論❺，宜不驗❻也。今試其小者，莫不效❼焉。余數見人以方諸承水於夕月❽，陽燧引火於朝日❾，隱形以淪於無象❿，易貌以託於異物⓫，結巾投地而兔走，鍼綴丹帶而蛇行，瓜果結實於須臾⓬，龍魚瀺灂於盤盂⓭，皆如說⓮焉。按《漢書》欒大⓯初見武帝，試令鬥棋，棋自相觸⓰。而《後漢書》又載魏尚能坐在立亡⓱，張楷能興雲起霧⓲，皆良史⓳所記，信而有徵⓴。而此術事，皆在神仙之部，其非妄作可知矣。小既㉑有驗，則長生之道，何獨不然？」

【章旨】小的方術既然有所效驗，神仙長生也是可能存在的。

【注釋】❶方書　方術之書。❷非　原作「必」，據敦煌殘卷校改。❸黃老之言　黃帝、老子之語。言，原作「手」，據敦煌殘卷校改。❹松喬　赤松子、王子喬。皆傳說中的仙人。❺雅論　高論。尊稱對方的言論。❻不驗　沒有效驗；得不到證實。❼莫不效　沒有不見效。即有效果。❽方諸承水於夕月　方諸是一種方形的器皿。《淮南子・天文》說「方諸見月則津而為水」，意思說用方諸對著月亮上面便會出現水滴。❾陽燧引火於朝日　用凹面鏡對著朝陽，可以取火。陽燧是古代的一種凹面銅鏡，用於對日取火。❿隱形以淪於無象　隱身匿形，頃刻之間無影無蹤。即隱身法。⓫易貌以託於異物　突然之間改變形貌，化作異物。《神仙傳》載劉政能「使人化成一叢林木，亦能使成鳥獸」，即此類。⓬瓜果結實於須臾　須臾之間使瓜果開花結實。《神仙傳》載介象能種瓜草百果，皆立生可食。⓭龍魚瀺灂於盤盂　使魚龍突然在盤盂中出現，游來游去。瀺灂，魚類浮游出沒之狀。《後漢書・方術列傳》載曰：曹操方會賓客，欲得松江鱸魚，左慈以銅盤貯水，以竿餌釣於盤中，須臾引一鱸魚出。⓮如說　如方術之書所說。⓯欒大　漢武帝時的方術之士。大，原作「太」，據《漢書》改。⓰棋自相觸　《漢書・郊祀志》載欒大初見漢武帝，「上使驗小方，鬥棋，棋自相觸擊。」⓱坐在立亡　起坐之間，突然不見蹤影。⓲興雲起霧　人為地興起雲霧。《後漢書・張霸傳》說張楷「性好道術，能作五里霧」。⓳良史　優秀的史家之筆。指《漢書》、《後漢書》的作者班固、范曄。⓴信而有徵　有事實為驗證，值得相信。㉑既　原作「記」，據敦煌殘卷校改。

【語譯】有人提出疑問道：「神仙方術之書，內容似是而非。它們可能是好事之徒隨意編造，未必是黃帝、老子之言，未必經過赤松子、王子喬等仙人過目！」

抱朴子說：「如果像你的高論，神仙方術應該無法得到驗證。然而如今試驗些小方術，沒有不見效果的。我多次見到有人用方諸向著月亮承接水滴，用陽燧向著太陽點燃火光，隱身藏形突然消失蹤影，改換形貌頃刻變成異物，將毛巾打個結丟在地上變出奔跑的兔子，用針綴連紅帶變出蜿蜒的游蛇，須臾之間瓜果開花結實，盤盂之中魚龍自在浮游。這一切都像方術書上說的一樣。據《漢書》記載欒大初見漢武帝時，武帝令他鬥棋，結果棋子自相碰撞。《後漢書》又記載魏尚能坐在立亡，張楷能興起雲霧。這些都是良史之筆所記載的，有事實為依據的，值得信賴。而這些方術都記錄在神仙書中，神仙之書並非隨意妄造便可知了。小的方術既然可以驗證，為什麼長生之道唯獨不可以呢？」

或曰：「審❶其神仙可以學致，翻然淩霄❷，背俗棄世，烝嘗❸之禮，莫之修奉。先鬼❹有知，其不餓乎？」

抱朴子曰：「蓋聞身體不傷，謂之終孝❺。況得仙道，長生久視，天地相畢❻，過於受全歸完❼，不亦遠乎？果能登虛躡景❽，雲轝霓蓋❾；餐朝霞之沆瀣❿，吸玄黃之醇精⓫。飲則玉醴金漿⓬，食則翠芝朱英⓭，居則瑤堂瑰室⓮，行則逍遙太清⓯。先鬼有知，將蒙我榮⓰。或可以翼亮五帝⓱，或可以監御百靈⓲。位可以不求而自致，膳可以咀茹華璚⓳。勢可以總攝羅酆⓴，威可以叱咤梁柱㉑。誠如其道，罔識其妙㉒，亦無餓之者。得道之高，莫過伯陽㉓。伯陽有子名宗，仕魏為將軍，有功封於段干㉔。然則今之學仙者，自可皆有子弟以承祭祀。祭祀之事，何緣便絕？」

【章旨】說明修煉成仙可以使祖先的神靈增添光榮，而不致斷絕祭祀之事。

【注釋】❶審　確實；的確。❷翻然淩霄　飛翔在雲霄之上。翻然，高飛之貌。❸烝嘗　冬祭曰烝，秋祭曰嘗。這裡泛指祭祀祖先之事。❹先鬼　祖先之神靈。❺終孝　《孝經·開宗明義》說：「身體髮膚，受之父母，不敢毀傷，孝之始也。立身行道，揚名於後，以顯父母，孝之終也。」這裡說不傷害自己的身體為「終孝」，與《孝經》的說法不同。❻天地相畢　即壽比天地，永遠長生之意。❼受全歸完　父母將自己完整地降生於世，自己應當完整地歸還。也就是不傷害自己身體的意思。❽登虛躡景　登虛空，追光影，飛翔雲霄。❾雲轝霓蓋　以雲為車輿，以霓為車蓋。❿餐朝霞之沆瀣　服食自然之氣。道家認為自然之氣清晨為朝霞，夜半為沆瀣。沆瀣，即露氣。⓫玄黃之醇精　天地之精華。天玄而地黃，故天地亦曰玄黃。⓬玉醴金漿　仙藥名。朱草溶液，以金投之，名為金漿；以玉投之，名為玉醴。亦可代指仙酒。⓭翠芝朱英　仙草之類。⓮瑤堂瑰室　以美玉砌成的宮室。⓯逍遙太清　自由自在地徜徉在太空之中。太清，神仙所居之境界。亦可指天空。⓰將蒙我榮　將會感到榮耀，增添光榮。⓱翼亮五帝　為五天帝的輔佐。五帝指東方蒼帝、南方赤帝、中央黃帝、西方白帝、北方黑帝。⓲監御百靈　指揮、監督眾神。⓳咀茹華璚　咀食日月六氣的精華。璚，日旁帶狀的氣體。代指日月精華。⓴總攝羅酆　總管陰間之事務。羅酆，道教所稱的鬼王都城。㉑叱咤梁柱　指揮陰司地府。叱咤，怒斥聲。引申為號令、指揮。梁柱，疑為「梁甫」，古人認為人死後魂魄歸於梁甫。㉒罔識其妙　美妙無比，難以想像。㉓伯陽　即老子。㉔封於段干　段干，戰國時魏邑名。《史記・老子韓非列傳》說：「老子之子名宗，宗為魏將，封於段干。」

【語譯】 有人辯難說：「如果神仙確實可以修煉而成，他們飄然翻飛在雲霄之上，背離世俗，遺棄人事，不能奉行祭祀祖先的禮儀。祖先的神靈有知，難道不飢餓嗎？」

抱朴子說：「我聽說不傷害自己的身體，叫做終孝。何況得道成仙之後，可以長生不死，與天地同在。超過保全自己的身體、將其完整地歸還父母，不是很遠嗎？果然能飛凌虛空、追蹤光影，以雲為車、以霓為蓋，餐服自然之六氣，吸食天地之精華，飲的是金漿玉醴之仙液，吃的是翠芝朱英之仙草，住的是美玉砌成的宮室，逍遙漫遊在太清之仙境。祖先的神靈有知，將會因為我而感受榮耀。他們或者因此而成為五帝的輔佐，或者可以指揮眾位神靈。不必追求就可以得到高位，服食日月之精英。其聲勢可以總管陰司，其威風可以指揮地府。倘若真是如此，其美妙無比，也就沒有挨餓之理。得道者之中沒有超過老子的。老子有個兒子名宗，曾經在魏國任將軍，因為有功被封在段干之地。既然如此，則今天修仙的人也可以有子弟來祭祀先祖。祭祀的禮儀，怎麼會斷絕呢？」

或曰：「得道之士，呼吸之術❶既備，服食之要❷又該❸，掩耳而聞千里，閉目而見將來。或委華驅而轡蛟龍[4]，棄神州而宅蓬瀛[5]，或遲迴[6]於流俗，逍遙於人間，不便[7]絕跡以造玄虛[8]。其所尚則同，其逝止[9]或異，何也？」

抱朴子答曰：「聞之先師[10]云：仙人或昇天，或住地，要於俱長生，去留各從其所好耳。又服還丹金液[11]之法，若且欲留在世間者，但服半劑而錄[12]其半。若後求昇天，便盡服之。不死之事已定，無復奄忽之慮[13]，正復且遊地上，或入名山，亦何所復憂乎？

彭祖言：天上多尊官大神，新仙者位卑，所奉事[14]者非一，但更勞苦，故不足促促[15]於登天，而止人間八百餘年也。又云：古之得仙者，或身生羽翼，變化飛行，失為人之本，更受異形，有似雀之為蛤[16]，雉之為蜃[17]，非人道[18]也。人道當食甘旨，服輕煖，通陰陽[19]，處官秩[20]，耳目聰明，骨體堅強，顏色悅懌[21]，老而不衰，延年久視，出處任意[22]。寒溫風濕不能傷，鬼神眾精不能犯，五兵百毒[23]不能中，憂喜毀譽不為累，乃為貴耳。若委棄妻子，獨處山澤，邈然[24]斷絕人理，塊然[25]與木石為鄰，不足多[26]也。

昔安期先生[27]、龍眉甯公[28]、修羊公[29]、陰長生[30]，皆服金液半劑者也。其止世間或近千年，然後去耳。篤而論之[31]，求長生者正惜今日之所欲耳。本不汲汲[32]

於昇虛，以飛騰為勝於地上也。若幸可止家而不死者，亦何必求於速登天乎？若得仙無復住理㉝者，復一事耳。彭祖之言，為附人情㉞者也。」

【章　旨】若服食半劑仙藥，便可久住人間。既可以享受人間的歡樂，又可以免除死亡的憂慮，安期生等便是這樣的仙人。

【注　釋】❶呼吸之術　呼吸吐納以養生之法。❷服食之要　服食藥物以養生之大要。要，關鍵要點。❸該　齊備。❹委華駟而轡蛟龍　捨棄人間的駟馬高車，追求神仙的御龍飛升。華駟，四匹馬所駕的官車。表示人間的榮華。蛟龍，神仙的座騎。形容仙人的風采。❺棄神州而宅蓬瀛　捨去人間，以仙境為家。神州，代指人間。蓬瀛，蓬萊、瀛洲。海中之仙島。「棄」上原有「或」字，衡以上下文意，當係衍文。❻遲迴　徘徊。❼便　立即；馬上。❽絕跡以造玄虛　絕人間之跡，以往玄虛之仙境。絕跡，指離開人世。玄虛，指仙境。❾逝止　或往仙界，或留人間。❿先師　前輩老師。⓫還丹金液　還丹即金丹，金液是黃金煉成的仙藥。服食還丹金液，可使人不老不死。⓬錄　收起。⓭奄忽之慮　人生短暫、生命稍縱即逝的憂慮。奄忽，死亡。⓮奉事　侍奉。⓯促促　急切；匆忙。原作「役役」，據敦煌殘卷校改。⓰雀之為蛤　季秋時節，雀入大水變化為蛤。見《禮記・月令》。⓱雉之為蜃　孟冬時節，雉入大水變化為蜃。蜃，大蛤。見《禮記・月令》。⓲人道　為人之道。即人生應有的方式、形態。⓳通陰陽　指男女結為夫妻。⓴處官秩　出任官職，享有俸祿。㉑悅懌　歡悅。㉒出處任意　出仕當官，歸鄉隱逸，都隨心所欲。㉓五兵百毒　各種兵器、毒蟲之類。㉔邈然　渺茫；遙遠。㉕塊然　孤獨的樣子。㉖多　讚美；推許。㉗安期先生　傳說中的仙人。曾賣藥東海邊，秦始皇東遊時與語三日三夜，賜金璧無數。留書言「後千歲求我於蓬萊山下」。㉘龍眉甯公　龍眉山甯先生。毛身廣耳，被髮鼓琴。見《列仙傳》。㉙修羊公　傳說中之仙人。在華陰山石室中，懸石榻臥其上。後干景帝，數歲後化為白羊，不知所在。見《列仙傳》。㉚陰長生　新野人。生長富貴之家，而不好繁華。師事馬明生十餘年，被授以太清神丹，服之得仙。見《神仙傳》。㉛篤而論之　恰當、據實地論說。㉜汲汲　心情急切，努力追求。㉝無復住理　沒有仍然住在人間之可能。如擔任仙官之類。㉞附人情　附和、順從人之常情。

【語　譯】有人說：「得道的仙人，既掌握了呼吸吐納之術，又掌握了服藥餌丹的方法，掩住雙耳可以聽到千里之外，閉起雙眼可以預見未來之事。他們有的捨棄人世的駟馬高車而駕馭天上的飛龍，離開人間而以蓬瀛仙境為家。有的徜徉於世俗，逍遙於人間，並不立刻絕跡人世、飄然飛升。他們的理想追求相同，然而或去或留又不一樣，這是為什麼呢？」

抱朴子回答說：「我聽先師說過，仙人或者升天，或者留住人間，總之都是長生不死，無論去留都是由他們的心願愛好所決定的。又服食還丹、金液兩種仙藥的方法是：如果要暫且留在世間，便只服用劑量的一半而收起另一半。如果以後又想升天，便將剩餘的一半全部服用。不死之事已經確定，再沒有人生苦短、稍縱即逝的憂慮。正可以暫且遊玩人間，或者觀賞名山，又還有什麼值得憂愁的呢？

彭祖說：天上有許多尊貴的仙官大神。新近成仙者地位低下，所尊奉伺候的不止一個神仙，更加辛苦操勞，所以沒有必要匆忙飛升登天，而留在人間八百多年。又說：古代的仙人，有的身上長出了翅膀，能變化飛升於空中。失去了做人的根本，換成了另外的形體，就像秋雀變化為蛤、冬雉變化為蜃一樣，不符合為人之道。為人之道應該是飲食香甜可口，衣服輕柔溫暖，有家室男女之愛，出仕為官，享有俸祿，耳目聰明，身體剛強，心情歡悅，顏色豐潤，年老不衰，享受高壽，或仕或隱隨心所欲，風濕寒熱不能侵擾，鬼神精靈不能冒犯，各種兵器毒蟲都不得傷害，憂愁與歡樂、贊譽與毀謗都不能使他動心，這樣才是可貴的啊！如果拋妻別子，一個人在山林湖澤之中，遠遠地隔絕人世的生活，孤獨地與樹木石頭為伴，這是不值得贊美的。

過去的安期先生、龍眉山甯公、修羊公、陰長生諸位仙人，都是只服食了半劑金液的。他們住在人世，有的接近千年，然後才離去。實際上說，求長生的目的正是珍惜眼前的欲望啊！本來並不急於升上天空，並不認為凌雲飛翔便勝過地上人間。如果有幸可以住在家中而不死，又何必要追求迅速升天呢？若是成仙之後不能繼續留住人間，那又是另一回事了。彭祖的話，只是為了附和人之常情罷了。」

或問曰：「為道者當先立功德，審然[1]否？」

抱朴子答曰：「有之。按《玉鈐經❷．中篇》云：立功為上，除過❸次之。為道者以救人危急使免禍，護人疾病令不枉死，為上功也。欲求仙者，要當以忠孝、和順、仁信為本。若德行不修，而但務方術❹，終❺不得長生也。

行惡事大者，司命奪紀❻，小過奪算❼，隨所犯輕重，故所奪有多少也。凡人之受命得壽，自有本數❽。數本多者，則紀算難盡❾而遲死；若所稟本少，而所犯者多，則紀算速盡❿而早死。又云：人欲地仙⓫，當立三百善。欲天仙⓬，立千二百善。若有千一百九十九善，而忽復中行一惡，則盡失前善，乃當復更起善數⓭耳。故善不在大，惡不在小也。雖不作惡事，而口及所行之善⓮，及責求⓯布施⓰之報，便復失此一事之善，但不盡失耳。又云：積善事未滿，雖服仙藥亦無益也。若不服仙藥，並行好事，雖未便得仙，亦可無卒死⓱之禍矣。吾更疑彭祖之輩，善功未足，故不敢便昇天⓲耳。」

【章旨】修煉仙道者應該以忠孝、和順、仁信為本，樹立高尚的道德，並多行善事。倘若做了惡事，不僅仙道難成，還要損折壽命。

【注釋】❶審然　確實如此。❷玉鈐經　劉向輯《列仙傳》載呂向著有《玉鈐經》六篇。❸除過　改正過錯。❹但務方術　只修煉方術。❺終　原作「皆」，據敦煌殘卷校改。❻司命奪紀　司命之神減去一紀的壽命。〈微旨〉：「大者奪紀，紀者三百日也。」❼小過奪算　犯了小過失，則減去一算的壽命。一算，或曰一百日，或曰三日。《酉陽雜俎・諾皋記上》：「小者奪算，算一百日。」❽本數　指已經確定的年壽數目。❾紀算難盡　扣掉因為過錯減去的時間，本數還難以用盡。❿紀算速盡　扣掉過錯所減去的時間，本數很快就用完了。⓫地仙　住在人間的仙人。〈論仙〉：「中士遊於名山，謂之地仙。」⓬天仙　能夠飛升的仙人。〈論仙〉：「上士舉形升虛，謂之天仙。」⓭更起善數　從一開始，重新計算行善的次數。⓮善　原作「事」，據敦煌殘卷校改。⓯責求　索取；要求。⓰布施　以財物施捨於人。⓱卒死　猝死；突然死亡。⓲不敢便昇天　不敢立即飛升，成為天仙。敢便，原作「能」，據敦煌殘卷校改。

【語譯】有人問道：「修道的人應當先立功德，這是確實的嗎？」

抱朴子回答說：「有此說。據《玉鈐經・中篇》說：立功為上，改正過錯次之。修道的人以救助危急、消災去禍、醫護疾病、使人免除無謂的死亡為上等之功。想要成仙的人，重要的是以忠孝、和順、仁信為根本。如果不修德行，而只修煉方術，最終還是不能長生。

做了大的惡事，司命之神就減去他三百日的壽命；犯了小的過失，就減去他一百日的壽命。根據所犯錯誤的輕重，減去壽命的天數也有多有少。人所稟受的壽命，其本數是早就確定了的。若是壽命本數大，則扣掉因為過錯減去的日月之後，本數難以用盡，所以遲死。如果稟受的壽命本來就少，扣掉的又多，則本數很快便會用盡，就會早死。又說：人若想要修成地仙，應當做三百件善事；若想修成天仙，應當做一千二百件善事。如果已經做了一千一百九十九件善事，中間忽然做了一件惡事，則以前所做的善事便全部喪失，再做善事就要從頭算起了。所以做善事不在於大，小的善事也要去做；做惡事不在於小，小的惡事也不應去做。雖然不做惡事，但若是對人談到自己所做的善事，或者施捨財物之後希望得到報答，就會失去這一件善事，但是以前所積累的善事並不全部喪失。又說：做善事沒有達到規定的數字，即使服用仙藥也沒有益處。如果不服仙藥，只是多行善事，雖然不能成仙，但也沒有突然死亡的禍殃。我又懷疑彭祖等人所行善功未滿，所以不能立即升天啊！」

卷四 金丹

【題解】本篇闡說金丹之術。包括幾個方面的內容：一是金丹在仙術中的地位，二是金丹使人長生的原因，三是合煉金丹的方法。

金丹包括還丹、金液兩種，它是最高妙的仙術，是「仙道之極」。金丹的作用是其他藥物所不可替代的。不得金丹，僅只服用其他藥物雖有補益，卻不能使人長生。而金丹一成，卻可以立即成仙。合煉還丹、金液最重要的原料，一是丹砂，二是黃金。丹砂燒之愈久，變化愈妙，燒之成水銀，積變又還成丹砂，可以往復變化；黃金入火百煉不消，埋之畢天不朽，可以長生永存。葛洪認為這種長生永存、往復變化的性質可以通過服餌還丹、金液注入人體之中，從而達到長生不死的目的。最主要的金丹大藥有九鼎神丹、太清神丹和金液。九鼎神丹源於黃帝，太清神丹始於元君，金液則是太乙服用的仙藥。它們的製作方法各不相同，使人得道飛升、長生不死的作用則大都相似。

由於金丹之術在仙道中最為神妙、最是關鍵，所以傳授丹方、合煉仙藥既有儀式之規定，又有地域之選擇，最為慎重。齋戒、禁忌，亦須遵照執行，不能懈怠。

抱朴子曰：「余考覽養生❶之書，鳩集❷久視之方❸，曾所披涉❹篇卷，以千計矣，莫不皆以還丹金液❺為大要❻者焉。然則此二事，蓋仙道之極也。服此而不仙，則古來無仙矣。

往者上國喪亂❼，莫不奔播❽四出。余周旋徐、豫、荊、襄、江、廣❾數州之間，閱見流移俗道士數百人矣。或有素聞其名，乃在雲日之表❿者，然率⓫相似如一，其所知見深淺有無，不足以相傾⓬也。雖各有數十卷書，亦未能悉解之也，為寫蓄之⓭耳。時有知行氣、斷穀及服諸草木藥法，所有方書，略為同文。無一人不有《道機經》，唯⓮以此為至祕，乃云是尹喜⓯所撰。余告之曰：此是魏世軍督王圖⓰所撰耳，非古人也。圖了不知大藥⓱，止⓲欲以行氣入室⓳求仙，作此《道機》，謂道畢於此。此復是誤人之甚者也。

余問諸道士以神丹⓴金液之事，及《三皇文》㉑召天神地祇之法㉒，了無一人知之者。其誇誕自譽㉓及欺人，云已久壽，及言曾與仙人共游者將太半㉔矣，足以與盡微者㉕甚尠㉖矣。或有頗聞金丹，而不謂今世復有得之者，皆言唯上古已度仙人㉗乃當曉之。或有得丹方外說㉘，不得其真經。或得雜碎丹方，便謂丹法盡在此也。

【章　旨】金丹玉液是最高的仙道。世俗道士孤陋寡聞，只知以浮誇怪誕之說自譽欺人，而不知金丹之術。

【注　釋】❶養生　原作「養性」，據《雲笈七籤・卷六七》校改。❷鳩集　搜集；聚集。❸久視之方　長生不死的方術。❹披涉　披覽、涉獵。指閱讀書籍。❺還丹金液　還丹即金丹，金液為黃金之膏。均為道教之仙藥。❻大要　要旨；重大要務。❼上國喪亂　指西晉皇族內部因爭奪政權而激起的內戰。綿延十六年，造成中原極大的破壞，史稱「八王之亂」。❽奔播　奔逃；流離遷徙。❾徐豫荊襄江廣　徐州，今屬江蘇境；豫州，今屬河南境；荊州、襄陽，今屬湖北境；江州，今屬江西境；廣州，今屬廣東境。❿雲日之表　名氣極大，如處雲天之上。⓫率　大率；大致。⓬相傾　欽佩；相傾倒。⓭為寫蓄之　只是抄寫下來，以為蓄藏。為，一作「但」。⓮唯　原作「事」，據《道藏》本校改。⓯尹喜　即關尹子。周大夫，曾任函谷關尹。善內學，隱德修行，時人莫知。老子西遊，為著《道德經》五千言授之。道教尊奉他為無上真人、文始先生。⓰王圖　《三國志・魏書・武帝紀》裴松之注引《魏書》有領護軍將軍王圖，或即此人。⓱大藥　道家指金丹等仙藥。⓲止　原作「正」，據《雲笈七籤・卷六七》校改。⓳入室　深入；進一步。由外入內，先升堂，後入室。⓴神丹　即金丹、還丹。㉑三皇文　道教典籍。即〈天皇文〉、〈地皇文〉、〈人皇文〉之合稱。相傳三國帛和得自西城山石壁，後來鄭隱得之，並傳授給葛洪。陳國符《道藏源流考》曰：「《三皇文》，三國帛和所得者為最古。又鄭隱以授葛洪，其師授今不可考。至晉鮑靚所傳，云於嵩山石室中得之，亦以傳葛洪。《三皇文》即《三皇經》，後人增其他道經及齋儀，編成《洞神經》。」㉒召天神地祇之法　地祇即地神。據《無上祕要・卷二五》引《洞神經》：《三皇天文大字》、〈天皇文〉、〈地皇文〉、〈人皇文〉，皆所以劾召鬼神。㉓誇誕自譽　以浮誇、怪誕的言語美化、神化自己。㉔太半　大半。㉕與盡微者　在一起進行深入探討、窮盡道術精微的人。㉖尠　稀少；少見。㉗已度仙人　已度世、得道成仙的人。㉘丹方外說　有關丹方之雜說。原無「丹」字，據《雲笈七籤・卷六七》校補。

【語　譯】抱朴子說：「我考察、流覽養生的書籍，搜集長生久視的方術，所披閱過的篇章，可以千計數。它們莫不以還丹金液為最重要的追求。據此可知燒煉還丹、金液二事，是最高的仙道。如果服食還丹金液而不能成仙，那麼古往今來就沒有神仙了。

當年中原興起戰亂，人們莫不四散流離、奔逃各地。我當時流落遷徙在徐州、豫州、荊州、襄陽、江州、廣州等地，見到飄泊流浪的道士數百人。其中有的久聞其名，聲譽極高，如在雲天之上。然而這些道士的情況大體上相似如一，他們對於仙道認識的深度及相關的見解，都不足以令人佩服、傾倒。他們雖然各有幾十卷書，也並不能完全明白理解，只不過將它們抄寫、收藏罷了。有時也會遇見懂得調息行氣、辟穀以及服用各種草木藥物之法的道士，他們的方書則大致相同。沒有一人不有《道機經》，卻將它當作是最祕密的典籍，還說《道機經》是尹喜所撰寫。我告訴他們說：這本書是三國魏軍督王圖撰寫，並非古人所作。王圖完全不知道金丹之仙藥。他想只以調息行氣之術，進而修成神仙，因此作此《道機經》，謂道術全都在此。此之貽誤後人，是很嚴重的。

當我問起神丹、金液之事，以及《三皇文》中召見天地神靈的法術，這些道士中卻完全沒有人知道。他們誇張其辭、自我標榜以及欺騙世人，說自己享有長壽，又說曾經與仙人共同遊歷過的，將近一大半，而其中可以相互交流認識以探討道術精微的人卻很少。也有的道士聽說過金丹的事，而不認為當今之世還有能煉金丹的人。他們都說只有上古已經得道的仙人，才會知道煉丹之術。也有的人得到丹方的雜說，並未得到真正的經書，或者得到零碎的丹方，便說丹法都在這裡了。

昔左元放❶於天柱山❷中精思積久❸，而神人授之金丹仙經。會漢末大亂，不遑合作❹，而避地❺來渡江東❻，志欲投名山以修斯道❼。余從祖仙公❽又從元放受之，凡受《太清丹經》❾三卷及《九鼎丹經》❿一卷、《金液丹經》⓫一卷。余師鄭君⓬者，則余從祖仙公之弟子也，又於從祖受之，而家貧無用買藥。余親事之，灑掃⓭積久，乃於馬迹山⓮中立壇盟受之⓯，並具諸口訣⓰之不書者。江東先無此書，書出於左元放，元放以授余從祖，從祖以授鄭君，鄭君以授余，故他道士了無知者也。

然余受之已二十餘年矣，資無擔石⑰，無以為之，但有長歎耳。有積金盈櫃、聚錢如山者，復不知有此不死之法。就令聞之⑱，亦萬無一信，如何？夫飲玉粭⑲則知漿荇⑳之薄味，睹崑崙㉑則覺丘垤㉒之至卑。既覽金丹之道，則使人不欲復視小小方書。然大藥㉓難卒得辦㉔，當須且將御㉕小者以自支持耳。然服他藥萬斛，為能有小益，而終不能使人遂長生也。故老子之訣曰：子不得還丹金液，虛自苦耳。夫五穀猶能活人，人得之則生，絕之則死。又況於上品之神藥㉖，其益人豈不萬倍於五穀耶？

夫金丹之為物，燒之愈久，變化愈妙。黃金入火百鍊不消，埋之畢天不朽㉗。服此二物，鍊人身體，故能令人不老不死。此蓋假求㉘於外物以自堅固，有如脂之養火而不可滅，銅青㉙塗腳入水不腐，此是借銅之勁以扞㉚其肉也。金丹入身中，沾洽㉛榮衛㉜，非但銅青之外傅㉝也。

【章　旨】金丹仙經乃神人所傳授，葛洪於馬迹山中立壇誓盟受之。若不得金丹，服藥再多，亦不能使人長生。

【注　釋】❶左元放　左慈，字元放，廬江人。漢末三國著名的方士。《神仙傳》說他能役使鬼神、坐致行廚、隱身變形，不可勝記。❷天柱山　即霍山。❸精思積久　原無「積久」二字，據《太平御覽・卷六七〇》校補。❹不違合作　來不及合成金丹仙藥。遑，閒暇。❺避地　躲避戰亂或其他災禍，而移居他處。❻江東　古代稱安徽蕪湖以下的江南地區為江東。❼修斯道　指合煉金丹之事。❽從祖仙公　葛玄，字孝先，葛洪的從祖父。曾從左慈學道，能行諸奇術，世人尊稱為「葛仙公」，又稱「太極左仙公」。❾太清丹經　葛洪《神仙傳》記漢代馬鳴生受《太陽神丹經》（「陽」疑當作「清」）三卷，馬鳴生授陰長生《太清神丹經》十篇，疑即此書。❿九鼎丹經　陳國符《道藏源流考》曰：今《道藏・洞神部・眾術類》收《黃帝九鼎神丹經訣》二十卷，其第一卷文與《抱朴子・金丹》所引合，故即《黃帝九鼎神丹經》。〈卷二〉以下，乃唐人所撰集。⓫金液丹經　《道藏》收有《上清金液神丹經》三卷，有張道陵序，經文及作丹法，並記產丹砂之國。〈金丹〉所引三經文皆無之。見陳國符《道藏源流考》。⓬鄭君　即鄭隱，字思遠。少為書生，後來師事葛玄。葛玄以煉丹祕術傳授給他。葛洪又以鄭隱為師，悉得其煉丹法。⓭灑掃　侍奉灑掃是弟子的職責，所以這裡有誠心從師、追隨左右的意思。⓮馬迹山　在江西境內，為道教福地之一。⓯立壇盟受之　築壇盟誓，接受丹經。⓰具諸口訣　原無「具」字，並重一「訣」字，據《太平御覽・卷六七〇》補改。⓱擔石　漢代一百斤為一擔，也稱一石。一擔之量，形容微少。⓲就令聞之　即使告訴他們這件事。⓳玉粭　仙人飲用的膏汁。粭，同「飴」。⓴漿荇　用荇菜等物調製成的飲料。代指人間的酒食。荇，一作「莕」。㉑崑崙　傳說中的仙山。上與天相接，乃是仙人的棲息遊賞之地。㉒丘垤　小的丘陵。㉓大藥　金丹等仙藥。㉔難卒得辦　短期之內難得辦成。卒，同「猝」。㉕將御　辦理；著手籌辦。㉖上品之神藥　指金丹等，服之使人成仙之藥。㉗畢天不朽　永遠也不會腐爛。畢天，與天相終結。㉘假求　假借；借助於。㉙銅青　即銅綠。在潮濕空氣中銅表面所生之綠色物。㉚扞　保護；捍衛。㉛沾洽　原指雨露滋潤萬物。這裡是滋養身體之意。㉜榮衛　中醫指人的營養、各項機能以及血氣的循環。㉝銅青之外傅　在外面塗上一層銅青。

【語　譯】當年左慈在天柱山中聚精會神地修煉了許久，仙人於是傳授給他關於金丹之仙經。遇上漢末大亂，來不及合成仙藥，為躲避戰亂來到了江東之地，要投奔名山修煉金丹之事。我的從祖父仙公又從左慈那裡得到傳授，計受《太清丹經》三卷、《九鼎丹經》一卷、《金液丹經》一卷。我的老師鄭先生，是我的從祖父葛仙公的弟子。他又從從祖父那裡接受了煉丹的仙經，然而家庭貧窮，無錢買藥。我長期追隨鄭師，灑掃庭院許久，才在馬迹山中立壇盟誓，接受丹經及其他口頭相傳的祕訣。江東起先並無此書，這些丹經出自左慈，左慈傳給我的從祖父，從祖父傳給鄭先生，鄭先生又傳授給我。所以其他道士，對此毫無所知。

然而我接受丹經又已經二十多年了，因為家中毫無資財，所以無法實施，只能長歎而已。那些金銀滿櫃、錢財如山的人，又不知道有這種不死的仙術。即使告訴他們，也絕不會有人相信，有什麼辦法呢？飲用了玉飴仙汁就知道人間飲食味道的淡薄，看過了崑崙山就感覺到丘陵太卑小了。既然知道了金丹之事，就使人不想再去讀那些小小的方書。然而金丹不是倉促之間能夠去煉的，應當先籌辦小的藥物以保養自己的身體。但是服用其他藥物再多，只能有小的補益，卻不能使人得以長生。所以老子之法說道：你若是得不到還丹金液，只能是徒然自苦啊！五穀尚且能夠養人，人得之則生，不得則死。況且金丹是上等的仙藥，它對人的補益豈不要勝過五穀萬倍嗎？

金丹這種物品，燒煉愈長久，變化愈精妙。黃金在火中即使燒煉百次，也不會消失，埋在地下，永遠不會腐爛。服食這兩種東西，鍛鍊人的體魄，所以令人不老不死。這也就是借助於外物以使自身堅強，就好像油脂保住火焰不滅。以銅青塗腳可以入水不腐，這是借助銅的力量以保護它的內質。金丹進入人體，可以滋潤身體，調養血氣。其作用之大，不僅只像銅青塗抹在腳的表面。

世間多不信至道❶者，則悠悠者皆是❷耳。然萬一時偶有好事者❸，而復不見此法，不值❹明師，無由聞天下之有斯妙事也。余今略鈔金丹之都較❺，以示後之同志。好之者其勤求之求之❻，不可守淺近之方，而謂之足以度世❼也。遂不遇之者，直當息意❽於無窮之冀❾耳。想見其說，必自知出潢污❿而浮滄海，背螢燭⓫而向日月，聞雷霆而覺布鼓⓬之陋，見巨鯨而知寸介⓭之細也。如其嘍嘍⓮，無所先入，欲以弊藥⓯必規昇騰⓰者，何異策蹇驢⓱而追迅風⓲，棹籃舟⓳而濟大川乎？又諸小餌丹方⑳甚多，然作之有淺深，故力勢不同。雖有優劣，轉㉑不相及，猶一酘之酒㉒，不可以方九醞之醇㉓耳。然小丹之下者㉔，猶自遠勝草木之上者㉕也。凡草木燒之即燼㉖，而丹砂燒之成水銀㉗，積變又還成丹砂㉘。其去凡草木亦遠矣，故能令人長生。神仙獨見此理矣，其去俗人亦何緬邈㉙之無限乎！

世人少所識，多所怪。或不知水銀出於丹砂，告之終不肯信，云丹砂本赤物，從何得成此白物。又云丹砂是石耳，今燒諸石皆成灰，而丹砂何獨得爾。此近易之事，猶不可喻㉚，其聞仙道，大而笑之㉛，不亦宜乎？上古真人愍念㉜將來之可教者，為作方法㉝，委曲㉞欲使其脫死亡之禍耳，可謂至言㉟矣。然而俗人終不肯信，謂為虛文㊱，若是虛文者，安得九轉九變㊲，日數所成，皆如方耶？真人所以知此者，誠不可以庸近㊳思求也。

【章旨】金丹變化神妙，服之可以令人不老不死。所以抄錄金丹之術，為的是傳給後世志同道合者。

【注釋】❶至道　最高的道術。指金丹之事。❷悠悠者皆是　普通常人，天下到處都是。❸好事者　指喜愛仙道仙術的人。❹不值　不遇。❺都較　大要；概略。❻其勤求之求之　《雲笈七籤・卷六七》作「精修之精修之」。❼度世　出世成仙；修成神仙。❽息意　放棄希望。❾無窮之冀　指對於神仙的無限嚮往。❿潢污　低窪積水處；小水坑。原作「黃污」，據《道藏》本校改。⓫螢燭　如螢火的燭光；小光亮。⓬布鼓　以布為鼓，則鼓聲微弱、不響亮。⓭寸介　只有一寸來長的小蟲小魚。⓮如其嘍嘍　如果僅能得知若干瑣細繁雜的小方術。嘍嘍，形容聲音喧鬧、繁瑣。⓯弊藥　指草木之藥物。⓰必規昇騰決心達成飛升成仙的效果。⑰蹇驢　跛足之驢。⑱迅風　疾風。⑲籃舟　以竹籃為舟船。原作「藍舟」，據《道藏》本校改。⑳小餌丹方　以丹砂與其他藥物混合製成食用丹藥的方法。小餌丹方不用飛煉法，製作過程比九鼎神丹、太清神丹要簡單一些。㉑轉　將丹砂燒成水銀，積變又還成丹砂，稱一轉。煉金丹燒煉時間長，轉數愈多，效力愈大。㉒一酘之酒　釀二次的酒。酒再釀為酘。㉓九醞之醇　經過反覆釀造，最醇的美酒。漢代有九醞酒，最負美名。㉔小丹之下者　下等的小餌丹藥。㉕草木之上者　上等的草木之藥。㉖燼　化為灰燼。㉗丹砂燒之成水銀　丹砂即硫化汞，將其燃燒可分離出金屬汞，即水銀。㉘積變又還成丹砂　水銀與硫黃化合，又可生成硫化汞，即丹砂。㉙緬邈　遙遠。㉚喻　開導；曉喻。㉛大而笑之　以為迂闊而笑之。㉜愍念　憐憫；同情。㉝為作方法　交代、傳授煉丹的方法。㉞委曲　詳盡；細緻地。㉟至言　至理之言；闡述最根本道理的言語。㊱虛文　虛偽之談；假的言辭。㊲九轉九變　道教有九轉丹，須經長期燒煉，經過多次循環變化，方得成功。㊳庸近　凡庸、短淺。庸，一作「膚」。

【語　譯】天下不相信仙道的人很多，所以凡人到處都有。但是萬一偶爾有喜愛仙道者，而又不知此法，不遇明師，他們就無法得知天下有此奧妙之事了。我如今大略地抄寫有關金丹的概要，以留給後世熱愛仙道的人。希望他們努力修煉，勤奮追求，不可只守著淺近的小方術，認為單憑小方術就可以使人成仙。倘若最終還是不知金丹之術，那就只能放棄對於神仙的無窮的嚮往與希望了。可以想像當他們見到金丹之說，必然會從自己的內心感悟到：好似跳出小水坑來到浩蕩的大海，背對著微弱的燭光而面向著日月的光華，耳聽雷霆之聲會感到布鼓聲音的呆滯，見過巨大的鯨魚就知道小魚的微不足道。如果只知道些繁瑣的小方術，無法事先得知金丹之術，想以平常的藥物去達到飛升的效果，這與趕著跛腳之驢去追趕疾風，划著竹筐橫渡大江有什麼兩樣呢？又各種製作小餌丹的藥方很多，由於製作的過程有深有淺，所以藥力各不相同。雖然其中有優有劣，但由於小餌丹未經飛煉，不如金丹，就好像再釀一次的酒不能夠與九醞之美酒相比。然而下等的丹藥，還是遠遠勝過了上等的草木之藥。凡是草木一燒便化為灰燼，而丹砂燒煉可成水銀，水銀又可再成為丹砂。它們超出草木之藥很遠，所以能使人長生。只有神仙才能察見此理，神仙之於俗人，其距離是多麼遙遠啊！

世俗之人少見多怪。有的人不知道水銀出於丹砂，告訴他們也終究不肯相信。他們說丹砂是紅色之物，哪能變出這種白色之物呢？又說丹砂是一種石頭，如今將幾種石頭焚燒都變成了灰，為什麼唯獨丹砂如此不同呢？這本是很淺近簡單的事情，尚且不能使他們明白，當他們聽到仙道，以為迂闊而笑之，不是很自然的嗎？上古真人憐憫後人有能接受教誨者，為他們記述下煉丹的方法，詳盡細緻地傳給後人，使他們擺脫死亡之禍，可稱為至理之言啊！然而俗人到底不肯相信，說這是虛假之談。如果真是虛假之談，為什麼金丹反覆燒煉、循環變化、在規定時日中的狀況，都像方書上所說的呢？真人所以掌握金丹之術，確實不是庸夫俗子所能想像、推求的了。

余少好方術，負步❶請問，不憚險遠。每有異聞，則以為喜。雖見毀笑❷，不以為戚❸。焉知來者之不如今，是以著此以示識者❹。豈苟尚❺奇怪，而崇飾❻空言，欲今書行於世，信結流俗哉？盛陽不能榮枯朽❼，上智不能移下愚。書為曉者傳，事為識者貴。農夫得彤弓❽以驅烏，南夷得袞衣❾以負薪。夫不知者，何可強哉？

世人飽食終日，復未必能勤儒墨之業，治進德之務。但共逍遙遨遊❿，以盡年月。其所營也，非榮即利。或飛蒼走黃於中原⓫，或留連盃觴以羹沸⓬。或荒沈絲竹⓭，或耽綸綺紈⓮。或控弦⓯以弊筋骨，或博弈⓰以棄功夫。聞至道之言而如醉⓱，睹道論而晝睡⓲。有身不修，動之死地⓳，不肯求問養生之法，自欲割削之⑳、煎熬之㉑、憔悴之㉒、漉汔之㉓。而有道者自寶祕其所知，無求於人，亦安肯強行語之乎？

【章　旨】自述從小喜好方術，四方求教，著成此篇，以待識者。世人沈醉享樂，自我摧殘，有道之士亦不能強行相告。

【注　釋】❶負步　徒步。❷毀笑　誹謗、嘲笑。❸戚　憂愁。❹識者　指後世志同道合的人。❺苟尚　偶爾喜好，便隨意推崇。❻崇飾　修飾。❼盛陽不能榮枯朽　春天的陽光也不能使枯木朽草重新繁茂。❽彤弓　朱色的弓。古代皇帝作為寶物賞賜給諸侯。❾袞衣　古代帝王公侯的禮服。繡有飛龍等花紋圖案。❿遨遊　遊樂；遊玩。⓫飛蒼走黃於中原　驅趕著蒼鷹黃犬，在原野狩獵。飛蒼走黃，即飛鷹走犬。⓬留連盃觴以羹沸　沈醉宴飲之中，留連酒席之上。⓭荒沈絲竹　荒廢事務，沈醉於音樂。絲竹，總稱絃樂器與竹管樂器。原作「以美女荒沈絲竹」，《雲笈七籤．卷六七》無「以美女」三字，據刪。⓮耽淪綺紈　迷戀於追求各式精美的服裝。綺紈是華美的絲織品。⓯控弦　拉弓射箭。指騎射。⓰博弈　六博、圍棋等遊戲。六博是古代的一種棋類，六白六黑，兩人相對。⓱如醉　如同酒醉之後，毫無反應。⓲睹道論而晝睡　閱讀傳道之書則白日思睡。形容完全學不進。⓳動之死地　輕易地冒死犯難。⓴割削之　傷害自己的身體，如受割削。㉑煎熬之　使精神痛苦，如受煎熬。㉒憔悴之　自我折磨、摧殘，以致身心交瘁。㉓漉汔之　將生機、精神壓榨消耗殆盡。

【語　譯】我自幼喜愛方術，徒步求教，不怕山川險阻、路途遙遠。每當聽到奇異非常之談，就內心歡喜。即使被人誹謗、嘲諷，也不以為憂。怎麼知道後來者不如今人呢，所以我撰寫此篇以留給後代的志同道合者。難道是我隨便地推崇奇怪之事，修飾虛無之談，想使著作流傳於世，得到世俗的相信嗎？雖然陽光充沛，枯死的草木不會重新繁茂；即使上智之人，也不能改變下愚者的本性。書為志同道合者而傳世，物因為賞識者而顯得貴重。農夫得到了諸侯的彤弓，就用它去驅趕鳥雀；南方的蠻夷得到了帝王的袞衣，就穿著它去揹柴禾。對於不明白其價值的人，怎麼可以強迫呢？

世人飽食終日，未必能夠勤奮地研習儒墨的學業，致力於增進道德的修養。他們只是在一起逍遙遊玩，以度歲月。他們所經營追求的，不是浮名就是財利。他們或者驅使著飛鷹走狗，在原野遊獵；或者流連酒席、沈酣宴飲；有的荒廢事務，沈迷音樂；有的追求各式精美的服飾；有的引弓射箭而精疲力盡；有的對坐博弈白白地浪費了時光。他們聽到至理之言如同醉酒一般，毫無感覺；閱讀傳道之書，即使白天也昏昏欲睡。雖有形體而不修煉，冒死犯難視作兒戲。不肯求問養生之法，自己去摧殘自己的身心：傷害它、煎熬它、使它憔悴不堪、生機耗盡。然而有道之士，珍惜祕藏著自己的知識，既無求於人，又怎麼會強行告訴這些世俗之人呢？

世人之常言，咸以長生若可得者，古人之富貴者已當得之。而無得之者，是無此道也。而不知古之富貴者亦如今之富貴者耳，俱不信、不求之，而皆以目前之所欲者❶為急，亦安能得之耶？假令不能決意❷信命之可延、仙之可得，亦何惜於試之❸。試之小效，但使❹得二三百歲，不猶愈❺於凡人之少夭❻乎？

天下之事萬端❼，而道術尤難明於他事者也。何可以中才❽之心，而斷世間必無長生之道哉？若正以世人皆不信之便謂為無，則世人之智者又何太多乎？今若有識道意❾而獨❿修求之者，詎必⓫便是至愚而皆不及世人耶？又或慮於求長生，儻其不得，恐人笑之，以為暗惑⓬。若心所斷萬有一失，而天下果自有此不死之道者，不亦當復為得之者所笑乎？日月有所不能周照⓭，人心安足孤信⓮

哉？」

【章旨】世人當打消疑慮，嘗試修煉長生之道。

【注釋】❶目前之所欲者 指對於人間富貴名利、聲色犬馬的追求。❷決意 堅定地認為。❸何惜於試之 何惜一試。即不妨一試。❹但使 即使。❺愈 勝過。❻少夭 本指未成年而死。這裡強調凡人生命短暫。❼萬端 頭緒很多。❽中才 中人之才；平常人的智能。❾識道意 領悟道家之旨。❿獨 原作「猶」，據《神仙金汋經》校改。⓫詎必 何必；未必。⓬暗惑 愚昧、被蒙騙。⓭周照 照亮每一處；遍照。⓮孤信 單憑一端即相信。

【語譯】世人都經常說，長生如果可以得到，那麼古代的富貴者應當早已長生了。既然古代沒有長生不死的人，那就證明天下並無長生不死之道。他們不知道古代富貴者也同今天的富貴者一樣，都不相信、也不追求神仙長生之道。他們都急於追逐眼前欲望的滿足，又怎麼能得到長生呢？假如不能肯定生命可以延長、神仙可以求得，又何妨一試呢？即使只收到小的效果，只能活得二三百歲，不是也勝過平常人的短命而死嗎？

天下之事紛紜複雜，其中道術比起其他事情更難以明白。怎麼能以常人之才，就斷言世上一定沒有長生不死之道呢？如果只是因為世人都不相信，便說不存在神仙之道，那麼世上的智者不是太多了嗎？如今若有人能領悟道家之旨而堅持獨自的修煉，難道就是最愚蠢而不及世俗之人嗎？又有人耽心倘若長生不能求得，恐怕為人所笑，被認為愚昧無知。但是，萬一判斷是錯誤的，而天下果然有不死之道的話，不是同樣要被得道者所笑嗎？日月的光芒尚且有照不到的地方，單憑人心的臆斷怎麼就值得相信呢？」

抱朴子曰：「按《黃帝九鼎神丹經》❶曰：黃帝服之，遂以昇仙。又云：雖呼吸道引❷，及服草木之藥，可得延年，不免於死也。服神丹令人壽無窮已❸，與天地相畢，乘雲駕龍❹，上下太清❺。黃帝以傳玄子❻，戒之曰：此道至重，必以授賢。苟非其人，雖積玉如山，勿以此道告之也。受之者以金人金魚❼投於東流水中以為約，啑血為盟❽。無神仙之骨❾，亦不可得見此道也。合丹❿當於名山之中、無人之地。結伴不過三人，先齋百日，沐浴五香⓫，致加精潔⓬，勿近穢污，及與俗人往來。又不令不信道者知之，謗毀⓭神藥，藥不成矣。成則可以舉家皆仙，不但一身耳。世人不合神丹，反信草木之藥。草木之藥埋之即腐，煮之即爛，燒之即焦，不能自生⓮，何能生人⓯乎？九丹者長生之要，非凡人所當見聞也。萬兆蠢蠢⓰，唯知貪富貴而已，豈非行尸⓱者乎？

合時⓲又當祭，祭自有圖法一卷也。

【章旨】九鼎神丹是最貴重的仙丹。合丹當在名山之中，齋戒精潔，不得與俗人往來，令不信道者毀謗神藥，否則神丹不能煉成。

【注釋】❶黃帝九鼎神丹經　今《道藏‧洞神部》收有《黃帝九鼎神丹經》二十卷，其〈卷一〉與本篇引文相合，殆其本經。其〈卷二〉以下，乃唐人所撰集。❷道引　導引。一種養生之術。❸窮已　窮盡；終極。❹乘雲駕龍　《金汋經》作「乘雲駕鶴」。❺太清　太空；神仙之境。❻玄子　即元君。傳說中的老子之師。合服九鼎神丹得道，著經九卷。見《雲笈七籤‧洞仙傳》。❼金人金魚　道教有金人代形之禮儀。此金人金魚，乃是人的代表與使者，上告於天。❽啑血為盟　古代會盟時，將牲畜血塗在口旁，表示誠實、守信用。❾神仙之骨　仙人之骨相。❿合丹　以藥物合煉金丹。即煉丹。⓫沐浴五香　將各種香料浸泡，煮沸為湯，供洗浴之用。⑫致加精潔　特別的清潔。致，極；最。⑬謗毀　誹謗；指責。⑭自生　使自己長生不朽。⑮生人　使人長生不死。⑯萬兆蠢蠢　天地之間眾多的凡人。萬兆，極言其多。蠢蠢，生物蠕動之貌。這裡指人。⑰行尸　空有人的形骸，猶如行走的死屍。⑱合時　煉丹之時。

【語譯】抱朴子說：「據《黃帝九鼎神丹經》說：黃帝服用此丹，於是成仙飛升。又說：呼吸導引之術，以及服用草木之藥，雖然可以延長人的生命，卻總還是難免一死。而服神丹可以使人壽命沒有窮盡，與天地永存。可以乘雲霞、駕飛龍，上下於神仙之境。黃帝將此丹經傳授給元君，告誡說：金丹之道最為重要，一定只能傳授給賢者。如果不是合適的人，即使金玉堆積成山，也不要將此法傳給他。接受丹經的人先要以金人金魚投進東流水中以稟告上天，並且歃血盟誓。沒有神仙骨相的人，也不能讓他得見此道。合煉神丹應當在名山之中清靜無人之地，結伴不能超過三人。先要齋戒一百天，以五香湯洗浴全身，要特別的清潔。不要接近骯髒之物，不要與俗人往來，又不要讓不信道者得知此事。否則，有人指責仙藥，煉丹便不會成功。丹藥煉成就可以全家成仙，不只是一人而已。世俗之人不煉金丹，反而相信草木之藥。草木之藥，埋下去就朽，煮起來就爛，燒著了就焦，自己的生命尚且不能長久，怎麼能使人長生呢？而九丹是長生不死的關鍵，不是常人所應目見耳聞的。天下的芸芸眾生，只知道貪圖富貴而已，難道不是徒有形骸的行屍走肉嗎？

燒煉金丹時又要祭神。祭則有圖法一卷，可為依據。

第一之丹名曰丹華。當先作玄黃❶，用雄黃水、礬石水❷。戎鹽、鹵鹽、礜石❸、牡蠣、赤石脂、滑石、胡粉各數十斤，以為六一泥❹。火之三十六日成，服之七日仙。又以玄膏❺丸此丹，置猛火上，須臾成黃金。又以二百四十銖❻合水銀百斤火之，亦成黃金。金成者藥成也。金不成，更封藥而火之，日數如前，無不成也。

第二之丹名曰神丹，亦曰神符[7]，服之百日仙也。行度大水[8]，以此丹塗足下，即步行水上。服之三刀圭[9]，三尸九蟲[10]皆即消壞，百病皆愈也。

第三之丹名曰神丹[11]，服一刀圭，百日仙也。以與六畜[12]吞之，亦終不死。又能辟五兵[13]。服百日，仙人玉女[14]，山川鬼神，皆來侍之，見如人形。

第四之丹名曰還丹[15]，服一刀圭，百日仙也。朱鳥[16]鳳凰，翔覆其上，玉女至傍。以一刀圭合水銀一斤火之，立成黃金。以此丹塗錢物用之，即日皆還。以此丹書凡人目上，百鬼走避。

第五之丹名餌丹[17]，服之三十日，仙也。鬼神來侍，玉女至前。

第六之丹名鍊丹[18]，服之十日，仙也。又以汞合火之，亦成黃金。

第七之丹名柔丹[19]，服一刀圭，百日仙也。以缺盆汁[20]和服之，九十老翁亦能有子。與金公[21]合火之，即成黃金。

第八之丹名伏丹[22]，服之即日仙也。以此丹如棗核許持之，百鬼避之。以丹書門戶上，萬邪眾精不敢前，又避盜賊虎狼也。

第九之丹名寒丹[23]，服一刀圭，百日仙也，仙童玉女來侍。飛行輕舉，不用羽翼。

凡此九丹，但得一丹便仙，不在悉作之。作之在人所好者耳。凡服九丹，欲昇天則去，欲且止人間亦任意。皆能出入無間㉔，不可得之害矣。」

【章　旨】介紹九鼎神丹的製作方法及神異效用。

【注　釋】❶玄黃　即鉛精。用水銀十斤、鉛二十斤納於器物中，猛火其下，使水銀、鉛吐其精華作紫色或金黃色，即玄黃，又名鉛花、黃芽、飛輕。見《道藏・石藥爾雅》。❷礬石水　《雲笈七籤・卷六七》作「礬汞」，《金汋經》作「礬石汞」。❸礜石　原作「礬石」，據《雲笈七籤》、《金汋經》校改。❹六一泥　合煉金丹之隱語。六加一為七，道士祕之，故云六一。《道藏・神仙金汋經》之六一泥法與此略有不同：以礬石、戎鹽、鹵鹽、礜石四物先燒二十日，再取東海左顧牡蠣、赤石脂等分多少，自在合搗萬杵，細羅粉末，以百日苦酒拌合如泥，即成六一泥。❺玄膏　一作「玄黃膏」，一作「龍膏」。❻銖　古之衡量單位。《淮南子・天文》：「十二粟而當一分，十二分而當一銖，十二銖而當半兩。」❼神符　神符丹製法，與丹華相似。❽行度大水　渡越大江河。大水，原作「水火」，據《金汋經》改。❾刀圭　古時量取藥物的器具。南朝陶弘景曰：「刀圭者，十分方寸匕之一，準如梧桐子大也。」❿三尸九蟲　泛指在人體內作祟的各種害蟲。《雲笈七籤・卷八三》曰：「人身並有三尸九蟲……為人之大害。」⓫神丹　神丹之製法，用雄黃、雌黃昇華而成。⓬六畜　牛、馬、羊、雞、犬、豕。泛指各種家畜。⓭五兵　矛、戟、弓、劍、戈之類的兵器。⓮玉女　仙女，或仙人的侍女。⓯還丹　還丹的製作，用水銀、雄黃、曾青、礬石、石亭脂（硫黃）、鹵鹽、太乙禹餘糧、礜石等。水銀與硫黃化為丹砂，丹砂再與雄黃昇華而成。⓰朱鳥　一種神鳥。或說即鳳凰。⓱餌丹　餌丹的製作，用雄黃、汞、禹餘糧等。雄黃昇華，汞或化為蒸氣而復凝結，或化為硫化物而昇華。⓲鍊丹　其製作用丹砂、雄黃、雌黃、曾青、礬石、礜石、石膽、磁石等，由丹砂、雄黃、雌黃昇華而成。⓳柔丹　其製作用汞與玄黃燒煉變化而成。⓴缺盆汁　即人的奶汁。缺盆是人的乳房上的骨名。㉑金公　即鉛。㉒伏丹　其製作用玄黃、曾青、水銀、磁石等，水銀與他物化合蒸騰而成。㉓寒丹　其製作用汞、雄黃、雌黃、曾青、礜石、磁石等，蒸騰化合，昇華而成。㉔出入無間　出入自由，無所不能至。無間，形容極細微之處。

【語 譯】第一神丹名叫丹華。製作丹華先要作玄黃，需用雄黃水、礬汞等。又要用戎鹽、鹵鹽、礜石、牡蠣、赤石脂、滑石、胡粉各數十斤，製成六一泥。以六一泥塗釜密封，用火燒煉玄黃三十六天便成，服之七日成仙。又用玄黃膏將丹華捏成丹丸，放置在猛火之上，很快便會燒煉成黃金。又如果以一斤丹華拌合一百斤水銀，用火燒煉，亦成為黃金。能夠燒煉成金說明丹藥煉成了。如果不能煉成黃金，就將丹藥重新封閉丹爐中，用火燒煉與上次同樣的天數，沒有不成功的。

第二種神丹名叫神符。服後百日可以成仙。渡越大江大河時，用神符丹塗在腳下，就可以在水面上行走。服食三刀圭的神符丹，身體內的各種邪神害蟲便會立即消滅，百病都可消除。

第三種名叫神丹。服食一刀圭，百日之內成仙。將此神丹給畜牲吞服，畜牲也將不死。又能避免各種兵器的傷害。服食百日，仙人玉女、山川鬼神都會前來侍奉。還能看見鬼神的形狀，就像人形一樣。

第四種名叫還丹。服食一刀圭，百日可以成仙。神鳥鳳凰，飛翔其上，玉女來至身旁。以一刀圭丹藥拌合水銀一斤燒煉，即將化為黃金。將此丹藥塗在錢物上，用掉的錢物當天又能自己回來。用這種丹藥塗在眼睛上，各種鬼怪都要躲避。

第五種名叫餌丹。服食餌丹三十天，就成為仙人了。這時鬼神會來侍奉，玉女也會來到面前。

第六種名叫鍊丹。服食鍊丹十天，就能成為仙人。用水銀拌合這種丹藥燒煉，也能成為黃金。

第七種名叫柔丹。服食柔丹一刀圭，百日可以成仙。用人的乳汁拌合這種丹藥服食，即使九十歲的老翁亦能有子。與鉛拌合燒煉，就能變成黃金。

第八種名叫伏丹。服食伏丹，當天便能成仙。隨身持有棗核大的丹藥，百鬼躲避。以丹藥書寫在門戶上，各種邪物精靈都不敢前來騷擾，又可以避免盜賊虎狼的禍害。

第九種名叫寒丹。服食寒丹一刀圭，百日可以成仙，仙童玉女前來侍奉。不用翅膀，便能夠輕舉飛升。

以上九種神丹，只要得到一種便能成仙，不必一一全部燒煉。煉什麼神丹，在於各人的喜愛。凡是服食這九種神丹，若想升天便能飛去，若想暫留人間亦能隨心所欲。都能夠自由往來，無所不能至，任何事物都不得傷害他們。」

抱朴子曰：「復有太清神丹❶，其法出於元君❷。元君者，老子之師也。《太清觀天經》❸有九篇，云其上三篇不可教授❹；其中三篇世無足傳❺，當沈之三泉❻之下；下三篇者，正是丹經上中下，凡三卷也。元君者大神仙之人❼也，能調和陰陽，役使鬼神風雨，驂駕九龍十二白虎，天下眾仙皆隸焉。猶自言亦本學道服丹之所致也，非自然也。況凡人乎？

其經曰：上士得道，昇為天官；中士得道，棲集崑崙；下士得道，長生世間。愚民不信，謂為虛言。從朝至暮，但作求死之事，了❽不求生。而天豈能強生之乎？凡人唯知美食好衣，聲色富貴而已。恣心盡欲，奄忽終歿❾之徒，慎無以神丹告之，令其笑道謗真❿！傳丹經不得其人，身必不吉。若有篤信者，可將合藥成以分之，莫輕以其方傳之也。知此道者，何用王侯？為神丹既成，不但長生，又可以作黃金。

金成，取百斤先設大祭⓫。祭自有別法一卷，不與九鼎祭同也。祭當別稱名銜⓬、各檢署具用金斤數。禮天二十斤，日月五斤，北斗八斤，太乙八斤，井五斤，竈五斤，河伯十二斤，社五斤，門戶閭鬼神、清君[13]各五斤，凡八十八斤。餘一十二斤，以好韋囊[14]盛之，良日於都市中市盛之時，嘿然[15]放棄之於多人處，徑去無復顧。凡用百斤外，乃得自恣用之耳。不先以金祀神，必被殃咎[16]。

又曰：長生之道，不在祭祀事鬼神也，不在道引與屈伸也。昇仙之要，在神丹也。知之不易，為之實難也。子能作之，可長存也。近代漢末新野陰君[17]合此太清丹得仙。其人本儒生，有才思，善著詩。及《丹經讚》[18]并序[19]，述初學道隨師本末[20]，列己所知識之得仙者四十餘人[21]，甚分明也。

作此太清丹，小為難合於九鼎[22]，然是白日昇天之上法也。合之當先作華池[23]、赤鹽[24]、艮雪[25]、玄白飛符、三五神水，乃可起火耳。一轉之丹[26]，服之三年得仙；二轉之丹，服之二年得仙；三轉之丹，服之一年得仙；四轉之丹，服之半年得仙；五轉之丹，服之百日得仙；六轉之丹，服之四十日得仙；七轉之丹，服之三十日得仙；八轉之丹，服之十日得仙；九轉之丹，服之三日得仙。若取九轉之丹，內[27]神鼎中，夏至之後，爆之鼎熱，內朱兒[28]一斤於蓋下，伏伺之。候日精[29]照之，須臾翕然[30]俱起，煌煌輝輝，神光五色，即化為還丹。取而服之一刀圭，即白日昇天。又九轉之丹者，封塗之於土釜中，糠火先文後武[31]。其一轉至九轉，遲速各有日數多少，以此知之耳。其轉數少，其藥力不足，故服之用日多，得仙遲也。其轉數多，藥力盛，故服之用日少，而得仙速也。

【章　旨】介紹有關太清神丹的傳授淵源、祭祀神祇、飛煉九轉之法及其效用。

【注　釋】❶太清神丹　葛洪《神仙傳・馬鳴生傳》曰：馬鳴生為賊所傷將死，得道士神藥救之。便棄職隨師，勤苦備嘗，及受《太清神丹經》三卷。❷元君　聖母元君，亦號玄妙玉女。《道藏・墉城集仙錄》說她是上帝之師、老子之母。❸太清觀天經　《道藏・神仙金汋經》作《太清上經》。❹教授　傳授。❺世無足傳　因為世人不能體會其精妙要道，所以不值得傳授。❻三泉　三重之泉。❼元君者大神仙之人　《道藏・墉城集仙錄》說：「元君之位，至尊至大。統制天地，調和陰陽。役使風雨，進退五星。斟酌寒暑，秉握乾坤。三界眾仙皆仰隸焉。」❽了　完全；全然。❾奄忽終歿　生命短暫，轉瞬即逝。歿，死亡。❿笑道謗真　嘲笑仙道，誹謗神仙。⓫大祭　祭祀天地神祇的儀式。⓬名銜　姓名、職位。⓭清君　《神仙金汋經》作「靖君」。⓮韋囊　皮製袋子。⓯嘿然　默然；悄悄地。⓰被殃咎　遭遇災禍。⓱陰君　《神仙傳・陰長生傳》說：陰長生者，新野人也。跟從馬鳴生學道二十餘年，後入青城山中，受《太清神丹經》，於平都山白日升天。⓲丹經讚　《神仙傳》說：陰長生裂黃素寫丹經，一通封以青玉之函置大華山，一通封以白銀之函置蜀經山，一通交付給弟子。又著書三篇，皆四言韻語，或即《丹經讚》。⓳序　《神仙傳・卷五》載陰君〈自序〉云：「維漢延光元年，新野山北，予受和君神丹要訣。道成去世，副之名山。如有得者，列為真人。」云云，即此序。⓴述初學道隨師本末　陰長生著書三篇，其中說：「余之聖師，體道如貞。昇降變化，松喬為鄰。惟余同學，十有二人。寒苦求道，歷二十春。」又說：「寒不遑衣，飢不暇食，思不敢歸，勞不敢息。奉事聖師，承顏悅色。面垢足胝，乃見哀識。遂受要訣，恩深不測。」此即隨師之本末。㉑列己所知識之得仙者四十餘人　《神仙傳・卷五》引陰長生說：「上古得仙者多矣，不可盡論。但漢興以來，得仙者四十五人，連余為六矣。二十人尸解，餘者白日昇天焉。」㉒九鼎　指九鼎神丹。㉓華池　能消熔金石的溶液，即藥醋。《道藏・黃帝九鼎神丹經訣卷一七》曰：「醋過百日謂之淳醯。三年以上，謂苦酒。投以藥，即曰華池。」㉔赤鹽　用鹽、寒水石、白礬等納鐵器中，在炭火上燒煉，使其色變赤，即為赤鹽。〈黃白〉有製作赤鹽法，可參看。㉕艮雪　即水銀。㉖一轉之丹　飛煉一次的丹藥。㉗內納；裝入。㉘朱兒　朱砂。亦稱丹砂。為煉汞之材料。㉙日精　日之精華；陽光。㉚翕然　指火光突然燃起。㉛先文後武　先用文火，後用武火。小而力緩的火叫文火，火力猛烈叫武火。

【語　譯】抱朴子說：「又有太清神丹，其製作之法出於元君。元君是老子之師。《太清觀天經》有九篇，據說上三篇不可傳授人間，中三篇也不值得傳給世人，應當深藏在三重泉之下。它的下三篇，就是丹經上中下三卷。元君是偉大的上仙，她能調和陰陽，役使鬼神，安排風雨，驅駕九龍十二白虎，天下所有的仙人都由她統率。她曾說自己也是修道服丹，才得以成為仙人，並不是天生即是神仙。元君尚且如此，何況平凡之人呢？

丹經上說：上士修煉得道，升任天上的仙官；中士修煉得道，棲集崑崙仙山；下士修煉得道，長生不死在人間。愚民不信，說是空言無憑。從早到晚，只做害生求死之事，全然不做有益於生的事，上天又怎麼能強迫愚民長生呢？俗人只知道追求吃好穿好，聲色富貴而已。對於那些放縱心意、隨心所欲、倏忽即逝之輩，千萬不要將神丹之事告訴他們，使他們嘲笑仙道、誹謗神仙！若將丹經傳錯了人，自身一定不會吉祥。若有誠意深信仙道者，可以將製成的丹藥分給他，千萬不要將丹方輕易傳授給人。得知煉丹之道，何必稱王稱侯？因為神丹合成後，不但能夠長生，還可以煉出黃金。

黃金煉成之後，先取一百斤舉行祭祀天地的禮儀。這種禮儀有祭法一卷，不與九鼎神丹之祭相同。祭禮時應當寫明受祭神祇的名號職位，以及所用黃金的斤數。祭天神，用黃金二十斤；祭日月之神，用黃金五斤；祭北斗之神，用黃金八斤；祭太乙之神，用黃金八斤；祭井神，用黃金五斤；祭竈神，用黃金五斤；祭河伯，用黃金十二斤；祭社神，用黃金五斤；祭門神、戶神、閭神、清君各五斤。以上共計黃金八十八斤。剩餘十二斤，用好的皮袋裝好，在吉日良辰都市正熱鬧時，悄悄放置在人多的地方，隨即轉身就走，不再回頭。這百斤之外的黃金，才可以隨意地使用。若不先以金祀神，必定會遭受禍殃。

又說：長生之道，不是祭祀鬼神能夠求得的，不是導引屈伸能夠實現的，升仙的關鍵在於仙丹。要明白它並不容易，要實踐它也很困難。只要你能去做，就能夠生命長存。漢末有位陰長生，是新野人，就是服食這種太清神丹得以成仙的。陰君本是儒生，有才華，善能寫詩。他在《丹經讚》及序中敘述初學道時隨師的經過始末，並舉出自己所認識的得道成仙者四十餘人，說得清清楚楚。

製作這種太清神丹，比起合煉九鼎神丹要稍難一些，然而它是白日升天的上等法術。合煉太清神丹，要先準備好華池、赤鹽、艮雪、玄白飛符、三五神水，然後才可以起火煉丹。煉出的一轉之丹，服後三年成仙；二轉之丹，服後兩年成仙；三轉之丹，服後一年成仙；四轉之丹，服後半年成仙；五轉之丹，服後百日成仙；六轉之丹，服後四十日成仙；七轉之丹，服後三十日成仙；八轉之丹，服後十日成仙；九轉之丹，服後三日成仙。若是將九轉神丹放進神鼎中，在夏至日之後，將鼎曬熱，再放進一斤朱砂於鼎中。在一旁守候觀察，在陽光的照射下，會突然燃起火光，一片燦爛輝煌。各種顏色的神光閃現之後，便化為還丹。取還丹服食一刀圭，就能白日飛升成仙。煉製九轉丹的方法，是將藥物塗在密封的土釜之中，用糠火，先小後大。從飛煉一次至飛煉九次，所耗費的時間由少到多，由此可以得知。飛煉的次數少，其藥力則不足，所以服食之後用的時日較長，成仙較遲。飛煉的次數多，則藥力強，所以服食後用的時間短，而成仙較快。

又有九光丹❶，與九轉丹法❷大都相似耳。作之法，當以諸藥合火之，以轉五石❸。五石者，丹砂、雄黃、白礜❹、曾青、慈石也。一石輒五轉而各成五色，五石而二十五色。色各一兩，而異器盛之。欲起死人❺，未滿三日者，取青丹一刀圭和水以浴死人，又以一刀圭發其口內之，死人立生也。欲致行廚❻，取黑丹和水以塗左手，其所求如口所道，皆自至，可致天下萬物也。欲隱形及先知未然方來❼之事，及往年不老❽，服黃丹一刀圭，即便長生不老矣。及坐見千里之外，吉凶皆知，如在目前也。人生宿命❾，盛衰壽夭，富貴貧賤，皆知之也。其法俱在《太清經》卷中❿耳。」

【章　旨】介紹九光丹的製作方法及用途。

【注　釋】❶九光丹　以丹藥色彩豐富、五光十色而命名。❷九轉丹法　即太清神丹九轉之法。丹，原作「異」，據《雲笈七籤・卷六七》校改。❸轉五石　飛煉五石。即將五種礦石混合加熱，使蒸騰揮發而成藥。❹白礜　礜，原作「凡」，一作「礬」。❺起死人　使死人起而復生。❻致行廚　使食物自動來到面前。即變化出食物。❼未然方來　未來；將來。❽往年不老　使生命的狀態保持在某一點上，永不衰老。❾宿命　先天已定的命運。❿卷中　原作「中卷」，據《雲笈七籤・卷六七》校改。

【語　譯】又有九光丹，煉法和九轉丹法大致相似。煉製的方法，合諸藥而以火煉，以飛煉五種礦石，即丹砂、雄黃、白礜、曾青、慈石。每一石經五轉各成五色，五石共二十五色。每色一兩，用不同容器盛之。想讓死人復生，如果死亡不滿三日，用一刀圭青丹和水浸泡死人，另一刀圭從死人口中灌入，立刻便復活。想變出食物，用一刀圭黑丹和水塗在左手，口中念著什麼，就能自動來到面前，天下萬物都可以招致而來。想要隱形及預知未來之事、永不衰老，可服用一刀圭黃丹，就能長生不老，能看到千里之外的吉凶，如同在眼前一樣。人生的命運，得意失意、長壽短命以及富貴貧賤，都能知道。方法都在《太清經》卷中。」

抱朴子曰：「其次有《五靈丹經》一卷，有五法也。用丹砂、雄黃、雌黃、石硫黃、曾青、礬石、慈石、戎鹽、太乙餘糧❶，亦用六一泥。及神室❷祭醮❸合之，三十六日成。又用五帝符，以五色書之，亦令人不死，但不及太清及九鼎丹藥耳。

又有《岷山丹法》，道士張蓋蹹[4]精思於岷山石室中，得此方也。其法鼓冶黃銅，以作方諸[5]，以承取月中水，以水銀覆之[6]。致日精火其中[7]，長服之不死。又取此丹置雄黃，銅燧[8]中覆以汞，曝之二十日。發而治之，以井華水[9]服如小豆百日，盲者皆能視之，百病自愈，髮白還黑，齒落更生。

又《務成子[10]丹法》，用巴沙[11]、汞置八寸銅盤中，以土爐盛炭倚三隅[12]，塹以枝盤。以硫黃水灌之，常令如泥，百日服之不死。

又《羨門子[13]丹法》，以酒三升和丹一斤，曝之四十日。服之一日則三蟲[14]百病立下，服之三年仙道乃成，必有玉女二人來侍之，可役使致行廚。此丹可以厭[15]百鬼，及四方死人殃注[16]，害人宅及起土功妨人者，懸以向之，則無患矣。

又有《立成丹》，亦有九首，似九鼎而不及也。其要[17]取雄黃、雌黃燒取[18]其中銅，鑄以為器。覆之三年淳苦酒[19]上，百日此器皆生赤乳，長數分，或有五色琅玕[20]，取理而服之，亦令人長生。又可以和菟絲[21]，菟絲是初生之根，其形似兔[22]。掘取剋其血[23]，以和此丹，服之立變化，任意所作也。又和以朱草[24]，一服之，能乘虛而行云[25]。朱草葉如菰，生不群，長不雜[26]，枝葉皆赤，莖如珊瑚[27]。喜生名山巖石之下，刻之汁流如血。以玉及八石[28]、金銀投其中，立便可丸如泥，久則成水。以金投之，名為金漿；以玉投之，名為玉醴。服之皆長生。

又有《取伏丹法》云，天下諸水有名丹者，有南陽之丹水之屬[29]也，其中皆有丹魚[30]。當先夏至十日夜伺之，丹魚必浮於水側，赤光上照，赫然如火也。網而取之可得之，得之雖多，勿盡取也。割其血，塗足下，則可步行水上，長居淵中矣。

又《赤松子丹法》，取千歲蔂[31]汁及礬桃[32]汁淹丹，著不津器[33]中，練蜜[34]蓋其口，埋之入地三尺。百日，絞柠木赤實[35]取汁，和而服之，令人面目鬢髮皆赤，長生也。昔中黃仙人[36]有赤須子者，豈非服此乎？

又《石先生丹法》[37]，取烏鷇之未生毛羽者[38]，以真丹和牛肉以吞之。至長，其毛羽皆赤，乃煞之，陰乾百日，并毛羽搗服，一刀圭，百日得壽五百歲。

又《康風子丹法》，用羊烏、鶴卵、雀血合少室[39]天雄[40]汁，和丹內鵠卵中漆之，內雲母水[41]中，百日化為赤水。服一合，輒益壽百歲，服一升千歲也。

又《崔文子[42]丹法》，納丹鶩[43]腹中蒸之，服令人延年，長服不死。

又《劉元丹法》，以丹砂內玄水液[44]中，百日紫色，握之不污手。又和以雲母水，內管中漆之，投井中，百日化為赤水。服一合得百歲，久服長生也。

又《樂子長[45]丹法》，以曾青、鉛丹合汞及丹砂，著銅筩[46]中，乾瓦白滑石封之，於白砂中蒸之八十日。服如小豆，三年仙矣。

又《李文丹法》，以白素裹丹，以竹汁煮之，名紅泉。乃浮湯上蒸之，合以玄水[47]，服之一合，一年仙矣。

又《尹子丹法》，以雲母水和丹密封，致金華池[48]中，一年出。服一刀圭，盡一斤，得五百歲。

又《太乙[49]招魂丹法》，所用五石，及封之以六一泥，皆似九丹也。長於起卒死三日以還者[50]，折齒內一丸，與硫黃丸俱以水送之，令入喉，即活。皆言見使者持節召之。

又《采女[51]丹法》，以兔血和丹與蜜蒸之百日。服之如梧桐子者大一丸，日三，至百日，有神女二人來侍之，可役使。

又《稷丘子[52]丹法》，以清酒、麻油、百華醴[53]、龍膏[54]，和封以六一泥。以糠火熅之，十日成。服如小豆一丸，盡劑，得壽五百歲。

又《墨子[55]丹法》，用汞及五石液於銅器中，火熬之，以鐵匕撓之[56]，十日還為丹。服之一刀圭，萬病去身，長服不死。

又《張子和丹法》，用鉛、汞、曾青水[57]合封之，蒸之於赤黍米中，八十日成。以棗膏[58]和丸之，服如大豆百日，壽五百歲。

又《綺里[59]丹法》，先飛取五石玉塵[60]，合以丹砂、汞，內大銅器中煮之百日，五色，服之不死。以鉛百斤，以藥百刀圭，合火之成白銀。以雄黃水和而火之，百日成黃金。金或太剛者，以豬膏煮之。或太柔者，以白梅[61]煮之。

又《玉柱[62]丹法》，以華池和丹，以曾青、硫黃末覆之薦之[63]，內筩中，沙中蒸之五十日。服之百日，玉女、六甲六丁神女[64]來侍之，可役使，知天下之事也。

又《肘後丹法》，以金華[65]和丹，乾瓦封之，蒸八十日。取置盤中，向日和之，其光上與日連。服如小豆，長生矣。以投丹陽銅[66]中，火之成金。

又《李公丹法》，用真丹及五石之水[67]各一升，和令如泥，釜中火之三十六日出。和以石硫黃液[68]。服之十年，與天地相畢。

又《劉生丹法》，用白菊花汁[69]、地楮汁[70]、樗汁[71]和丹蒸之三十日，研合服之一年，得五百歲。老翁服更少不可識，少年服亦不老。

又《王君丹法》，巴沙及汞內雞子㉜中，漆合之，令雞伏之三枚。以王相日㉝服之，住年不老。小兒不可服，不復長矣。與新生雞犬服之，皆不復大，鳥獸亦皆如此驗。

又《陳生丹法》，用白蜜和丹，內銅器中封之，沈之井中一期㉞。服之經年不飢，盡一斤，壽百歲。

又《韓眾㉟丹法》，漆、蜜和丹煎之，服之延年久視，立日中無影。

過此以往，尚數十法，不可具論。」

【章　旨】介紹各種小餌丹方的製作方法及其效用。

【注　釋】❶太乙餘糧　一種礦石。中空、色黃，可入藥。道家傳說大禹治水，棄其餘糧，化為此石，故名。❷神室　即丹房。煉丹之所。❸醮　祭祀；祈禱。❹張蓋蹹　道士名。蓋，又作「盍」。又見〈登涉〉。❺方諸　月下承接露水的器皿。❻以水銀覆之　以水銀注入其中。❼致日精火其中　引日光曝曬方諸中的水與汞混合液。❽銅燧　銅製的燧鏡，可以對日取火。❾井華水　清晨初汲的井水。❿務成子　舜時人，後世傳為神仙。《漢書·藝文志》有《務成子》十一篇。⓫巴沙　丹砂之異名。產於巴，故名。⓬三隅　三角；三邊。⓭羨門子　傳說中之古仙人。⓮三蟲　指人體中的寄生蟲。⓯厭　制伏；鎮服。⓰殃注　以災禍、疾病為害於人。注，亦作「疰」，傳染病。⓱其要　原有「一本更云」四字，義不可通。孫人和《抱朴子校補》調「為殘缺之校語而錯入正文者」，近是。⓲取　一作「下」。⓳淳苦酒　淳厚之陳醋。煉丹家將三年以上的陳醋稱為苦酒。⓴琅玕　美玉之名。㉑菟絲　藥草名。又名菟絲子。㉒菟絲是初生之根二句　菟絲之根指茯苓。葛洪認為上有菟絲之草，則下有伏兔之根。此伏兔之根即茯苓。《史記·龜策列傳》：「下有伏靈，上有兔絲。」伏靈即「茯苓」。㉓剋其血　刻破其根，汁如血。㉔朱草　一種祥瑞之草。㉕乘虛而行云　指在空中飛升。云，或疑作「雲」。㉖葉如菰三句　原為「狀似小棗栽長三四尺」，此據《雲笈七籤・卷六七》。㉗珊瑚　海中之生物，枝如竹節。㉘八石　指丹砂、雄黃、雌黃、空青、硫黃、雲母、戎鹽、硝石之類。㉙丹水之屬　丹水之類。丹水發源於陝西，經河南淅川，合於均水。㉚丹魚　《水經注》：「丹水出丹魚。」㉛千歲虆　千歲古藤。虆，同「藟」。即藤。㉜礬桃　一種植物。〈仙藥〉：「樊桃芝，其木如昇龍，其花葉如丹羅，其實如翠鳥。高不過五尺，生於名山之陰，東流泉水之上。」㉝不津器　陶器之一種。《齊民要術》載有「不津甕」，即此類。㉞練蜜　即蜜蠟。以蜂巢提製，可以供藥用。㉟柠木赤實　柠木即構樹，果實為紅色圓球形。㊱中黃仙人　黃帝時人，一作中黃丈人。葛洪《神仙傳》曰：「白石生者，中黃丈人弟子也。」㊲石先生丹法　《神仙金汋經》作「白石生丹法」，下有「取峻巖之上千歲松葉、金菊花、茯苓、茯神成散，華池水服之，能致神靈。又以柏葉陰乾百日，練蜜丸散，服久得壽，身輕」數句，故此處或有脫文。㊳烏轂之未生毛羽者　初生時尚未長羽毛的小烏鴉。轂，初生的幼鳥。烏，原作「鳥」，據《道藏》本校改。㊴少室　山名。在河南登封境內。㊵天雄　藥草名。《本草綱目》：「天雄乃種附子而生出或變出，其形長而不生子，故曰天雄。」㊶雲母水　《道藏・三十六水法》有製雲母水法，乃取雲母粉一斤、鹽水二兩、硝石水一兩攪和，納竹筒中埋入地五尺，二十日成。㊷崔文子　漢代人，好黃老之術。善作藥丸，救人以萬計，時人以為神。事見劉向《列仙傳》。㊸鶩　鴨子。㊹玄水液　磁石水的別名。㊺欒子長　齊人，少好道，遇仙人授以服巨勝赤松散方，年一百八十歲，色如少女。後乃入海，成仙而去。㊻銅筩　銅製的筒。㊼玄水　指醋。㊽華池　即藥醋。能消化金石。㊾太乙　神名。漢代以太乙為天之尊神。㊿卒死三日以還者　暴亡未足三天者。卒，猝。(51)采女　《初學記・卷二九》引作「和安」，《白孔六帖・卷九七》引作「和女」。(52)稷丘子　漢代之道士。髮白再黑，齒落更生，傳為仙人。(53)百華醴　即蜂蜜。(54)龍膏　指水銀。(55)墨子　名翟，宋人，墨家學派的創始者。葛洪《神仙傳・卷四》說他外治經典、內修道術，後來遇神仙授以素書，修成地仙。(56)以鐵匕撓之　匕，原作「上」，形近而訛。撓，一作「攪」。(57)曾青水　《道藏・三十六水法》有製作曾青水之法。(58)棗膏　晉宋時代的一種香膏名。(59)綺里　綺里季，商山四皓之一。(60)飛取五石玉塵　將五石放在土釜中飛煉，取所蒸騰的粉塵。(61)白梅　鹽梅。鹽漬而色發白，故稱白梅。(62)玉柱　玉，或作「王」。柱，或作「桂」。(63)覆之薦之　倒入、加進。(64)六甲六丁神女　道教受遣派役使之神，侍女之類。(65)金華　指鉛。《周易參同契》：「鉛外黑，內懷金華。」(66)丹陽銅　熟銅。(67)五石之水　指丹砂、雄黃、白礬、曾青、慈石的水溶液。(68)石硫黃液　《道藏・丹方鑑源》：「石硫黃，可製汞。」《三十六水法》有製作硫黃水法。(69)白菊花汁　《藝文類聚・卷八一》下有「蓮花汁」三字。(70)地楮汁　《神仙金汋經》此前有「地血汁」三字。(71)欅汁　欅木之汁。(72)雞子　雞蛋。(73)王相日　王日是帝王之象，相日是宰臣之象。都是吉利的日子。(74)一期　一週年。⑮韓眾　古仙人之名。一作「韓終」。

【語　譯】抱朴子說：「其次有《五靈丹經》一卷，記載有五種方法。原料用丹砂、雄黃、雌黃、石硫黃、曾青、礬石、慈石、戎鹽、太乙餘糧，亦用六一泥。在丹房祭祀後開始合煉，三十六天可以煉成丹藥。又用五帝符，以五種顏色書寫，也能令人不死，但其藥力不如太清神丹及九鼎神丹。

又有《岷山丹法》，是道士張蓋蹹在岷山石室中精思冥想，而得此方。製作的方法，是先冶煉黃銅造出方諸之盤，來承接月中之水。然後以水銀相拌合，用陽光照射。長期服食這種丹藥可以不死。又取這種丹藥和雄黃置於銅質燧鏡中，拌以水銀曝曬二十天，再取出製成藥丸，就著清晨初汲的井水服食小豆般大的一粒，百日之後瞎子能看見東西，百病自然消除，白髮重又變黑，牙齒落後又會長出新牙。

又有《務成子丹法》，將巴砂、汞置於八寸銅盤中，以土爐裝上火炭，靠在三邊角上，枝盤上設溝塹，以硫黃水灌注其中，使之化合如泥。服食百日，可以不死。

又有《羨門子丹法》，以酒三升合丹一斤曝曬四十天，服後一日，腹中各種寄生蟲及疾病都立即清除。服食三年，則仙道成功，必有玉女二人前來侍奉，可以派遣她們取來食物。這種丹藥可以制伏各種鬼魂，若有四方野鬼遊魂禍害於人，或者興修房舍有所妨礙，只要懸掛此丹藥朝著禍患所起的方向，就不會有災禍了。

又有《立成丹》，所用器物亦有九首，形似九鼎而不及。其關鍵之法，先用雌黃、雄黃燒煉出其中的銅，用此銅鑄為器物。然後將已造三年以上的陳醋倒在銅器上，百日之後，銅器上會長出赤乳，長數分，也有像五色玉石的。將它們加工後服食，也能令人長生。又可以用它們拌合菟絲——菟絲初生的根形狀似兔，挖出來劃破，會流出血一般的紅汁。以紅汁拌合這種丹藥，服食後便能變化形狀，隨心所欲。又用朱草拌合這種丹藥，服食後能在空中飛行。朱草葉如蘑菇，獨自生長，不雜生，枝葉均為紅色，莖如珊瑚，愛生長在名山巖石之下。用刀劃破，會流出紅汁如血。以玉及八石、金銀投入其中，立刻可成軟泥狀的藥丸，時間長了則化為液態。以金投入其中，名為金漿；以玉投入其中，名為玉醴。服食之後，都可以使人長生。

又有《取伏丹法》說，天下的河流以丹為名的，如南陽的丹水之類，其中都有丹魚。當夏至的前十日晚上在河邊等候，丹魚一定會浮現在水邊，紅光上照，光亮如火。這時用魚網能夠捕得丹魚。捕得雖多，不要全部取走。割取丹魚的血塗在腳下，則可以步行水上，長居水中。

又有《赤松子丹法》，取千歲藤之汁，以及樊桃芝汁浸泡朱砂，放在不津之器中。以蜜蠟封住器口，埋進三尺深的地下。一百天後，榨取構樹紅色果實的汁拌合丹藥一起服食，使人面目鬢髮都變為紅色，得以長生不死。古代中黃仙人有紅色的鬍鬚，難道不是服食這種丹藥？

又有《石先生丹法》，取未生羽毛的小烏鴉，以朱砂混合牛肉餵養。等小烏鴉長大後，羽毛都是紅色的。將牠宰殺後，陰乾一百天，連羽毛一起搗爛。服食一刀圭，百日可以得壽五百歲。

又有《康風子丹法》，用羊烏、鶴卵、雀血，合少室山生長的天雄之汁，和以朱砂裝進大鵝蛋之中，塗漆封閉。將天鵝蛋放進雲母水中，百日後化為赤水。每服一合，增添百歲之壽；服一升，則增壽一千歲。

又有《崔文子丹法》，將朱砂裝進鴨腹中蒸熟，然後服食，令人長壽，長服可以不死。

又有《劉元丹法》，以丹砂放入磁石水中，百日變為紫色，握之不沾污手。又和以雲母水，裝進管內然後用漆封閉之，投入井中，百日化為赤水。服一合，可以活到百歲，久服則長生。

又有《樂子長丹法》，以曾青、鉛丹合汞及丹砂，一起放進銅筒之中。以乾瓦、白滑石封之，在白砂中蒸上八十天。然後服食小豆大一粒，三年可以成仙。

又有《李文丹法》，以白絹包裹朱砂，用竹汁煮開，名叫紅泉。在浮湯上蒸後和醋，服食一合，一年可以成仙。

又有《尹子丹法》，以雲母水拌合朱砂密封，加上黃金一起放置在藥醋之中，滿一年後取出。每次服用一刀圭，服完一斤，可活五百歲。

又有《太乙招魂丹法》，所用有五石等藥物，以及用六一泥封閉之，其原料與方法都與九鼎神丹差不多。這種丹藥長於救活突然死亡三天以內的人。具體方法是折斷死者一齒，投入一粒藥丸，與硫黃丸都用水送入，使藥丸入喉。這時死人馬上就能復活。死人復活後，都說曾經見到使者手持符節招他們回來。

又有《采女丹法》，用兔血、朱砂與蜜一起拌合，蒸上一百天。然後每次服梧桐子大的一丸，每日服用三次，至一百天時，有神女二人前來侍奉，接受役使。

又有《稷丘子丹法》，以清酒、麻油、蜂蜜、水銀，和封以六一泥，以糠火加熱十天乃成。每次吞服小豆大的一粒，一劑藥服完，可以有五百歲的壽命。

又有《墨子丹法》，在銅器中裝入汞及五石液，燒火煎熬，並用鐵匕攪動，十日化為丹。服食一刀圭，各種疾病消除，長服可以不死。

又有《張子和丹法》，用鉛、汞、曾青水盛在一起，密封後放在赤黍米中蒸。八十天藥成，再用棗膏拌合製成丹丸。每天服食如大豆般一粒，一百天後，壽達五百歲。

又有《綺里丹法》，先將五石飛煉，得其粉末。然後拌合以丹砂與水銀，放在大銅器中煮上一百天。藥物呈現五色，服之不死。用一百斤鉛，拌合藥一百刀圭，燒煉可成白銀。用雄黃水拌藥燒煉，百日可成黃金。煉出的黃金若太剛硬，可以用豬膏去煮，若太柔軟，可以用鹽梅去煮。

又有《玉柱丹法》，以藥醋拌合朱砂，攙入曾青、硫黃末，裝進筒裡，放在沙中蒸上五十天。服食一百天後，有玉女、六甲六丁之神女前來侍奉，接受役使，而且能知曉天下之事。

又有《肘後丹法》，用鉛粉拌朱砂，以乾瓦密封之。蒸上八十天，取出放置盤中，在陽光下拌合，其藥之光與日光連成一氣。吞服小豆般一粒，可以長生不死。將此丹藥投入熟銅之中，可以燒煉成金。

又有《李公丹法》，用真朱砂及五石之水各一升，拌合如泥，在土釜中燒煉三十六日。取出，攙以石硫黃液。此藥服食十年，生命可以與天地永存。

又有《劉生丹法》，用白菊花汁、地楮汁、樗樹汁加上朱砂，一起蒸三十天。然後研成粉末，服食一年，能活到五百歲。老人服後變得年輕，令人不能認出，少年服後不衰老。

又有《王君丹法》，將巴砂及汞裝在雞蛋中，用漆封閉，然後讓每隻母雞孵化三枚。以吉日服食，可以令人不老。小孩不能服食，否則不再長大。將此藥給小雞小狗吃後，小雞小狗就不再生長，鳥禽走獸也都有這樣的效驗。

又有《陳生丹法》，將白蜜與朱砂裝在銅器中，密封沈入井中。一年後取出，服後常年不餓。吃完一斤，壽百歲。

又有《韓眾丹法》，以漆、蜜和朱砂用火煎製成藥。服後延年久視，站立日光之中沒有影子。

除了上述之外，還有幾十種丹法，無法一一具體論述。」

抱朴子曰：「金液，太乙❶所服而仙者也，不減九丹矣。合之用古秤黃金一斤，并用玄明龍膏❷、太乙旬首中石❸、冰石❹、紫遊女❺、玄水液❻、金化石❼、丹砂，封之成水❽。其經云：金液入口，則其身皆金色。老子受❾之於元君，元君曰：此道至重，百世一出，藏之石室。合之皆齋戒百日，不得與俗人相往來。於名山之側，東流水上，別立精舍❿。百日成，服一兩便仙。若未欲去世⓫，且作地仙之士者，但齋戒百日矣。若求昇天，皆先斷穀一年乃服之也。若服半兩，則長生不死，萬害百毒不能傷之。可以畜⓬妻子、居官秩⓭，任意所欲，無所禁也。若復欲昇天者，乃可齋戒，更服一兩，便飛仙矣。

以金液為威喜⓮、巨勝⓯之法：取金液及水銀一味⓰合煮之，三十日出，以黃土甌[17]盛，以六一泥封。置猛火炊之六十時，皆化為丹，服如小豆大便仙。以此丹一刀圭粉水銀一斤，即成銀。又取此丹一斤置火上扇之，化為赤金而流，名曰丹金。以塗刀劍，辟兵萬里。以此丹金為盤椀[18]，飲食其中，令人長生。以承日月得液[19]，如方諸[20]之得水也，飲之不死。以金液和黃土，內六一泥甌中，猛火炊之，盡成黃金，中用也。復以火炊之，皆化為丹，服之如小豆，可以入名山大川為地仙。以此丹一刀圭粉水銀，立成銀。以銀一兩和鉛一斤，皆成銀。受《金液經》，投金人八兩於東流水[21]中，飲血為誓，乃告口訣。不知本法，盜其方而作之，終不成也。凡人有至信者，可以藥與之，不可輕傳其書，必兩受其殃[22]。天神鑒人甚近[23]，人不知耳。

抱朴子曰：「九丹誠為仙藥之上法，然合作之，所用雜藥甚多。若四方清通者，市之可具。若九域[24]分隔，則物不可得也。又當起火晝夜數十日，伺候火力，不可令失其適[25]。勤苦至難，故不及合金液之易也。合金液唯金為難得耳。古秤金一斤於今為二斤，率不過直三十許萬，其所用雜藥差易具[26]。又不起火，但以置華池[27]中，日數足便成矣。都[28]合可用四十萬而得一劑，可足八人仙也。然其中稍少合者，其氣力不足以相化成，如釀數升米酒，必無成也。」

抱朴子曰：「其次有《餌黃金法》，雖不及金液，亦遠不比他藥也。或以豕負革肪㉚及酒鍊之，或以樗皮治之，或以荊酒磁石㉛消之。或有可引為巾，或立令成水服之。或有禁忌，不及金液也。或以雄黃、雌黃合餌之，可引之張之如皮，皆地仙法㉜耳。銀及蚌中大珠㉝，皆可化為水服之。然須長服不可缺㉞，故皆不及金液也。」

【章旨】介紹金液的製作及藥效、轉煉為丹的方法以及有關的事項。

【注釋】❶太乙　天之尊神，一說天帝之別名。亦作太一、泰一。❷玄明龍膏　水銀的別名。見《石藥爾雅》。❸太乙旬首中石　雄黃一名太旬首中石。乙，疑涉前而衍。❹冰石　寒水石的別名。見《石藥爾雅》。❺紫遊女　即赤色之戎鹽。戎鹽一名紫女。❻玄水液　即磁石水。見《黃帝九鼎神丹經訣‧卷二〇》。❼金化石　疑即硝石。硝石一名化金石。見《石藥爾雅》。❽封之成水　封於藥醋中，成為水溶液。❾受　原作「授」，據《神仙金汋經》校改。❿精舍　道士、僧人修煉及居住之所。⓫去世　離開人世。指飛升。⓬畜　養。⓭官秩　官爵、俸祿。⓮威喜　黑色的琥珀。《本草》引《玉策經》曰：「松脂千年作茯苓，茯苓千年作琥珀，琥珀千年作石膽，石膽千年作威喜。」據此，則威喜乃靈異之仙藥。⓯巨勝　胡麻。即芝麻。《周易參同契》曰：「巨勝尚延年，還丹可入口。」這裡以巨勝喻仙藥。⓰一味　一種藥物。⓱甌　盆盂之類的陶製器皿。⓲盤椀　盤子、碗之類的飲食用器物。⓳承日月得液　放置露天日月之下，承接露水。⓴方諸　月下承露取水之器皿。古用蛤殼，後世用銅盤。㉑投金人八兩於東流水　道教禮儀，投金人於水以昭告天帝神靈。八兩，疑有誤字。㉒兩受其殃　傳授者與接受者，均難免災禍。㉓天神鑒人甚近　天神鑒察人的行為，近在咫尺。㉔九域　九州。泛指天下各地之疆域。㉕不可令失其適　觀察火候，掌握火力，均不可失當。㉖差易具　較易具備；容易弄到。㉗華池　即藥醋。以三年以上陳醋投以藥物即成。㉘都　總計。㉙餌　吃；服用。㉚豕負革肪　豬頸脖下之脂膏。見《重修政和證類本草‧卷一八》引陶弘景說。㉛磁石　一名玄水石，俗稱吸鐵石。㉜地仙法　意謂可以服食而成為地仙，未得成天仙。以表明服食黃金不如服食金液。㉝蚌中

大珠　即珍珠。㉞缺　原作「供」，據《道藏》本校改。

【語　譯】抱朴子說：「天神太乙就是服食金液而成仙的，可知金液的效力不比九轉神丹差。合煉之法，用古秤黃金一斤，並用水銀、雄黃、寒水石、赤鹽、磁石水、硝石、丹砂，封在藥醋之中，使它們化為溶液。《金液經》上說：服食了金液，則全身都呈現金色。老子從元君那兒接受了製作金液的方法。元君說：金液之道非常重要，百世才得一出，平日則藏於石室之中。製作之時，都要齋戒一百天，不得與俗人相往來。要在名山之側，東流水上，建造修煉的精舍。一百天後藥成，服一兩便能成仙。如果暫時還不想離開人世，而想留在人間做地仙，只要齋戒一百天就行了。若想升天，則要先辟穀一年，然後服食此藥。如果只服了半兩，就能長生不死，各種害蟲毒物都不得傷害。可以娶妻生子、擔任官職，隨心如意，沒有什麼禁忌。若是又想升天，便可以重新齋戒，再服金液一兩，就成為飛仙了。

用金液製作威喜、巨勝的方法：取金液及水銀一藥合煮三十日取出，裝在黃土陶盆中，以六一泥密封，放置猛火上煎熬六十個時辰，甌中藥物全部成丹，吞服小豆大一粒便可成仙。以一刀圭這種丹藥揉和水銀一斤，便成銀。又取此丹一斤置猛火上加熱，便化為流動的紅色金液，名叫丹金。以這種丹金塗在刀劍上，可以辟除萬里以內兵器的傷害。以此丹金為盤為碗，作飲食之用，可以使人長生。以這種丹金碗盤放置在日月下，可得神液，就像方諸對月取水一樣，飲此水不死。以金液拌合黃土，放在六一泥密封的陶甌中，猛火煎熬，就全部化為黃金，可供使用。再以火加熱，便全部化為丹，吞服小豆般大的一粒，可以入名山大川為地仙。以此丹粉一刀圭拌合水銀，立刻可得銀。以銀一兩和鉛粉一斤，都化為銀。接受《金液經》，要投金人於東流水中，飲血盟誓，然後才告以口訣。不知上述授受之法，或盜用丹方合煉，終究不會成功。對於誠信的人，可以分藥給他，不可輕傳其書。否則，傳者與授者都將遭到禍殃。天神近在咫尺，隨時考察人的行為，只是凡人不知道罷了。」

抱朴子說：「九轉神丹誠然是上等的仙法，但是需要許多雜藥方能搭配而成。如果天下太平，四方暢達，可以購買得到。如果各地割據，交通阻隔，所需藥物不容易得到。又點火之後，需要連續幾十天不分晝夜地觀察火候，不可使火力強弱失當，非常辛苦。所以不像製作金液稍微容易。製作金液只有黃金難以得到。古秤一斤黃金相當於今天的兩斤，不過價值三十萬錢左右，所需用的雜藥比較容易辦到。又不起火，只將藥物放置藥醋之中，時間一到就成了。總計用四十萬錢可得一劑藥，足供八人服食成仙。但是如果其中藥物稍嫌不足，金液的藥力不能夠合成變化，就好像藥麴少而釀酒多，一定不會成功的。」

抱朴子說：「其次有《餌黃金法》，其效果雖然不及金液，也遠不是其他藥物所能相比的。或以豬頸脖處的脂肪與酒一起燒煉黃金，或以樗樹之皮煉治黃金，或以荊酒磁石消溶黃金。有時可以像絲巾一樣展開，有時可以即刻溶化成水以便服用。服食黃金還有些禁忌，所以不如金液。也可以與雄黃、雌黃一起服用，可以像皮革一樣牽引張開，都是修成地仙的法術。銀及珍珠，也都可以化水服用，但是要長期服用，堅持不缺，所以不及金液的快捷便當。」

抱朴子曰：「合此金液、九丹，既當用錢，又宜入名山、絕人事，故能為之者少。且亦千萬人中，時當有一人得其經❶者。故凡作道書者，略無說金丹者也。第一禁，勿令俗人之不信道者謗訕評毀❷之，必不成也。鄭君❸言所以爾者，合此大藥❹皆當祭，祭則太乙❺、元君❻、老君❼、玄女❽皆來鑒省。作藥者若不絕跡幽僻之地，令俗間愚人得經過聞見之，則諸神便責作藥者之不遵承經戒❾，致令惡人有謗毀之言，則不復佑助人，而邪氣得進，藥不成也。必入名山之中，齋戒百日，不食五辛❿生魚⓫，不與俗人相見，爾乃可作大藥。作藥須成乃解齋⓬，不但初作時齋也。

鄭君云：左君[13]告之，言諸小小山，皆不可於其中作金液、神丹也。凡小山皆無正神為主，多是木石之精[14]、千歲老物[15]、血食之鬼[16]。此輩皆邪氣，不念為人作福，但能作禍，善試道士。道士須當以術辟身[17]及將從弟子[18]，然或能壞人藥也。今之醫家每合好藥好膏，皆不欲令雞犬小兒[19]、婦人見之。若被諸物犯之，用便無驗。又染綵者惡惡目者[20]，見之皆失美色，況神仙大藥乎。是以古之道士合作神藥，必入名山，不止凡山之中，正為此也。

又按仙經，可以精思合作仙藥者，有華山[21]、泰山[22]、霍山[23]、恆山[24]、嵩山[25]、少室山[26]、長山[27]、太白山[28]、終南山[29]、女几山[30]、地肺山[31]、王屋山[32]、抱犢山[33]、安丘山[34]、潛山[35]、青城山[36]、娥眉山[37]、綏山[38]、雲臺山[39]、羅浮山[40]、陽駕山[41]、黃金山[42]、鼈祖山[43]、大小天台山[44]、四望山[45]、蓋竹山[46]、括蒼山[47]，此皆是正神在其山中，其中或有地仙之人。上皆生芝草，可以避大兵大難，不但於中以合藥也。若有道者登之，則此山神必助之為福，藥必成。若不得登此諸山者，海中大島嶼亦可合藥。若會稽[48]之東翁洲[49]、亶洲[50]、紵嶼[51]，及徐洲之莘莒洲[52]、泰光洲[53]、鬱洲[54]，皆其次也。今中國[55]名山不可得至，江東名山之可得住者，有霍山在晉安，長山、太白在東陽㊻，四望山、大小天台山、蓋竹山、括蒼山，並在會稽。」

【章旨】合煉金液及神丹，必須齋戒，不見俗人，並入名山海島之中，方能成功。

【注釋】❶時當有一人得其經　按照一定的時間，只能有個別人得到《九鼎神丹經》及《金液經》。❷謗訕評毀　誹謗、嘲諷。❸鄭君　鄭隱。葛洪之師。❹大藥　仙藥。指九丹、金液之類。❺太乙　天之尊神。即天帝。❻元君　即前所稱老子之師、大神仙之人之元君。❼老君　即老子。又稱太上老君。❽玄女　九天玄女。是先天真仙，元君之弟子。❾經戒　道經的戒條。❿五辛　指小蒜、大蒜等五種刺激性的蔬菜。⓫生魚　指葷腥、肉食之類。⓬解齋　《神仙金汋經》作「常齋」。⓭左君　左慈，字元放，三國時江東著名的道士。本篇前此說他曾在天柱山中精思，神人授之金丹仙經。⓮木石之精　木石化成的精靈。〈登涉〉所記大松枯木化為精怪，即此類。⓯千歲老物　長壽之物化成的精靈。〈登涉〉：「萬物之老者，其精悉能假託人形。」⓰血食之鬼　指享有祭祀的鬼。〈登涉〉有「辟山川廟堂百鬼之法」。廟堂百鬼，即血食之鬼。⓱辟身　辟除邪惡，以保護自己。⓲將從弟子　所攜帶、隨從之弟子。⓳雞犬小兒　年幼的兒童。⓴惡目者　有眼疾的人。㉑華山　五嶽中之西嶽，在今陝西境。即神仙衛叔卿成仙處。㉒泰山　五嶽中之東嶽，在今山東境。亦稱岱宗。㉓霍山　《水經注》曰：「霍山為南嶽，在廬江灊縣西南。」亦即天柱山。漢武帝巡南郡，登天柱山，號曰南嶽。見《史記・封禪書》。㉔恆山　五嶽中之北嶽，在今河北境。㉕嵩山　五嶽之中嶽，又稱嵩高山，在今河南境。㉖少室山　在嵩山之西，因山有石室而得名。㉗長山　即金華山，傳說赤松子得道處。漢獻帝初平三年，置長山縣，屬會稽郡。㉘太白山　道教三十六洞天之一，名玄德洞天，在今陝西境。㉙終南山　又稱太乙山，在今陝西西安境。㉚女几山　《山海經・中山經》：「岷山之首，曰女几之山……其中多雄黃，其獸多虎豹。」《神仙傳》言馬鳴生「隨師負笈西之女几山」，即此。㉛地肺山　道教七十二福地之一，在今江蘇境。㉜王屋山　道教十大洞天之一，號小有清虛天，在今河南境。傳說黃帝受丹訣於是山。㉝抱犢山　在今山西境。《神仙傳・卷七》載趙瞿餌松脂在人間三百許年，乃入抱犢山作地仙，即此。㉞安丘山　在今山東境。漢置安丘縣，屬北海郡。㉟灊山　道教三十六洞天之一，在安徽境。㊱青城山　道教十大洞天之一，在四川境。青山四合，狀若城廓，故名。曾為張道陵布道處。㊲娥眉山　道教三十六洞天之一，名虛陵洞天，在四川境。㊳綏山　《列仙傳》曰：「綏山在峨嵋山西南，高無極也。」乃葛由成仙處。綏，原作「綫」，據《道藏》本校改。㊴雲臺山　在今四川境，即道士張蓋蹹精思煉丹處。見〈登涉〉。㊵羅浮山　道教十大洞天之一，號朱明曜真洞天，在今廣東境。後為葛洪煉丹處。㊶陽駕山　地址不明。㊷黃金山　江州潯陽有黃金山，山出金。見《括地志》。㊸鼈祖山　浙江蕭山東北龕山旁有鼈子山，為浙江之入海口。未知是否此山。㊹天台山　在今浙江境。古神話傳說劉晨、阮肇採藥遇仙女，即此山。㊺四望山　在今江蘇境。東晉溫嶠築壘四望磯，即指此。㊻蓋竹山　道教三十六洞天之一，名長耀寶光天，在今浙江境。《神仙傳．卷九》載仙人介象在蓋竹山中，即此地。㊼括蒼山　道教十大洞天之一，號成德隱玄洞天，在今浙江境。傳說鄭隱在此山仙去。㊽會稽　郡名。今浙江西部、江蘇東南一帶。㊾翁洲　浙江定海東之海島，即翁山。相傳葛仙翁曾隱於此島，故名。㊿亶洲　《史記》載秦始皇派遣徐福將童男女數千人入海求神仙，即止住此洲。(51)紵嶼　又作苧嶼，傳說東海中之島嶼名。《神仙傳．卷六》載仙人陳長在苧嶼山六百年，〈卷七〉載宮嵩服雲母得地仙之道，後入苧嶼山中仙去。(52)莘莒洲　莘，一本作「羊」，地址不明。(53)泰光洲　地址不明。(54)鬱洲　亦作郁洲。在江蘇灌雲東北大海中，今與陸地相接。(55)中國　指中原地帶。(56)霍山在晉安二句　霍山不在晉安，太白山亦不屬東陽，疑為旁注竄入正文者。

【語　譯】抱朴子說：「合煉金液及九轉神丹，既要耗費錢財，又要深入名山，棄絕人事，所以能實踐的人少。而且千萬人之中，許多年只有一個人能得到真經。所以寫作道書，極少有說到金丹之事的。煉丹最大的禁忌，是不要讓不信道的俗人誹謗、嘲諷仙道。若有此種情況，煉丹一定不會成功。我的師父鄭君曾經說過，所以如此，是因為合煉仙藥都要設祭，祭祀之時太乙尊神、聖母元君、太上老君、九天玄女都要親臨考察。煉丹者若不能遠離塵世到幽僻之地，而使世俗愚民得以經過、有所見聞，諸神便會責怪煉丹者沒有遵守丹經戒條，以使世俗有非毀指責之言。諸神也就不再庇佑他，邪氣侵入，丹藥就不能成功。所以一定要到名山之中，齋戒一百天，不食五辛魚肉，不與俗人相見，然後才可以煉金丹之藥。丹藥煉成才可以停止齋戒，不只是初煉時齋戒而已。

鄭君說：左慈先生告訴他，說各地的小山丘，都不可以在其中合煉金液及神丹。凡是小山都沒有正神為主持，多是木石之怪、千歲老物之精靈以及野廟之鬼。它們都含邪氣，不想為人增福，只會造出禍殃，又喜歡調試道士。道士必須以方術來保護自己及隨從弟子，因此那些精怪野鬼可能破壞合煉仙藥。今之醫家製作貴重藥膏，都不願讓小兒及婦女看見。若被諸種不祥之物撞見，用起來便失去效驗。又染製彩色布帛厭惡有眼疾的人，若被他們看見就會失去美色。況且神仙金丹之藥呢？所以古之道士合煉仙藥，一定要前往名山，不在平凡山丘之中，正是為此緣故。

又據仙經上說：可以精思合煉仙藥之地，有華山、泰山、霍山、恆山、嵩山、少室山、長山、太白山、終南山、女几山、地肺山、王屋山、抱犢山、安丘山、潛山、青城山、娥眉山、綏山、雲臺山、羅浮山、陽駕山、黃金山、鼈祖山、大小天台山、四望山、蓋竹山、括蒼山。以上諸山都有正神主管，山中也可能有地仙。山上都生有祥瑞的芝草，不只可以在山中煉仙藥，還可以躲避兵燹戰禍。若是有道之人前往這些山中，山神一定相助使之成功，金丹仙藥可成。若是不能前往上述山中，海中的大島嶼上也可以合煉仙藥，如會稽以東的翁洲、亶洲、紵嶼，其次則有徐州之外的莘莒洲、泰光洲、鬱洲等。如今中原地帶的名山不可能前往，江東名山可以前往者，有霍山在晉安，長山、太白山在東陽，四望山、大小天台山、蓋竹山、括蒼山，都在會稽。」

抱朴子曰：「予忝❶大臣之子孫❷，雖才不足以經國理物❸，然疇類之好❹，進趍之業❺，而所知不能遠余者，多揮翮雲漢❻、耀景辰霄❼者矣。余所以絕慶弔於鄉黨❽、棄當世之榮華者，必欲遠登名山，成所著子書❾，次則合神藥、規長生❿故也。俗人莫不怪予之委桑梓⓫、背清塗⓬，而躬耕林藪⓭、手足胼胝⓮，謂予有狂惑之疾⑮也。然道與世事不並興⑯，若不廢人間之務，何得修如此之志乎？見之誠了⑰，執之必定⑱者，亦何憚於毀譽，豈移於勸沮⑲哉？聊書其心，示將來之同志尚者⑳云。後有斷金之徒㉑，所損棄者亦與余之不異也。」

【章　旨】說明自己不顧世俗的毀譽、放棄當世的榮華，目的在於撰寫一部子書、成一家之言，以及追求長生不死之仙道。

【注　釋】❶忝　有愧於。謙虛之詞。❷大臣之子孫　葛洪在〈自敘〉中曾說，他的祖父曾任吏部侍郎、御史中丞、吏部尚書、太子少傅、大鴻臚、侍中等職，封吳壽縣侯。他的父親曾任大中正、吳王郎中令、邵陵太守等職，故云。❸經國理物　治理國家、管理事務。❹疇類之好　指同輩、朋友。❺進趍之業　學業的成就與造詣。趍，同「趨」。❻揮翮雲漢　在高空雲際展翅飛翔。比喻佔據高官貴任。❼耀景辰霄　像北極星一樣在清晨的天空閃亮。北極星為眾星環繞，比喻處高位，為眾人仰戴。❽絕慶弔於鄉黨　脫離世俗，不與鄉鄰交往。慶弔，喜喪之禮儀。鄉黨，鄉親、朋友。❾成所著子書　六經之外，凡著書立說足以成一家之言者稱子書。葛洪〈自敘〉曰：「洪年二十餘，乃計作細碎小文，妨棄功日，未若立一家之言，乃草創子書。」❿規長生　追求長生不死之仙術。⓫委桑梓　離開家園而之他鄉。桑梓，代指故鄉。⓬背清塗　與追求出仕作官之途背道而馳。清塗，有清高名望之仕途。⓭躬耕林藪　在深林荒澤中親自耕作。⓮胼胝　手腳上因勞作而摩擦生了繭子。⓯狂惑之疾　癲狂、昏惑之病。⓰道與世事不並興　仙道與世事不能兼顧，同時取得成就。⓱見之誠了　對某事的認識十分明瞭。⓲執之必定　堅持理想，態度十分堅定。⓳移於勸沮　為別人的勉勵或阻止而改變態度。沮，阻止；非毀。⓴同志尚者　志同道合的人。㉑斷金之徒　堅定不移的同志者。《周易・繫辭上》：「二人同心，其利斷金。」

【語　譯】抱朴子說：「我愧為大臣的後代子孫，雖然才能不足以治理國家、經營事務，然而我的同輩友人，學業上與我相差無幾，他們多數已經身據高官，像鯤鵬展翅高翔霄漢，像北斗星在天空閃閃發光。我之所以斷絕與世俗的往來，對於當世的榮華富貴棄而不顧，就是要遠登名山，寫一部傳世的子書，其次則是合煉仙藥、追求長生的緣故。世俗之人見我離開故土、遠適他鄉，不追求出仕作官的人生道路，卻在山林荒澤之中親自耕作，手足摩擦出了老繭，沒有不感到奇怪，認為我患有癲狂、昏惑的疾病。但是仙道與世事不能同時有所成就。如果不廢棄世俗的事務，怎麼能實現求仙及著述的志向呢？對事物認識明瞭，態度就會堅定不移，既然不害怕世俗的批評，又怎麼會為別人的勸阻而改變初衷呢？這裡姑且披露我的心聲，以待將來的同志。若有與我志同道合的人，他之所棄而不顧者，亦將會與我相同。」

《小神丹方》❶，用真丹❷三斤，白蜜六斤攪和，日暴煎之，令可丸。旦服如麻子許十丸，未一年，髮白者黑，齒落者生，身體潤澤。長服之❸，老翁成少年，長生不死矣。

《小丹法》❹，丹一斤，擣篩❺，下淳苦酒❻三升，漆二升，凡三物合，令相得❼。微火上煎令可丸。服如麻子三丸，日再服，三十日，腹中百病愈，三尸❽去。服之百日，肌骨強堅。千日，司命削去死籍❾，與天地相畢，日月相望。形易容變無常❿，日中無影，乃別有光也。

《小餌黃金法》⓫，鍊金⓬內清酒中，約二百過出入⓭，即沸矣。握之出指間令如泥，若不沸及握之不出指間，即削之內清酒中無數也。成，服之如彈丸一枚，亦可一丸分為小丸。服之三十日，無寒溫，神人玉女侍之。銀亦可餌之，與金同法。服此二物，能居名山石室中者，一年即輕舉⑭矣。止人間，服亦地仙⑮。勿妄傳也。

《兩儀子⑯餌黃金法》，豬負革脂⑰三斤，淳苦酒一升。取黃金五兩置器中，煎以土爐。以金置脂中，百入百出。苦酒亦爾⑱。食一斤，壽蔽⑲天地。食半斤，壽二千歲。五兩，壽千二百歲。無多少，便可餌之。當以王相日⑳作，服之神良。勿傳示人，示人令藥不成不神㉑。欲食去尸藥㉒，當服丹砂也。

【章　旨】補充介紹幾種丹方及服餌黃金之法。按：疑非《抱朴子》原文，乃後人輯錄，附綴於此。

【注　釋】❶小神丹方　〈仙藥〉作「小神方」，內容與此略同。❷真丹　丹砂。即朱砂。❸長服之　原作「長肌服之不老」，據〈仙藥〉，「肌」、「不老」均為衍文。❹小丹法　〈仙藥〉作「餌丹砂法」，內容與此略同。❺擣篩　擣細，篩為粉末。❻淳苦酒　淳厚之陳醋。煉丹家將三年以上陳醋稱為苦酒。❼相得　調和，使均勻。❽三尸　道教認為人體作祟之神有上尸、中尸、下尸，合稱三尸。❾司命削去死籍　司命之神將其從死亡簿上除名。意謂長生不死。❿形易容變無常　〈仙藥〉作「改形易容，變化無常」，即善能變化。⓫小餌黃金法　〈仙藥〉亦錄有此方，內容略同。⓬鍊金　〈仙藥〉作「火銷金」。⓭二百過出入　出入各二百次。⓮輕舉　飛升成為天仙。⓯止人間二句　意謂服後想留在人間，亦可做地仙。〈仙藥〉作「人間服之，名地仙」。⓰兩儀子　天地為兩儀。以兩儀為名，有效法天地之意。⓱豬負革脂　豬頸脖下之脂肪。⓲苦酒亦爾　意謂以金放置陳醋中，亦出入百次。⓳蔽　〈仙藥〉作「弊」。⓴王相日　王日帝王之象，相日宰相之象。皆為吉日良辰。㉑勿傳示人二句　《金汋經》作「勿傳非人，傳示非人，藥不成不神。」㉒欲食去尸藥　原作「欲去」，據〈仙藥〉補三字。

【語　譯】《小神丹方》，用丹砂三斤、白蜜六斤攪和，在太陽下煎煮，使之可以揉和為藥丸。每天早上服用麻子大的十粒，不到一年，可以白髮轉黑，齒落更生，身體豐潤而有光澤。長期服用，老人變得年輕如少年，可以長生不死。

《小丹法》，用丹砂一斤擣細，篩為粉末，投入三升陳醋之中，再投入漆二升。將上述三物調和均勻，在微火上煎熬，使之可以揉和為藥丸。服食麻子大小三粒，每天兩次，三十日後腹中百病消除，三尸也被除去。服食一百天後肌骨強健，一千天後司命之神從死籍上將其除名，其生命與天地共存，與日月同在。能夠改形易貌，變化無端。太陽當頭，照不出人影，別有光芒。

《小餌黃金法》，將鍊金放進清酒中，出入約兩百次，鍊金就會與清酒起反應而有氣泡溢出，握在手指間使鍊金柔軟如泥。如果沒有氣泡溢出以及鍊金握在手中不柔軟，即將鍊金削成小片，放進清酒內出入無數次。成功後，服食如彈丸大小一枚，也可以將一大丸分成若干小丸。服食三十日後，不畏寒冷與炎熱，有神人玉女前來侍奉。白銀也可以服食，與服食黃金方法相同。服食黃金與白銀，如果能住到名山石室之中，一年即可飛升成仙。若想留在人間，服後亦可成為地仙。不要隨意傳授這種方法。

《兩儀子餌黃金法》，備好豬頸脖油脂三斤，陳醋一升。取黃金五兩，放置入器物中，在土爐上煎煮。先將黃金放在豬頸脖脂中，出入百次。再將黃金放進陳醋中，也出入一百次。服用此種黃金一斤，壽比天地。服用半斤，壽二千歲。服用五兩，壽一千二百歲。無論多少，都可服用。要在王相日製作這種黃金，服後精神旺盛。不要將此法傳錯了人，如果傳錯了，藥物便不會成功。想要除去體內的三尸之蟲，則應當服食丹砂。

卷五 至理

【題解】至理，論說的是神仙存在的道理。從根本上講，神仙之理就是要珍惜個人的生命，通過精神的超越、形體的修煉以及服食仙藥等術，達到長生久視的效果。對外則遺棄榮華、割捨嗜欲，最大限度地減少精力的耗損；對內則要專注心神的調節，修煉內視反聽、拘魂煉魄諸方術，以保生氣長存。文中還舉出醫藥起死回生、延年益壽的作用，意在說明草木之藥尚且有如此之效，金丹仙藥為什麼不可以使人長生呢？又舉出禁咒之術種種傳說的奇效，意在為修煉氣功可以「絕穀治病、延年養性」作旁證。

文中提及服藥、行氣、房中、金丹諸術，都是為了闡說神仙之理，而不在於傳授具體的方術，所以或詳或略，並不全然一致。

抱朴子曰：「微妙難識，疑惑者眾。吾聰明豈能過人哉？適偶有所偏解❶，猶鶴知夜半❷，燕知戊己❸，而未必達於他事也。亦有以校驗❹，知長生之可得，仙人之無種耳。

夫道之妙者，不可盡書，而其近者，又不足❺說。昔庚桑胼胝❻，文子釐顏❼，勤苦彌久，及受大訣❽，諒有以❾也。夫圓首含氣❿，孰不樂生而畏死哉？然榮華勢利誘其意，素顏玉膚⑪惑其目，清商流徵⑫亂其耳，愛惡利害⑬攪其神，功名聲譽束其體，此皆不召而自來，不學而已成。自非受命⑭應仙，窮理獨見⑮，識變通於常事之外⑯，運清鑒於玄漠之域⑰，寤身名之親疏⑱，悼過隙之電速⑲者，豈能棄交修賒⑳、抑遺嗜好㉑，割目下之近欲，修難成之遠功哉？

夫有因無而生焉，形須神而立焉。有者無之宮㉒也，形者神之宅㉓也。故譬之於堤，堤壞則水不留矣；方之於燭，燭糜則火不居㉔矣。身勞則神散，氣竭則命終。根竭枝繁，則青青去木㉕矣。氣疲欲勝㉖，則精靈㉗離身矣。夫逝者無反期㉘，既朽無生理㉙，達道之士，良㉚所悲矣。輕璧重陰㉛，豈不有以哉？

【章　旨】神仙之道微妙難識，故世俗之人多沈溺在榮華享樂之中。而達道之士，則為生命的虛耗、人生的短暫而悲歎。

【注　釋】❶偏解　在某一方面有所理解、領悟。❷鶴知夜半　古人認為半夜時，鶴感受到生氣的萌動而啼鳴，故云。❸燕知戊己　戊己為土日，據說燕子在這一天不銜泥築巢。己，原作「巳」，《道藏》本作「已」，此據《呂氏春秋・季夏》改。❹校驗　驗證；核實。❺不足　不值得。❻庚桑胼胝　庚桑名楚，一作亢倉子，是老子的弟子，《莊子・庚桑楚》說他「偏得老聃之道」。胼胝是手足因勤勞而磨起的硬皮，俗稱繭子。❼文子釐顏　文子是老子的弟子，姓辛名銒，著有《文子》十二卷，道教尊為通玄真人。釐顏，面容黑色。釐，是「黧」的假借字。❽及受大訣　乃受長生成仙之法訣。及，疑「乃」字之訛。❾有以　有原因；有道理。❿圓首含氣　指長有圓形的腦袋而活著的人。⓫素顏玉膚　容色晶瑩如玉的美貌女子。⓬清商流徵　古代樂調之名。代指美妙的音樂。⓭愛惡利害　指情感的好惡，以及趨利避害的種種思慮。⓮受命　指天賦稟受之命。⓯窮

理獨見　能透徹地認識事理，有獨到的見識。⑯識變通於常事之外　能於生死常事之外，知神仙長生之變通。⑰運清鑒於玄漠之域　能清晰地洞見神仙之事，明瞭仙人的存在。玄漠之域，指神仙之境界。⑱寤身名之親疏　明白身與名孰親孰疏的道理。意謂生命是內在的，故親；聲名是外在的，故疏。⑲過隙之電速　像電光閃過縫隙一樣轉瞬即逝。形容人生的短暫。⑳棄交修賖　放棄人間的交遊，修煉長遠的仙術。㉑抑遺嗜好　抑制、摒棄各種欲念與嗜好。㉒有者無之宮　「無」存在於「有」之中，「有」好像「無」存身的宮室。㉓形者神之宅　精神存在於形體中，好像人居住在室宅內。㉔燭糜則火不居　蠟燭燃盡，火光便消失了。㉕青青去木　青枝翠葉便會消失，樹木將死亡。㉖氣疲欲勝　精神疲憊，而世俗欲念強烈。㉗精靈　指精氣、生命的活力。㉘逝者無反期　已經流逝之物沒有返回之期。㉙既朽無生理　已經枯朽之物沒有復活之理。㉚良　深深；非常。㉛輕璧重陰　不貴重璧玉之寶，而重視人的生命時光。

【語　譯】抱朴子說：「玄理微妙難以認識，所以疑惑不明的人很多。我的聰明才智難道能超過常人？只是在這方面我偶然有所領悟，就像鶴鳥能感知夜半將至、燕子知道戊己日一樣，至於其他的事理就未必通達了。我曾經有所考察、驗證，知道長生不死是可以實現的，仙人並非生來就是的。

道術中的精妙之處，不可以完全寫出來，公之於眾。而其中淺近之術，又不值得多費口舌。昔日庚桑楚手足磨出了繭子，文子面容黧黑，他們長期勤苦修煉，最後才得到長生成仙的祕訣，真是有道理的。天下所有長著腦袋的活人，誰不樂意長生而畏懼死亡呢？然而榮華富貴、權勢利祿引誘他的心意，素顏晶瑩、肌膚如玉的美色迷惑著他的雙目，宛轉悠揚、美妙動聽的音樂煩擾著他的聽覺，各種愛惡、利害的考慮攪亂了他的精神，仕途功名、外在聲譽束縛了他的形體，這些都是不招自到、不學而會的。如果不是命中注定將成神仙，不是認識透徹、見解卓異，能夠在常規世事之外認清變通之理，能夠清楚地洞察神仙存在的事實，領悟到自身生命與外在虛譽的親疏差別，從而悲歎人生的短暫、稍縱即逝，又怎麼能決意放棄人間的交遊、修煉費時長久的仙術，摒除種種的嗜好、捨棄眼前的欲望，去追求遙遠又難成的仙道呢？

『有』是從『無』中生化而出的，形體有賴精神才能樹立。『有』是『無』寄身的宮室，形體是精神存在的屋舍。這就好像是堤壩，堤壩崩塌水就無法保存了；又好比蠟燭，蠟燭燒盡火焰也就沒有了。身體勞累精神就會疲乏渙散，神氣耗盡生命就要終結。樹根斷了而枝條繁多，青青的綠蔭就會消失；神氣疲憊而欲望強烈，生命的活力就會消散。已經流逝的東西沒有重新返回之期，已經枯朽的植物沒有再度復活的道理。那些通達玄道之士，深深地為此而傷悲啊！輕視尺璧，寶貴生命年華，難道不是有道理的嗎？

故山林養性[1]之家、遺俗得意[2]之徒，比崇高於贅疣[3]，方萬物乎蟬翼[4]。豈苟為大言，而強薄世事[5]哉？誠其所見者了[6]，故棄之如忘[7]耳。是以遐棲幽遁[8]，韜鱗掩藻[9]。遏欲視之目[10]，遣損明之色[11]；杜思音之耳[12]，遠亂聽之聲[13]。滌除玄覽[14]，守雌[15]抱一[16]，專氣致柔[17]，鎮以恬素[18]。遣歡戚之邪情，外得失之榮辱[19]。割厚生之腊毒[20]，謐多言於樞機[21]。反聽而後所聞徹[22]，內視而後見無朕[23]。養靈根於冥鈞[24]，除誘慕於接物。削斥[25]淺務，御以愉慔[26]，為乎無為[27]，以全天理爾。

乃吹吸寶華[28]、浴神太清[29]、外珍五曜[30]、內守九精[31]。堅玉鑰於命門[32]，結北極於黃庭[33]。引三景[34]於明堂[35]，飛元始以鍊形[36]。采靈液[37]於金梁[38]，長驅白而留青[39]。凝澄泉於丹田[40]，引沈珠於五城[41]。瑤鼎俯爨[42]，藻禽仰鳴[43]，瑰華擢穎[44]，天鹿吐瓊[45]。懷重規於絳宮[46]，潛九光於洞冥[47]。雲蒼鬱而連天[48]，長谷湛而交經[49]。履躡乾兌[50]，召呼六丁[51]。坐臥紫房[52]，咀吸金英[53]。曄曄秋芝[54]，朱華翠莖。皛皛珍膏[55]，溶溢霄零[56]。治飢止渴，百痾[57]不萌。逍遙戊己[58]，燕和飲平[59]。拘魂制魄(60)，骨填體輕(61)。故能策風雲以騰虛(62)，並混輿(63)而永生也。

然梁塵之盈尺，非可求之漏刻(64)；山霤(65)洞徹，非可致之於造次(66)也。患於聞之者不信，信之者不為，為之者不終耳。夫得之者甚希而隱，不成者至多而顯。世人不能知其隱者(67)，而但見其顯者(68)，故謂天下果無仙道也。」

【章　旨】達道之士，將人間的榮華看得如同贅疣，將世俗的事物看得輕如蟬翼。他們內視反聽，修煉氣功、存想、拘魂制魄等術，故能成仙長生，只是世人不察罷了。

【注　釋】❶養性　修煉養生之術。❷遺俗得意　遺棄世俗，領悟了仙道之旨。❸比崇高於贅疣　將高官厚爵比為多餘的腫瘤。❹方萬物乎蟬翼　將人間萬事看得如同蟬的羽翼一樣微不足道。❺強薄世事　故意、勉強地去鄙薄人間事。❻了　了然；清楚。❼棄之如忘　摒棄世事，好像不識不知一樣。❽遐棲幽遁　棲身幽遠，隱居山林。❾韜鱗掩藻　掩藏其光彩，不願人知。鱗、藻，比喻才華、風調。❿遏欲視之目　遏止想看美色的欲望。即閉目不看。⓫遣損明之色　排除損人視力的美色。⓬杜思音之耳　塞住想聽美音之耳。即塞耳不聽。⓭亂聽之聲　五音；各種繁複美妙的音樂。⓮滌除玄覽　清除雜念，專心靜觀。語見《老子‧第十章》。⓯守雌　安於柔弱。⓰抱一　以道為原則準繩。亦指調息行氣中的專一不二。⓱專氣致柔　將專意於調息行氣，達到柔和連綿之境界。語見《老子‧第十章》。⓲鎮以恬素　以寧靜、淡泊貫穿一切。⓳外得失之榮辱　將人世的得失榮辱置之度外。⓴厚生之腊毒　豐厚美味食物的劇毒。厚生，疑當作「厚味」。《國語‧周語下》：「厚味寔腊毒。」腊毒，劇烈之毒。㉑謐多言於樞機　意謂閉口不言或少言。謐，安靜；玄默。樞機，指口。口為三關之一。《黃庭內景經》：「口為心關精神機。」㉒反聽而後所聞徹　排開外界的干擾，專心聽取自己體中的聲息，所以能透徹一切的聲音。㉓內視而後見無朕　集中心神透視自身，所以能看到一切的形象。朕，形跡。㉔養靈根於冥鈞　在玄默中培養心靈的德性。靈根，指心。㉕削斥　排斥；擺脫。㉖愉慔　心情歡悅而神情淡遠。㉗為乎無為　順應自然，不求有所作為。㉘㕮吸寶華　咀嚼、吸飲日月的精華。㕮吸，咬碎而吸食之態。㉙浴神太清　在太清境界中沐浴精神。㉚外珍五曜　外則存想五星。道家修煉之術，依次存想西方太白星、北方辰星、東方歲星、南方熒惑星、中央鎮星，使懸綴其上，以意守之。㉛九精　九丹之精華。道教認為人稟九天之氣，降陰陽之精，名曰九丹，是人的生命之根本。㉜堅玉鑰於命門　意謂寶惜精氣，使不妄泄。玉鑰，鎖鑰。稱美之辭。命門在臍下，是下丹田精氣出入之處。㉝結北極於黃庭　使北斗君常存於丹田之中。北極即北斗君，在臍中。見《雲笈七籤．卷一八》。黃庭即中丹田。㉞三景　指日月星辰。㉟明堂　頭中九宮之一，指兩眉之間深一寸處。㊱飛元始以鍊形　驅動元始之氣以修煉形體。元始，世界之本源。㊲靈液　指舌間之津液。㊳金梁　指舌。㊴長驅白而留青　使白髮轉黑，返老還童。㊵凝澄泉於丹田　使口中的津液下注於丹田。澄泉，即玄泉、醴泉。指舌下之津液。㊶引沈珠於五城　引舌下津液先後相次如結珠，下沈於丹田。臍下之丹田，一名五城。㊷瑤鼎俯爨　內視丹田之氣，如水之沸騰。道家以爐鼎燒煉比喻自身修煉。俯爨，從下面點火。㊸藻禽仰鳴　羽毛華美的鳥仰首鳴叫。乃內視之幻景。㊹瑰華擢穎　玉花開放，玉芽拔節生長。亦內視之幻景。㊺天鹿吐瓊　天鹿是白鹿，吉祥之獸。瓊是玉石。亦內視之幻景。㊻懷重規於絳宮　日月的雙影掛在心上。重規指日月，絳宮指心。㊼潛九光於洞冥　在昏暗中出現了星辰的光輝。九光指北斗七星加上輔佐二星。㊽雲蒼鬱而連天　內氣旺盛，如雲氣升騰，上達天庭。㊾長谷湛而交經　鼻中之氣清細綿長，流注體內各處。長谷，鼻也。㊿履躡乾兌　履躡是踩、踏的意思。乾、兌均為八卦之名，乾為天為首，有剛健之意；兌為澤為口，有歡悅之意。(51)召呼六丁　召喚來六丁，使受人的役使。(52)紫房　仙人之居室。(53)金英　仙芝之類。(54)曄曄秋芝　形容仙芝晶瑩閃亮，有光華。(55)皛皛珍膏　仙膏純淨潔白，十分珍貴。(56)溶溢霄零　飽滿柔和、輕輕蕩漾之貌。(57)百痾　百病；各種怪異的病症。(58)逍遙戊己　意守中宮，逍遙適意。戊己居中，五行為土，五臟為脾。(59)燕和飲平　仙界之飲食，得中和之美味。(60)拘魂制魄　道教認為人體內有三魂七魄，時常棄身外遊，交通鬼魅，所以要調和三魂、制煉七魄。(61)骨填體輕　填補夭損的骨髓，使人體魄輕捷。(62)騰虛　飛騰登空。(63)混輿　指天地、宇宙。(64)漏刻　短時間。古時以漏壺計時，上刻符號表示時間，晝夜百刻，或一百二十刻。(65)山霤　屋簷下滴之水。(66)造次　倉促；短時間內。(67)隱者　指得仙道者。(68)顯者　指修煉仙道而未能成功者。

【語譯】所以山林中那些修煉養生之士、遺世達道之徒，將崇高的名位比作多餘的腫瘤，將人間的事物看得輕如蟬翼。難道他們是故意說大話、勉強鄙薄世事嗎？確實因為他們對於事理十分明白，所以決心拋棄世俗的榮華，好像不知道此事一樣。他們隱居到幽遠之地，掩藏住自己的聲名才華。抑制觀賞的欲念，排除有傷視力的五色；塞住想欣賞音樂的雙耳，遠離有損聽力的五音。清除雜念，專心靜觀，保持柔弱的特性，堅持道德的準繩。精神專一，達到柔和的境界，以恬靜淡泊總領一切。排除使人歡快或悲傷的世俗情感，將人間的榮辱得失置之度外。割捨包藏著劇毒的美味食物，閉口不語，靜默少言。專心內聽所以能聽到一切的聲音，專心內視所以能看到不可見的形象。在玄默中培養自身的道德，在交接外物時除去物欲的誘惑。摒棄浮淺的世俗事務，保持著心情的澹遠與歡悅。行無為之事，以保全天然的本性。

達道之士咀嚼著日月的精華，在太清境界中純潔其精神。外則存想懸綴的五星，內則保守九丹的精華。緊緊地鎖住命門，堅定地意守黃庭。在明堂宮中存想日月星辰的光影，驅動元始之氣以修煉自己的形體。吞咽舌下的津液，使人白髮變黑，永遠年輕。將靈液引進丹田，像泉水滋潤臟腑。內視丹田氣蘊充沛，就像鼎水起伏沸騰。美麗的鳥兒仰首啼鳴，玉花開放，玉芽拔節生長，吉祥的白鹿吐出了瓊玉。心田上高懸著日月的雙影，丹田中暗映著星辰的光輝。丹田之氣流行上達於天庭，鼻中氣息清細綿長流注於全身。履踏乾、兌二卦，招喚來六丁。坐臥紫房之中，咀嚼著仙草玉芝。晶瑩閃亮的秋芝，紅花翠莖；皎潔純美的仙膏，柔和輕漾。服食仙草仙膏，可以治飢止渴，百病不生。意守中宮，逍遙適意，仙界飲食得中和之美味。調和三魂、制煉七魄，填補傷損的骨髓，恢復輕捷的體魄。所以能夠飛騰上天、鞭策風雲，同天地一樣永世長存。

然而屋梁上灰塵盈尺，並不是頃刻之間可以乾淨的；要使屋簷水積滿到可以照見人影，也不是短期內可以作到的。值得憂慮的是聽到仙道的人卻不相信，相信的人不去實踐修煉，修煉的人不能堅持到底啊！得到仙道的人數甚少又都隱藏著，求仙不成的人數很多又都明白地顯現著。世人不知道那些隱藏的仙人，而只見到世上那些明顯的求仙未成的人，於是便說天下果真沒有神仙之道了。」

抱朴子曰：「防堅❶則水無漉棄之費❷，脂多則火無寢曜❸之患。龍泉❹以不割常利，斤斧以日用速弊。隱雪以違暖經夏❺，藏冰以居深過暑❻。單帛以幔鏡❼

不灼，凡卉以偏覆越冬。泥壤易消者也，而陶❽之為瓦，則與二儀❾齊其久焉；柞楢❿速朽者也，而燔⓫之為炭，則可億載而不敗焉。轅豚以優畜晚卒⓬，良馬以陟峻早斃⓭。寒蟲以適己倍壽，南林以處溫長茂。接煞氣⓮則彫瘁於凝霜⓯，值陽和⓰則鬱藹而條秀⓱。物類一也⓲，而榮枯異功。豈有秋收之常限⓳、冬藏之定例⓴哉？

而人之受命，死生之期，未若草木之於寒天㉑也。而延養之理㉒、補救之方㉓，非徒溫煖之為淺益㉔也。久視之效㉕，何為不然？而世人守近習隘㉖，以仙道為虛誕，謂黃老為妄言，不亦惜哉？夫愚夫乃不肯信湯藥鍼艾㉗，況深於此者乎？皆曰俞跗㉘、扁鵲㉙、和、緩㉚、倉公㉛之流，必能治病，何不勿死？又曰富貴之家豈乏醫術，而更不壽，是命有自然也。乃責如此之人，令信神仙，是使牛緣木㉜、馬逐鳥㉝也。」

【章旨】舉出自然界的種種事例，說明同一物類可以有不同的榮枯之功，進而闡說人若保養適當，則能延長生命。只是世人見識短淺，不肯相信罷了。

【注釋】❶防堅　堤防堅固。❷漉棄之費　滲透、浪費。❸寢曜　亮光熄滅。❹龍泉　即龍淵，唐人避諱改作龍泉。古代著名寶劍名。❺隱雪以違暖經夏　將雪存放於陰冷之地可以經夏不化。❻藏冰以居深過暑　將冰塊藏在深處冰窖中便能度過盛暑。❼幔鏡　幔，一作「裹」。鏡，疑為「繞」字之訛。❽陶　將黏土燒製為器物。❾二儀　天地。❿柞楢　柞樹、楢樹。均為質地堅硬的樹木，可燒煉成木炭。⓫燔　燒。⓬轅豚以優畜晚卒　圉養之馬因為餵養周到而晚死。畜，一作「稸」。⓭良馬以陟峻早斃　駕車攀登險峻高坡的好馬，因為氣力耗盡，會早死。⓮煞氣　指寒氣、陰煞之氣。⓯彫瘁於凝霜　嚴霜降臨，百草枯萎，枝葉凋落。⓰陽和　春天的溫暖之氣。⓱鬱藹而條秀　草木茂盛，綠枝秀美，鬱鬱蔥蔥。⓲物類一也　意謂泥壤與陶瓦、柞楢與木炭、轅豚與良馬等，皆為同類之物。⓳秋收之常限　秋天收穫果實，成為常規。⓴冬藏之定例　冬天則貯藏所收穫之物，成為一定之規。㉑未若草木之於寒天　不像草木在寒冬一樣。意謂草木無知，只能聽任自然，而人則能調養、修煉，非草木所能比擬。㉒延養之理　養生延年的道理。㉓補救之方　醫治疾病、救護創傷之術。㉔淺益　微小的補益與幫助。㉕久視之效　長生久視的效果。㉖守近習隘　見識淺近，思想狹隘。㉗鍼艾　指用針灸、焚燒乾艾葉以治療疾病的方法。㉘俞跗　傳說是黃帝時的良醫。能為病人割皮解肌，洗滌內臟。㉙扁鵲　戰國時名醫。姓秦名越人。創造切脈醫術，精通內科、婦科、小兒科。《史記》有傳。㉚和緩　春秋時秦國良醫和、緩。㉛倉公　漢代名醫淳于意。曾任齊太倉長，故稱倉公。㉜牛緣木　牛爬樹。比喻不可能。㉝馬逐鳥　馬追趕飛鳥。比喻不可能。

【語　譯】抱朴子說：「堤防堅固，水就不會滲漏、白白浪費；油脂多，燈火就沒有熄滅之憂。龍淵寶劍因為從不使用所以總是鋒利的，刀斧因為每天都要用所以很快就壞了。將雪存放在陰冷之地便能經夏不化，將冰藏在冰窖中便能度過炎熱的暑天。罩帛因為層層包裹而不會燒壞，凡草因為周密覆蓋而能安全越冬。泥土是容易消溶的，然而將它燒成磚瓦，則可以與天地一樣歷時久遠。柞樹楢樹的樹幹是容易迅速腐爛的，然而燒煉成木炭，就可以經歷億萬年而不腐壞。劣馬可因為良好的餵養壽命較長，而良馬則會因駕車攀登險路高坡耗盡氣力而早死。寒蟲因為氣候適宜壽命可以延長一倍，南坡的樹林因為陽光充足總是生長茂盛。寒霜凝結、陰氣下降則萬物彫瘁枯落，大地回春、陽光和煦則綠樹蔥鬱、草木茂盛。物種是一樣的，然而或茂盛、或枯落，結果不同。哪裡有什麼秋收、冬藏的一定之規呢？

再說人之稟受天地之氣，生死的期限，並不像草木在寒冬時節一樣只能聽任自然。因此只要善自調養、採用滋補治療的方法，所收到的也絕不只如草木保持溫暖那種小小的好處。長生久視的效果，為什麼不能達到呢？世俗之人思想狹隘、見識短淺，說仙道虛妄荒誕、不可相信，說黃帝、老子是隨意妄言，這不是令人哀傷的嗎？那些愚蠢的人連湯藥、針艾等醫術都不肯相信，何況比醫藥精深的仙道呢？俗人都說：俞跗、扁鵲、醫和、醫緩、倉公這些人如果能治病的話，為什麼還會死呢？又說：富貴人家難道缺乏醫術的治療嗎？連他們都不能長生，所以壽命是自然的。要使這樣的人相信神仙，豈不是要趕牛上樹、要讓奔馬追逐飛鳥嗎？」

抱朴子曰：「召魂小丹❶、三使之丸❷、及五英、八石❸小小之藥，或立消堅冰，或入水自浮。能斷絕鬼神，禳卻虎豹，破積聚於腑臟❹，追二豎於膏肓❺，起猝死於委尸❻，返驚魂於既逝❼。夫此皆凡藥也，猶能令已死者復生，則彼上藥❽也，何為不能令生者不死乎？越人救虢太子於既殞❾，胡醫活絕氣之蘇武❿，淳于能解顱以理腦⓫，元化能刳腹以滌胃⓬，文摯愆期以瘳危困⓭，仲景⓮穿胸以納赤餅，此醫家之薄技，猶能若是，豈況神仙之道，何所不為？

夫人所以死者，諸欲⓯所損也，老也⓰，百病所害也，毒惡所中也，邪氣所傷也，風冷所犯也。今道引⓱行氣，還精補腦⓲，食飲有度，興居有節⓳，將服藥物，思神守一⓴，柱天禁戒㉑，帶佩符印㉒，傷生之徒，一切遠之。如此則通，可以免此六害㉓。

今醫家通明腎氣之丸㉔，內補五絡之散㉕，骨填苟杞之煎㉖，黃著建中之湯㉗，將服之者皆致肥丁㉘。漆葉青麮㉙凡弊之草，樊阿㉚服之，得壽二百歲，而耳目聰明，猶能持鍼以治病。此近代之實事，良史㉛所記注者也。又云有吳普㉜者，從華陀受五禽之戲㉝，以代導引，猶得百餘歲。此皆藥術之至淺㉞，尚能如此，況於用其妙者耶？

今語俗人云：理中㉟、四順㊱，可以救霍亂㊲；款冬㊳、紫苑㊴，可以治欬逆㊵；萑蘆㊶、貫眾㊷之煞九蟲㊸；當歸㊹、芍藥㊺之止絞痛；秦膠㊻、獨活㊼之除八風㊽；菖蒲㊾、乾薑㊿之止痺濕(51)；菟絲(52)、蓯蓉(53)之補虛乏；甘遂(54)、葶歷(55)之逐痰癖(56)；括樓(57)、黃連(58)之愈消渴(59)；薺苨(60)、甘草(61)之解百毒；蘆如(62)、益熱(63)之護眾創(64)；麻黃(65)、大青(66)之主傷寒(67)，俗人猶謂不然也。寧煞生請福(68)、分著問祟(69)，不肯信良醫之攻病，反用巫史之紛若(70)，況乎告之以金丹可以度世(71)、芝英(72)可以延年哉？

【章　旨】醫術尚且能夠收到起死回生的效果，各種煎湯藥丸可以使人健康長壽。神仙之道，為何不可能呢？

【注　釋】❶召魂小丹　《雲笈七籤・卷七一》載有召魂丹、返魂丹諸小丹之名。小丹是相對大丹而言，大丹指仙丹，小丹指治病救死之丹藥。❷三使之丸　《雲笈七籤》載有太一三使丹之名，用水銀霜、朱砂、石亭脂、雄黃合製而成。❸八石道家以丹砂、雄黃、雌黃、空青、硫黃、雲母、戎鹽、硝石合稱八石。《石藥爾雅》載有八石丹之名。❹破積聚於腑臟　消除內臟中的腫塊之類的疾病。❺追二豎於膏肓　治好嚴重的病患，驅除病魔對生命的威脅。古代稱心臟下為膏，膈膜為肓，病魔逃於膏肓之間，則難以治療。二豎，指疾病。見《左傳・成公十年》。❻起猝死於委尸　使暴死的人復活。猝死，突然死亡。❼返驚魂於既逝　魂魄散失之後，使之返歸。亦即復活。既逝，已經散去。❽上藥　仙藥；仙丹。❾越人救虢太子於既殞　春秋時之名醫扁鵲，姓秦氏，名越人。經過虢國，遇虢太子死，扁鵲乃使弟子子陽用針石治療，使太子復蘇。所以天下都認為扁鵲能起死回生。見《史記・扁鵲倉公列傳》。❿胡醫活絕氣之蘇武　蘇武在匈奴，因不願受辱而引刀自殺，氣絕半日。經匈奴醫生搶救，才蘇醒過來。見《漢書・蘇武傳》。⓫淳于能解顱以理腦　淳于即倉公。解顱，打開腦腔，治療腦部疾病。⓬元化能刳腹以滌胃　三國之名醫華佗，字元化，精於方藥。《後漢書・方術列傳》記載說：「若疾發結於內，針藥所不能及者，乃先令以酒服麻沸散，既醉無所覺，因刳破腹背，抽割積聚。若在腸胃，則斷截湔洗，除去疾穢。既而縫合，傅以神膏，四五日創愈。」⓭文摯愆期以瘳危困　文摯是春秋時之名醫。齊湣王有病，須激怒之後方能治癒。於是文摯約定時間給齊王治病，卻一連三次不按時前往，去後又很不禮貌，以激怒齊湣王，治好了齊湣王的病。見《呂氏春秋・仲冬紀・至忠》。⓮仲景　西漢名醫張機，字仲景，著有《傷寒論》、《金匱要略》等。⓯諸欲　指人生之欲望，如食、色、功名富貴等。⓰老也　也，原作「者」，據孫星衍校改。⓱道引　即導引。⓲還精補腦　從事氣功修煉以煉精化氣，煉氣化神。⓳興居有節　起居有所節度。⓴思神守一　道家修煉養生之術，即集中心思、凝神意守。㉑柱天禁戒　堅守禁忌、齋戒等規定。㉒帶佩符印　佩帶符籙印文，以驅除邪惡。㉓六害　指上述諸欲、老、百病、壽惡、邪氣、風冷等六件禍害。㉔通明腎氣之丸　疑即八味腎氣丸，即以地黃、山茱、苓藥、丹皮、澤瀉等製成藥丸，以通腎氣。見《金匱要略・卷六》。㉕內補五絡之散　一種調和經絡、滋補強身的藥散。㉖骨填苟杞之煎　以枸杞子為原料的煎藥，對人體有滋補的效用。㉗黃蓍建中之湯　以桂枝、甘草、大棗、芍藥、生薑、膠飴加水煮取去滓，為小建中湯。再加進黃蓍，即成此湯藥。《金匱要略・卷六》曰：「虛勞裡急，諸不足，黃芪建中湯主之。」㉘肥丁　肥壯；健壯。㉙漆葉青黏　《後漢書・方術列傳》載有漆葉青黏散，以漆葉屑一、青黏十四兩合製而成。青黏一名地節，一名黃芝，有理五臟、益精氣之效。㉚樊阿　彭城人，華佗的弟子。曾向華佗請問有助補益的藥方，華佗於是授以漆葉青黏散，言久服可去三蟲、利五臟，使人體輕，頭不白。㉛良史　此指《後漢書》。㉜吳普　廣陵人，華佗的弟子。《後漢書・方術列傳》說華佗曾傳授給吳普五禽之戲。㉝五禽之戲　即摹仿虎、鹿、熊、猿、鳥的動作以為導引之術。《後漢書》說吳普施行五禽之戲，年九十餘，耳目聰明，齒牙完整。㉞藥術之至淺　最淺近的醫術。㉟理中　藥丸名。以人參、乾薑、炙甘草、白朮製成。㊱四順　晉代成藥之名。㊲霍亂　有劇烈嘔吐、腹瀉現象的一種急性腸胃病。㊳款冬　藥草名。菊科。其花蕾有潤肺下氣、化痰止咳之功效。㊴紫苑　藥草名。菊科。又名返魂草、夜牽牛。其根有化痰止咳之功效。㊵欬逆　咳嗽、咳痰等病症。㊶萑蘆　蘆葦一類的植物。㊷貫眾　藥草名。根莖一本而相貫。一說草名鳳尾，根名貫眾。㊸九蟲　泛指體內各種寄生蟲。㊹當歸　草本植物。根莖切片入藥，有活血止痛之效用。㊺芍藥　草本植物。塊根入藥，性寒味苦，主治血虛腹痛、脅痛等症。㊻秦膠　即秦艽。藥草名。其根陰乾入藥，有祛風濕、清虛熱、退黃疸諸功效。㊼獨活　為毛當歸之根。切片生用，有祛風去濕、止痛解表的效用。㊽八風　泛指各種風濕病症。㊾菖蒲　石菖蒲。形似菖蒲而植株較小，根莖入藥，性溫味苦。㊿乾薑　薑科植物的根莖。有溫中散寒的功效。(51)痺濕　因風寒、濕氣侵入引起關節或肌肉疼痛麻木等症狀。(52)兔絲　藥草名。其種子有補腎益精、養肝明目之作用。(53)蓯蓉　即肉蓯蓉。主治腎虛，有滋補之功效。(54)甘遂　多年生草本植物。有毒，根可入藥。(55)葶歷　二年生草本植物。種子可以入藥。(56)痰癖　長久咳痰不止之症。(57)括樓　瓜名。又名栝樓、果羸。夏天開花，秋季結黃色果實。(58)黃連　藥草名。根莖入藥，具有清熱燥濕、瀉火解毒的功效。(59)消渴　即後世所稱糖尿病。(60)薺苨　多年生草本植物。桔梗科。根可入藥，有解毒之效。(61)甘草　藥草名。根莖入藥，有補脾益氣、潤肺止痛、降低毒性之作用。(62)蘆如　即桔梗。有開宣肺氣、排膿之作用。(63)益熱　當為藥草，品種不詳。(64)眾創　各類創傷。(65)麻黃　藥草名。其莖有發汗平喘的效用。(66)大青　落葉小灌木，枝條黃褐色，葉、根均可入藥。(67)傷寒　風寒引起的疾病。(68)煞生請福　殺生祭祀，祈求神靈降福。(69)分蓍問祟　用卜筮等辦法以占卜禍福。(70)紛若　盛多之貌。(71)度世　修成仙人，脫離塵世。(72)芝英　仙草之類。

【語　譯】抱朴子說：「召魂小丹、三使丸以及五英、八石之類平常的藥物，有的能夠使堅冰立即消溶，有的能入水自浮。這些藥物能斷絕鬼神的侵擾，消除虎豹的禍患，能破除腑臟中的結塊，驅除致命的病魔，乃至使暴死不久的人復活，使驚散的魂魄返歸軀體。這些都只是普通的藥物，尚且能使已死者復生。那些上品的仙藥，為什麼不能令人長生不死呢？扁鵲使已死的虢太子重新活過來，匈奴的醫生使絕氣半天的蘇武恢復了呼吸。淳于意能打開頭顱治療腦疾，華佗能剖開腹腔清洗腸胃。文摯激怒齊王以治痼疾，張仲景穿破胸膛以納赤餅。這些都是醫生的小技，尚且能夠如此，何況神仙之道，有什麼不能成功呢？

人所以會死亡，是由於各種欲念耗損了人的精力，由於自然的衰老，由於百病的侵犯，由於毒蟲惡獸的咬傷，由於邪氣的侵擾，由於風寒的傷害。如果以養生導引之術調神行氣，還精補腦，飲食有節度，起居有規律，而且服食藥物，意念守一，遵守齋戒及禁忌的規定，佩帶攘邪避患的符印，遠離傷生害命的危險。如此下去，便可以免除上述的六項患害。

如今醫生的通明腎氣丸、內補五絡散、骨填枸杞煎、黃蓍建中湯，服用的人都能夠身體肥壯。漆葉、青黏是普通的碎葉敗草，而樊阿服用它們，壽命達到兩百歲，還耳目聰明，能用針灸給人治病。這是近代的實事，史書上所記載的。史書上又說：有個名叫吳普的人，從華佗那裡學到了五禽之戲，代替導引之術，活到百餘歲。這些都是最淺近的醫術，尚且有如此的效果，更何況精妙的仙道呢？

如今若對俗人說：理中丸、四順丸，可以治好霍亂；款冬花、紫苑根，可以治療咳痰；萑蘆、貫眾可以殺死體內之蟲；當歸、芍藥可以醫治絞痛；秦艽、獨活有祛風散寒的效用；菖蒲、乾薑有治癒風濕、麻痺的作用；兔絲子、肉蓯蓉能夠滋補虛乏；甘遂、葶歷可以消除痰癖之症；栝樓、黃連可以治好糖尿病；薺苨、甘草可以緩解各種毒性；桔梗、益熱可以醫療各種創傷；麻黃、大青主治各類傷寒之病，俗人尚且不肯相信。他們寧願屠殺生靈、祭祀求福，用卜筮之法以占卜禍福，而不肯相信良醫可以治好疾病，反而聽信巫史紛紛攘攘的占卜祈禱。何況告訴他們金丹可以使人度世成仙、仙草可以使人長生延年，怎麼會相信呢？

昔留侯❶張良，吐出奇策，一代無有，智慮所及，非淺近人也，而猶謂不死可得也。其聰明智用，非皆不逮世人，而曰『吾將棄人間之事，以從赤松❷游耳』。遂修道引❸，絕穀一年❹，規輕舉之道❺。坐呂后❻逼蹴❼，從求安太子之計❽，良不得已，為畫致四皓❾之策。果如其言，呂后德之❿，而逼令強食⓫之，故令其道不成耳。按孔安國⑫《祕記》云，良得黃石公⑬不死之法，不但兵法而已。又云良本師四皓，角里先生、綺里季之徒，皆仙人也，良悉從受其神方⑭。雖為呂后所強飲食，尋⑮復修行仙道，密自度世⑯。但世人不知，故云其死耳。如孔安國之言，則良為得仙也。

又漢丞相張蒼⑰偶得小術，吮婦人乳汁，得一百八十歲。此蓋道之薄者，而蒼為之，猶得中壽⑱之三倍。況於備術，行諸祕妙⑲，何為不得長生乎？此事見於《漢書》，非空言也。」

【章　旨】舉張良求仙學道與張蒼施行方術得益的事實，說明修煉仙術、長生不死是可能的。

【注　釋】❶留侯　漢代張良的封爵。❷赤松　赤松子。傳說中的神仙之名。❸道引　導引養生之術。❹絕穀一年　《史記·留侯世家》說：「留侯性多病，即道引不食穀，杜門不出歲餘。」❺規輕舉之道　追求飛升成仙之道。規，奉為典範而追求之。❻呂后　呂雉。漢高祖劉邦之妻，立為皇后。曾經幫助劉邦平韓信、彭越等異姓王。其子繼位為惠帝，她掌握朝政達十餘年之久。❼逼蹴　逼迫；強迫。❽求安太子之計　漢高祖劉邦始立呂后之子劉盈為太子，後來又想另立戚夫人之子趙王如意為太子。呂后問計於張良，張良建議劉盈卑詞安車，以迎四皓。劉盈的太子地位果然得以保全。❾四皓　商山四皓。即東園公、綺里季、夏黃公、角里先生四人。鬚眉皆白，故稱四皓。是秦末漢初著名的隱士。❿德之　感念其恩德。⓫逼令強食　《史記》說，劉邦死後，「呂后德留侯，乃強食之，曰：『人生一世間，如白駒過隙，何至自苦如此乎？』侯不得已，強聽而食。」⓬孔安國　《神仙傳·卷九》有〈孔安國傳〉，說他曾受祕方服餌之法，得以度世。⓭黃石公　秦代之隱士。《史記·留侯世家》載，張良曾遊下邳橋上，遇一老者令張良為他拾取所墜鞋履，後來傳給張良一編書，即《太公兵法》，張良於是佐助劉邦平定了天下。此老者即黃石公。⓮神方　神仙祕方。⓯尋　立即；很快。⓰密自度世　祕密地修煉成仙。⓱張蒼　陽武人，秦時為御史，漢初封侯。漢文帝時任丞相十餘年。百餘歲乃卒。⑱中壽　中等的壽命。《呂氏春秋・安死》說「中壽不過六十」。⑲況於備術二句　況且修煉各種精妙的祕術。《百子全書》作「況於備行諸祕方」。

【語譯】昔時留侯張良，能謀劃奇策，高出一代之上。他的智慧，不是淺近之輩所能達到的。他也說過不死是可以修得的。張良的聰明才智，並非不及常人，他說：『我將捨棄人間之事，以追隨赤松子的左右』。於是他修煉導引養生之術，辟穀一年，追求飛升成仙之道。後來因為呂后逼迫，向他求教保住太子地位的計策，張良出於無奈，籌劃了禮迎四皓的主意。結果一切都如同張良所預言的。呂后因此而感激張良，勉強要張良吃食物，所以他的仙道沒有修煉成功。而據孔安國《祕記》說：張良得到了黃石公的不死之法，不僅僅只有兵法而已。又說：張良本來以四皓為師，用里先生、綺里季這些人都是仙人。張良從四皓那裡接受了全部成仙的祕方。雖然為呂后所強迫而飲食，但是他很快又恢復修煉仙道，並且暗中煉成了仙人。只是世人不知，便說張良死了。依照孔安國的說法，則張良已經修成為仙人了。

又漢丞相張蒼，偶然得知小方術，吮吸婦人乳汁，活了一百八十歲。這乃是最淺薄的道術，張蒼依照去作，尚且活到了中等壽命的三倍。況且修煉各種精妙的祕術，為什麼不能長生不死呢？這件事記載在《漢書》上，並非沒有根據的空談。」

抱朴子曰：「服藥雖為長生之本，若能兼行氣❶者，其益甚速。若不能得藥，但行氣而盡其理❷者，亦得數百歲。然又宜知房中之術❸，所以爾❹者，不知陰陽之術❺，屢為勞損，則行氣難得力也。夫人在氣中，氣在人中，自天地至於萬物，無不須氣以生者也。善行氣者，內以養身，外以卻惡❻，然百姓日用而不知焉。

吳越有禁呪之法[7]，甚有明驗，多氣[8]耳。知之者可以入大疫[9]之中，與病人同床而己不染。又以群從行數十人皆使無所畏，此是氣可以禳天災也。或有邪魅山精[10]侵犯人家，以瓦石擲人，以火燒人屋舍，或形見往來[11]，或但聞其聲音言語。而善禁者以氣禁之，皆即絕，此是氣可以禁鬼神也。入山林多溪毒[12]、蝮蛇[13]之地，凡人暫經過，無不中傷[14]。而善禁者以氣禁之，能辟方數十里，而伴侶皆使無為害者。又能禁虎豹及蛇虺[15]，皆悉令伏不能起。以氣禁金瘡[16]，血即登止[17]，又能續骨連筋。以氣禁白刃[18]；則可蹈之不傷，刺之不入。若人為蛇虺所中，以禁氣之則立愈。

近世左慈[19]、趙明[20]等，以氣禁水，水為之逆流一二丈。又於茅屋上然[21]火，煮食食之，而茅屋不焦。又以大釘釘柱入七八寸，以氣吹之，釘即涌射而出。又以氣禁沸湯，以百許錢投中，令一人手探攎[22]取錢，而手不灼爛。又禁水著中庭露之[23]，大寒不冰。又能禁一里中炊者盡不得蒸熟，又禁犬令不得吠。昔吳遣賀將軍[24]討山賊，賊中有善禁者，每當交戰，官軍刀劍皆不得拔，弓弩射矢皆還向[25]，輒致不利[26]。賀將軍長智有才思，乃曰：『吾聞金有刃者可禁，蟲有毒者可禁。其無刃之物，無毒之蟲，則不可禁。彼能禁吾兵者，必不能禁無刃物矣。』乃多作勁木㉗白棒，選異力精卒㉘五千人為先登㉙，盡捉棓㉚彼山賊。賊恃其有善禁者㉛，了不為備㉜。於是官軍以白棒擊之，大破彼賊。禁者果不復行，所打煞者，乃有萬計。

夫氣出於形，用之其效至此，何疑不可絕穀治病、延年養性乎？

【章旨】以禁咒之法可以禳除天災、禁制鬼神、鎮伏虎豹蛇虺，具有種種神異的外在效驗，證明行氣可以養生延年。

【注釋】❶行氣　指調息服氣之類。❷盡其理　盡其稟賦之性命，盡其天理。❸房中之術　古代方術之士所施行的「男女合氣之術」。提倡房中節欲、養生保氣之道。《漢書・藝文志》著錄有黃帝、容成等八家。❹所以爾　所以如此；原因所在。❺陰陽之術　即男女房中術。❻卻惡　防禦、辟除邪惡。❼禁呪之法　以咒語、吹氣等禁制某事某物的法術。❽氣　專指真氣、元氣。❾大疫　流行之瘟疫。❿邪魅山精　邪物、鬼魅、山中的精怪。⓫形見往來　現出形狀，來來往往。⓬溪毒　一種劇毒的藥物。一說即附子。⓭蝮蛇　毒蛇。⓮中傷　射中、咬傷。⓯蛇虺　毒蛇之類。⓰金瘡　為兵器所擊傷、射傷的創口。⓱登止　即時便被止住。⓲白刃　鋒利的刀劍。⓳左慈　字元放，東漢末及三國時著名的方術之士。《後漢書・方術列傳》記載有他的事跡。⓴趙明　《後漢書・方術列傳》有趙炳，字公阿，東陽人，能以氣禁水火。趙明或即此人。㉑然　點燃；燃起。㉒探擁　撈起、探取物品。擁，取水中沈物。㉓禁水著中庭露之　將以氣禁制過的水放在院中露天之下。㉔賀將軍　賀齊，字公苗，會稽山陰人。仕於吳，屢立戰功，先後任威武中郎將、偏將軍、奮武將軍、安東將軍等職。《三國志・卷六〇》有傳。㉕還向　回轉方向，朝著自己一方。㉖輒致不利　總是遭到不利。輒，每；總是。㉗勁木　堅韌結實的硬木。㉘異力精卒　強健有力的精銳士兵。㉙先登　先鋒；突擊隊。㉚捉棓　活捉或擊倒。㉛賊恃其有善禁者　賊人憑仗著有善於禁咒之術的人。原無「賊」字，據慎懋官校本補。㉜了不為備　完全沒有防備。為，原作「能」，據孫星衍校語改。

【語譯】抱朴子說：「服藥雖然是長生之術的根本，但是若能同時練習行氣，便能很快地收到效益。如果得不到藥物，只練行氣以盡其天理，也能活到數百歲之久。又還應該知道房中之術，所以要如此，是因為不知道男女房中之術，經常地勞累耗損精液，則練行氣也難以收效。人活在氣中，氣存在人中，從天地以至萬物，沒有不需氣而可以生活的。善於行氣的人，內可以保養生命，外可以攘除邪惡。人們每天都離不開它，卻又對它一無所知。

吳越一帶有禁咒的法術，效果非常顯明，多是氣的作用。懂得這種法術的人可以進入瘟疫流行的區域，甚至與病人同床而不受感染。又可以使同行者數十人都無所懼怕，這是真氣可以攘除天災。如果有妖魅精怪作祟，或者侵擾百姓、向人投擲瓦石，或是點火燒人房舍，或者現出形狀來往走動，或者只能聽見聲音言語，而善於禁咒的人可以用真氣禁止它們，使它們立即絕跡，這是真氣可以制伏鬼神。進入山林，經常遇到劇毒之物、經過毒蛇之地，凡經過者無不受到傷害。而善於禁咒者以真氣禁制這類毒物，能使方圓數十里內的同伴不受其害。又能禁制虎豹以及毒蛇之類，使牠們偃伏而不能動彈。以真氣禁制兵器的創傷，流血會立即停止，又能使斷了的筋骨重新連接起來。以真氣禁制鋒利的刀刃，可以踏之不傷，刺之不入。如果人被毒蛇咬傷，以真氣禁制傷口便會立刻痊癒。

近代左慈、趙明等人能以真氣禁水，使水倒流一兩丈。又在茅屋上燃火，將食物煮熟食用，而茅屋不被燒焦。又用大釘子釘進木柱中，深達七八寸，再以真氣吹它，釘子便像水柱湧射而出。又以氣禁滾燙的開水，以百來個銅錢投進開水鍋中，然後讓人用手從中撈出銅錢，而手不被燙傷。又以禁制過的水放在院中露天之下，即使大寒天氣水也不會結冰。又能用禁咒之法，使方圓一里內的飯都不能蒸熟，使狗都不能叫出聲來。當年吳國派遣賀將軍討伐山賊，山賊中有善能禁咒的人，每當兩軍交戰時，官軍的刀劍都拔不出來，射出去的箭都轉向自己一方，所以總是不利。賀將軍為人聰明有才思，他說：『我聽說有刃的金屬兵器可禁，有毒的蟲類可禁，那些沒有鋒刃之物、無毒的蟲類，則不可禁。他們能夠禁制我的金屬兵器，一定不能禁制沒有鋒刃之物。』於是他傳令多做些硬木白棒，挑選力氣大的精兵五千人為先鋒，登上山寨，將山賊全部擊敗、活捉。山賊憑仗有善能禁咒者，完全未作相應的防備。於是官軍以硬木白棒出擊，便大破那些山賊，那個善於禁咒者果然不能施行他的法術。這次被消滅的山賊，竟至以萬計。

真氣出自人的形體，用在外物尚且有如此的效果，以它來辟穀治病、養生延年，又有什麼值得懷疑的呢？

仲長公理❶者，才達之士❷也。著《昌言》，亦論『行氣可以不飢不病』云：『吾始者未之信也，至於為之者，盡乃然矣。養性之方❸，若此至約❹，而吾未之能也。豈不以心馳於世務❺，思銳於人事❻哉？他人之不能者，又必與吾同此疾也。昔有明師知不死之道者，燕君❼使人學之，不捷❽而師死。燕君怒其使者，將加誅❾焉。諫者曰：夫所憂者莫過乎死，所重者莫急乎生。彼❿自喪其生，亦安能令吾君不死也？君乃不誅。其諫辭則此為良說矣⓫。使彼有不死之方，若吾所聞行氣之法，則彼說師⓬之死者，未必不知道⓭也。直⓮不能棄世事而為之，故雖知之而無益耳，非無不死之法者也。』

又云：『河南密縣⓯有上成者⓰，學道經久，乃與家人辭去。其始步稍高，遂入雲中不復見。此所謂舉形輕飛，白日昇天，仙之上者也。』陳元方⓱、韓元長⓲，皆潁川之高士也，與密相近。二君所以信天下之有仙者，蓋各以其父祖及見上成者成仙昇天故耳。此則又有仙之一證也。」

【章　旨】以仲長統的論述與上成公的事實，再次證明神仙的存在。

【注　釋】❶仲長公理　仲長統，字公理，東漢山陽高平人。州郡徵召，稱疾不就，有隱逸之志。後為尚書郎，參預曹操之軍事。著有《昌言》三十四篇，計十餘萬言。❷才達之士　才能通達、明道之士。❸養性之方　養生之方術。❹至約　十分簡約。❺心馳於世務　操心人世之事，勞心費神。❻思銳於人事　為人間事而焦慮，冥思苦索。❼燕君　燕國的君王。❽不捷　不快當；行動慢了些。❾加誅　處死那位使者。❿彼　指那個知不死之道的明師。⓫此為良說矣　這是一段好的規諫文字。⓬說師　孫星衍以為此二字為衍文。⓭不知道　不曉得不死之仙道。道指不死之道。⓮直　但；只。⓯密縣　縣名，漢時屬河南郡，今屬河南省。⓰上成者　即上成公。《後漢書・卷八二》曰：「上成公者，密縣人也。其初行久而不還，後歸語其家云：我已得仙。因辭家而去，家人見其舉步稍高，良久乃沒云。陳寔、韓韶同見其事。」原作「卜成」，為「上成」之訛，據改。⓱陳元方　即陳紀，字元方，為當世之名士。是陳寔之子。《後漢書・卷六二》說他著書數萬言，號曰《陳子》。⓲韓元長　即韓融，字元長，為當世之名士。他是韓韶之子，漢末曾任太僕之職。

【語　譯】仲長統是一位通達事理的有才之士，著有《昌言》。他曾經論述行氣可以收到不飢不病的效果，他說：『對此我初開始時並不相信，經過實踐，到最後我才信服。養生的方法如此簡約，而我卻不能照著去做，難道不是由於過度地操心世務、勞神人事嗎？那些不注重修煉養生的人，也一定與我患有同樣的毛病。從前曾經有過一位懂得不死之道的老師，燕國之君正要派人前往學習，因為使者行動遲緩，那位老師去世了。燕國之君因此對使者非常惱怒，要將他處以死刑。有人進諫說：人所憂慮的莫過於死，所重視的莫過於生了。那位老師自己尚且死了，又怎麼能使我們的國君不死呢？燕君聽了這段話，就免除了使者的死刑。這段進諫之辭說得很巧妙，然而假如那位老師的確懂得不死之術，就像我所得知行氣的方法一樣，則那位死去的老師，未必便不知曉道術。只是由於他不能拋開世事去實踐修煉，所以雖然知道也沒有用處。這件事並不是說，世上沒有不死之法。』

仲長統又說：『河南密縣有位名叫上成公的人，學道修煉了很長時間，後來與家人告辭，成仙而去。開始時他的腳步稍高，升到雲中以後就看不見了。這就是所說的舉體輕飛、白日升天，修成了上仙。』陳元方、韓元長都是潁川一帶享受盛譽的名士，與密縣靠近。他們二位所以相信天下有神仙，是因為他們的父祖輩還來得及親眼目睹上成公成仙飛升的緣故。這又是有神仙存在的一個證據了。」

卷六 微旨

【題解】微旨，闡說的是道家精微要妙之旨。道家精微之旨，本篇所論可以概述為三：一是修煉的門徑，即道法；二是修行之戒條，即道德；三是具體的方術，即道術。修煉的門徑，總的來說是由淺入深，由易及難，內修形神，外除邪惡，多聞而體要，博見而善擇。單修一門方術，是難以成就的。修行的戒條，從消極方面說是不傷不損，保存天賦的本性，從積極的方面說是積善立德，慈心以待萬物。如果堅持不懈地行善積德，一定能得到善報。如果違背戒條，造作惡行，上天也一定會降下懲罰。至於修行的方術，則有行氣、守身煉形，以及房中術等。仙道奧祕之所寄，闡發或隱或顯，體現著精微要妙的特色。

全篇立論的基點是仙道的存在。篇首論仙道不容懷疑及世俗見聞的狹隘，為深一層論述仙道微妙之旨提供了前提的條件。

抱朴子曰：「余聞歸同契合❶者，則不言而信著❷；途殊別務❸者，雖忠告而見疑❹。夫尋常咫尺❺之近理，人間取舍之細事，沈浮過於金羽❻，皂白分於粉墨❼。而抱惑之士❽，猶多不辨焉。豈況說之以世道之外，示之以至微之旨❾，大而笑之❿，其來久矣，豈獨今哉？

夫明之所及⑪，雖玄陰⑫幽夜之地，毫釐芒髮⑬之物，不以為難見。苟所不逮⑭者，雖日月麗天⑮之炤灼⑯，嵩岱干雲⑰之峻峭，猶不能察焉。黃、老玄聖⑱，深識獨見。開祕文於名山⑲，受仙經於神人⑳。蹶埃塵㉑以遣累㉒，淩大遐㉓以高躋㉔。金石不能與之齊堅，龜鶴不能與之等壽。念有志於將來㉕，愍㉖信者之無聞㉗。垂以方法，炳然著明。小修則小得，大為則大驗。

然而淺見之徒，區區所守㉘。甘於荼蓼㉙而不識飴蜜㉚，酣於醨酪㉛而不賞醇醪㉜。知好生而不知有養生之道，知畏死而不信有不死之法。知飲食過度之畜㉝疾病，而不能節肥甘㉞於其口也；知極情恣欲㉟之致枯損，而不知割懷於所欲㊱也。余雖言神仙之可得，安能令其信乎？」

【章旨】神仙之道乃是由黃帝、老子親受於仙人，傳授於人間。而淺見之徒，見識狹隘，他們不修長生、嘲笑仙道，由來已久。

【注釋】❶歸同契合　目標相同，性情相合。指志同道合的人。❷不言而信著　不用言辭，而信任已著於心。❸途殊別務　不同心，走的不是一條路；不同心協力於同一件事。別務，做別的事務。❹見疑　被人懷疑。❺尋常咫尺　指近在眼前。❻沈浮過於金羽　金屬則沈下去，羽毛則浮起來。意思說十分容易判斷。❼皂白分於粉墨　粉則白，墨則黑。也是容易鑒別的意思。❽抱惑之士　懷有疑惑之人。❾至微之旨　最精深、微妙之理。❿大而笑之　以為迂闊而笑之。⓫明之所及　視力所達到之處。明，目光；視力。⓬玄陰　陰暗不明。⓭毫釐芒髮　形容細微。十絲為毫，十毫為釐。⓮不逮　不及。⓯麗天　附著於天；懸掛在天空。⑯炤灼　鮮明；清晰。炤，同「昭」。⑰嵩岱干雲　嵩山、泰山高聳入雲。⑱玄聖　玄妙之聖人。⑲開祕文於名山　道教傳說：九轉丹、金液經、守一訣，皆在崑崙五城之內，藏以玉函，刻以金札，封以紫泥，印以中章。名山石室四十年一開，以傳有道之人。參見〈地真〉。⑳受仙經於神人　道教傳說黃帝從神人中黃子受《九加之方》，從廣成子受《自然之經》，見大隗君黃蓋童子受《神芝圖》，從玄女受《神丹金訣記》。參見〈地真〉。㉑蹶埃塵　超脫人間之塵埃。蹶，推開。㉒遺累　脫離世俗之牽累。㉓大遐　廣遠之太空。㉔高躋　高飛遠翔。㉕念有志於將來　顧念後世有志於神仙之道的人。㉖愍　憫惜；同情。㉗信者之無聞　相信者無從得知神仙之道、不死之方。聞，原作「文」，據《太平御覽・卷六七二》校改。㉘區區所守　指見識保守、思想狹隘。區區，形容小。㉙甘於荼蓼　荼是苦菜，蓼是辛辣的野菜，卻認作甘甜可口。㉚粭蜜　軟糖、蜂蜜之類。㉛酣於醨酪　沈醉於味道不佳的薄酒。醨酪，味薄之酒漿。㉜醇醪　厚味之美酒。㉝畜　蓄；包藏；積聚。㉞肥甘　肥厚、甜美之食物。㉟極情恣欲　放縱情欲。㊱割懷於所欲　割捨心中之欲念。

【語　譯】 抱朴子說：「我聽說志同道合的人，即使不假言辭內心已經相互信任；而道不相同的人，即使忠言相告也會被人懷疑。眼前淺近平常的道理，人間取捨之類的小事，就像金沈羽浮一樣容易判斷，就像粉白墨黑一樣是非分明，而那些心懷疑惑之士，尚且經常不能正確地分辨。更何況對他們解說世外之事，告訴他們最精深微妙之旨，會被他們目為迂闊而加以嘲笑，這由來已經很久了。難道只是今天才如此嗎？

人的視力所達到的地方，即使是漆黑的暗夜、細如毫髮之物，也不難以看見。人的視力所不及之處，即使像日月高懸空中那樣明白無誤，像嵩山、泰山那樣峭然聳立、直入雲霄，也還是什麼都看不見。黃帝、老子是玄妙的聖人，有著深入獨到的見識。當名山石室暫開，他們從神人那裡接受了仙經祕籍，他們便超脫塵世、遺棄世俗之累，飛翔向太空廣遠之境。金石不能像他們的生命那樣堅強，龜鶴不能像他們那樣長壽。他們有心幫助後世的同志，憫惜後來者無從得知修煉之法，於是將修煉之術垂示人間，寫得明明白白。小修則有小的收穫，大修則有大的效驗。

然而眼光短淺的人，思想保守，見識狹隘。他們將苦辣的荼蓼認作甘甜可口，不知道有甜密的飴糖。他們沈醉在薄味淡酒中，不知道有醇厚之美酒。他們懂得生命的可貴卻不知道有養生之道，害怕死亡卻不相信有不死之法。明知飲食過度會造成疾病，卻不能節制甜美的食物；知道放縱情欲會導致身體枯損，卻不能割棄心中的欲念。我雖然告訴他們神仙可以修成，又怎能使他們相信呢？」

或人難曰：「子體無參午達理❶、奇毛通骨❷，年非安期❸、彭祖❹多歷之壽，目不接於神仙，耳不獨聞異說❺，何以知長生之可獲、養性之有徵❻哉？若覺玄妙於心得❼，運逸鑒於獨見❽，所未敢許也。夫衣無蔽膚之具❾，資無謀夕之儲❿，而高談陶朱⓫之術，自同猗頓⓬之策，取譏論者⓭，其理必也。抱痼疾而言精和鵲之技⓮，屢奔北⓯而稱究孫吳之算⓰，人不信者，以無效也。」

余答曰：「夫寸鮒⓱泛濫跡水⓲之中，則謂天下無四海之廣也；芒蝎⓳宛轉果核之內，則謂八極之界⓴盡在茲也。雖告之以無涯之浩汗㉑，語之以宇宙之恢闊，以為空言，必不肯信也。若令吾眼有方瞳㉒，耳長出頂㉓，亦將控飛龍而駕慶雲㉔、凌流電而造倒景㉕，子又將安得而詰我？設令見我，又將呼為天神地祇、異類之人，豈謂我為學之所致哉？姑聊㉖以先覺挽引同志㉗，豈強令吾子之徒，皆信之哉？若令家戶有仙人，屬目比肩㉘，吾子雖蔽㉙，亦將不疑。但彼人之道成，則蹈青霄而遊紫極㉚，自非通靈㉛，莫之見聞，吾子必為無耳。世人信其臆斷，仗其短見，自謂所度，事無差錯。習乎所致㉜，怪乎所希㉝，提耳指掌㉞，終於不悟。其來尚㉟矣，豈獨今哉？」

【章旨】世人見聞狹隘，不信神仙，就像小魚浮游於淺水，蠹蟲宛轉於果核，不知道大海的浩瀚與宇宙的廣闊。無論如何解說，亦難使他們覺悟。

【注釋】❶參午達理　前額有奇異的紋理相連接。《史記・老子韓非列傳》注說老子生來便「額有三五達理，日角月懸」，容貌不同常人。❷奇毛通骨　有奇特的毛髮、骨骸。《神仙傳》說老子生來有美眉，又「鼻純角雙柱」。❸安期　安期生。傳說之仙人。人稱「千歲翁」，曾留書秦始皇說「後千歲求我於蓬萊山下」。❹彭祖　殷大夫，姓籛名鏗，帝顓頊之玄孫。自夏至商末，七百餘歲，猶言自幼失母，數遭憂患，恐不度世，後乃成仙而去。❺耳不獨聞異說　指未曾單獨與神仙交遊，親耳得聞仙人說法。❻有徵　能夠得到證實。❼覺玄妙於心得　指用心體會，悟得玄妙之理。❽運逸鑒於獨見　指以超凡的眼光，取得獨到的見識。❾衣無蔽膚之具　即衣不遮體。❿資無謀夕之儲　即朝不保夕。吃了上餐沒下餐。⓫陶朱　春秋時范蠡輔佐句踐滅吳後，棄官而去。至陶地，稱朱公，經商致富。⓬猗頓　春秋魯人，以經商成為豪富，擬於王侯。⓭取譏論者　被人們所譏諷。⓮和鵲之技　指高超的醫術。醫和、扁鵲，均為古代之名醫。⓯奔北　戰敗而奔逃。⓰孫吳之算　指卓越的戰略戰術。春秋孫武、戰國孫臏、吳起，均為著名軍事家。孫武有《孫子兵法》，吳起有《吳子》等兵書。⓱寸鮹　一種小魚。《神仙金汋經》有「見巨鯨而知寸魦之細」句，則「寸鮹」或即「寸魦」。魦，行於沙中，大如手指。⓲泛濫跡水　浮游於淺水之中。跡水，路中的小水坑。濫跡，原誤倒，據孫星衍校語改。⓳芒蝎　樹木果核中的小蠹蟲。⓴八極之界　四面八方。即整個世界。㉑無涯之浩汗　浩浩蕩蕩、漫無邊際的大海。㉒眼有方瞳　漢晉時人傳說神仙的眼瞳是方形的。《神仙傳》：「李根兩目瞳子皆方。」㉓耳長出頂　耳朵長大，高出頭頂。被看作神仙的標誌。〈論仙〉：「邛疏之雙耳出乎頭巔。」㉔控飛龍而駕慶雲　馭飛騰之神龍，駕五彩之祥雲。慶雲，吉祥、五色之雲。㉕淩流電而造倒景　淩駕飛馳之電光，造訪極高之仙境。倒景在日月之上，光從下往上照，是最高的境界。㉖姑聊　姑且；暫且。㉗以先覺挽引同志　因為覺悟在先以幫助、引導後來之同志。㉘屬目比肩　滿眼都是，肩並肩地走在路上。㉙蔽　受蒙蔽；糊塗。㉚紫極　道教之仙宮。㉛通靈　通於神靈，與仙人有交往。㉜習乎所致　耳聞目睹的事就相信，成為習慣。所致，耳目範圍之內。㉝所希　稀聞少見之事。希，同「稀」。㉞提耳指掌　提著耳朵以教誨之，指著手掌以解說之。形容態度真誠懇切，循循善誘。㉟尚　久遠。

【語　譯】有人駁難說：「你的身體不像老子生來額上有非常的紋理、有奇異的毛髮與骨骼，又不像安期生、彭祖那樣長壽。你從來未曾見過神仙，也未曾親耳聆聽神仙說法，你怎麼知道長生可以達到、養生定有結果呢？如果是你通過內心體會、領悟到神仙玄妙之理，因為認識超凡所以見解獨到，那我就不敢苟同了。一個人如果衣不遮體、早晚缺吃少穿，而高談發財致富的門道，自認為有陶朱、猗頓那種致富的策略，因而被人們譏諷，乃是必然之理。自己身懷重病卻聲明精通醫和、扁鵲的醫術，老是打敗仗卻宣稱認真研究過孫子、吳起的兵法，不為人們所相信是因為這些話毫無證據的緣故。」

我回答說：「小魚浮游在淺水坑中，就說天下沒有廣闊的大海了；小蟲在果核之中蠕動身體，便說整個世界都在這裡了。即使告訴牠們大海浩蕩無際，告訴牠們世界是多麼廣大開闊，牠們也會認為是空談，必定不肯相信。如果我眼中有方形瞳孔，耳朵高出頭頂，我也將御飛龍、駕彩雲，凌空高翔，迅如閃電，飛往那最高的神仙世界。那麼，你又怎能對我提問呢？假如那時你得以見到我，你又會將我視為天地神靈、異類之人，又怎麼會說我是修煉成仙的呢？我因為對於仙道較早有所認識，所以姑且以此來引導幫助後世之同志，難道要強迫你們各位都相信仙道嗎？若是每家每戶都有仙人，路上並肩而行，觸目盡是，你即使再糊塗，那時也不會有所懷疑了。但是那些人仙道修成後，就會騰身雲霄，遊於仙宮。世人若不能與仙人交遊，就看不見他們的蹤影，聽不見他們的聲音，那時你也一定以為沒有仙人的。世俗之人相信自己的臆斷，憑著短淺的見識，便認為所臆想之事不會有差錯。耳目所及之事便習以為常，少聞稀見之事就感到奇怪。即使提耳以懇切教誨、指掌以詳加解說，他們最終仍然不覺悟。這種情況由來已久，難道只是今天才如此嗎？」

或曰：「屢承嘉談❶，足以不疑於有仙矣，但更自嫌❷於不能為耳。敢問更有要道❸，可得單行者否？」

抱朴子曰：「凡學道當階淺以涉深❹，由易以及難❺。志誠堅果❻，無所不濟，疑則無功，非一事也。夫根荄❼不洞地❽，而求柯條干雲❾；淵源不泓窈❿，而求湯流萬里⓫者，未之有也。是故非積善陰德，不足以感神明；非誠心款契⓬，不足以結師友；非功勞，不足以論大試⓭。又未遇明師而求要道，未可得也。九丹⓮、金液⓯，最是仙主⓰。然事大費重，不可卒⓱辦也。寶精愛氣⓲，最其急也。並將服小藥⓳以延年命，學近術⓴以辟邪惡，乃可漸階㉑精微矣。」

【章　旨】求仙之道，應當由淺入深、由易到難。首先要寶精惜氣，然後逐步地達到精微的境界。

【注　釋】❶嘉談　高論；美談。❷自嫌　自己不滿意；感到遺憾。❸要道　關鍵、重要的道術。❹階淺以涉深　由淺入深。❺由易以及難　原作「由難以及易」，據慎懋官校本改正。❻志誠堅果　誠心誠意，堅定不移。❼根荄　樹根；根部。❽洞地　深入地下。洞，穿透。❾柯條干雲　樹枝高插入雲。❿泓窈　泓大、深厚。⓫湯流萬里　萬里洪流，浩浩蕩蕩。湯，形容大水之貌。⓬款契　真誠、情投意合。⓭大試　重任；高職。⓮九丹　各種仙丹之名。〈金丹〉載有丹華、神符丹、神丹、還丹、餌丹、鍊丹、柔丹、伏丹、寒丹，總名九丹。並曰：「凡此九丹，但得一丹便仙。」⓯金液　一種液態之仙藥。傳說服食金液之後，其身皆金色。⓰仙主　最重要的仙藥。⓱卒　同「猝」。倉促之間。⓲寶精愛氣　愛惜精神，培養內氣。⓳小藥　指草木之藥。相對大藥即仙藥而言。⓴近術　小的方術。如卜筮、遁甲術之類。㉑漸階　逐漸達到。

【語　譯】有人說：「多次聆聽你的高談雅論，足以使我不再懷疑神仙的存在，但是我又不滿於自己不會修煉了。請問可有關鍵的道術，能夠單獨修煉的嗎？」

抱朴子說：「學道應該是由淺入深、由易到難。只要志向堅定、心意誠摯，沒有不能成功的。如果心中有所懷疑，就不會成功，不只是一件事情如此。若是樹根不穿透土壤，而希望枝幹直插雲霄；沒有廣潭深淵為源頭，而希望洪流萬里滔滔不絕，這樣的事情從未有過。所以若非多行善事、積累陰德，不足以感動神明；若非誠心實意、情投意合，不足以結交師友；不建立功勞，不會被任命承擔重任。又未遇高明之師而希望掌握關鍵的道術，是不可能的。九丹、金液，是最重要的仙藥。然而煉丹之事非常繁雜，花費很多，不能倉促完成。因而寶惜精神、調護元氣，便最為急切了。並且要服食日常的草木藥物以延年益壽，學習各種方術以驅邪去惡，然後才能一步一步地通向高深精妙的境界。」

或曰：「方術繁多，誠難精備。除置金丹，其餘可修，何者為善？」

抱朴子曰：「若未得其至要之大者❶，則其小者不可不廣知也。蓋藉眾術之共成長生也。大而諭❷之，猶世主❸之治國焉，文武禮律❹無一不可也；小而諭之，猶工匠之為車焉，轅輞軸轄❺莫或應虧❻也。所為術者，內修形神，使延年愈疾；外攘邪惡，使禍害不干❼。比之琴瑟，不可以孑絃求五音❽也；方之甲冑❾，不可以一札❿待鋒刃也。何者？五音合用不可闕，而鋒刃所集不可少也。

凡養生者，欲令多聞而體要⓫，博見而善擇。偏修一事⓬，不足必賴也。又患好事之徒⓭，各仗其所長：知玄、素之術⓮者，則曰唯房中之術可以度世矣；明吐納之道⓯者，則曰唯行氣可以延年矣；知屈伸之法⓰者，則曰唯導引可以難老⑰矣；知草木之方者，則曰唯藥餌⑱可以無窮矣。學道之不成就，由乎偏枯⑲之若此也。淺見之家，偶知一事，便言已足；而不識真⑳者，雖得善方，猶更求無已，以消工棄日㉑。而所施用，意無一定。此皆兩有所失㉒者也。

或本性戇鈍㉓，所知殊尚㉔淺近，便強入名山，履冒毒螫㉕，屢被中傷，恥復求還。或為虎狼所食，或為魍魎㉖所殺，或餓而無絕穀之方㉗、寒而無自溫之法㉘，死於崖谷，不亦愚哉？夫務學不如擇師。師所聞素狹，又不盡情以教之，因告云：『為道不在多也。』夫為道不在多，自為已有金丹至要，可不用餘耳。然此事知之者甚希㉙，寧可虛待不必之大事㉚，而不修交益之小術㉛乎？譬猶作家㉜，云不事用他物者，蓋謂有金銀珠玉在乎掌握懷抱之中，足以供累世之費㉝者耳。苟其無此，何可不廣播百穀、多儲果蔬乎？是以斷穀㉞、辟兵㉟、厭劾鬼魅㊱、禁百毒㊲、治救眾疾，入山則使猛獸不犯，涉水則令蛟龍不害，經瘟疫則不畏，遇急難則隱形㊳，此皆小事，而不可不知。況過此者，何可不聞乎？」

【章旨】未得金丹以前，應該廣泛地了解各種方術，以驅除邪惡、共成長生，否則便可能遭遇禍害，甚至喪失生命。

【注釋】❶至要之大者　指最重要、關鍵之道術。❷諭　比喻。❸世主　帝王。❹文武禮律　文教、武功、禮法、律條。

❺轅輞軸轄　轅是車前駕馬的直木，輞是車輪周圍的框子，軸是橫貫轂中的車軸，轄是車軸兩端之鍵銷。❻莫或應虧　任何一件都不應缺少。虧，欠缺。❼干　侵犯。❽以子絃求五音　用一根琴絃彈出宮、商、角、徵、羽五種音調。❾甲冑　皮製的頭盔和鎧甲。❿一札　指鎧甲之一葉、一小塊。⓫多聞而體要　見聞要廣泛，又能把握關鍵。⓬偏修一事　單只修煉一門方術。⓭好事之徒　喜歡多事之人。事，原作「生」，據《太平御覽・卷七二〇》校改。⓮玄素之術　即房中術。玄女、素女曾以房中術教黃帝。參見《雲笈七籤・軒轅本紀》。⓯吐納之道　即調息行氣、呼吸吐納之術。⓰屈伸之法　即導引術。⓱難老　長壽；不得衰老。⓲藥餌　服食草木之藥。⓳偏枯　偏於某一方面，不全面均衡。⓴識真　識別真假。㉑消工棄日　消磨工夫；浪費時間。㉒兩有所失　一種是見識不廣，滿足於偶知一事；另一種是多聞寡要，不善選擇。㉓戇鈍　愚蠢、遲鈍。㉔殊尚　非常；很。㉕履冒毒螫　冒著被毒蟲咬傷的危險。履冒，經歷；冒險。㉖魍魎　山川中木石變成的精怪。㉗絕穀之方　即辟穀之術。服氣調息，使人不飢。㉘自溫之法　〈雜應〉載有使人隆冬十二月中不寒之道，即此之類。㉙知之者甚希　宋浙本此下有「乃可終身不與知之者相遭」一句。㉚不必之大事　未必能夠掌握之要術。指金丹之術。㉛交益之小術　指有所補益的小方術。㉜作家　持家；經營家業。㉝累世之費　整代人或幾代人的費用。㉞斷穀　即辟穀。不食五穀糧食，以藥物及服氣導引維持生命，進行修煉。㉟辟兵　以書符或其他方術使避免兵器傷害。㊱厭劾鬼魅　制伏、攘除鬼怪之類。㊲禁禦百毒　禁制、防禦各種毒物。㊳遇急難則隱形　遇到危急之時，則有隱身之術。

【語　譯】有人問道：「各種方術繁多，難以全部精通。除了煉金丹之外，其餘以修煉什麼為好呢？」

抱朴子回答說：「如果沒有掌握最重要的關鍵道術，那麼對於較小的方術不可不廣泛地了解，為的是借助各種方術以共同達成長生的目標。從大的方面來比喻，就好像帝王治理國家，有文教、有武功、有禮儀、有刑律，缺一不可。從小的方面來比喻，就好像工匠製作車子，有車轅、有輪框、有車軸、有軸鍵，也都不能缺少。各種方術，可以內修形神，使人百病消除、延長生命。外則攘除邪惡的危害，使禍患不得侵犯。這就好比琴瑟，不可用一根琴絃彈出五種音調。又好比盔甲，不可用一小塊皮甲對付刀箭的攻擊。為什麼呢？因為五音合用，缺一不可，而刀箭交加，盔甲不可殘缺。

凡是修煉養生的人，應該見聞廣泛又能把握關鍵，見識通達而又善於選擇。如果單只修煉一門方術，是不一定可靠的。又患於那些好事之徒，他們各自憑仗著自己的偏長：知道玄女、素女方的人，就說只有房中術可以使人超世成仙；懂得呼吸吐納的人，就說只有調息行氣可以延長壽命；知道屈伸之法的人，就說只有導引之術可以使人長壽；知道草木方劑的人，就說只有服食藥物可以使人長生。學道不能成功，就是由於只知道修煉一種方術所造成的。見識淺薄的人士，偶知某一方術，就說已經足夠了。而那些不能識別真偽之人，即使得到了好的方術，還要沒完沒了地尋求別的方術，白白地浪費光陰。而所修煉實施的方法，也在經常地變更。這兩種人都各有所失。

有的人本性愚蠢遲鈍，所知非常浮淺，就勉強進入名山大谷之中。他們冒著危險，多次被毒蟲咬傷螫傷，而又恥於還家。他們中有的人被虎狼所食，有的人被山川精怪所殺，有的餓了不會辟穀之術，冷了沒有自溫之法，死在崖谷之中，這不是愚昧無知嗎？修道最好求師指導。但是如果老師一向見聞狹小，又不肯盡其所知傳授給弟子，就會說『為道不在多』。為道不在多，是因為已經掌握了最重要的金丹之術，因此可以不用其他的方術。然而懂得金丹之術的人很少，寧肯耗費時光等待不一定會實現的大事，為什麼不修煉些有所補益的小方術呢？譬如治理家業，說不必經營別的事務，是因為手頭掌握有金銀財寶，可以足夠幾代人的費用。倘若沒有這些錢財，為什麼不去多種五穀糧食、多儲藏蔬菜果實呢？所以斷穀之術、防禦兵器傷害之方、攘除鬼怪的災禍、不受毒物的傷害、救治各種疾病，進山則不受猛獸的侵犯，涉水則不為蛟龍所害，處身瘟疫之地也不畏懼，遇見急難之事則隱身無跡，這些雖然都是小方術，但是都不可不知。何況比這些更重要的，怎麼可以不知道呢？」

或曰：「敢問欲修長生之道，何所禁忌？」

抱朴子曰：「禁忌之至急，在不傷不損而已。按《易內戒》及《赤松子經》

及《河圖記命符》皆云，天地有司過之神❶，隨人所犯輕重，以奪其算❷。算減則人貧耗疾病，屢逢憂患，算盡則人死。諸應奪算者有數百事，不可具論❸。又言身中有三尸❹。三尸之為物，雖無形而實魂靈鬼神之屬也。欲使人早死，此尸當得作鬼，自放縱遊行，享人祭酹❺。是以每到庚申❻之日，輒上天白司命❼，道人所為過失。又月晦❽之夜，竈神亦上天白人罪狀。大者奪紀，紀者三百日也。小者奪算，算者三日❾也。吾亦未能審此事之有無也。然天道邈遠，鬼神難明。趙簡子❿、秦穆公⓫皆親受金策⓬於上帝，有土地之明徵⓭。山川草木，井竈洿池，猶皆有精氣。人身之中，亦有魂魄。況天地為物之至大者，於理當有精神⓮。有精神則宜賞善而罰惡，但其體大而網疏⓯，不必機發而響應⓰耳。

【章旨】天地有司過之神。凡人犯有過失，則減少本命之數。所以最急切的禁忌，在於保有稟賦之天命，不傷不損。

【注釋】❶司過之神　主管核察世人所犯過失並給以處罰之神。❷奪其算　扣除、減少所稟受的壽命之數。❸具論　具體論述之。❹三尸　道教稱人體內作祟之神有上尸、中尸、下尸。三尸之神分別居住在三丹田中。❺享人祭酹　享用人們祭祀之酒食。酹，以酒灑地而祭。❻庚申　道教認為庚申之日齋戒不眠、專心意守，可以免除三尸之禍，名曰「守庚申」。❼司命　主管人間生死之神。❽月晦　陰曆每月的最後一天。❾算者三日　唐段成式《酉陽雜俎・諸臯記》曰：「大者奪紀，紀三百日；小者奪算，算一百日。」與此異說。❿趙簡子　即趙鞅。春秋末晉國之正卿。他曾經連續五天不省人事，醒後說至天帝之所，與百神遊玩甚樂。天神賜以二笥，屬以一翟犬，暗示趙簡子的後代將領有代地及翟地的意思。事見《史記・趙世家》。⑪秦穆公　春秋時秦之國君。發憤圖強，爭霸於中原。據說天帝曾召見秦穆公，饗以鈞天廣樂，在酒醉中賜給秦穆公金策，將秦的土地賞賜給他。見《文選・西京賦》。⑫金策　以金字書寫的簡策。⑬有土地之明徵　天帝賜給趙簡子二笥、翟犬，賜給秦穆公金策都包含著賞賜國土的意思。⑭精神　神靈。⑮體大而網疎　包括廣大而網絡疏闊。⑯機發而響應　撥動弩機之開關，則聲響隨之而來。

【語譯】有人問道：「請問要修煉長生之道，有些什麼禁忌呢？」

抱朴子回答說：「最急迫的禁忌，在於不傷不損就夠了。據《易內戒》、《赤松子經》、《河圖記命符》都說，天地有司過之神，依據人們所犯過失的輕重，以減少他們命中的壽命。壽命被減少，人就會遭遇貧窮、損耗財物、發生疾病，經常遭到各種憂患之事。壽命定數被減盡，人就會死亡。各類減少壽命的事有數百件，不可一一具體說明。上述書中又說人體內有三尸，三尸雖然無形，實際是魂魄鬼神之類的神物。三尸希望人早死，它們便可以離開人的形骸，自由遊蕩，享用人們祭祀的酒食。所以每到庚申這一天，三尸就上天稟告司命之神，陳述人所犯的過失。又月晦之夜，竈神也上天陳說人的罪狀。罪過大者減少一紀的壽命，一紀是三百天；罪過小者減少一算的壽命，一算是三天。我也不能斷定這件事情的有無。然而天道渺忽而遙遠，鬼神之事難以明白。趙簡子、秦穆公都曾經從天帝手中接受金策等物，乃是佔有土地的證明。山川草木、井竈水池，尚且有神靈。人體之中，也有魂魄存在。何況天地最為廣大，按理當有精靈，有精靈就會獎賞善事、懲罰惡行。只是這種賞罰範圍廣大而網絡疏闊，不必當時便有反應表現出來。

然覽諸道戒，無不云欲求長生者，必欲積善立功，慈心於物，恕己及人❶，仁逮昆蟲❷。樂人之吉，愍❸人之苦。賙❹人之急，救人之窮。手不傷生，口不勸禍。見人之得如己之得，見人之失如己之失。不自貴，不自譽。不嫉妒勝己，不佞諂陰賊❺。如此乃為有德，受福於天，所作必成，求仙必冀❻也。若乃憎善好殺；口是心非，背向異辭❼；反戾直正❽；虐害其下，欺罔其上；叛其所事❾，受恩不感；弄法受賂❿，縱曲枉直⓫，廢公為私，刑加無辜⓬；破人之家，收人之寶，害人之身，取人之位；侵克賢者⓭；誅戮降伏⓮；謗訕⓯仙聖，傷殘道士；彈射飛鳥，刳胎破卵⓰，春夏燎獵⓱；罵詈⓲神靈；教人為惡，蔽人之善；減人自益⓳，危人自安⓴，佻人自功㉑；壞人佳事，奪人所愛，離人骨肉，辱人求勝；取人長錢㉒，還人短陌㉓；決放水火，以術害人；迫脅尪弱㉔，以惡易好㉕，強取強求，擄掠致富；不公不平，淫佚傾邪㉖；淩孤暴寡㉗；拾遺取施㉘；欺紿誑詐㉙；好說人私，持人短長；牽天援地㉚，呪詛求直㉛；假借不還，換貸不償，求欲無已；憎拒忠信㉜，不順上命，不敬所師，笑人作善；敗人苗稼，損人器物，以窮人用；以不清潔飲飼他人㉝；輕秤小斗，狹幅短度，以偽雜真；採取姦利㉞，誘人取物；越井跨竈㉟；晦歌朔哭㊱。凡有一事，輒是一罪。隨事輕重，司命奪其算紀，算盡則死。但有惡心而無惡跡者奪算，若惡事而損於人者奪紀。若算紀未盡而自死者，皆殃及子孫也。諸橫奪人財物者，或計其妻子家口以當填之，以致死喪，但不即至耳。其惡行若不足以煞其家人者，久久終遭水火劫盜，及遺失器物，或遇縣官㊲疾病，自營醫藥，亨牲祭祀，所用之費要當令足以盡其所取之直也。故道家言枉煞㊳人者，是以刀刃而更相殺。其取非義之財，不避怨恨，譬若以漏脯㊴救飢，鴆酒㊵解渴，非不暫飽，而死亦及之矣。

【章　旨】修長生者，應該積善立德，慈心待物，遵守禁忌，不做壞事，才能實現願望。

【注　釋】❶恕己及人　以寬恕自己之心對待別人。❷仁逮昆蟲　仁愛之心施及於昆蟲。❸愍　同情；哀憐。❹賙　救濟。❺陰賊　陰險狠毒之人。❻必冀　必有希望；可望實現。❼背向異辭　當面一套說法，背後又是一套。❽反戾直正　反對正直之士。❾叛其所事　背叛其主。所事，指主人。❿弄法受賂　接受賄賂，貪贓枉法。⓫縱曲枉直　縱容非法，冤枉正直。⓬刑加無辜　使無罪之人遭受刑罰。⓭侵克賢者　侵犯、損傷賢善之士。⓮誅戮降伏　誅殺殘害已經投降的俘虜。⓯謗訕　誹謗、嘲笑。⓰刳胎破卵　剖獸胎，破禽卵。⓱燎獵　燒山狩獵。⓲罵詈　辱罵；指責。⓳減人自益　減少別人的，增加自己的成績或好處。此四字原缺，據宋浙本校補。⓴危人自安　危害他人，使自己平安。㉑佻人自功　冒認、竊取他人之功為自己的功勞。㉒長錢　古代一百文錢為一陌，足數即為長錢。㉓短陌　不足數的錢叫短陌。或以八十錢為陌，或以七十錢為陌，均為短陌。㉔迫脅尪弱　以暴力威脅、欺負體弱多病的人。尪，同「尩」。瘦弱有疾者。㉕以惡易好　用壞的物品，換取別人好的物品。㉖淫佚傾邪　居心不良，用邪惡的手段以達到自己的目的。㉗淩孤暴寡　用強暴的手段欺壓孤單無援的人。㉘拾遺取施　將別人遺失或施捨之物據為己有。㉙欺紿誑詐　用謊言欺哄、詐騙。紿，騙。㉚牽天援地　廣泛地牽引、攀連別人。㉛詋詛求直　賭咒發誓，向人討錢。詋，同「咒」。㉜憎拒忠信　憎恨、抗拒忠實信義之人。㉝以不清潔飲飼他人　將不清潔的食物飲料給別人服用。㉞採取姦利　獲取不義之財。㉟越井跨竈　井水供給人飲用，竈乃煮食物之器，跨越其上，會造成污染，故為人所忌。㊱晦歌朔哭　農曆每月第一天叫朔，最後一天叫晦。《顏氏家訓・風操》引道書曰：「晦歌朔哭，皆當有罪，天奪其算。」㊲縣官　多餘、突出之贅瘤。即縣疣。㊳枉煞　錯殺無辜者。㊴漏脯　古人認為肉類為屋漏水所沾，可以殺人致死。《本草》：「漏沾脯，殺人。」㊵鴆酒　毒酒。傳說鴆鳥的羽毛有毒，以之泡酒，飲之立死。

【語　譯】我披覽各種道書的戒條，無不是說追求長生的人一定要積善立德，以慈善之心待物，以寬恕之心對人，將仁愛遍及生靈。為他人的吉祥而高興，為他人的痛苦而憐憫。救濟別人的急難，幫助別人的窮困。手不傷及生靈，口不勸人為禍。見人之得好像自己之得，見人之失如同自己之失。不自尊自貴，不自贊自譽。不嫉妒勝過自己的人，不諂媚陰險狠毒之人。這樣才算是有德行，才可以接受上天賜福，有所作為定能成功，成仙也就有希望。至於憎惡好人，愛好殺戮；口是心非，當面一套，背後一套；反對正直之士；虐待下屬，欺騙上司；背叛其主，受恩而不圖報答；枉法以接受賄賂，縱容非法，枉曲正直，廢棄公務，圖謀私利，用刑法迫害無罪的人；毀壞別人的家庭，奪得別人的財寶，殘害別人的身體，佔取別人的位置；損傷賢者；殘殺俘虜；誹謗神仙、聖人，傷害道士；彈射飛鳥，剖開獸胎，打破鳥卵，在春夏圍獵捕獸；辱罵神靈；教人為非作歹，隱瞞別人的好處；損人利己，危害別人以保自己平安，竊取別人之功以為自己之功；破壞人家的好事，奪去人家的心愛之物，使別人骨肉分離，侮辱別人以取得勝利；借得足數的錢，卻歸還不足數的錢；以法術施放水火，危害別人的安全；欺凌弱小，以強力用惡物換好物，強取硬要，搶奪別人的財物以發家致富；辦事不公不平，心術不端不正；用暴力欺壓孤單無援的人；將他人遺失或施捨之物據為己有；欺詐哄騙；喜歡傳播別人的隱私，說人的長短；東攀西扯，賭咒發誓求得錢物；只借不還，向人告貸，不講信用，各種欲望沒完沒了；憎惡忠善之輩，不聽從上司的命令，不尊重師傅，嘲笑別人的善行；敗壞別人的莊稼，損壞別人的器物，使人窮困；將不清不潔之飲食給別人吃喝；用輕秤小斗，短斤少兩，短尺少寸，以假充真；獲得不義之財，誘騙他人錢物；從井口或鍋竈上跨過；朔日哭泣，晦日唱歌。以上凡有一事，便是一件罪過。根據事件的情節輕重，司命之神扣除相應的年月。壽命的定數扣盡，人就會死亡。只有壞的心思而沒有實際去做的扣掉一算的壽命，若是做了損害別人的壞事則扣掉一紀的壽命。如果應該扣除的數目尚未扣完而自己死去，將會禍及子孫。至於搶劫掠奪他人的財物，有時還會折算扣除其妻子或者家人的年壽，甚至導致親人的死喪，不過並不立即實現。如果所犯罪惡不足以奪去親屬的生命，時間長久必然遭受水火之災，或者遇劫被盜，以及遺失器物之類。也可能生出贅瘤、遭遇疾病，必須營辦醫藥、屠宰牛羊以祭祀神靈，所花去的費用總要耗盡掠取的錢財。所以道家說殺害無辜的人，實際上是以兵刃自殺。那些掠取不義之財者，不顧受害人的怨恨，就好像用毒肉來充飢，用毒酒來解渴，並非不能暫時免除飢渴，然而死亡也就跟隨而至了。

其有曾行諸惡事、後自改悔者，若曾枉煞人，則當思救濟應死之人以解之。若妄取人財物，則當思施與貧困❶以解之。若以罪加人❷，則當思薦達賢人以解之。皆一倍❸於所為，則可便❹受吉利，轉禍為福之道也。能盡不犯之❺，則必延年益壽，學道速成也。

夫天高而聽卑❻，物無不鑒❼。行善不怠，必得吉報。羊公❽積德布施，詣乎皓首❾，乃受天墜之金❿。蔡順⓫至孝，感神應之。郭巨⓬煞子為親，而獲鐵券之重賜⓭。然善事難為，惡事易作，而愚人復以項託⓮、伯牛⓯輩，謂天地之不能辨臧否⓰。而不知彼有外名者，未必有內行⓱；有陽譽者，不能解陰罪⓲。若以薺麥之生死⓳，而疑陰陽之大氣⓴，亦不足以致遠也。蓋上士所以密勿而僅免㉑，凡庸所以不得其欲㉒矣。」

【章　旨】曾經犯下惡行，應當以成倍的善事去解救；堅持不怠地做善事，則一定會有好的報答。

【注　釋】❶施與貧困　施捨財物給貧困者。❷以罪加人　陷害無辜，強加以罪名。❸一倍　一作「十倍」。❹便　一作「使」。❺能盡不犯之　能終生不再犯此惡行。❻天高而聽卑　天處高位，卻能聽到下界的聲音。❼物無不鑒　普察萬物，人間之事無所不察。❽羊公　疑指羊祜。羊祜為晉之大臣，立身清儉，常以俸祿贍給九族。臨死之日，家無餘財。❾詣乎皓首　直到白頭年老。詣，到。❿乃受天墜之金　〈廣譬〉曰：「羊公積行，黃髮不倦，而乃墜金雨集。」與此意同。⓫蔡順　《汝南先賢傳》曰：蔡順，字君仲，有至孝之心。《後漢書．周磐傳》附〈蔡順傳〉，說蔡順之母以壽終，尚未安葬，鄰居失火，「將逼其舍，順抱伏棺柩，號哭叫天，火遂越它室。」此即「感神應之」之事。⓬郭巨　晉代河內溫人，是有名的孝子。⓭獲鐵券之重賜　鐵券是一種憑證，將文字鑄在或刻在鐵器上為憑據。舊說郭巨得子，恐怕妨礙贍養母親，便欲掘地埋兒，得黃金一釜，上有鐵券云「孝子郭巨，黃金一釜，以用賜汝。」即此事。⓮項託　一作「項橐」。傳說為孔子之師，十歲而死。⓯伯牛　即冉耕。孔子之弟子，有德行。患有惡疾，孔子曾嘆曰：「斯人而有斯疾，命也夫！」⓰臧否　善惡。⓱有外名者二句　有外在聲名者未必有相應之德行。外名指外在之聲譽，內行指自身之德行。⓲陽譽者二句　外在之虛譽不能解除暗中所犯的罪過。⓳薺麥之生死　薺菜、麥子其生長成熟之節令均與一般植物不同。一般植物多春生、夏長、秋收、冬藏，而麥子秋生夏死，薺菜冬生夏死。⓴疑陰陽之大氣　懷疑自然季節有所差錯。㉑密勿而僅免　勤勉努力的修行，得以免除災禍。即上述「行善不怠，必得吉報」之意。㉒凡庸所以不得其欲　平庸之輩不能堅持行善，所以他們的希望亦難以實現。

【語　譯】那些曾經做過各種惡行的人，後來有了改悔之意，比如曾經錯殺過人，就應該想方設法救助那些應死之人以解除先前的罪過。如果曾經搶奪過別人的財物，就應該盡量施捨錢財給窮困者以解除先前的罪過。如果曾經陷害過無辜的人，就應當盡力推薦賢者以解除先前的罪過。所行的善事要比先前的過錯多出一倍，便可以得到吉祥的報應。這是轉禍為福的辦法。如果從此不再違犯戒條，就必然會延年益壽，學道也能迅速有成。

天雖然高高在上，卻能聽到下界的聲音，人間的事情無所不察。只要堅持不懈地行善積德，一定能得到好報。羊公一生積德布施，直到年老，最後得到降金如雨的報賞。蔡順最講孝道，終於感動了神靈。郭巨為了贍養母親寧願犧牲自己的兒子，得到了黃金鐵券的賞賜。然而善事做起來難，惡事做起來容易。世俗愚人因為項託的短命、伯牛的惡疾，就說天地不能辨別善惡。而不知有外在之聲譽者，不一定有相應的德行，受到公開的輿論贊美也並不能解除暗中犯下的罪過。如果因為薺菜、麥子生長的季節與通常植物不同，因而懷疑天地季節出了差錯，就不足以研討深遠之理了。所以明達之士勤勉修行得以免除禍患，而凡庸之輩卻不能達到所追求的目標。」

或曰：「道德未成❶，又未得絕跡名山❷，而世不同古，盜賊甚多。將何以卻❸朝夕之患，防無妄之災❹乎？」

抱朴子曰：「常❺以執日❻取六癸上土❼，以和柏葉❽、薰草❾，以泥門戶方一尺，則盜賊不來。亦可取市南門土、及歲破土❿、月建土⓫，合和為人，以著朱鳥地⓬，亦壓盜⓭也。有急則入生地⓮而止，無患也。天下有生地，一州有生地，一郡有生地，一縣有生地，一鄉有生地，一里有生地，一宅有生地，一房有生地。」

或曰：「一房有生地，不亦偪⓯乎？」

抱朴子曰：「經云：大急之極，隱於車軾⓰。如此，一車之中亦有生地，況一房乎？」

【章　旨】介紹預防盜賊、躲避禍殃的方術。

【注　釋】❶道德未成　指道法尚未修煉成功。❷絕跡名山　離開世俗，隱居於名山之中。❸卻　除去；防禦。❹無妄之災不測之禍。❺常　疑為「當」字之訛。❻執日　古代占卜家以十二地支定方位與時日，以確定吉凶。寅為建、卯為除、辰為滿、巳為平、午為定、未為執、申為破、酉為危、戌為成、亥為收、子為開、丑為閉。未日即執日。❼六癸上土　即竈上土。竈神有六女皆名癸，故六癸女為竈神之女。❽柏葉　原作「百葉」，據宋浙本校改。❾薰草　香草名。即蕙草。❿歲破土　歲破星下之土。叢辰是太歲所對的星辰，又名歲破，是最凶之辰，犯者損財物、害家長。⓫月建土　陽建之神所在方向之土。正月建寅，順行十二辰，所值之日為陽建之神。⓬朱鳥地　指南向之地。⓭厭盜　鎮伏盜賊。⓮生地　道教認為每一處都有生地，有死地。生地則可以保全生命。⓯偪　迫近；狹窄。⓰大急之極二句　最危急之時，要躲藏在車橫木之下。

【語　譯】有人問道：「如果道法尚未修煉成功，又不能遠離塵世、隱居名山，而今世已不如古代的淳厚，盜賊很多。怎麼樣能夠免除早晚隨時的禍患，防止難測的災殃呢？」

抱朴子說：「應當在未日這一天取竈上的土，加進柏樹葉與蕙草拌合為泥，在門窗上塗糊一尺見方，盜賊就不會來了。也可以取市南門外的泥土，以及歲破星、陽建之神下方之土，揉和做成泥人，放置在朝南的地方，也可以鎮伏盜賊。遇到緊急情況則躲進生地中，在那裡就不會有禍患。天下各地都有自己的生地，一州之內有生地，一郡之內有生地，一縣之內有生地，一鄉之內有生地，一里之內有生地，一宅之中有生地，一個房間之中也有生地。」

有人問道：「一個房間之中都有生地，不是太狹窄了嗎？」

抱朴子說：「經上說：最緊急的時候，可以躲藏在車軾之下。照此說來，一車之中也有生地，何況一個房間之內呢？」

或曰：「竊聞求生之道，當知二山。不審此山為何所在？願垂告悟，以祛❶其惑。」

抱朴子曰：「有之。非華、霍❷也，非嵩、岱❸也。夫太元之山❹，難知易求。不天不地，不沈不浮。絕險綿邈❺，嶵嵬崎嶇❻，和氣絪緼❼，神童並游❽。玉井泓邃❾，灌溉匪休❿。百二十官⓫，曹府相由⓬。離坎列位⓭，玄芝萬株⓮，絳樹特生⓯，其寶皆殊⓰。金玉嵯峨⓱，醴泉出隅⓲。還年之士⓳，挹其清流⓴。子能修之，喬、松可儔㉑。此一山也。

長谷之山㉒，杳杳巍巍㉓。玄氣飄飄，玉液霏霏㉔。金池紫房㉕，在乎其隈㉖。愚人妄往，至皆死歸。有道之士，登之不衰。採服黃精㉗，以致天飛㉘。此二山也，皆古賢之所祕，子精思之。」

【章旨】用隱語解說道家養生祕法，修煉太元之山隱喻行氣守一、服食津液之術，修煉長谷之山隱喻行房中之術。

【注釋】❶祛　消除。❷華霍　西嶽華山、南嶽霍山。霍山即天柱山。漢武帝移嶽神於此山，始名南嶽。❸嵩岱　中嶽嵩山、東嶽泰山。❹太元之山　指人的頭部。頭居人體最高處，故曰太元。❺絕險緜邈　非常險峻，又很遙遠。緜，一作「緬」。❻嶵嵬崎嶇　山勢高峻，道路曲折。嶵，一作「崔」。❼絪緼　雲煙瀰漫之狀。❽神童並游　道教早期典籍認為人體各部分都有神童主之，如腦神、髮神、目神、舌神等。童，原作「意」，據影宋本《太平御覽》校改。❾玉井泓邃　美井之水既清且深。❿灌溉匪休　澆灌不停。隱喻煉精化氣，煉氣化神，長久修煉，神清氣旺。⓫百二十官　道教修煉時，存思頭部有黃闕紫戶、絳蓋青房、天庭宮、明堂宮、極真宮、洞房宮、玄丹宮、泥丸宮、太黃宮、流珠宮、玉帝宮，每宮各有真君神靈為主宰，如同人間之官府。⓬曹府相由　官衙、官府緊密相接。⓭離坎列位　離為目，坎為耳。意謂雙目雙耳布列其上。⓮玄芝

萬株　指頭上的黑髮。⑮絳樹特生　紅色的樹特然挺立。道書上說上清紫精天中有樹，其葉似竹而赤，其花似鏡而明，其籽似李而無核。食其葉則不飢，食其花則不死，食其籽則成仙。所謂絳樹丹實，色照五臟者也。這是修煉中的想像。⑯其寶皆殊　《太平御覽・卷七二〇》引作「其實如珠」。⑰金玉嵯峨　隱喻口腔中牙齒排列整齊有序。⑱醴泉出隅　旁邊有甜美的清泉汩汩而出。隱喻口中津液，有滋補養生之效。⑲還年之士　返老還年、長生不死之士。指修煉仙道者。⑳挹其清流　舀取其醴泉而飲之，指服食舌下津液。㉑喬松可儔　可以與王子喬、赤松子為伴。指修成仙人。㉒長谷之山　葛洪以長谷之山演說房中術，本於《黃庭經》。《黃庭內景經・瓊室章》曰：「長谷玄鄉繞郊邑，六龍散飛難分別。長生至慎房中急，何為死作令神泣！」又《黃庭外景經・上部經》曰：「瓊室之中五氣集，赤神之子中池立。下有長城玄谷邑，長生要慎房中急。」腸為長城，腎為玄谷。㉓杳杳巍巍　幽遠而又高峻。㉔玉液霏霏　玉液如同細雨，飄飄灑灑。〈極言〉曰：「服陰丹以補腦，采玉液於長谷者，不服藥物，亦不失一、二百歲也。」則「玉液」乃房中之隱語。㉕金池紫房　亦房中之隱語。㉖隈　拐角處；彎曲之地。㉗黃精　一種仙草。傳說食之可以長生。㉘天飛　飛升成仙。

【語　譯】有人說：「我聽人談到修煉長生之道，應當知道二山。不知道這二山在何處所？誠懇地期望你告訴我，以消除我的疑惑。」

抱朴子說：「有此二山。不過它們不是華山與霍山，不是嵩山與泰山。一是太元之山，它難以理解但是容易找到。它不在天上，不在地下，不沈於海，不浮於空。非常險峻，又很遙遠。山勢崔嵬，道路崎嶇。山頭上和氣氤氳，雲煙瀰漫，有許多神童在那兒遊歷賞玩。美井之水既清又深，將太元之山灌溉不停。上面眾多的仙官，官府緊密相接。離坎布列其上，玄芝萬株。一棵紅色的絳樹挺然獨立，它的葉、花、果實都是非凡的寶物。又有金玉排列有序，旁邊醴泉汩汩而出。修煉長生之士，經常飲其清流。你若能認真地修煉，便可與仙人王子喬、赤松子相伴交遊。這是其中的一座山。

長谷之山，渺忽而又崔巍。上面玄氣飄飄，玉液霏霏。金池、紫房，就在它的旁邊。愚蠢的人隨意前往，在那兒都丟失了生命。而有道之士，登上此山卻不衰老。他們採服黃精之藥，終致飛升成仙。這兩座山，古之賢者都密而不傳，你認真地想一想吧。」

或曰：「願聞真人守身鍊形❶之術。」

抱朴子曰：「深哉問也！夫始青之下❷月與日，兩半同昇合成一❸。出彼玉池❹入金室❺，大如彈丸黃如橘❻，中有嘉味❼甘如蜜。子能得之謹勿失，既往不追身將滅。純白之氣❽至微密，昇於幽關❾三曲折❿。中丹煌煌⓫獨無匹，立之命門⓬形不卒⓭，淵乎妙矣難致詰。此先師⓮之口訣，知之者不畏萬鬼五兵⓯也。」

【章　旨】介紹先師所傳口訣，概括述說行氣修煉的經驗奧祕。

【注　釋】❶守身鍊形　意守體內某一部分，以修煉形魄。❷始青之下　初煉氣時，須靜心澄意，彷彿天地初開、萬物始生而呈現青色。❸兩半同昇合成一　意謂修煉時目存日月之形，內視丹田，合而為一。❹玉池　指口。❺金室　指肺。❻大如彈丸黃如橘　口中津液與元氣、元神相合，結成形如彈丸、黃若金橘之元氣團。即後世所稱之金丹。❼嘉味　美味。❽純白之氣　元氣。❾幽關　人體兩腎之間為幽關。❿三曲折　形容元氣曲折上升。⓫中丹煌煌　形容丹田中之元氣團光彩輝煌。⓬命門　任脈兩腎之間的穴位。⓭形不卒　長生不死；永不消亡。⓮先師　指鄭隱。⓯萬鬼五兵　泛指各種可能危害人類生命的兵器及鬼怪之類。

【語　譯】有人說：「我很想知道真人行氣意守、修煉形魄的方法。」

抱朴子說：「這是一個深入的問題！當修煉之始，萬籟俱寂，彷彿萬物初生，顯露出淡青的顏色，日月冉冉升起。使身中的神氣、口中的津液合為一體，從口中慢慢下行至肺室，逐漸結成大如彈丸、金黃似橘的元氣之團，其中滋味甚美，甘甜如蜜。若能得到千萬不要讓它喪失，如果失去而不及時追回則會形消體滅。純白之元氣最為微密，在幽關之間曲曲折折，緩緩上升，結成一粒金丹，光彩輝煌，無可比擬，它常立命門則身體永遠長存。這道術精深又奇妙，難以用語言詳細陳說！上述口訣乃是先師所傳授，掌握了它的人將不畏懼鬼怪的騷擾，不怕各種兵器的傷害。」

或曰：「聞房中之事，能盡其道者，可單行致神仙❶，並可以移災解罪，轉禍為福，居官高遷，商賈倍利，信乎？」

抱朴子曰：「此皆巫書妖妄過差之言❷，由於好事增加潤色，至令失實。或亦姦偽造作虛妄，以欺誑世人，隱藏端緒❸，以求奉事❹，招集弟子，以規❺世利耳。夫陰陽之術❻，高可以治小疾，次可以免虛耗而已。其理自有極，安能致神仙而卻禍致福乎？人不可以陰陽不交，坐致疾患。若欲縱情恣欲，不能節宣，則伐年命❼。善其術者，則能卻走馬以補腦❽，還陰丹以朱腸❾，采玉液於金池❿，引三五於華梁⓫，令人老有美色，終其所稟之天年。而俗人聞黃帝以千二百女昇天，便謂黃帝單以此事致長生。而不知黃帝於荊山之下，鼎湖⓬之上，飛九丹⓭成，乃乘龍登天也。黃帝自可有千二百女耳，而非單行之所由也。凡服藥千種，三牲之養⓮，而不知房中之術，亦無所益也。是以古人恐人輕恣情性，故美為之說，亦不可盡信也。玄、素諭之水火⓯，水火煞人，而又生人，在於能用與不能耳。大都⓰知其要法，御女多多益善。如不知其道而用之，一兩人足以速死⓱耳。

彭祖之法⓲最其要者，其他經多煩勞難行，而其為益不必如其書，人少有能為之者。口訣亦有數千言耳。不知之者，雖服百藥，猶不能得長生也。」

【章旨】房中術可以治療小疾，免除虛耗，使人終其天年，而不能單行修煉成仙。世傳各種誇張之辭，都不可相信。

【注釋】❶單行致神仙　只修煉一種方術，便能成仙。❷過差之言　過分的話。❸隱藏端緒　隱瞞真實的思想動機。❹奉事　使人遵從、侍奉自己。❺規　謀求；獵取。❻陰陽之術　即房中術。❼伐年命　戕害生命；減少年壽。❽卻走馬以補腦　不漏不泄，以補精神。❾還陰丹以朱腸　寶精惜氣，以滋潤五臟。❿采玉液於金池　〈極言〉曰：「服陰丹以補腦，采玉液於長谷。」則玉液、金池、長谷都是房中之隱語。⓫引三五於華梁　三五指三正五行，天道之規律。引天道規律於房中術，故云。⓬鼎湖　黃帝鑄鼎之處，後世名曰鼎湖。⓭飛九丹　合煉九鼎神丹。前引《黃帝九鼎神丹經》曰「黃帝服之，遂以昇仙」，故曰九丹。《列仙傳》曰：「鼎成，有龍垂胡髯下迎帝，乃昇天。」⓮三牲之養　世俗以牛羊豕為三牲，道教以麞鹿麂為玉署三牲。⓯玄素諭之水火　玄女、素女將男女陰陽之事比為水火。⓰大都　大體；大致。⓱速死　招致身亡。速，召也。⓲彭祖之法　彭祖曾講授養生之道曰：「男女相成，猶天地相生也，所以導養神氣，使人不失其和。天地得交接之道，故無終竟之限。人失交接之道，故有殘折之期。能避眾傷之事，得陰陽之術，則不死之道也。」見葛洪《神仙傳・卷一》。

【語譯】有人問道：「聽說男女房中之術，能夠完全掌握它的人可以單憑修煉此事便能成仙，還可以轉移災禍，解除罪過，轉禍為福，當官的人可得高升，經商的人可得成倍之利。這真的可以相信嗎？」

抱朴子說：「這都是巫書上怪異過度、沒有憑據的話，由於好事者誇張其辭以致失實。也可能是姦偽之輩故意造作謊言，以欺騙世人，隱藏自己真實的企圖，以招來弟子的侍奉，獲取世俗的利益。房中之術，高者可以治療小的疾病，其次可以免除不必要的消耗。它的道理明白、作用有限，怎麼可以修煉成仙、去禍得福呢？人不可以不交陰陽，那樣會招來疾病。但是如果放縱情欲，不能自我節制，則有害於生命。善於房中術者，則能寶精愛氣，不漏不泄，以補精神，滋潤五臟，採玉液，順天道，以行房中合氣之術。這樣可以使老年人有好的氣色，健康地度完所稟受的天年。俗人聽說黃帝御一千二百女然後得以升天，就說黃帝單修房中術以得長生。而不知黃帝在荊山之下、鼎湖之上，燒煉九丹成功後，乘龍飛升上天了。黃帝可以御一千二百女，但並非單憑此事而得以成仙。大凡服藥再多，有豐厚的食物滋養，但是若不明白房中之術，也沒有益處。古人恐怕世人放縱情欲，所以誇大房中術的效用，這也不能完全相信。玄女、素女將它比為水火，水火可以殺人致死，又能養育人類，關鍵在於能否正確地運用它們。大體上說，掌握了重要的方法，御女多多益善。如果不知道正確的方法而任情縱欲，一兩個女子就足以致人於死地。彭祖的方法最為簡明扼要，其他書上的記載多數煩雜難行，其補益也不像書上所說的，很少有人能按照去做。口訣也有數千言之多。不知房中術的人，即使服用再多的藥，也是不能夠長生的。」

卷七 塞難

【題解】塞難，是回答世俗對於神仙長生之說的責難。概括的說，這種責難主要是三個問題：一是王子喬、赤松子都是平凡之輩，何以能夠成仙；而周公、孔子是大聖人，何以反而不能長生？這是對於長生真實性的懷疑。二是孔子既然親自見到老子，何以不學道？這是對於老子學說價值的懷疑。三是儒道孰難孰易？這是對於修道可行性的懷疑。

長生的問題不易得到證實。葛氏對於第一個問題，歸之於出生時所逢的星宿，這是先天之命，任物自然，不是後天所能預知而有所作為的。關於第二個問題，葛氏說孔子不學道，是由於他的興趣只在人間之事，不肯捨去經世之功業。這一點老子當時就有所告誡。關於第三個問題，葛氏的回答是「儒業多難，道家約易」。這些回答的目的，在於掃除世人的疑惑，勸說、誘導人們信奉並且修煉道術。

或曰：「皇穹❶至神，賦命❷宜均。何為使喬、松凡人❸受不死之壽，而周、孔大聖無久視之祚❹哉？」

抱朴子曰：「命之脩短，實由所值。受氣結胎，各有星宿❺。天道無為，任物自然。無親無疏，無彼無此也。命屬生星，則其人必好仙道。好仙道者，求之亦必得也。命屬死星，則其人亦不信仙道。不信仙道，則亦不自修其事也。所樂善否，判於所稟❻。移易予奪❼，非天所能。譬猶金石之消於爐冶❽，瓦器之甄於陶竈❾，雖由之以成形，而銅鐵之利鈍，甕罌之邪正❿，適遇所遭⓫，非復爐竈之事也。」

【章旨】人的稟賦壽命是由受氣結胎時所遭遇的星宿而定，而不是上天有意的行為。

【注釋】❶皇穹　皇天；上天。❷賦命　命中的稟賦。如壽命、性情等。❸喬松凡人　稱王子喬、赤松子為凡人，是相對周公、孔子這些儒家聖人而言。❹久視之祚　長生不死之福。祚，福。❺受氣結胎二句　意謂胎氣初成時，各有所當值之星宿，不同的星宿決定了不同的賦命。❻判於所稟　因為稟賦的差異而相互區別。判，區別；分辨。❼移易予奪　指改變、增加或減少其年壽。❽金石之消於爐冶　指金屬、礦石在熔爐中被冶煉。❾瓦器之甄於陶竈　指陶盆器皿在瓦窯中被燒製。甄，製造陶器的轉輪，這裡指燒製成形。陶竈，燒製陶器的窯。❿甕罌之邪正　陶器之端正與否。甕罌，瓦罐之類的陶製器皿。⓫適遇所遭　由所遇的時機而定。意謂遇上利則利，遇上鈍則鈍，遇上正則正，遇上歪則歪。

【語譯】有人說：「上天最有靈驗，人的稟賦應該均衡。為什麼讓王子喬、赤松子這樣的凡人有長生不死的壽命，而周公、孔子這樣的大聖人卻沒有長生的福分呢？」

抱朴子說：「人的壽命的長短，是由所遇的時機來決定的。人稟受天地之氣，結成生命的胚胎，都有著相應的星宿。天道無所作為，完全聽任萬物自然的演化，沒有親疏的差異，沒有彼此的區別。一個人如果命中屬於生星，則他一定愛好仙道，求仙也一定能成功。如果命中屬於死星，那麼這個人就不會相信仙道，也就不會修行仙術了。一個人喜歡還是不喜歡仙道，區別在於稟賦的差異。改變一個人的壽命，使之增加或者減少，不是上天能有的作為。這就好像金石在爐中冶煉、陶器在瓦窯中燒製，雖然在其中成形，但是金屬物件的鋒利與否、陶器瓦罐的端正與否，完全由機遇而定，而不是由熔爐、瓦窯的意志所定了。」

或人難曰：「良工所作，皆由其手。天之神明，何所不為？而云人生各有所值，非彼昊蒼❶所能匠成❷，愚甚惑焉，未之敢許也。」

抱朴子答曰：「渾茫剖判❸，清濁以陳❹，或昇而動❺，或降而靜❻。彼天地猶不知所以然也。萬物感氣❼，並亦自然。與彼天地，各為一物。但成有先後，體有巨細耳。有天地之大，故覺萬物之小；有萬物之小，故覺天地之大。且夫腹背雖包圍五臟，而五臟非腹背之所作也。肌膚雖纏裹血氣，而血氣非肌膚之所造也。天地雖含囊❽萬物，而萬物非天地之所為也。譬猶草木之因山林以萌秀，而山林非有事❾焉。魚鼈之託水澤以產育，而水澤非有為❿焉。俗人見天地之大也，以萬物之小也，因曰天地為萬物之父母，萬物為天地之子孫。夫蝨生於我，豈我之所作？故蝨非我不生，而我非蝨之父母，蝨非我之子孫。蠛蠓之育於醯醋⓫，芝栭之產於木石⓬，蛣蛆之滋於污淤⓭，翠蘿之秀於松枝⓮，非彼四物所創匠⓯也。萬物盈乎天地之間，豈有異乎斯哉？

天有日月寒暑，人有瞻視呼吸。以遠況近⓰，以此推彼，人不能自知其體老少痛癢之何故，則彼天亦不能自知其體盈縮災祥[17]之所以。人不能使耳目常聰明，榮衛不輟闋[18]，則天亦不能使日月不薄蝕[19]，四時不失序。由茲論之，夭壽[20]之事果不在天地，仙與不仙決在所值[21]也。夫生我者父也，娠我者母也，猶不能令我形器必中適[22]，姿容必妖麗[23]，性理必平和，智慧必高遠，多致[24]我氣力，延我年命，而或矬陋尪弱[25]，或且黑且醜，或聾盲頑嚚[26]，或枝離劬蹇[27]，所得非所欲也，所欲非所得也。況乎天地遼闊者哉？父母猶復其遠者也，我自有身，不能使之永壯而不老，常健而不疾，喜怒不失宜，謀慮無悔吝[28]。故授氣流形[29]者父母也，受而有之者我身也，其餘則莫有親密乎此者也，莫有制御[30]乎此者也。二者[31]已不能有損益於我矣，天地亦安得與知之乎？

必若人物皆天地所作，則宜皆好而無惡，悉成而無敗，眾生無不遂之類[32]，而項、楊[33]無春彫之悲[34]矣！子以天不能使孔、孟有度世之祚[35]，益知所稟之有自然，非天地所剖分[36]也。聖之為德，德之至也。天若能以至德與之，而使之所知不全，功業不建，位不霸王[37]，壽不盈百，此非天有為之驗也。聖人之死，非天所殺，則聖人之生，非天所挺[38]也。賢不必壽，愚不必夭，善無近福，惡無近禍，生無定年，死無常分。盛德哲人，秀而不實[39]。竇公[40]庸夫，年幾二百。伯牛廢疾㊶，子夏喪明㊷。盜跖窮凶而白首㊸，莊蹻極惡而黃髮㊹。天之無為，於此明矣。」

【章　旨】天地包容萬物、繁育萬物，一任自然，而非有意而為，所以有聖人夭折、盜賊長壽的事。

【注　釋】❶昊蒼　蒼天。昊，元氣博大之貌。❷匠成　製成；造成。❸渾茫剖判　元氣始則一片渾茫，後來開始分化。剖判，區分。❹清濁以陳　呈現清氣、濁氣兩個部分。❺或昇而動　清氣上升而浮動，成為天空。❻或降而靜　濁氣下降而靜止，成為大地。❼萬物感氣　萬物感受陰陽之氣而化生。❽含囊　包容、囊括。❾有事　有意識的行為。❿有為　有意而為之。⓫蠛蠓之育於醯醋　從醋中長出了蠛蠓。蠛蠓是一種小蟲，即醯雞。醯，即「醋」。漢代以前無醋字，只用醯字。⓬芝栭之產於木石　石上長出了菌芝，樹上長出了木耳。栭，原作「檽」，依孫星衍校改。⓭蛣蝠之滋於污淤　污水之處會繁殖出孑孓。蛣蝠，即蛣蟩，亦即孑孓。⓮翠蘿之秀於松枝　松枝上披滿了女蘿。⓯創匠　創造、繁殖。⓰以遠況近　一作「以近況遠」。⓱盈縮災祥　日月的陰陽圓缺、日蝕月蝕以及其他的天象及地理變化，所預示的人間災害或祥瑞。⓲榮衛不輟閡　血脈通暢，而不滯阻。榮衛，人體血氣的循環及營養作用。輟閡，停止、阻滯。閡，原作「閱」，形近而訛。〈雜應〉有「宣動榮衛，使無輟閡」可證，據改之。⓳薄蝕　指日蝕、月蝕之類。⓴夭壽　孫星衍平津館刻本作「大壽」，據《道藏》本校改。㉑決在所值　由所遇的星宿而決定。㉒形器必中適　身體一定適中。即高矮、胖瘦適當。㉓妖麗　一作「妍麗」。㉔致　給與。㉕矬陋尪弱　矮小猥瑣，身體瘦弱。矬，矮小。尪，瘦弱。㉖頑嚚　德義不入於心為頑，口不道忠信之言為嚚。㉗枝離劬蹇　身體殘缺，四肢不全。劬蹇，跛行之苦。㉘悔吝　悔恨。㉙授氣流形　給予生命與形體。㉚制御　制約、支配。㉛二者　一指父母的意志，二指自身的意願。㉜不遂之類　未能順利長大、未成年而死之物類。㉝項楊　項託與楊烏。項託又作項橐，春秋時人，傳說七歲為孔子之師，未成年而死。楊烏，漢代辭賦家楊雄（楊一作揚）之少子，幼而聰慧，九歲時曾與其父論玄，亦不幸早死。㉞春彫之悲　青春夭折之悲。㉟天不能使孔孟有度世之祚　天不能使孔孟享受成仙長生之福。孔孟，或疑應作「周孔」，以與篇首相應。㊱剖分　分配。㊲位不霸王　沒有王侯霸主的地位。㊳挺　卓越而傑出。㊴秀而不實　莊稼吐穗開花，而不結實。比喻才華傑出者未成年而夭折。㊵竇公　桓譚《新論・祛蔽》說：竇公是魏文侯時的樂工，因雙目失明而專一內視，年一百八十歲。㊶伯牛廢疾　冉耕，字伯牛，孔子之弟子，有德行。伯牛有惡疾，孔子歎曰：「斯人也而有斯疾，命也夫！」廢，一作「癈」。㊷子夏喪明　卜商，字子夏，孔子之弟子。其子死，哭之失明。㊸盜跖窮凶而白首　盜跖是古代傳說中的大盜。《史記·伯夷列傳》說：「盜跖日殺不辜，肝人之肉，暴戾恣睢，聚黨數千人橫行天下，竟以壽終。」

㊹莊蹻極惡而黃髮　莊蹻是楚威王之將軍，曾淪為盜賊。黃髮，傳說老人髮白，白久轉黃。代指高壽的老人。

【語譯】有人辯論說：「良工所作，都由工匠之手而成。以皇天的神明，天地萬物哪一種不是它的作為呢？而你說人生各有所遇，不是上天所能造成。我對此十分困惑，不敢贊同你的說法。」

抱朴子回答說：「天地未成之前，元氣一片渾茫，後來分化，形成清濁兩個部分。清氣上升而浮動成天，濁氣下降而靜止為地。然而天地並不知道變化的緣由。萬物感氣而生，也都順應著自然。萬物與天地，都各為一物。只是成形有先後的區別，體積有大小的不同而已。有天地之廣大，所以對比出萬物的渺小；有萬物的渺小，所以襯托出天地的廣大。再說腹背雖然包圍著五臟，而五臟並不是腹背所造成的。肌膚雖然纏裹著血氣，而血氣並不是肌膚所造成的。天地雖然包容萬物，而萬物並非天地所造成的。這就好像草木在山林中萌芽生長，而山林並非有意地養育草木。魚鱉在水泊湖澤中生長繁育，而水泊湖澤並非有意繁養魚鱉。俗人見天地之廣大，因為萬物之渺小，便說天地為萬物之父母，萬物是天地的子孫。我的身上長了蝨子，蝨子難道是我有意的造作？所以雖然蝨子沒有人體便不能生長，而人並非蝨子的父母，蝨子並非人的子孫。醋中會長出蠛蠓，木石上會生長出菌芝、木耳，污泥之中會長出孑孓，松枝上會布滿女蘿。而蠛蠓、菌芝木耳、孑孓、女蘿卻並不是醋、木石、污泥、松枝所造出來的。萬物充滿於天地之間，與上述情況有什麼區別呢？

天有日月寒暑的變化，人有瞻視呼吸的功能。從近可以推想到遠，由此可以推而及彼，人不能知道自身老少痛癢的原因所在，那麼天也不自知日月盈縮、自然變故所昭示吉祥與災害的原因所在。人不能使自己耳目常聰明、身體無疾病，那麼天也不能使日月不發生虧蝕，不能使節令不發生差錯。由此而論，人的生命長短之事不取決於天地。能否成仙，決定於受氣結胎所遇的時機。給我生命的是父親，胎孕我的是母親。父母尚且不能使我一定身材適中，容貌妍麗，性情一定平和溫順，智力一定超出常人，不能使我富有氣力，生命長遠，有時使子女身材矮小瘦弱、模樣猥瑣，或者又黑又醜，或者耳聾眼瞎、性情乖張，或者四肢不全、身體殘缺，遭受種種的折磨。所得到的不是所希望的，所希望的卻無法得到。何況天地之廣大遼闊呢？父母還算是遠的，我們每個人都有自己的身體，但是不能使它永遠強壯而不衰老，永遠健康而無疾病，不能使自己的喜怒永遠適當，謀略永無悔恨。父母給子女以生命與形體，每個人從父母那兒得到自己的體骸，其他關係沒有比這更為親密的了，其制約與支配的紐帶沒有超過於此的了。然而父母與自身的意願都不能改變自己的形體，天地又怎麼能知道人事的狀況呢？

如果一定要說世上的一切都是天地有意識的造作，那麼就應該一切都好而沒有惡的，一切都成功而沒有失敗的，一切的生靈都順利地成長，而項託、楊烏也就沒有少年夭折之悲了！你說天不能使孔孟有成仙之福，更說明人的稟賦出於自然，不是天地所分配的。聖人的德行是最高的德行。皇天若能賦與聖人最高的道德，卻使聖人所知不完全，不能建立功業，沒有三王五霸之位，沒有百年之壽，這不能作為皇天具有意識的證明。聖人之死，不是天所誅殺的；則聖人之生，也不是天使他傑出超群的。賢者未必高壽，愚人未必夭折。行善沒有立即得福的報答，作惡沒有立即得禍的懲罰。生無一定之壽，死無一定之規。道德超傑的聖哲，有時未成年而死。而像竇公那樣的常人，壽命將近兩百歲。孔子的弟子伯牛有惡疾，子夏的雙目失明。盜跖窮凶極惡，卻活到滿頭白髮；莊蹻惡貫滿盈，卻能享受高壽。上天無為，由此可以清楚地證明。」

或曰：「仲尼稱自古皆有死❶，老子曰神仙之可學。夫聖人之言信而有徵❷，道家所說誕而難用❸。」

抱朴子曰：「仲尼，儒者之聖也；老子，得道之聖也。儒教近而易見，故宗之者眾焉。道意遠而難識，故達之者寡焉。道者，萬殊❹之源也。儒者，大淳之流❺也。三皇❻以往，道治也。帝王❼以來，儒教也。談者咸知高上世之敦朴❽，而薄季俗之澆散❾，何獨重仲尼而輕老氏乎？是玩華藻於木末❿，而不識所生之有本也。何異乎貴明珠而賤淵潭，愛和璧⓫而惡荊山！不知淵潭者，明珠之所自出；荊山者，和璧之所由生也。

且夫養性⓬者，道之餘⓭也；禮樂⓮者，儒之末也。所以貴儒者，以其移風易俗，不唯揖讓與盤旋⓯也。所以尊道者，以其不言而化行，匪獨養生之一事也。若儒道果有先後，則仲尼未可專信，而老氏未可孤用。仲尼既敬問伯陽⓰，願比老彭⓱，又自以知魚鳥而不知龍，喻老氏於龍⓲。蓋其心服之辭，非空言也。與顏回所言瞻之在前，忽然在後，鑽之彌堅，仰之彌高⓳，無以異也。」

【章旨】道是萬類的本源，儒是其中的流派。孔子心服老子，喻之為龍。所以世人不應推崇儒教而輕視道家。

【注釋】❶仲尼稱自古皆有死　《論語・顏淵》記孔子語曰：「自古皆有死，民無信不立。」❷信而有徵　值得相信，可以得到驗證。❸誕而難用　怪誕而難以證實。❹萬殊　萬物；萬類。❺大淳之流　浩大的流派。淳有深厚之意。❻三皇　傳說中的上古帝王，這裡指天皇、地皇、人皇。❼帝王　五帝三王。五帝指伏羲、神農、黃帝、唐堯、虞舜。三王指夏禹、商湯、周文王。❽高上世之敦朴　推崇上古之世風尚淳樸。敦朴，淳真、樸素。❾薄季俗之澆散　鄙薄、批評後世風俗的浮薄。澆散，使淳厚變得浮薄；使真樸離散。❿玩華藻於木末　欣賞枝梢上花葉的美麗。華藻，指花葉。⓫和璧　即和氏之璧。春秋時楚人卞和得璞玉於荊山，剖琢而為寶玉。⑫養性　養生以延年。⑬道之餘　道之末事。相對本體而言較為次要。⑭禮樂　孫星衍校曰：藏本作「澄藥」，唯樓觀本作「禮樂」，今據之改正。⑮揖讓與盤旋　指作揖打拱、謙讓應酬等禮儀。⑯敬問伯陽　指孔子適周、問禮於老子一事。事見《史記・老子韓非列傳》。伯陽，老子之字。⑰願比老彭　《論語・述而》記孔子語曰：「述而不作，信而好古，竊比於我老彭。」老彭指老子與彭祖。⑱喻老氏於龍　孔子曾將老子之道比如飛龍之不可測。《史記・老子韓非列傳》載孔子見老子後，對弟子們說：「鳥，吾知其能飛；魚，吾知其能游；獸，吾知其能走。走者可以為罔，游者可以為綸，飛者可以為矰。至於龍吾不能知，其乘風雲而上天。吾今日見老子，其猶龍邪！」⑲瞻之在前四句　顏淵曾讚美孔子：「仰之彌高，鑽之彌堅，瞻之在前，忽焉在後。」意謂孔子高不可及、堅定不移、廣大無邊。見《論語・子罕》。

【語　譯】有人說：「孔子說自古皆有死，老子說神仙可以學得。孔子的話可以得到證明，令人信服。老子所說，怪誕而不切實際。」

抱朴子說：「孔子是儒家的聖人，老子是得道的聖人。儒家說的是眼前的事，容易看見，所以信奉的人眾多。道家的意旨深遠，難以領悟，所以通達的人很少。然而道是天下萬物的本源，儒家只是一支洪大的流派。三皇以上，以道來治理天下；五帝三王以來，以儒家學說教導天下。人們談起來都知道推崇上古之世風尚的淳真，批評末世風俗的澆薄，為什麼又只推重孔子而輕視老子呢？這就好像欣賞樹梢枝頭的花葉，卻不知道花葉賴以生長的根本；與寶貴明珠而鄙視深潭、喜愛和氏之璧卻厭惡荊山，又有什麼區別！這些人不知道深潭正是生長明珠之所，荊山正是和氏璧出產之地。

再說養生延年只是道的末事，禮樂只是儒教的末事。儒家之可貴，在於它能移風易俗，不在於作揖打拱、周旋應酬的禮儀。道家之可貴，在於它能不言而施行教化，不只是在於養生一事。如果儒道果真有先有後，則孔子學說不可專信，而老子學說也不能單獨使用。孔子曾經向老子請教禮的問題，又表示願意比於老、彭。又自以為能認識飛鳥游魚，卻不能認識乘風御雲的龍，並將老子比喻為龍。這是孔子對老子心悅誠服之辭，並非空言可比。這與顏回讚美孔子所說的『瞻之在前，忽焉在後』、『鑽之彌堅，仰之彌高』，沒有什麼不同。」

或曰：「仲尼親見老氏而不從學道，何也？」

抱朴子曰：「以此觀之，益明所稟有自然之命，所尚❶有不易之性也。仲尼知老氏玄妙貴異❷，而不能挹酌清虛❸，本源大宗❹，出乎無形❺之外，入乎至道❻之內。其所諮受❼，止於民間之事而已。安能請求仙法耶？忖其用心汲汲❽，專於教化，不存乎方術也。仲尼雖聖於世事，而非能沈靜玄默、自守無為者也。故老子戒之曰：『良賈深藏若虛❾，君子盛德若愚❿，去子之驕氣與多欲，態色⓫與淫志⓬，是無益於子之身⓭。』此足以知仲尼不免於俗情，非學仙之人也。夫栖栖遑遑⓮，務在匡時，仰悲鳳鳥⓯，俯歎匏瓜⓰，沽之恐不售⓱，忼慨思執鞭⓲。亦何肯捨經世之功業，而修養生之迂闊哉？」

【章旨】孔子專於教化，志在經世，雖問禮於老子，而其意不在養生之術。

【注釋】❶所尚　所愛好、追求。這裡主要從是否愛好仙道而言。❷貴異　貴重、非同凡俗。❸挹酌清虛　從老子清靜無為學說中獲得教益，如同舀清流而飲。挹酌，從中舀取而飲之。❹本源大宗　尊奉道家。大宗，事物的本源。即道。❺無形　指道家玄妙之學說。❻至道　亦指道家玄妙之學說。❼諮受　請教而得到的。❽汲汲　急切。奔走營求之貌。❾良賈深藏若虛　好的商人隱藏寶貨，好像一無所有。❿君子盛德若愚　德行盛美的君子容貌謙和，好像並不聰明。⓫態色　指外在的非自然的姿態、表情。⓬淫志　廣大而不專一的志向。⓭是無益於子之身　自「良賈深藏」至此，見《史記・老子韓非列傳》。⓮栖栖遑遑　忙碌不安，到處奔波。⓯仰悲鳳鳥　鳳鳥是祥瑞之鳥，鳳鳥出現是天下太平之象。孔子悲嘆鳳鳥不至，有憂時傷世之意。《論語・子罕》記孔子語曰：「鳳鳥不至，河不出圖，吾已矣夫！」鳥，原作「鳴」，依宋浙本校改。⓰俯歎匏瓜匏瓜即葫蘆。掛在那兒，能看不能用。比喻人才不為世所用。《論語・陽貨》記孔子語曰：「吾豈匏瓜也哉，焉能繫而不食！」⑰沽之恐不售　《論語・子罕》載：子貢曾經問孔子：有美玉於此，應該藏在櫃中，還是求適當的時候賣出去？孔子答道：「沽之哉，沽之哉！我待賈者也。」意謂一個有才華的人應該力求為世所用，猶如有美玉應當售出去。孔子用世之意，於此可見。⑱忼慨思執鞭　孔子曾說：「富而可求也，雖執鞭之士，吾亦為之。」見《論語・述而》。

【語譯】有人問道：「孔子親自見到了老子而不跟從學道，是為什麼呢？」

抱朴子說：「從這件事來看，更可以明白人的稟賦是自然的，人的愛好天性是不可改變的。孔子知道老子學說玄妙可貴，不同凡響，但卻不能夠從老子清靜無為的學說中獲取教益，不能尊奉萬物本源的道，深入探討道家精妙之旨。他所詢問的，只是人世間之事而已，怎麼能夠求得仙法呢？推測孔子之心，他的追求只在於人間教化，不在於神仙方術。孔子雖然是人間的聖人，但不是能夠沈靜玄默以修無為之道的人。所以老子告誡他說：『老練的商人將其寶貨隱藏起來，好像一無所有。盛德的君子容貌謙和，好像並不聰明。去掉你的驕氣與世俗的欲念，克服外在的姿態與浩蕩不專一的志向，這些對你都沒有益處。』從這一段話可以得知，孔子不免於世俗之情，不是學仙之人。孔子到處奔波，忙碌不已，為的是匡救時世。仰頭悲傷鳳鳥不至，俯身歎息不為世用，耽心無人識才，倘若富貴可求，執鞭之事也願意去作。孔子又怎麼肯捨棄經世的功業，修煉似乎不切實際的養生之術呢？」

或曰：「儒道之業，孰為難易？」

抱朴子答曰：「儒者，易中之難也；道者，難中之易也。夫棄交遊、委❶妻子、謝❷榮名、損利祿❸，割粲爛❹於其目，抑鏗鏘❺於其耳，恬愉靜退❻，獨善守己，謗來不戚❼，譽至不喜，睹貴不欲，居賤不恥，此道家之難也。出無慶弔之望，入無瞻視❽之責，不勞神於七經❾，不運思於律歷❿，意不為推步⓫之苦，心不為藝文之役。眾煩既損⓬，和氣自益。無為無慮，不怵不惕⓭，此道家之易也，所謂難中之易也。

夫儒家所修，皆憲章成事⓮。出處有則⓯，語默隨時⓰。師則循比屋而可求⓱，書則因解注以釋疑，此儒者之易也。鉤深致遠⓲，錯綜典墳⓳，該《河》《洛》之籍籍⓴，博百氏之云云㉑。德行積於衡巷㉒，忠貞盡於事君。仰馳神於垂象㉓，俯運思於風雲㉔。一事不知，則所為不通。片言不正，則褒貶不分。舉趾為世人之所則，動脣為天下之所傳，此儒家之難也，所謂易中之難也。

篤論㉕二者，儒業多難，道家約易。吾以患其難矣，將舍而從其易焉。世之識吾者，則比肩皆是也。可與得意㉖者，則未見其人也。若同志之人，必存乎將來，則吾亦未謂之為希㉗矣。」

【章旨】儒道各有難易。比較而言，儒家多難，而道家稍易。有勉勵世人學道的意思。

【注釋】❶委　棄置。❷謝　辭去；拒絕。❸損利祿　拋棄祿位。利祿，一作「祿位」。❹粲爛　指美麗多彩的顏色。❺鏗鏘　指動聽的音樂。❻恬愉靜退　恬淡、退讓、靜默、心情歡悅。❼戚　憂。❽瞻視　注意儀表的端莊，以為眾人的榜樣。❾七經　指《周易》、《詩經》、《尚書》、《儀禮》、《春秋》、《公羊傳》、《論語》等七部典籍。❿律歷　樂律、曆法。⓫推步　推算天文、曆法之學。⓬損　減除；免除。⓭不怵不惕　不受驚懼，不感恐慌。⓮憲章成事　已有的典章制度。成事，舊有之規矩。⑮出處有則　或出仕於世，或歸隱山林，有一定之規則。⑯語默隨時　或者發表議論，或者沈默不語，隨時勢而定。⑰循比屋而可求　每家都可以找到。比屋，挨門挨戶。⑱鉤深致遠　將深隱之事鉤取而出之，以窮極遠大之境界。⑲錯綜典墳　綜合研究，探討古代的典籍。典墳，三墳五典。⑳該河洛之籍籍　通曉《河圖》、《洛書》等典冊圖籍。㉑博百氏之云云　博通諸子百家眾多的學說。云云，即芸芸。眾多之貌。㉒衡巷　平民所居的里巷。㉓仰馳神於垂象　仰則觀察、思索天象。㉔俯運思於風雲　低頭則思考風雲變化之事。㉕篤論　正確恰當的評論。㉖得意　能體會道家之意旨，與自己的志願相默契。㉗未謂之為希　《老子．第七十章》說：「知我者稀，則我者貴。」意謂道家意旨精深，知之者甚少。葛氏於此反其意而用之。

【語譯】有人問道：「儒家之說與道家之說，實施起來哪一家難些，哪一家較為容易呢？」

抱朴子答道：「實行儒家的學說，易中有難。實行道家的宗旨，難中有易。放棄交遊、拋妻別子、告辭榮華、捨去祿位，燦爛的顏色棄而不看，悅耳的樂聲捨而不聽，恬靜歡愉，謙和退守，獨善其身，受到誹謗而不憂愁，得到贊譽而不歡欣，面對富貴並不嚮往，處身貧賤並不羞愧，這是道家困難的一面。然而出門沒有賀喜、弔喪之類的俗務，進門沒有表率眾人的責任。不必費神鑽研經書，不必勞心思考樂律曆法，不必苦心推算天象，不必操神藝文。各種煩雜的事務既已割棄，體內和氣便日以滋生。無所思慮，無所追求，既不恐懼，也不驚慌。這是道家容易的一面，也就是難中之易了。

儒家所修習的是舊有的典章制度，或出仕或退隱都有一定之規，或議論或沈默可隨時而定。要從師每家都可以找到，要讀書則有注解幫助消除疑惑。這是儒家容易的一面。至於廣泛地考索材料，綜合地研討古籍，通曉《河圖》、《洛書》等典冊，博通諸子百家的學說。身居陋巷則積累高尚的德行，身在朝廷則用一片忠貞報效君王。仰則精神貫注探討天象，俯則專心思索於風雲。一件事不知道，就算不得通人。一個字解釋有誤，其中的微言大義褒貶是非就難以弄清。一舉一動都是世人的榜樣，一言一語都為天下傳揚。這是儒家難的一面，也就是易中之難了。

恰當地比較二者，則儒家的困難較多，而道家簡約容易。我因為顧慮儒家之難，所以轉而從事道家之易。

世上嘲諷我的人，並肩成隊到處都有，而志同道合者則未見其人。如果能夠理解我的人將來一定出現，那麼我也就不能說『知我者稀』了。」

或曰：「余閱見知名之高人，洽聞之碩儒❶，足以窮理盡性❷、研覈有無❸者多矣，未有言年之可延、仙之可得者也。先生明不能並日月❹，思不能出萬夫❺，而劇談❻長生之道，未之敢信也。」

抱朴子曰：「吾庸夫近才❼，見淺聞寡，豈敢自許以拔群獨識❽，皆勝世人乎？顧❾曾以顯而求諸乎隱，以易而得之乎難，校其小驗則知其大效，睹其已然則明其未試耳。

且夫世之不信天地之有仙者又未肯規❿也。率⓫有經俗之才、當塗之伎⓬，涉覽篇籍助教⓭之書，以料人理之近易⓮，辨凡猥之所惑⓯。則謂眾之所疑，我能獨斷之，機兆之未朕⓰，我能先覺之。是我與萬物之情無不盡矣，幽翳冥昧⓱無不得也。我謂無仙，仙必無矣。自來如此，其堅固也，安可移乎⓲？吾每見俗儒碌碌⓳、守株之不信至事⓴者，皆病於頗有聰明，而偏枯拘繫㉑，以小黠㉒自累，不肯為純㉓，在乎極暗，而了不別菽㉔麥者也。

夫以管窺之狹見，而孤塞其聰明之所不及㉕，是何異以一尋之綆汲百仞之深㉖，不覺所用之短，而云井之無水也。俗有聞猛風烈火之聲，而謂天之冬雷，見遊雲西行而謂月之東馳。人或告之，而終不悟信，此信己之多者也。夫聽聲者莫不信我之耳焉，視形者莫不信我之目焉。而或者所聞見言是而非，然則我之耳目果不足信也。況乎心之所度㉗，無形無聲，其難察尤甚於視聽。而以己心之所得，必固㉘世間至遠之事，謂神仙為虛言，不亦蔽哉？」

【章旨】世俗之人雖然也有小的聰明才智，但是見聞狹窄，所知有限，不足以臆斷神仙之有無。

【注釋】❶洽聞之碩儒　見識廣博、學問深厚的大儒。❷足以窮理盡性　深究萬物的事理，探討人性的精微奧妙。足，原作「果」，據宋浙本校改。❸研覈有無　研究探討有無之理。「無」是天地的本始狀態，「有」是化生萬物之源。「有無」指天地化生萬物的根本之理。❹明不能並日月　不能如日月之明，普照天下。❺思不能出萬夫　認識事理不能超越眾人之上。❻劇談　大談；暢談。原脫「談」字，又「劇」訛為「據」，葛氏文中多以「劇談」連文，今正之。❼近才　淺近之才。❽拔群獨識　見識卓絕，超出常人。❾顧　不過。❿規　考察；探求。⓫率　大致；大體上。⓬當塗之伎　作官當權的能力。⓭助教　輔助教化。⓮人理之近易　眼前的人事、易於判斷的道理。⓯凡猥之所惑　世俗愚民疑惑之事。凡猥，鄙賤之人。⓰機兆之未朕　未顯露形跡的徵兆。機兆，事機的先兆。朕，形跡。⓱幽翳冥昧　幽深、隱蔽、難明之事。⓲安可移乎　原無此四字，據宋浙本校補。⓳碌碌　平庸無能的樣子。⓴守株之不信至事　死守一隅，不知變通，不信神仙之事。㉑偏枯拘繫　知識偏狹，思想僵化，抱泥而保守。㉒小黠　小聰明。㉓不肯為純　或作「不肯規為」，疑有脫誤。㉔菽　豆類總稱。㉕聰明之所不及　人的耳目及認識能力所達不到的領域。這裡指神仙之事。㉖以一尋之綆汲百仞之深　用長僅八尺的繩索在深達百仞的井中汲水。古代一尋為八尺，一仞約為七、八尺。㉗心之所度　思考、判斷。㉘必固　固執。

【語　譯】有人說：「我看見著名的高人，知識廣博的大儒，足以窮理盡性、研討有無之理的人甚多，沒有說生命可以延長、神仙可以求得的。先生你並不能像日月一樣光明普照天下，你的聰明才智也並不能超出眾人，你卻大談長生之道。我因此不能相信你的說法。」

抱朴子說：「我是一個平常的人，見識淺近而又孤陋寡聞。又怎麼敢自命獨到超群、勝過眾人呢？不過我曾經透過顯明的事實探求幽隱的道理，以容易證實之事推求難以驗證之理。考察小的效果，便知大的成功；觀察已見之事，推求未試之事。

而那些不相信天地之間有神仙的人，卻不肯作此一番探求。大率有經世之才、當官理政之能的人，他們披覽典籍、閱讀宣傳教化之書，以推測眼前淺近的人事、辨析世俗愚民迷惑不明的道理。他們認為眾人的迷惑，只有我能作出判斷；尚未顯露痕跡的徵兆，只有我能先有所覺察。我對於萬物的情狀無不了然，對於幽隱難明之事無不通曉。我說沒有仙人，就一定沒有仙人。從來如此，固執己見，怎麼可以改變呢？我常見到平庸的俗儒之輩，孤守一隅，不相信神仙之事。他們的毛病在於很有些小聰明，而所知偏狹不全，又不明瞭變通之理，因而反為小聰明所牽累。就如身處極暗之地，連豆類、麥子也難以分辨。

因為見識狹隘、閉目塞聽，拒絕了解自己認識未能達到的區域，這就好像用八尺長的繩索在百仞深井中汲水，不認為是自己的繩子太短，反而說井中無水。俗人有聽見猛風烈火之聲，便說是冬天的雷聲；看見浮雲向西遊動，便說月亮向東行駛。有人告訴他真實的情況，這些人還是不相信。這是過於相信自己了。聽到某種聲音，便完全相信自己的耳朵；看見某種形狀，便完全相信自己的眼睛。但是如果所聽見、所看到的似是而非，並不可靠，那麼自己的耳朵、眼睛也就不足相信。何況內心思考判斷之事，既無形狀又無聲音，其難以察驗又超過了目視耳聞。而以自己內心的臆斷所得，便固執地否定遙遠之事，認為神仙是虛假之談，這不是太蔽塞了嗎？」

抱朴子曰：「妍媸有定❶矣，而憎愛異情，故兩目不相為視❷焉。雅鄭有素❸矣，而好惡不同，故兩耳不相為聽❹焉。真偽有質❺矣，而趨舍舛忤❻，故兩心不相為謀❼焉。以醜為美者有矣，以濁為清者有矣，以失為得者有矣。此三者乖殊❽，炳然可知❾。如此其易也，而彼此終不可得而一焉。又況乎神仙之事，事之妙者，而欲令人皆信之，未有可得之理也。凡人悉使之知，又何貴乎達者哉？若待俗人之息妄言，則俟河之清❿，未為久也。吾所以不能默者，冀夫可上可下者⓫，可引致⓬耳。其不移者⓭，古人已末如之何矣。」

抱朴子曰：「至理⓮之未易明，神仙之不見信，其來久矣，豈獨今哉？太上自然知之⓯，其次告而後悟，若夫聞而大笑者⓰，則悠悠皆是⓱矣。吾之論此也，將有多敗之悔⓲、失言之咎⓳乎！夫物莫之與⓴，則傷之者至焉。蓋盛陽不能榮枯朽之木，神明不能變沈溺之性㉑。子貢不能悅錄馬之野人㉒，古公不能釋欲地之戎狄㉓。實理有所不通，善言有所不行。章甫不售於蠻越㉔，赤舄不用於跣夷㉕。何可強哉？夫見玉而指之曰石，非玉之不真也，待和氏㉖而後識焉。見龍而命㉗之曰蛇，非龍之不神也，須蔡墨㉘而後辨焉。所以貴道者，以其加之不可益，而損之不可減也。所以貴德者，以其聞毀而不慘，見譽而不悅也。彼誠以天下之必無仙，而我獨以實有而與之諍㉙。諍之彌久，而彼執之彌固，是虛長此紛紜㉚，而無救於不解。果當從連環之義㉛乎？」

【章　旨】下愚之人暗昧無知，不肯相信神仙之道，無可足怪。但希望有更多具有中等才智者相信仙道。

【注　釋】❶妍媸有定　美與醜，其形態是一定的。❷兩目不相為視　不同的眼睛觀感不同，不可互相代替。❸雅鄭有素　同一樂曲，其樂調旋律、所表達情感都是確定的。古代經學家認為鄭聲淫，而雅樂為正樂，二者的聲調情感都不一樣。❹兩耳不相為聽　不同人的耳朵聽覺不同，所以不可互相代聽。❺真偽有質　同一事物，其本質之真假是一定的。❻趨舍舛忤　或趨而取之，或捨而棄之，人們的態度不同。舛忤，互相違背、抵觸。❼兩心不相為謀　認識看法不同，不可代替他人的思考。❽乖殊　明顯錯誤。❾炳然可知　明白可見。❿俟河之清　古稱黃河之水千年一清，所以難得等待。⓫可上可下者　指中等智力者。⓬引致　開導使通達仙道。⓭不移者　指下愚者。⓮至理　至為精妙之理。指神仙之理。⓯太上自然知之　最上的智者生而知之。⓰聞而大笑者　指不相信仙道並且加以嘲笑者。⓱悠悠皆是　到處都是。⓲多敗之悔　多言則多敗，必然招致後悔。⓳失言之咎　說錯話造成的過失。⓴與　贊同支持。㉑沈溺之性　指積習甚深，如沈沒於水，難以革除。㉒子貢不能悅錄馬之野人　孔子在行道途中，馬匹逸出食人莊稼，農人扣留了這匹馬。孔子的弟子子貢前往解說，農人不聽。後來一個跟隨孔子不久的人前往解說，農人才將馬還給了孔子。見《呂氏春秋．必己》。㉓古公不能釋欲地之戎狄　古公亶父是周文王的祖父，即周太王。狄人為了得到土地，侵犯不已。古公亶父先後派人送去皮幣、犬馬、珠玉等，狄人仍然不停地侵擾。古公於是帶著人民，遷往岐山之下。㉔章甫不售於蠻越　章甫是商代的一種帽子，即緇布冠。越人不戴帽子，所以章甫賣不出去。㉕赤舄不用於跣夷　赤舄是君王穿的鞋子。跣夷，赤足的夷人。夷人慣於赤腳，所以再好的鞋子也穿不上。㉖和氏　指楚人卞和。㉗命　名。㉘蔡墨　春秋時晉國的史官，又名蔡史墨。他熟悉有關龍的知識，曾有龍見於晉都郊外，蔡墨詳細地加以辨說。見《左傳．昭公二十九年》。㉙諍　爭論；直言相規勸。㉚紛紜　紛擾。㉛當從連環之義　連環相交無端，解脫不開，只有用錘子擊破方能解脫。見《戰國策．齊策六》。

【語　譯】抱朴子說：「一個人的美醜是一定的，而各人的愛惡觀感不同，所以不同人的眼睛不可互相代替而視。同一支樂曲的樂調情感也是確定了的，而各人的感覺好惡也不一樣，所以不同人的耳朵不可互相代替而聽。同一件事物其真假也是一定的，然而各人的取捨態度不同，所以不同的人不可互相代替去思考。以醜為美的人是有的，以濁為清的人是有的，以失為得的人也是有的。這三種判斷的錯誤是顯而易見的，如此簡單的事實，人們彼此之間的看法尚且不能統一。何況神仙之道，乃是天下精妙之事，想讓人們都相信神仙，絕對沒有這樣的道理。如果平常之人都明瞭神仙之事，那麼達者有什麼可貴呢？如果等到世俗之人不再毀謗神仙，那就像等待黃河水清一樣，恐怕等上一千年，也不算長久。我所以不能沈默，乃是希望引導那些中等智力者，使他們能認識仙道。至於那些不可改變的下愚之輩，連古人也對他們毫無辦法了。」

抱朴子說：「精妙之理不易認識，神仙之道不被相信，由來已久，難道只是今天才如此嗎？最上等的人士生而知之，次等的人士通過學習而後能夠悟道，而那些不信仙術、嘲笑仙道的人，則天下到處都是。我談論這些，恐怕會有多言之過、失言之悔啊！一件事如果得不到支持，那麼傷害也就隨之而來了。再溫暖的陽光也不能使枯木朽枝重新長出綠葉，再神聖的人也難以改變積久的惡習。子貢不能使扣馬不放的農人心悅誠服，古公亶父不能使希望得到土地的狄人停止侵擾。真實的道理有時不能使人信服，有益的善言有時行不通。緇布冠在越地沒有市場，貴重的赤舄對於赤足的夷人毫無用處，這些怎麼可以勉強呢？將寶玉指為石頭，並非寶玉不真，而是要等到和氏才能識別寶玉。把龍稱之為蛇，並非龍不神靈，而是待到蔡墨才能分辨龍蛇。道之所以尊貴，是因為有所增添而道並不加多，有所挹取而道並不減少。德之所以尊貴，是因為聽到非毀並不憂傷，受到稱美也不歡悅。那些人認為天下一定沒有神仙，而唯獨我認為有神仙而與他們爭辯。爭論越久，他們的態度越是頑固，這只能增加些無謂的糾紛，而無助於解除他們的迷惑。難道這件事真的無法得到解決嗎？」

卷八 釋滯

【題解】釋滯，即解說仙道中的一些難解之義，掃除求仙學道的思想顧慮。

主要有如下方面：一是修煉神仙之術的基本方法，即行氣、寶精、服藥三端。行氣方面，本篇著重介紹了胎息之法。寶精即房中術，本篇主要強調了不明房中術的危害性。服藥包括金丹及其他藥物，因為另有專篇論及，本篇只是提到而已。其二是人事與仙道的矛盾，本篇提出的原則是：長才者可以兼而修之，其次則放棄人間事，專修神仙術。由於世間求仙學道的人很少，因此不會影響到朝廷的人才濟濟。其三，既然仙道可得，為什麼五經上沒有記載，周公、孔子從未說過呢？為了回答這一問題，篇中舉出了許多奇人異事，說明天地之間事物紛繁，五經不載、周孔未言的事情很多，不足為怪。

篇中還告誡學道者要善於鑒別，不要沈浸在不緊要的道書之中，曠日費時。

或問曰：「人道❶多端，求仙至難。非有廢也，則❷事不兼濟❸。藝文之業❹，憂樂之務❺，君臣之道，胡可替❻乎？」

抱朴子答曰：「要道不煩，所為鮮耳。但患志之不立、信之不篤❼，何憂於人理❽之廢乎？長才者❾兼而修之，何難之有？內寶養生之道，外則和光於世❿，治身而身長修，治國而國太平。以六經訓俗士，以方術授知音。欲少留則且止而佐時⓫，欲昇騰則凌霄而輕舉者，上士也。自持⓬才力不能並成，則棄置人間⓭專修道德⓮者，亦其次也。昔黃帝荷四海之任，不妨鼎湖之舉⓯；彭祖⓰為大夫八百年，然後西適流沙⓱。伯陽為柱史⓲，甯封為陶正⓳，方回為閭士⓴，呂望為太師㉑，仇生仕於殷㉒，馬丹官於晉㉓，范公霸越而泛海㉔，琴高執笏於宋康㉕，常生降志於執鞭㉖，莊公藏器於小吏㉗。古人多得道而匡世，修之於朝隱㉘，蓋有餘力故也。何必修於山林，盡廢生民之事，然後乃成乎？亦有心安靜默，性惡諠譁，以縱逸為歡、以榮任為戚㉙者，帶索㉚藍縷㉛，茹草㉜操耜㉝，玩其三樂㉞，守常待終，不營苟生，不憚速死㉟，辭千金之聘，忽卿相之貴㊱者。無所修為，猶常如此。況又加之以知神仙之道，其亦必不肯役身於世㊲矣。各從其志，不可一概而言也。」

【章旨】古人或者得道之後，繼續留在朝廷佐時匡世，或者隱居山林，不肯役身於世。各從其志，不可一概而論。

【注釋】❶人道　為人之道；人事。❷則　然而。表示轉折。❸事不兼濟　不能同時做好兩件事情。❹藝文之業　五經、文學之學業。❺憂樂之務　指對國事時局的關切。❻替　廢棄。❼篤　深。❽人理　人間的事理。指前所說「藝文之業，憂樂之務，君臣之道」。❾長才者　富有超群之才華者。❿和光於世　混同世俗，才華不外露。⓫佐時　佐理時局。⓬自持　自己估計、思量。⓭棄置人間　指放棄人事，不求建功立業。⓮專修道德　指專心修煉神仙之術。⓯鼎湖之舉　指乘龍飛升成仙。《列仙傳》曰：「黃帝採首山之銅，鑄鼎於荊山之下。鼎成，有龍垂胡髯下迎帝……後世以其處為鼎湖。」⑯彭祖　姓籛名鏗。傳說是帝顓頊之玄孫。至殷商末世，已有七百六十七歲而不衰老。殷王聞之，拜為大夫。善於補養導引之術，並服水桂、雲母粉、麋鹿角，常有少容。見葛洪《神仙傳．卷一》。⑰西適流沙　《神仙傳》說：殷王想要加害於彭祖，彭祖乃去，不知所在。其後七十餘年，聞人於流沙之西見之。適，前往。⑱伯陽為柱史　老子姓李名耳，字伯陽。曾任周之柱下史，時稱隱君子。後見周德衰，乃乘青牛車去。見劉向《列仙傳》。⑲甯封為陶正　《列仙傳》說：甯封子者，黃帝時人，任黃帝之陶正。有神人教其掌火，能出五色煙。甯封又積火自燒，而隨煙氣上下。陶正，掌管燒陶的官。⑳方回為閭士　《列仙傳》說：方回，堯時之隱士，堯聘以為閭士。煉食雲母，隱於五柞山中。㉑呂望為太師　《列仙傳》說：呂尚，冀州人。生而內智，預見存亡。商末之亂中，西往周國，匿於南山，釣於磻溪。周文王夢得聖人，遂載以歸。呂尚名望，俗稱姜太公，西周初年官太師。㉒仇生仕於殷　《列仙傳》說：仇生者，不知何許人也。商湯王時為木正三十餘年，而更壯。常食松脂，自作石室。至周武王幸其室，並祀之。㉓馬丹官於晉　《列仙傳》說：馬丹者，晉耿之人也。晉文侯時為大夫，至晉獻公時復為幕府正。晉靈公時，馬丹隨迅風而去。㉔范公霸越而泛海　《列仙傳》說：范蠡，字少伯，徐人。事周師太公望，好服桂飲水，為越國之大夫。輔佐句踐破吳，後乘輕舟入海。㉕琴高執笏於宋康　《列仙傳》說：琴高者，趙人也，以鼓琴為宋康王舍人。能乘赤鯉魚入水，自由來去。㉖常生降志於執鞭　《列仙傳》說：穀城鄉平常生數死復生，曾止水患，曾為華陰門卒。贊語說他「暫降塵污，終騰雲室」。㉗莊公藏器於小吏　莊公，疑為「皮公」之誤。《神仙傳》說：鹿皮公，淄川人也。少為府小吏木工，舉手能成器械。曾造作飛閣登岑山之巔，食芝草，飲神泉。㉘朝隱　雖然在朝任官但淡泊恬退，情同隱逸。㉙以榮任為戚　以榮華富貴為憂慮。㉚帶索　以繩索為腰帶。《列子．天瑞》說隱士榮啟期「鹿裘帶索」。㉛藍縷　衣衫破爛。㉜茹草　以草為食物。㉝操耜　親自耕作務農。《淮南子．氾論》載伯成子高「辭為諸侯而耕，天下高之」。㉞三樂　隱士榮啟期粗衣帶索，鼓琴而歌，自稱有三樂：得為人，是一樂；得為男，是二樂；又得高壽，是三樂。三樂之義，在於順應自然，知足常樂。㉟不營苟生二句　不為苟且之生，不畏忽然之死。㊱辭千金之聘二句　莊子隱居於濮水，楚王派人攜帶千金，聘以為相，被莊子所拒絕。事見《莊子．秋水》，又見《史記．老子韓非列傳》。㊲役身於世　生命為世俗所驅使。

【語　譯】有人問道：「人生包括許多方面的內容，而求仙又十分困難。並非有意要有所拋廢，只是難以同時做好兩件事情。對於藝文的鑽研，對於國事的關切，臣民對於君上的義務，怎麼可以棄而不顧呢？」

抱朴子回答說：「關鍵的道術並不煩雜，需要去做的也不很多。只耽心不能確立志向、信而不深，何必操心廢棄人間的事理呢？有才能的人同時修持兩方面的事務，又有什麼困難呢？內則珍惜養生之道，外則混同於世俗。內治其身則身長健康，外則治國而國家太平。以六經教導世俗之士，以神仙方術傳授給同志與知音。想要暫留則輔助治理時世，想要飛騰則淩空成仙，這樣的是上士。如果自己認為才力不足以兼顧，則放棄人間之事，專門修煉仙術，這是稍次的。從前黃帝擔當天下的重任，並不妨礙他最終在鼎湖乘龍飛升。彭祖當了八百年的殷商大夫，然後向西過了流沙之國。老子曾任周朝的柱下史，甯封子曾任黃帝的陶正之官，方回在唐堯時出任閭士，呂尚在周文王時官居太師，仇生曾經出仕商朝，馬丹曾經在晉國作官，范蠡輔佐越王稱霸然後泛海而去，琴高在宋康王朝做事而後乘鯉入水，平常生不惜降志辱身任僕役之事，莊公將才具器識藏而不露混跡於小吏。古人常是得道而救世，身居朝廷而修煉隱逸之事，這是因為他們心力寬綽有餘的緣故。何必修煉於山林，完全廢棄人間之事，然後才能成功呢？有的人喜歡安閒靜默，厭惡喧譁吵鬧，以隨意隱逸為歡，以高官厚爵為憂。有的人衣著破爛，飲食粗糙，躬耕為生，而自得其樂，安貧樂道，以享其天年。有的人不經營短暫之生，不畏懼忽然之死，拒絕千金的重利，藐視卿相的尊位。這些人只是追求隱逸無為之樂，尚且能夠如此。何況得知神仙之道的人，他們必定不肯為世俗所役使的。不同的人會有不同的志向，不可以一概而論。」

抱朴子曰：「世之謂一言之善，貴於千金然，蓋亦軍國之得失、行己之臧否❶耳。至於告人以長生之訣，授之以不死之方，非特❷若彼常人之善言也，則奚徒❸千金而已乎？設使❹有困病垂死，而有能救之得愈者，莫不謂之為宏恩重施❺矣。今若按仙經，飛九丹❻、水金玉❼，則天下皆可令不死，其惠非但活一人之功也。

黃老之德，固無量矣，而莫之克識❽，謂為妄誕之言，可歎者也。」

【章 旨】黃帝、老子不死之仙方，可以拯救天下人，其恩德無量。

【注 釋】❶行己之臧否 立身行事之正確與否。臧，善。❷非特 不只；不僅僅。❸奚徒 何只。奚，何；如何。❹設使 假使；假設。❺宏恩重施 大恩大德；重大之施捨。❻飛九丹 以飛煉的方法燒製出九鼎神丹。❼水金玉 使金玉化為溶液。指製成金液仙藥或服食黃金之類。❽莫之克識 不能認識。克，能。

【語 譯】抱朴子說：「世人所謂『一言之善，貴於千金』，指的是用兵打仗或者理政治國之得失，持身處世行為的善否。至於傳授長生的祕訣，告之以不死的方術，不只是如一般人所說的『一言之善』，又何只千金的價值呢？假使某人身患重病，將死之際，有人能救治他的疾病，則沒有不感激其大恩大德的。如今若依照仙經所說飛煉金丹、溶製金液，則可以救天下之人都可以不死。這種恩德就不只是救活一人之功了。黃帝、老子的恩德，真是無限量，而世俗不能認識，反稱黃老之說是虛假荒誕之言，真是令人歎息啊！」

抱朴子曰：「欲求神仙，唯當得其至要❶。至要者在於寶精、行氣、服一大藥❷便足，亦不用多也。然此三事，復有淺深，不值明師，不經勤苦，亦不可倉卒而盡知也。雖云行氣，而行氣有數法焉。雖曰房中，而房中之術近有百餘事焉。雖言服藥，而服藥之方略有千條焉。初以授人，皆從淺始。有志不怠，勤勞可知，方乃告其要耳。

故行氣或可以治百病，或可以入瘟疫，或可以禁蛇虎，或可以止瘡血，或可以居水中，或可以行水上，或可以辟飢渴❸，或可以延年命。其大要者，胎息❹而已。得胎息者，能不以鼻口噓吸，如在胞胎之中，則道成矣。初學行氣，鼻中引氣而閉之，陰以心數至一百二十，乃以口微吐之及引之，皆不欲令己耳聞其氣出入之聲。常❺令入多出少，以鴻毛著鼻口之上，吐氣而鴻毛不動為候❻也。漸習轉增其心數❼，久久可以至千。至千則老者更少，日還一日矣。夫行氣當以生氣之時，勿以死氣之時也。故曰仙人服六氣❽，此之謂也。一日一夜有十二時，其從半夜以至日中六時為生氣，從日中至夜半六時為死氣。死氣之時，行氣無益也。善用氣者噓水，水為之逆流數步；噓火，火為之滅；噓虎狼，虎狼伏而不得動起；噓蛇虺❾，蛇虺蟠而不能去。若他人為兵刃所傷，噓之血即止。聞有為毒蟲所中，雖不見其人，遙為噓祝我之手，男噓我左，女噓我右。而彼人雖在百里之外，即時皆愈矣。又中惡急疾，但吞三九之氣❿，亦登時差⓫也。但人性多躁，少能安靜以修其道耳。又行氣大要，不欲多食，及食生菜肥鮮之物，令人氣強難閉。又禁恚怒⓬，多恚怒則氣亂，既不得溢，或令人發欬，故尠有能為者也。予從祖仙公⓭，每大醉及夏天盛熱，輒入深淵之底，一日許乃出者，正以能閉氣胎息故耳。

房中之法十餘家，或以補救傷損，或以攻治眾病，或以采陰益陽，或以增年延壽，其大要在於還精補腦之一事耳。此法乃真人口口相傳，本不書也。雖服名藥，而復不知此要，亦不得長生也。人復不可都絕陰陽，不交，則坐致壅閼之病⑭。故幽閉怨曠⑮，多病而不壽也。任情肆意，又損年命。唯有得其節宣之和⑯，可以不損。若不得口訣之術，萬無一人為之而不以此自傷煞者也。玄素⑰、子都⑱、容成公⑲、彭祖⑳之屬，蓋載其麤事㉑，終不以至要者著於紙上者也。志求不死者，宜勤行求之。余承師鄭君之言，故記以示將來之信道者，非臆斷之談也。余實復未盡其訣矣。一塗㉒之道士，或欲專守交接之術㉓，以規神仙，而不作金丹之大藥，此愚之甚矣。」

【章　旨】神仙之術最重要的是行氣、寶精、仙藥三事。這三件事都要在明師的指導下，由淺入深，堅持不懈，才能成功。

【注　釋】❶至要　最重要之事；關鍵。❷大藥　仙藥。指金丹之類。❸辟飢渴　使不飢不渴。❹胎息　不以口鼻吸氣，如在胞胎之中，是一種道家修煉之術。❺常　疑「當」字之訛。❻候　目標。❼漸習轉增其心數　逐漸適應之後，便增大心數的數目，即延長閉氣的時間。❽六氣　指天地之生氣。朝旦之氣為朝霞，日中之氣為正陽，日沒之氣為飛泉，夜半之氣為沆瀣。❾蛇虺　毒蛇之類。❿三九之氣　二十七口氣。⓫登時差　立即痊癒。⓬恚怒　憤怒。⓭予從祖仙公　即葛玄。葛洪之從祖。江東著名的道士，傳其法於鄭隱。人稱葛仙公。⓮坐致壅閼之病　因此而生出淤塞不通之疾病。以土阻水曰壅，以閘擋水曰閼。⑮幽閉怨曠　男女阻隔，不能會合。怨曠，怨女曠夫；沒有配偶的單身男女。⑯節宣之和　節制宣洩，和諧適當。⑰玄素　玄女、素女。為傳說中之神女，善房中之術。《遐覽》有《玄女經》、《素女經》各一卷。⑱子都　《神仙傳・卷八》載：巫炎，字子都，有陰術，年二百餘歲，白日升天。《遐覽》有《子都經》一卷。⑲容成公　《列仙傳・卷上》載：容成公，自稱黃帝師，善補養導引之事，髮白更黑，齒落更生。《遐覽》有《容成經》一卷。⑳彭祖　《神仙傳・卷一》載：彭祖，帝顓頊之玄孫。至商末世，已七百六十七歲而不衰老，善補養導引之術。《遐覽》有《彭祖經》一卷。㉑麁事　粗淺而非精要之事。㉒一塗　只行一條途徑；只修一種方術。㉓交接之術　即男女房中術。

【語譯】抱朴子說：「要想修煉成仙，應當知道關鍵之所在。最重要的是寶精、行氣、服食金丹仙藥，也不用再多了。然而這三件事又各有深淺，不遇明師指點，不經過勤修苦煉，不可能在短期內便都全部通曉。雖說行氣，而行氣有多種方法。雖說房中，而房中術有一百多件事項。雖說服藥，而各種藥方有一千多條。剛開始時，總是從淺易的著手。當發現你志向堅定、毫不懈怠時，然後才會傳授關鍵的方術。

所以行氣有的可以治好各種疾病，有的可以進入瘟疫流行地區而不受感染，有的可以制伏毒蛇猛虎，有的可以止住創傷流血，有的可以居住在水中，有的可以行走於水上，有的可以免除飢渴，有的可以延長壽命。其關鍵之法，就是胎息而已。能胎息的人，可以不用鼻口呼吸，如在胞胎之中，道法也就成功了。初學行氣，可以鼻中吸入一口氣而不吐出，默默地在心中從一數至一百二十，再用口慢慢將氣吐出。吐氣及吸氣，都不要讓耳朵聽見氣息出入的聲音。應當多吸氣、少出氣，以鴻毛放在鼻口之前，吐氣時鴻毛不動為努力的目標。逐漸習慣後，再增加心中默數的數字，時間長了可以一口氣數到一千之多。到這時候，老人也會一天比一天年輕。練習行氣應當在生氣之時，不要在死氣之時。人們所說『仙人服六氣』，就是指的這件事。一日一夜有十二時辰，從半夜到中午六個時辰為生氣，從中午至半夜六個時辰為死氣。死氣之時，行氣沒有補益。善於行氣的人，以氣吹水，可以使水倒流數步；以氣吹火，可以使火熄滅；以氣吹虎狼，虎狼趴臥地面而無法起身；以氣吹蛇，毒蛇蜷曲在地上不能動彈。若是有人為兵器所傷，以氣吹之流血即止。聽說有人被毒蟲咬傷，雖說未見到其人，只要遠遠地祈禱，並用氣吹自己的手。受傷者為男則吹左手，受傷者為女則吹右手，即使受傷者遠在百里之外，也立刻能夠痊癒。又突然中惡暴病，只要吞二十七口氣，也能馬上就好。只是世人多數性情急躁，很少有人能夠安心靜意修行道術的。又行氣很重要的一件事，是不要多吃食物。吃了生菜肥鮮之物，使人體氣強盛難以禁閉。又忌諱憤懣惱怒，經常惱怒則氣亂，既不得排遣，又使人欬嗽，所以世人少有能調息行氣的。我的從祖葛仙公，每當大醉之後或者盛夏酷暑季節，便沈入深淵之底，一日左右才出來，就是因為他能夠閉氣胎息的緣故。

房中術有十餘家，有的可以補救傷損，有的可以治療疾病，有的可以採陰補陽，有的可以延年益壽。大致上說，歸結到煉精化氣、煉氣補腦這件事上。其方法乃是真人口頭傳授，本不寫在書上。雖然服食名貴之藥，若不知房中之術，也不能長生。人不能完全斷絕男女交合，否則會因阻塞不通而致病。所以遭幽閉隔離的怨女曠夫，多有疾病而早亡。任意放縱情欲，又有損人的生命。只有節制而適中，才能不損害人的健康。如果不知道口訣，絕對沒有人不因此而傷損身體的。《玄女經》、《素女經》、《子都經》、《容成經》、《彭祖經》之類的書，只是記載粗略之事，終究不會將最重要的東西寫在紙上。有志追求長生不死的人，應當勤奮修煉。我遵從師傅鄭君的話，將這些記下來傳示給後世信道的人，並非臆想之詞。我自己實在也並未完全掌握其要訣。單修一種方術的道士，或者幻想只修房中術便成為神仙，不去合煉金丹之仙藥，這些想法都是非常愚蠢的。」

抱朴子曰：「道書之出於黃老者，蓋少許耳，率❶多後世之好事者，各以所知見而滋長❷，遂令篇卷至於山積。古人質朴，又多無才。其所論物理❸，既不周悉❹，其所證按❺，又不著明❻。皆闕所要而難解，解之又不深遠。不足以演暢微言❼，開示憤悱❽，勸進有志❾，教戒始學❿，令知玄妙之塗徑，禍福之源流也。

徒誦之萬遍，殊無可得也。雖欲博涉，然宜詳擇其善者，而後留意。至於不要之道書，不足尋繹⑪也。

末學者⑫或不別作者之淺深，其於名為道家之言，便寫取累箱盈筐，盡心思索其中。是探燕巢而求鳳卵，搜井底而捕鱣魚，雖加至勤，非其所有也。不得必可施用，無故消棄日月，空有疲困之勞，了無錙銖之益⑬也。進失當世之務⑭，退無長生之效。則莫不指點之曰：『彼修道如此之勤，而不得度世，是天下果無不死之法也。』而不知彼之求仙，猶臨河羨魚而無網罟，非河中之無魚也。

又五千文⑮雖出老子，然皆泛論較略⑯耳。其中了不肯首尾全舉其事⑰，有可承按⑱者也。但暗誦此經，而不得要道，直為徒勞耳。又況不及者乎？至於文子⑲、莊子、關令尹喜⑳之徒，其屬文筆雖祖述黃老㉑、憲章玄虛㉒，但演其大旨，永無至言㉓。或復齊死生㉔，謂無異以存活為徭役，以殂歿為休息㉕。其去神仙，已千億里矣。豈足耽玩哉？其寓言譬喻，猶有可采，以供給碎用㉖，充御卒乏㉗。至使末世利口之奸佞㉘、無行之弊子㉙，得以老莊為窟藪㉚，不亦惜乎？」

【章旨】傳世的道書很多，修道者要善於選擇。那些名為道家而不符合黃老之旨的書，不值得反覆誦讀。

【注　釋】❶率　大概；一般。❷滋長　增加；增添。❸物理　事物之理。❹周悉　周全；完備。❺證按　證據；依據。❻著明　明朗；明白。❼演暢微言　暢述、解說精微之旨。❽開示憤悱　將精深要妙之理闡發出來。憤悱，冥思苦想而難以表達。❾勸進有志　勸勉、鼓勵有志修道之士。❿教戒始學　教導初學者。⓫尋繹　認真閱讀，反覆研究。⓬末學者　後學者；初學者。⓭錙銖之益　絲毫的補益。⓮進失當世之務　失去了世俗進取的機會，因而沒有成績。⓯五千文　即老子《道德經》。⓰較略　大略。⓱首尾全舉其事　將事情的首尾完整地講述出來。⓲承按　依據以施行。⓳文子　姓辛名鈃，字文子，傳說是老子之弟子。著書十二卷，名曰《文子》。⓴關令尹喜　尹喜是周之大夫，函谷關令，善於內學。老子西遊，著書五千言以授之。尹喜著有《關尹子》九篇。㉑祖述黃老　以黃帝、老子為師法，提倡黃老之學說。㉒憲章玄虛　立論崇尚玄虛，奉之以為典則。㉓永無至言　其中並無如何修煉長生之言。㉔齊死生　以生死為一體，主張不悅生、不惡死。這是莊子學說中的一個重要觀點。㉕以存活為徭役二句　生存辛苦如同勞役，而死亡如同休息。㉖供給碎用　充當細小的用途。指擷取其辭藻及比喻，以供修飾文辭之用。㉗充御卒乏　在缺乏時可以借來應用。御，進用。㉘利口之奸佞　花言巧語、心地奸惡之徒。㉙無行之弊子　品行惡劣的壞人。㉚窟藪　洞穴、山澤。本是野獸藏身之所，這裡比喻以之為掩護。

【語　譯】抱朴子說：「道書出自黃帝、老子之手的只有很少的部分。多數是後世好事之人，根據自己的理解與見聞而增添的內容，便使得篇卷堆積如山了。古人質樸，又多數並無才華，他們所論事物之理既不周全，其證據也不明朗，關鍵的地方闕而不談，難以理解。解釋又不深遠，不足以暢述精微之旨，演說要妙之理，勸勉有志之士，教誡初學之人。使他們藉以得知仙道玄妙的途徑，人生禍福的源流。將這些書讀上一萬遍，也不會有什麼收穫。雖說要廣泛涉獵群書，但是也應該認真選擇其中質量上乘者，然後留意。至於不緊要的道書，不值得認真閱讀。

初學者有時難以分辨作者的高低，看見題為道家之言，就抄寫下來，積累至滿箱滿筐，整日沈思其中。這就好像在燕巢中尋找鳳凰蛋，在井底要找到大鱣魚一樣。即使再努力，但是所求非所有。不得到確實有用之書，無故浪費了時間，白白地消耗了精力，卻沒有絲毫的好處。俗人看見這些人既沒有在社會上取得成就，求長生又沒有效果，莫不指點著說：『他修道求仙是如此勤奮，仍然不能成功，說明天下的確沒有不死之法。』

而不知道這種人求仙就好像在河邊羨慕游魚，卻沒有魚網捕撈，並不是河中無魚。

又《道德經》五千言雖然出自老子，卻都是泛論概要大略。其中全然不肯將事情的首尾完整的講述出來，使讀者可以按書施行。只知背誦《道德經》，而不得其要道，也是徒勞無益。又何況連這都作不到的人呢？至於文子、莊子、關令尹喜等人，他們的文章雖然奉黃帝、老子為師法，尊玄虛無為為準則，但是他們只是闡說其宗旨，並無修煉仙術之言。或者主張生死一體，說活著就像服勞役，死去就像休息一樣。這種說法距離神仙之道，有千萬里之遙遠。難道值得反覆研讀，沈浸其中嗎？這些書中的寓言、譬喻，尚有可取之處，可以在詞藻短缺時有些零碎的用處。所以後世花言巧語的奸佞之輩、品行不端的歹徒惡人，得以託言老莊為掩護，這不是令人痛惜的嗎？」

或曰：「聖明御世❶，唯賢是寶。而學仙之士，不肯進宦❷。人皆修道，誰復佐政事哉？」

抱朴子曰：「背聖主而山棲者，巢、許❸所以稱高也。遭有道而遁世者，莊伯❹所以為貴也。軒轅❺之臨天下，可謂至理也，而廣成❻不與焉。唐堯❼之有四海，可謂太平也，而偓佺❽不佐焉。而德化不以之損也，才子❾不以之乏也。天乙革命❿，而務光⓫負石以投河。姬武翦商⓬，而夷齊⓭不食於西山。齊桓⓮之興，而少稷⓯高枕於陋巷。魏文⓰之隆，而干木散髮於西河⓱。四老鳳戢於商洛⓲，而不妨大漢之多士⓳也。周黨麟跱於林藪⓴，而無損光武之刑厝㉑也。

夫寵貴不能動其心，極富不能移其好。濯纓滄浪㉒，不降不辱。以芳林為臺榭，峻岫㉓為大廈，翠蘭為絪床㉔，綠葉為幃幙㉕。被褐代袞衣㉖，薇藿當嘉膳㉗。非躬耕不以充飢，非妻織不以蔽身。千載之中，時或有之。況又加之以委六親於邦族㉘，捐室家而不顧，背榮華如棄跡，絕可欲於胸心。淩嵩峻㉙以獨往，侶影響㉚於名山。內視於無形之域，反聽乎至寂之中㉛。八極㉜之內，將遽幾人？而吾子乃恐君之無臣，不亦多憂乎？」

【章旨】舉出歷史事例，說明聖明之朝亦有隱士，不必耽心為數甚多的隱士，朝中便無人作官了。

【注釋】❶御世　統治天下。御，統率；治理。❷進宦　入仕作官。❸巢許　巢父、許由。都是唐堯時著名的隱士。❹莊伯　疑「支伯」之訛。《莊子・讓王》載舜讓天下於子州支伯，子州支伯不受。阮籍〈為鄭沖勸晉王牋〉：「臨滄洲而謝支伯，登箕山而揖許由。」❺軒轅　黃帝，號軒轅氏。❻廣成　廣成子，古之仙人。居住崆峒山石室之中，黃帝曾經前往向他問道。見《神仙傳・卷一》。❼唐堯　堯，初封於陶，又封於唐，史稱唐堯。❽偓佺　古之仙人。傳說為槐山採藥人，好食松實，形體生毛長數寸，兩目更方。曾將松子贈給堯，堯不暇服用。見《列仙傳・卷上》。❾才子　有才之士。指朝中的官員。《左傳》將八元八愷均稱為才子。❿天乙革命　指湯滅亡夏朝，建立商王朝。湯，又稱天乙。⓫務光　夏時人。湯滅夏後，以天下讓務光。務光不受，負石自沈於蓼水。後四百餘歲，復見武丁。見《列仙傳・卷上》。⓬姬武翦商　周武王推翻商紂的統治，建立新王朝。周武王，姬姓，故稱姬武。翦，滅。⓭夷齊　伯夷、叔齊。孤竹君之二子。武王滅商後，他們逃到首陽山，採薇而食。⓮齊桓　齊桓公。春秋時齊之國君，多次大會諸侯，為春秋五霸之一。⓯少稷　姓小臣，名稷。傳說齊桓公見小臣稷，一日三至不得見。見《呂氏春秋・下賢》。⓰魏文　魏文侯。即魏斯，魏桓子之孫，與周同姓，始立為侯。⓱干木散髮於西河　段干木，戰國著名的賢者，隱居於魏國。魏文侯請他出仕為相，他拒絕了。散髮，解冠隱居。西河，戰國魏地。⓲四老鳳戢

於商洛　四皓隱居於商洛山中。鳳戢，像鳳凰斂起翅膀。指隱居。⑲多士　人才眾多。⑳周黨麟跱於林藪周黨，字伯況，太原人。王莽專政時，託疾杜門不仕。建武中被朝廷徵辟，周黨赴朝陳明己志。後隱居著述而終。麟跱，麒麟在野。麒麟是祥瑞之獸，比喻賢者。㉑無損光武之刑厝　意謂周黨雖不當官，光武朝依舊治理得天下太平。刑厝，天下太平，無人犯法，故刑法擱置不用。光武，原作「孝文」，與史不合，據史以正之。㉒濯纓滄浪　在滄浪清波中洗濯冠纓。是隱者蕭散適意、隨時安分的意思。《楚辭・漁父》：「滄浪之水清兮，可以濯我纓；滄浪之水濁兮，可以濯我足。」㉓岫　山洞；石室。㉔絪床　有墊褥的床鋪。㉕幃幙　同「帷幕」。㉖被褐代袞衣　以百姓之粗布短襖，代替華美的官服。袞衣，帝王公侯所穿的禮服。㉗薇藿當嘉膳　以山林的野菜，當作人間的美味嘉餚。薇、藿，都是野菜名。㉘委六親於邦族　別離同一家族的親戚之輩。委，丟下；離別。六親，指父母、兄弟、妻子等親屬。㉙淩嵩峻　登上高聳的山巒。㉚侶影響　與自己的影子、聲音相伴。意謂獨自往來。㉛內視於無形之域二句　內視自身臟腑，返聽體中聲息。乃是道家養生修煉的功夫。㉜八極　八方極遠之地。泛指天下。

【語　譯】有人說：「聖明的君主統治國家，將賢者當作國家的珍寶。而學仙的人不肯當官，人人都去學道，誰來輔佐君王、處理政事呢？」

抱朴子說：「離開聖明的君主而隱居山林，巢父、許由所以被稱為高尚之士。遇到有道之君而高蹈出世，支伯所以品德高貴。黃帝君臨天下，世界可謂治理得很好了，而廣成子並未參與朝政。唐堯治理四海，天下可謂太平了，而偓佺並不輔佐他。上述聖王的德政教化，並不因為這些隱士而減損，朝中官員也不因之而缺少。商湯建立新朝，欲讓天下於務光，務光寧肯負石投河，也不接受王位。周武王推翻了商朝，而伯夷、叔齊隱於西山，不食周粟。齊桓公興起霸業，而小臣稷隱居在陋巷之中。魏文侯時國勢興隆，而段干木披髮逍遙於西河之地。四皓隱居在商洛山，不妨礙漢代朝廷濟濟多士。周黨隱居於山林，無損於光武帝的天下太平。

寵榮尊顯不能動搖其心，財富無限不能改變其志。在滄浪清波中洗濯冠纓，不屈抑其志，不辱沒其身。以芬芳的山林為臺榭，以崇山石室為大廈，以蘭草為床鋪，以綠蔭為帷幕，以粗布短褐為禮服，以山林野菜當作美味嘉餚。不是親自耕作收穫的糧食不吃，不是妻子紡織的衣服不穿。千年之中，這樣的人偶而有之。

況且又加上離別父母親人，抛棄妻子家室。背離榮華富貴將之棄而不顧，斷絕世俗的欲念而毫不縈懷。攀登崇山峻嶺獨自往來，在名山之間與自己的身影相伴。內視自身的臟腑，諦聽自身的聲息。普天之下，又能有幾人？而你卻耽心君王沒有臣子，這豈不是過分地憂慮嗎？」

或曰：「學仙之士，獨潔其身而忘大倫❶之亂，背世主而有不臣之慢❷。余恐長生無成功，而罪罟❸將見及也。」

抱朴子答曰：「夫北人❹、石戶❺、善卷❻、子州❼，皆大才也。而沈遁放逸❽，養其浩然❾。昇降❿不為之虧，大化⓫不為之缺也。況學仙之士，未必有經國之才，立朝之用，得之不加塵露之益⓬，棄之不覺毫釐之損⓭者乎？方今九有同宅⓮，而幽荒來仕⓯，元凱委積⓰，無所用之。士有待次之滯⓱，官無暫曠之職⓲。勤久者有遲敘之歎⓳，勳高者有循資之屈⓴。濟濟之盛，莫此之美。一介之徒，非所乏也。昔子晉㉑舍視膳之役㉒，棄儲貳之重㉓，而靈王不責之以不孝。尹生㉔委衿帶之職㉕，違式遏之任㉖，而有周不罪之以不忠。何者？彼誠亮㉗其非輕世薄主㉘，直以所好者異，匹夫之志，有不可移故也。

夫有道之主，含垢㉙善恕。知人心之不可同，出處之各有性，不逼不禁，以崇光大。上無嫌恨之偏心，下有得意之至歡。故能暉聲並揚於罔極㉚，貪夫聞風而忸怩㉛也。吾聞景風起則裘鑪息㉜，世道夷則奇士退㉝。今喪亂既平，休牛放馬㉞，烽燧滅影㉟，干戈載戢㊱，繁弱既韜㊲，盧鵲將烹㊳。子房出玄帷而反閭巷㊴，信越釋甲冑而修魚釣㊵。況乎學仙之士，萬未有一，國家吝此，以何為哉？然其事在於少思寡欲，其業在於全身久壽。非爭競之醜，無傷俗之負。亦何罪乎？且華霍㊶之極大，滄海之滉瀁㊷，其高不俟翔埃之來㊸，其深不仰行潦之注㊹。撮壤土不足以減其峻，挹勺水不足以削其廣。一世不過有數仙人，何能有損人物之鞅掌㊺乎？」

【章旨】學仙之士萬未有一，一世亦不過有數仙人。故少數人隱逸學仙，並不影響朝中的濟濟多士。

【注釋】❶大倫　指君臣之倫理。❷慢　傲慢；輕視。❸罪罟　法網。❹北人　指北人無擇。古代之隱士。《莊子・讓王》記載：舜以天下讓於北人無擇。北人無擇以為辱，自投清泠之淵。❺石戶　石戶之農。古代之隱士。《莊子・讓王》載：舜以天下讓給石戶之農，石戶乃夫負妻戴，攜子以人於海，終身不返。❻善卷　古代之隱士。舜以天下讓給善卷，善卷不受，入於深山，莫知其處。見《莊子・讓王》。❼子州　子州支伯，或作子州支父。古代之隱士。堯以天下讓子州支父，舜以天下讓子州支伯，均不受。見《莊子・讓王》。❽沈遁放逸　遁世隱逸，不求有用於世。❾浩然　指浩然之氣。❿昇降　指朝廷的禮儀制度。⓫大化　指朝廷的教化德政。⓬塵露之益　灰塵、露珠般微小的好處。⓭毫釐之損　一絲一毫微不足道的損失。⓮九有同宅　天下統一，如同一家。九有，九州。⓯幽荒來仕　偏遠之地的人都來到朝中作官。⓰元凱委積　人才積壓。古代高辛氏有才子八人，謂之八元；高陽氏有才子八人，謂之八愷。元凱，指朝中有才能之臣。⓱待次之滯　因為官員過多，必須等待按次序加以任命，而不能及時就職。⓲暫曠之職　職務空缺，暫時無人出任。曠，缺。⓳遲敘之歎　晉升職務太遲的嘆息。敘，按級提升；晉級。⓴循資之屈　因為論資排輩而被壓抑、受委曲。循資，一作「坐漏」，有功而漏授官。㉑子晉周靈王太子晉，即王子喬。好吹笙，作鳳凰鳴。道士浮丘公接上嵩高山，成仙而去。見《列仙傳・卷上》。㉒舍視膳之役　放棄侍養父母的責任。太子應該察看君王的飲食，以盡孝道。㉓棄儲貳之重　捨棄儲君的重任。太子是帝王的繼承人，故曰儲貳。㉔尹生　尹喜。周大夫，為函谷關令。與老子俱遊流沙，成仙而去。㉕委衿帶之職　放棄防守險要關隘的職責。衿帶，山川回互環繞。㉖違式遏之任　違背了防守敵寇的責任。式遏，阻擋；防止。㉗亮　明瞭；洞察。㉘輕世薄主　輕忽世務，藐視君王。㉙含垢　忍辱；容忍。㉚罔極　無窮盡。㉛聞風而忸怩　得知隱士的風操，而有羞愧之心。忸怩，表情不自然。㉜景風起則裘鑪息　溫暖的南風吹起來後，皮襖與火爐也就收起來了。景風，夏至以後的暖風。一說南風。㉝世道夷則奇士退　戰亂平定後，奇謀之士就要告退。夷，平。㉞休牛放馬　歸還軍用的牛，放回作戰用的馬匹。㉟烽燧滅影　戰爭的烽火熄滅了。烽燧，報警的烽火、烽煙。㊱干戈載戢　作戰的兵器收藏起來。㊲繁弱既韜　弓箭已經收起。繁弱，良弓之名。韜，藏。㊳盧鵲將烹　良狗將被烹殺。韓盧、宋鵲，都是古代的良犬。㊴子房出玄帷而反閭巷　像張良那樣的謀士將離開軍營回到民間。張良，字子房，劉邦的重要謀士。玄帷，軍帳。㊵信越釋甲冑而修魚釣　像韓信、彭越那樣的將軍將要解甲閒居。韓信、彭越，均為漢朝的大將，屢建功績。㊶華霍　華山、霍山。㊷滉瀁　深廣之貌。㊸其高不俟翔埃之來　崇山不待塵埃，自然成其高。翔埃，飄浮的灰塵。㊹其深不仰行潦之注　大海不待溝渠之水，自然成其深。行潦，溝中的積水。㊺鞅掌　繁多；眾多。

【語　譯】有人說：「學仙者追求個人節操的高潔，卻忘記了此舉不符合君臣之倫理。離開朝廷而不願作官，有藐視君王之罪。我恐怕長生尚未修煉成功，便會受到刑法的懲處。」

抱朴子答道：「北人、石戶、善卷、子州，都有傑出的才能，而遁世隱逸，不求世用，養其浩然之氣，而朝廷的禮儀制度並沒有欠缺，德政教化也並無虧損。何況學仙之士，未必有治理國家的才能，未必能勝任朝廷的事務。得到他們沒有點滴的好處，失去他們沒有絲毫的損失！當今天下統一，連荒遠偏僻之地的人都到朝廷效力，各種傑出的人才濟濟一堂，以致造成人才積壓。士人按次序等候委派，不能立即就職，不會有官職空缺、無人出任的情況。長期勤懇辛勞的官員有晉職太遲的歎息，立下巨大功績的官員因為論資排隊而受到壓抑。人才濟濟的局面，沒有超過現在的了。一個隱逸之士，並不是朝廷所缺乏的。從前太子晉沒有履行孝敬父母的職責，放棄了太子的重任，周靈王並未責備他不孝。尹喜放棄了防守邊關的職務，違背了抵禦敵寇的責任，而周朝並不認為他有不忠之罪。為什麼呢？因為君王知道王子喬、尹喜並不是輕忽世事、鄙薄君王，只是由於興趣愛好不同，個人的志向不可改變罷了。

有道之主，能夠包涵容忍，以寬恕待人。知道人心不可以一律，或出或處各有其志，君王不強迫、不禁止，以弘揚廣大的德化。在上者沒有憎恨疑忌的偏執心理，在下者能夠隨心適意、情志歡暢。所以能使輝煌的德化發揚無窮，使得貪婪之輩聞風而有羞愧之意。我聽說溫暖的南風吹起後，禦寒的皮襖、火爐就要收起來；戰事平定，奇謀之士就要告退了。如今天下的動亂已經平定，歸還作戰用的馬牛，熄滅了告警的烽火，干戈入庫，弓箭收藏，良犬烹殺。謀臣要離開軍帳回到閭巷，將軍要脫下軍裝去賦閒釣魚。何況學仙之士，萬人之中不到一個，國家又何必吝惜呢？修仙之事要求少思寡欲，目的在於全身久壽。沒有爭逐名利的醜行，不作傷風敗俗的壞事。又有何罪呢？再說華山、霍山巍峨高大，滄海浩瀚深厚，不待飛揚的塵埃自然高大，不待溝渠細流的灌注自然深廣。除去一撮土不會減少它的高峻，舀取一勺水不會影響它的深廣。一世不過有幾個仙人，怎麼能有損於朝廷人才的繁盛呢？」

或曰：「果其仙道可求得者，五經何以不載，周孔何以不言，聖人何以不度世❶，上智何以不長存？若周孔不知，則不可為聖；若知而不學，是則不近人情；若為而不得❷，則是無仙道也。」

抱朴子答曰：「人生星宿各有所值，既詳之於別篇❸矣。子可謂戴盆以仰望❹，不睹七曜之炳粲❺；暫引領於大川❻，不知重淵之奇怪❼也。夫五經所不載者無限矣，周孔所不言者不少矣。特為吾子略說其萬一焉。雖大笑不可止，局情難卒開❽，且今子聞其較略❾焉。

夫天地為物之大者也。九聖❿共成《易經》，足以彌綸陰陽⓫，不可復加也。今問善《易》者：周天之度數，四海之廣狹，宇宙之相去，凡為幾里？上何所極，下何所據？及其轉動，誰所推引？日月遲疾，九道所乘⓬；昏明脩短，七星迭正⓭；五緯盈縮⓮，冠珥薄蝕⓯；四七淩犯⓰，彗孛所出⓱；氣矢之異⓲，景老之祥⓳；辰極不動⓴，鎮星獨東㉑；羲和外景而熱㉒，望舒內鑒而寒㉓；天漢仰見為潤下之性㉔，濤潮往來有大小之變㉕；五音六屬，占喜怒之情；雲動氣起，含吉凶之候；欃、槍、尤、矢㉖、旬始、格澤㉗、四鎮、五殘㉘、天狗、歸邪㉙，或以示成，或以正敗。明《易》之生，不能論此也。以次問《春秋》、四部《詩》㉚、《書》、三《禮》㉛之家，皆復無以對矣。皆曰悉正經所不載，唯有巫咸、甘公、石申㉜、《海中》、《郄萌》、《七曜》㉝記之悉矣。余將問之曰：『此六家之書，是為經典之教乎？』彼將曰：『非也。』余又將問曰：『甘、石之徒，是為聖人乎？』彼亦曰：『非也。』然則人生而戴天，詣老履地，而求之於五經之上則無之，索之於周孔之書則不得，今寧可盡以為虛妄乎？天地至大，舉目所見猶不能了㉞，況於玄之又玄、妙之極妙者乎？」

【章　旨】天地至大，五經所不載、周孔所未言的事情很多，不能據此以否認仙道的存在。

【注　釋】❶度世　超越世俗，修成仙人。❷是則不近人情二句　此十一字原無，據宋浙本校補。❸別篇　其他篇章。參見〈塞難〉。❹戴盆以仰望　形容有所蔽則無所見。❺七曜之炳粲　日月五星之燦爛閃耀。七曜，指日、月、金星、木星、水星、火星、土星。❻引領於大川　在江河邊伸頸一望。引領，伸頸遠望。❼重淵之奇怪　深淵之下形形色色的物類。❽局情難卒開　胸懷與見識狹小，短期難以開拓。局，狹隘。卒，倉促。❾較略　大略；大體。❿九聖　指伏犧、神農、黃帝、堯、舜、禹、文王、周公、孔子。孔穎達〈周易正義序〉：「業資九聖，時歷三古。」⓫彌綸陰陽　包容陰陽，統括天地。⓬九道所乘　日月所行軌道。日行黃道。月行九道：中為黃道；黑道二，出黃道北；赤道二，出黃道南；白道二，出黃道西；青道二，出黃道東。⓭七星迭正　以北斗七星規範星宿的位置。《史記・天官書》：「北斗七星，所謂璇璣玉衡，以齊七政。」⓮五緯盈縮　金、木、水、火、土五大行星的盈縮變化。⓯冠珥薄蝕　太陽四周有赤雲氣如光圈環繞叫日暈，又叫日冠。赤雲氣在兩旁相對叫日珥。日薄是日偏食。日蝕即日食。⓰四七淩犯　二十八星宿運行中的侵犯現象。⓱彗孛所出　彗星、孛星出沒的現象。⓲氣矢之異　雲氣、星氣的異常變化。矢，枉矢。類大流星。⓳景老之祥　天上有景星，常出於有道之國。有老人星，見則天下安寧。⓴辰極不動　北極星辰恆處不動。㉑鎮星獨東　《史記・天官書》說：「太歲在甲寅，鎮星在東壁。」㉒羲和外景而熱　太陽光芒外現，故炎熱。羲和，指太陽。㉓望舒內鑒而寒　月亮光芒內照，故寒涼。望舒，指月亮。㉔天漢仰見為潤下之性　銀河星多，則人間多水。銀河星少，則人間旱災。《史記・天官書》：「漢，星多多水，少則旱。」㉕濤潮往來有大小之變　葛氏曾著《潮說》，認為月滿則潮濤大，又夏潮大，冬潮小，故云。㉖欃槍尤矢　皆星名。欃，天欃。槍，天槍。尤，蚩尤之旗。矢，枉矢。㉗旬始格澤　皆星名。旬始星，出北斗旁。格澤星，如炎火之狀。㉘四鎮五殘　皆星名。四鎮星出於四隅，距地約四丈。五殘星出於東方之野，距地約六丈。㉙天狗歸邪　皆星名。天狗星若大流星，望之若火光炎炎。歸邪星如星非星，如雲非雲。以上諸星，均見《史記・天官書》。㉚四部詩　漢代解說《詩經》，有齊、魯、韓、毛四家。㉛三禮　《周禮》、《儀禮》、《禮記》，合稱三禮。㉜巫咸甘公石申　均為古代之天文學家。甘公有《天文星占》八卷，石申有《天文》八卷。㉝海中郄萌七曜　有《海中占》、《郄萌占》、《七曜》等天文書籍。㉞了　明白；了然。

【語　譯】有人問道：「如果仙道果真可以求得，五經上為什麼沒有記載？周公、孔子為什麼沒有說過？聖人為何沒有成仙？上智者為何不能長存？如果仙道存在而周公、孔子不知，則他們算不得聖人。如果周公、孔子知仙道而不學，則不符合情理。如果學而未得，那就說明根本沒有仙道。」

抱朴子答道：「人誕生時恰值不同的星辰，稟性也就不同，在別的篇章中我已經詳細地論述過這一問題。你可以算得是戴盆望天，連光輝燦爛的日月星辰都看不見。在大江邊伸長頸脖匆匆一望，不知道深淵之下奇異的物象。五經上沒有記載的事物很多，周公、孔子所沒有說過的也很不少。這裡我特地為你略說一二。即使你以為迂闊而大笑不已，即使難以改變你狹隘的胸襟，還是要告訴你大概的情況。

天地的範圍最為廣大。九位聖人共同撰成了《易經》，所以《易經》足以包容萬象、統括天地，不可復加了。但是若是要問善於《易》學者：周天的度數、四海的面積、天地宇宙相隔距離各是多少？天的上方止於何處，地的下方何所依憑？以及地球運轉是何力推動？日月運行的快慢速度，所經過的軌道，光芒的明暗長短，北斗七星與群星位置的調整，五大行星的盈縮變化，各種日暈日蝕，二十八星宿的相互淩犯，彗星孛星的出現，雲氣矢星的異態，景星老人星預示吉祥，北極星辰恆處不動，鎮星時常出現東壁，太陽的光輝外射而熱，月亮的光影內照而寒，天上的銀河與人間的水旱相照應，波濤潮水的往來有大小的變化，五音六屬可以占卜喜怒之情，風起雲動包含著吉凶之兆，天欃、天槍、蚩尤之旗、枉矢、旬始、格澤、四鎮、五殘、天狗、歸邪，這些星象的出現，或者預示成功，或者預示失敗。深明《易》理的人，並不能論說這些現象。將這些問題依次詢問研治《春秋》、《詩經》、《尚書》、三《禮》的學者，他們也將無法回答。他們會說這些都是經典上所沒有記載的，說只有巫咸、甘公、石申、《海中占》、《郄萌占》、《七曜》之書對此有詳細的記載說明。我如果進一步地問：『這六家之書，是否屬於經典之教誨一類呢？』他們會回答說：『不是的。』我又將問道：『甘公、石申這些人，是不是聖人呢？』他們也會說：『不是的。』既然如此，人生活於天地間，從生到死頭頂天、腳踏地，凡是五經上沒有記載的，周公、孔子之書沒有說過的事物，難道能夠都說成虛妄嗎？天地如此之大，舉目所見的事情尚且不能了然，何況玄之又玄、妙之極妙的仙道呢？」

復問俗人曰：「夫乘雲蠒產之國[1]，肝心不朽之民[2]，巢居穴處，獨目三首[3]，馬閒狗蹄[4]，脩臂交股[5]，黃池無男[6]，穿胸旁口[7]，廩君起石而泛土船[8]，沙壹觸木而生群龍[9]，女媧地出[10]，杜宇天墮[11]，甓飛犬言[12]，山徙社移[13]，三軍之眾一朝盡化，君子為鶴，小人成沙[14]，女丑倚枯[15]，貳負抱桎[16]，寄居之蟲，委甲步肉[17]，二首之蛇，弦之為弓[18]，不灰之木[19]，不熱之火[20]，昌蜀之禽[21]，無目之獸，無身之頭[22]，無首之體[23]，精衛填海[24]，交讓遞生[25]，火浣之布[26]，切玉之刀[27]，炎昧吐烈[28]，磨泥漉水，枯灌化形[29]，山夔前跟[30]，石脩九首[31]，畢方人面[32]，少千之劾伯率[33]，聖卿之役肅霜[34]，西羌以虎景興[35]，鮮卑以乘鼈強[36]，林邑以神錄王[37]，庸蜀以流尸帝[38]，臨神嬰來而蟲飛[39]，縱目世變於荊岫[40]，五丁引蛇以傾峻[41]，肉甚振翅於三海[42]，金簡玉字發於禹井之側[43]，《正機》《平衡》割乎文石之中[44]。凡此奇事，蓋以千計。五經所不載，周孔所不說，可皆復云無是物乎？

至於南人能入柱以出耳，禦寇停肘水而控弦[45]，伯昏躡億仞而企踵[46]，呂梁能行歌以憑淵[47]，宋公克象葉以亂真[48]，公輸飛木鵠之翩翾[49]，離朱覿毫芒於百步[50]，賁獲[51]效膂力於萬鈞，越人揣鍼以蘇死[52]，豎亥超跡於累千[53]，郢人奮斧於鼻堊[54]，仲都袒身於寒天[55]。此皆周孔所不能為也。復可以為無有乎？

若聖人誠有所不能，則無怪於不得仙。不得仙亦無妨於為聖人，為聖人偶所不聞[56]。何足以為攻難之主[57]哉？聖人或可同去留[58]，任自然，有身而不私，有生而不營，存亡任天，長短委命[59]。故不學仙，亦何怪也！」

【章 旨】進一步舉出五經未載、周孔不能的異人異事，說明聖人有所未知、有所不能。因此聖人不得仙，也就不足為怪。

【注 釋】❶乘雲蠒產之國　大人國。其國人能乘雲而不能走。見《博物志・外國》。《山海經・海外北經》載：「歐絲之野在大踵東，一女子跪，據樹歐絲。」傳說其國人吃桑葉而吐絲，即蠒產之國。❷肝心不朽之民　傳說無膂國之民，死埋之，其心不朽，百年還化為人。而細國之民，其肝不朽，百年化為人。見《博物志・異人》。❸獨目三首　《山海經》載有一目國、三首國。❹馬閒狗蹄　孫星衍校曰：「馬閒」一本作「鳥爪」。❺脩臂交股　《山海經》載有長臂國、交脛國。《淮南子・墬形》海外三十六國有交股民。❻黃池無男　《山海經・海外西經》載有女子國。郭璞注：有黃池，婦人入浴，出即懷妊矣。❼穿胸旁口　《山海經・海外南經》有貫胸國，胸有竅。❽廩君起石而泛土船　廩君是古代巴山一帶的氏族首領。本有五姓，以擲劍石穴的方式選擇首領。又使各乘土船，不沈者為君。見《世本・氏姓》。❾沙壹觸木而生群龍　沙壹是哀牢的一個女子，嘗捕魚水中，觸沈木而懷孕，產子十人。後沈木化為龍，九子驚走，獨小子背龍而坐。及後長大，推以為王。見《後漢書・哀牢夷傳》。❿女媧地出　傳說古神女人面蛇身，處栗廣之野，橫道而處，其腹化為女媧。見《山海經・大荒西經》郭璞注。⓫杜宇天墮　傳說古代蜀民稀少，有一男子名曰杜宇，從天墮止朱提。杜宇自立為蜀王，號曰望帝。見《太平御覽・卷八八八》引。⓬甓飛犬言　疑當為「盤瓠犬言」。盤瓠，高辛氏之犬，其毛五采，能解人言。時犬戎為患，盤瓠嚙得敵將頭顱，寇患即平。高辛氏乃以美女妻之，封以侯國。參見《搜神記・卷一四》。⓭山徙社移　《搜神記・卷六》曰：「夏桀之時，厲山亡；秦始皇之時，三山亡；周顯王三十二年，宋大邱社亡；漢昭帝之末，陳留昌邑社亡。」又載瑯邪東武海中山移於山陰，交州脆州山移於青州，皆此之類。⓮君子為鶴小人成沙　傳說周穆王南征時，一軍盡化，君子為猿為鶴，小人為蟲為沙。見《藝文類聚・卷九〇》引。⓯女丑倚枯　傳說女丑被太陽活活地曬死了。《山海經・海外西經》：「女丑之尸，生而十日炙殺之。」⑯貳負抱桎　傳說貳負殺了窫窳，被天帝桎其右足，反縛兩手，囚禁在疏屬之山。見《山海經・海內西經》。⑰寄居之蟲二句　傳說小蟹寄居在璅蛣體內，璅蛣將死，小蟹就委棄而去了。⑱二首之蛇二句　傳說常山有兩頭之蛇，觸其一頭則另頭至，觸其中則兩頭俱至。⑲不灰之木　一種燒不燃的樹木。⑳不熱之火　傳說海中蕭丘的火是寒冷的。〈論仙〉：「火體宜熱，而有蕭丘之寒焰。」㉑昌蜀之禽　指蜀地之杜鵑，乃望帝之魂所化。傳說黃帝之子昌意娶蜀山氏之女，生帝嚳，後封其支庶於蜀，故稱昌蜀。㉒無身之頭　傳說饕餮是一種惡獸，光有頭，沒有身子。㉓無首之體　傳說形天與帝爭神，帝斷其首。形天乃以乳為目、以臍為口，操干戚以舞。見《山海經・海外西經》。㉔精衛填海　炎帝之少女名曰女娃，溺死於東海。乃化為精衛鳥，常銜西山之木石以填東海。見《山海經・北山經》。㉕交讓遞生　交讓是一種樹木，兩樹對生。傳說一樹枯則另一樹生，反覆交遞。見《文選・蜀都賦》劉淵林注。㉖火浣之布　火浣之布髒後，燒之則潔。即石棉。㉗切玉之刀　切玉石如切泥之刀。形容其鋒利。㉘炎昧吐烈　傳說南方有厭火之民，能食火炭，能吐火。見《山海經・海外南經》。㉙磨泥瀌水二句　在乾涸的湖澤之中，能生出有形的精靈。《管子・水地》說：涸澤數百歲生慶忌，是涸澤之精。涸川生蟡，蟡是涸川水之精。㉚山夔前跟　山夔指山中之精怪。傳說山夔行走時，腳跟在前。〈登涉〉：「老魅若來，其去必卻行。」㉛石脩九首　傳說相柳氏有九首，以食於九山。見《山海經・海外北經》。㉜畢方人面　傳說畢方鳥人面、一腳，其狀如鶴。見《山海經・海外南經》。㉝少千之劾伯率　《列異傳》載有魯少千以仙人符誅死蛇神一事，蛇神則自稱伯敬。又見《太平廣記・卷四五六》。㉞聖卿之役肅霜　《幽明錄》載：河南陽起，字聖卿，少時得書一卷，能劾百鬼。為日南太守時，制服肅霜之神，使變形為奴，供其役用。㉟西羌以虎景興　西羌之興，由於爰劍。爰劍曾為秦所拘，以為奴隸。爰劍逃歸，藏於巖穴。秦人焚之，有景象如虎為其遮蔽，得以不死，故云。參見《後漢書・西羌傳》。㊱鮮卑以乘鼈強　乘鼈，指夫餘國王東明。東明未稱王之前，或忌其猛而欲殺之。東明奔走至掩淲水，以弓擊水，魚鼈乃浮聚水面，東明得以渡水，因至夫餘國而王焉。見《後漢書・東夷列傳》。㊲林邑以神錄王　林邑國王范逸之奴文曾牧羊山澗中，得二鯉魚，化為鐵，鑄為刀，有神靈。文後來得到范逸愛信，得以繼位為王。見《晉書・林邑國傳》。㊳庸蜀以流尸帝　傳說荊人鼈令死後，其屍溯流而上，至汶山下復生。望帝立以為相，以功高，受帝位，號開明氏。見《太平廣記・卷三七四》。㊴鹽神嬰來而蟲飛　傳說廩君乘土船至鹽陽，鹽水有神女對廩君說：「此地廣大，魚鹽所出，願留共居。」廩君不許。鹽神乃化為飛蟲，掩蔽日光。後來廩君設計射死了鹽神，天乃大開。見《世本・氏姓》。㊵縱目世變於荊岫　縱目，指蜀王蠶叢。傳說蠶叢直目。世變於荊岫，指荊山人鼈令在蜀稱帝。㊶五丁引蛇以傾峻　傳說秦惠王獻美女五人於蜀王，蜀遣五丁迎之。途中見一大蛇入穴中，五丁共引蛇，山崩分為五嶺。見《華陽國志・蜀志》。(42)肉甚振翅於三海　肉，一作「内」。疑有誤字，其事不詳。(43)金簡玉字發於禹井之側　傳說大禹治水時，曾登宛委山，發現金簡玉字之書。會稽山有禹冢、禹井。(44)正機平衡割乎文石之中　傳說吳王開山修建宮室在石中發現了《正機》、《平衡》等仙書。參見〈辨問〉。(45)禦寇停肘水而控弦　傳說列禦寇能放一杯水於肘上，同時控弦射箭。見《列子・黃帝》。(46)伯昏蹋億仞而企踵　傳說伯昏無人能登高山，履危石，臨百仞之淵，腳有二分懸在石外，而神氣不變。企踵，踮起腳跟。見《列子・黃帝》。(47)呂梁能行歌以憑淵　傳說呂梁有瀑布激流，魚鼈尚且不能游，有人卻披髮高歌，游於深淵之中。見《莊子・達生》。(48)宋公克象葉以亂真　傳說宋人有為其君刻楮葉者，刻的葉子跟真葉一樣。克，與「刻」通。事見《韓非子・喻老》。(49)公輸飛木鵄之翩翾　傳說公輸般削竹木而為鵲，能在空中飛三日不下。鵄，燕子。(50)離朱覿毫芒於百步　離朱是古代眼睛特別明亮者，傳說他能在百步之外察見秋毫之末。(51)賁獲　孟賁、烏獲。都是古代的大力士。(52)越人揣鍼以蘇死　春秋時之名醫扁鵲，能以針石使病人死而復活。扁鵲，姓秦氏，名越人。(53)豎亥超跡於累千　豎亥，古代善走者。傳說他從東極走到西極，共五億十萬九千八百步。(54)郢人奮斧於鼻堊　郢人鼻端上沾了薄如蠅翼的堊土，匠石揮斧削下堊土，而不傷鼻端。見《莊子・徐无鬼》。(55)仲都袒身於寒天　王仲都能耐酷寒，隆冬季節不穿上衣，在昆明池冰層上乘車奔馳。見桓譚《新論》。(56)偶所不閒　偶爾不熟習。(57)攻難之主　論辯的主要依據。(58)同去留　視去留、生死如一。(59)長短委命　年壽的長短聽天由命。

【語　譯】抱朴子又問俗人說：「關於乘雲行走、吐絲作蠒的國度，死後心肝不爛之民，有人住在樹巢之上，有人住在洞穴之中，有人一隻眼睛，有人三個腦袋，有人手像鳥爪，有人腳像狗蹄，有人長胳臂，有人兩腿相交，黃池之國純女無男，有的胸中穿孔，有的口在旁邊，巴地以擲劍石穴、乘坐土船選擇廩君，哀牢女子觸木懷孕生下龍子，女媧自地而生，杜宇從天而降，盤瓠建功能通人言，山川消失，社廟遷移，三軍將士有一天突然變化，君子變成鶴，小人變為沙，女丑被太陽暴曬而枯死，貳負被天帝桎梏以受刑，寄生之蟲離開甲殼以出走，兩頭之蛇被觸動則形如弓弦，不能燃燒的樹木，不熱的火焰，望帝化為杜鵑之鳥，沒有眼睛的野獸，沒有身軀的頭顱，沒有腦袋的身體，小鳥精衛銜木填滄海，樹木交讓枯榮相更遞，用火燒淨的布，切玉如泥的刀，吞炭吐火的人，湖澤乾涸化成的精怪，山夔腳跟朝前走路，相柳有九個腦袋，畢方鳥面目像人，魯少千能誅滅蛇精，陽聖卿能役使肅霜之神，西羌因為虎影蔽護爰劍而興起，夫餘因為魚鼈渡送東明而強大，林邑的放牛娃因神靈之意繼位為王，蜀地用復活的流屍鼈令為帝，鹽神被射死化為飛蟲四面飛散，鼉叢的事業被荊山人改變，五丁拽大蛇高山崩塌，肉甚振翅於三海，禹井旁邊發現了金玉簡策，山石之中留藏了《正機》、《平衡》之仙經。這樣的奇異之事，可以千計，都是五經所不記載，周公、孔子未曾說過的。能夠因此而說這些事情都不存在嗎？

至於南方有人能進入柱中、出自耳內，列禦寇能肘上放杯水拉弓射箭，伯昏無人能在高山危石上踮腳遠望，呂梁激流中有人能游泳高歌，宋人雕刻楮葉同真葉一樣，公輸般製造木鳥能飛翔翩翩，離朱能在百步之外察見毫末，孟賁、烏獲有萬鈞之力，扁鵲能用針石使死人復活，豎亥能從東極走到西極，郢地的匠石能運斧削去堊粉而不傷鼻，仲都能在隆冬寒天袒露身體。這些也都是周公、孔子所不能做到的，又可以說是沒有的事嗎？

如果聖人確實有不能做到的事，那麼不能成仙又有什麼奇怪呢？不成仙也並不妨礙他們成為聖人，只是聖人偶爾有所不熟悉而已。這件事又怎麼能成為論辯的主要依據呢？聖人也可能視生死如一，放任自然。不把身體看成是個人私有，不經營以追求長生。存亡任天，長短由命，所以不學仙，又有什麼奇怪呢！」

卷九 道意

【題解】本篇之旨，在於闡明道的真意。道的意義主要有二：一是造物主的意義，即生化了天地萬物；二是啟示人生的意義，即人生應稟持道的原則。從造物的意義說，道可有可無，可大可小。既足以涵括乾坤，彌綸太虛；又可以周流秋毫，難覓形象。這便是道的精微要妙。從人生的意義說，人應該返本保真，在世俗的誘惑前保持純一的本性，不沈溺於物欲嗜好的搖奪與權勢利祿的追逐。這便是道對於人生的啟示，是道的真意。

世俗不能認識道的真意。他們把奉道誤解為宰殺牛羊、撞金擊鼓、拜伏稽首、祈禱神靈，於是淫祀出現了，於是妖道出現了。百姓耗費了錢財，疾病得不到醫治，而巫祝卻藉以謀利。這些都違背了道的真意，是地方官府所應禁止，而修道者所應明知的。

主張自我珍惜生命，抑制物欲，養之自然，不事淫祀，是本篇的基本思想。篇中所記李氏道的情況，是道教史上經常引用的資料。

抱朴子曰：「道者涵乾括坤❶，其本無名❷。論其無❸，則影響猶為有❹焉；論其有❺，則萬物尚為無❻焉。隸首❼不能計其多少，離朱❽不能察其髣髴。吳札❾、晉野❿竭聰，不能尋其音聲乎窈冥之內⓫；狪狶、[犭步]猪⓬疾走，不能跡其兆朕乎宇宙之外⑬。以言乎邇⑭，則周流秋毫而有餘⑮焉；以言乎遠，則彌綸太虛而不足⑯焉。為聲之聲，為響之響⑰，為形之形，為影之影⑱。方者得之而靜，員者得之而動⑲，降者得之而俯，昇者得之以仰⑳。強名為道，已失其真。況復乃千割百判，億分萬析㉑，使其姓號至於無垠㉒，去道遼遼㉓，不亦遠哉？

【章　旨】道無名、無形、無聲，其大無限，其廣無際。它是世界的本體、生命的根源。

【注　釋】❶涵乾括坤　包括天地。乾指天，坤指地。❷其本無名　意謂道以無名為本。❸無　指道無形、無聲的性質。❹影響猶為有　影是物體的影子，響是回聲。雖非本體，但還不能算無。❺有　指道化生天地萬物之作用。❻萬物尚為無　言道之廣大、化生一切，非萬物所能比。❼隸首　傳說中的黃帝之臣。首創算數及度量衡。❽離朱　古代之明目者。傳說能視於百步之外、見秋毫之末。❾吳札　春秋時吳國公子，即吳季札。曾聘於晉，觀周樂，並一一評說其樂聲。❿晉野　即師曠。字子野。為晉平公之樂師，著名音樂家。⓫不能尋其音聲乎窈冥之內　窈冥是萬物尚未形成時元氣幽深混沌之狀態，言不能從中尋覓其聲音。⓬⿰犭周狶⿰犭步豬　「⿰犭周」、「⿰犭步」不見字書，音義不詳。四字疑為「攫掇、亥步」之訛。攫掇是黃帝時之動作捷疾者，《淮南子．脩務》曾以「離朱之明，攫掇之捷」並提。亥步即豎亥，夏禹時之善行者。亥誤為豕，步誤為⿰犭步，復顛倒錯訛而成。⓭不能跡其兆朕乎宇宙之外　意謂宇宙內外均找不到其細微之跡象。兆朕，細微之徵兆。⓮邇　近。⓯周流秋毫而有餘　極言道之細微，無處不在。鳥獸之毛，秋天更生，其端尖銳，而道周流轉動其上，尚覺寬綽有餘。⓰彌綸太虛而不足　極言道之廣大，充滿天地之間，道亦未得窮盡。彌綸，總括而充滿。太虛，天空。⓱為聲之聲二句　意謂道是一切聲音之本源。⓲為形之形二句　意謂道是一切形跡之始祖。⓳方者得之而靜二句　地因道而凝結靜止，天因道而循環運轉。方者指地，員者指天。員，同「圓」。⓴降者得之而俯二句　流水塵埃俯降於地，日月星辰仰升於天。㉑千割百判二句　千百億萬次之割裂、化生。㉒姓號至於無垠　萬物之名稱姓號，莫非道之假名。㉓遼遼　遙遠的樣子。

【語　譯】抱朴子說：「道總括天地，本於無名。說到道的無，則物體的影子、聲音的回響還只能算是有；說到道的有，則萬物還只能算無。善於計數的隸首不能算出它的數量多少，目光明亮的離朱不能看清它的大致形狀，聽力敏銳的吳札、師聰找不到它的聲音，迅疾善走的攫掇、豎亥在世界內外也都尋覓不到它的蹤跡。從近處說，它在秋毫末端上流動尚覺寬綽有餘；從遠處說，充滿天地之間也不能使道窮盡無遺。它是一切聲響的本源，是一切形跡的始祖。大地有了它就穩定靜止了，圓天有了它就循環轉動了。流水塵埃因之而俯降於地，日月星辰因之而仰升於天。把它勉強稱呼為道，已經有失於真實。更何況經過無數次的分割變化，使它有了數不清的假名，距離道的本質，不是已經很遙遠了嗎？

俗人不能識其太初之本❶，而修其流淫之末❷。人能淡默恬愉❸，不染不移❹，養其心以無欲❺，頤其神以粹素❻。掃滌誘慕❼，收之以正。除難求之思，遣害真之累❽，薄喜怒之邪❾，滅愛惡之端❿，則不請福而福來，不禳禍而禍去矣。何者？命⓫在其中，不繫於外；道存乎此，無俟於彼也。

患乎凡夫不能守真⓬，無杜遏之檢括⓭，愛嗜好之搖奪⓮，馳騁流遁⓯，有迷無反。情感物而外起，智接事而旁溢⓰。誘於可欲，而天理滅矣；惑乎見聞，而純一⓱遷矣。心受制於奢玩⓲，神濁亂於波蕩⓳，於是有傾越之災⓴，有不振㉑之禍。而徒烹宰肥腯㉒，沃酹醪醴㉓，撞金伐革㉔，謳歌踴躍㉕，拜伏稽顙㉖，守請虛坐㉗，求乞福願，冀其必得。至死不悟，不亦哀哉？

若乃精靈㉘困於煩擾，榮衛㉙消於役用。煎熬形氣，刻削天和㉚。勞逸過度，而碎首以請命㉛；變起膏肓㉜，而祭禱以求痊。當風臥濕，而謝罪於靈祇㉝；飲食失節，而委禍於鬼魅。蕞爾㉞之體，自貽茲患。天地神明，曷能濟焉？其烹牲罄群㉟，何所補焉？夫福非足恭㊱所請也，禍非禋祀㊲所禳也。若命可以重禱延，疾可以豐祀除，則富姓可以必長生，而貴人可以無疾病也。夫神不歆非族㊳，鬼不享淫祀㊴。皁隸㊵之巷，不能紆金根之軒㊶；布衣之門，不能動六轡之駕㊷。同為人類，而尊卑兩絕。況於天神，緬邈清高㊸，其倫異㊹矣，貴亦極矣。蓋非臭鼠㊺之酒肴、庸民之曲躬所能感降，亦已明矣。

【章　旨】俗人沈溺於物欲嗜好的誘惑，以至於損害健康、釀成病災，然後跪拜祭祀、祈求鬼神賜福消災，是不會收到效果的。

【注　釋】❶太初之本　天地未分、元氣混沌的狀態，亦即道之本源。《列子・天瑞》：「太初者，氣之始也。」❷修其流淫之末　追求其末流。即具體的物質欲望。古人認為道生天地，然後化為陰陽，再化為四時，「四時之散精為萬物」，故物器為太初之末流。參見《淮南子・天文》。❸淡默恬愉　玄默少言、心情恬淡而歡悅。❹不染不移　不為世俗所染，不移易其本性。❺無欲　不追逐世俗物欲。❻頤其神以粹素　養其精神，使其純粹而專一。❼掃滌誘慕　清除、洗滌外在世俗的誘惑。❽遣害真之累　排除那些有害於人性的嗜欲。❾薄喜怒之邪　抑制過於激動的情感，如狂喜、大怒之類。❿滅愛惡之端　去掉喜愛、憎惡之心。⓫命　指人所稟受的生命之本分。⓬守真　保持天賦自然的本性。⓭無杜遏之檢括　沒有約束身心，以限制各種嗜欲。杜遏，堵塞、遏止。檢括，遵從規範，約束自己。⓮愛嗜好之搖奪　放縱嗜欲，以動搖生命的根基。⓯馳騁

流遁　四處奔波，流連忘返，恣意享樂。⑯智接事而旁溢　在處理世俗事務時用盡心思。⑰純一　純樸的本性。⑱奢玩　奢侈享樂。⑲波蕩　指紛紛擾擾的世事。⑳傾越之災　傾覆、顛越之禍災。㉑振　挽救。㉒肥腯　肥壯的牲畜。㉓沃酹醪醴　以酒食祭祀鬼神。沃酹，以酒灑地祭神。㉔撞金伐革　敲鑼擊鼓。㉕謳歌踴躍　歌唱、舞蹈。㉖拜伏稽顙　叩頭跪拜，以前額觸地。㉗守請虛坐　恭守、禮拜神靈之牌位。㉘精靈　精神。㉙榮衛　血氣、生機。㉚刻削天和　內在的和氣受到侵擾、損傷。㉛碎首以請命　磕破了頭請求神靈保全性命。㉜變起膏肓　病入膏肓。古代稱心臟下部為膏，膈膜為肓，病在膏肓之間，則鍼灸藥石之力都不可達到，故無法挽救。㉝謝罪於靈祇　認為得罪了神靈，因而向神請罪。㉞蕞爾　小的樣子。㉟烹牲罄群　宰殺成群的牲畜。㊱足恭　過度的謙恭。㊲禋祀　祭祀。㊳神不歆非族　意謂俗人與神靈不屬同一族類，所以神靈不會享用其祭祀。㊴淫祀　濫設的、不合禮制的祭祀。㊵皁隸　奴僕；差役。㊶金根之軒　即金根車。以黃金為飾物。秦漢魏晉時代只有帝王太后可以乘坐這種車子。㊷六轡之駕　帝王的車駕。㊸緬邈清高　所居極為遙遠，在飄渺之高空。㊹其倫異　與人類不屬於同一類屬。㊺臭鼠　形容俗世酒食之惡劣。隱用《莊子・秋水》「鴟得腐鼠，鵷雛過之」之典故。

【語譯】世俗之人不能認識作為世界本源的道，而追求其末流的物質的欲望。人若是能保持玄默少言與精神歡悅，不為世俗所染，不改變天賦的本性，使其內心常保持無欲的境界，使其精神純潔而專一，掃除世俗的誘惑，回歸中正的本性，去掉難以實現的追求，排除有害天性的嗜欲，抑制喜怒之情，克服愛惡之心，則不祈求而幸福自來，不攘除而禍患自去。為什麼呢？因為人所稟受的性命存在於自身，並不由外界來決定。道也正存在於此，而不有待於別的東西。

值得憂慮的是世俗之人不能保持自然的本性。他們不是約束自己的身心，抵禦世俗的誘惑，而是放縱嗜欲，動搖本性，奔波追求，恣意尋樂，在迷途上越走越遠，因而不能回返。外物使人動情，遇事用盡機巧。受著物質欲念的引誘，自然天性消失了。為外在見聞所迷惑，純樸的本質被改變了。心思受著物質享樂的制約，精神因為紛擾的事務而混亂，於是有了傾覆的災難，出現了無法挽回的禍患。這時只是烹宰肥美的畜牲，用酒肉祭祀神靈，敲鑼擊鼓，歌舞娛神，叩頭跪拜，恭守禮敬，求神賜福，希望神靈滿足自己的心願，至死而不悟，不是很可悲嗎？

如果精神為繁雜的事務所煩擾，血氣因世俗的役使而消耗，形體與精神同受煎熬，生機與和氣都被損害。勞逸過度，卻只是磕頭祈請保全性命；病入膏肓，卻祭祀神靈以求除去病患。睡在風口或潮濕之地而染疾，卻認為是得罪了神靈；飲食沒有節度，卻說是鬼魅作祟。一個人的生命本來微不足道，由於不善養生自己造成的病患，天地神明怎麼能夠解救呢？即使宰殺成群的畜牲去祭奉神靈，又有何補益呢？卑恭並不能求得幸福，祭祀也不能夠攘除禍患。如果反覆的祈禱可以延長生命，豐厚的祭祀可以除去病災，那麼有錢的人一定能長生，而貴族之家則一定沒有疾病了。神靈不會接受異族的祭祀，鬼魂不會享用濫設的祀物。僕役居住的小巷，不會有金根之車造訪；普通百姓的門前，不會有帝王之駕降臨。同樣為人，而尊貴者與卑賤者尚且隔絕如此，何況天神處在遙遠的高天之上，與人不同類屬，尊貴無比。神仙決非俗世臭鼠般的酒餚以及凡庸之輩的鞠躬跪拜所得感動而降臨，也就是十分明白的了。

夫不忠不孝，罪之大惡❶，積千金之賂❷，太牢之饌❸，求令名❹於明主，釋愆責❺於邦家，以人釋人，猶不可得。況年壽難獲於令名，篤疾難除於愆責。鬼神異倫❻，正直是與❼。冀其曲祐❽，未之有也。夫慚德之主❾，忍詬之臣❿，猶能賞善不須貨財⓫，罰惡不任私情，必將修繩履墨⓬，不偏不黨。豈況鬼神？過此之遠，不可以巧言動，不可以飾賂⓭求，斷可識矣。

楚之靈王⓮躬自為巫，靡愛斯牲，而不能卻吳師之討⓯也。漢之廣陵⓰敬奉李須⓱，傾竭府庫而不能救叛逆之誅⓲也。孝武⓳尤信鬼神，咸秩無文⓴，而不能免五祚之殂㉑。孫主㉒貴待華嚮，封以王爵㉓，而不能延命盡之期㉔。非犧牲之不博碩㉕，非玉帛之不豐醲㉖。信之非不款㉗，敬之非不重。有丘山之損，無毫釐之益。豈非失之於近，而營之於遠乎？

第五公㉘誅除妖道，而既壽且貴。宋廬江㉙罷絕山祭，而福祿永終。文翁㉚破水靈之廟，而身吉民安。魏武㉛禁淫祀之俗，而洪慶來假㉜。前事不忘，將來之鑒也。明德惟馨㉝，無憂者壽。嗇寶不夭㉞，多慘用老㉟。自然之理，外物㊱何為？若養之失和，伐之不解㊲，百痾緣隙而結㊳，榮衛竭而不悟。太牢三牲㊴，曷能濟焉？

【章旨】犯下不忠不孝的大罪，或者調養失和、血氣枯竭，這時祈禱神靈，絕不能有所補益。

【注釋】❶罪之大惡　有大惡、罪在不赦的人。❷千金之賂　千金之財。賂，財富。❸太牢之饌　豐盛的酒食。用牛、羊、豕三牲為祭祀，叫太牢。❹令名　美好的名聲。❺僁責　罪責。僁，同「愆」。罪過。❻異倫　不屬同類。❼正直是與　唯以正直為原則。與，隨。❽曲祐　曲意賜福。❾慚德之主　行事有缺點而慚愧於心的君王。指商湯王。《尚書・仲虺之誥》：「成湯放桀於南巢，惟有慚德。」❿忍詬之臣　能忍受屈辱之臣。指伊尹。《莊子・讓王》以「強力忍垢」形容伊尹。⓫貨財　貨財；財物。⓬修繩履墨　遵循原則，符合正道。修，即循。⓭飾賂　指以財物獻鬼神及舉行祭祀之儀式。⓮楚之靈王　楚靈王。楚共王之庶子、康王之弟，即公子圍。初為令尹，後弒君自立。⓯不能卻吳師之討　桓譚《新論》曰：「昔楚靈王驕逸輕下，簡賢務鬼，信巫祝之道，齋戒潔鮮以事上帝，禮群神。躬執羽帗起舞壇前。吳人來攻，其國人告急，而靈王鼓舞自若。顧應之曰：『寡人方祭上帝，禮明神，當蒙福祐焉。不敢赴救！』而吳兵遂至，俘獲其太子及后姬。」見《太平御覽・

卷五二六》。⑯漢之廣陵　漢武帝之子劉胥，封廣陵王。⑰李須　須，原作「頒」，形近而訛。⑱不能救叛逆之誅　據《漢書・武五子傳》載：劉胥圖謀為帝，乃迎女巫李須祝詛，祈神降禍於昭帝。昭帝死，復令李須祝詛如前。事發，劉胥以叛逆之罪而自殺。⑲孝武　即漢武帝。⑳咸秩無文　按照次序祭祀眾神，即使不當祭祀者亦祭祀之。㉑五柞之殂　後元二年，漢武帝死於盩厔五柞宮。㉒孫主　指三國吳之君主孫權。㉓貴待華嚮二句　待之以尊貴的禮儀，賜之以華美的飲食，封為王爵。嚮，通「饗」。據《三國志・吳書》載：臨海羅陽縣有神，自稱王表。孫權乃封以輔國將軍、羅陽王。又在蒼龍門外為王表建立府第，數次派使臣賜以酒食。㉔不能延命盡之期　《三國志・吳書》記載：孫權病危時，諸將吏多次詣王表請福，王表乃逃逸失蹤影。不久，孫權即死。是王表不能使孫權延長壽命甚明。㉕博碩　豐美、肥大。㉖豐醲　豐美之酒餚。玉帛不以豐醲形容，此處當有誤字。㉗款　真誠；懇切。㉘第五公　東漢第五倫，字伯魚。曾任會稽太守。會稽俗多淫祀，好卜筮。百姓以牛祭神，財產以之困匱。先前的任官皆不敢禁止。第五倫到任後，移書屬縣，曉諭百姓，巫祝有依託鬼神詐怖百姓者，皆以法追究。妄自屠牛祭神者，則加以懲罰。以後淫祀便絕，百姓得以安定。見《後漢書・第五倫傳》。㉙宋廬江　東漢宋均，字叔庠。曾任九江太守。所屬浚遒縣有二山，眾巫取百姓家之青年男女為祭山神之山公山嫗，百姓因此而不敢嫁娶。宋均到任後，下令從今以後山娶皆娶自巫家，勿騷良民。於是山祭遂絕。見《後漢書・宋均傳》。㉚文翁　西漢時人，曾任蜀郡太守。《水經注・卷三三》曰：「蜀有迴復水，江神嘗溺殺人。文翁為守，祠之。勸酒不盡，拔劍擊之，遂不為害。」㉛魏武　曹操。為濟南相時，禁斷淫祠，毀祠屋數百，除奸邪鬼神之事。見《三國志・武帝紀》及裴松之注。㉜洪慶來假　大慶來臨。指建立魏國。假，至。㉝明德惟馨　保持美好的德操，如香氣四溢。㉞嗇寶不夭　珍惜精神，生命便不會夭折。㉟多慘用老　過度憂傷，會因此而衰老。㊱外物　指祭神的犧牲、玉帛之類。㊲伐之不解　戕伐、損傷，永無休止。㊳緣隙而結　趁體氣失和的時機，形成各種疾病。㊴太牢三牲　牛、羊、豕三牲齊備以祭祀，稱為太牢。

【語　譯】那些不忠不孝，乃至於罪在不赦之人，如果他們置足千金之財、備好豐盛之宴席，希望在君主面前求得美名，免除他們對於國家的罪責。同樣為人，所求尚且不可得到，何況年壽比美名更難求，重病比罪過更難除。鬼神並非人的同類，祂們辦事公道正直。希望鬼神曲意賜福，是不會有的事情。人間像商湯王那樣的君主、像伊尹那樣的大臣，尚且不須錢財以獎賞善行，不以私情以懲罰罪惡，一定要遵循原則、符合公道，不偏不倚。何況鬼神呢？鬼神與人類相距遙遙，不可以花言巧語打動，不可以財貨求得賜福，便十分的明白了。

楚靈王親自裝扮為巫，以豐盛的食品祭祀神靈，卻不能打退吳國的軍隊。漢代廣陵王劉胥恭敬地奉事女巫李須，竭盡府庫之財不能免掉叛逆被誅之罪。漢武帝最信鬼神，廣泛地祭祀群神，最後仍然免不了死於五柞宮。吳國君主孫權以尊貴的禮儀相待羅陽神，賜以華美的食物，封以王爵，卻不能延後其死期。並非祭祀的牛羊不肥大，並非獻上的玉帛不貴重，並非對神靈不虔誠、不恭敬。然而有重如丘山般的耗損，卻沒有一絲一毫的補益，這不是失之於眼前，而求之於遙遠嗎？

第五倫任會稽太守曾禁絕妖道，他卻地位尊貴又享高壽。宋均為九江太守時，禁止山祭，他也是福祿到老。文翁為蜀郡太守時，曾拔劍砍壞水神之廟，當地百姓既無災禍，他自己也平安無事。曹操任濟南相時，禁止淫祀，最後開國稱王，洪慶降臨。前事不忘，可以為後來者的借鑒。堅持美好的品德猶如芳香四溢，自然樂天、無憂無慮者享有長壽。珍惜寶藏人的精氣，生命就不會夭折；經常過度的憂傷，人會因此而衰老。這是自然的道理，外在之物又有什麼作用呢？如果調養失當，損害了人體的和氣，又不停地傷害它，百病乘虛而入，血氣消耗殆盡，自己又毫不覺悟。此時用豐盛的食品祭祀鬼神，又能有何補救呢？

俗所謂道❶率皆妖偽，轉相誑惑，久而彌甚。既不能修療病之術，又不能返其大迷❷，不務藥石之救❸，唯專祝祭之謬，祈禱無已，問卜不倦。巫祝小人妄說禍祟❹，疾病危急，唯所不聞，聞輒修為，損費不訾❺。富者竭其財儲，貧人假舉倍息❻。田宅割裂以訖盡❼，篋櫃倒裝而無餘。或偶有自差❽，便謂受神之賜；如其死亡，便謂鬼不見赦。幸而誤活，財產窮罄❾，遂復飢寒凍餓而死。或起為劫剽[10]，或穿窬[11]斯濫[12]，喪身於鋒鏑[13]之端，自陷於醜惡之刑[14]，皆此之由也。或什物[15]盡於祭祀之費耗，穀帛[16]淪於貪濁之師巫。既沒[17]之日，無復凶器之直[18]，衣衾之周[19]，使尸朽蟲流，良可悼也。愚民之蔽，乃至於此哉！

淫祀妖邪，禮律所禁，然而凡夫終不可悟。唯宜王者更峻其法制，犯無輕重，致之大辟[20]。購募巫祝不肯止者[21]，刑之無赦，肆之市路[22]。不過少時，必當絕息。卒如頗嚴，而實善政[23]。所以令百姓病必親醫藥，勉強死之禍[24]，省其大費，救其困乏[25]，杜凍飢之源，塞盜賊之萌，非小惠[26]也。曩者[27]有張角[28]、柳根[29]、王歆[30]、李申[31]之徒，或稱千歲，假託小術，坐在立亡[32]，變形易貌，誑眩黎庶[33]，糾合群愚。進不以延年益壽為務，退不以消災治病為業。遂以招集姦黨，稱合逆亂，不紀[34]自伏其辜[35]，或至殘滅良人，或欺誘百姓，以規財利[36]，錢帛山積，富踰王公。縱肆奢淫，侈服玉食[37]。妓妾盈室，管絃成列。刺客死士，為其致用。威傾邦君[38]，勢凌有司[39]。亡命逋逃[40]，因為窟藪[41]。皆由官不糾治，以臻[42]斯患。原其所由，可為歎息！吾徒匹夫雖見此理，不在其位，未如之何！臨民官長疑其有神，慮恐禁之或致禍祟。假令頗有其懷，而見之不了，又非在職之要務，殿最[43]之急事。而復是其愚妻頑子之所篤信，左右小人並云不可，阻之者眾。本無至心而諫㊹，怖者異口同聲，於是疑惑，竟於莫敢㊺，令人扼腕㊻發憤者也。

余親見所識者數人，了不奉神明，一生不祈祭，身享遐年㊼，名位巍巍㊽，子孫蕃昌㊾，且富且貴也。唯余亦無事於斯，唯四時祀先人而已。曾所游歷水陸萬里，道側房廟固以百許，而往返經遊一無所過㊿，而車馬無傾覆之變，涉水無風波之異。屢值疫癘51，常得藥物之力；頻冒矢石52，幸無傷刺之患。益知鬼神之無能為也。

【章旨】世俗巫祝欺詐百姓、貪圖財利，或者假託小術、圖謀叛亂，都應該堅決取締，刑之不赦。

【注釋】❶道　原無此字，宋浙本「謂」下有「道」字，據補。❷大迷　不明於道，謂之大迷。❸藥石之救　以藥物、鍼石為人治療疾病。❹禍祟　禍患。祟，鬼神所造之禍災。❺損費不訾　花費開銷數目巨大，不可計數。❻假舉倍息　以高利息向人借貸。假舉，借錢舉債。❼田宅割裂以訖盡　將土地房屋一塊一塊地賣光。訖，完結。❽自差　自己病癒；病情好轉。❾財產窮罄　財產喪失一空，毫無所有。❿劫剽　搶劫；掠奪。⓫穿窬　穿壁翻牆，從事盜竊。⓬斯濫　指為了獲得財物而不擇手段。⓭鋒鏑　刀鋒箭簇。鏑，箭頭。⓮醜惡之刑　凶狠而嚴厲的刑法。⓯什物　日常生活器具。⓰縠帛　絲帛、紗布之類。縠，縐紗。⓱沒　同「歿」。死亡。⓲凶器之直　購買棺材的錢。⓳衣衾之周　衣被遮體。衾，被子。⓴大辟　死刑。㉑購募巫祝不肯止者　懸賞金鼓勵揭發檢舉那些不肯停止活動的巫祝。㉒肆之市路　在鬧市路口陳屍示眾，以為警戒。㉓卒如頗嚴二句　二句原無，據宋浙本校補。㉔勉強死之禍　免除被殺之禍患。勉，通「免」。強死，死於非命。㉕救其困乏　「病必親醫藥」至此四句原無，據宋浙本校補。㉖小惠　小的善行。㉗曩者　從前。㉘張角　東漢末黃巾領袖。熹平年間創太平道，提出「蒼天已死，黃天當立。歲在甲子，天下大吉」之口號，自稱天公將軍，後來病死。㉙柳根　生平事跡不明。㉚王歆　與赤眉軍同時之民軍首領。見《後漢書・馮異傳》。㉛李申　生平事跡不明。㉜坐在立亡　坐著時尚可看見，站立便消失了蹤影。指隱身之術。㉝誑眩黎庶　欺騙普通百姓。眩，兩眼不清；迷惑不明。㉞不糺　即不糾。指官府不加糾察法辦。原作「不純」，據宋浙本校改。㉟自伏其辜　自服其罪。㊱以規財利　以圖得到財物。㊲侯服玉食　穿著貴重的服裝，吃著精美的食物。侯，原作「侈」，據宋浙本校改。㊳邦君　地方長官。太守之類。㊴有司　官吏。㊵亡命逋逃　逃犯；亡命之徒。逋，逃亡。㊶窟藪　洞穴、湖澤。野獸藏身之所。㊷臻　達到；形成。㊸殿最　朝廷對官員的考核，上等稱「最」，下等為「殿」。㊹本無至心而諫　本無人以至誠之心建議糾治。㊺竟於莫敢　終於不敢採取行動。㊻扼腕　手扼其腕。表示憤怒、激奮的感情。㊼遐年　長壽。㊽名位巍巍　名聲顯赫，地位崇高。㊾子孫蕃昌　子孫成群。㊿過　拜訪。指祭祀。51疫癘流行瘟疫、疾病。癘，瘟疫。52頻冒矢石　多次冒著被箭石射傷擊中的危險。古代作戰，發箭拋石打擊對方，故云。

【語　譯】世俗之道都是妖道、偽道。人們轉相欺騙，時間愈久則愈演愈烈。這些道術既不能治療疾病，又不能使人走出迷途，歸於大道。他們不是以藥石為人救死扶傷，而專門從事祝禱之類的邪術。無窮無盡的祈求，不知疲倦的占卜，巫祝小人之輩隨意妄說鬼神之禍。凡是有疾病或危急之事，除非是不知道，只要聽到消息他們就會前來設祭祈禱，花費的錢財不可計數。有錢人家用盡積蓄，窮苦人家則要高利借貸。賣田賣宅家產耗盡，翻箱倒櫃內外一空。如果碰巧病情自動好轉，就說是神的恩賜；如果病人死亡，就說鬼不肯寬饒。病者即使有幸活下來，也已經財產罄盡，一無所有，只能飢寒凍餓而死。有的起而攔路搶劫，有的翻牆打洞當盜賊，為了獲得財物而不擇手段。結果或者喪身於刀箭之下，或者自陷於重刑之中，都是由此而來。有的人為了祭神將日常用具變賣一空，家中的布帛絲紗也都落入貪鄙的巫師之手。臨死之日，連買棺材的錢也拿不出，衣被不能蔽體，屍體腐爛、蛆蟲亂爬，真是令人傷心。愚蠢百姓受蒙蔽，乃達到如此的地步！

淫祀妖邪，為法律所禁止。然而世俗凡夫還是不能覺悟。只有君王嚴明法制，凡是違反者不論輕重，一律處以死刑。還懸賞獎勵檢舉那些繼續活動的巫祝，重刑懲處，絕不寬赦，並將他們的屍體在街市路口上陳列示眾。過不了多久，這種淫祀之風一定會平息下來。猛然看起來這樣執行似乎過於嚴厲，實際上是一件好事。這是要讓百姓有病則求醫藥，免除死於非命之禍，節約開銷，解除困窮之苦，堵塞了飢寒的根源，使得盜賊無由產生，這是一件大好事。從前有張角、柳根、王歆、李申這些人，有的自稱活到千歲，憑藉著一些小的方術，或者能夠隱身藏體，或者可以改形易貌，以此迷惑世人，糾合無知的愚民。他們進不以延年益壽為目標，退不以消災治病為工作，只是召集姦黨，妄圖大逆不道、聚眾叛亂。官府不加以糾察法辦，迫使他們伏法認罪。他們於是殘害良民，或者欺騙、引誘百姓，以獲取財利。他們的錢帛堆積如山，財富勝過了貴族王公。他們驕奢淫逸，為所欲為，穿著貴重的服飾，吃著精美的食物，妻妾女伎滿堂，管絃樂隊成列。有死心塌地的刺客之輩，為他們效命賣力。他們的威風壓倒了太守之官，勢力蓋過了衙門官吏。那些逃犯、亡命之徒，以他們為藏身的洞窟。這些都是由於官府不加懲辦，以致釀成了這種禍患。推本求源，實在令人歎息！我們一介匹夫，雖然明白這種道理，但是不在其位，又能有何辦法呢！那些管理百姓的官員，懷疑他們確有神通，害怕依法禁止可能招致禍殃。假使某官員頗有想法，但是由於認識不清，又不是緊要的職務，不屬朝廷考核政績之中的急事。又加之或者其妻子兒女深信不疑，或者左右吏卒都說不可禁止，反對的人多。本來無人出於誠心規諫，害怕的人又異口同聲，於是這位官員也就產生疑惑而不敢採取行動了。這真是令人歎息而憤慨啊！

　　我親眼所見的有幾個人，他們完全不奉祀神靈，一生不祭祀祈禱，卻享受高壽，地位崇高，名聲顯赫，子孫眾多，既富有又尊貴。我自己除了四時祭祀祖先之外，也不奉祀別的神靈。我曾到各地遊歷，從陸地、水上經過時，道旁的廟宇有一百所左右，我從來不進去祭神，而車馬並無翻覆之禍，江河上也沒有風波之災。多次經過瘟疫流行之地，因得藥物之力而平安；多次冒著矢石之險，幸運地未曾受傷。更加知道鬼神對於人事，是無能為力的。

又諸妖道百餘種，皆煞生血食❶，獨有李家道❷無為為小差❸。然雖不屠宰，每供福食❹，無有限劑❺。市買所具，務於豐泰❻。精鮮之物，不得不買。或數十人廚，費亦多矣。復未純為清省也，亦皆宜在禁絕之列。

或問李氏之道起於何時？余答曰：吳大帝❼時，蜀中有李阿❽者，穴居不食。傳世❾見之，號為八百歲公❿。人往往問事，阿無所言，但占⓫阿顏色。若顏色欣然，則事皆吉。若顏容慘戚，則事皆凶。若阿含笑者，則有大慶。若微歎者，即有深憂。如此之候⓬，未曾一失也。後一旦忽去，不知所在。

後有一人姓李名寬，到吳而蜀語。能祝水⓭治病頗愈，於是遠近翕然⓮，謂寬為李阿，因共呼之為李八百，而實非也。自公卿以下，莫不雲集其門。後轉驕貴，不復得常見，賓客但拜其外門而退，其怪異如此。於是避役之吏民，依寬為弟子者恆近千人，而升堂入室⓯、高業先進⓰者，不過得祝水及三部符、導引、日月行氣而已，了無治身之要、服食神藥、延年駐命⓱、不死之法也。吞氣斷穀，可得百日以還，亦不堪久。此是其術至淺可知也。余親識多有及見寬者，皆云寬衰老羸悴⓲，起止咳噫⓳，目瞑耳聾，齒墮髮白，漸又昏耗⓴，或忘其子孫，與凡人無異也。然民復謂寬故作無異以欺人，豈其然乎？吳曾有大疫，死者過半。寬所奉道室，名之為廬，寬亦得溫病㉑，託言入廬齋戒，遂死於廬中。而事寬者猶復謂之化形尸解之仙㉒，非為真死也。

夫神仙之法，所以與俗人不同者，正以不老不死為貴耳。今寬老則老矣，死則死矣，此其不得道，居然㉓可知矣，又何疑乎？若謂於仙法應尸解者，何不且止人間一二百歲，住年不老，然後去乎？天下非無仙道也，寬但非其人耳。余所以委曲㉔論之者，寬弟子轉相教授，布滿江表㉕，動有千計。不覺寬法之薄，不足遵承，而守之冀得度世，故欲令人覺此而悟其滯迷耳。

【章　旨】介紹李家道之起源，並舉出李寬法術淺薄而聲譽滿江東、弟子以千計，以見世俗偽道之欺人。

【注　釋】❶煞生血食　屠宰生靈而肉食。❷李家道　由蜀人李阿始創，發源於四川，曾在三國吳地廣泛傳布的一個道教支派。其法術主要是行氣導引、符籙、占卜之類。❸小差　稍好；略微強些。❹福食　祈福禳禍儀式上供奉神靈的食物。❺限劑　限定的數量。❻豐泰　豐盛以極。❼吳大帝　孫權，字仲謀，吳國之君主。死後，謚曰大皇帝。❽李阿　葛洪《神仙傳・卷三》有〈李阿傳〉。❾傳世　歷代；累世。❿號為八百歲公　《神仙傳》無此句，而另有〈李八百傳〉。則此句或據當時之傳聞異辭，或為後人所加。⓫占　察看。⓬候　指預示吉凶的表情。⓭祝水　符水；神水。⓮翕然　眾口一詞。⓯升堂入室　比喻弟子追隨老師關係密切，學問造詣已經由淺入深。⓰高業先進　跟隨時間長、學業進步的高足弟子。⓱延年駐命　生命得以延長，永不衰老。⓲羸悴　瘦弱疲病。⓳起止咳噫　有所行動就要咳嗽、喘氣。噫，呼氣。⓴昏耗　神志迷糊不清。㉑溫病　各類熱症總稱溫病。這裡指以發燒為症狀的流行瘟疫。㉒化形尸解之仙　先死然後蛻去軀殼而成仙，叫尸解仙。㉓居然　確實。㉔委曲　細緻入微。㉕江表　長江以南的地區。

【語　譯】又各種妖道有一百餘種，都是殺生而血食。其中只有李家道不屠殺生靈，稍好一些。李家道雖然不殺生，但是每次舉辦祈福儀式，祭物沒有限量。所購買的物品務求豐盛至極。精鮮之物，定買不可。有時一場祀典，操辦食物的達數十人之多，花費巨大，又不符合清靜節省的原則，所以也應屬禁絕之列。

有人問李氏之道起於何時？我回答說：吳大帝孫權在位時，蜀中有一個名叫李阿的人。他住在山洞裡，不食五穀，接連幾代都有人看見過他，號稱八百歲公。有人向他問事，李阿並不回答，只看他的面容表情便知答案。如果面容歡欣，則事情必定吉祥；如果顏色悲慘，則事情凶多吉少。若是李阿含笑，則有大喜大慶；若是微作歎息，就有深重之憂。諸如此類的表情，從來沒有錯過的。後來有一天李阿突然離去，不知前往何處了。

後有一人名叫李寬。此人到吳國卻操蜀地的方言，能以符水治病，頗有效驗，於是遠近異口同聲地說李寬就是李阿，因此大家稱他為李八百。其實並不是這樣。吳國從公卿以下的官吏百姓，都成群結隊地來到他的門前。後來李寬也變得驕貴起來，平時難以見到，賓客只在他的外門行拜見禮後便退出，事情之怪異達到如此的地步。於是逃避傜役的小吏和百姓，投在李寬的門下為弟子的常有近千人。而升堂入室的高足弟子所得到的，也不過是祝水、三部符、導引術、按時行氣而已，全然沒有治身之要法以及服食仙藥、延年不老、長生不死之術。李寬吞氣斷穀可以持續在百日以內，時間不能再長了。這就可知他的方術是很浮淺的。我的親友中有好幾個見過李寬的人，都說李寬衰老體弱，行動就喘氣咳嗽，耳聾眼花，牙齒脫落，頭髮變白。以後逐漸又神志糊塗，甚至連自己的子孫也忘記了，與平常人沒有不同。但是老百姓還是說李寬故意裝出與凡人一樣以欺騙世人，難道真是這樣嗎？吳國曾經流行大瘟疫，百姓死者過半。李寬所修道之室名曰『廬』。李寬也得了流行的瘟疫，假說入廬中齋戒，於是死在廬中。而李寬的弟子還說李寬是脫去形骸的尸解仙，並不是真的死了。

神仙法術所以不同凡俗，其可貴就在於不老不死。如今李寬老也老了，死也死了，這說明他不得道。明白可知，有什麼可懷疑呢？如果說屬於尸解之仙，為什麼不留在人間一、兩百歲，總不衰老，然後離去呢？天下並不是沒有仙道，只是李寬並不是仙人。我所以要詳細地論說這個問題，是因為李寬的弟子輾轉傳授，遍及江南之地，動輒上千人。這些人不知道李寬法術浮淺，不值得奉以為師，而希望師法李寬修成仙人。所以我想通過前面的論述，使他們覺悟，認識到自己的錯誤。

天下有似是而非者，實為無限。將復略說故事，以示後人之不解者。昔汝南❶有人於田中設罥❷以捕麏而得者，其主未覺。有行人見之，因竊取麏而去。猶念取之不事❸，其上有鮑魚者❹，乃以一頭置罥中而去。本主來，於罥中得鮑魚，怪之以為神，不敢持歸。於是村里❺聞之，因共為起屋立廟，號為鮑君。後轉多奉之者，丹楹藻棁❻，鐘鼓不絕。病或有偶愈者，則謂有神，行道經過莫不致祀焉。積七八年，鮑魚主後行過廟下，問其故，人具為之說。其鮑魚主乃曰：此是我鮑魚耳，何神之有？於是乃息。

又南頓❼人張助者，耕白田❽。有一李栽❾應在耕次，助惜之，欲持歸，乃掘取之。未得即去❿，以濕土封其根，以置空桑中，遂忘取之。助後作遠職⓫不在，後其里中人見桑中忽生李，謂之神。有病目痛者蔭息此桑下，因祝之，言李君能令我目愈者，謝以一㹠⓬。其目偶愈，便殺㹠祭之。傳者過差⓭，便言此樹能令盲者得見。遠近翕然，同來請福，常車馬填溢⓮，酒肉滂沱⓯，如此數年。張助罷職來還，見之乃曰：此是我昔所置李栽耳，何有神乎？乃斫去，便止也。

又汝南彭氏墓近大道，墓口有一石人。田家老母到市買數片餅以歸，天熱，過蔭彭氏墓口樹下。以所買之餅暫著石人頭上，忽然便去，而忘取之。行路人見石人頭上有餅，怪而問之。或人云⑯：此石人⑰有神，能治病，愈者以餅來謝之。如此轉以相語，云頭痛者摩石人頭，腹痛者摩石人腹，亦還以自摩，無不愈者。遂千里來就石人治病，初但雞豚⑱，後用牛羊，為立帷帳，管絃不絕。如此數年，忽日前忘餅母聞之，乃為人說。始無復往者。

又洛西有古大墓穿壞多水，墓中多石灰。石灰汁主治瘡，夏月行人有病瘡者煩熱，見此墓中水清好，因自洗浴，瘡偶便愈。於是諸病者聞之，悉往自洗。轉有飲之以治腹內疾者。近墓居人，便於墓所立廟宇而賣此水。而往買者又常⑲祭廟中，酒肉不絕。而來買者轉多，此水盡⑳，於是賣水者常夜竊他水以益之㉑。其遠道人不能往者，皆因行使㉒或持器遺信㉓買之，於是賣水者大富。人或言無神，官家㉔禁止，遂填塞之乃絕。

又與古太守馬氏在官，有親故人投之求恤㉕焉。馬乃令此人出外住，詐云是神人道士，治病無不手下立愈㉖。又令辯士遊行㉗，為之虛聲㉘，云能令盲者登視㉙，躄者即行㉚。於是四方雲集，趨之如市，而錢帛固已山積矣。又敕諸求治病者，雖不便愈，當告人言愈也，如此則必愈。若告人未愈者，則後終不愈也。道法正爾，不可不信。於是後人問前來者，前來輒告之云已愈，無敢言未愈者也。旬日之間，乃致巨富焉。凡人多以小黠而大愚㉛。聞延年長生之法，皆為虛誕，而喜信妖邪鬼怪。令人鼓舞祈祀㉜所謂神者，皆馬氏詐人之類也。聊記其數事，以為未覺者之戒焉。」

【章旨】舉出似是而非、以訛傳訛，以及假託神靈、詐騙錢財的事例，進一步揭示不明道意、迷信淫祀之弊。

【注釋】❶汝南　郡名。《風俗通義・卷九》引此事，作「汝南鮦陽」。❷罥　繩套。❸取之不事　白拿他人之物。不事，不花力氣。❹其上有鮑魚者　《風俗通義》記此事曰「商車十餘乘同行」，則商車中有攜帶鮑魚者。鮑魚，鹽漬之魚。❺村里　同村及鄉里。❻丹楹藻梲　紅色的堂柱，雕飾的短柱。形容廟堂華美。❼南頓　《風俗通義・卷九》記此事，作「汝南南頓」。故地在今河南項城境。❽白田　沒有蓄水的田。一說新開的田。❾李栽　李樹的幼苗。❿未得即去　未能立刻返歸。⓫遠職　遠方的職事。如差使、服役之類。⓬㹠　同「豚」。小豬。⓭過差　過度；過分。⓮填溢　堵塞；擁擠。⓯滂沱　大雨之貌。這裡形容酒肉像雨點一樣密集。⓰或人云　《太平廣記・卷三一五》作「或人謂云」，《風俗通義・卷九》作「客聊調之」。調，調戲；開玩笑。⓱石人　原作「石上」，孫星衍曰：「當作士」。此據宋浙本。⓲雞豚　原作「雞肋」，《太平廣記》作「雞豚」，據改。⓳常　一本作「當」。⓴此水盡　《太平廣記》作「此水行盡」。行盡，將盡也。㉑竊他水以益之　偷偷將別處之水加進墓坑水中。「竊」下宋浙本有「輦」字，《太平廣記》有「運」字。㉒行使　原作「行便」，據《道藏》本校改。㉓持器遺信　帶著器皿、信件。遺，一作「遣」。㉔官家　原作「官申」，此據《太平廣記・卷三一五》改。㉕求恤　要求得到救助。㉖手下立愈　手到病除。立愈，立即痊癒。㉗又令辯士遊行　又讓能言善辯之士為之遊說。辯，原作「辨」，此據《太平廣記》。㉘虛聲　虛造聲勢。㉙登視　立刻能恢復視力，看見東西。㉚躄者即行　能使癱瘓者立即行走。躄，有腳卻不能行走。㉛小黠而大愚　在小事上聰明而大事上愚昧。黠，機敏；狡猾。㉜鼓舞祈祀　以音樂舞蹈祭神以祈福。

【語譯】天下事似是而非的，多得無可計數。我再略說幾個小故事，以勸告那些不明此理的人。從前汝南郡有人在田中設繩套捕野獸，捕得一頭麞子，其主人尚未發覺。有一個路過的人看見，便將麞子取走了。想到白拿他人的獵物不對，同行的車上載有鮑魚者，便將一條鮑魚放置在繩套中，然後離去了。獵主來，見繩套中有鮑魚，覺得非常奇怪，以為是神靈，不敢拿回去。鄉里百姓聽說後，便共同起屋修廟，號稱『鮑君廟』。以後前來祭祀的人愈多，廟內紅柱雕梁，鐘鼓不斷。有的病人偶然病好了，便說有神靈。行道經過，也莫不前來祭祀。這樣過了七八年，原來鮑魚的主人又從廟前經過，問其緣由，有人便將事情的來龍去脈一一相告。鮑魚的主人才說：『這是我的鮑魚，有什麼神靈呢？』於是鮑君廟的香火祭祀才停息下來。

又南頓之地有一個名叫張助的人，在旱田裡耕作時，發現一株李樹幼苗。本來應該丟掉，但因張助捨不得，想取回去栽種，便將樹苗挖起來。沒能立即回去，便用濕土裹住樹苗的根部，放在中空的桑樹中，後來忘記拿回去。張助以後離家去遠方辦事。他的鄉親們見桑樹中忽然長出了李樹，認為有神靈。一個眼病疼痛的人在樹下歇蔭，祝禱說：『李君能使我的眼病痊癒，我以一頭小豬來謝。』恰巧他的眼病痊癒，於是他便殺豬祭祀。這件事越傳越離譜，說這棵樹能使瞎子看見東西。於是遠近異口同聲，紛紛前來求神賜福。經常是車馬擁擠，祭祀的酒肉密布。這樣過了幾年，張助辦完事從遠方回來，看見這種情況，才說：『這是我從前所放的李樹苗，有什麼神呢？』便將樹砍去，祭祀也就停止了。

又汝南彭氏墓靠近大路，墓口有一個石人。一個農家老婦人到市集上買了幾片餅回家，因為天熱，在墓口樹下歇蔭。順手將餅暫放在石人頭上，很快就走了，卻忘記拿走餅。過路人見石人頭上有餅，覺得奇怪，向人打聽。有人開玩笑說：『這個石人有神靈，能為人治病，被治癒者以餅前來答謝。』如此輾轉傳說，說頭疼者撫摩石人頭，腹痛者撫摩石人腹，回過來再撫摩自己的相應部位，病情無不痊癒。於是千里以內的人都前來求石人治病。開始時以小雞小豬祭神，後來便用牛羊設祭。為石人樹立帷帳，經常音樂不絕，如此數年。有一天，那位忘記餅的老婦人聽說了，便對人說起此事。從此便再沒有人前往祭祀了。

又洛西有一座古代的墓穴，墓壁已經崩壞穿孔，其中積水甚多。墓中有石灰，石灰汁主治瘡病。夏天，有一個長瘡的行路人因為躁熱，見墓中水清澈，便在其中洗浴，瘡病就治好了。其他患者聽說，都前往自洗，後來又有人飲用其水治療腹中疾病的。墓地旁邊的住戶，便在墓所修建起廟宇，將墓中水出賣。買水的人又要在廟中祭神，經常酒肉不斷，而前來買水的人更多。墓中積水將盡，賣水戶又在夜間偷偷運水倒入墓中。遠地的人無法前來，便由使者攜帶器皿、信件代為購買，於是賣水戶暴富起來。有人又說並無神靈，官府禁止，填平了墓穴，此事才算了結。

又興古太守馬氏在任時，有一個親朋故友投奔前來，希望得到救助。馬氏便讓此人出住在外，假說他是神人道士，治療無不手到病除。又派能言善辯之士四處遊說，虛造聲勢，說此人能使瞎子立即睜眼看見東西，使癱瘓的人當場起立行走。於是四方之人紛紛前來，就像去趕集一樣，而此人的錢財也就很快堆積如山了。又通告各個前來治病者：即使病情尚未痊癒，也要告訴人說病已經好了，這樣說病就一定能好。如果對人說病未痊癒，那麼以後病就永遠好不了。還說道法如此，不可不信。於是後來的人問起先前治病的人，先前的人就告訴說病已經好了，沒有敢說病未好的。不到十天，此人便成為巨富。世俗之人多數在小事上聰明而在大事上愚蠢。聽到延年長生之法，就認為是虛假荒怪之說，卻又喜歡妖邪鬼怪之事。讓人以歌舞祭祀所謂神靈的人，都是像興古太守馬氏那樣的騙子。姑且記述這幾件事，以告誡那些迷惑不悟的人。」

或問曰：「世有了無知道術方伎❶，而平安壽考❷者，何也？」

抱朴子曰：「諸如此者，或有陰德❸善行，以致福祐；或受命❹本長，故令難老遲死；或亦幸而偶爾不逢災傷，譬猶田獵所經而有遺禽脫獸，大火既過時餘不燼草木也。

要於防身卻害，當修守形之防禁❺，佩天文之符劍❻耳。祭禱之事無益也，當恃我之不可侵也，無恃鬼神之不侵我也。然思玄執一❼、含景環身❽，可以辟邪惡、度不祥，而不能延壽命、消體疾也。任自然無方術者，未必不有終其天年者也，然不可以值暴鬼之橫枉❾、大疫之流行，則無以卻之矣。夫儲甲冑、蓄蓑笠者，蓋以為兵為雨也。若幸無攻戰，時不沈陰，則有與無正同耳。若矢石霧合❿、飛鋒煙交⓫，則知裸體者⓬之困矣。洪雨河傾⓭、素雪彌天⓮，則覺露立者之劇⓯矣。不可以薺麥之細碎⓰，疑陰陽之大氣⓱，以誤晚學之散人⓲，謂方術之無益也。」

【章　旨】不知方術不能防身卻害。不可因為世有不明道術而長壽者，便說方術無益。

【注　釋】❶道術方伎　指導引、行氣等養生術。❷壽考　長壽；年高。❸陰德　暗中積累、修行善事。❹受命　所稟受的生命長短；命中之壽。❺守形之防禁　守其形體、防止外物的傷害。〈遐覽〉有《守形圖》一卷。❻天文之符劍　指各種符籙。可以卻惡防身，如同佩劍。天文，即符籙。〈遐覽〉：「鄭君言符出於老君，皆天文也。」❼思玄執一　即守一之術。有玄一、有真一，故云。❽含景環身　使光環圍繞自身，以辟邪惡。〈遐覽〉有《含景圖》一卷。❾暴鬼之橫枉　鬼怪猖狂施暴，危害人類。❿矢石霧合　箭頭、石頭亂飛，像霧氣密集。⓫飛鋒煙交　刀光劍影，四處閃動。鋒，兵器的鋒芒。⓬裸體者　指未穿甲冑者。⓭洪雨河傾　暴雨密集，好像將河水傾泄下來。⓮素雪彌天　大雪滿天飄灑。⓯劇　艱困。⓰薺麥之細碎　薺菜冬生夏死，麥子秋生夏死，其生死之季節均與多數植物春生、夏長、秋收、冬藏不同。⓱陰陽之大氣　代指季節。〈微旨〉曰：「若以薺麥之生死，而疑陰陽之大氣，亦不足以致遠也。」與此意同。由此引申，謂不可因為少數無道術者得享高壽，便懷疑道術是否有用。⓲散人　閒散不為世用的人。指修煉道術者。

【語　譯】有人問道：「世上有的人完全沒有道術方伎，但是一生平安、享受高壽，這又是為什麼呢？」

抱朴子說：「這樣的人，有的是暗中積下了陰德，或者做了其他善事，所以得享長壽之福。有的人命中稟受的年壽長，所以死得遲。有的是偶爾逃脫了災禍，就像一場圍獵之後，還會有漏掉的鳥禽、逃脫的野獸，大火之後還有些草木未被燒焦一樣。

簡要地說，要想保護自身免受外物的傷害，應當修煉防身避禍的法術，或者佩帶各種符籙。祭祀祈禱是無益的，應該依靠自身不可侵犯的法力，而不依賴鬼神不侵犯傷害自己的祈禱。但是守玄一、真一之術，含光環繞自身，可以避除邪惡、度過災疫，而不能延長壽命、消除病患。放任自然而不懂方術的人，未必不能壽終正寢、享其天年。但是如果遇上惡鬼的猖狂施暴、瘟疫的廣泛流行，就無法抵禦了。儲備好鎧甲頭盔，為的是預防打仗。準備好蓑衣斗笠，為的是防備雨雪。如果沒有攻戰之事、沒有雨雪紛飛，則有無甲冑、蓑笠都是一樣的。但是如果飛石如雨、箭矢密集，刀光劍影、四處閃動，就會感到沒有鎧甲頭盔的困窘和危險了。大雨傾盆、雪花漫天，就會知道沒有蓑衣斗笠的狼狽了。不能夠因為薺菜麥子等細小之物的生死節令，便懷疑四季氣候有了差誤，以貽誤後世修道之人，使他們認為方術沒有益處。」

卷一〇 明本

【題解】本篇闡明儒家與道家的關係。儒、道的關係，有三個著眼點：一是從歷史產生年代看，孰先孰後的問題；二是從對世界本質的把握看，孰本孰末的問題；三是從精神境界上看，孰高孰卑的問題。

葛氏認為道的產生在儒家之前。上古陰陽調和，災害不作，沒有戰爭，沒有盟約，沒有賞罰，風俗淳厚，天下太平，這是道的治世。後世四時失序，災害頻繁，戰事殺戮，生靈塗炭，君臣篡奪，父子相殘。於是有了忠義之名，儒家因而見重於世。所以從歷史看，道在先而儒在後；從對世界的把握看，道為本體而儒為枝葉。道為本，所以天下無為而化美；儒為末，所以人世刑繁而姦惡。從精神境界上看，儒家研習禮儀、攻伐，汲汲於名利；道家抱一以獨善，普濟萬物而不自恃有德。所以相比較而言，道為高而儒為下。從歷史學家對於儒道關係的評價看，司馬遷推崇黃老是正確的。班固貶低道家，乃是附和世俗之見。

以道為先、為本、為高，為百家學說之君長，道家包容之廣大、境界之高尚遠遠超過儒家，是本篇的基本思想。

或問儒道之先後。抱朴子答曰：「道者，儒之本也。儒者，道之末也。先❶以為陰陽之術，眾於忌諱，使人拘畏❷；而儒者博而寡要，勞而少功❸；墨者儉而難遵，不可偏循❹；法者嚴而少恩，傷破仁義❺。唯道家之教使人精神專一，動合無形❻，包儒墨之善，總名法之要，與時遷移，應物變化，指約而易明，事少而功多，務在全大宗之朴❼，守真正之源❽者也。而班固❾以史遷❿先黃老而後六經，謂遷為謬。夫遷之洽聞⓫，旁綜幽隱⓬，沙汰⓭事物之臧否，覈實古人之邪正。其評論也，實原本於自然。其褒貶也，皆準的⓮乎至理。不虛美，不隱惡，不雷同以偶俗⓯。劉向命世通人⓰，謂為實錄⓱。而班固之所論，未可據也。固誠純儒，不究道意⓲。翫其所習⓳，難以折中⓴。

【章旨】道家包括儒、墨之善，匯總名、法之要，超出諸家之上。道是儒家的本源，儒家是道的枝葉。

【注釋】❶先 一作「夫」，此處疑有脫誤。此下所述，均是《史記・太史公自序》中所錄〈論六家之要旨〉中的觀點。❷陰陽之術三句 陰陽家忌諱太多，使人畏懼，行動受限制。❸儒者博而寡要二句 儒家學說內容廣博而散漫寡要，繁瑣勞累而收效甚少。❹墨者儉而難遵二句 墨家學說提倡儉樸，其主張難以完全遵照實行。❺法者嚴而少恩二句 法家嚴苛、不施恩惠，損害了仁義的原則。❻動合無形 行動符合於道。無形，天地未生，萬物無形，乃是道的形態。❼全大宗之朴 保全自然的稟賦。大宗，指本源。❽守真正之源 保守純正的本性。真正，端正；純正。❾班固 漢代史學家。撰成《漢書》，文辭淵雅，敘事詳贍。❿史遷 即司馬遷。漢代史學家，撰成《史記》，開通史著述體例。後世或稱為史遷。⓫洽聞 見聞廣博。⓬旁綜幽隱 歸納綜合，連幽隱之事也未放過。⓭沙汰 淘洗真金。這裡說對事物進行審察、辨別。⓮準的 箭靶。此用為「準則」的意思。⓯雷同以偶俗 附和世俗，與俗人異口同聲。⓰劉向命世通人 劉向是舉世知名的通才。劉向曾經校書祕閣，撰為《別錄》。又有《新序》、《說苑》、《列女傳》、《列仙傳》諸書，故云。⓱謂為實錄 班固〈司馬遷傳贊〉曰：「自劉向、揚雄博極群書，皆稱遷有良史之材，服其善序事理，辨而不華，質而不俚。其文直，其事核，不虛美，不隱惡，故謂之實錄。」⓲不究道意 未能領悟、探究道的意旨。⓳翫其所習 意謂班固沈浸在他所熟習的儒家學說觀念之中。翫，愛好；

玩習。⑳折中　不偏不倚地作出評論；公正地判斷。

【語譯】有人問到儒、道的先後。抱朴子回答說：「道家，是儒家的本源；儒家，只是道家的枝末。《史記・太史公自序》認為陰陽家忌諱太多，使人拘束而畏懼。儒家的學說內容廣博而寡要，繁瑣多勞而收效不大。墨家提倡儉樸，其學說難以遵照實行，並不完全適用。法家嚴刻而少恩，損傷了仁義的原則。只有道家的學說使人精神專一，行動合於道的原則，包括了儒家、墨家的長處，匯總了名家、法家的精要。與時而推移，應物而變化，意旨簡約又容易明瞭，事情不多而功效顯著。務必保存自然的稟賦，堅持純正的本性。而班固卻認為司馬遷推崇黃老於六經之上，說這是錯誤的。司馬遷見聞廣博，他廣泛採集、歸納綜合了眾多的事理，他辨別事物的真偽善否，審核古人的是非邪正。他的評論本著自然的原則，他的褒貶都以至理為標準。不作言不符實的讚美，不隱瞞某人的惡行，不附和世俗的言論以求一致。劉向是舉世知名的通才，稱《史記》為『實錄』。因此班固的說法，不可以作為依據。班固誠然是純粹的儒生，但他不懂得道的蘊涵。他沈浸在所熟悉的儒家觀念之中，因此難以作出公正的判斷。

夫所謂道，豈唯養生之事而已乎？《易》曰：『立天之道，曰陰與陽；立地之道，曰柔與剛；立人之道，曰仁與義❶。』又曰：『《易》有聖人之道四焉❷』，『苟非其人，道不虛行❸。』又於治世隆平❹，則謂之有道；危國亂主，則謂之無道。又坐而論道，謂之三公❺；國之有道，貧賤者恥❻焉。凡言道者，上自二儀❼，下逮萬物，莫不由之❽。但黃、老執其本，儒、墨治其末耳。今世之舉有道者，蓋博通乎古今，能仰觀俯察❾、歷變涉微❿，達興亡之運⓫，明治亂之體⑫，心無所惑，問無不對者。何必修長生之法，慕松、喬之武⑬者哉？而管窺諸生⑭，臆斷瞽說⑮。聞有居山林之間，宗伯陽之業⑯者，則毀而笑之曰：『彼小道耳，不足算⑰也。』嗟乎！所謂抱螢燭于環堵之內⑱者，不見天光之焜爛⑲。侶鮋鰕于跡水之中⑳者，不識四海之浩汗㉑。重江河之深，而不知吐之者崑崙也。珍黍稷之收，而不覺秀之者豐壤也。今苟知推崇儒術，而不知成之者由道。道也者，所以陶冶百氏㉒，範鑄二儀㉓，胞胎萬類㉔，醞釀彝倫㉕者也。

世間淺近者眾，而深遠者少。少不勝眾，由來久矣。是以史遷雖長而不見譽，班固雖短而不見彈。然物以少者為貴，多者為賤。至於人事，豈獨不然？故藜藿彌原㉖，而芝英不世㉗；枳棘被野㉘，而尋木間秀㉙；沙礫無量，而珠璧甚尠㉚；鴻隼屯飛㉛，而鸞鳳罕出；虺蜴盈藪㉜，而虬龍希覿㉝。班生多黨㉞，固其宜也。

【章旨】道的蘊涵廣大，足以陶冶百家。世俗淺近，嘲笑黃老之術，毫不足怪。

【注釋】❶立天之道六句　見《周易・說卦》。❷易有聖人之道四焉　《周易》包含四種值得學習與運用的聖人之道。《周易・繫辭上》曰：「易有聖人之道四焉，以言者尚其辭，以動者尚其變，以制器者尚其象，以卜筮者尚其占。」❸苟非其人二句　如果不是適當的人，道便不能憑空推行。見《周易・繫辭下》。❹治世隆平　太平興盛之世。❺坐而論道二句　《尚書・周官》曰：「茲惟三公，論道經邦。」《周禮・考工記》曰：「坐而論道，謂之王公。」❻國之有道二句　生當國家有道之時，而貧窮卑賤，應當感到羞恥。《論語・泰伯》曰：「邦有道，貧且賤焉，恥也；邦無道，富且貴焉，恥也。」❼二儀　天地。

❽莫不由之　莫不由道化生而出。❾仰觀俯察　上觀於天，下察於地，廣泛地思考天地間的人情物理。❿歷變涉微　認識萬物變化的精微之理。⓫達興亡之運　通達國運興衰存亡之理。⓬明治亂之體　明瞭國家治亂的根源。體，本體；根源。⓭慕松喬之武　嚮往而羨慕神仙，有追蹤赤松子、王子喬之意。武，步武；足跡。⓮管窺諸生　見識狹窄之眾儒生。管窺，從管子中看。形容眼界狹隘。⓯臆斷瞽說　憑心而斷，閉著眼睛瞎說。⓰宗伯陽之業　尊奉老子的學說。這裡指修煉仙術。⓱不足算　不值得肯定；算不得什麼。⓲抱螢燭于環堵之內　在土牆暗室之內，持螢火般的燭光。環堵，土牆。⓳天光之焜爛　太陽的光輝燦爛。焜爛，色彩鮮明；燦爛。⓴侶鮋鰕于跡水之中　在小水坑中與微小的魚蝦為伴。鮋，小魚。跡水，腳印形成的小水坑。㉑浩汗　同「浩瀚」。廣大遼闊之貌。㉒陶冶百氏　造就了諸子百家的學說。㉓範鑄二儀　創造了天地。㉔胞胎萬類　孕育了萬物。㉕醞釀彝倫　化生了人倫物理、道德制度。㉖藜藿彌原　野菜長滿原野。藜藿，兩種野菜之名。彌，滿；遍。㉗芝英不世　仙草靈芝，並不常見。不世，並非世所常有。㉘枳棘被野　荊棘遍布野外。枳棘，兩種有刺的小灌木。㉙尋木間秀　偶爾才能見到高大的喬木秀姿挺拔。尋木，大樹。㉚尠　少。㉛鴻隼屯飛　鴻雁、鷹隼成群飛翔。鴻，一本作「鷹」。㉜虺蜴盈藪　蛇類、蜥蜴在湖澤中到處都是。㉝希覯　很少看到。㉞多黨　多有附和、贊同者。

【語　譯】所謂道，難道僅僅是養生之事而已嗎？《周易》說：『立天之道，叫作陰與陽；立地之道，叫作柔與剛；立人之道，叫作仁與義。』又說：『《周易》中包容了四種聖人之道』，『如果不是相應的人，道不可以憑空實行。』又當天下太平、國家興旺，就稱之為有道。國家局勢動盪、君主行為乖張，就稱之為無道。又說坐而論道，謂之三公。又說當國家有道之時，貧賤者應該感到羞恥。凡是說到道，上自天地，下到萬物，莫不由道化生而出。只是黃帝、老子把握的是道的本體，而儒家、墨家研治的只是道的枝節罷了。

如今世人所舉出的有道者，說他們博通古今之變，能夠仰觀於天、俯察於地，認識變化的精微，通達興亡的轉化，明瞭治亂的根源。內心無所疑惑，有問必能答對。認為這樣的人，何必修煉長生之法、追蹤神仙的步武呢？而那些認識浮淺的儒生，他們隨心臆斷，閉著眼睛瞎說。聽見有在山林之間修煉老子之道者，就非毀並且嘲笑說：『那是小道，算不得什麼！』真是可歎啊！這就是所謂在土牆暗室之內，手執螢燭之光，不知日月光華的燦爛；在淺水坑中與小魚細蝦相伴，不知大海的浩瀚無邊。推崇長江、黃河的深長，而不知長江、黃河都由崑崙山發源而出。珍重五穀糧食的收成，而不知五穀糧食都是肥沃的土壤生長出來的。如今世俗之人只知道推崇儒術，而不知儒術之成乃是由於道。道，也就是造就諸子百家，鑄成天地兩儀，孕育自然萬物，化生倫理制度的本體。

世上淺近的人多，而認識深遠者少。寡不敵眾，由來已久了。所以司馬遷的說法雖然正確卻不被稱許，班固的說法雖然有誤而不受批評。然而世間的事物終究以少者為貴，多者為賤。至於人事，又何嘗不是如此？所以野菜遍地，而仙草靈芝卻不常見；荊棘灌木滿山都是，而高大的喬木只能偶爾挺秀；沙礫石子不計其數，而珠寶璧玉卻十分難得；鴻雁蒼鷹成群地飛翔，鸞鳥鳳凰卻少見於世；游蛇蜥蜴在湖澤中到處都是，而虯龍卻很少看到。由此看來，班固多有附合贊同之輩，也就是很自然的事。

夫道者，內以治身，外以為國。能令七政遵度❶，二氣告和❷，四時不失寒燠之節❸，風雨不為暴物之災。玉燭表昇平之徵❹，澄醴彰德洽之符❺。焚輪虹霓寢其祅❻，積雲商羊戢其翼❼。景耀❽高照，嘉禾畢遂❾，疫癘不流❿，禍亂不作。塹壘不設⓫，干戈不用。不議而當，不約而信，不結而固，不謀而成。不賞而勸，不罰而肅，不求而得，不禁而止。處上而人不以為重，居前而人不以為患。號未發而風移，令未施而俗易。此蓋道之治世也。

故道之興也，則三五垂拱而有餘⓬焉。道之衰也，則叔代馳鶩而不足⓭焉。夫唯有餘，故無為而化美。夫唯不足，故刑嚴而姦繁。黎庶⓮怨於下，皇靈⓯怒於上。或洪波橫流，或亢陽赤地⑯，或山谷易體⑰，或冬雷夏雪。或流血漂櫓⑱，積尸築京⑲。或坑降萬計⑳，析骸易子㉑。城愈高而衝㉒愈巧，池愈深而梯㉓愈妙。法令明而盜賊多，盟約數而叛亂甚㉔。猶風波駭而魚鱉擾於淵，纖羅密而羽禽躁於澤，豺狼眾而走獸劇於林㉕，爨火㉖猛而小鮮糜於鼎㉗也。君臣易位者有矣，父子推刃㉘者有矣。然後忠義制名於危國，孝子收譽於敗家。疾疫起而巫醫貴矣，道德喪而儒墨重矣。由此觀之，儒道之先後可得定矣。」

【章旨】上古以道治國，陰陽調和，風俗淳美。後世道衰，人們互相殘殺，動亂不止。儒道之先後，由此可定。

【注釋】❶七政遵度　日月五星遵照法度運行。七政指日、月及金、木、水、火、土五星。❷二氣告和　陰陽二氣和諧。❸寒燠之節　寒熱之次序。燠，熱。❹玉燭表昇平之徵　四季氣候調和，是人君德化、政治清平的徵兆。《爾雅・釋天》曰：「四時和謂之玉燭。」❺澄醴彰德洽之符　地下湧出甘泉乃是普施德化的標誌。澄醴，清美的甘泉。德洽，廣泛地施行文德教化。❻焚輪虹霓寢其祆　暴風、虹霓等不祥之物都不再出現。焚輪，從天而下的暴風。寢，停止。祆，通「妖」。反常變易的現象。❼積雲商羊戢其翼　積雲、商羊收斂起翅膀。即暴雨不作之意。黑雲下垂如鳥翼曰積雲，下大雨之前有一足之鳥飛舞曰商羊。❽景耀　太陽之光輝。❾嘉禾畢遂　禾稻茁壯，五穀豐收。❿疫癘不流　不流行瘟疫。癘，瘟疫。⓫壍壘不設　壕溝、堡壘也不修了。意謂沒有戰事。壍，壕溝；護城河。⓬三五垂拱而有餘　意謂三皇五帝時，風俗淳樸，天下太平。君王無為而治，心力有餘。三五，指三皇五帝。垂拱，垂衣拱手。形容自然無為以治理天下。⓭叔代馳騖而不足　末世君王費盡心力，奔波勞累，仍然不能治理好天下。叔代，末世；後世。⓮黎庶　百姓。⓯皇靈　君王。⓰亢陽赤地　赤日炎炎，莊稼乾枯，遍地都不長五穀。亢陽，烈日。⓱山谷易體　高山降為深谷，深谷升為高山。指地震形成的地殼變動。⓲流血漂櫓流血之多，可以浮起盾牌。櫓，大盾。⑲積尸築京　古代打勝仗之後，收集戰敗者的屍體，堆積為塚，封土其上，以誇耀武功，謂之京觀。⑳坑降萬計　將以萬計的投降戰俘活埋。秦將白起曾坑殺趙降卒四十萬，即其例。事見《史記・白起王翦列傳》。㉑析骸易子　被圍困的城市之中，百姓無柴燒、無糧食，被迫以骨為炊，以人子交換而食。見《左傳・宣公十五年》。㉒衝　衝車。古代攻城的戰車。㉓梯　雲梯。古代攻城的器械。㉔盟約數而叛亂甚　盟約的簽訂愈頻繁，背叛誓言的情況愈嚴重。㉕走獸劇於林　林間的野獸受到驚擾與傷害。㉖爨火　燒火。㉗小鮮糜於鼎　鼎中的小魚將被烹爛。小鮮，指小魚。㉘父子推刃　父子互相殘殺。推刃，刀一進一出。

【語譯】道，內可以作為治身的準則，外可以作為治國的尺度。能使日月星辰運行有度，陰陽二氣和諧有理，四時節氣寒熱有序，風雨不會成災。四季氣候調和，表明政治清明、天下太平。甘泉湧出，表明文德教化，普施天下。狂風、虹霓等不祥之事消失不現，疾風暴雨不再形成災害。陽光高照，五穀豐登。沒有瘟疫，沒有禍亂，沒有戰壕與堡壘，不用刀槍與干戈。不議論而自然得當，不盟約而自然守信，不定交而自然團結，不謀劃而能成功。不獎賞而能勸善，不處罰而能懲惡，不希求而能得到，無禁令而能制止。處在上位而別人不以為負累，處在前列而別人不以為禍患。號令未曾發布而民情改觀，命令未曾施行而風俗變化。這便是以道治理國家的局面。

所以當道興起之時，三皇五帝無為而治，心神有餘而天下大治。當道衰落的時候，後代的君主勞累奔波還是不足以治好天下。正因為有餘，所以帝王無為而風俗淳美。正因為不足，所以朝廷刑法嚴苛而天下姦惡愈多。百姓怨恨於下，君王震怒於上。或者洪水氾濫，一片汪洋；或者赤日炎炎，顆粒無收；或者山崩地裂，山谷改觀；或者氣候反常，冬雷夏雪。或者攻伐戰爭，流血成河，積屍成山；或者活埋戰俘，成千上萬，百姓析骨而炊、易子而食。城牆愈高，衝車的構造愈靈巧；護城河愈深，雲梯建造得愈精妙。法令的條文愈嚴明盜賊愈多，盟約的簽訂愈頻繁背叛誓言愈嚴重。就好像風激浪惡潭中的魚鱉煩擾不安，羅網嚴密山澤中的鳥禽焦躁不寧，豺狼成群林中的野獸難免被傷害，火勢過猛鼎中的小魚就烹爛了。於是臣下篡奪君位的事情出現了，父子仇恨殘殺的事情也出現了。然後在危亂的國度，有了忠義的名分；衰敗之家，有了孝子的美譽。

瘟疫流行，於是巫師、醫生顯得可貴了。道德淪喪，儒家、墨家也就為世所重了。由此看來，儒道的先後也就可以確定了。」

或問曰：「昔赤松子❶、王喬❷、琴高❸、老氏❹、彭祖❺、務成❻、鬱華❼皆真人，悉仕於世，不便遐遁❽。而中世以來，為道之士莫不飄然絕跡幽隱❾，何也？」

抱朴子答曰：「曩古❿純朴，巧偽未萌。其信道者則勤而學之，其不信者則嘿然⓫而已。謗毀之言，不吐乎口，中傷之心，不存乎胸也。是以真人徐徐於民間⓬，不促促於登遐⓭耳。末俗偷薄⓮，雕偽彌深⓯。玄淡之化⓰廢，而邪俗之黨⓱繁。既不信道，好為訕毀。謂真正⓲為妖訛，以神仙為誕妄。或曰惑眾，或曰亂群。是以上士恥居其中也。昔之達人杜漸防微⓳，色斯而逝，夜不待旦⓴；睹幾而作，不俟終日㉑。故趙害鳴犢，而仲尼旋軫㉒；醴酒不設，而穆生星行㉓；彼眾我寡，華元去之㉔。況乎明哲，業尚本異，有何戀之，當住其間哉？夫淵竭池漉，則蛟龍不游㉕；巢傾卵拾，則鳳凰不集㉖；居言于室，而翔鷗不下㉗；凡卉春翦，而芝蓂不秀㉘。世俗醜正㉙，慢辱將臻㉚。彼有道者，安得不超然振翅乎風雲之表，而翻爾藏軌於玄漠之際㉛乎？

　山林之中非有道也，而為道者必入山林，誠欲遠彼腥膻，而即此清淨也。夫入九室以精思㉜、存真一以招神㉝者，既不喜諠譁而交污穢㉞，而合金丹之大藥，鍊八石之飛精㉟者，尤忌利口之愚人。凡俗之聞見，明靈為之不降，仙藥為之不成，非小禁㊱也。止於人中，或有淺見毀之有司㊲，加之罪福㊳。或有親舊之往來，牽之以慶弔。莫若幽隱，一切免於如此之臭鼠矣。彼之邈爾㊴獨往，得意嵩岫㊵，豈不有以㊶乎？

　或云：上士得道於三軍㊷，中士得道於都市，下士得道於山林。此皆為仙藥已成，未欲昇天。雖在三軍，而鋒刃不能傷。雖在都市，而人禍不能加。而下士未及於此，故止山林耳。不謂人之在上品者，初學道當止於三軍、都市之中而得也。然則黃老可以至今不去㊸也。」

【章旨】上古風俗純樸，真人多暫住人間。後世風尚浮薄，修道者或遭非毀，或罹禍患，所以得道者都超然遠逝。

【注釋】❶赤松子　傳說中之仙人。神農時曾任雨師。❷王喬　傳說中之仙人。即王子喬。周靈王之太子。❸琴高　傳說中之仙人。曾任宋康王之舍人。❹老氏　即老子。曾仕周任柱下史。❺彭祖　姓籛名鏗。帝顓頊之玄孫。至殷商末世，已七百六十七歲而不衰老，殷王拜為大夫。❻務成　務成子。傳說中之仙人。曾降於姑射山，為堯之師。❼鬱華　鬱華子。傳說中之仙人。宓犧時降於田野，授〈天皇內文〉等，又教人以順性之道。❽不便遐遁　並不立即遠逝隱逸，或飛升成仙。❾絕跡幽隱　遠離人世，前往幽隱之地。❿曩古　往古；上古。⓫嘿然　默然不語。⓬徐徐於民間　悠然逍遙於人間。徐徐，緩緩；不急迫。⓭促促於登遐　急迫的出世飛升。⓮偷薄　浮薄；不厚道。⓯雕偽彌深　虛偽造作，風習愈深。⓰玄淡之化　崇尚自然、清靜無為之風尚。⓱邪俗之黨　世俗勾結、朋比為奸之輩。⓲真正　端正；純正。⓳杜漸防微　由小見大，防患於未然。⓴色斯而逝二句　見人顏色不善，則立即離去，不到天明就動身。㉑睹幾而作二句　見事之機微則立即行動，不等到晚上。㉒趙害鳴犢二句　竇鳴犢是晉國的賢大夫。孔子準備前往晉國見趙簡子，在黃河邊聽到竇鳴犢被趙簡子所害的消息，便回轉馬車，不見趙簡子了。旋軫，回車。見《史記·孔子世家》。㉓醴酒不設二句　穆生是漢人，與魯申公、白生等俱為楚元王劉交的門客，任中大夫。劉交對申公、穆生很尊重。因為穆生不善飲酒，每次宴會都特為穆生準備低濃度的醴酒。後來劉交之子劉戊繼承了王位。有時忘了準備醴酒，穆生於是對申公、白生說：「先王之所以禮吾三人者，為道之存故也。今而忘之，是忘道也。忘道之人，胡可與久處！」遂稱病而去。後來劉戊謀反，兵敗而死。見《漢書·楚元王傳》。㉔彼眾我寡二句　華元是春秋時宋國的將軍。宋築城，華元巡視時，築城的民工以歌謠對他進行諷刺。華元說：「去之，夫其口眾我寡。」見《左傳·宣公二年》。㉕淵竭池漉二句　將淵潭之水漉乾，蛟龍便不會生長其中。漉，使乾涸。㉖巢傾卵捨二句　將鳥巢傾覆、鳥卵拋捨，鳳凰也就不會來了。㉗居言于室二句　海上有人好鷗鳥，每天至海上，有數百鷗鳥與之遊。其父曰：「吾聞鷗鳥從汝遊，取來玩之。」次日至海上，鷗鳥便只在空中飛舞而不下。見《列子·黃帝》。㉘凡卉春翦二句　春時剷去凡草，神芝仙草也就不會生長。芝蓂是一種仙草，傳說唐堯時曾夾階而生。㉙醜正　非毀品性純正的真人。㉚慢辱將臻　人身的羞辱即將來臨。臻，至。㉛翻爾藏軌於玄漠之際　毅然離去人世，前往玄漠無為的神仙境界中。翻爾，翻然。㉜入九室以精思　在靜室之內修煉行氣之術。九室，修道之室。㉝存真一以招神　存想真一之神。真一有姓字服色，在人體三丹田中。存想真一，是一種修煉方術。參見〈地真〉。㉞交污穢　接觸骯髒的物事。交，原作「合」，據宋浙本校改。㉟鍊八石之飛精　以八石為原料飛煉仙藥。八石指丹砂、雄黃、雌黃、空青、硫黃、雲母、戎鹽、硝石等礦物。飛，蒸騰揮發。㊱小禁　小的禁忌。㊲毀之有司　在官府非毀、誹謗。孫星衍疑「毀」字為衍。㊳加之罪福　加以罪名。孫星衍疑「福」當作「禍」。㊴邈爾　高邁、超然之貌。㊵得意嵩岫　指在嵩山之中修煉道術。嵩，一作「岩」。㊶有以　有原因；有理由。㊷三軍　泛指軍隊。㊸然則黃老可以至今不去　若此說成立，則黃帝、老子至今尚在人世。然則，表示轉折。

【語譯】有人問道：「從前赤松子、王子喬、琴高、老子、彭祖、務成子、鬱華子都是得道的真人，都出仕於世，並不立即遠離人間而隱逸。而後世的修道之士，都是絕跡人世、飄然隱逸於山林之間，這又是為什麼呢？」

抱朴子回答說：「上古風俗純樸，人們沒有機詐虛偽之心。信道的人則努力修煉，不信道的人則默不作聲。言談不出誹謗之言，胸中沒有中傷之心。所以得道真人能夠悠然逍遙於人間，並不急於出世飛仙。末世風俗浮薄，虛偽矯飾之風愈益深入人心。自然玄默的風尚被廢棄，而結黨為非之事愈來愈多。人們既不相信道術，又喜歡誹謗攻擊別人。他們說保持稟賦的純正是妖妄不實，說神仙的存在是荒誕無稽。或者誣為『迷惑群眾』，或者誣為『擾亂人心』，所以高尚之士恥於生活在人間。從前的通達之士善於由小見大，防患於未然。見人顏色不善則馬上離去，不待天明。發現苗頭便立即行動，不等到晚上。所以趙簡子殺害了竇鳴犢，孔子就回車而去；忘了陳設醴酒，穆生就連夜告退；見對方人多，華元就立刻離開。何況明哲之人，所修習的業務與志向本來就與俗人不同，又有何留戀一定要住在人間呢？淵池中的水乾涸了，蛟龍就不會在其中游動。將鳥巢傾覆、鳥蛋拋捨，鳳凰便不會來翔集。在室內說了捕鳥的話，海鷗便不會再飛到身旁。把春天的青草剪掉，仙芝神草也就不會生長。世俗已經在非毀修道的真人，人格的侮辱將隨之而至。那些有道之士，怎麼能不振翅高飛於風雲之外，毅然前往玄默超然的神仙境界中呢？

山林之中不一定有仙道，但是修行仙道一定要進入山林中。這是為了遠離腥膻的俗世，而到清靜的境界中。進入靜室之中專心修煉內視，存想真一之神，這時既不喜歡人聲喧譁，又不喜歡接觸污穢之物。而合煉金丹之仙藥，飛煉八石之神丹，尤其忌諱言辭刻薄的俗人。如果有俗人看見或聽見，仙人就不會降臨，仙藥也就不能煉成功。這是大的禁忌。如果留住人間，可能有輕薄浮淺之徒誣告到官府，妄加罪禍。也可能有親朋故舊來來往往，有慶賀弔喪之事。不如離開人世，免掉這一切俗世污濁之事。這樣看來，那些超然獨往、在名山之中修煉道術者，不是有緣由的嗎？

有人說：『上士得道於三軍，中士得道於都市，下士得道於山林。』這是由於仙藥已經煉成，又不想立即升天。雖然在三軍之中，而刀鋒劍刃不能傷害他們。雖然在都市之中，而人間禍患不會降臨在他們身上。下士沒有達到這種境界，所以住在山林之中。並不是說上等中等之士，能夠在三軍、都市之中學道修煉而成仙。如果他們的說法成立的話，那麼黃帝、老子就可以至今還在人間了。」

或問曰：「道之為源本，儒之為末流，既聞命❶矣。今之小異，悉何事乎？」

抱朴子曰：「夫升降俯仰之教❷，盤旋三千之儀❸，攻守進趣之術❹，輕身重義之節❺，歡憂禮樂之事，經世濟俗之略❻，儒者之所務也。外物棄智❼，滌蕩機變，忘富逸貴❽，杜遏勸沮❾，不恤乎窮❿，不榮乎達⓫，不戚乎毀⓬，不悅乎譽⓭，道家之業也。儒者祭祀以祈福，而道者履正以禳邪⓮。儒者所愛者勢利也，道家所寶者無欲也。儒者汲汲於名利，而道家抱一⓯以獨善。儒者所講者，相研之簿領⓰也。道家所習者，遣情之教戒⓱也。

夫道者，其為也，善自修以成務⓲；其居也，善取人所不爭⓳；其治也，善絕禍於未起；其施也，善濟物而不德⓴；其動也，善觀民以用心㉑；其靜也，善居慎而無悶㉒。此所以為百家之君長、仁義之祖宗也。小異之理，其較㉓如此。首尾污隆㉔，未之變也。」

【章　旨】儒者研習人間之事，故汲汲於名利。道家修煉性命之業，故抱一而獨善。道是百家的君長、仁義的祖宗。

【注　釋】❶聞命　承教；承蒙教誨。❷升降俯仰之教　宗廟祭祀、朝廷會典時的程序制度。❸盤旋三千之儀　待人接物的各種禮儀規章。《中庸．第二十七章》：「禮儀三百，威儀三千。」❹攻守進趣之術　用兵打仗之兵法。趣，同「趨」。❺輕身重義之節　輕生重義的氣節情操。❻經世濟俗之略　治理國家的策略原則。❼外物棄智　忘懷外在之物，捨棄知識智慧。外，遺忘。❽忘富逸貴　不追求財富，逃避尊顯之位。❾杜遏勸沮　對於人世的稱譽與批評均無動於心。勸沮，勉勵或者勸阻。❿不恤乎窮　處在卑下之位而不憂慮。窮，困厄。⓫不榮乎達　處在尊顯之位而不誇耀，不以為榮。⓬不戚乎毀　聽到非毀之言而不愁傷。戚，傷心。⓭不悅乎譽　聽到讚譽而不喜悅。⓮履正以禳邪　以守一之術培養體內的純正之氣，以攘除邪惡。⓯抱一　守道不渝。⓰相研之簿領　互相研究探討之書本。簿領，書籍文簿。或據《北堂書鈔．卷九七》引《魏略》曰：「《左傳》，相斫書耳」，疑「研」為「斫」字之訛，可備一說。⓱遣情之教戒　排遣、克服世俗情欲之教導。⓲自修以成務　自然而為，以成就萬事。⓳不爭　不爭名逐利，不居功自傲。《老子．第八章》：「水善利萬物而不爭」，〈第二十二章〉：「夫唯不爭，故天下莫能與之爭。」⓴濟物而不德　救濟萬物而不自恃其德。㉑觀民以用心　用心考察風俗民情。㉒居慎而無悶　固守、保持純正的本性，沒有憂悶之情。慎，疑「貞」之訛。㉓較　大略；概略。㉔首尾污隆　先後、高下。

【語　譯】有人問道：「道家是本源，儒家是末流，已經承蒙教導了。它們之間的差別，都在哪些地方呢？」

抱朴子說：「關於祭祀會典的制度程序，待人接物的禮儀規章，攻守進退的戰術兵法，輕生重義的氣節操守，喜喪禮樂的料理安排，治國安邦的策略原則，這些都是儒者所從事的。忘懷物欲，捨棄智慧，清除狡詐機變，不追求財富與尊榮，對於世俗的稱許與批評都毫不縈懷，處在困厄之位而不憂慮，處在尊榮之位而不誇耀，聽到非毀並不愁傷，聽到贊頌並不喜悅，這是道家所修行的。儒者以祭祀祈請神靈降福，而修道者以扶持正氣來攘除邪惡。儒者所看重的是人間的勢利，道家所寶貴的是克服人間的欲念。儒者孜孜不倦地追求名利，道家則堅守大道以獨善其身。儒家所傳授的，是互相研習的書本；道家所修習的，是排除俗情的教義與戒條。

作為道，它的行為，善於順其自然以促成事物的發展。遵循道以處世立身，善於自處於不爭之地。以道治理天下，善於在禍患出現之前就清除它的萌芽。道之施與萬物，善於救濟天下而不自恃有德。遵循道的運動，善於用心體察民情風俗。遵循道的靜止，能夠保持純正的本性而不憂悶。所以道是百家學說的君主，是儒家仁義主張的宗祖。儒道的區別，大略如此。其間的先後高下的關係，並沒有改變。」

或曰：「儒者，周、孔也，其籍則六經也。善治世存正[1]之所由也，立身舉動之準繩也。其用遠而業貴，其事大而辭美，有國有家不易之制[2]也。為道之士，不營禮教，不顧大倫[3]，侶狐貉[4]於草澤之中，偶猿狖[5]於林麓之間。魁然流擯[6]，與木石為鄰。此亦東走之迷[7]，忘葵之甘[8]也。」

抱朴子答曰：「摛華騁豔[9]，質直所不尚。攻蒙救惑[10]，疇昔之所饜[11]。誠不欲復與子較物理之善否[12]，校得失於機吻[13]矣。然觀孺子之墜井，非仁者之意[14]。視瞽人之觸柱，非兼愛之謂。聊[15]又陳梗概，粗抗一隅。

夫體道以匠物[16]、寶德以長生[17]者，黃老是也。黃帝能治世致太平，而又昇仙，則未可謂之後於堯舜也。老子既兼綜禮教，而又久視，則未可謂之為減周孔也。故仲尼有竊比之歎[18]，未聞有疵毀之辭。而末世庸民[19]，不得其門[20]，修儒墨而毀道家。何異子孫而罵詈祖考[21]哉？是不識其所自來，亦已甚矣！夫侏儒之手，不足以傾嵩華[22]；焦僥[23]之脛，不足以測滄海。每見凡俗守株之儒[24]，營營所習[25]，不博達理。告頑舍囂[26]，崇飾惡言[27]，誣詰[28]道家。說糟粕之滓[29]，則若睹駿馬之過隙[30]也。涉精神之淵[31]，則淪溺而自失[32]也。猶斥鷃[33]之揮短翅，以淩陽侯之波[34]；猶蠅力駑質[35]，以涉昫猿之峻[36]。非其所堪，祇足速困[37]。然而嘍嘍[38]守於局隘，聰不經曠[39]，明不徹離[40]，而欲企踵以包三光[41]，鼓腹以奮雷靈[42]，不亦蔽乎？

蓋登旋璣之眇遠[43]，則知井谷之至卑[44]。睹大鵬之彌天[45]，乃知鷦鷯之可陋[46]。吾非生而知之，又非少而信之。始者蒙蒙[47]，亦如子耳。既觀奧祕之弘修[48]，而恨離困之不早也。五經之事，注說炳露[49]，初學之徒猶可不解。豈況金簡玉札[50]、神仙之經？至要之言又多不書，登壇歃血[51]，乃傳口訣。苟非其人，雖裂地連城[52]，金璧滿堂，不妄以示之。夫指深歸遠[53]，雖得其書而不師受，猶仰不見首，俯不知跟[54]。豈吾子所詳悉哉？

夫得仙者，或昇太清[55]，或翔紫霄[56]，或造玄洲[57]，或棲板桐[58]，聽鈞天之樂[59]，享九芝之饌[60]。出攜松羨[61]於倒景之表[62]，入宴常陽[63]於瑤房[64]之中。曷為當侶狐貉而偶猿狖乎？所謂不知而作[65]也。夫道也者，逍遙虹霓，翱翔丹霄[66]，鴻崖六虛(67)，唯意所造(68)。魁然流擯，未為戚也。犧腯(69)聚處，雖被藻繡，論其為樂，孰與逸麟(70)之離群以獨往，吉光(71)坼偶(72)而多福哉？」

【章旨】黃帝勝於堯、舜，老子勝於周、孔。神仙生活之自由適意，非世俗之輩所能知。

【注釋】❶存正　即存政。施行仁政，以安邦定國。❷有國有家不易之制　掌管國家政務者不可變更之法則。❸大倫　指君臣、父子間的倫理關係。❹侶狐貉　與狐貍為伍。❺偶猿狖　與猿猴相伴。狖，長尾猿。狖，原作「猱」，篇末有「曷為當侶狐貉而偶猿狖乎」之句，則「猱」為誤，據改之。❻魁然流擯　孤獨地置身人世之外。流擯，流落、棄絕。❼東走之迷　神志迷亂不清者；狂者。《韓非子‧說林上》：「狂者東走，逐者亦東走。其東走則同，其所以東走之為則異。」❽忘葵之甘　蓼草之蟲長食苦辛，不知葵草之甘美。隱喻修道者不辨甘苦。❾摛華騁豔　鋪陳華美的辭藻，揮灑豔麗的文彩。摛，抒發文辭。❿攻蒙救惑　解除蒙蔽，使迷惑者醒悟。⓫曩昔之所饜　過去已經論述得夠多了。曩昔，往日。饜，足。⓬較物理之善否　爭論道理之是非。較，較量。物理，萬物之理。⓭校得失於機吻　以言辭爭得爭失；口舌之爭。⓮覿孺子之墜井二句　眼見小孩子掉落井中而不救助，不是仁者之心意。⓯聊　一作「耶」，屬上句。一在「又」下。⓰體道以匠物　遵循大道以造就萬物。體道，遵循道的原則；實踐道。⓱寶德以長生　寶重素樸的本性以求長生。⓲仲尼有竊比之歎　孔子感歎老子學說的玄妙，願意自比於老子、彭祖。《論語‧述而》：「述而不作，信而好古，竊比於我老彭。」⓳庸民　平庸百姓。⓴不得其門　不得其門而入。意謂世俗對道家的學說一無所知。㉑罵詈祖考　辱罵自己的祖先。詈，責罵。㉒夫侏儒之手二句　嵩山、華山極高，侏儒手短，故無法測量。侏儒，身材特別矮小的人。傾嵩華，完全測出嵩山、華山的高度。㉓焦僥　傳說中的小人國，其人身長僅一尺五寸。見《列子‧湯問》。㉔守株之儒　見識狹窄、偏守一隅的儒生。㉕營營所習　只在自己熟悉的領域周旋。營營，盤旋狀。㉖告頑舍嚚　告之則頑，舍之則嚚。《左傳‧文公十八年》杜預注：「心不則德義之經為頑，口不道忠信之言為嚚。」舍，原作「令」，據《左傳》改之。㉗崇飾惡言　修飾邪惡之言辭。崇，修飾。㉘詆詰　詆問；責問。㉙說糟粕之滓　喜愛儒家的典籍。說，通「悅」。喜悅。糟粕之滓，釀酒剩餘之糟渣。此指儒家留下的典籍。㉚駿馬之過隙　意同「白駒過隙」。謂時光快速消逝。㉛涉精神之淵　流覽、閱讀道家之書。精神之淵，喻道家精微要妙的學說。㉜淪溺而自失淹沒水中，失去依憑。淪溺，沈沒。(33)斥鷃　一種小鳥。傳說飛的範圍不過頃畝之間。(34)陽侯之波　大波。陽侯是波神，能掀起大波。這裡指波濤洶湧、水面開闊的江海。(35)蠅力駑質　劣質之馬，毫無氣力。原作「蒼蠅之力駑質」，據《道藏》本校改。(36)涉眴猿之峻　攀登險峻的高坡。眴猿之峻，使猿猴為之眩目的高坡。眴，原作「眴」，係訛字。眴，義同「眩」。(37)速困　招致困窘。(38)嘍嘍　狹窄、煩瑣。指器識狹小者偏守一隅。(39)聰不經曠　不像師曠之善聽。師曠，春秋晉之樂師，字子野，善於分辨樂聲。(40)明不徹離　沒有離朱那種明亮的視力。離朱，古之明目者，或以為黃帝時人。(41)企踵以包三光　跕起腳跟便將日月星辰盡收眼底。企踵，跕腳跟。(42)鼓腹以奮雷靈　奮，孫星衍疑當作「奪」。靈，宋浙本作「震」，下多「拘桎不移」四字，當有脫誤。(43)登旋璣之眇遠　登上高遠的璇璣星。北斗魁四星為璇璣。(44)知井谷之至卑　感到井底太卑下了。井谷，井中。(45)睹大鵬之彌天　看見大鵬在廣闊的天空翱翔。彌天，滿天。鵬，原作「明」，彌，原作「麗」，此據宋浙本。(46)知鶬鶊之可陋　感到鶬鶊之卑小。鶬鶊，小鳥名。俗名巧婦鳥。(47)蒙蒙　蒙昧；不明白。(48)覿奧祕之弘修　看到神仙之說精妙而深長。(49)注說炳露　注釋解說得明明白白，淺顯易懂。(50)金簡玉札　以金為簡，以玉為札。形容仙經之寶貴。(51)登壇歃血　修築神壇，歃血以盟誓。嘴唇塗血表示誠信，叫歃血。(52)裂地連城　賜以廣袤之地，封以高官顯爵。(53)指深歸遠　意旨深，歸趣遠。指，同「旨」。(54)仰不見首二句　無首無尾。形容深遠。跟，一作「根」。(55)太清　空中之神仙境界。(56)紫霄　天空。雲霞變化，映日呈紫色，故云。(57)玄洲　仙島之名。《海內十洲記》說：玄洲在北海之中，上多金芝玉草，為仙伯真公所治。(58)板桐　神山之名。在閬風之上。(59)鈞天之樂　天上之仙樂。鈞天在天之中央，天帝所居。(60)九芝之饌　各種仙芝仙草為食物。(61)松羨　赤松子、羨門子高。均為傳說之仙人。(62)倒景之表　高天之外。倒景在天之極高處，在日月之上，光自下照，故曰倒景。(63)常陽　平常生、陵陽子明。均為修道之仙人。事見劉向《列仙傳》。(64)瑤房　玉飾之房。指仙人的住所。(65)不知而作　不知其理而妄作。(66)丹霄　天空。(67)鴻崖六虛　以六虛為廣闊的邊際。六虛，上下四方。(68)唯意所造　意之所到，無所不能往。(69)犧腯　備宗廟祭祀的豬、牛。(70)逸麟　安閒自如、無所用心的麒麟。(71)吉光　神獸之名。(72)圻偶　單獨無偶。圻，分開。

【語　譯】有人說：「儒者尊奉周公、孔子之道，修習的典籍則有六經。這些都是治理國家、施行仁政的依據，是人生立身行事的準繩。儒家的用途廣遠而功績高貴，事業偉大而文辭優美，是領有國家者治國安民永恆不變的原則。修道之士不講究禮儀名教，不顧君臣倫理，在草澤之中與狐狸為伍，在山林之間與猿猴相伴。孤獨地置身於人世之外，與樹木山石為鄰。這就像狂惑之人不辨東西、蓼草之蟲不知甘苦啊！」

抱朴子回答說：「鋪陳華美的文句，揮灑豔麗的辭藻，主張質樸者並不推崇。指出世人的蒙蔽，解除他們的迷惑，過去我已經論述甚多。我實在不願意再與你爭論道理的是非，計較口頭上的得失。但是眼看小孩落井而不救，不是仁者之意；眼看瞎子碰柱而不拉，不符合兼愛之旨。聊且再述大意，以作應對。

遵循道的原則以化成萬物，貴重素樸的本性以追求長生，乃是黃帝、老子的學說。黃帝能治理天下達到太平之世，而又成仙飛升，所以不能說黃帝不如堯、舜。老子既綜合包含了禮教的內容，而又長生不死，所以不能說老子不如周公、孔子。因此孔子有『竊比老、彭』之歎，而沒聽說有誹謗之辭。而後世平庸之輩，對道家學說一無所知，修習儒家、墨家之說，而指責道家。這與子孫辱罵自己的祖先又有何不同呢？這些人不知道身從何處來，真是愚妄之極啊！侏儒的手臂，不足以測量嵩山、華山的高度；焦僥的腿脛，不足以測量滄海的深度。我時常看到些世俗儒生，他們器識狹小、死守一隅，只知在熟習的小範圍內周旋，不能廣泛地通達事理。他們言論乖戾囂張，修飾邪惡之辭以污蔑道家。閱讀儒家的典籍，就好像感於『白駒過隙』而爭分奪秒。流覽道家精妙之說，就好似落入水中失去依憑了。要他們理解神仙之道，就好像讓斥鷃揮動短翅飛越廣闊的江海；讓無力的劣馬，攀登險峻的山坡。不是其力量所能達到的，而只能使他們感到困窘。然而才器偏狹者局於一隅，他們不像師曠之善聽，也沒有離朱那樣的視力。而希望踮起腳跟便看到一切的光景，聽盡一切的聲音，不是難以做到嗎？

登上高遠的北斗星座，然後知道人間太卑下了。看見大鵬遨遊天際，才知道鷦鷯太渺小了。我並非生下來就明道，也不是從小便相信仙術，開始也是蒙昧不明，同你是一樣的。後來發現神仙之說精妙而深廣，於是遺憾自己沒有早些覺悟。五經之類的著作，注釋解說都非常淺顯明白，初學之人還是常常不能理解。更何況金簡玉札之仙經？關鍵的言辭又多不寫在書上。必須築壇盟誓，然後才傳授口訣。若非其人，即使封以高官厚爵，酬以金玉滿堂，也不能妄加傳授。仙道旨深意遠，即使得到了仙經，若無師傅指點傳授，還是不見首尾，難識本末。這些，豈是你所能了解的嗎？

那些得道的仙人，或者飛升太清之境，或者翺翔紫霄之上，或者往訪玄洲，或者棲身板桐，欣賞天上的仙樂，品嚐仙芝的美味。出則與赤松子、羨門子高等仙人同遊於高天倒景之上，入則與平常生、陵陽子明等仙人同宴於仙室瑤房之中。怎麼是與狐狸、猿猴為伴呢？這真是無知妄言。道的存在，可以逍遙虹霓之上，飛翔雲霄之間，以天地四方為廣闊的邊際，意之所在，無所不往。所謂孤獨地置身世外，並不值得憂傷。用於祭祀的犧牛肥豬聚集一處，即使身被紋繡飾物，論其歡樂，與神獸麒麟、吉光離群獨往，自由自在，又如何相比呢？」

卷一 仙藥

【題解】本篇的主要內容，是介紹各種仙藥的種屬，以及採集、服用的方法。

古人認為藥物的效用有三，即上藥成仙，中藥養性，下藥除病。仙藥即上藥，服食的目的是長生不死，成為神仙。其基本的思想是以自然的物質補充及堅固人的生命，使之永久的存在。

仙藥的組成，大致可以分為兩個部分：一是丹砂、黃金、白銀、諸玉、雲母、雄黃、太乙禹餘糧、石中黃子、石桂、石英、石腦等。魏伯陽《周易參同契》曰：「金性不敗朽，故為萬物寶。術士服食之，壽命得永久。」本篇引《玉經》曰：「服金者壽如金，服玉者壽如玉。」這反映了漢晉方術之士以金銀石藥養生固體，以求不死的思想。二是茯苓、松柏脂、地黃、麥冬、巨勝、黃精、枸杞、菖蒲等。「五芝」中的木芝、草芝、肉芝、菌芝亦可歸於這一類。這些草木之藥、菌類藥物及動物類藥物，多對人體有滋補作用及其他療效，則已為實際所證明。

因此本篇在傳統中藥學及養生學上均有其價值。

抱朴子曰：「《神農四經》❶曰：『上藥❷令人身安命延，昇為天神，遨遊上下，使役萬靈❸。體生毛羽，行廚立至❹。』又曰：『五芝❺及餌丹砂、玉札❻、曾青、雄黃、雌黃、雲母、太乙禹餘糧❼，各可單服之，皆令人飛行長生。』又曰：『中藥養性，下藥除病。能令毒蟲不加，猛獸不犯，惡氣不行，眾妖併辟❽。』又〈孝經援神契〉❾曰：『椒薑禦濕，菖蒲❿益聰，巨勝⓫延年，威喜⓬辟兵。』皆上聖之至言，方術之實錄也。明文炳然⓭，而世人終於不信，可歎息者也。

仙藥之上者丹砂，次則黃金，次則白銀，次則諸芝⓮，次則五玉⓯，次則雲母，次則明珠，次則雄黃，次則太乙禹餘糧，次則石中黃子⓰，次則石桂⓱，次則石英⓲，次則石腦⓳，次則石硫黃⓴，次則石飴㉑，次則曾青㉒，次則松柏脂㉓、茯苓㉔、地黃㉕、麥門冬㉖、木巨勝㉗、重樓㉘、黃連㉙、石韋㉚、楮實㉛、象柴㉜。

一名托盧是也。或云仙人杖，或云西王母杖，或名天精，或名卻老，或名地骨，或名苟杞也。

天門冬，或名地門冬，或名莚門冬，或名顛棘，或名淫羊食，或名管松。其生高地，根短而味甜，氣香者善。其生水側下地者，葉細似蘊而微黃，根長而味多苦，氣臭者下。亦可服食，然喜令人下氣，為益尤遲也。服之百日皆丁壯，倍駛於朮及黃精也。入山便可蒸煮啖之，若取足可以斷穀。若有力，可餌之，亦可作散，並及絞其汁作酒，以服散尤佳。楚人呼天門冬為百部，然自有百部草。其根俱有百許，相似如一也，而其苗小異也。真百部苗似拔揳，唯中以治欬及殺蝨耳，不中服食，不可誤也。如黃精一名白及，而實非中以作糊之白及也。按《本草》藥之與他草同名者甚多，唯精博者能分別之，不可不詳也。

黃精一名兔竹，一名救窮，一名垂珠。服其花勝其實，服其實勝其根。但花難多得，得其生花十斛，乾之纔可得五六斗耳。而服之日可三合，非大有役力者不能辦也。服黃精僅十年，乃可大得其益耳。俱以斷穀不及朮。朮餌令人肥健，可以負重涉險，但不及黃精甘美易食。凶年可以與老小休糧，人不能別之，謂為米脯也㉝。

【章　旨】引用古籍所載上聖之言，說明服食上藥的確可以成仙，並且總述主要的仙藥名稱。

【注　釋】❶神農四經　傳說炎帝神農氏曾經嘗味草木，宣藥療疾，救天傷之命，著《本草》四卷，即《神農四經》。❷上藥　即仙藥。❸萬靈　各類神靈。❹行廚立至　食物立即自動來到面前。❺五芝　石芝、木芝、草芝、肉芝、菌芝，總稱五芝。❻玉札　植物名。即地榆。開花如椹子，其實紫黑如豉，故又名玉豉，可以入藥。❼太乙禹餘糧　一種礦石。中空，色黃，可入藥。傳說大禹治水，棄其餘糧，化為此石，故名。❽眾妖併辟　各種妖魔都躲避開，而不傷害。❾孝經援神契　《孝經緯》的一篇。《孝經緯》是漢人依託《孝經》，講符命瑞應的緯書。❿菖蒲　一種水草。有香氣，根可入藥。古代傳說韓終、王興都是服食菖蒲以成仙的。⓫巨勝　胡麻。⓬威喜　一種木芝。後文曰：「茯苓萬歲，其上生小木，狀似蓮花，名曰木威喜芝。夜視有光……帶之辟兵。」⓭炳然　明明白白；顯然。⓮諸芝　即後文所述之石芝、木芝、草芝、肉芝、菌芝，總稱諸芝。⓯五玉　泛指各種玉石。即璜、璧、璋、珪、琮等。⓰石中黃子　石中有黃色之液態物，傳說飲之可以不老。⓱石桂　即石桂英。石之名。傳說劉憑學道於稷丘子，常服石桂英及中嶽石硫黃，年三百餘歲而有少容。⓲石英　石藥名。有光澤，顏色不一，有紫石英、白石英、赤石英之類。⓳石腦　石名。仙人所食。《十洲記》載：滄海島在北海中，有石象、八石腦、石桂英等，服之神仙長生。⑳石硫黃　即石流黃。為凝固之火山石。又作石流丹。傳說許由、巢父服箕山石流丹，即此。㉑石飴　即石蜜、石飴。能益氣補中，久服輕身不老。傳說羨門止於中嶽，餐石蜜，即此。㉒曾青　礦產名，可為石藥，是煉丹的重要原料。㉓松柏脂　松柏之膠汁。道家傳說久服可以輕身不老，延年不死。㉔茯苓　菌類植物。寄生於山林松根，狀如塊球。道家奉為仙藥。㉕地黃　玄參科植物。其塊根為生地黃，有清熱涼血、養陰生津之功效。亦可加工為熟地。㉖麥門冬　百合科植物沿階草或大葉麥冬之塊根。藥用有潤肺養陰、益胃生津之效用。㉗木巨勝　即胡麻，方莖為巨勝。古人認為久服可以延年不死。㉘重樓　黃精之類的植物。黃精，別名重樓。㉙黃連　多年生草本植物，其根連珠而色黃，味苦，有清熱、瀉火、解毒之功效。㉚石韋　草藥名。叢生石上，其葉如皮，故名。㉛楮實　楮木的果實。後文曰：「柠木實之赤者，餌之一年，老者還少。」即此。㉜象柴　又名橐盧，即枸杞。《列仙傳．卷上》載陸通好養生，食橐盧木實及蕪菁子，歷數百年後成仙而去。㉝謂為米脯也　自「一名托盧是也」至此計三百八十七字，疑為古人舊注，竄入正文者。

【語　譯】抱朴子說：「《神農四經》上說：『上藥使人身體安康、延年益壽，升為天仙，可以遨遊天地，役使神靈。使身體長出羽毛，食物即刻自動前來。』又說：『五芝及丹砂、玉札、曾青、雄黃、雌黃、雲母、太乙禹餘糧，都可以單獨服食，令人飛升成仙，長生不死。』又說：『中藥養性，下藥除病。能不被毒蟲傷害，不被猛獸冒犯，不受邪惡之氣的侵擾，各種妖魔都遠遠離去。』又〈孝經援神契〉說：『椒薑可以抗禦濕寒，菖蒲可以增強聽力，胡麻可以延長壽命，威喜可以免除兵器的傷害。』這些都是古代聖人的至理之言，是醫術藥方效果的如實記錄。原文寫得明明白白，而世俗還是不信。這真是令人歎息啊！

仙藥中上等的是丹砂，其次是黃金，再其次是白銀，再其次是各種芝草，再其次是各類玉石，再其次是雲母，再其次是珍珠，再其次是雄黃，再其次是太乙禹餘糧，再其次是石中黃子，再其次是石桂，再其次是石英，再其次是石腦，再其次是石硫黃，再其次是石飴，再其次是曾青，再其次是松柏脂、茯苓、地黃、麥門冬、木巨勝、重樓、黃連、石韋、楮實、象柴。

象柴又名托盧，有時叫仙人杖，有時叫西王母杖，有時叫天精，有時叫卻老，有時叫地骨，有時叫苟杞。天門冬，有時叫地門冬，有時叫莚門冬，有時叫顛棘，有時叫淫羊食，有時叫管松。那些生長在高地上的，根短而味甜，氣味清香者為上等。那些生長在水側低窪地，葉細如同蘊藻，顏色微黃，根長而味道多苦，氣臭者為下等。下等的天門冬也可以服食，但是常使人內氣下行，補益尤其遲緩。服食天門冬一百日，都能健壯，比起服食白朮及黃精見效要快上一倍。進山便可蒸食，如果服食足量，則可以辟除五穀。若是有力量，可以製成糕餅，也可以碾壓成粉，還可以榨其液汁為酒。服用散粉效果最好。楚地人稱天門冬為百部，然而另有百部草，其根有百條左右，形狀相似如一，其苗則小有區別。真百部的苗像菝葜一樣，只能治欬嗽及殺蝨，不可服食，不能弄錯。就像黃精一名白及，其實並不是用作粉糊的白及。《本草》所載藥物與其他草類同名的很多，只有知識廣博而精深者才能分別，不可不詳察。

黃精一名兔竹，一名救窮，一名垂珠。服食它的花勝過其實，服食它的實勝過其根。只是花的數量少，難以多得。若是能得到鮮花十斛，乾後才有五六斗，而每天要服用三合。不是能役使大量人力者，是辦不到的。服用黃精夠十年，才能得到大的補益。一般都認為服用黃精以辟穀不及白朮。服食白朮使人肥壯，能夠挑重擔，登險坡。但是白朮不如黃精甜美可口。災荒之年可供全家老小食用，以代替糧食。人們不能辨別，稱之為米脯。

五芝者，有石芝，有木芝，有草芝，有肉芝，有菌芝。各有百許種也。

石芝者，石象芝生於海隅名山及島嶼之涯❶，有積石者。其狀如肉象，有頭尾四足者，良❷似生物也。附於大石，喜在高岫險峻之地，或卻著仰綴❸也。赤者如珊瑚，白者如截肪❹，黑者如澤漆，青者如翠羽，黃者如紫金，而皆光明洞徹如堅冰也。晦夜去之三百步❺，便望見其光矣。大者十餘斤，小者三四斤。非久齋至精[6]，及佩老子入山靈寶五符[7]，亦不能得見此輩也。凡見諸芝，且先以開山卻害符置其上，則不得復隱蔽化去矣。徐徐擇王相之日[8]設醮，祭以酒脯，祈而取之。皆從日下禹步[9]閉氣而往也。又若得石象芝，擣之三萬六千杵。服方寸匕，日三，盡一斤則得千歲，十斤則萬歲。亦可分人服也。

又玉脂芝，生於有玉之山，常居懸危之處[10]。玉膏流出，萬年已上，則凝而成芝。有似鳥獸之形，色無常彩，率多似山玄水蒼玉[11]也，亦鮮明如水精。得而末之，以無心草汁和之，須臾成水。服一升，得一千歲也。

七明九光芝，皆石也。生臨水之高山石崖之間，狀如盤椀，不過徑尺以還[12]，有莖蔕[13]連綴之，起三四寸。有七孔者名七明，九孔者名九光。光皆如星，百餘步內，夜皆望見其光。其光自別，可散不可合也。常以秋分伺之得之，擣服方寸匕，入口則翕然身熱，五味甘美。盡一斤則得千歲，令人身有光，所居暗地如月，可以夜視也。

石蜜芝，生少室石戶[14]中。戶中更有深谷，不可得過。以石投谷中，半日猶聞其聲也。去戶外十餘丈有石柱，柱上有偃蓋石[15]，高度徑可一丈許。望見蜜芝從石上墮[16]入偃蓋中，良久輒有一滴，有似雨後屋之餘漏，時時一落耳。然蜜芝墮不息，而偃蓋亦終不溢也。戶上刻石為科斗字[17]，曰得服石蜜芝一斗者壽萬歲。諸道士共思唯其處不可得往，唯當以椀器著勁竹木端以承取之，然竟未有能為之者。按此石戶上刻題如此，前世必已有得之者也。

石桂芝[18]，生名山石穴中，似桂樹而實石也。高尺許，大如徑尺，光明而味辛，有枝條，擣服之一斤得千歲也。

石中黃子，所在有之，沁水山[19]為尤多。其在大石中，則其石常潤濕不燥。打其石有數十重，乃得之。在大石中，赤黃溶溶，如雞子[20]之在其殼中也。即當飲之，不飲則堅凝成石，不復中服也。法正當及未堅時飲之，既凝則應末服[21]也。破一石中，多者有一升，少者有數合，可頓[22]服也。雖不得多，相繼服之，共計前後所服合成三升，壽則千歲。但欲多服，唯患難得耳。

石腦芝，生滑石[23]中，亦如石中黃子狀，但不皆有耳。打破大滑石千許，乃可得一枚。初破之，其在石中五色光明而自動，服一升得千歲矣。

石硫黃芝，五岳皆有，而箕山為多。其方言許由就此服之而長生，故不復以富貴累意，不受堯禪也。石硫丹者，石之赤精，蓋石硫黃之類也。皆浸溢於崖岸之間，其濡濕者可丸服，其已堅者可散服。

如此有百二十種，皆石芝也。事在《太乙玉策》及《昌宇內記》，不可具稱㉔也。

【章　旨】介紹五芝中石芝的種屬、性狀與服用的方法。

【注　釋】❶石象芝生於海隅名山及島嶼之涯　傳說北海中有滄海島，島上積石至多，有石象、八石、石腦、石桂英等，服之神仙長生。見《十洲記》。❷良　甚；很。❸卻著仰綴　卻著是倒立，肢體朝上。仰綴是懸空，肢體向下。❹截肪　指豬膘、脂肪。❺晦夜去之三百步　黑暗的夜間距離尚有三百步。「三」一作「二」。❻久齋至精　長期齋戒，志向精誠。❼老子入山靈寶五符　《靈寶經》即今之《五符經》，傳說靈寶五符可以役使蛟龍猛獸之類。又〈登涉〉載有老君入山五符。❽王相之日　王日、相日。諸事吉利。❾禹步　道士步罡、召役鬼神之步法。❿懸危之處　高峻、危險的地方。⓫山玄水蒼玉　山玄玉、水蒼玉。⓬徑尺以還　直徑一尺以內。⓭蔕　果實與枝莖相聯接的部分。⓮少室石戶　少室山之石室。⓯偃蓋石　石如偃蓋。仰倒為偃。⓰墮　原作「隨」，據《太平御覽・卷九八五》引文改。⓱科斗字　頭粗尾細，形如蝌蚪的文字。⓲石桂芝　一作「石桂英芝」。⓳沁水山　近水之山，水沁入石中。⓴雞子　雞蛋。㉑末服　碾碎為末，然後服用。㉒頓　立即；頓時。㉓滑石　一名畫石。軟滑可以作畫，又可入藥。㉔具稱　一一具體說出。

【語　譯】五芝，包括有石芝，有木芝，有草芝，有肉芝，有菌芝，各有一百來種。

石芝中，石象芝生在海邊的名山及島嶼上，有積石的地方。形狀宛如肉象，有頭有尾，四足俱全，很像是活的一樣。附在大石頭上，喜在高山險峻之處，有的倒立，有的懸空。紅色的像珊瑚，白色的像脂肪，黑色的像油漆，青色的像翠羽，黃色的像紫金，都是光亮透明如同堅冰。在昏暗的夜晚，離開它還有約三百步遠，就能夠望見它的光芒。大的有十餘斤，小的有三四斤，若非長期齋戒、志向精誠，以及佩帶老子入山靈寶五符的人，也就不能看見這種石芝。凡見到之後，便將開山卻害符放置其上，如此它就不能再變化隱藏了。然後徐徐選擇王相之日，以酒肉諸物設立祭壇，祈禱之後再行採取。採取時從東方走，行禹步閉氣前往。又若得到石象芝，擣動三萬六千杵。每次服一方寸匕，每天服三次。服盡一斤，則有千歲之壽。服盡十斤，則有萬歲之壽。亦可分給他人服用。

又玉脂芝，生在有玉之山，常在地勢危險、凌空高懸之處。地下有玉膏流出，萬年以上便凝結為玉脂芝。有的像鳥獸的形狀。沒有一定的顏色，大致多數如山玄玉、水蒼玉之色。其質地透明如同水精。若能採得，碾成細末，以無心草汁拌和，頃刻溶化為水。服一升，可以達到一千歲。

七明九光芝，都是石頭之類，生長在近水的高山石崖之間。形狀如同盤子、碗，大小不過一尺，有類似植物莖、蒂的部分相聯綴，高出約三四寸。有七個孔眼的叫七明芝，有九個孔眼的叫九光芝。它的光都如同星光，在一百多步以內，晚上都能夠望見。其光線各自分開，可以分散卻不能聚合。在秋分這一天尋找，常能得到。擣碎後服用一方寸匕，入口就會感到有熱氣，繼而全身發熱，味道甜美。服盡一斤，可得千歲。使人身上發光，所處的黑暗之處若有月華，可以夜晚看東西。

石蜜芝，生在少室山的石洞之中。進洞便有深谷，人不能過去。將石塊投入谷中，半天還能聽到聲音。離洞口十餘丈深的地方有一根石柱，柱上有石蓋四周翹起。石柱高約一丈左右。從洞口可以望見石蜜芝從石上落入石蓋中，很久才有一滴。就像雨後的屋漏水，不時落下一滴。然而石蜜芝不停地滴落，而石蓋也終不溢出。洞口上方石上刻有蝌蚪字，說能得到石蜜芝服用一斗的人可以活到一萬歲。許多道士一起想方設法，也不能去到石柱的跟前。只有用碗一類的容器安裝在結實的竹木前端，去承接滴下的石蜜芝，然而終究沒有人能得到。據洞口上的石刻所說，則前世一定有得到過石蜜芝的人。

石桂芝，生在名山石穴之中，形似桂樹，其實是石。高一尺左右，直徑約一尺。有光亮，味苦，有枝條。擣碎服用一斤可以活到千歲。

石中黃子，到處都有，近水之山尤其多。它在大石之中，則大石就會保持濕潤，不會乾燥。打碎外面包圍的幾十層石頭，才能得到它。它在大石中，呈現赤黃的溶液狀態，就像雞蛋在蛋殼中一樣。得到時應當立即飲用，不飲用就會凝結為石頭，不能再飲用了。正確的方法是趁它未凝結時飲用，凝結之後就應碾成粉末服用。打破一塊石頭，多的可得黃子一升，少的只有數合，可以立即服用。雖然一次得到的不多，但是若前後相續服用的共計有三升，壽命可達到千歲。只是要想多服，困難在於難以得到它。

石腦芝，生在滑石之中，也像石中黃子的形狀，但不是各地都有。打破上千個大滑石，才能遇得一個。初破時，石腦芝呈現五色的光亮，並且自己搖動。服一升石腦芝可得千歲。

石硫黃芝，五岳都有，而箕山為多。箕山之地的人說，許由在那裡服食石硫黃芝而長生，所以不再留意於人間的富貴，不接受唐堯禪讓的帝王之位。石硫丹，是石山的赤精，與石硫黃同類之物，都浸出在山崖石岸之間。其濕軟的可以作丸服用，已經堅硬的可以碾作散粉服用。

如上述所列舉的共有一百二十種，都是石芝。其事記載在《太乙玉策》及《昌宇內記》中，不可一一稱舉說明。

及夫木芝者，松柏脂淪❶入地千歲，化為茯苓。茯苓萬歲，其上生小木，狀似蓮花，名曰木威喜芝。夜視有光，持之甚滑，燒之不然❷，帶之辟兵❸。以帶雞，而雜以他雞十二頭共籠之，去之十二步，射十二箭，他雞皆傷，帶威喜芝者終不傷也。從生門❹上採之，於六甲❺陰乾之。百日，末服方寸匕，日三，盡一枚，則三千歲也。

千歲之射干❻，其下根如坐人，長七寸，刻之有血。以其血塗足下，可以步行水上不沒。以塗人鼻以入水，水為之開，可以止住淵底也。以塗身則隱形，欲見則拭之。又可以治病。病在腹內，刮服一刀圭。其腫痛在外者，隨其所在[7]刮一刀圭，即其腫痛所在以摩之，皆下手即愈。假令左足有疾，則刮射干人[8]之左足也。又刮以雜巨勝為燭，夜遍照地下。有金玉寶藏，則光變青而下垂，以鍤掘之可得也。末之，服盡十斤則千歲也。

又松樹枝三千歲者，其皮中有聚脂，狀如龍形，名曰日飛節芝[9]。大者重十斤，末服之盡十斤，得五百歲也。又有樊桃芝，其木如昇龍[10]，其花葉如丹羅[11]，其實如翠鳥。高不過五尺，生於名山之陰，東流泉水之上。以立夏之候伺之，得而末服之，盡一株得五千歲也。

參成芝，赤色有光，扣之枝葉如金石之音。折而續之，即復如故。木渠芝，寄生大木上，如蓮花，九莖一叢，其味甘而辛。建木芝實生於都廣[12]，其皮如纓蛇，其實如鸞鳥[13]。此三芝得服之，白日昇天也。

黃盧子、尋木華、玄液華，此三芝生於泰山、要鄉及奉高[14]，有得而服之，皆令人壽千歲。黃蘗檀桓芝者，千歲黃蘗木下根，有如三斛器，去本株一二丈，以細根相連狀如縷。得末而服之，盡一枚則成地仙不死也。

此輩復百二十種，自有圖也。

【章　旨】介紹木芝的種類、形狀及服用方法。

【注　釋】❶淪　沈入；沈沒。❷然　同「燃」。❸辟兵　不受兵器的中傷。❹生門　方術家將空間位置按不同的方向分為八門，即生門、休門、傷門、杜門、景門、死門、驚門、開門，並配以八卦。生門在艮宮，主示生存、生長。❺六甲　六甲之日。有甲子日、甲戌日、甲申日、甲午日、甲辰日、甲寅日。❻射干　原作「栝木」，《太平御覽》引作「射干」，在〈藥部・射干門〉，據改。❼隨其所在　在射干根與人體相對應的部位。❽射干人　原無「干」字，據孫星衍校補。❾日飛節芝　《太平御覽》引文無「日」字。❿昇龍　虯曲如龍飛升之狀。⓫丹羅　植物名。藤蘿之類。⓬都廣　傳說之地名。《淮南子・墜形》：「建木在都廣，眾帝所自上下。日中無景，呼而無聲，蓋天地之中也。」⓭其皮如纓蛇二句　建木芝之皮剝開如纓帶、蛇皮，其果實如鸞鳥之狀。語本《山海經・海內南經》：「有木其狀如牛，引之有皮，若纓、黃蛇，其葉如羅，其實如欒……其名曰建木。」⓮奉高　漢代縣名。漢武帝封泰山至此，置此縣以奉祀泰山，故名。

【語　譯】其次述及木芝，松柏脂沈入地下千年，化為茯苓。茯苓萬年後，上面長出小樹，形狀如同蓮花，名叫木威喜芝。晚上看去，這種木芝有光。握在手上很光滑，用火燒不燃，佩帶在身可以避免兵器的中傷。若將木威喜芝佩在雞身上，與其他雞共十二頭裝在同一個籠子裡，離開十二步，射出十二支箭。其他雞都會受傷，帶木威喜芝的雞始終不會受傷。採摘木威喜芝時要從生門上進入，在六甲之日陰乾。百天之後，碾壓成粉末。每次服一方寸匕，每天三次。服完一枚木威喜芝，壽命可達三千歲。

千歲的射干木，下面的根好像人盤坐的形狀，長七寸，刺之有血。將這種血塗在腳下，可以步行水上而不沈沒。塗在人鼻子上，進入水中時水會自動分開，能夠停留並居住在深淵之下。塗在人身上，可以隱形。若想再現形體，只要擦去血跡就行了。又可以治病，如果腹中有病，只需刮服一刀圭就行了。如果身體外部腫痛，便在射干根相對應的部位刮一刀圭，然後在人體腫痛處揉摩，都可以立即消除病痛。例如左腳有病痛，則刮射干根之左足。又將刮下射干根的粉末拌和芝麻製成燭，夜間遍照地下。若是地下埋有金玉寶藏，則燭光變青而下垂，以鐵鏟挖掘便能找到。將射干木根碾壓成粉末，服完十斤壽命可達到千歲。

又松樹枝有三千年之久，它的皮下便聚集了松脂，形狀像龍的樣子，名叫飛節芝。這種木芝大的重達十斤，碾碎為粉末服完十斤，可以活到五百歲。又有樊桃芝，它的樹幹像飛龍，花葉像丹羅，果實像翠鳥。它高不過五尺，生在名山之北，東流泉水之上。在立夏之日觀察尋找，得到後碾成粉末，服完一株能活到五千歲。

參成芝，紅色有光。輕輕扣擊它的枝葉，能發出金石之音。折斷之後再連接起來，就恢復原狀。木渠芝，寄生在大樹上，狀如蓮花，九莖共為一叢，味道甜中帶辛。建木芝生長在都廣，其皮如纓帶、蛇皮，果實如鸞鳥。這三種木芝若能得而服之，可以白日升天。

黃盧子、尋木華、玄液華，這三種木芝生長在泰山、要鄉及奉高，若能得而服之，都令人有千歲之壽。黃蘗檀桓芝，是千歲黃蘗木下的根，如同三斛器，離開黃蘗木本株一兩丈遠，好似細根相連不絕如縷。若能得到，碾成末服完一株，則成為地仙，長生不死了。

這類木芝也有一百二十種，也繪有圖畫。

草芝有獨搖芝，無風自動。其莖大如手指，赤如丹，素葉似莧❶。其根有大魁❷如斗，有細者如雞子十二枚，周繞大根之四方，如十二辰❸也。相去丈許，皆有細根，如白髮以相連。生高山深谷之上，其所生左右無草。得其大魁末服之盡，則得千歲。服其細者一枚百歲。可以分他人也。懷其大根即隱形，欲見則左轉而出之。

牛角芝，生虎壽山及吳坂❹上，狀似蔥，特生❺如牛角，長三四尺，青色。末服方寸匕，日三，至百日，則得千歲矣。龍仙芝，狀如昇龍之相負❻也。以葉為鱗，其根則如蟠龍，服一枚則得千歲矣。麻母芝，似麻而莖赤色，花紫色。紫珠芝，其花黃，其葉赤，其實如李而紫色。二十四枝輒相連，而垂如貫珠也。白符芝，高四五尺，似梅，常以大雪而花，季冬❼而實。朱草芝，九曲，曲有三葉，葉有三實也。五德芝，狀似樓殿，莖方，其葉五色各具而不雜。上如偃蓋，中常有甘露，紫氣起數尺矣。龍銜芝，常以仲春對生，三節十二枝，下根如坐人。

凡此草芝，又有百二十種。皆陰乾服之，則令人與天地相畢，或得千歲、二千歲。

【章旨】介紹草芝的種類、形狀及服用方法。

【注釋】❶莧　莧菜。葉呈卵圓形，莖葉可食。❷大魁　指大的塊根。❸十二辰　指子、丑、寅、卯、辰、巳、午、未、申、酉、戌、亥。❹吳坂　古地名。即虞坂，又稱顛軨坂。❺特生　單獨而生。❻相負　互相背負、負托。❼季冬　暮冬；晚冬。

【語譯】草芝有獨搖芝，無風時自己搖動。它的莖如手指粗，赤紅如丹，葉如莧菜。它有斗大的塊根，又有較小而形狀如雞蛋的塊根十二個，環繞在斗大塊根的四方，如同十二辰分布在周圍。與大塊根相距一丈左右，都有細根如白色的髮絲相連接。它生長在高山深谷之上，所生的四周沒有其他的草。若能得到大塊根，碾碎成粉末服用，服盡一個可得千歲。服盡雞蛋般小根一個可得百歲。也可以分給別人服用。身懷大塊根便能隱形，若想再現形體只要向左轉出來就行了。

牛角芝，生長在虎壽山及吳坂上。形狀如蔥，獨生如牛角，長有三四尺，青色。碾成粉末每次服一方寸匕，每天三次，百日之後，就可壽命千歲了。龍仙芝，形狀如同相互抱負的飛龍。它的葉子就像龍鱗，它的根就像纏繞的龍身。服食一株龍仙芝壽命可以千歲。麻母芝，似麻而莖赤色，花紫色。紫珠芝，花是黃色，葉是紅色，果實如李而紫色。二十四枝相連接，果實下垂有如貫珠。白符芝，高有四五尺，好似梅花，常在大雪時開花，晚冬結實。朱草芝有九道彎，每道彎有三片葉，每片葉結三粒果實。五德芝，形狀像殿堂層樓，莖是方形，葉子有五色而不混雜。上面宛若偃蓋之狀，中間常有甘露，紫氣浮起可達數尺。龍銜芝，常常在仲春時節相對而生，有三節十二枝，下面的根如人盤坐之形。

凡此草芝又有一百二十種。若能陰乾服用，皆可使人壽比天地，可得一千歲或兩千歲。

肉芝者，謂萬歲蟾蜍，頭上有角，頷下有丹書八字再重❶。以五月五日中時取之，陰乾百日。以其左足畫地，即為流水。帶其左手於身，辟五兵。若敵人射己者，弓弩矢皆反還自向也。千歲蝙蝠，色白如雪，集則倒縣❷，腦重故也。此二物得而陰乾，末服之，令人壽四萬歲。千歲靈龜，五色具焉，其雄額上兩骨起似角。以羊血浴之，乃剔取其甲。火炙擣服方寸匕，日三，盡一具，壽千歲。

行山中，見小人乘車馬，長七八寸者，肉芝也。捉取服之即仙矣。風生獸似豹❸，青色，大如貍，生於南海大林中。張綱取之，積薪數車以燒之，薪盡而此獸在灰中不然❹，其毛不焦。斫刺不入，打之如皮囊，以鐵鎚鍛其頭數十下乃死❺。死而張其口以向風，須臾便活❻而起走。以石上菖蒲塞其鼻即死。取其腦以和菊花服之，盡十斤得五百歲也。又千歲鷰，其窠戶北向，其色多白而尾掘❼。取陰乾，末服一頭五百歲。

凡此又百二十種，此皆肉芝也。

【章旨】介紹肉芝的種類、性狀及服用方法。

【注釋】❶八字再重　兩重八字。再，原作「體」，據《藝文類聚・卷九八》改。❷倒縣　倒懸。❸風生獸似豹　豹，原作「貂」。《十洲記》、《述異記》均述及此獸，皆作「豹」，據改。❹然　通「燃」。❺數十下乃死　十，原作「千」，據《十洲記》校改。❻張其口以向風二句　漢楊孚《異物志》載：猦母，狀如猿，「小打便死，得風還活」。❼尾掘　尾巴翹起。掘，特起。

【語譯】肉芝中，萬歲蟾蜍的頭上有角，頷下有丹字書寫的兩重八字。在五月五日的中午取得，陰乾百日之後，用牠的左腳畫地，地上就會出現流水。佩帶牠的左手於身，可以辟除兵器的傷害。如果敵人朝著佩帶者射箭，箭矢會調轉方向射向他自己。千歲蝙蝠的顏色雪白，停集時則身體倒懸，因為腦顱沈重的緣故。若能得到這兩種肉芝，陰乾碾末服用，可以令人壽命達到四萬歲。千歲靈龜的身上有五色，其中雄性者額上兩骨突出，似角。用羊血洗浴後，割取龜甲，用火燒烤後搗碎成粉服用。每次一方寸匕，每日三次。服完一只龜甲，壽命千歲。

行走山中時，若見小人乘坐車馬，身約七八寸長的，便是肉芝。趕快捉住服用，就可以成仙了。風生獸的形狀似豹，毛青色，大如貍貓，生在南海大樹林中。若能張網獵取而得，堆積數車柴薪點火燃燒，柴燒完而此獸在灰中仍不燃，牠的毛也燒不焦。用刀刃砍刺不進，敲打就像皮袋子一樣。用鐵錘敲擊牠的頭數十下才死。死後仍然張口迎風，一會兒便又能復活，跳起來逃走。用石上菖蒲塞住牠的鼻子，立即便死。用牠的腦汁拌合菊花，服完十斤，可得五百歲。又千歲燕，其巢口朝向北方，多為白色羽毛，尾巴高高翹起。捉取陰乾碾細成末，服完一頭壽命五百歲。

凡此之類又有一百二十種，這些都是肉芝。

菌芝，或生深山之中，或生大木之下，或生泉水之側。其狀或如宮室，或如車馬，或如龍虎，或如人形，或如飛鳥，五色無常。亦百二十種，自有圖也。皆當禹步往采取之。刻以骨刀，陰乾末服方寸匕，令人昇仙。中者數千歲，下者千歲也。欲求芝草，入名山，必以三月九月，此山開出神藥之月❶也，勿以山很日❷。必以天輔時，三奇會❸尤佳。出三奇吉門❹到山，須六陰之日❺，明堂之時❻，帶靈寶符❼，牽白犬，抱白雞❽，以白鹽一斗，及開山符檄❾，著大石上，執吳唐草一把以入山❿。山神喜，必得芝也。又采芝及服芝，欲得王相專和之日⓫，支干上下相生⓬為佳。

此諸芝，名山多有之。但凡庸道士，心不專精，行穢德薄⓭，又不曉入山之術，雖得其圖，不知其狀，亦終不能得也。山無大小，皆有鬼神。其鬼神不以芝與人，人則雖踐之，不可見也。

【章旨】介紹菌芝的形狀、採取的時間及有關方術。

【注　釋】❶山開出神藥之月　〈登涉〉曰：入山「當以三月、九月，此是山開月」。山開月，則神藥出現。❷山佷日　佷，疑「閉」之訛。凶狠；乖張。❸三奇會　術數家以乙丙丁為天上三奇，甲戊庚為地下三奇，辛壬癸為人間三奇。三奇依順序出現於年月日，謂三奇會，為吉祥。❹吉門　奇門遁甲術以休門、生門、開門為吉門。❺六陰之日　十二辰中，子寅辰午申戌為六陽，丑卯巳未酉亥為六陰。❻明堂之時　〈登涉〉曰：「六丙為明堂。」❼靈寶符　《靈寶經》，即今之《五符經》。傳說靈寶五符可以役使山中猛獸之類。❽抱白雞　《山海經・中山經》載：鼇山之神人面獸身，祠之用一白雞。❾開山符檄　將開山符以丹字書寫在木版上。❿執吳唐草一把以入山　〈登涉〉載：往山林中，當以左手取青龍上草云云。此謂執吳唐草，或即同一方術。⓫王相專和之日　王日相日均為吉日。專，一本作「合」。⓬支干上下相生　古代以天干、地支計日。若甲為木，午為火，木可生火，則甲午為上生下之日。又若壬為水，申為金，金可生水，則壬申為下生上之日。上下相生，皆此之類。⓭行穢德薄　行為骯髒，德性淺薄。

【語　譯】菌芝，有的生在深山之中，有的生在大樹之下，有的生在泉水旁邊。菌芝的形狀有的像宮室，有的像車馬，有的像龍虎，有的如人形，有的如飛鳥。各具五色，沒有定準。也有一百二十種，各自有圖畫。

採摘菌芝，應當禹步前往，用骨質小刀割取。陰乾製成粉末，服一方寸匕能令人成仙飛升。中等的使人活到數千歲，下等的使人有千歲之壽。想要找到菌芝而進入名山，一定要在三月九月，這是山開、神藥現形的月分，不要在山閉之月進山。要在天輔時，三奇會時更好。出三奇吉門進山，必須選在六陰之日、明堂之時。身佩靈寶符，牽白犬，抱白雞，用一斗白鹽，以及開山符版，放置在大石上，手執一把吳唐草以進山。山神高興，就一定能讓人們採得菌芝。又採摘及服用菌芝，要選擇在王日相日集合的日子，以計日的天干、地支上下相生為佳。

上述各種菌芝各地名山多有。但是世俗平庸的道士，他們心不誠、志不專，行為骯髒，德性淺薄，又不懂得入山的方術，即使得到了繪圖，不知其形狀，也還是不能得到。山不論大小，都有鬼神。其鬼神不願以仙芝給與人，人即使將它踩在腳下，也還是看不見，得不到。

又雲母有五種，而人多不能分別也。法當舉以向日，看其色，詳占視❶之，乃可知耳。正爾❷於陰地視之，不見其雜色也。五色並具而多青者名雲英，宜以春服之。五色並具而多赤者名雲珠，宜以夏服之。五色並具而多白者名雲液，宜以秋服之。五色並具而多黑者名雲母，宜以冬服之。但有青黃二色者名雲沙，宜以季夏服之。晶晶❸純白名磷石，可以四時長服之也。

服五雲之法，或以桂蔥水❹玉化之以為水，或以露於鐵器中，以玄水❺熬之為水，或以硝石❻合於筒中埋之為水，或以蜜溲❼為酪，或以秋露漬之百日，韋囊❽挻❾以為粉，或以無顛草樗血合餌之。服之一年則百病除；三年久服，老公反成童子；五年不闕，可役使鬼神，入火不燒，入水不濡，踐棘而不傷膚，與仙人相見。又他物埋之即朽，著火即焦，而五雲以納猛火中，經時終不然❿，埋之永不腐敗，故能令人長生也。又云服之十年，雲氣常覆其上，服其母以致其子⓫，理自然也。又向日看之，晻晻⓬純黑色起者，不中服，令人病淋發瘡⓭。雖水餌之，皆當先以茅屋霤水，若東流水、露水漬之百日，淘汰去其土石，乃可用耳。

中山衛叔卿⓮服之積久，能乘雲而行。以其方封之玉匣之中。仙去之後，其子名度世⓯，及漢使者梁伯⓰，得而按方合服，皆得仙去。

【章　旨】介紹雲母的種類、服用方法及效果。

【注　釋】❶占視　觀察。❷正爾　在平常情況下；一般。❸皛皛　皎潔、光明。❹桂蔥水　本篇此後曰：「桂可以蔥涕合蒸作水。」即此。❺玄水　醋一名玄水。見《石藥爾雅》。❻硝石　藥名。以鹹鹵煎成。《三十六水法》有硝石水曰：「取硝石搗篩鹽漬令浥浥，納竹筒中密固口，埋地中四尺四寸，五日成水。」❼溲　調和；拌合。❽韋囊　皮袋子。❾挻　揉和。❿然　通「燃」。⓫服其母以致其子　以雲母為雲之母，故能使雲前來，覆蓋其上。⓬晻晻　光芒暗淡。⓭病淋發瘡　生麻病、長瘡。⓮衛叔卿　中山人，服雲母得仙。事見《神仙傳·卷二》。⓯其子名度世　原缺「度」字，據《神仙傳·卷二》補。⓰漢使者梁伯　《神仙傳》載：漢武帝派使者梁伯之尋訪衛叔卿，掘得玉函，按之餌服五色雲母，遂俱仙去。

【語　譯】又雲母有五種，人們多數不能夠分辨。辨別的方法，是將它舉起，迎著陽光察看其顏色，必須詳細地觀察才能知曉。一般在光線暗淡的地方，便看不出其中的雜色。具有五色而多青色的名叫雲英，適合在春天服用。具有五色而多赤色的名叫雲珠，適合在夏天服用。具有五色而多白色的名叫雲液，適合在秋天服用。具有五色而多黑色的名叫雲母，適合在冬天服用。只有青黃兩色的名叫雲沙，適合在季夏服用。顏色皎潔而純白的名叫磷石，可以四時經常服用。

服食上述五種雲母的辦法，可以用桂蔥水加玉化之以為水。或者將雲母放進露天的鐵器中，用醋煎熬成水。或者用硝石與雲母混合裝入筒中，埋在地下使之成水。或者以蜂蜜拌合為酪，或者用秋露浸泡一百天，裝入皮革袋中揉搓成粉。或者與無巔草樗血一起服用。服用一年，則百病消除。服用三年，返老還童。堅持服用五年而不中斷，可以役使鬼神，可以入火不燒、入水不濕，腳踏荊棘皮膚不受傷，可以跟仙人相會。別的東西埋入地下就會腐朽，點起火後會被燒焦。而將雲母放進猛火中長時燃燒不著，埋在地下永不腐爛，所以能使人長生不死。又據說服用雲母十年，就會有雲氣經常覆蓋在頭上。服用其母招來其子，乃是自然之理。當對著陽光觀察時，如果色彩逐漸變暗，有純黑色出現，這樣的雲母不能服用。倘若服用了，會使人得麻病、長瘡。雖說以水服用，但是都先要以茅屋的屋簷水，或東流水、露水，浸泡百日，淘汰掉其中的土石，然後才可以服用。

中山衛叔卿長期服用雲母，最後能乘雲而行。衛叔卿將此方封在玉匣之中。他成仙之後，其子名度世，以及漢朝的使者梁伯之，得其方而按照藥方服用，最後都成仙而去。

又雄黃當得武都山❶所出者，純而無雜，其赤如雞冠、光明曄曄者乃可用耳。其但純黃似雄黃色、無赤光者，不任以作仙藥，可以合理病藥❷耳。餌服之法，或以蒸煮之，或以酒餌，或先以硝石化為水乃凝之，或以豬胴裹蒸之於赤土下，或以松脂和之，或以三物錬之，引之如布，白如冰。服之皆令人長生，百病除、三尸❸下、瘢痕滅、白髮黑、墮齒生，千日則玉女來侍，可得役使以致行廚。又玉女常以黃玉為誌，大如黍米，在鼻上，是真玉女也。無此誌者，鬼試人耳。

玉亦仙藥，但難得耳。《玉經》曰：『服金者壽如金，服玉者壽如玉也。』又曰：『服玄真者，其命不極❹。』玄真者，玉之別名也。令人身飛輕舉，不但地仙而已。然其道遲成，服一二百斤乃可知耳。玉可以烏米酒❺及地榆酒❻化之為水，亦可以蔥漿消之為粭，亦可餌以為丸，亦可燒以為粉。服之一年已上，入水不霑，入火不灼，刃之不傷，百毒不犯也。不可用已成之器，傷人無益，當得璞玉乃可用也。得于闐國❼白玉尤善。其次有南陽徐善亭部界中玉及日南盧容水中玉亦佳。赤松子以玄蟲❽血漬玉為水而服之，故能乘煙上下❾也。玉屑服之與水餌之，俱令人不死。所以為不及金者，令人數數發熱，似寒食散❿狀也。若服玉屑者，宜十日輒一服雄黃、丹砂各一刀圭，散髮洗沐寒水，迎風而行，則不發熱也。董君異⓫嘗以玉醴⓬與盲人服之，目旬日而愈。有吳延稚者，志欲服玉，得玉經方不具⓭，了不知其節度⓮禁忌。乃招合得珪璋環璧⓯及校劍⓰所用甚多，欲餌治服之。後余為說此不中用，乃歎息曰：『事不可不精，不但無益，乃幾作禍也。』

又銀但不及金玉耳，可以地仙也。服之法，以麥漿化之，亦可以朱草酒餌之，亦可以龍膏⓱鍊之。然三服，輒大如彈丸者，又非清貧道士所能得也。

又真珠徑一寸以上可服，服之可以長久。酪漿漬之皆化如水銀，亦可以浮石水、蜂窠⓲化之，包彤蛇黃合之，可引長三四尺，丸服之。絕穀服之，則不死而長生也。淳漆不沾者，服之令人通神長生。餌之法，或以大無腸公子，或云大蟹⓳，十枚投其中。或以雲母水，或以玉水合服之，九蟲悉下⓴，惡血從鼻去。一年，六甲行廚至㉑也。

【章旨】介紹雄黃、玉、銀及真珠的服用方法及其效果。

【注釋】❶武都山　在四川綿竹北。❷合理病藥　配製治病之藥。❸三尸　道教傳說人體內有三尸之神，專門作祟，使人早死。❹不極　沒有終極。❺烏米酒　疑即黑米所釀之酒。❻地榆酒　地榆，藥草名，又名玉豉、玉札，果實呈紫黑色。❼于闐國　漢代西域之國，在今新疆和田一帶，盛產美玉。❽玄蟲　蟬之別名。❾故能乘煙上下　《列仙傳・卷上》曰：赤松子，神農時雨師也。服水玉，能入火自燒，隨風雨上下。❿寒食散　又稱五石散。服後身體發熱，宜冷食，故名。⓫董君異　董奉，字君異，有道術，後成仙升天而去。見《神仙傳・卷一〇》。⓬玉醴　溶化玉石之藥酒。⓭不具　不完備；不齊全。⓮節度　指服食的有關規定及要求。⓯珪璋環璧　均為玉器。珪是長形玉版，削去一角曰璋，環璧是圓形玉，中心有孔。⓰校劍　指固定劍身的玉墊、支架之類。⓱龍膏　覆盆子之別名。見《石藥爾雅》。⓲浮石水蜂窠　疑作「浮水石、蜂窠石」。見《丹方鑑源・諸石》。⓳或云大蟹　此四字是對「大無腸公子」的注釋，竄入正文者。⓴九蟲悉下　全部排出體內的害蟲。㉑六甲行廚至　可以役使六甲，取來食物。六甲、玉女，都是道教傳說中的受役使之神。

【語譯】又雄黃應當用武都山所出產的，它的質地純粹沒有雜物。那種紅若雞冠、光彩閃亮的，才可以為服餌之用。只是顏色純黃、好似雄黃而無紅光的，不可以用作仙藥，但是可用於調製治病的藥。服用的方法，或者蒸煮後食用，或者泡酒飲用，或者先用硝石化為水而後凝結之，或者用豬大腸裹住在赤土中蒸後服用，或者以松脂拌和，或者將硝石、豬大腸、松脂三物放在一起燒煉，可以拉長如布、雪白如冰。服後都使人長生，百病痊癒，三尸離身，斑痕消除，白髮變黑，落齒更生。服食千日，就有玉女前來侍奉。可以遣派玉女，取來食物。又玉女常有黃痣為標記。在鼻子上有黍米大小的一粒黃痣，是真玉女。無此痣的，是鬼扮成玉女，前來試人。

玉也是仙藥，只是難以得到而已。《玉經》說：『服金者壽如金，服玉者壽如玉。』又說：『服玄真者，壽命無終極。』玄真，就是玉的別名。它可以使人身體高舉飛升，不只是修成地仙而已。但是服玉得道稍遲，服食玉一二百斤才見效力。玉可以用烏米酒及地榆酒化之為水，也可以用蔥漿消融為軟泥，亦可以製作為丸，亦可以燒之為粉。服食一年以上，可以入水不濕，入火不傷，刀砍不進，百毒不犯。不可用已成的玉器，否則損傷人體，沒有益處。應當得到自然的璞玉，才可以服用。能得到于闐之白玉更好。其次有南陽徐善亭部界中所產之玉以及日南郡盧容水中所產之玉亦好。赤松子曾以玄蟲血浸泡玉為水而服之，所以能乘煙上下。服用玉屑或者溶解於水服用，都可令人不死。玉的藥效不及金之處，在於服玉之後身體經常發熱，就像服了寒食散一樣。若是服食玉屑者，每十天應服雄黃、丹砂各一刀圭，散開頭髮用冷水洗沐，迎風而行，就不發熱了。董君異曾經用溶玉的藥酒給盲人服用，才只十天眼病就治癒了。有一個名叫吳延稚的人有志服食玉，所得到的玉經方不齊備。他完全不知道服食玉的規定及禁忌，於是收集了珪璋環璧及校劍所用的玉器甚多，想要整治服用。後來我告訴他這些玉器不能作服食之用，他才歎息說：『凡事不可不精，否則不只是無益，還差一點惹出禍了。』

　又服食銀的效果只是不及金玉，但是可以成為地仙。服用的方法，可以用麥漿溶化，也可以與朱草酒一起餌用，也可以與覆盆子一起煉服。然而服食三次就需要彈丸大的銀子，又不是清貧道士所能做到的。

　又真珠直徑一寸以上可服，能夠使人長生。可以用酪漿浸泡使之溶化如水銀狀，亦可以用浮水石、蜂窠石化之，用包彤蛇黃合之，能夠拉長到三四尺，製成藥丸服用。若能絕穀同時服食真珠，則能長生不死。淳漆沾不上的真珠，服後能使人長生，通於神靈。服食之法，或者將十隻大螃蟹投入其中，或者用雲母水、或者與玉水合服。能夠驅除體內的各種害蟲，使惡血從鼻中出。服食一年，能役使六甲取來各種食物。

桂可以蔥涕合蒸作水，可以竹瀝❶合餌之，亦可以先知君腦，或云龜❷，和服之。七年，能步行水上，長生不死也。

巨勝，一名胡麻，餌服之不老，耐風濕、補衰老也。

桃膠❸，以桑灰汁漬服之，百病愈。久服之身輕，有光明，在晦夜❹之地如月出也。多服之則可以斷穀。

柠木實❺之赤者，餌之一年，老者還少，令人徹視見鬼❻。昔道士梁須年七十乃服之，轉更少。至年百四十歲，能夜書❼，行及奔馬❽。後入青龍山去。

槐子以新甕合泥封之，二十餘日，其表皮皆爛。乃洗之如大豆，日服之。此物主補腦，久服之，令人髮不白而長生。

玄中蔓方，楚飛廉、澤瀉、地黃、黃連❾之屬，凡三百餘種，皆能延年，可單服也。靈飛散、未央丸❿、制命丸、羊血丸，皆令人駐年卻老也。

【章旨】介紹桂、巨勝、桃膠、柠實、槐子等藥物的服用方法及效果。

【注釋】❶竹瀝　將淡竹或苦竹劈開，以火烤出其油汁，曰竹瀝。❷或云龜　此三字是對「先知君」的注釋，竄入正文者。❸桃膠　桃樹枝幹上溢出的膠脂。❹晦夜　暗夜。❺柠木實　即前所稱之「楮實」。柠，一作「楮」。❻令人徹視見鬼　使服食楮實者能看見鬼魂的形狀。❼能夜書　一作「能夜讀書」。❽行及奔馬　走路能趕上奔馬的速度。❾楚飛廉澤瀉地黃黃連　均為中草藥名。❿未央丸　央，原作「夬」，據《道藏》本校改。

【語譯】桂可以用蔥涕合蒸成水，也可以與竹的油汁一起服用，也可以與龜腦拌和服食。服食七年，能夠步行水上、長生不死。

巨勝，一名胡麻，久服不老，能使人耐風濕、抗衰老。

桃膠，用桑灰汁浸泡，服後百病消除。久服則身體輕盈，有光亮，在暗夜之中就像月光出現一樣。多服食桃膠，可以斷絕五穀。

紅色的楮實，若服用一年，可以返老還童，使人能透見鬼魂。從前有一個道士名叫梁須，七十歲才服食楮實，更顯得年輕。到一百四十歲時，還能晚上寫字，走路能趕上奔馬。後來他入青龍山而去。

槐子裝入新製陶罐中，以泥封住。二十多天後，槐子的表皮都會腐爛，然後洗淨，好像大豆一樣，每天服用。槐子主要能補腦，久服可使人頭髮不白而長生。

玄中蔓方，楚飛廉、澤瀉、地黃、黃連之類，共三百餘種，都能延年益壽，也可單獨服用。靈飛散、未央丸、制命丸、羊血丸，都可令人保持年輕、防止衰老。

南陽酈縣山中有甘谷水。谷水所以甘者，谷上左右皆生甘菊。菊花墮其中，歷世彌久❶，故水味為變。其臨此谷中居民皆不穿井，悉食甘谷水。食者無不老壽，高者百四五十歲，下者不失八九十，無夭年人，得此菊力也。故司空王暢、太尉劉寬、太傅袁隗皆為南陽太守，每到官，常使酈縣月送甘谷水四十斛以為飲食。此諸公多患風痺❷及眩冒❸，皆得愈。但不能大得其益，如甘谷上居民生小便飲食此水者耳。又菊花與薏花相似，直❹以甘苦別之耳。菊甘而薏苦，諺言所謂苦如薏者也。今所在有真菊，但為少耳，率多生於水側。緱氏山與酈縣最多，仙方所謂日精、更生、周盈，皆一菊，而根、莖、花、實異名❺。其說甚靈❻，而近來服之者略無效，正由不得真菊也。夫甘谷水得菊之氣味，亦何足言！而其上居民皆以延年。況將服❼好藥，安得無益乎？

余亡祖鴻臚少卿曾為臨沅令❽，云此縣有廖氏家，世世壽考❾，或出百歲，或八九十。後徙去，子孫轉多夭折。他人居其故宅，復如舊，後累世壽考。由此乃覺是宅之所為，而不知其何故。疑其井水殊赤，乃試掘井左右，得古人埋丹砂數十斛，去井數尺。此丹砂汁因泉漸入井，是以飲其水而得壽。況乃餌鍊丹砂而服之乎？

余又聞上黨有趙瞿者，病癩歷年，眾治之不愈，垂死。或云不及活流棄之❿，後子孫轉相注易⓫。其家乃賫糧將之送置山穴中。瞿在穴中，自怨不幸，晝夜悲歎，涕泣經月。有仙人行經過穴，見而哀之，具問訊之。瞿知其異人，乃叩頭自陳乞哀。於是仙人以一囊藥賜之，教其服法。瞿服之百許日，瘡都愈，顏色豐悅⓬，肌膚玉澤。仙人又過視之，瞿謝受更生活⓭之恩，乞丐其方⓮。仙人告之曰：『此是松脂耳，此山中更多此物。汝鍊之服，可以長生不死。』瞿乃歸家，家人初謂之鬼也，甚驚愕。瞿遂長服松脂，身體轉輕，氣力百倍。登危越險，終日不極⓯。年百七十歲，齒不墮，髮不白。夜臥，忽見屋間有光大如鏡者，以問左右，皆云不見。久而漸大，一室盡明如晝日。又夜見面上有綵女二人，長二三寸，面體皆具，但為小耳。遊戲其口鼻之間，如是且一年，此女漸長大，出在其側。又常聞琴瑟之音，欣然獨笑。在人間三百許年，色如小童。乃入抱犢山去，必地仙也。于時聞瞿服松脂如此，於是競服。其多役力者，乃車運驢負，積之盈室。服之遠者，不過一月，未覺大有益輒止。有志者難得如是也。

又漢成帝時，獵者於終南山中見一人無衣服，身生黑毛。獵人見之，欲逐取之，而其人踰坑越谷，有如飛騰，不可逮及。於是乃密伺候其所在⑯，合圍得之，乃⑰是婦人。問之，言：『我本是秦之宮人也。聞關東賊至，秦王出降，宮室燒燔⑱。驚走入山，飢無所食，垂⑲餓死。有一老翁教我食松葉松實，當時苦澀，後稍便⑳之。遂使不飢不渴，冬不寒，夏不熱。』計此女定是秦王子嬰㉑宮人，至成帝之世，二百許歲。乃將㉒歸，以穀食之，初聞穀臭嘔吐，累日乃安。如是二年許，身毛乃脫落，轉老而死。向使不為人所得，便成仙人矣。

南陽文氏說，其先祖漢末大亂逃去山中，飢困欲死。有一人教之食朮，遂不飢。數十年乃來還鄉里，顏色更少，氣力勝故。自說在山中時身輕欲跳，登高履險，歷日不極。行冰雪中，了不知寒。常㉓見一高巖上，有數人對坐博戲㉔者。有讀書者俛而視文氏，因聞其相問言：『此子中㉕呼上否？』其一人答言：『未可也。』朮一名山薊，一名山精。故《神藥經》曰：『必欲長生，常㉖服山精。』

【章　旨】講述世上服食藥物以治療疾病、延年益壽乃至得道成仙之例。

【注　釋】❶彌久　久遠。❷風痺　風濕、肢體麻木。❸眩冒　頭暈眼花。❹直　僅僅；只。❺根莖花實異名　菊之花又名日精，菊之葉又名更生，菊之莖又名周盈，菊之根又名長生。❻靈　原作「美」，據宋浙本改。❼將服　服食。服，原作「復」，據楊明照引蜀藏本改。❽余亡祖鴻臚少卿曾為臨沅令　參見〈自敘〉。❾壽考　長壽。❿及活流棄之　趁患者活著時將他送走、拋棄。⓫轉相注易　互相傳染。⓬豐悅　豐滿、光潤悅目。⓭更生活　重新獲得生命。⓮乞丐其方　乞請其藥方。⓯不極　不困倦。⓰密伺候其所在　在他出沒之地祕密地監視、等候。⓱乃　原作「定」，據慎懋官校本改。⓲燔　火燒。⓳垂　將要。⓴便　習慣；適應。㉑子嬰　秦始皇長子扶蘇之子。秦二世被殺後，子嬰稱王，在位四十六日。劉邦兵至霸上，他素車白馬出降。㉒將　攜帶。㉓常　疑「嘗」字之訛。㉔博戲　博弈。棋類的遊戲。㉕中　可。㉖常　一作「長」，或引作「當」。

【語　譯】南陽酈縣山中有一條甘谷，其中的溪水是甜的。溪水所以是甜的，是因為山谷兩側都生長著甘菊。菊花落入溪水中，長年累月，時間久遠，所以溪水味道變甜了。靠近甘谷的居民，他們都不掘井，全都食用甘谷的溪水。食此水的人無不長壽，年高者活到一百四五十歲，壽短者也不下於八九十歲。沒有短命而夭折的人，因為得到甘菊的藥力。所以司空王暢、太尉劉寬、太傅袁隗皆曾任南陽太守，他們到任之後，經常讓酈縣每月送甘谷水四十斛，以供飲食之用。此諸公多患風濕、頭暈等毛病，飲用甘谷水後都得以痊癒。只是不能像甘谷附近的居民從小時起便飲食甘谷水，因而不能大得補益。又菊花與薏花形狀相似，只是味道甘苦有所區別。菊味甘而薏苦，諺語所謂『苦如薏』便是就此而言。如今各地都有真菊，只是數量少而已。真菊大多生長在水邊，以緱氏山與酈縣最多。仙方中所說的日精、更生、周盈，都是指一種菊花而言，而根、莖、花、實各有不同的名稱。菊花的藥效傳說十分靈驗，而近來服用的人卻不見效果，正是由於未得到真菊的緣故。甘谷之溪水得到菊花的氣味，又算得什麼呢！而那一帶的居民都得以延年。何況服用好藥，怎麼會沒有益處呢？

我的過世的祖父官居鴻臚少卿，他曾經當過臨沅縣令。他說臨沅縣有廖氏一家，世世代代享有高壽，或有百歲，或者八九十歲。後來遷往別處，子孫中多未成年而死。他人住進廖氏故宅，又像從前一樣世代享有高壽。由此人們便猜測可能是屋宅的緣故，但是不知道究竟原因何在。懷疑井水的顏色紅得不尋常，乃試挖掘井的左右，發現古人所埋丹砂數十斛，在離井數尺遠的地方。這些丹砂之汁隨泉水滲入井中，所以飲用井水者得以高壽。何況燒煉丹砂而服食呢？

我又聽說上黨有位名叫趙瞿的人，長有癩瘡多年，想方設法醫治無效，將要死亡。有人說不如乘病人活著時棄置山野，否則以後子孫會互相傳染。趙家於是攜帶乾糧，將趙瞿送到一處山洞中。趙瞿在山洞中，悲歎自己的不幸遭遇，日夜悲傷哭泣。約一月左右，有一個仙人由此經過，見後十分同情，便向他訊問。趙瞿知道來者不同尋常，便叩頭陳述，並乞求救命。仙人於是賜給趙瞿一袋藥，並告訴了服用的方法。趙瞿服後一百多天。身上癩瘡都好了，顏色潤澤悅目，肌膚豐滿如玉。仙人後來又從此處經過並來探視，趙瞿感謝再度活命之恩，並乞請施予藥方。仙人告訴說：『這是松脂，這山中松脂很多，你煉後服用，可以長生不死。』趙瞿於是回到家中，家中人剛開始以為是鬼魂，非常驚奇。趙瞿從此後便長服松脂，身體變得輕快，氣力百倍增長。攀登高山、跨越險要，整天不覺疲倦。到一百七十歲時，還是牙齒不落、頭髮不白。有次夜間睡在床上，忽然看見屋內有光亮，大小如鏡。問左右的人，都說沒有看見。時間稍長，光亮慢慢變大，照得全屋像白天一樣明亮。又在夜晚看見臉上有綵女二人，各有兩三寸長，有頭有身，只是形體小罷了。二女在他口鼻之間遊戲，如此將近一年，逐漸長大，就出現在他的身旁。又常常聽到琴瑟音樂的聲音，高興得獨自發笑。在人間活到三百歲左右，容色如同少年。他後來入抱犢山而去，一定是修成地仙了。當時人們聽說趙瞿服松脂有如此之效，於是競相服用。那些有財力物力的人家，乃至用車運驢馱，堆積滿室。然而服食長的不過一個月，未覺得有大補益就停止了。有志求仙之難，就像這事一樣。

又漢成帝時，打獵的人在終南山中發現一人未穿衣服，身上生長黑毛。獵人看見後，想要追上捉住。而其人跨越坑谷，速度如飛，追趕不上。獵人們於是在他出沒之地祕密地監視等待，從四周包圍將他捉住，原來是一個女人。向她詢問，她說：『我本來是秦朝的宮女。聽說關東賊軍已到，秦王出外投降，宮殿被燒。我受驚嚇而逃進山中，飢餓沒有食物，將要餓死。有一個老翁教我吃松葉、松果，當時覺得又苦又澀，後來稍稍習慣，於是就不飢不渴。冬天不覺得寒冷，夏天不感到炎熱。』算起來，她一定是秦王子嬰的宮女，到漢成帝的時候，有二百歲的樣子。於是把她帶回，給她飯吃。她初時聞到飯味就嘔吐，幾天後才適應。如此約兩年，她身上的黑毛脫落，就變得衰老而死去。當時倘若她不被人捉住，就會成為仙人了。

南陽一個姓文的人說，其先祖在漢末大亂中逃到山裡，飢餓將死。有一人教他吃朮，他從此便不飢餓。數十年後回到故鄉時，容色更顯得年輕，氣力也勝過從前。他自己訴說在山中時，覺得身體輕快，總想跳動。登高山，經險阻，整天不倦。行走冰雪之中，完全不知寒冷。曾見高崖之上有數人對坐下棋，另一個讀書者向下俯視，看見了他。於是聽見讀書者問道：『這個可以喊上來嗎？』下棋者中有一人答道：『還不可以。』朮一名山薊，一名山精。所以《神藥經》說：『必欲長生，常服山精。』

昔仙人八公❶各服一物，以得陸仙❷各數百年，乃合神丹金液而昇太清耳。人若合八物鍊而服之，不得其力，是其藥力有轉相勝畏❸故也。韓終❹服菖蒲十三年，身生毛，日視書萬言皆誦之，冬袒不寒。又菖蒲須得生石上，一寸九節已上，紫花者尤善也。趙他子服桂❺二十年，足下生毛，日行五百里，力舉千斤。移門子❻服五味子十六年，色如玉女，入水不沾，入火不灼也。楚文子服地黃❼八年，夜視有光，手上車弩❽也。林子明服朮十一年，耳長五寸，身輕如飛，能超踰淵谷二丈許。杜子微服天門冬❾，御十八妾，有子百三十人，日行三百里。

任子季服茯苓十八年，仙人玉女往從之，能隱能彰⑩，不復食穀，灸瘢⑪皆滅，面體玉光。陵陽子仲服遠志⑫二十年，有子三十七人，開書所視不忘，坐在立亡⑬。《仙經》曰：雖服草木之葉⑭已得數百歲，忽怠⑮於神丹，終不能仙。以此論之，草木延年而已，非長生之藥可知也。未得作丹，且可服之，以自楮持⑯耳。」

【章　旨】以相傳仙人服藥延年之例進一步證明藥物的效力，並再度說明只有金丹才能使人飛升太清、成為天仙。

【注　釋】❶八公　漢代淮南王劉安好神仙之道，一天有仙人八公來訪。傳說八公各能吹噓風雨、震動雷電、役使鬼神、鞭撻魔魅、移易山川、變化容貌。問其姓名，則自稱文五常、武七德、枝百英、壽千齡、葉萬椿、鳴九皋、修三田、岑一峰。參見《神仙傳・淮南王傳》。❷陸仙　即地仙。❸轉相勝畏　指藥力相剋，互相抵銷。❹韓終　一作韓眾，傳說上古之仙人。❺服桂　《列仙傳・卷上》載：范蠡好服桂飲水。又桂父常服葵與桂，以龜腦和之，千九十斤桂。又《藝文類聚・卷八九》載韓終〈採藥詩〉曰：「闇河之桂，實大如棗。得而食之，後天而老。」❻移門子　即羨門子。傳說中之仙人。❼服地黃　地黃有生地、熟地之分，傳說久服可以輕身不老。唐孫思邈《千金翼方・卷一二》有《服地黃方》。❽手上車弩　車弩是用機械力發射的一種弓箭。以手力上車弩，形容氣力超過常人。上，一作「止」。❾服天門冬　天門冬味苦平，傳說久服可以益氣延年。《神仙傳・卷一〇》載：甘始服天門冬，行房中之事，在人間三百餘歲，乃入王屋山仙去。❿能隱能彰　能隱身，能現形。⓫灸瘢　傷疤瘡痕之類。⓬遠志　藥草名。夏秋開紫色花，根可入藥。性溫味苦，有安神益智之效。⓭坐在立亡　起坐之間，能隱身匿跡。⓮葉　疑「藥」字之訛。⓯忽怠　忽視、倦怠。⓰楮持　支持。

【語　譯】從前仙人八公各服一種藥物，成為地仙，遊於人間數百年，然後才合煉神丹金液，而升為天仙。若是將這八種藥物放在一起合煉服用，不得藥效，是因為它們的藥力有的相互抵銷了的緣故。韓終服菖蒲十三年，身上生毛，每天看書萬言，都能夠背誦。冬天袒露肩臂，也不覺得寒冷。又菖蒲應當是生長在石上，一寸九節以上，開紫花者最好。趙他子服食桂二十年，腳底下生毛，每日能行五百里，力能舉起千斤。移門子服食五味子十六年，顏色美如玉女，入水不沾濕、入火不燒傷。楚文子服食地黃八年，夜視身體有光，能夠用手力上車弩。林子明服食朮十一年，耳長五寸，身體輕快、行走如飛，能縱身跨越約兩丈寬的溝谷。杜子微服食天門冬，有十八名妻妾，子女一百三十人，每天可行走三百里。任子季服食茯苓十八年，有仙人玉女前去侍從，能夠隱身現形，不再吃五穀，身上的傷痕瘡斑都消失了，皮膚潤澤，面色如玉。陵陽子仲服食遠志二十年，有子女三十七人，開卷過目不忘，能夠在起立之間隱身匿跡。

《仙經》說：雖然服用草木之藥，已得數百歲之壽，若是不努力以求得神丹，終究不能成為天上的神仙。由此來看，草木之藥只能延長人的壽命，而不是長生不死之藥便顯而易見了。在未能合煉神丹之前，可以暫且服用草木之藥，以維持自己的生命。」

或問：「服食藥物，有前後之宜乎？」

抱朴子答曰：「按《中黃子服食節度》云：『服治病之藥，以食前服之。養性之藥❶，以食後服之。』吾以咨❷鄭君❸：『何以如此？』鄭君言：『此易知耳。欲以藥攻病，既宜及未食，內虛，令藥力勢易行。若以食後服之，則藥但攻穀而力盡矣。若欲養性，而以食前服藥，則力未行而被穀驅之下去不得止，無益也』。」

或問曰：「人服藥以養性，云有所宜，有諸❹乎？」

抱朴子答曰：「按《玉策記》及《開明經》，皆以五音❺六屬❻，知人年命之所在。子午屬庚❼，卯酉屬己❽，寅申屬戊❾，丑未屬辛❿，辰戌屬丙⓫，巳亥屬丁⓬。一言得之者，宮與土⓭也。三言得之者，徵與火⓮也。五言得之者，羽與水⓯也。七言得之者，商與金⓰也。九言得之者，角與木⓱也。若本命屬土，不宜服青色藥⓲；屬金，不宜服赤色藥⓳；屬木，不宜服白色藥⓴；屬水，不宜服黃色藥㉑；屬火，不宜服黑色藥㉒。以五行之義，木剋土，土剋水，水剋火，火剋金，金剋木故也。若金丹大藥，不復論宜與不宜也。

一言宮：庚子庚午、辛未辛丑、丙辰丙戌、丁亥丁巳、戊寅戊申、己卯己酉。

三言徵：甲辰甲戌、乙亥乙巳、丙寅丙申、丁酉丁卯、戊午戊子、己未己丑。

五言羽：甲寅甲申、乙卯乙酉、丙子丙午、丁未丁丑、壬辰壬戌、癸巳癸亥。

七言商：甲子甲午、乙丑乙未、庚辰庚戌、辛巳辛亥、壬申壬寅、癸卯癸酉。

九言角：戊辰戊戌、己巳己亥、庚寅庚申、辛卯辛酉、壬午壬子、癸丑癸未。」

【章旨】介紹服食藥物的時間要求以及年命藥色方面的禁忌。

【注釋】❶養性之藥　補養生命之藥。❷咨　詢問。❸鄭君　鄭隱。葛洪之師。❹諸　「之」字的變音。❺五音　即宮、商、角、徵、羽五聲。❻六屬　以六個分為一類。這裡指將甲、乙、丙、丁、戊、己、庚、辛、壬、癸中六個為一組，以確定人的年命。❼子午屬庚　見後，庚子庚午是也。❽卯酉屬己　見後，己卯己酉是也。❾寅申屬戊　見後，戊寅戊申是也。❿丑未屬辛　見後，辛未辛丑是也。⓫辰戌屬丙　見後，丙辰丙戌是也。⓬巳亥屬丁　見後，丁亥丁巳是也。⓭宮與土　五音與五行對應，則宮屬土。⑭徵與火　五音與五行對應，則徵屬火。⑮羽與水　五音與五行對應，則羽屬水。⑯商與金　五音與五行對應，則商屬金。⑰角與木　五音與五行對應，則角屬木。⑱不宜服青色藥　五色與五行相配，青屬木，而木剋土，故不宜。⑲不宜服赤色藥　五色與五行相配，赤屬火，而火剋金，故不宜。⑳不宜服白色藥　五行與五色相配，白屬金，而金剋木，故不宜。㉑不宜服黃色藥　五行與五色相配，黃屬土，而土剋水，故不宜。㉒不宜服黑色藥　五行與五色相配，黑屬水，而水剋火，故不宜。

【語譯】有人問道：「服食藥物，有飯前飯後的區別，怎樣才適宜呢？」

抱朴子回答說：「據《中黃子服食節度》說：『治病之藥，要在飯前服用；滋補之藥，要在飯後服用。』我曾經請教鄭隱老師：『為什麼如此呢？』鄭先生說：『這容易明白。若是服藥以治病就應在未食之前，這時腹中空虛，藥力容易奏效。如果飯後服用，藥物作用於糧食，藥效就耗盡了。若是滋補養生，而在飯前服藥，則藥物尚未發生效力，就被飯食驅下排除體外，沒有得到補益。』」

有人問道：「服用滋補養生藥，據說因人而異，各有所宜。有此事嗎？」

抱朴子回答說：「據《玉策記》及《開明經》，人的年命都可以劃歸為宮、商、角、徵、羽五類，生時的干支六種為一類。這樣劃分後，各人的年命所在便知道了。子午屬庚，卯酉屬己，寅申屬戊，丑未屬辛，辰戌屬丙，巳亥屬丁。一言得之者，屬於五音之宮、五行之土。三言得之者，屬於五音之徵、五行之火。五言得之者，屬於五音之羽、五行之水。七言得之者，屬於五音之商、五行之金。九言得之者，屬於五音之角、五行之木。若是本命屬土，不適宜服青色藥。若是本命屬金，不適宜服赤色藥。若是本命屬木，不適宜服白色藥。若是本命屬水，不適宜服黃色藥。若是本命屬火，不適宜服黑色藥。因為五行之義，木剋土、土剋水、水剋火、火剋金、金剋木的緣故。若是金丹仙藥，就不再論是否適宜了。

一言宮，包括庚子庚午、辛未辛丑、丙辰丙戌、丁亥丁巳、戊寅戊申、己卯己酉。

三言徵，包括甲辰甲戌、乙亥乙巳、丙寅丙申、丁酉丁卯、戊午戊子、己未己丑。

五言羽，包括甲寅甲申、乙卯乙酉、丙子丙午、丁未丁丑、壬辰壬戌、癸巳癸亥。

七言商，包括甲子甲午、乙丑乙未、庚辰庚戌、辛巳辛亥、壬申壬寅、癸卯癸酉。九言角，包括戊辰戊戌、己巳己亥、庚寅庚申、辛卯辛酉、壬午壬子、癸丑癸未。」

禹步法❶：前舉左，右過左，左就右。次舉右，左過右，右就左。次舉右❷，右過左，左就右。如此三步，當滿二丈一尺，後有九跡。

《小神方》❸，用真丹三斤，白蜜一斤合和，日曝煎之，令可丸。旦服如麻子十丸，未一年，髮白更黑，齒墮更生，身體潤澤。長服之，老翁還成少年，常服長生不死也。

《小餌黃金方》❹，火銷金納清酒中，二百出，二百入，即沸矣。握之出指間令如泥，若不沸及握之不出指間，即復銷之內酒中無數也。成，服如彈丸一枚，亦可一丸分為小丸，服三十日，無寒溫，神人玉女下之。又銀亦可餌，與金同法。服此二物，可居名山石室中，一年即輕舉矣。人間服之，名地仙，勿妄傳也。

《兩儀子餌銷黃金法》❺，豬負革肪三斤，醇苦酒❻一斗，取黃金五兩置器中煎之，出爐以金置肪中，百入百出，苦酒亦爾。飡一斤金，壽弊天地。食半斤金，壽二千歲。五兩，千二百歲。無多少，便可餌之。當以王相之日，作之神良❼。

勿傳人，傳人藥成不神❽也。欲食去尸藥，當服丹砂。

《餌丹砂法》❾，丹砂一斤，搗簁，下醇苦酒三升、淳漆二升。凡三物合，令相得，微火上煎之，令可丸。服如麻子三丸，日再，四十日，腹中百病愈，三尸去。服之百日，肌骨堅強。服之千日，司命削死籍，與天地相畢，日月相望。改形易容，變化無常，日中無影，乃別有光矣。

【章旨】此數段文字疑非〈仙藥〉之原文，乃後人雜抄，附錄於此。

【注釋】❶禹步法　〈登涉〉亦載有禹步法，文字與此不同。❷右　或疑當為「左」。❸小神方　〈金丹〉亦載此方，為「小神丹方」。❹小餌黃金方　〈金丹〉亦載此方，為「小餌黃金法」。❺兩儀子餌銷黃金法　〈金丹〉亦載此方，為「兩儀子餌黃金法」。❻醇苦酒　陳醋。❼作之神良　《金汋經》「作之」下有「服之」二字，〈金丹〉為「當以王相日作，服之神良」。❽藥成不神　諸本或作「藥不成不神」。❾餌丹砂法　〈金丹〉亦載此方，為「小丹法」。

【語譯】禹步法的做法是：先舉左腳，隨之右腳過左腳，隨之左腳就右腳。然後再舉右腳，隨之左腳過右腳，隨之右腳就左腳。然後再舉左腳，隨之右腳過左腳，隨之左腳就右腳。如此三步，當滿二丈一尺，後面有九跡。

《小神方》，用真丹三斤、白蜜一斤攪和，在陽光下曝曬，使之可以揉和為藥丸。每天早上服用麻子大的十粒，不到一年便白髮轉黑，齒落更生，身體豐潤而有光澤。長期服用，老人變得年輕如少年，可以長生不死。

《小餌黃金方》，將鍊金放進清酒中，出入約兩百次，鍊金就會與清酒反應而有氣泡溢出，握在手指間柔軟如泥。如果沒有氣泡溢出以及鍊金握在手中不柔軟，便再煉銷後放進清酒中，出入無數次。成功後，服食如彈丸大小一枚，也可以將一大丸分成若干小丸。服食三十天後，便不畏嚴寒與炎熱，有神人玉女下來侍奉。白銀亦可服食，與服食黃金方法相同。服食黃金白銀，如果住進名山石室之中，一年就可飛升成仙。如果在人間服用，名為地仙。不要隨意妄傳這種方法。

《兩儀子餌銷黃金法》，以豬頸脖脂肪三斤、陳醋一斗、黃金五兩，一起放在器皿中煎煮。出爐後，將黃金放進豬頸脖脂肪中，出入百次。再將黃金放置陳醋中，也出入百次。服用此種黃金一斤，壽如天地。服食半斤，壽二千歲。服食五兩，壽一千二百歲。無論多少，都可以服用。當以王相日製作這種黃金，服後精神旺盛。不要隨便傳授，否則藥不會成功。想要除去體內的三尸之蟲，則應當服用丹砂。

《餌丹砂法》，將丹砂一斤搗細，篩為粉末。投入三升陳醋之中，再投入淳漆二升。將三物調和均勻，在微火上煎熬，使之可以揉和為藥丸。服食麻子大小三粒，每天兩次，四十天後腹中百病消除，三尸之蟲也被驅去。服食百日，肌骨堅強。服食千日，司命之神從死亡冊子上除名。其生命與天地共存，與日月同在。能夠改形易貌，變化無端。太陽當頭，照不出人影，因為身上別有光芒。

卷一二 辨問

【題解】本篇辨析世俗所提出的疑問。世俗疑問的中心，是以周公、孔子為代表的儒家聖人對於神仙道教學說的態度。其主要觀點是：一、修仙以清靜為本，而聖人事務繁忙。聖人未及修行神仙之道，乃是很自然的事。二、凡人稟性受命，皆值一定之氣，故聖人不必仙，仙人不必聖。三、不同的專長有不同的聖人，從這一觀點說，周、孔是治世之聖，而黃、老是得道之聖。四、根據史書的記載和實際的推斷，可知聖人並非無所不知，無所不能。因此周、孔未修仙道，不能說神仙之道便沒有效驗。

本篇的宗旨，是打消世俗之人用儒家聖人之道來否定道家神仙之道所派生出的種種疑問。

或問曰：「若仙必可得，聖人已修之矣。而周孔不為之者，是無此道可知也。」

抱朴子答曰：「夫聖人不必仙，仙人不必聖。聖人受命❶，不值長生之道。但自欲除殘去賊❷，夷險平暴❸，制禮作樂❹，著法垂教❺。移不正之風，易流遁之俗❻。匡❼將危之主，扶亡徵之國❽。刊《詩》《書》❾，撰《河》《洛》❿，著經誥⓫，和〈雅〉〈頌〉⓬。訓童蒙⓭，應聘諸國⓮。突無凝煙⓯，席不暇煖⓰。其事則鞅掌罔極⓱，窮年無已⓲。亦焉能閉聰掩明⓳，內視反聽⓴，呼吸導引，長齋久潔，入室鍊形㉑，登山採藥，數息思神㉒，斷穀清腸㉓哉？至於仙者，唯須篤志至信㉔，勤而不怠，能恬㉕能靜，便可得之，不待多才也。有入俗之高真㉖，乃為道者之重累也。得合一大藥㉗，知守一養神㉘之要，則長生久視。豈若聖人所修為者云云之無限乎？

【章　旨】聖人志在人間，事務繁雜，不能靜修神仙之術。故聖人不必仙，仙人不必聖。

【注　釋】❶受命　結氣成胎，始有生命。❷除殘去賊　除去殘暴，掃平邪惡。賊，壞人。❸夷險平暴　消除危險，平定暴亂，使天下太平。❹制禮作樂　制定禮儀，創作音樂。❺著法垂教　著為法典，垂教於後世。❻流遁之俗　縱情任欲、隨波逐流之習俗。❼匡　幫助；救助。❽亡徵之國　出現敗亡徵兆之邦國。❾刊詩書　孔子曾整理《詩經》，編定《尚書》。❿撰河洛　河洛指《河圖》、《洛書》。這裡指孔子整理、解說《周易》之事。《周易．繫辭上》：「河出圖，洛出書，聖人則之。」⓫著經誥　闡明《尚書》之旨。經誥，指《尚書》，書中有〈仲虺之誥〉、〈康誥〉、〈酒誥〉等。⓬和雅頌　將《詩經》篇章配合音樂以絃歌之。《史記．孔子世家》：「三百五篇孔子皆弦歌之，以求合〈韶〉〈武〉〈雅〉〈頌〉之音。」⓭訓童蒙　教導弟子。童蒙，兒童。⓮應聘諸國　指孔子周遊列國，以求任用。⓯突無凝煙　煙囪之中無炊煙，意謂不能安居。突，煙囪。⓰席不暇煖　坐席不至於溫暖。意謂奔波勞累，不能安坐。⓱鞅掌罔極　煩勞忙碌之極。⓲窮年無已　一年到頭，無有休止。⓳閉聰掩明　閉目掩耳，不看不聽。⓴內視反聽　凝神澄意，觀照自身，內視五臟六腑，傾聽體內的聲息。是一種道家的養生修煉功夫。㉑鍊形　修煉形體。㉒數息思神　數其呼吸、思想體內之神，即守一之術。㉓斷穀清腸　不食五穀，以清潔腸胃。㉔篤志至信　專心誠意，深信不疑。㉕恬　安靜；安然。㉖入俗之高真　世俗高超的才器、能力。真，孫星衍疑當作「具」。㉗大藥　仙藥。㉘守一養神　以守一之術補養精神。守一之術，參見〈地真〉。

【語　譯】有人問道：「如果神仙修煉可得，聖人早就修煉了。而周公、孔子並未修煉，這就說明並無仙道。」

抱朴子回答說：「聖人不一定修行仙道，修行仙道者不一定是聖人。聖人受氣結胎之時，沒有遇上長生之氣。他們的志向是平暴除惡，掃平險難，安定天下，制定禮儀，創作音樂，著為法典以垂教後世。改變不良的風尚，矯正放蕩的習俗。輔佐面臨危敗的國君，扶持有衰亡徵兆的國家。整理《詩經》、《尚書》，撰述《河圖》、《洛書》，闡明《尚書》的旨意，將《詩經》配合音樂，教訓後輩學生，周遊應聘於列國。住不安寧，坐不暖席。事務繁忙已極，一年到頭無休無止。又怎麼能閉眼不看、掩耳不聽、內視反聽、呼吸導引、長齋久潔、入室煉形、登山採藥、數聲息、思真一、辟五穀、清胃腸呢？至於仙人，只要真心誠意，深信不疑，勤修不怠，安心致靜，就可以修煉而成，不必要多的才能。在世俗中有特出的才器，反而是修道者沈重的負累。能合成一劑仙藥、知道守一養神的關鍵，就可以長生不死。難道要像聖人那樣，修習無限繁多的內容嗎？

且夫俗所謂聖人者，皆治世之聖人，非得道之聖人。得道之聖人，則黃、老是也。治世之聖人，則周、孔是也。黃帝先治世而後登仙，此是偶有能兼之才❶者也。古之帝王刻於泰山，可省讀者七十二家❷。其餘磨滅者，不可勝數。而獨記黃帝仙者，其審然❸可知也。

世人以人所尤長、眾所不及❹者，便謂之聖。故善圍棊之無比者，則謂之棊聖，故嚴子卿❺、馬綏明❻於今有棊聖之名焉。善史書❼之絕時❽者，則謂之書聖，故皇象❾、胡昭❿於今有書聖之名焉。善圖畫之過人者，則謂之畫聖，故衛協⓫、張墨⓬於今有畫聖之名焉。善刻削之尤巧者，則謂之木聖，故張衡⓭、馬鈞⓮於今有木聖之名焉。故孟子謂伯夷清之聖者⓯也，柳下惠和之聖者⓰也，伊尹任之聖者⑰也。吾試演⑱而論之，則聖非一事：夫班輸⑲、倕、狄⑳，機械之聖也；附、扁㉑、和、緩㉒，治疾之聖也；子韋㉓、甘均㉔，占候㉕之聖也；史蘇㉖、辛廖㉗，卜筮之聖也；夏育㉘、杜回㉙，筋力之聖也；荊軻㉚、聶政㉛，勇敢之聖也；飛廉㉜、夸父㉝，輕速之聖也；子野㉞、延州㉟，知音之聖也；孫、吳㊱、韓、白㊲，用兵之聖也。聖者，人事之極號也，不獨於文學㊳而已矣。莊周云：盜有聖人之道五焉㊴。妄意而知人之藏㊵者，明也；先入而不疑㊶者，勇也；後出而不懼者，義也；知可否之宜者，知也；分財均同者，仁也。不得此道而成天下大盜者，未之有也。」

【章旨】聖人不止一事，不同的專長有不同的聖人。所以周、孔是治世之聖，而黃、老是得道之聖。

【注釋】❶能兼之才　能兼有治理社會及修道成仙兩方面的才能。❷可省讀者七十二家　可以辨認者有七十二家君主。省讀，察看而辨識。《管子．封禪》：「管仲曰，古者封泰山，禪梁父者七十二家。」❸審然　確實。❹人所尤長眾所不及　一人所特別擅長，眾人皆不及之。❺嚴子卿　三國吳嚴武，字子卿，圍棋無人可敵。見《三國志．卷六三》引《吳錄》。❻馬綏明　疑指馬朗，西晉人，著有《圍棋勢》二十九卷。❼史書　指大篆。傳說周宣王時太史籀作大篆，故又名史書。❽絕時　超越時人。指當時最稱優異者。❾皇象　字休明，三國吳人，擅長書法，中原善書法者皆不能及。見《三國志．卷六三》引《吳錄》。❿胡昭　字孔明，三國魏人。《三國志．卷一一》說：「昭善史書，與鍾繇、邯鄲淳、衛覬、韋誕並有名。尺牘之跡，動見模楷焉。」⓫衛協　西晉畫家，善畫人物，尤工道釋像。見南齊謝赫《古畫品錄》。⓬張墨　晉代畫家，曾經師事衛協。⓭張衡　東漢人，字平子。善屬文，精天文曆算之學，曾作渾天儀及候風地動儀。又曾製作木鳥，腹中安裝機械，能飛升數里。見《太平御覽．卷七五二》引《文士傳》。⓮馬鈞　字德衡，三國魏人。曾作指南車、灌水車、發石車，天下服其巧。見《三國志．卷二九》裴松之注。⓯伯夷清之聖者　伯夷是商代孤竹君之子。其父死後，辭王位，逃到周國。周武王伐紂時，曾與叔齊叩馬諫阻。後來到首陽山，採薇而食。《孟子．萬章下》：「伯夷，聖之清者也。」⑯柳下惠和之聖者　春秋魯大夫展禽，因食邑柳下，謚曰惠，故稱柳下惠。柳下惠曾三度罷官，都無怨色。《孟子．萬章下》：「柳下惠，聖之和者也。」⑰伊尹任之聖者　伊尹名摯，商湯之臣。曾輔佐商湯討伐夏桀，被尊為阿衡。商湯死後，帝太甲暴虐不明，敗法亂德，伊尹於是放太甲於桐宮，自己攝政當國。三年後，太甲悔過自責，伊尹乃迎而還政於太甲。任，以天下為己任。《孟子．萬章下》：「伊尹，聖之任者也。」⑱演　推衍；推而廣之。⑲班輸　春秋魯公輸班，著名之工匠，善於製造攻城之器械。⑳倕狄　倕是堯時之工匠，傳說他始造耜耒、鐘、銚等器具。狄即墨子，名翟。《淮南子．齊俗》：「魯班、墨子以木為鳶，而飛三日不集。」㉑附扁　俞跗、扁鵲。均為古代名醫。㉒和緩　醫和、醫緩。均為春秋時之名醫。㉓子韋　《史記．天官書》曰：「昔之傳天數者，……于宋，子韋。」㉔甘均　疑即甘德。戰國時之天文學家，著有《天文星占》八卷。㉕占候　觀察天象變化以測定吉凶。㉖史蘇　晉國占卜之官。《國語．晉語》載有史蘇占卜之事。㉗辛廖　晉大夫。《左傳．閔公元年》載有辛廖占卜之事。㉘夏育　戰國衛人，能舉千鈞。㉙杜回　秦之大力士。見《左傳．宣公十五年》。㉚荊軻　戰國著名之勇士。曾為燕太子丹刺殺秦王嬴政，未成而被殺。㉛聶政　戰國著名之勇士。曾應嚴遂之請，仗劍入韓，直闖相府，刺殺韓相俠累，後亦自殺。㉜飛廉　商紂之臣，一作「蜚廉」。《史記．秦本紀》說「蜚廉善走」。㉝夸父　炎帝的後裔。傳說夸父曾追日影而與日逐走。㉞子野　即師曠。晉之樂師，善於辨別音樂。㉟延州　即春秋吳公子季札，又稱延州來季子。曾往魯觀周樂，並分別評說。事見《左傳．襄公二十九年》。㊱孫吳　孫武，春秋齊國人，著有《孫子兵法》。吳起，戰國時人，善於用兵，《漢書．藝文志》著錄有《吳起》四十八篇。㊲韓白　韓信，是漢朝大將，善於將兵，封淮陰侯。白起，秦將，屢破韓趙魏。㊳文學　文章、學術。㊴盜有聖人之道五焉　大盜的行為，有五個方面符合聖人之道。《莊子．胠篋》曰：「夫妄意室中之藏，聖也。入先，勇也。出後，義也。知可否，知也。分均，仁也。五者不備而能成大盜者，天下未之有也。」㊵妄意而知人之藏　推測而知別人室內所藏的財物。妄意，猜想；推測。㊶不疑　不猶豫。

【語　譯】再說世俗所謂的聖人，都是治理人世的聖人，不是修仙得道的聖人。得道的聖人，如黃帝、老子是。治世的聖人，如周公、孔子是。黃帝先治理人世而後得道升仙，這是偶爾同時具備兩方面才能的人。古代的帝王刻名於泰山，可以辨識的有七十二家。其餘姓名磨滅的，還不知有多少。其中只有黃帝成仙的記載，此事確實無疑也就可得而知了。

世人將某人所特別擅長，其他人無法匹敵者，便稱為聖。善於圍棋而無人可比的，就稱為棋聖，所以嚴子卿、馬綏明當今有棋聖之名。善於大篆書法超絕一世的，就稱為書聖，所以皇象、胡昭當今有書聖之名。善於繪畫遠過同輩的，就稱為畫聖，所以衛協、張墨當今有畫聖之名。善於雕刻製作木器機械而特別巧妙的，就稱為木聖，所以張衡、馬鈞當今有木聖之名。所以孟子稱伯夷是清純不染的聖人，稱柳下惠是和諧寬厚的聖人，稱伊尹是敢以天下為己任的聖人。我也不妨嘗試推而廣之，則聖人並非單指一事：公輸班、工倕和墨翟，是擅長製造機器的聖人；俞跗、扁鵲、醫和、醫緩，是治療疾病的聖人；子韋、甘均，是觀測天象的聖人；史蘇、辛廖，是卜筮吉凶福禍的聖人；夏育、杜回，是力氣的聖人；荊軻、聶政，是勇氣的聖人；飛廉、夸父，是行走迅疾的聖人；子野、延州，是通曉音樂的聖人；孫子、吳起、韓信、白起，是用兵打仗的聖人。『聖』是對於人事最高的稱號，不只是文章學術才有聖人而已。莊周說，大盜在五個方面符合聖人之道：以心猜測而知道別人收藏的財物，這是明；率先進去而不猶豫，這是勇；最後退出而不畏懼，這是義；知道行為是否得當，這是智；分配贓物能夠平均，這是仁。沒有這五種聖人之道而成為天下著名的大盜，這樣的事是沒有的。」

或曰：「聖人之道，不得枝分葉散。必總而兼之，然後為聖。」

余答之曰：「孔子門徒達者七十二❶，而各得聖人之一體❷，是聖事有剖判❸也。又云顏淵具體而微❹，是聖事有厚薄也。又《易》曰：『有聖人之道四焉，以言者尚其辭，以動者尚其變，以制器者尚其象，以卜筮者尚其占❺』，此則聖道可分之明證也。何為善於道德以致神仙❻者，獨不可謂之為得道之聖？苟不有得道之聖，則周孔不得為治世之聖乎？既非一矣❼，何以當責使相兼乎？

按仙經以為諸得仙者，皆其受命偶值神仙之氣，自然所稟。故胞胎之中已含信道之性，及其有識❽，則心好其事，必遭❾明師而得其法。不然，則不信不求，求亦不得也。《玉鈐經・主命原》曰：人之吉凶，制❿在結胎受氣之日，皆上得列宿之精⓫。其值聖宿則聖，值賢宿則賢，值文宿則文，值武宿則武，值貴宿則貴，值富宿則富，值賤宿則賤，值貧宿則貧，值壽宿則壽，值仙宿則仙。又有神仙聖人之宿，有治世聖人之宿，有兼二聖之宿⓬。有貴而不富之宿，有富而不貴之宿，有兼富貴之宿。有先富後貧之宿，有先貴後賤之宿，有兼貧賤之宿，有富貴不終之宿。有忠孝之宿，有凶惡之宿。如此不可具載，其較略⓭如此。為人生本有定命，張車子之說⓮是也。苟不受神仙之命，則必無好仙之心。未有心不好之而求其事者也，未有不求而得之者也。自古至今，有高才明達⓯，而不信有仙者，有平平許⓰人學而得仙者。甲雖多所鑒識而或蔽於仙⓱，乙則多所不通而偏達其理⓲。此豈非天命之所使然⓳乎？

【章旨】一個人是否相信仙道，決定於受命結胎時當值的星宿。有治世之聖，有得道之聖，不能要求兼備眾長。

【注　釋】❶孔子門徒達者七十二　《史記・孔子世家》曰：「孔子以詩書禮樂教，弟子蓋三千焉，身通六藝者七十有二人。」❷各得聖人之一體　孔子授業有德行、言語、政事、文學四科，故弟子各得其一體。❸剖判　區分；剖析。❹顏淵具體而微　顏淵大體上繼承了孔子的學說，只是規模較小，器具未廣大耳。《孟子・公孫丑上》：「冉牛、閔子、顏淵，則具體而微。」❺有聖人之道四焉五句　意謂《周易》中包含了四種聖人之道，後人或者崇尚其言辭，或者崇尚其變化，或者效法其形象，或者應用其占斷。見《周易・繫辭上》。❻以致神仙　以修煉為仙人。❼既非一矣　聖人之事，既然不只一種。❽及其有識　等他長大，懂知識之後。❾遭　遇。❿制　決定；取決於。⓫上得列宿之精　得天上星辰之精氣。⓬兼二聖之宿　兼有治世聖人、神仙聖人之氣的星辰。⓭較略　大體；大略。⓮張車子之說　《搜神記・卷一〇》載：有周擥嘖者貧而好道，夫婦夜耕，夢天公過而哀之。司命之神云：「此人相貧，限不過此。唯有張車子應賜錢千萬，車子未生，請以借之。」周氏夫婦晝夜治生，所得千萬。後來張車子出生，周家日衰。而車子長大，富於周家。此謂人生皆命中所定，如世俗所傳張車子之事是也。⓯高才明達　才能超群，通達事理。⓰平平許　平常；一般。⓱多所鑒識而或蔽於仙　在其他事物上多有見識，而在神仙之事上或者蒙蔽不明。⓲多所不通而偏達其理　在其他事物上多不通曉，唯獨通達神仙之理。⓳天命之所使然　命中所定，使之如此。

【語　譯】有人說：「聖人之道，不能東拆西散，如此零碎。一定要兼具各家之長，然後才稱得上聖人。」

我回答說：「孔子的弟子中，有成就者七十二人。每個人只學得孔子的一個方面，可見聖人之事是可以區分的。又有人說：顏回具備了聖人之體，只是格局氣象略小一些，這說明聖人之事有厚薄之分。又《周易》說：『《易》有四個方面的聖人之道：議論時，學習它的辭采；行動時，學習它的變化；製造器具時，學習它的形象；卜筮時，學習它的占斷。』這也是聖事可以區分的明證。既然如此，為什麼善於修煉道德、追求神仙者，獨不可以稱為得道的聖人呢？如果不可以有得道的聖人，那麼周公、孔子不也就算不得治世的聖人嗎？既然聖事不止一端，為什麼要求兼備眾長呢？

據仙經認為，凡得以成仙者都是在受命結胎之時，恰遇神仙之氣，故為自然的稟賦。所以胞胎之中，已經包含了信奉仙道的因子。等到長大之後有了知識，就自然從心中喜愛神仙之事，也就一定能遇到明師而得知神仙法術。倘若受命之時不遇神仙之氣，則心中不信仙道，也就不會去追求仙術，追求也不會得到。《玉鈐經・主命原》說：人生的吉凶禍福，在受氣結胎之時已經確定，每個人都感受天上星宿的精氣。遇到聖宿就會成為聖人，遇到賢宿就會成為賢人，遇到文宿就會成為文士，遇到武宿就會成為武夫，遇到貴宿就會成為貴人，遇到富宿就會成為財主，遇到賤宿就會身世卑賤，遇到貧宿就會一生貧窮，遇到壽宿就會享受高壽，遇到仙宿就會成為神仙。其中又有得道成仙聖人之星宿，有治理人世聖人之星宿，有既能治世、又得成仙、身兼兩種聖人之星宿。有尊貴而不富有之星宿，有富有而不尊貴之星宿，有既尊貴又富有之星宿。有先富後窮之星宿，有先貴後賤之星宿，有既貧窮又卑賤之星宿，有富貴不終之星宿。有忠孝之星宿，有凶狠之星宿。不可一一寫出，其大略如此。人生本是命中注定，世俗所傳張車子之事是對的。假若不受神仙之氣，就一定沒有喜愛仙術之心。沒有心中不喜愛而去追求其事的人，也沒有不去追求而可得之事。從古到今，有才識高邁、明達事理而不信神仙的人，也有才能平常而修成仙術的人。前一種人見識雖多，而在神仙之事上卻可能被蒙蔽了。後一種人對於世俗之事多不通曉，而偏能明達神仙之理。這豈不是命中注定，使他如此嗎？

夫道家寶祕仙術，弟子之中尤尚簡擇，至精彌久❶，然後告之以要訣。況於世人，幸❷自不信不求，何為當強以語之邪？既不能化令信之❸，又將招嗤速謗❹。故得道之士，所以與世人異路而行，異處而止。言不欲與之交，身不欲與之雜。隔千里，猶恐不足以遠煩勞之攻❺。絕軌跡❻，猶恐不足以免毀辱之醜。貴不足以誘之，富不足以移之。何肯當自衒❼於俗士，言我有仙法乎？此蓋周孔所以無緣而知仙道也。

且夫周孔蓋是高才大學之深遠者⑧耳，小小之伎，猶多不閑⑨。使之跳丸弄劍⑩，踰鋒投狹⑪，履組登幢⑫，擿盤緣案⑬，跟挂萬仞之峻峭⑭，游泳呂梁之不測⑮，手扛千鈞⑯，足躡驚飆⑰，暴虎檻豹⑱，攬飛捷矢⑲，凡人為之，而周孔不能，況過於此者乎？他人之所念慮，蚤蝨之所首向，隔牆之朱紫，林下之草芥，匣匱⑳之書籍，地中之寶藏，豐林邃藪㉑之鳥獸，重淵洪潭之魚鼈，令周孔委曲其采色㉒，分別其物名，經列其多少，審實其有無，未必能盡知，況於遠此者乎？聖人不食則飢，不飲則渴，灼之則熱，凍之則寒，撻之則痛，刃之則傷，歲久則老矣，損傷則病矣，氣絕則死矣。此是其所與凡人無異者甚多，而其所以不同者至少矣。所以過絕人者，唯在於才長思遠㉓，口給筆高㉔，德全行潔㉕，強訓博聞㉖之事耳，亦安能無事不兼邪？既已著作典謨㉗，安上治民，復欲使之兩知仙道，長生不死，以此責聖人，何其多乎？吾聞至言逆俗耳，真語必違眾。儒士卒㉘覽吾此書者，必謂吾非毀聖人。吾豈然哉？但欲盡物理耳。理盡事窮㉙，則似於謗訕周孔矣。

【章旨】一些平常人有時能具備的小技能，能做到的事情，周公、孔子卻不能做到，說明聖人並非無所不能。

【注 釋】❶至精彌久 志向非常精誠，歷時也很長久。❷幸 或疑為「率」字之訛。❸不能化令信之 不能夠使其感化而信奉仙道。❹招嗤速謗 招來嘲笑與誹謗。❺不足以遠煩勞之攻 不能遠離世務繁雜的干擾。煩勞，一作「煩舌」。❻絕軌跡 與人間斷絕交通往來。❼自衒 自我炫耀。❽高才大學之深遠者 具有非凡才華、學識深遠的人。❾閑 熟悉。❿跳丸弄劍 古代雜技之名。即一邊跳丸，一邊舞劍。跳丸，拋弄彈丸。⓫踰鋒投狹 古代雜技之名。即將竹席捲成圓筒，四周插以鋒利的矛戟，表演者投身從狹筒中通過。⓬履絙登幢 古代雜技。表演者在插有旗幟的繩索上行走。幢，一種旗幟。⓭擿盤緣案 古代雜技。即燕濯。表演者以盤盛水置於座前，然後張手跳躍，同時迅速以足點盤中水，再跳回座案上，好似燕子之洗浴。⓮跟挂萬仞之峻峭 據說伯昏無人能登高山，履危石，臨百仞之淵，腳跟懸在空中而神色不變。見《莊子．田子方》。⓯游泳呂梁之不測 在呂梁的飛瀑下、深淵中游泳。傳說呂梁懸水飛瀑三十仞，流沫四十里，魚鼈尚且不能游，有人卻能在其中被髮行歌。見《莊子．達生》。⓰手扛千鈞 言能舉重也。傳說秦武王時大力士烏獲力能扛鼎。⓱足躡驚飆 行走迅速，可追疾風。驚飆，疾風；驚風。⓲暴虎檻豹 徒手與虎豹搏鬥，將牠們關進檻籠之中。暴，徒手搏擊。⓳攬飛捷矢 抓住射出的飛箭。捷，假借為「接」。⓴匣匱 箱子；櫃子。匱，即櫃。㉑豐林邃藪 茂密的樹林，幽深的湖澤。㉒委曲其采色 細緻地說出它們的形色。委曲，具體詳盡的描述。㉓才長思遠 富有才華，思想深遠。㉔口給筆高 口善言辭，筆下善文章。給，言辭便捷。㉕德全行潔 道德完美，品行高潔。㉖強訓博聞 見聞廣博，知識豐富。㉗典謨 經典。《尚書》有〈堯典〉、〈大禹謨〉等篇，故云。㉘卒 同「猝」。倉促之間。㉙理盡事窮 將道理說徹底，將事情說盡說透。

【語 譯】道家對於仙術，看得尤其寶貴。弟子之中，尚且特別選擇，只有那些立志精誠、歷時長久的弟子，然後才被告之以關鍵的祕訣。何況世人大都不信仙道，不求仙術，得道者怎麼會強行相告訴呢？那樣既不能使世人變而相信仙道，反而會招來嘲笑與誹謗。所以得道之士，與世人行則異路，住則異地，不想與世俗交談，不願與俗人接觸。距離千里，還恐怕不足以躲避煩雜世務的牽累。斷絕往來，還恐怕不足以免除世人的惡言非毀。尊榮不能夠誘惑其心，財富不能夠改變其志。又怎麼會主動地向世俗炫耀，說我有仙法呢？這就是周公、孔子所以無法得知仙道的緣由。

再說周公、孔子，雖說是才能卓絕、學識廣大之士中的傑出者，然而小小的方技，有許多並不熟悉。如果讓他們一邊跳丸，一邊擊劍；穿越遍插矛戟的狹筒；登上高掛的繩索行走；足點盤水，身如飛燕；腳踏萬仞的懸崖峭壁而神色不改；在呂梁驚濤中游泳而意態自然；力能扛千鈞；行走迅速，能追疾風；空拳與虎豹搏鬥，將牠們趕入檻籠；伸手接住飛箭。一般的雜技藝人能夠做到，而周公、孔子不能，何況超過這些之外的呢？他人心中所想，蚤蝨跳躍的方向，隔牆花朵的顏色，林中草木的名稱，匣櫃中書籍的數目，地下寶藏的有無，深林大澤中的鳥獸，重淵深潭中的魚鼈，如果要讓周公、孔子具體細緻地說出它們的形狀顏色，分別介紹它們的名稱，一一列出其數量的多少，查實其存在的有無，周公、孔子未必能完全知道。何況超出這些之外的呢？聖人不吃飯就會飢餓，不飲水就會口渴，燒著了就會發熱，凍著了就會寒冷，挨打就會疼痛，刀劍砍中就會受傷，年紀大就會衰老，受到損傷就會生病，生氣竭盡就會死亡。這些證明，聖人與凡人沒有差別之處甚多，而有差別之處則很少。聖人所以超出常人者，只是在於他們才能傑出，思想深遠，能言辭，善文章，道德完美，品行端正，博聞強記這些事情上，又怎麼能具備一切才能呢？既然已有經典著作，能輔佐皇上，治理社會，又要求他們同時通曉仙道，長生不死，這樣要求聖人，不是太過分了嗎？我聽說世俗不願意聽取至理之言，說真話一定違背眾人的意志。儒士倉促之間讀到我的這部書，一定說我非毀聖人。我的本意豈是如此？我只是想透徹地闡說事物之理罷了。把道理講透了，把事情說穿了，就好像是誹謗周公、孔子似的。

世人謂聖人從天而墜，神靈之物，無所不知，無所不能。甚於服畏❶其名，不敢復料之以事❷。謂為聖人所不能，則人無復能之者也；聖人所不知，則人無復知之者也。不可笑哉？

今具以近事校❸之，想可以悟也。完山之鳥，賣生送死之聲❹，孔子不知之，便可復謂顏回只可偏解之乎[5]？聞太山婦人之哭[6]，問之乃知虎食其家三人，又不知此婦人何以不徙去之意，須答乃悟。見羅雀者純得黃口[7]，不辨其意，問之乃覺。及欲葬母，不知父墓所在[8]，須人語之。既定墓崩，又不知之。弟子誥之，乃泫然流涕[9]。又疑顏淵之盜食[10]，乃假言欲祭先人，卜掇塵之虛偽[11]。廄焚，又不知傷人馬否[12]。顏淵後，便謂之已死[13]。又周流七十餘國，而不能逆知[14]人之必不用之也，而栖栖遑遑[15]，席不暇溫。又不知匡人當圍之，而由其途[16]。問老子以古禮[17]，禮有所不解也。問郯子以鳥官[18]，官有所不識也。行不知津，而使人問之[19]。又不知所問之人，必譏之而不告其路[20]，若爾可知不問也。下車逐歌鳳者[21]，而不知彼之不住也。見南子而不知其無益[22]也。諸若此類，不可具舉。但[23]不知仙法，何足怪哉？

又俗儒云：『聖人所不能，則餘人皆不能。』則宕人水居[24]，梁母火化[25]，伯子耐至熱[26]，仲都堪酷寒[27]，左慈兵解而不死[28]，甘始休糧以經歲[29]，范軼見斫而不入[30]，鼈令流尸而更生[31]，少千執百鬼[32]，長房縮地脈[33]，仲甫假形於晨鳧[34]，張楷吹噓起雲霧[35]，未聞周孔能為斯事也。」

【章旨】列舉史書及其他著作典冊中的記載，進一步證明聖人並非無所不知，無所不能。

【注釋】❶服畏　畏懼；畏服。❷料之以事　驗之以事，推之以理。❸校　核實；考察。❹完山之鳥二句　傳說孔子曾晨立堂上，聽到很悲傷的哭聲傳來。顏回根據哭聲斷定非獨哭死者，同時哭生而離別者。孔子問「何以知之」，顏回回答說：哭聲很像完山之鳥。又說：「完山之鳥生四子，羽翼已成，乃離四海，哀鳴送之，為是往而不復返也。」孔子派人去問，哭者果然因夫死家貧，賣子以葬，而與其子相別。見《說苑・辨物》。❺謂顏回只可偏解之乎　意謂在此事上顏回的見識超過了孔子，不能以顏回只能偏解來為孔子辯護。❻聞太山婦人之哭　傳說孔子曾過泰山側，有婦人哭於墓前而哀。使子路問之，婦人說：「昔者吾舅死於虎，吾夫又死焉，今吾子又死焉。」孔子問：「何為不去也？」婦人曰：「無苛政。」孔子感嘆說：「苛政猛於虎也。」見《禮記・檀弓下》。❼羅雀者純得黃口　傳說孔子曾見以羅網捕鳥者，所捕得的盡是黃口小雀，而無大雀，便問原因。捕鳥者說：「小雀跟隨大雀就捕不到，大雀跟隨小雀則可捕得。」於是孔子說：「君子要慎於所從，跟錯了人便有羅網之患。」見《說苑・敬慎》。❽不知父墓所在　孔子出世不久，其父死，葬於防山。孔子不知父墓所在。孔子母去世後，鄹曼甫之母告之，然後合葬於防。見《史記・孔子世家》。❾弟子誥之二句　孔子將父母靈柩合葬後，因大雨使墳墓崩壞。孔子初時不知，弟子告訴後，才落下眼淚。見《論衡・知實》。❿疑顏淵之盜食　《論衡・知實》曰：「顏淵炊飯，塵落甑中。欲置之則不清，投地則棄飯。掇而食之，孔子望見，以為竊食。」⓫假言欲祭先人二句　虛偽，疑當作「真偽」。孔子懷疑顏回盜食，就假說夢見了先君，要祭祀先人，以作試探。顏回於是說明了真相。見《呂氏春秋・任數》。⓬廄焚二句　《論語・鄉黨》曰：「廄焚，子退朝，曰：『傷人乎？』不問馬。」廄，馬棚。⓭顏淵後二句　孔子在匡地時，有一次顏淵掉隊落在後面，孔子卻以為他死了。見《論語・先進》。⓮逆知　預料；推測。⓯栖栖遑遑　到處奔波，忙碌不安。⓰不知匡人當圍之二句　孔子前往陳國，路過匡地，曾被匡人圍困數日。⓱問老子以古禮　《史記・老子韓非列傳》載曰：「孔子適周，將問禮於老子。」⓲問郯子以鳥官　春秋時齊魯有郯子國，是黃帝子少昊氏之後，其國以鳥為官名。《左傳》載：昭公十七年秋，郯子來朝。孔子聞之，見於郯子而學之。⓳行不知津二句　孔子自楚返蔡途中，曾經派子路向長沮、桀溺打聽渡口處。津，津渡；渡口。見《論語・微子》。⓴譏之而不告其路　子路問津，長沮、桀溺不告訴他津渡處，還譏諷孔子「是知津矣」。見《論語・微子》。㉑下車逐歌鳳者　楚人接輿曾從孔子車前經過，一邊唱著：「鳳兮，鳳兮，何德之衰！往者不可諫，來者猶可追。已而，已而，今之從政者殆而！」孔子下車想與之交談，接輿卻快步躲避開了。見《論語・微子》。㉒見南子而不知

其無益　南子是衛靈公之夫人，有淫行。孔子至衛，南子請見，孔子不得已而見之。子路不悅，孔子發誓說：「予所否者，天厭之，天厭之！」見《論語・雍也》。㉓但　只。㉔宕人水居　宕人指生活在水波中的人類。宕，通「蕩」。《博物志》：「南海水有鮫人，水居如魚，不廢織績，其眼能泣珠。」㉕梁母火化　梁母是仙人嘯父的弟子，得其作火法，故能火化升仙。見《列仙傳・卷上》。㉖伯子耐至熱　伯子，原作「子伯」，係誤倒。仙人幼伯子，冬天常著單衣，盛夏常穿棉襖。見《列仙傳・卷上》。㉗仲都堪酷寒　西漢道士王仲都能耐嚴寒，隆冬冰封，他能赤膊乘車奔馳於昆明池上。見桓譚《新論》。㉘左慈兵解而不死　曹操、孫權都曾經想殺害左慈，均未成功。見《神仙傳・卷八》。㉙甘始休糧以經歲　休糧即辟穀，不食五穀。《神仙傳・卷一〇》說甘始善行氣，不飲食，又服天門冬。在人間三百餘歲，然後成仙而去。㉚見斫而不入　刀斧砍割而不入。㉛鼈令流尸而更生　傳說荊山人鼈令死後，屍體隨水而上，至汶山下復生。望帝立為相，後登帝位，號開明氏。見《水經注・江水》引。㉜少千執百鬼　魯少千得仙人符，能驅除鬼魅。〈遐覽〉著錄有《少千三十六將軍符》一卷。㉝長房縮地脈　傳說費長房有神術，能縮地脈，使千里之遠若在目前，放之復舒如舊。㉞仲甫假形於晨鳧　傳說仙人李仲甫能隱形變化，曾化為飛鳥越數百里往訪友人。㉟張楷吹噓起雲霧　張楷，字公超，東漢人。性好道術，傳說他能作五里霧。見《後漢書・卷三六》。

【語　譯】世俗說聖人是從天而降的神靈之人，無所不知，無所不能。非常畏服他們的盛名，不敢再以人事檢驗推測聖人。於是就說聖人所不能的事，也就沒有人能夠做到了。聖人所不知道的事，也就沒有人能夠知道了。這豈不是可笑嗎？

現在再以淺近之事來驗證，大概可以使他們醒悟了。有人的哭聲似完山之鳥，乃是賣子葬夫的悲聲。這件事孔子不知道而顏回卻知道，難道能夠又說顏回只能偏解嗎？聽到泰山下婦人的哭聲，孔子詢問後才知道老虎先後吃了她家的三口人。孔子又不知道這個婦人為何不搬家的原因，待到婦人回答後才明白。孔子看見捕雀者捕到的盡是黃口幼雀，不知道原因何在，問後方才明白。到要安葬母親的時候，孔子又不知道父親墳墓的地點，必須別人告訴他。父母的墳墓既已崩壞，孔子還不知道，弟子告訴他之後，才潸然落淚。孔子又曾經將顏淵揀出飯中煤塵懷疑為偷吃食物，說出要祭祀祖先的假話來進行試探。馬棚被燒之後，孔子又不知道人與馬是否受傷。在匡地時，顏淵掉隊落在後面，孔子卻以為他死了。孔子周遊奔波七十餘國，而事前並不知道人家一定不會採納他的主張，而奔波勞累，坐不暖席。孔子又未料到匡人會圍攻自己，而途經該地。孔子向老子詢問古代的禮儀，證明孔子不懂得某些禮制。孔子又曾向郯子詢問鳥官之名，說明孔子不知道某些官制。途中不知渡口，而派人去問，不知道長沮、桀溺將會譏諷自己並且不指示道路，否則就不會問了。下車追趕歌唱『鳳兮鳳兮』的楚狂接輿，而不知道接輿會躲避開去。孔子見南子，而不知道會見沒有益處。諸如此類的事，不可一一舉出。聖人只是不知道神仙之法，又有什麼奇怪呢？

又俗儒說：『聖人不能做到的事，別的人也都不能做到。』倘若真是如此，則鮫人能居住在水中，梁母能火化而飛升，幼伯子能耐炎熱，王仲都能忍嚴寒，左慈能解除兵器之害而不死，甘始可以成年不吃糧食，范軼能夠刀砍斧斫而不入，鼈令能夠已死而復生，魯少千能夠降服百鬼，費長房能夠縮短地脈，李仲甫能夠變形為飛鳥，張楷能夠吹噓起雲霧，卻沒有聽說孔子具有上述特異的才能。」

俗人或曰：「周、孔皆能為此，但不為耳。」

吾答之曰：「必不求之於明文，而指之以空言者，吾便可謂周、孔能振翮翻飛，翱翔八極，興雲致雨，移山拔井，但不為耳。一不以記籍見事為據者，復何限哉？必若所云者，吾亦可以言周、孔皆已昇仙。但以此法不可以訓世❶，恐人皆知不死之可得，皆必悉委供養❷、廢進宦❸，而登危浮深❹，以修斯道。是為家無復子孫，國無復臣吏。忠孝並喪，大倫❺必亂。故周、孔密自為之，而祕不告人，外託終亡之形❻，內有上仙之實。如此，則子亦將何以難吾乎？

亦又未必不然也。《靈寶經》有《正機》、《平衡》、《飛龜授袟》❼凡三篇，皆仙術也。吳王伐石以治宮室，而於合石之中，得紫文金簡之書。不能讀之，使使者持以問仲尼，而欺仲尼曰：『吳王閒居，有赤雀銜書以置殿上。不知其義，故遠諮呈。』仲尼視之，曰：『此乃《靈寶》之方，長生之法。禹之所服❽，隱在水邦。年齊天地，朝於紫庭❾者也。禹將仙化，封之名山石函之中。乃今赤雀銜之，殆天授也。』以此論之，是夏禹不死也，而仲尼又知之。安知仲尼不皆密修其道乎？

正復使聖人不為此事，未可謂無其效❿也。人所好惡各各不同，諭之以面，豈不信哉？誠合其意，雖小必為也；不合其神⓫，雖大不學也。好苦憎甘⓬，既皆有矣；嗜利棄義，亦無數焉。『聖人之大寶曰位，何以聚人曰財⓭。』又曰：『富與貴，是人之所欲⓮。』而昔已有禪之以帝王之位而不用⓯，委之以四海之富而不願，蔑三九之官⓰，背玉帛之聘⓱，遂⓲山林之高潔，甘漁釣之陋業⓳者，蓋不可勝數耳。又曰：『男女飲食，人之大欲存焉⓴。』是以好色不可諫，甘旨可忘憂。昔有絕穀棄美㉑，不畜妻妾，超然獨往，浩然得意㉒，顧影含歡㉓，漱流忘味㉔者，又難勝記也。人情莫不愛紅顏豔姿、輕體柔身，而黃帝逑篤醜之嫫母㉕、陳侯憐可憎之敦洽㉖。人鼻無不樂香，故流黃、鬱金、芝蘭、蘇合、玄膽、素膠、江離、揭車、春蕙、秋蘭㉗，價同瓊瑤。而海上之女，逐酷臭之夫㉘，隨之不止。周文嗜不美之葅㉙，不以易太牢之滋味。魏明好椎鑿之聲㉚，不以易絲竹之和音。人各有意，安可求此以同彼乎？周孔自偶不信仙道。日月有所不照，聖人有所不知，豈可以聖人所不為，便云天下無仙！是責三光不照覆盆之內㉛也。」

【章　旨】孔子未必不知仙道。而即使孔子未修仙術，也不能說明仙術無效驗。

【注　釋】❶訓世　教導世人。❷委供養　放棄贍養父母的責任。❸廢進宦　不去出仕當官，追求高官厚爵。❹登危浮深　攀登高山，渡越江河。❺大倫　根本的倫理準則。❻終亡之形　平常人終將衰亡之形體。❼正機平衡飛龜授袟　〈遐覽〉載錄有《正機經》、《平衡經》、《飛龜振經》各一卷。《神仙傳‧卷二》載：華子期師祿里先生，受《隱仙靈寶方》：一曰《伊洛飛龜袟》，二曰《伯禹正機》，三曰《平衡方》。❽服　服用；實行。指修煉。❾朝於紫庭　指成仙飛升，到達仙境。❿效　效驗；徵驗。⓫神　心意；精神。⓬好苦憎甘　如蓼蟲食苦辛，不徙於葵藿，以食甘美。⓭聖人之大寶曰位二句　聖人最大的寶物是地位，要聚集眾人需要財富。見《周易‧繫辭下》。⓮富與貴二句　語見《論語‧里仁》。⓯禪之以帝王之位而不用　拒絕禪讓，不接受帝王之位。如《莊子‧讓王》所載堯以天下讓許由、子州支父以及舜以天下讓善卷、石戶之農均遭拒絕之事。⓰三九之官　三公九卿。指高官重位。⓱背玉帛之聘　拒絕朝廷的徵辟。瑞玉、縑帛，是徵辟的禮物。⓲遂　成。⓳陋業　卑賤的職業。⓴男女飲食二句　對於異性及飲食的追求，是人的最重大的欲望。語見《禮記‧禮運》。㉑絕穀棄美　不吃糧食，摒棄美味嘉餚。㉒浩然得意　精神充實，意趣歡欣。㉓顧影含歡　雖孤身無偶，對著自己的影子亦感到快樂。㉔漱流忘味　口含清流水，忘懷人間之美味。㉕黃帝逑篤醜之嫫母　傳說嫫母貌醜，乃是黃帝之妃。逑，匹配。篤，甚；非常。㉖陳侯憐可憎之敦洽　傳說敦洽讎麋容貌十分醜陋，而有德行，陳國之君見而悅之，外使治其國，內使制其身。見《呂氏春秋‧遇合》。㉗秋蘭　「流黃」至此十種或為香料、或為香草之名。㉘海上之女二句　有人身上散發出強烈的臭味，其親戚、兄弟、妻妾、朋友無能與居者，只得居到海上。海上有人喜歡這種臭味，晝夜追隨而不能離去。見《呂氏春秋・遇合》。㉙周文嗜不美之菹　傳說周文王喜歡吃菖蒲製成的醬菜，所味不必美。見《韓非子・難四》。㉚魏明好椎鑿之聲　魏明帝愛聽木椎鐵鑿敲打的聲音。魏明，一作「魏文」，乃傳說之異辭。㉛三光不照覆盆之內　將盆翻覆扣地，則日月星之光不能照射其中。

【語　譯】俗人可能會說：「這些事情周公、孔子都能夠作到，只是聖人不作罷了。」

我就回答說：「如果不求之於明白的古籍記載，而僅僅以隨心臆測、毫無憑據的空話來應對，那麼我也可以說周公、孔子能夠展翅高飛，翱翔八極，能夠興雲降雨，移山拔井，只是不作罷了。談論事理如果不以書籍載錄為依據，那還有什麼準繩呢？如果一定要這樣說的話，我也可以說周公、孔子都已經修煉成仙了。只是因為仙法不可以教導世人，恐怕世俗之人得知長生不死可以求得之後，都放棄贍養父母的義務、廢置出仕當官的追求，都去登高山、渡江河，以修煉仙法。倘若如此，則家中沒有子孫供養長輩，國家沒有臣吏效力朝廷，忠孝廢棄了，倫理一定混亂。因此周公、孔子只是暗自修煉，而祕不告人。外面假借常人的形骸，內裡卻有神仙的本質。我這樣說，你又如何能駁倒我呢？

事實也未必就不是如此。《靈寶經》有《正機》、《平衡》、《飛龜授袟》三篇，記述的都是神仙之術。吳王鑿石以修建宮室，在密閉的石山之中，得到紫文金簡的仙經。吳王讀不懂，便派使者帶著仙經去問孔子，並欺騙孔子說：『吳王閒居時，有一隻赤雀將此書銜至宮殿上。因為不知書中之意，特地遠來請教。』孔子看後說：『這是《靈寶經》中的仙方，是長生不死之術。當年夏禹修煉此方，隱在水邦，得以不死，最後飛升成仙，朝於紫庭。成仙之前，將此方封在名山石函之中。現在赤雀銜來，是天授此經給吳王。』由此看來，夏禹修煉得以不死，而孔子得知這些，怎麼知道孔子沒有祕密地修煉仙道呢？

即使聖人未曾修煉此事，也不能說仙術就沒有效驗。人的好惡愛憎各不相同，就像人的臉面一樣。難道不是如此嗎？如果符合某人的意思，雖是小事也一定會去作。如果不符合某人的意思，雖然事關重大也不會去學習。喜歡吃苦而憎惡甘甜，這樣的事是有的。追求利益而拋棄仁義，這樣的事也舉不勝舉。《周易》上說：『聖人最重要的寶器是地位，用以團結眾人的手段是財富。』《論語》又說：『富與貴，是人的自然欲望。』

但是從前有拒絕接受帝王之位而不就的，有鄙棄天下的財富而不要的，有蔑視三公九卿之高位，逃避玉帛的禮聘，以成就山林高潔的生涯，甘心於漁釣卑賤的職業。這樣的人不可勝數。《禮記》上說：『對於異性及飲食的追求，是人的最重大的欲望。』所以好色是不可勸阻的，美味嘉餚可以使人忘記憂愁。但是從前有人不吃糧食、放棄甘旨美味，家無妻妾而超然獨往，精神充實而自得其樂，對著自己的影子而心情歡暢，口漱清泉流水便忘懷人間的美味。這樣的例子也難以盡述。常人都喜愛年輕貌美、體態輕柔的女子，而黃帝卻娶了相貌很醜的嫫母為妃，陳侯喜歡容貌可憎的敦洽。常人的鼻子都喜愛芳香的氣味，所以流黃、鬱金、芝蘭、蘇合、玄膽、素膠、江離、揭車、春蕙、秋蘭，其價格與美玉相當。然而海上有人追隨惡臭之夫。周文王喜愛吃味道不佳的菖蒲醬，不肯代以牛羊肉的美味。魏明帝喜愛聽木椎鐵鑿敲打的聲音，不肯代以絲竹的樂聲。人的志趣各不相同，怎麼能要求彼此完全相同呢？周公、孔子自然可以偶爾不信仙道。日月尚且有照臨不到的地方，聖人亦有不知道的事物。怎麼可以因為聖人不曾修煉，便說天下沒有仙道！這就像是責備日月星辰的光輝，沒有照進覆盆之內。」

卷一三 極言

【題解】極言，即詳盡地闡說求仙學道中的一些問題。這些問題主要有三：一是學道必須求師，必須專心誠意，經受考驗，積其功勞，獲得信任，才能有所成就；二是學道必須長期修煉，堅持不懈，不可以為小益無補而不為，不可以為小損無傷而不防；三是學道的方法，要求愛精惜氣，不能恃強而過為勞損，要飲食調和，起居有常，導引筋骨，藥物補養。先服草木之藥以救虧缺，後求金丹以定無窮，這就是全部的長生之理。

至於那些服食藥物、行氣導引仍然不免死者，或者不懂方術，無法自衛，或者修道已晚，損傷已深，百病兼結，氣血衰滅。所以養生之術，以不傷為本。這是學道的關鍵，長生的根本。

或問曰：「古之仙人者，皆由學以得之，將特稟異氣❶耶？」

抱朴子答曰：「是何言歟？彼莫不負笈❷隨師，積其功勤。蒙霜冒險，櫛風沐雨❸，而躬親灑掃，契闊勞藝❹。始見之以信行❺，終被試以危困。性篤行貞❻，心無怨貳❼，乃得升堂以入於室❽。或有怠厭而中止，或有怨恚而造退❾。或有誘於榮利而還修流俗之事，或有敗於邪說而失其淡泊之志。或朝為而夕欲其成，或坐修而立望其效。若夫睹財色而心不戰，聞俗言而志不沮❿者，萬夫之中有一人為多矣。故為者如牛毛，獲者如麟角⓫也。

夫彀勁弩⓬者，效力於發箭。涉大川者，保全於既濟⓭。井不達泉，則猶不掘也。一步未至，則猶不往也。修塗之累，非移晷⓮所臻。淩霄之高，非一簣之積⓯。然升峻者患於垂上而力不足⓰，為道者病於方成而志不遂⓱。千倉萬箱，非一耕所得。干天之木，非旬日所長。不測之淵，起於汀瀅⓲。陶朱之資⓳，必積百千。若乃人退己進，陰子所以窮至道⓴也。敬卒若始，羨門所以致雲龍㉑也。我志誠堅，彼何人哉？」

【章旨】古之仙人都經過長期的從師修煉。只有在世俗誘惑前毫不動心，專心致志，始終如一，才能取得成功。

【注釋】❶特稟異氣　稟受特殊、非常之氣。異，一作「其」。❷負笈　背負書箱。笈，書箱。❸櫛風沐雨　以風梳髮，以雨洗頭。意謂頂風冒雨。❹契闊勞藝　長期離家，奉事師傅，辛勤地勞作。❺始見之以信行　始則以行為的誠實受到信任。見，同「現」。❻性篤行貞　性情誠實，行為正派。❼心無怨貳　無二心，無怨言。❽升堂以入於室　得到進一步的傳授，學到深入的知識。升堂入室，比喻學問逐漸深入。❾怨恚而造退　心有怨恨，而中途告退。恚，怨恨；發怒。造，疑為「告」之訛。❿志不沮　志向堅定不移。沮，敗壞；中止。⓫為者如牛毛二句　學者甚眾而成者極少。《北堂書鈔．卷八三》引作「學者如牛毛，成者如麟角」。⓬彀勁弩　拉滿強勁的弓弩。彀，使弓弩張滿。⓭既濟　渡過江河。⓮移晷　日影移動。這裡形容時光不長。⓯一簣之積　堆積一竹筐、一竹籠土。簣，竹籠。⓰垂上而力不足　將要登上高峰之巔時力量不夠了。垂，將近；將及。⓱方成而志不遂　將要成功時不能堅持到底。遂，指堅持以達到成功。⓲汀瀅　小的水流。⓳陶朱之資　巨大的財富。朱，一作「白」。陶朱、白圭，古代之富商。⓴陰子所以窮至道　陰長生，新野人。少生富貴之門，而不好榮位。跟隨仙人馬鳴生學道二十餘年。同時奉馬鳴生學道者皆離去，唯獨陰長生毫不懈怠。後乃被授以《太清神丹經》，成仙而去。㉑羨門所以致雲龍　羨門子高，傳說中之古仙人。致雲龍，乘雲御龍，飛升成仙。

【語譯】有人問道：「古代的仙人都是修煉而成的呢，還是生來就稟受了特殊之氣呢？」

抱朴子回答說：「這是什麼話呢？過去的仙人，沒有不經過背負行李、隨師學道的過程。他們辛勤勞累，頂著霜雪，冒著危險，櫛風沐雨，積以時日，親自灑掃，長期勞作。開始以誠實的行為而受到信任，然後還要經受困苦危險的考驗。只有專心誠意、行為端正、毫無怨言者，才能升堂入室，得到進一步的傳授。有的人懈怠厭倦、半途中止，有的人心懷不滿中道而退，有的人受榮華富貴的誘惑回頭經營世俗之事，有的人受謬論邪說的影響喪失了淡泊之志。也有的人急於求成，恨不得早晨修煉、晚上便能成功，坐著修煉、站起來便有效驗。至於那些面對財色而不動心，聽到世俗的勸阻而不改變志向的人，萬人之中有一個就算多的了。所以修煉道術者多如牛毛，而獲得成功者卻是鳳毛麟角，極為少見。

要拉滿弓弩，是為了在射箭時能集中力量；要渡越江河，是為了能成功地到達彼岸。掘井達不到泉水的深度，等於沒有掘井。步行最後一步沒有到位，等於沒有前往。走完很長的路程，不是短時間能夠完成的。聳入雲霄的高山，不是一筐土能夠堆起來的。但是攀登高山，值得憂慮的是即將到達頂峰而力量不足。修煉仙道，怕的是將要成功之際卻不能堅持到底。千倉萬箱的收穫，不是一次耕耘能夠取得的。參天的大樹，不是十天半月能夠長起來的。不測的深淵，起於涓涓的細流。巨大的財富，是由一百一千積累而成。如果別人退縮，自己卻努力進取，這就是陰長生能夠修成仙道的緣由。毫不懈怠、始終如一，這就是羨門子高能夠乘雲御龍以飛升的道理。只要自己的志向堅定，什麼人能使自己改變呢？」

抱朴子曰：「俗民既不能生生❶，而務所以煞生❷。夫有盡之物，不能給無已之耗。江河之流，不能盈無底之器也。凡人利入少而費用多者，猶不供也。況無錙銖❸之來，而有千百之往乎？人無少長，莫不有疾，但輕重言之耳。而受氣各有多少，多者其盡遲，少者其竭速。其知道者補而救之，必先復故❹，然後方求量表之益❺。若令服食終日❻，則肉飛骨騰❼；導引改朔❽，則羽翮參差❾；則世間無不信道之民也。患乎升勺之利未堅❿，而鍾石之費相尋⓫；根柢之據未極⓬，而冰霜之毒交攻⓭。不知過之在己，而反云道之無益，故捐丸散⓮而罷吐納⓯矣。故曰非長生難也，聞道難也；非聞道難也，行之難也；非行之難也，終之難也。良匠能與人規矩，不能使人必巧也。明師能授人方書，不能使人必為也。夫修道猶如播穀也，成之猶收積也。厥田雖沃，水澤雖美，而為之失天時，耕鋤又不至。登稼被壟⓰，不獲不刈。頃畝雖多，猶無獲也。

凡夫不徒不知益之為益也，又不知損之為損也。夫損易知而速焉，益難知而遲焉。人尚不悟其易，安能識其難哉？夫損之者如燈火之消脂，莫之見也，而忽盡矣。益之者如苗禾之播殖⓱，莫之覺也，而忽茂矣。故治身養性，務謹其細。不可以小益為不足⓲而不修，不可以小損為無傷而不防。凡聚小所以就大，積一所以至億也。若能愛之於微，成之於著，則幾乎知道矣。」

【章旨】修煉道術必須注意補養生命，不可以為小補無益而不為；必須注意節制生命的消耗，不可以為小損無傷而不防。

【注釋】❶生生　培養生命，增強元氣。❷煞生　殘殺生命，消耗元氣。❸錙銖　細微；輕微。❹復故　恢復天生稟賦之元氣。❺量表之益　恢復先天稟賦的基礎之上，所得後天之補益。❻終日　一作「終旬」。❼肉飛骨騰　舉體飛升。❽改朔　農曆每月初一為朔日，故進入新的月份為改朔。❾羽翮參差　長出參差的羽翼，可以在天上飛翔。古代認為神仙能凌空飛翔，故云。❿升勺之利未堅　一升一勺，小的補益尚未堅固。⓫鍾石之費相尋　一鍾一石，大的耗費隨之而來。十釜為一鍾，十斗為一石，是較大的容量單位。尋，隨。⓬根柢之據未極　根基、根本尚未牢固。柢，樹根。⓭冰霜之毒交攻　冰霜酷烈，交相摧折。⓮捐丸散　捐棄服食之藥物。⓯罷吐納　停止行氣調息之修煉。⓰登稼被壟　豐收的莊稼蓋滿田壟。登，成熟。⓱播殖　播種；種植。⓲足　原作「平」，據楊明照所引蜀藏本改。

【語譯】抱朴子說：「世俗百姓既不能補養生命，反而損害生命。有限的物品，不能供給無窮無盡的消耗。江河般的洪流，不能裝滿無底之器。當人們收入少而費用多時，尚且不能滿足供應。何況沒有點滴的增益，而有成百上千的耗費？人無論年少年長，都有疾病，只是輕重不同罷了。而受氣稟命的多少，各有一定之數。受氣多的人生命結束遲，受氣少的人生命竭盡早。那些通曉道術的人對此進行補救，必先恢復初生稟受之氣，然後再求有所補益。如果服食藥餌才只幾天，便肉體飛升；導引修煉剛剛月餘，便長出了羽翼；那麼世間便沒有不相信仙道的人了。值得耽心的是微小的補益尚未堅固，而更大的耗費又隨之而來；樹木的根基尚未穩定，而風霜冰雪便交相摧殘。不知過失在於自身，反而說道術沒有用處，於是就捐棄服食的藥餌，停止行氣的修煉了。所以說不是長生難，而是聞道難。不是聞道難，而是實行難。不是實行難，而是堅持到底難。良匠能給人以規矩尺度，巧妙的手藝卻要靠自己實踐。明師能將方術傳授給人，但是不能保證每個人都去修煉。修道就像播種穀物一樣，修成仙術就像收穫莊稼一樣。田地雖然肥沃，水澤雖然豐美，然而如果播種錯過了季節，又不鬆土鋤草，成熟的莊稼蓋滿了田壟，又不去收割。即使田畝再多，還是沒有收穫。

世俗凡夫不僅不知道滋養補充有益於生命，又不知道損傷消耗有害於生命。損傷易於理解，來得又快；

補益難得理解，見效又慢。人們連顯而易見的事都不能理解，又怎麼能明白難以認識的事呢？損耗就像燈火耗費油脂一樣，未見減少，但是燈油一會兒就盡了。補益就像種植禾苗一樣，並未感覺到生長，但是秧苗忽然間就茂盛了。所以治身養性，務必從細小處著手。不可認為小益無補而不修，也不可認為小損無傷而不防。從細小處逐步積累，就能有大的成功。一個一個的增加，才能成萬至億。如果能從細微處留意，以至於收到明顯之效果，也就接近於明道了。」

或問曰：「古者豈有無所施行❶，而偶自長生者乎？」

抱朴子答曰：「無也。或隨明師，積功累勤，便得賜以合成之藥。或受祕方，自行治作。事不接於世，言不累於俗。而記著者止存其姓名，而不能具知其所以得仙者，故闕如❷也。

昔黃帝生而能言❸，役使百靈，可謂天授自然之體者也，猶復不能端坐而得道❹。故陟王屋而受丹經❺，到鼎湖而飛流珠❻，登崆峒而問廣成❼，之具茨而事大隗❽，適東岱而奉中黃❾，入金谷而諮涓子❿。論道養則資玄、素二女⓫，精推步⓬則訪山稽、力牧⓭，講占候⓮則詢風后⓯，著體診則受雷、岐⓰，審攻戰則納五音之策⓱，窮神奸則記白澤之辭⓲，相地理則書青烏之說⓳，救傷殘則綴金冶之術⓴。故能畢該㉑祕要，窮道盡真㉒。遂勒昇龍以高躋㉓，與天地乎罔極也。然按神仙經，皆云黃帝及老子奉事太乙元君㉔以受要訣，況乎不逮彼二君者，安有自得仙度世者乎？未之聞也。」

【章　旨】舉出黃帝求師問道的事實，說明沒有不奉師學道而能夠成仙度世之人。

【注　釋】❶施行　指從事修煉之行為。❷闕如　失去記載。闕，同「缺」。❸黃帝生而能言　古代傳說黃帝「生而神靈，弱而能言」。見《史記・五帝本紀》。❹端坐而得道　端坐於室，而修成神仙。❺陟王屋而受丹經　傳說黃帝曾登上王屋山，「開石函，發玉笈，得九鼎神丹註訣」。見《雲笈七籤・軒轅本紀》。❻到鼎湖而飛流珠　傳說黃帝曾採首山之銅，鑄鼎於荊山下，煉成神丹，後乘龍飛升而去。流珠，神丹。❼登崆峒而問廣成　傳說黃帝曾登上崆峒山，向廣成子問至道。見《雲笈七籤・軒轅本紀》。❽之具茨而事大隗　具茨，山名。傳說黃帝曾北到洪隄，上具茨山，見大隗君。見《軒轅本紀》。❾適東岱而奉中黃　傳說黃帝曾至青城山，禮謁中黃丈人。見《軒轅本紀》。此曰東岱，則傳聞之異辭。❿入金谷而諮涓子　涓子，古代仙人名。黃帝諮涓子事不詳。⓫論道養則資玄素二女　玄女、素女是傳說中的上古神女。黃帝曾向玄女、素女學房中之術。見《軒轅本紀》。⓬推步　推算天文曆法。⓭山稽力牧　均為黃帝之臣。⓮占候　觀察天象變化以測吉凶。⓯風后　黃帝之臣。⓰著體診則受雷岐　體診，診治疾病。雷，雷公。岐，岐伯。黃帝曾向雷公、岐伯學習「體診之訣」。見《軒轅本紀》。⓱審攻戰則納五音之策　傳說黃帝與蚩尤作戰，玄女向黃帝傳授了三宮祕略、五音權謀、陰陽之術。黃帝於是納五音之策，以審攻戰之事，最終戰勝了蚩尤。見《軒轅本紀》。⓲窮神奸則記白澤之辭　白澤是神獸之名。傳說牠曾向黃帝講述鬼魂、神怪變化共計一萬一千五百二十種，黃帝令一一以圖寫之。見《軒轅本紀》。⓳相地理則書青烏之說　烏，原作「烏」，據宋浙本校改。傳說青烏子能相地理，黃帝問之以制經。見《軒轅本紀》。⓴救傷殘則綴金冶之術　《軒轅本紀》曰「救傷殘綴金冶之事」，具體未詳。㉑畢該　包羅全體。㉒窮道盡真　窮盡神仙道術。㉓勒昇龍以高躋　駕馭飛龍，高升雲天。躋，登高。㉔太乙元君　〈金丹〉曰：「元君者，老子之師也」，「大神仙之人也，能調和陰陽，役使鬼神風雨，驂駕九龍十二白虎，天下眾仙皆隸焉。」

【語　譯】有人問道：「古代有沒有無所修煉，而偶能長生不死的呢？」

抱朴子回答說：「沒有。有的是長期追隨明師，積累辛勞，得以被賜仙藥。有的是得到神仙祕方，自己親自製作。其事在塵世之外，其言不傳於世俗。古籍上只記錄了他們的姓名，而不能具體知道他們是怎樣成仙的，所以付之闕如了。

從前黃帝生來便會說話，能夠役使眾神，可算得是天生自然的神仙之體，還是不能端坐在家中成就仙道。所以黃帝登上王屋山得到丹經，前往鼎湖飛煉丹藥，登上崆峒山請教廣成子，去到具茨山拜見大隗神君，前往東岱奉事中黃真人，進入金谷請教於涓子。修道養生則學於玄女、素女，精研天文曆法則訪問山稽、力牧，觀察天象則垂詢於風后，學習醫術則受教於雷公、岐伯。為了研討攻戰則採納五音之策，為了窮究鬼神情狀則記載白澤之辭，為了考察地理狀況則記下青烏子之說，為了救治傷殘則收集治煉鍛造之法。所以黃帝能包羅全部隱祕精要之術，通曉所有的神仙之道。然後控駕神龍，高飛雲空，與天地同樣無窮盡。又據神仙經書，都說黃帝與老子師承太乙元君，接受了要道祕訣。何況不及黃帝、老子的人，怎麼能夠不要明師傳授而自己成仙出世呢？這樣的事沒有聽說過。」

或曰：「黃帝審❶仙者，橋山之塚❷，又何為乎？」

抱朴子答曰：「按《荊山經》及《龍首記》❸，皆云黃帝服神丹之後，龍來迎之。群臣追慕，靡所措思❹，或取其几杖立廟而祭之，或取其衣冠葬而守之。《列仙傳》云：黃帝自擇亡日，七十日去，七十日還，葬於橋山。山陵忽崩，墓空無尸，但劍舄❺在焉。此諸說雖異，要於為仙也。言黃帝仙者，見於道書及百家之說者甚多。而儒家不肯長奇怪❻，開異塗❼，務於禮教。而神仙之事不可以訓俗❽，故云其死，以杜❾民心耳。朱邑❿、欒巴⓫、于公⓬有功惠⓭於民，百姓皆生為之立廟祠。又古者盛德之人，身沒之後，臣子刊其勳績於不朽之器⓮。而今世君長遷轉⓯，吏民思戀，而樹德頌之碑者，往往有焉。此亦黃帝有廟墓之類也。豈足以證其必死哉？」

【章　旨】黃帝橋山之塚，如同後世表思慕、記功德的碑刻，不能說明黃帝已經死去。

【注　釋】❶審　確實；的確。❷橋山之塚　黃帝崩，葬橋山。見《史記・五帝本紀》。❸荊山經及龍首記　〈遐覽〉著錄《龍首經》、《荊山記》各一卷。❹靡所措思　思念之情無法割捨。靡，無。❺舄　鞋。❻長奇怪　助長追求怪異的風氣。❼異塗　指出世修煉、希求長生的途徑。❽訓俗　教導世俗。❾杜　堵塞；杜絕。❿朱邑　字仲卿，為官清廉不苟，善待耆老孤寡，官至大司農。及死，百姓共為立祠。見《漢書・循吏傳》。⓫欒巴　字叔元，曾任桂陽、豫章太守。在任興學校，定禮儀，有政績。漢靈帝朝，上書為陳蕃、竇武鳴冤，下獄自殺。見《後漢書》本傳。⓬于公　西漢于定國之父為縣獄史，執法公平，曾經為東海孝婦鳴冤，郡中為之生立祠，號于公祠。⓭功惠　恩德；勞績。⓮不朽之器　石碑、鐘鼎之類。⓯君長遷轉　地方長官如縣令郡守等，被朝廷調動而遷往他地。

【語　譯】有人說道：「黃帝的確是成仙的話，那橋山有黃帝墓，又是怎麼回事呢？」

抱朴子回答道：「據《荊山經》及《龍首記》，都說黃帝服食神丹之後，有龍自天而降迎接黃帝飛升而去。他的臣下追戀思慕，無法割捨。於是有的取來他的几杖，建築廟宇來祭祀；有的取來他的衣帽，建為衣冠塚以守之。《列仙傳》說：黃帝自己選擇了離開人世的日子。七十日去，七十日又回還，葬於橋山。後來陵墓忽然崩塌，墓中空空然不見屍骸，只有寶劍、鞋子在那裡。這些說法雖然怪異，但是關鍵在於黃帝確實成仙了。有關黃帝成仙的記載，見於道書及諸子百家之說的很多。只有儒家不肯助長離奇之說，開怪異之途，而務求推行禮義教化。儒家認為神仙之事不可以教導世俗，所以說黃帝死去了，以杜絕百姓追求怪異之心。朱邑、欒巴、于公都有功德於百姓，所以在他們還活著的時候百姓便為他們建了祠堂。又古代德行崇高之人，身死之後，其臣僚將其功績刊刻在金石之器物上。而當今之世，地方長官調任遷轉之時，百姓因為留戀思慕而刻石樹碑記其功德，這樣的事也常常是有的。這些都是如同黃帝陵墓同類的事情。橋山的黃帝墓，怎麼能證明黃帝一定死了呢？」

或人問曰：「彭祖八百❶，安期三千❷，斯壽之過人矣。若果有不死之道，彼何不遂仙乎？豈非稟命受氣，自有脩短。而彼偶得其多，理不可延，故不免於彫隕❸哉？」

抱朴子答曰：「按《彭祖經》云：其自帝嚳❹，佐堯，歷夏，至殷為大夫❺。殷王遣綵女從受房中之術❻，行之有效，欲殺彭祖，以絕其道❼，彭祖覺焉而逃去。去時年七八百餘，非為死也。《黃山公記》云：彭祖去後七十餘年，門❽人於流沙之西見之。非死明矣。又彭祖之弟子青衣烏公、黑穴公、秀眉公、白兔公子、離婁公、太足君、高丘子、不肯來七八人，皆歷數百歲，在殷而各仙去。況彭祖何肯死哉？又劉向所記《列仙傳》亦言彭祖是仙人也。

又安期先生者，賣藥於海邊，瑯琊人傳世見之❾，計已千年。秦始皇請與語，三日三夜，其言高，其旨遠，博而有證。始皇異之，乃賜之金璧，可直⑩數千萬。安期受而置之於阜鄉亭，以赤玉舄一量⑪為報。留書曰：復⑫數千載，求我於蓬萊山。如此是為見始皇時已千歲矣，非為死也。又始皇剛暴而驁很⑬，最是天下之不應信神仙者，又不中以不然之言答對之者也。至於問安期以長生之事，安期答之允當，始皇惺悟⑭，信世間之必有仙道，既厚惠遺⑮，又甘心欲學不死之事。但自無明師也，而為盧敖、徐福⑯輩所欺弄，故不能得耳。向使安期先生言無符據⑰，三日三夜之中足以窮屈⑱，則始皇必將烹煮屠戮，不免鼎俎之禍⑲，其厚惠安可得乎？」

【章　旨】彭祖壽八百、安期壽三千，此後亦並未死亡。安期生能說服秦始皇，更證明仙道確實存在。

【注　釋】❶彭祖八百　《神仙傳》說：至殷商末世，彭祖年七百六十七歲。此言八百，乃舉其約數。❷安期三千　《列仙傳》說：安期先生者，瑯琊阜鄉人也。賣藥於東海邊，時人皆言千歲翁。❸彫隕　凋謝、隕落。喻指死亡。❹帝嚳　上古五帝之一。號高辛氏。❺至殷為大夫　《神仙傳》說：彭祖性好恬靜，不恤世務，唯以養生治身為事。殷王聞之，拜為大夫。❻殷王遣綵女從受房中之術　《神仙傳》說：采女亦得道者，知養形之方。殷王乃令采女乘輕軿前往問道於彭祖，彭祖曾為講解陰陽之道。❼其道　道術。指房中術。《神仙傳》說：采女具受房中之道，王試為之，有驗。欲祕之，乃令國中有傳彭祖道者誅之。又欲害彭祖以絕之，彭祖知之乃去，不知所在。❽門　或疑「聞」字之訛。❾傳世見之　接連幾代人都見到他。❿直　同「值」。⓫赤玉舄一量　一雙赤玉鞋。舄，鞋。量，通「兩」。雙。⓬復　疑「後」字之訛。⓭驁很　傲慢，不聽勸告。《莊子・漁父》：「見過不更，聞諫愈甚，謂之很。」⓮惺悟　同「醒悟」。⓯惠遺　贈送；賜予。⓰盧敖徐福　即盧生、徐市。均為秦方士。⑰言無符據　空言無憑據、無事實。⑱窮屈　理屈辭窮。⑲鼎俎之禍　遭受烹煮之刑。

【語　譯】又有人問道：「彭祖壽命八百歲，安期生活了三千歲，他們是壽命特別長的人。如果真是有不死之道，他們為何不成神仙呢？這難道不是因為人生稟受天地之氣，生命有長有短，而他們偶爾受命久長，按理又不能再延長了，所以最後還是不免於死亡呢？」

抱朴子回答說：「據《彭祖經》說：彭祖始自高辛氏時，曾輔佐唐堯，經歷夏朝，至商代為大夫。商王派綵女向他學習房中之術，實行後有效驗。商王於是想殺害彭祖，使這種道術不能傳給別人。彭祖發覺後，就逃走了。此時彭祖已經七八百歲，並非就死了。《黃山公記》說：彭祖離去後七十多年，他的弟子在流沙之西又見到了他。彭祖並未死去，是顯而易見的。又彭祖的弟子青衣烏公、黑穴公、秀眉公、白兔公子、離婁公、太足君、高丘子、不肯來七八人，都活了幾百歲，在殷商時分別成仙而去。何況彭祖，怎麼會死呢？又劉向《列仙傳》，也說彭祖乃是仙人。

安期先生在海邊一帶賣藥，瑯琊人接連幾代人都看到過他，合計約千年。秦始皇邀請與他交談了三日三夜，安期先生言辭超邁，意旨深遠，內容廣泛而有所憑據。秦始皇感到驚異，便賜以黃金璧玉，價值數千萬。安期先生接受了這筆財寶，將它們放置在阜鄉亭，而以一雙赤玉鞋為回報。並且留下書信一封說：數千年後，往蓬萊山去找我。由此可知安期先生見秦始皇時已有千歲之壽，並未死去。再說秦始皇的性格殘暴、傲慢，不聽勸告，他應該是世上最不相信神仙的人，又是最不能容忍以不實之辭相答對的人了。而秦始皇竟然向安期先生詢問長生之事，安期先生的回答正確得當，使秦始皇醒悟，相信世間必有仙道。秦始皇既贈送了豐厚的財物，又甘心情願要修煉神仙之事。只是由於沒有明師指導，所以被盧敖、徐福之流所欺騙玩弄，因而未能成功。如果安期先生當時的回答缺乏憑據，交談的三日三夜之中，一定會理屈辭窮，秦始皇必定將他殺戮或烹煮。殺身之禍尚且難免，安期先生又怎麼能得到豐厚的禮品呢？」

或問曰：「世有服食藥物、行氣導引，不免死者，何也？」

抱朴子答曰：「不得金丹，但服草木之藥及修小術者，可以延年遲死耳，不得仙也。或但知服草藥，而不知還年之要術❶，則終無久生之理也。或不曉帶神符，行禁戒，思身神❷，守真一❸，則止可令內疾不起、風濕不犯耳。若卒有惡鬼強邪❹、山精水毒害之，則便死也。若不得入山之法，令山神為之作禍，則妖鬼試❺之，猛獸傷之，溪毒❻擊之，蛇蝮螫之，致多死事，非一條也。或修道晚暮❼，而先自損傷已深，難可補復。補復之益，未得根據❽，而疾❾隨復作所以剋伐之事。亦何緣得長生哉？」

「或年老為道而得仙者，或年少為道而不成者，何哉？」

「彼雖年老而受氣本多❿，受氣本多則傷損薄，傷損薄則易養，易養故得仙也。此雖年少而受氣本少，受氣本少則傷深，傷深則難救，難救故不成仙也。夫木槿、楊柳，斷殖之更生，倒之亦生，橫之亦生。生之易者，莫過斯木也。然埋之既淺，又未得久，乍刻乍剝，或搖或拔。雖壅以膏壤⓫，浸以春澤⓬，猶不脫於枯瘁者，以其根荄不固，不暇吐其萌芽，津液不得遂結其生氣也。人生之為體，易傷難養，方之二木，不及遠矣。而所以攻毀之者，過於刻剝，劇乎搖拔也。濟之者鮮⑬，壞之者眾，死其宜也。

【章旨】如果只服草木之藥而不懂其他方術，或者損傷已深，難以補救，雖得延年，不免一死。

【注釋】❶還年之要術　指房中術。❷思身神　思想、存念人體內之神。❸真一　道教認為人體中有真一之神，各有姓字、服色之別。❹強邪　強暴的精怪、邪物。❺試　用。指干擾。❻溪毒　傳說生活在水中的毒蟲之類。❼晚暮　晚年；暮年。❽未得根據　指尚未從根本上修復，得到補益。❾疾　迅速；趕快。❿受氣本多　稟受的生氣多。⓫壅以膏壤　以肥沃的土壤為之培土。⓬春澤　春天的甘澤。指雨露。⓭濟之者鮮　滋潤、灌溉的很少。鮮，少。

【語譯】有人問道：「世上有人服食藥物、行氣導引，仍然難免一死，這又是為什麼呢？」

抱朴子答道：「不得金丹，只服食草木之藥及修煉小方術，只能延長壽命、推遲死亡，而不能使人成為神仙。或者只知道服食草木之藥，而不懂房中之術，也沒有長生之理。或者不知道佩帶神符，實行禁戒，不能思神守一，就只能使人體不生疾病，不感染風濕之疾。但是如果突然之間遇到凶狠強暴的邪物、山精水怪的傷害，就會死去。或者不知道入山之法，山神便會使你遭遇禍患。或者有妖鬼侵擾，或者有猛獸傷害，或者被溪毒擊中，或者被毒蛇咬傷，足以致人死地的事情不止一樁。或者是晚年才開始修煉道術，而在此之前損傷已深，難以補救。既未能從根本上補救，恢復人體的真氣，而很快又去作那些損傷人體的事情。這又怎麼可能長生呢？」

「有人年老學道修煉得以成仙，有人年少學道反而不能成仙，又是為什麼呢？」

「這是由於那位年老學道者稟受的先天之氣多，稟受的氣多則受到的損傷淺，損傷淺則容易補養，容易補養所以得以成仙。而這位年少學道者稟受的先天之氣少，稟受的氣少則受到的損傷深，損傷深則難以補救，難補救所以不能成仙。木槿、楊柳之樹，砍斷其枝條栽種，倒著也能成活，橫著也能成活。世間容易生長的樹，沒有超過這兩種的了。然而倘若將它們埋種得淺，生長不久，一會兒在上面刻劃，一會兒剝其表皮，用力地或搖或拔。即使培以肥沃的土壤，澆以春天的雨露，它們仍然難免乾枯而死。因為它們的根不牢固，來不及吐其新芽，養料水分不能轉化為生氣。人的身體之容易受損傷而難以補養，比起上述兩種樹木要差遠了。而所以構成對於人體的摧殘、傷害的行為，則比起刻劃樹幹、剝削樹皮、搖動樹枝、拔出樹根之事更為嚴重。滋養少而損傷多，死亡也就是自然的事情了。

夫吐故納新❶者，因氣以長氣，而氣大衰者則難長也。服食藥物者，因血以益血，而血垂竭❷者則難益也。夫奔馳而喘逆❸，或欬或滿❹，用力役體，汲汲短乏者，氣損之候❺也。面無光色，皮膚枯臘，脣焦脈白❻，腠理萎瘁❼者，血減之證❽也。二證既衰於外，則靈根❾亦凋於中矣。如此則不得上藥，不能救也。

凡為道而不成、營生而得死者，其人非不有氣血也。然身中之所以為氣為血者，根源已喪，但餘其枝流也。譬猶入水之燼❿，火滅而煙不即息；既斷之木，柯葉猶生。二者非不有煙，非不有葉。而其所以煙為葉者，已先亡矣。世人以覺病之日始作為疾，猶以氣絕之日為身喪之候也。唯怨風冷與暑濕，不知風冷暑濕不能傷壯實之人也。徒患體虛氣少者不能堪之，故為所中耳。何以較之？設有數人，年紀老壯既同，服食厚薄又等，俱造⓫沙漠之地，並冒嚴寒之夜。素雪墮於上，玄冰⓬結於下。寒風摧條而宵駭⓭，欬唾凝沍於脣吻⓮。則其中將有獨中冷者，而不必盡病也。非冷氣之有偏⑮，蓋人體有不耐者耳。故俱食一物，或獨以結病者，非此物之有偏毒⑯也。鈞器⑰齊飲，而或醒或醉者，非酒勢之有彼此也。同冒炎暑，而或獨以暍死⑱者，非天熱之有公私也。齊服一藥，而或昏瞑煩悶者，非毒烈之有愛憎也。是以衝風⑲赴林，而枯柯先摧；洪濤凌岸，而折隙首頹⑳；烈火燎原，而燥卉前焚㉑；籠椀㉒墜地，而脆者獨破。由茲以觀，則人之無道㉓，體已素病，因風寒暑濕者以發之耳。苟能令正氣不衰，形神相衛，莫能傷也。

凡為道者常患於晚，不患於早也。恃年紀之少壯，體力之方剛者，自役過差㉔，百病兼結。命危朝露，不得大藥，但服草木，可以差於㉕常人，不能延其大限也。故《仙經》曰：『養生以不傷為本』，此要言也。神農曰：『百病不愈，安得長生？』信哉斯言也。」

【章旨】常人年輕時自恃體力強壯，役使過度，損傷元氣，耗盡精血，百病潛伏，絕無長生之理。故養生之術，以不傷為本。

【注釋】❶吐故納新　口吐濁氣，鼻引清氣。是道家的一種養生之術。❷垂竭　將要枯竭。❸喘逆　喘氣；氣不順。❹或欬或滿　或者咳嗽，或者胸悶。滿，一本作「懣」。❺氣損之候　內氣受到損傷的徵兆。❻脣焦脈白　嘴脣焦黃，脈搏浮淺。❼腠理萎瘁　指皮膚、肌肉萎縮，呈現出病態。❽血減之證　貧血的癥狀。❾靈根　生命的根本。❿入水之燼　放入水中的燃燒後的木炭。⓫造　到；去。⓬玄冰　厚冰。⓭寒風摧條而宵駭　在夜間寒風呼嘯，摧折樹枝，令人驚心動魄。⓮欬唾凝

沍於脣吻　一欬一唾，在嘴脣上便凍成了冰。形容天氣極為寒冷。沍，同「冱」。凍結；凝結。⑮有偏　有所偏私。指寒冷不均。⑯偏毒　毒性不齊。⑰鈞器　大小相等的器皿。⑱暍死　中暑而死。⑲衝風　猛烈的風；暴風。⑳折隙首頹　有裂縫的地方會首先崩塌。折，疑為「坼」字之訛。㉑燥卉前焚　枯乾的草會最先被燒掉。㉒籠椀　一種竹碗。籠，原作「龍」，據宋浙本改。㉓無道　違背道意；不符合養生之術。㉔自役過差　過度地耗費體力與精神。㉕差於　略微好一些；稍強些。

【語譯】修煉呼吸吐納，是以自然之氣補益體內之氣，然而體氣過於衰弱的人則難以補益。服食藥物，是以自然的營養補充體內的精血，然而體內精血枯竭者則難以見效。人在奔跑之後感到呼吸不順，因而氣喘欬嗽、胸中憋悶，用力勞動之後覺得上氣不接下氣，這是體氣受損的徵兆。臉色黯沈，皮膚乾枯，脣焦脈細，肌肉萎縮，是貧血的癥狀。血氣損耗的癥狀表現在外，生命的本源也就凋謝於內了。此時若得不到仙藥，便無法挽救了。

凡是修道而未成、養生而得死的人，從外表看並不是沒有氣血，但是身中產生氣血的本源已經喪失，只餘下了支流。就好像放進水中的木炭，火已滅而煙並未立即熄滅。又好像已被砍斷的樹木，其枝葉還是活的。從表面看，上述二物也有煙、有葉，但是產生煙與葉的本源已經失去了。世人以感覺病痛的一天，才認為染上了疾病。就好像以斷氣的一天，為身死命喪的標誌一樣。只是埋怨風寒潮濕，不知道風寒潮濕並不能損傷身體健壯的人。只有那些身體虛弱、血氣虧損者，無法承受風寒潮濕，才會受到損傷。怎麼證明呢？假使同時有幾個人，他們的年齡既同，衣服飲食也都是一樣的。讓他們都到沙漠之地，經受夜間嚴寒的侵襲。空中有飛雪，地上有厚冰。寒風呼嘯，摧折樹木，驚心動魄。天氣酷寒，咳唾成冰。在這種環境下，有的人會被凍壞，但不一定都是如此。並非寒冷的氣候有所偏私，而是不同的人耐寒的程度不同。所以同吃一種食物，有的人因此得病，其他人卻不得病，並非食物的毒性對不同的人有差異。用同樣大小的杯子飲酒，有的人還很清醒，有的人卻已經沈醉，並不是酒力的大小對不同的人有所不同。同樣經受炎熱，其中有的人會中暑而死，並不是炎熱的氣候待人不公。服用同一種藥物，有的人可能昏沈煩悶、反應不適，也不是藥性對人有所愛憎。所以狂風襲擊樹林，枯枝總是先被摧折。洪濤拍打崖岸，有縫隙的地方總是首先崩塌。大火燒過原野，枯草將先被焚燒。籠椀掉落在地，脆薄的將被打破。由此看來，由於人們不懂養生之道，身體早已患病，只是乘著風寒潮濕的觸發而表現出來罷了。如果能使正氣不衰、形神相依，風寒潮濕也就不能構成危害了。

修煉道術，值得憂慮的是為時已晚，而不必憂慮太早了。憑仗著年輕力壯，精力消耗過度，使得百病纏身。生命猶如清晨的露水，這時如果得不到仙藥，僅僅服食草木之藥，可以略微勝過常人，但是不能延長其死期。所以《仙經》上說：『養生以不損傷為根本』，這是重要的話。神農說：『百病皆生，不能痊癒，怎麼能長生呢？』這句話是值得相信的。」

或問曰：「所謂傷之者，豈非淫欲之間❶乎？」

抱朴子曰：「亦何獨斯哉？然長生之要，在乎還年之道❷。上士知之，可以延年除病，其次不以自伐者也。若年尚少壯而知還年，服陰丹以補腦❸，采玉液於長谷❹者，不服藥物，亦不失一、二百歲❺也，但不得仙耳。不得其術者，古人方之於冰盃之盛湯❻、羽苞之蓄火❼也。

且又才所不逮，而困思之，傷也；力所不勝，而強舉之，傷也；深憂重恚，傷也❽；悲哀憔悴，傷也；喜樂過差，傷也；汲汲所欲，傷也；戚戚所患，傷也❾；久談言笑，傷也；寢息失時，傷也；挽弓引弩，傷也；沈醉嘔吐，傷也；飽食即臥，傷也；跳走喘乏，傷也；歡呼哭泣，傷也；陰陽不交，傷也。積傷至盡則早亡，早亡非道[10]也。是以養生之方，唾不及遠，行不疾步，耳不極聽，目不久視，坐不至久，臥不及疲，先寒而衣，先熱而解。不欲極飢而食，食不過飽；不欲極渴而飲，飲不過多。凡食過則結積聚[11]，飲過則成痰癖[12]。不欲甚勞甚逸，不欲起晚，不欲汗流，不欲多睡，不欲奔車走馬[13]，不欲極目遠望，不欲多啖生冷，不欲飲酒當風，不欲數數沐浴，不欲廣志遠願，不欲規造異巧[14]。冬不欲極溫，夏不欲窮涼。不露臥星月，不眠中見肩。大寒大熱，大風大霧，皆不欲冒之。五味入口，不欲偏多[15]。故酸多傷脾、苦多傷肺、辛多傷肝、鹹多則傷心、甘多則傷腎[16]。此五味剋五臟[17]，五行自然之理[18]也。凡言傷者，亦不便覺也，謂久則壽損耳。

是以善攝生者，臥起有四時之早晚，興居[19]有至和之常制。調利筋骨有偃仰之方[20]，杜疾閑邪[21]有吞吐之術[22]，流行榮衛[23]有補瀉之法，節宣勞逸[24]有與奪之要。忍怒以全陰氣，抑喜以養陽氣[25]。然後先將服草木以救虧缺，後服金丹以定無窮。長生之理，盡於此矣。若有欲決意任懷[26]，自謂達識知命，不泥異端，極情肆力[27]，不營久生者，聞此言也，雖風之過耳，電之經目，不足諭也。雖身枯於流連之中，氣絕於紈綺之間，而甘心焉。亦安可告之以養生之事哉？不惟不納，乃謂妖訛也。而望彼信之，所謂以明鑑給矇瞽㉘，以絲竹娛聾夫㉙也。」

【章　旨】長生之方，不僅要懂房中術，還要注意飲食攝生，起居有常，調利筋骨，藥物補養，最後服金丹以定無窮。這就是全部的長生之理。

【注　釋】❶淫欲之間　指男女房事。❷還年之道　即房中術。❸服陰丹以補腦　即煉精補腦。❹采玉液於長谷　〈微旨〉曰：「采玉液於金池」，與此意同。❺一二百歲　原作「三百歲」，據孫思邈《備急千金要方・養性》校改。❻湯　開水；熱水。❼羽苞之蓄火　用羽毛織成的包裹蓄藏火種。苞，通「包」。❽深憂重恚二句　深憂、憤怒，都是一種傷害。此六字原無，據孫思邈《備急千金要方・養性》校補。❾戚戚所患二句　此六字原無，據孫思邈《備急千金要方・養性》校補。❿非道　不符合道家之宗旨。⓫食過則結積聚　飲食過度，則結為痞塊，不能消化。⓬痰癖　咳痰不止之癥。⓭奔車走馬　駕車騎馬，飛速奔跑。⓮規造異巧　追求、建造奇異、新巧之物。⓯偏多　偏重於某一味。⓰酸多傷脾句　古人認為多食酸則傷脾，表現為肉厚、縐縮，唇皮揭舉；多食苦則傷肺，表現為皮槁而毛拔；多食辛則傷肝，表現為筋急而爪枯；多食鹹則傷心，表現為血行不暢、容色改觀；多食甘則傷腎，表現為骨痛而髮落。參見《黃帝內經・素問・五藏生成》。⓱五味剋五臟　此五字原無，據《備急千金要方・養性》校補。⓲五行自然之理　古人以金木水火土與人的五臟一一對應，如脾屬木、肺屬火、肝屬金等，故云。⓳興居　生活起居。⓴偃仰之方　俯身、仰體。指導引術之類。㉑杜疾閑邪　防止疾病，杜絕邪惡。㉒吞吐之術　吐故納新之術。㉓流行榮衛　使血氣調和，正常地循環運行。㉔節宣勞逸　調節勞逸，使之適中。㉕忍怒以全陰氣二句　古人認為大怒傷陰，大喜傷陽。㉖決意任懷　盡量放縱情欲，任意享樂。㉗極情肆力　不節制感情，無限度地耗費精力。㉘明鑑給矇瞽　將明鏡贈給瞎子。矇瞽，盲人；瞎子。㉙絲竹娛聾夫　以美好的音樂去娛樂聾子。

【語　譯】有人問道：「所謂損傷，是不是指男女淫欲之事呢？」

抱朴子說：「難道只有這一件事嗎？不過長生之道，重要的在於房中術。上士通曉房中術，可以除病延年，其次則可以不損傷自己。若是青壯年而懂得房中術，能夠煉精補腦，採陰補陽，即使不服藥物，也能活到一、兩百歲的壽命，但是不能成為神仙。不得其術以行房中之事，古人比作以冰杯裝開水、用羽毛包裹蓄藏火種一樣。

另外還有才思不足，而冥思苦索，是一種傷害；力量不夠，而勉強舉起重物，是一種傷害；過度的憂愁與憤怒，是一種傷害；因深重的悲哀而憔悴，是一種傷害；喜樂過度，是一種傷害；為某種欲望而急切的追求，是一種傷害；為遭遇的不幸而內心憂懼，是一種傷害；長時間的談笑，是一種傷害；不按時睡眠休息，是一種傷害；拉弓射箭，是一種傷害；醉酒嘔吐，是一種傷害；吃飽了就睡，是一種傷害；劇烈的跑跳氣喘，是一種傷害；歡呼哭泣，是一種傷害；男女陰陽不交，是一種傷害。損傷累積，生氣耗盡，人就會過早的死亡。而過早的死亡不符合道的宗旨。所以養生的方法，要求不遠唾，不疾走；耳朵不過度的聽，眼睛不長久的看；不要久坐，不要僵臥；寒冷之前便加衣，熱躁之前便減衣。不要極度飢餓再吃食物，吃東西不要太飽；不要渴極了再喝水，飲水也不要太多。飲食過量就會結成痞塊，喝水過量就會形成痰癖。不要太過勞累或太過閒逸，不要起床過晚，不要流汗，不要多睡，不要騎馬驅車飛奔，不要極目遠望，不要多吃生冷食物，不要當風飲酒，不要經常沐浴，不要心大志遠，不要追求異巧之物。冬天不要太溫暖，夏天不要太涼快；不要在露天地裡睡臥，睡眠中不要露出肩膀；不要在大寒大熱、大風大霧天氣中外出。不要偏重於某一種味道，因為酸味吃多了要傷脾，苦味吃多了要傷肺，辛味吃多了要傷肝，鹹味吃多了要傷心，甜味吃多了要傷腎。這就是五味剋五臟，是五行運化的自然之理。凡是說到傷害，並不是立即就顯現出來，然而時間長久了就會有損於人的壽命。

所以善於養生的人，四時的作息有一定的時間，生活起居有和諧的安排。鍛鍊筋骨，有俯仰導引之術；防止疾病，有呼吸吐納之法；調和血脈的運行，有補瀉之藥方；勞逸適度，有決定取捨的原則。忍住憤怒以保全陰氣，抑制喜悅以滋養陽氣。然後先服食草木之藥以補足虧缺之氣，後服用金丹以確定不死之效。長生之理，全部都在這裡了。如果有人隨心所欲、放蕩任意，自認為達觀知命，不拘於異端，無節制的放縱情欲、耗費精力，不求長生。他們聽到我的這些話，就像風從耳邊吹過，電光從眼前閃過，不足以明白的。即使他們在聲色享樂中身體乾枯、生氣盡竭，他們也是甘心情願的。又怎麼能告之以養生之事呢？他們不僅不採納忠告，反而說是荒唐怪異之言。希望他們相信養生之道，就好像將明鏡送給瞎子、演奏絲竹之樂給聾子聽一樣。」

卷一四　勤求

【題解】勤求，闡說求仙中的師道問題。

這個問題包括兩個方面：首先，每一個求仙學道的人都離不開老師的指導，因此必須廣泛地尋求明師，以誠實謙恭的態度對待老師；其次，要善於識別那些為了錢財而行欺詐騙術的人，並警告這些人及早悔悟改過，否則必遭天譴之禍。

本文又指出：見識短淺之徒，認為仙法存在於紛繁眾多的道書之中，在祭祀跪拜之間，或者晝夜誦讀不要之道書，或者想靠三牲酒脯祝願鬼神，以除病消災，延年益壽，這些都是根本不可能的。

抱朴子曰：「天地之大德曰生❶。生，好物者也❷。是以道家之所至祕而重者，莫過乎長生之方也。故血盟乃傳❸，傳非其人，戒在天罰❹。先師不敢以輕行授人，須人求之至勤者，猶當揀選至精者乃教之。況乎不好不求、求之不篤者，安可自衒沽❺以告之哉？

其受命不應仙者，雖日見仙人成群在世，猶必謂彼自異種人，天下別有此物，或呼為鬼魅之變化，或云偶值於自然，豈有肯謂修為之所得哉？苟心所不信，雖今赤松、王喬言提其耳❻，亦當同以為妖訛❼。然時頗有識信者，復患於不能勤求明師。夫曉至要、得真道者誠自甚稀，非倉卒可值也。然知之者但當少耳，亦未嘗絕於世也，由求之者不廣不篤。有仙命者，要自當與之相值也。然求而不得者有矣，未有不求而得者也。

世間自有奸偽圖錢之子而竊道士之號者，不可勝數也。然此等復不謂挺無所知❽也，皆復初開頭角，或妄沽名，加之以伏邪飾偽❾。而好事之徒、不識其真偽者，徒❿多之進問，自取誑惑⓫。而拘制之，不令得行，廣尋奇士異人，而告之曰：『道盡於此矣。』以誤於有志者之不少，可歎可恚也。或聞有曉消五雲⓬、飛八石⓭、轉九丹⓮、冶黃白⓯、水瓊瑤⓰、化朱碧⓱、凝霜雪⓲於神爐、採靈芝於嵩岳⓳者，則多⓴而毀之曰：『此法獨有赤松、王喬知之。今世之人而云知之者，皆虛妄耳。』則淺見之家，不覺此言有詐偽而作，便息遠求之意。悲夫，可為慨歎者也！

【章旨】修行長生之道，應當廣求明師。而那些奸偽圖錢之輩欺詐誑騙，阻止學道者尋求明師，令人慨歎。

【注釋】❶天地之大德曰生　天地偉大的德化，在於生養萬物。語見《周易・繫辭下》。❷生好物者也　意謂生命是美好之物。《左傳・昭公二十五年》：「生，好物也。死，惡物也。好物樂也，惡物哀也。」❸血盟乃傳　歃血盟誓，方得傳授。❹戒在天罰　天降懲罰，以警戒妄傳者。❺自衒沽　自我炫耀，以求人接受。原作「衒其沽」，據慎懋官校本改。❻言提其耳　耳提面命。形容教誨之懇切。❼同以為妖訛　以仙人赤松子、王子喬同視為妖怪之類。❽挺無所知　毫無所知。❾伏邪飾偽　掩飾邪惡之心，將自己偽裝起來。❿徒　徒然；枉然。⓫自取誑惑　甘心情願地去上當受騙。⓬消五雲　將雲母溶化為水。五雲，指雲英、雲珠、雲液、雲母、雲沙等五種雲母。參見〈仙藥〉。⓭飛八石　飛煉八石，使之蒸騰昇華成藥。八石指八種石質原料，如丹砂、雄黃、戎鹽、硝石之類。⓮轉九丹　燒煉九轉神丹。將丹砂燒為水銀，水銀復煉為丹砂，為「轉」。仙丹以九轉為貴。⓯治黃白　合煉黃金、白銀。⓰水瓊瑤　將瓊玉溶化為液態。瑤，一作「瑾」。⓱化朱碧　溶化朱玉、碧玉等各色玉石。⓲凝霜雪　飛煉金丹之仙藥。《南史・陶弘景傳》載：陶弘景合成飛丹，「色如霜雪，服之體輕」。⓳嵩岳　嵩山；高山。⓴多　此下語意不屬，疑有脫誤。

【語　譯】抱朴子說：「天地偉大的德行是生養萬物。生命，是美好的東西。因此，道家之最為隱祕而重視的，莫過於長生之法。所以歃血盟誓，然後才能傳授。傳錯了對象，會遭到上天的懲罰。前輩明師不敢輕易傳授於人，必須其人勤奮求取，然後再挑選其中最精誠者給以傳授。對於那些不喜愛、不追求，或者求取而不真誠的人，怎麼會自我誇耀、主動告訴他們長生之道呢？

對於那些命中不能成仙的人來說，即使他們每天都見到大批仙人出沒於世，他們還是會說仙人是另一個人種，是世間本來就有的。或者看作鬼魅變化，或者說是自然所生，偶爾如此，又怎麼會認為是修煉而得的呢？如果心中不信，即使赤松子、王子喬來在眼前，耳提面命，也會認為是妖異之事，而絕不相信。另外也有人內心頗信神仙，卻又患於不能努力追求好的老師。真正懂得神仙要道的老師的確十分稀少，不是短期之內可以覓得的。然而這種明師只是很少罷了，並非世上完全沒有。只是由於求師者信之不誠，求之不廣，有神仙之命的人，自然會與明師相遇。雖然如此，求明師而不得的人是會有的，卻不會有不求而得之事。

世間有一種奸詐虛偽、貪圖錢財的人，盜用道士的名號，這樣的人不可計數。然而這類人也並非完全無知。他們都是略懂一點道法，初露頭角，有的妄邀虛名，加以偽裝粉飾。而世上的浮淺好事之徒，不能識別真偽，便常常向他們求教，甘心受其欺騙迷惑。他們又對追隨的信徒加以束縛、控制，不讓其信徒再廣泛地尋求奇士異人為師。他們告訴說：『道術都全在我這裡了。』他們耽誤了許多有志學道者，真是可歎可恨啊！還有人聽說有通曉溶化五雲母、飛煉八石、合成金丹、冶製金銀、溶解瓊玉、消化朱碧，能在神爐煉成色如霜雪之仙藥、在高山上採得靈芝的人，便非毀說：『這些只有赤松子、王子喬知道。當今之人若說能知道，都是虛假的。』那些見識淺近的人，感覺不出話中的欺詐，便放棄了遠求明師的想法。可悲啊，這真是令人歎息！

凌晷飆飛❶，暫少忽老，迅速之甚，諭❷之無物。百年之壽，三萬餘日耳。幼弱則未有所知，衰邁則歡樂並廢。童蒙、昏耄❸，除數十年，而險隘憂病❹相尋代有。居世之年，略消其半。計定得百年者，喜笑平和則不過五六十年，咄嗟❺滅盡。哀憂昏耄，六七千日耳，顧眄已盡矣。況於全百年者，萬未有一乎？諦而念之❻，亦無以笑彼夏蟲朝菌❼也。蓋不知道者之所至悲矣。里語❽有之：『人在世間，日失一日，如牽牛羊以詣屠所。每進一步，而去死轉近。』此譬雖醜，而實理也。

達人所以不愁死者，非不欲求，亦固不知所以免死之術，而空自焦愁，無益於事，故云『樂天知命故不憂』❾耳，非不欲久生也。姬公請代武王❿、仲尼曳杖悲懷[11]，是知聖人亦不樂速死矣。俗人見莊周有大夢之喻[12]，因復競共張齊死生[13]之論。蓋詭道強達[14]，陽作違抑之言，皆仲尼所為[15]破律應煞[16]者也。今察諸有此談者，被疾病則遽針灸，冒危險則甚畏死。然末俗通弊，不崇真信，背典誥而治子書[17]。若不吐反理之巧辯者，則謂之朴野，非老莊之學。故無骨殖而取偶俗[18]之徒，遂流漂於不然之說[19]，而不能自返也。老子以長生久視為業，而莊周貴於搖尾塗中[20]，不為被網之龜[21]、被繡之牛[22]，餓而求粟於河侯[23]，以此知其不能齊死生也。晚學不能考校虛實，偏據一句，不亦謬乎？

且夫深入九泉之下，長夜罔極，始為螻蟻之糧，終與塵壤合體。令人怛然心熱[24]，不覺咄嗟[25]。若必[26]有求生之志，何可不棄置不急之事，以修玄妙之業[27]哉？其不信則已矣。其信之者，復患於俗情之不蕩盡，而不能專以養生為意，而營世務之餘暇而為之。所以或有為之者，恆病晚而多不成也。凡人之所汲汲者，勢利嗜欲也。苟我身之不全，雖高官重權、金玉成山、妍豔萬計，非我有也。是以上士先營長生之事。長生定，可以任意。若未昇玄去世[28]，可以地仙人間。若彭祖、老子止人中數百歲，不失人理之歡，然後徐徐登遐，亦盛事也。

【章旨】人生短暫，修煉長生之道最為重要、急迫，世俗詭辯，宣揚死生一體，實為荒謬之說。

【注釋】❶淩晷飆飛　時光如飛。淩晷，飛馳的光影。❷諭　比喻。❸昏耄　老年昏聵。❹險隘憂病　危難、困苦、憂愁、疾病。❺咄嗟　呼吸之間。形容時間短暫。❻諦而念之　仔細地想一想。❼夏蟲朝菌　夏蟲是夏天生死的昆蟲，不知道冬天的冰雪。朝菌是朝生暮死的菌類，不知道月圓月缺。它們都是生命短暫之物。❽里語　俗話；俚語。❾樂天知命故不憂　語見《周易．繫辭上》。❿姬公請代武王　姬公，指周公旦。周武王曾病重，周公旦於是設祭，自請以身代武王死。見《史記．周本紀》。⓫仲尼曳杖悲懷　孔子臨死前，曾拄著拐杖徘徊，悲歎說：「大山壞乎，梁柱摧乎，哲人萎乎！」因以涕下，七日後卒。見《史記．孔子世家》。⓬莊周有大夢之喻　莊子認為人生虛幻無常，曾比為大夢。《莊子．齊物論》載莊子夢為蝴蝶，即大夢之喻。⓭齊死生　等同生死；以死生為一體。⓮詭道強達　巧言詭辯，故作曠達之態。⓯為　通「謂」。⓰破律應煞　《禮記．王制》曰：「析言破律，亂名改作，執左道以亂政，殺。」此謂摘取隻言片語、鼓吹詭辯邪說者，應格殺無赦。⓱背典誥而治子書　違背經典，採取諸子之說。⓲無骨殖而取偶俗　沒有獨立主張，迎合世俗。無骨殖，指沒有骨頭，不能站立。⓳不然之說　不正確的說法。⓴貴於搖尾塗中　莊子曾釣於濮水之上。楚王派人請他出仕作官，莊子持竿不顧，說：「吾聞楚有神龜，死已三千歲矣。王以巾笥而藏之廟堂之上。此龜者，寧其死為留骨而貴乎，寧其生而曳尾於塗中乎？」見《莊子．秋水》。㉑被網之龜　靈龜被殺後，龜甲以網巾包裹，留作占卜之用。㉒被繡之牛　用於祭祀的犧牛，被殺之前，要被上錦繡。見《莊子．列禦寇》。㉓求粟於河侯　莊子家貧無糧，曾向監河侯借粟米。見《莊子．外物》。㉔怛然心熱　悲傷、痛心、激動。㉕咄嗟　歎息；嗟歎。㉖必　原作「心」，諸本或作「必」，於義為長，據改。㉗玄妙之業　即老子長生久視之事。㉘昇玄去世　飛升成仙，脫離世俗。

【語譯】人生宛如光影飛馳，一會兒還是青年，忽然便衰老了。生命消逝的迅速，沒有什麼可以比擬。人生百年之壽，不過三萬多天。幼小時對世事毫無所知，年老體衰後生命毫無樂趣。除去孩童無知及衰老昏聵的幾十年，再加上危難困苦、憂愁疾病，更迭相接，這就佔去了人生歲月的大約一半。餘下的生活平安、心情歡樂的日子，不過只有五六十年，轉瞬即逝。哀傷、憂愁、老病、昏聵，佔去了六七千天，生命很快就到了盡頭。何況能夠活到百歲的人，不到萬分之一呢？仔細地想一想，人實在沒資格嘲笑那生命短暫的夏蟲朝菌啊！這就是不明道術者最可悲的事了。有俗語說：『人生在世，過一天少一天。就像牛羊被牽著走向屠場，每走一步距離死亡就近一步。』這個比喻雖然難聽，說的卻是實在的道理。

通達事理者所以不為死而憂傷，並非不想追求長生，乃是由於既不知長生之術，而空自焦慮發愁，又於事無補，所以才說：『樂天知命，所以不憂愁』，並不是不願長生。周公要求代替武王去死、孔子臨死前拖著拐杖而傷懷，可知聖人也不想很快便死。俗人見莊子有人生如大夢的比喻，於是競相誇大生死同一的觀點。這是巧言詭辯、故作曠達，假作違心之談。這些就是孔子所謂破裂文意、詭語巧辯、罪在不赦的行為。如今考察那些宣揚這種觀點的人，他們有了疾病就急忙針灸求醫，遇到危險則貪生怕死。然而世俗的通病，總是不相信真實的道理，違背經典而信奉子書。倘若不是違背常理、巧辭詭辯，就稱為樸野，認為不是老莊之學。於是那些沒有獨立主張而附合世俗之士，便聽信錯誤的說法，隨波逐流，不能回到正確的認識上來。老子以長生久視為事業，而莊子寧願像活龜搖尾泥塗般活著，而不願像靈龜甲裹著綢巾、犧牛披著錦繡般死去，飢餓乏食則向監河侯借米。由此可知，莊子不能視生死如一。後學之輩不能考證識別其言辭的真偽，僅僅依據隻言片語就下結論，豈不荒謬？

再說人死之後，埋身九泉之下，宛如漫漫長夜，始則為螻蟻的食物，最終與塵土合為一體。想到這些，不禁令人悲傷痛心，為之歎息。如果決心追求長生，為何不將並不急迫的俗務暫且棄置，以修煉長生不死的事業呢？若是不信倒也罷了，而那些相信仙道的人，又患於胸中世俗之情未能完全蕩滌乾淨，因而不能專心專意的修煉養生。這種人只在經營世務的餘暇從事於此，所以常是為時已晚而多數不能有所成就。人們所汲汲追求的，不過是權勢、財物、欲望的滿足而已。如果生命尚且不能保全，那麼即使高官重權、金玉成山、佳麗萬計，亦非我所有。所以上士先經營長生之事，既得長生然後可以隨意享受生命的樂趣。如果尚未飛升成為天仙，也可以成為逍遙人間的地仙。就像彭祖、老子，留在人世幾百年，不失人生的歡樂，然後隨意升天，也是一件盛事。

然決須好師，師不足奉，亦無由成也。昔漢太后從夏侯勝受《尚書》❶，賜勝黃金百斤，他物不可勝數。及勝死，又賜勝家錢二百萬，為勝素服一百日。成帝在東宮時，從張禹受《論語》❷。及即尊位，賜禹爵關內侯，食邑千戶，拜光祿大夫，賜黃金百斤。又遷丞相，進爵安昌侯。年老乞骸骨❸，賜安車駟馬，黃金百斤，錢數萬。及禹疾，天子自臨省之，親拜禹床下。章帝❹在東宮時，從桓榮以受《孝經》。及帝即位，以榮為太常上卿。天子幸榮第，令榮東面坐，設几杖，會百官及榮門生生徒數百人，帝親自持業❺講說。賜榮爵關內侯，食邑五千戶。及榮病，天子幸其家，入巷下車，抱卷而趨，如弟子之禮。及榮薨，天子為榮素服。凡此諸君，非能攻城野戰、折衝拓境❻、懸旌效節❼、祈連方❽、轉元功❾、騁銳絕域也。徒以一經之業，宣傳章句，而見尊重，巍巍如此。此但能說死人之餘言耳，帝王之貴，猶自卑降以敬事之。世間或有欲試修長生之道者，而不肯謙下於堪師者，直爾蹴迮❿，從求至要，寧可得乎？

夫學者之恭遜驅走，何益於師之分寸乎？然不爾，則是彼心不盡。彼心不盡，則令人告之不力。告之不力，則祕訣何可悉得邪？不得已，當以浮淺示之。豈足以成不死之功哉？亦有人皮膚好喜⓫，而信道之誠不根心神。有所索欲，陽為曲恭⑫，累日之間，怠慢已出。若值明智之師，且欲詳觀來者變態，試以淹久⑬，故不告之，以測其志。則若此之人，情偽行露，亦終不得而教之。教之亦不得盡言吐實，言不了則為之無益也。陳安世⑭者，年十三歲，蓋灌叔本之客子耳，先得仙道。叔本年七十，皓首，朝夕拜安世曰：『道尊德貴，先得道者則為師矣。吾不敢倦執弟子之禮也。』由是安世告之要方，遂復仙去⑮矣。

夫人生先受精神於天地，後稟氣血於父母。然不得明師，告之以度世之道，則無由免死。鑿石有餘焰，年命已凋頹矣。由此論之，明師之恩誠為過於天地，重於父母多矣。可不崇之乎，可不求之乎？」

【章　旨】修煉長生不死之道，必須得到明師指引，求學者必須真心誠意，以謙遜的態度奉事師傅，然後可得。

【注　釋】❶漢太后從夏侯勝受尚書　夏侯勝，字長公，少時從族父夏侯始昌學《尚書》及《洪範五行傳》，徵為博士、光祿大夫，曾以《尚書》授太后。年九十，卒。太后賜錢二百萬，為勝素服五日。見《漢書・夏侯勝傳》。❷從張禹受論語　張禹，字子文，善《易》及《論語》，漢成帝為太子時，張禹授《論語》，由是為光祿大夫。成帝即位，賜爵關內侯、給事中，領尚書事。見《漢書・張禹傳》。❸乞骸骨　官員年老，乞請退職回鄉。❹章帝　據《後漢書》，在東宮時從桓榮受經者，應為漢明帝而非章帝。所受為《尚書》而非《孝經》。❺持業　手持講卷。❻折衝拓境　衝鋒陷陣，開拓疆宇。折衝，擊退敵軍，使其戰車後撤。❼懸旌效節　率軍征戰以竭盡忠誠之心。❽祈連方　連是連帥、統帥。方是方伯。❾轉元功　建立巨大的功績。❿直爾蹴迮　態度生硬、粗魯，直通通的。⓫皮膚好喜　表面上喜歡，而不是真誠信奉。⓬陽為曲恭　假意裝出恭敬的姿態。⓭淹久　長久；長時間。⓮陳安世　《神仙傳‧卷三》載曰：陳安世者，京兆人也，為灌叔平客，稟性慈仁，不踐生蟲，後成仙。⓯遂復仙去　《神仙傳》曰：灌叔平「乃自執弟子之禮，朝夕拜事安世，為之灑掃。安世道成，白日昇天。臨去，遂以要道傳叔平。叔平後亦得仙也。」

【語　譯】但是一定要有好的老師指導。若是老師所知浮淺，不值得尊奉，長生之道也就不能修煉成功。從前漢太后曾向夏侯勝學習《尚書》，賜給夏侯勝黃金百斤，其他物品不可計數。夏侯勝死後，又賜給夏侯家二百萬錢，為夏侯勝素服一百天表示哀悼。漢成帝為太子時，曾向張禹學習《論語》。即皇帝位後，賜張禹以關內侯，食邑千戶，官拜光祿大夫，賜給黃金百斤。後來又任命為丞相，進爵安昌侯。張禹年老請求退休，漢成帝賜以駟馬安車，賞黃金百斤，錢數萬。張禹臥病，皇帝親自前來探視，拜於床前。漢章帝為太子時，曾向桓榮學習《孝經》。繼皇帝位後，用桓榮為太常上卿。皇帝親臨桓榮府第，讓桓榮東面坐，為他配置几杖。皇帝在桓府中接見百官及桓榮的學生門人數百，並親自執卷講解。又賜桓榮關內侯的爵位，食邑五千戶。桓榮病時，皇帝親臨其家，入巷下車，手持書卷趨奉於前，如弟子之禮。桓榮死後，皇帝為之素服以表示悼念。以上夏侯勝、張禹、桓榮諸君，並不能統率軍隊、攻城野戰、衝鋒陷陣、開拓疆宇、建立赫赫的武功、馳騁於萬里之外，以表達忠君之誠。他們只是傳授一部經書，宣講章句而已，卻受到尊重，得到如此崇高的地位。他們只是能夠解釋古人留下的言辭，以帝王之尊貴尚且肯自降身分以尊敬的態度奉之為師。世間若有願修長生之道者，卻又不肯以謙卑的態度對待可以為師者，態度生硬粗魯，而希望求得至高的道術，這又怎麼可能呢？

學道者態度謙恭、奔走辛勤，對於老師又豈有絲毫的好處？只是倘不如此，便說明學道者沒有盡心。學道者既未盡心，則傳授也不會盡意。未能盡心盡意，怎麼能夠全部得到那些祕訣呢？若是不得已而傳授，只會告之以道術中浮淺的部分，怎麼能成就不死之功呢？也有的人表面上愛好道術，然而不是從內心裡真誠地信奉仙道，因為內心有所希求，所以特意裝出恭敬的樣子。幾日之內，便開始顯露出怠慢的神態。這種人如果遇見明智的老師，老師會詳細地觀察其態度的轉變，使經受長期的考驗。或者有意不傳授長生之道，以觀測其志向。倘若如此，這種人虛偽的面目逐漸暴露，最終得不到師傅的傳授，即使有所傳也不會將道術如實相告，所傳不完全則為之無益。陳安世年僅十三歲，本是灌叔本的一個傭童，先得了仙道。灌叔本年已七十，滿頭白髮，早晚以禮拜見陳安世說：『道為尊、德為貴，先得道者便是師傅。我拜你為師，行弟子之禮，不敢有所懈怠。』因此陳安世傳授了長生要方，於是灌叔本便也成仙而去了。

人生在世，先是稟受了天地之精神，然後又稟受了父母之氣血。然而若無明師指點，告之以成仙之道，也就難免一死。鑿石起火，石火尚未熄滅，而人的生命已經凋謝了。由此而論，師傅的恩德超出天地、勝過父母很多了。能不尊敬師傅嗎？能不虛心求取仙道嗎？」

抱朴子曰：「古人質正，貴行賤言，故為政者不尚文辨，修道者不崇辭說。風俗衰薄，外飾彌繁。方策既山積於儒門❶，而內書亦鞅掌於術家❷。初學之徒，即未便可授以大要，又亦人情以本末殷富❸者為快。故後之知道者，于吉❹、宮嵩❺、桂帛❻諸家各著千所篇。然率多教誡之言，不肯善為人開顯大向之指歸也。其至真之訣，或但口傳，或不過尋尺之素❼在領帶之中，非隨師經久、累勤歷試者，不能得也。雜猥弟子，皆各隨其用心之疎密，履苦之久遠，察其聰明之所逮，及志力之所能辨，各有所授。千百歲中，時有盡其囊枕之中、肘腋之下，祕要之旨耳。或但將之❽合藥，藥成分之。足以使之不死而已，而終年不以其方文傳之。故世間道士知金丹之事者，萬無一也。

而管見之屬，謂仙法當具在紛若之書❾，及於祭祀拜伏之間而已矣。夫長生制在大藥耳，非祠醮之所得也。昔秦漢二代大興祈禱，所祭太乙五神❿、陳寶八神⓫之屬，動用牛羊穀帛，錢費億萬，了無所益。況於匹夫，德之不備，體之不養，而欲以三牲酒餚祝願鬼神，以索延年，惑亦甚矣。

【章　旨】世間道書眾多，然而只有長期追隨明師、久經考驗者，才能得到仙法之祕訣。

【注　釋】❶方策既山積於儒門　儒家治世策略之書，堆積如山。❷內書亦鞅掌於術家　方術之士所撰修道養生、禳禍祛邪之書亦為數繁多。鞅掌，繁雜。❸本末殷富　內容繁富、眾多。❹于吉　東漢末之道士。一作「干吉」。史書傳說他是《太平經》的作者。❺宮嵩　于吉之弟子。《神仙傳・卷七》說他「著道書二百餘卷，服雲母，得地仙之道，後入苧嶼山中仙去」。❻桂帛　《神仙傳・卷七》有〈帛和傳〉，未詳是否。❼尋尺之素　數尺長的一段絹素。古代八尺為一尋。❽將之　攜帶；使跟隨。❾紛若之書　為數眾多而紛雜的書籍。❿太乙五神　漢武帝時祠太乙之神，以為天帝之貴者為太乙。又祠五帝，即東方青帝、南方赤帝、中央黃帝、西方白帝、北方黑帝。⓫陳寶八神　秦文公時，有神光輝若流星，來集於陳倉之祠城，聲若雄雞，名之曰陳寶。又《史記・封禪書》曰：「至如他名山川諸鬼及八神之屬，上過則祠。」

【語　譯】抱朴子說：「古人樸質，貴在行動而不重言辭，所以管理朝政的人不崇尚文辭辨說，而修煉道術的人也不看重言語辭藻。後世風俗浮薄，外在的雕飾愈益繁盛。儒家治世方略之書堆積如山，道家修煉方術、祈福禳禍之圖籍亦繁雜多端。初學之人，還不可以傳授關鍵的道術。又加之人情總是以包容宏富為快意，所以後世通曉道術之于吉、宮嵩、桂帛諸家，各著有千篇左右的道書。然而其中多數是教誡世俗的言論，不肯明白的為人指示修煉的途徑與歸向。其中最關鍵的口訣，或者只是口頭傳授，或者寫在不過數尺之絹上，藏在領帶之中。若非跟隨師傳歷時長遠，而又辛勤真誠、久經考驗的弟子，是不能得到的。一般的閒雜弟子，都依照各人專心的程度、經受考驗時間的短長、考察其聰明的程度，以及分辨的能力，各自傳授相應的內容。千百年中，會有人得到囊枕裡全部的祕書、肘腋之下最緊要的經典。有的只是攜帶弟子一起合煉仙藥，藥成之後分些給他，足以使他不死就夠了，而終究不將祕方傳授。所以世上道士得知金丹之術的，不到萬分之一。

而那些見識狹窄的人，認為仙法全部包容在紛雜的書籍中，以及在祭祀跪拜的儀式之中。然而長生之道取決於仙藥，不是祭祀神靈所能得到的。從前秦漢兩朝大興祭神祈禱之風，所祭有太乙、五帝、陳寶、八神之類神靈，動輒有牛羊穀帛，耗費億萬錢財，結果毫無益處。何況普通百姓，不修行道德，不補養身體，而想以酒肉菜餚祭祀祈禱於鬼神，以求得延年益壽，這是多麼的糊塗啊！

或頗有好事者誠欲為道，而不能勤求明師，合作異藥。而但晝夜誦講不要之書，數千百卷，詣老無益，便謂天下果無仙法。或舉門扣頭，以向空坐，烹宰犧牲，燒香請福，而病者不愈，死喪相襲，破產竭財，一無奇異，終不悔悟，自謂未篤。若以此之勤，求知方之師❶，以此之費，給買藥之直❷者，亦必得神仙長生度世也。何異詣老空耕石田❸，而望千倉之收，用力雖盡，不得其所也。所謂適楚而道燕❹，馬雖良而不到，非行之不疾，然失其道也。

或有性信而喜信人，其聰明不足以校練❺真偽、揣測深淺，所博涉素狹，不能賞物❻。後世頑淺，趣得一人自譽之子，云我有祕書，便守事之。而庸人小兒，多有外託有道之名，名過其實。由於誇誑，內抱貪濁，惟利是圖。有所請為，輒強喑嗚❼，俛仰抑揚，若所知寶祕乃深而不可得之狀。其有所請，從其所求，俛仰含笑，或許以頃後。故使不覺者欲罷而不能，自謂事之未勤，而禮幣之尚輕也。於是篤信之心尤加恭肅，賂以殊玩。為之執奴僕之役，不辭負重涉遠，不避經險履危，欲以積勞自效❽，服苦求哀❾，庶有異聞❿。而虛引歲月，空委二親之供養，捐妻子而不卹⓫。戴霜蹈冰，連年隨之，而妨資棄力，卒無所成。彼初誠欺之，末或慚之。憒然體中實自空罄⓬，短乏無能法以相教，將何法以成人乎？

余目見此輩不少，可以有十餘人。或自號高名，久居於世，世或謂之已三四百歲。但易名字，詐稱聖人託於人間，而多有承事之者。余但不喜書其人之姓名耳。頗游俗間，凡夫不識妍蚩⓭，為共吹揚，增長妖妄，為彼巧偽之人虛生華譽。歙習遂廣⓮，莫能甄別。故或令高人偶不留意澄察，而但任兩耳者。誤於學者，常由此輩，莫不使人歎息也。每見此曹欺誑天下，以規勢利者，遲速皆受殃罰。天網雖疏，終不漏也。但誤有志者，可念耳。

世人多逐空聲，尠能校實。聞甲乙多弟子，至以百許，必當有異，便載馳競逐，赴為相聚守之徒，妨工夫以崇重彼愚陋之人也，而不復尋精。彼得門人之力，或以致富。辨逐之雖久，猶無成人之道。愚夫故不知此人不足可事，何能都不與悟，自可悲哉！夫搜尋仞之壟，求千天之木⑮；漉牛跡之中，索吞舟之鱗⑯。用日雖久，安能得乎？嗟乎，將來之學者雖當以求師為務，亦不可以不詳擇為急也。陋狹之夫，行淺德薄，功微緣少⑰，不足成人之道，亦無功課以塞人重恩也。深思其趣，勿令徒勞也。」

【章旨】修道者應該廣泛地尋求明師，不要為那些徒有虛名、欺詐天下、謀取財利的人所騙。

【注釋】❶知方之師　通曉仙法、道術的老師。❷買藥之直　購買合煉仙藥所需物品的資金。❸詣老空耕石田　到老耕作石田，無所收穫。石田，多石、無用之田。❹適楚而道燕　楚在南而燕在北，方向相反。欲往楚國，卻走向北通往燕國之道，必不能到達。❺校練　察練、考校。❻賞物　識別真偽。❼強暗嗚　故作感歎不言之狀。暗，強忍不言。❽積勞自效　積累辛勞，證明自己的忠誠。❾服苦求哀　用艱苦辛勤的勞作，希望得到哀憐與同情。❿庶有異聞　希望得到非同尋常的傳授。庶，表示希望。⓫捐妻子而不卹　將妻子兒女捐棄一旁，不加照顧。卹，救濟；給養。⓬憒然體中實自空罄　心中暗昧無知，沒有本領。空罄，空虛無物。⓭妍蚩　美醜。此指真偽。⓮歙習遂廣　傳播越來越廣。歙，通「翕」。⓯搜尋仞之壟二句　在低矮的土堆上，尋找高聳天際的大樹。古代八尺為一尋，七尺為一仞。⓰漉牛跡之中二句　在淺水坑中搜索吞舟的大魚。牛跡，牛腳踩出的水坑。⓱緣少　缺少神仙的氣質、稟性。

【語譯】頗有些好事之徒，他們誠心希望修道，然而不能努力尋訪明師，以合煉仙藥。他們只是日夜誦讀不重要的道書，數至千百卷，至老無所補益，於是他們便說天下果然沒有仙法。有的人見神就燒香磕頭，烹宰牛羊，祈求神靈賜福，而疾病不除，死喪相隨，家產耗盡，毫無奇效，仍不悔悟，自認為信奉神靈不夠真誠。如果以這種辛勤的努力，尋求通曉道術的明師，用這種巨大的耗費，去充作合煉仙藥所需藥物的費用，也一定能夠修成神仙、長生不死的。這與一生到老耕耘石田而希望糧食滿千倉，又有什麼不同。用力雖然勤奮，但是沒有用在適當的地方。好比要往南方的楚國去，卻順著朝向北方燕國的道路前進，雖然有好馬卻還是不能到達目的地。不是馬走得不快，而是走錯了道路。

有的人性格誠實，容易輕易相信別人。其聰明才智不足以考察真偽、推測深淺。他們平素所涉及的範圍本來就狹小，因而不能準確地作出判斷。後世浮薄不實，見到一人自吹自擂，號稱有祕藏的奇書，便追隨而奉事之。而那些平庸不肖之輩，不少人外面假託有道之名，卻名不副實。自誇以行詐騙，內懷貪婪之心，唯利是圖。如果奉事者有所要求，他們便裝出強忍不言的樣子，俯仰歎息，好像所知十分寶貴祕密，不可隨便告訴的姿態。對於所請求之事，有時也會答應；或者俯仰含笑，答應以後再作。這樣便使那些不測其深淺的人欲罷而不能，認為自己奉事還不夠勤勞，禮物尚不夠貴重。於是更加誠心實意，態度更為恭敬卑順，贈以珍貴的禮物。為之服奴僕之苦役，不辭負重遠行，不怕經歷危險，想以長年累月的辛勞證明自己的誠意，以勤苦不懈的努力得到同情與哀憐，以求得到特別的傳授。如此虛度了歲月，既不能贍養父母雙親，又不照料妻子兒女。冒風霜、踏冰雪，追隨數年，妨礙生產，浪費精力，最終無所成就。那些被奉事者開始時的確欺騙了別人，後來可能會感到慚愧。然而自己對仙法茫然無知，實在毫無本領。既然沒有仙法相傳授，又怎麼能使別人成功呢？

我親眼目見此種人不少，總有十幾人之多。他們有的自稱是著名的高士，說是久居人間，於是世上便有人說他已有三四百歲。只改一個名字，謊稱是寄住人間的聖人，而世俗便有許多人去侍奉他們。我只是不願意寫出此人的姓名罷了。這種人時常遊歷於世俗之間，普通人不識其真偽，異口同聲為之宣揚，使得虛妄妖道氣勢愈盛，世俗既對這些巧偽之人贊譽不已，虛假的聲譽越傳越廣，人們就更難以辨別。有些高人雅士不留意觀察，而只輕信傳聞之辭。耽誤後學之輩，常是由於這種人，沒有不讓人歎息的。常見這些人到處行騙，以謀取聲名與財利，他們遲早總會受到懲罰。天網雖然廣大，但是終究不會漏掉這種人的。只是耽誤了有志學道者，令人掛念不已。

世人多追求虛假的聲譽，而很少考察真實的情況。聽說某人多弟子，乃至有百人，便想此人一定有不同凡嚮之處。於是趕快前往，投入到他的門下，相互聚集守候在一起，白白地浪費了光陰，去附和依從那愚陋之人，而不再尋求真正的道術。被奉事者依靠門人之力，或者因此而發財致富。門人弟子雖然跟隨的時間很久，然而被奉事者還是沒有成人之道。愚夫當然不知道其人不值得尊奉，但是為什麼一直都不覺悟呢？這真是可悲啊！在低矮的土堆上，要找到聳入雲天的大樹，在路邊的小水坑中，要尋求吞舟的大魚，即使費時長久，又怎麼能得到呢？唉，將來的修道者雖然應該以求師為事，但是也不可不注意認真的選擇。那種見識狹窄的人，德行淺薄、功夫低下、道根不深，他們接受了別人的重禮饋贈，既不能使人成就仙道，也沒有具體的道術可供傳授。希望人們認真地思考其中的道理，不要再徒勞無功了。」

抱朴子曰：「諸虛名之道士，既善為誑詐，以欺學者；又多護短匿愚❶，恥於不知。陽若以博涉已足，終不肯行求請問於勝己者。蠢爾守窮，面牆❷而立。又不但拱默❸而已，乃復憎忌於實有道者而謗毀之，恐彼聲名之過己也。此等豈有意於長生之法哉？為欲以合致弟子，圖其財力，以快其情欲而已耳。而不知天高聽卑❹，其後必受斯殃也。夫貧者不可妄云我富也，賤者不可虛云我貴也。況道德之事實無❺，而空養門生弟子乎？凡俗之人，猶不宜懷妒善之心。況於道士，尤應以忠信快意為生者也，云何當以此之徽然函胸臆間❻乎？人自不能聞見神明，而神明之聞見己之甚易也。此何異乎在紗幌之外，不能察軒房之內，而肆其倨慢，謂人之不見己。此亦如竊鍾棖物，鏗然有聲，惡他人聞之，因自掩其耳❼

者之類也。

而聾瞽之存乎精神者❽，唯欲專擅華名，獨聚徒眾。外求聲價，內規財力。患疾勝己，乃劇於俗人之爭權勢也。遂以脣吻為刃鋒，以毀譽為朋黨❾。口親心疎，貌合行離。陽敦同志之言，陰挾蜂蠆❿之毒。此乃天人所共惡、招禍之符檄也。夫讀五經，猶宜不恥下問，以進德修業，日有緝熙⓫。至於射御之麤伎、書數之淺功、農桑之露事、規矩之小術⓬，尚須師授以盡其理。況營長生之法，欲以延年度世，斯與救卹死事無異也。何可務惜請受⓭之名，而永守無知之困，至老不改，臨死不悔？此亦天民之篤暗者⓮也。今人代為慚悚，為之者獨不顧形影⓯也？為儒生尚當兀然守朴，外託質素，知而如否，有而如無，令庸兒不得盡其稱。稱而不問不對，對必辭讓而後言。何其道士之人，強以不知為知，以無有為有，虛自衒燿，以圖奸利者乎？迷而不知返者，愈以遂往⓰。若有以行此者，想不恥改也。吾非苟為此言，誠有為而興，所謂疾之而不能默然⓱也。徒愍念愚人，不忍見嬰兒之投井耳。若覽之而悟者，亦仙藥之一草也。吾何為哉？不御苦口⓲，其危至矣，不俟脈診而可知者也。」

【章　旨】那些徒有虛名的道士，既不肯虛心求師，而又憎忌毀謗有道者。他們若不悔悟改過，則危險將至。

【注　釋】❶護短匿愚　不願別人知道自己的短處，將自己的愚昧掩藏起來。❷面牆　不學。面對牆壁，一無所見。❸拱默　拱手沈默無語。❹天高聽卑　上天神明可以察見人間卑下之事。語出《史記・宋微子世家》。❺道德之事實無　彼等虛名之道士實在沒有神仙方術。道德之事，指仙法。❻黴然函胸臆間　盤繞縈迴於心胸之中。黴然，飄然；飄動。❼竊鍾棖物四句　《呂氏春秋・自知》曰：「范氏之亡也，百姓有得鍾者。欲負而走，則鍾大不可負。以椎毀之，況然有音。恐人聞之而奪己也，遽掩其耳。」鍾，通「鐘」。棖，敲鐘的木杖。❽聾瞽之存乎精神者　精神上的聾子與瞎子。❾以毀譽為朋黨　以誹謗攻擊或讚譽拉攏結合為私黨。為私利而勾結同類、排斥異己稱朋黨。❿蜂蠆　毒蜂、蝎子。均有劇毒。⓫緝熙　努力學習進取，逐漸累積，以達到光明之境地。⓬規矩之小術　指木工的技術。木工以規矩正方圓。⓭請受　拜師受業。⓮天民之篤暗者　天生愚蠢、暗昧之人。⓯不顧形影　自視其形影而感到慚愧。⓰遂往　順道而行。指走世俗之路。⓱疾之而不能默然　因為痛恨此種行為，故不能沈默。⓲不御苦口　不聽從苦口之忠告。御，用。

【語　譯】抱朴子說：「那些空有虛名的道士，既善於以虛假的表象欺騙後學者，又多數愛將自己的短缺、愚昧掩蓋起來，恥於說自己不懂。表面上裝出學識廣博的樣子，不肯向勝過自己的人請教。愚昧不學，故步自封。又不只是拱手沈默而已，還憎恨忌妒有道術的人，對其進行毀謗，恐怕別人的聲名超過了自己。這種人難道是有意於追求長生嗎？他們的目的在於聚合弟子、貪圖財物，以滿足自己的欲望而已。而不知皇天高高在上，卻傾聽著人間的一切，那些人以後必定要遭受禍殃的。貧窮者不可隨意宣稱自己富有，卑賤者不可隨意假說自己尊貴。何況本身並無神仙道術，而憑空收留門生弟子，行嗎？世俗之人，尚且不應懷有妒嫉之心，何況道士，尤其應該忠實、信義、心情愉快，怎麼能讓這種妒忌之念頭盤旋在胸中呢？人雖然不能看見神明，而神明察見自己卻是很容易的事情。這就好像人在紗帳之中不能看見外面房中的情景，便隨意放肆、輕慢，認為別人看不見自己。這又好比偷竊鐘器諸物，發出鏗然的聲響，恐怕別人聽見，便掩住自己的耳朵一樣。

而精神上的聾子、瞎子，只想專有華美的名聲，獨自聚集眾多的學徒。外則獵取虛名，內則貪圖錢財。

他們嫉恨超過自己的人，比起世俗爭奪權勢更為厲害。他們以口齒唇舌為刀劍，以言辭毀譽結為私黨。言語親密，心中疏遠，表面相合，實際相離。口頭上說些志同道合、粉飾友情的話，暗地裡卻懷著毒如蜂蝎的心思。這是天人共同憎惡，是要招致禍患的。儒者學習五經，尚且應該不恥下問，以增進道德、提高學業，日積月異，達到光明。至於射箭、駕車之粗技，書法、計數之淺功，耕作、蠶桑之常事，木工方圓之小術，尚且必須師傅的傳授方能完全掌握其中的道理。何況經營長生之術，希望修煉成仙，這與拯救死亡沒有什麼不同。怎麼能顧惜請師受業之名，而使自己永遠陷於無知的困境中，至老不改，臨死也不悔悟呢？真是天生暗昧、愚蠢的人。這種人的作為，別人尚且為之羞愧，他們本人難道不顧影自慚嗎？儒生尚且要持靜守樸，外表質樸無華，知道的如同不知，具有的如同沒有，使門生之輩不能盡情稱頌。聽到頌揚之語不問不答，若有對答必須先推辭謙讓然後再說別的。為什麼身為道士，要強不知以為知，強無有以為有，空自炫耀，以圖不義之財呢？迷失道路而不知返歸者，比走世俗之路更具危害。若有如此行為者，大概不會恥於改正。我並非隨意說這種話，的確是有為而發，因為對此痛心疾首所以不能沈默無語。我只是憐憫同情那些愚人，就像不忍心見小孩落井一樣。如果有人讀了這番話而悔悟，那麼我的言辭就相當於仙藥中的一種藥草。我又是為了什麼呢？不聽我的苦口規勸，危險就將來到，這是不待診脈就可以知道的。」

抱朴子曰：「設有死罪而人能救之者，必不為之吝勞辱而憚卑辭❶也，必獲生生❷之功也。今雜猥道士之輩，不得金丹大法，必不得長生可知也。雖治病有起死之效，絕穀則積年不飢，役使鬼神，坐在立亡，瞻視千里，知人盛衰，發沈祟於幽翳❸，知禍福於未萌，猶無益於年命也。尚羞行請求❹，恥事先達❺，是惜一日之屈，而甘罔極之痛❻，是不見事類者也。

古人有言曰：「生之於我，利亦大焉❼。論其貴賤，雖爵為帝王，不足以此法❽比焉。論其輕重，雖富有天下，不足以此術❾易焉。故有死王樂為生鼠❿之喻也。」夫治國而國平，治身而身生。非自至也，皆有以致之也。惜短乏之虛名，恥師授之蹔勞⓫。雖曰不愚，吾不信也。今使人免必死而就戮刑者，猶欣然喜於去重而即輕，脫炙爛而保視息，甘其苦痛，過於更生矣。人但莫知當死之日，故不暫憂耳。若誠知之，而刖劓⓬之事，可得延期者，必將為之。況但躬親灑掃，執巾竭力於勝己者，可以見教之不死之道，亦何足為苦，而蔽者憚焉。假令有人恥迅走而待野火之燒爇⓭，羞逃風而致沈溺於重淵⓮者，世必呼之為不曉事也。而咸知笑其不避災危，而莫怪其不畏貴禍⓯，何哉？」

【章旨】世俗道士雖有小術，但是不知金丹大法，又不願躬親灑掃、請師問道，以得受長生仙術，是愚蠢而不明事理的行為。

【注釋】❶必不為之吝勞辱而憚卑辭　不吝勞務，不憚卑辭。意謂願為貢獻勞績並以謙卑之辭表示感激。❷生生　重新獲得生命。❸發沈祟於幽翳　揭示幽暗處鬼怪之禍。幽翳，暗昧；幽深。❹羞行請求　羞於求師問道。❺先達　先知者；前輩。❻罔極之痛　無終極的痛苦。指死亡。❼生之於我二句　《呂氏春秋・重己》曰：「今吾生之為我有，而利我亦大矣。」❽此法　指長生之法。❾此術　指長生之術。❿死王樂為生鼠　為帝王而死，不及為鼠類而生。⓫蹔勞　暫時之辛勞。蹔，通「暫」。

⓬刖劓　斷足為刖，割鼻為劓。⓭恥迅走而待野火之燒爇　因為恥於飛快的奔走，以致山間蔓延的野火將自己燒著了。爇，燒燃。⓮羞逃風而致沈溺於重淵　因為羞於在風暴中逃跑，以致淹死在深淵之下。⓯賁禍　大禍。指人生終必死亡之禍。

【語譯】抱朴子說：「假設某人犯了死罪，有人能救他一命，他一定不會吝惜屈辱勞累為之效力，不怕以謙卑的言語表示感激之情，因為此人有救命之功啊。如今那些平庸猥俗的道士之輩，不懂得金丹大法，一定不得長生是可以斷言的。雖然他們治病能起死回生，辟穀可以長年不食，可以役使鬼神，坐在立亡，遠觀千里，知人盛衰，可以揭露幽暗處的鬼怪，預知潛藏的禍福，還是無益於延長生命。如果羞於求師問道，恥於奉事前輩先知，不願短時的謙卑，而甘心無窮的痛苦，這是不能明辨事理的行為。

古人說過：生命對於我，利益是很大的。論其貴賤，即使帝王之爵位，也不能與長生之法相比。論其輕重，即使富有天下，也不足以換取不死之術。所以有雖為帝王而死、不如為鼠類而生的比喻。治理國家使得天下太平，養生使得生命長存。這些都不會自動的實現，而有著導致成功的方法。顧忌道術短乏的名聲，不願承當奉事師傅的短暫辛勞，如果說這種行為還不愚蠢，我是不相信的。現在如果免除某人的死罪，他一定會為減輕了刑罰而欣喜。如果能保持生命的存在，即使受些痛苦也心甘情願，比獲得新生更為高興。人們只是不知道自己的死期，所以不為之憂愁。倘若已知死期，即使斷肢、割鼻，只要能夠延長生命，也一定願意的。何況只是躬親灑掃，執巾侍奉道術超過自己的人，結果得以被傳授不死之道。這哪算什麼痛苦，而那些蒙昧者卻害怕這麼去做。假如有這樣一個人，因為恥於快跑而等到野火將自己燒著，因為羞於在風暴中逃跑以致淹死在深淵之中，世人一定會說他不通事理。人們都會嘲笑他人的不躲避危險，卻不會對於不知避免人生大禍的行為表示奇怪，這是為什麼呢？」

抱朴子曰：「昔者之著道書多矣，莫不務廣浮巧之言，以崇玄虛之旨。未有究論長生之階徑、箴砭為道之病痛❶，如吾之勤勤者也。實欲令迷者知反，失之東隅，收之桑榆❷。墜井引綆，愈於遂沒❸。但惜美疢而距惡石❹者，不可如何耳。人誰無過，過而能改，日月之蝕❺，睎顏氏之子也❻。又欲使將來之好生道❼者，審於所託❽。故竭其忠告之良謀，而不飾淫麗之言。言發則指切，筆下則辭痛。惜在於長生而折抑邪耳，何所索哉？」

抱朴子曰：「深念學道藝養生者，隨師不得其人，竟無所成。而使後之有志者，見彼之不得長生，因云天下之果無仙法也。凡自度生❾，必不能苦身約己以修玄妙者，亦徒進失干祿之業❿，退無難老之功⓫。內誤其身，外沮將來⓬也。仙之可學致，如黍稷之可播種得，甚炳然耳。然未有不耕而獲嘉禾，未有不勤而獲長生度世也。」

【章　旨】說明撰述此篇的目的，是為了使當時之學道者糾正其過失，使將來之學道者審於求師，並強調只要勤求苦修，必然有成。

【注　釋】❶箴砭為道之病痛　指出並且糾正學道中存在的弊病。箴，同「針」。砭，治病的石針。❷失之東隅二句　比喻初有所失，最終得以成功。東隅，是日出之處。桑榆，是落日之光所照之處。❸遂沒　沈沒；淹沒。❹惜美疢而距惡石　以疾病或惡癖為美，以治療疾病的藥石為惡。是諱疾忌醫的意思。❺過而能改二句　《論語・子張》曰：「君子之過也，如日月之食焉。過也，人皆見之；更也，人皆仰之。」❻睎顏氏之子也　就有希望成為顏回那樣的了。睎，仰慕。顏氏之子，指顏回。揚雄《法言・學行》：「睎顏之人，亦顏之徒也。」❼生道　長生之道。❽審於所託　認真地選擇所奉事的師傅。❾凡

自度生　自，一作「欲」。度生，修煉養生，以求出世成仙。❿干祿之業　出仕當官，世俗之功業。⓫難老之功　長生不老的功效。⓬外沮將來　外則渙散了後來學道者的決心。

【語　譯】抱朴子說：「以前著作道書的人很多，他們莫不是鋪張浮華巧麗的辭藻，以崇尚玄虛之宗旨。在探究長生的途徑、診治學道中的弊病方面，沒有像我這樣孜孜不倦的。我實在是想使某些人迷途知返，使他們失之東隅，而收之桑榆。給落井的人丟下繩索，總比讓他沈沒好。但是對於諱疾忌醫的人，就沒有辦法了。哪一個人沒有過錯呢，有了過錯能夠改正，就像日月之蝕，天下共見，就有希望成為顏回那樣的人了。我又希望將來愛好長生之道者，能夠認真地選擇老師。所以將我的忠告意見和盤托出，而不修飾淫麗的文辭。吐語則情真意切，下筆則為之心痛。顧惜的是長生之術，以糾正邪偽的弊端。除此之外，又有何求呢？」

抱朴子說：「我深深地念記著那些學道術、求長生的人，因為沒有遇到明師，最終無所成就。這就使後來有志學道者，因見前人未能長生，於是便說天下果然沒有神仙之法。凡是修煉長生出世之道，而又不能約制物欲、艱苦修行玄妙之業，就會進則失去仕途功業，退則不能收到長生之效。內則誤其身，外則渙散後來學道者的決心。神仙可以學得，就像五穀糧食可以播種而得，是顯而易見的事情。然而沒有不耕耘而能獲得豐收的，沒有不經過勤苦修煉而能得到長生、出世成仙的。」

卷一五 雜應

【題解】雜應，回答人們的問題，講述若干具體的道術。

這些道術是：一、休糧辟穀之道，包括吞石子、食氣、吞符水等多種辟穀的方法；二、使人不畏寒冷之道；三、使人不畏炎熱之道；四、使人免除兵器傷害之道；五、隱身藏形之道；六、自我解脫桎梏之道；七、醫藥之道；八、能預知未來之道；九、堅齒、聰耳、明目之道；十、登高涉遠使人不困之道；十一、乘蹻飛行之術；十二、入瘟疫不受傳染的法術。

這些法術中，有的是氣功術，有的與醫術相關，有的是心理調節的辦法，有的其機理尚不清楚，也有的只是一種幻想。

或曰：「敢問斷穀人可以長生乎？凡有幾法，何者最善與？」

抱朴子答曰：「斷穀人止可息肴糧之費，不能獨令人長生也。問諸曾斷穀積久者，云差❶少病痛，勝於食穀時。其服朮及餌黃精❷、又禹餘糧❸丸，日再服，三日❹，令人多氣力，堪負擔遠行，身輕不困❺。其服諸石藥一服，守中❻十年五年者，及吞氣服符❼飲神水輩，但為不飢耳，體力不任勞也。道書雖言『欲得長生，腸中當清；欲得不死，腸中無滓』，又云『食草者善走而愚❽，食肉者多力而悍❾，食穀者智而不壽❿，食氣者神明不死⓫』。此乃行氣者一家之偏說耳，不可便孤用也。

若欲服金丹大藥，先不食百許日為快。若不能者，正爾服之，但得仙小遲耳，無大妨也。若遭世荒，隱竄山林，知此法者則可以不餓死。其不然也，則無急斷。急既無可大益，又止人中斷肉聞肥鮮之氣，皆不能不有欲於中心。若未便絕俗委家⓬、巖棲岫處⓭者，固不成遂休五味。無致自苦，不如莫斷穀而節量飢飽。

【章　旨】辟除五穀能夠節省糧食、防止饑荒，但是不能使人長生不死。

【注　釋】❶差　略微；稍。❷服朮及餌黃精　服食朮、黃精等藥物。❸禹餘糧　一種石藥。傳說大禹治水，棄其餘糧而成。❹三日　「日」或疑當作「者」。❺困　原作「極」，諸本多作「困」，據改。❻守中　指存於胃中，使人不感到飢餓。❼服符　指將符燒化成灰，然後調水服用。❽食草者善走而愚　高誘注曰：「麋鹿之屬是也。」❾食肉者多力而悍　高誘注曰：「虎豹鷹鸇之屬是也。」❿食穀者智而不壽　指人類食五穀者。⓫食氣者神明不死　高誘注曰：「仙人松喬之屬是也。」以上四句，見《淮南子．墬形》。⓬絕俗委家　離開家庭，斷絕與世俗的往來。⓭巖棲岫處　住進深山石室、岩洞之中。

【語　譯】有人問道：「請問修煉辟穀之術可以使人長生嗎？總共有幾種方法，哪種最好呢？」

抱朴子回答說：「修煉辟穀之術只可以節省糧食的消費，不能單憑此一項便達到長生的目標，我問過曾經長期辟穀的人，他們說較少病痛，比食用五穀時要強些。其中服用朮及黃精，以及禹餘糧丸，每天服兩三次，可以使人多氣力，能挑擔子走遠路，身體輕快而不困倦。若是服用石藥一劑，存於胃中五年十年的，以及吞氣、服符、飲神水的，只能使人不感覺飢餓，不能使人體力不疲勞，道書上雖然說『要想長生，腸中當清；要想不死，腸中無滓』，又說『食草者善跑而愚蠢，食肉者多力而強悍，食穀者智慧而短命，食氣者神明而長生』。然而這些都是修煉行氣一派的說法，不能單獨使用。

若是要服用金丹之仙藥，先辟除五穀一百天左右，收效較快。如果不能，可以不辟五穀，就這樣服用，只是成仙稍遲罷了，並無大的妨礙。如果遇上災荒動亂的年歲，隱藏進山林之間，只要知道辟穀之法，就可以不餓死。若不是遇上災荒戰亂的年歲，則不必急於斷絕五穀。因為急於辟穀既無大的益處，又如身在人間而不食肉類，當聞到肉香味時心中便不能不產生食欲。倘若還不便於拋開家庭、離棄世俗，住進山崖石洞之中，根本無法斷絕五味，也就不要自討苦吃，不如不辟五穀，而只是適量的節制飲食。

近有一百許法。或服守中石藥數十丸，便辟四五十日不飢。練松柏及朮，亦可以守中，但不及大藥，久不過十年以還，或辟一百二百日。或須日日❶服之，乃不飢者。或先作美食極飽，乃服藥以養所食之物，令不消化，可辟三年。欲還食穀，當以葵子豬膏下之。則所作美食皆下，不壞如故也。

洛陽有道士董威輦❷，常止白社❸中，了不食。陳子敘共守事之，從學道積久，乃得其方。云以甘草、防風、莧實之屬十許種搗為散，先服方寸匕，乃吞石子大如雀卵十二枚，足辟百日。輒更服散，氣力顏色如故也。欲還食穀者，當服葵子湯，下石子，乃可食耳。又赤龍血、青龍膏，作之用丹砂、曾青水，以石內其中，復須臾，石柔而可食也。若不即取，便消爛盡也。食此石恣口取飽❹，令人丁壯。又有引石散，以方寸匕投一斗白石子中，以水合煮之，亦立熟如芋子❺，可食以當穀也。張太元舉家及弟子數十人，隱居林慮山❻中，以此法食石十餘年，皆肥健。但為須得白石，不如赤龍血、青龍膏，取得石便可用，又當煮之，有薪火之煩耳。

或用符，或用水，或符水兼用。或用乾棗日九枚，酒一二升者。或服十二時氣，從夜半始，從九九至八八、七七、六六、五五而止。或春向東食歲星青氣❼，使入肝。夏服熒惑赤氣❽，使入心。四季之月食鎮星黃氣❾，使入脾。秋食太白白氣❿，使入肺。冬服辰星黑氣⓫，使入腎。又中岳道士郗元節食六戊之精⓬，亦大有效。假令甲子之旬有戊辰之精，則竟其旬十日常向辰地而吞氣。到後甲復向其旬之戊也。

甘始⓭法：召六甲六丁玉女，各有名字，因以祝水而飲之，亦可令牛馬皆不飢也。或思脾中神名黃裳子⓮，但合口食內氣。此皆有真效。

【章旨】介紹各種辟穀的方術及其效果。

【注　釋】❶日日　原作「日月」，諸本多作「日日」，據改。❷董威輦　晉董京，字威輦，不知何處人。初隨隴西計吏至洛陽，逍遙吟詠，披髮而行，常宿白社中。傳說他常吞一石子，經日不食。後數年遁去，莫知所之。見《晉書・隱逸傳》。❸白社　在河南偃師縣內，其地有叢祠。❹恣口取飽　盡量吃飽。恣，原作「以」，據宋浙本改。❺立熟如芋子　就像芋頭一樣立即煮熟。❻林慮山　即隆慮山。在河南林縣境。❼春向東食歲星青氣　歲星，即木星。以時令相配為春，以五色相配為青，以方位相配為東，以五臟相配為肝。❽夏服熒惑赤氣　熒惑，即火星。以時令相配為夏，以五色相配為赤，以方位相配為南，以五臟相配為心。「夏」之後疑脫「向南」二字。❾四季之月食鎮星黃氣　四季之月，每季最末一月。鎮星，即土星。以五色相配為黃，以方位相配為中，以五臟相配為脾。❿秋食太白白氣　太白，即金星。以時令相配為秋，以五色相配為白，以方位相配為西，以五臟相配為肺。「秋」之後疑脫「向西」二字。⓫冬服辰星黑氣　辰星，即水星。以時令相配為冬，以五色相配為黑，以方位相配為北，以五臟相配為腎。「冬」之後疑脫「向北」二字。⓬六戊之精　即戊辰、戊寅、戊子、戊戌、戊申、戊午之精氣。天干、地支相配合，有六戊。⓭甘始　《神仙傳・卷一〇》曰：「甘始者，太原人也。善行氣，不飲食。又服天門冬，行房中之事。……在人間三百餘歲，乃入王屋山仙去也。」⓮脾中神名黃裳子　《黃庭內景經・脾部章》曰：「脾部之宮屬戊巳，中有明童黃裳裡。」脾屬土，黃裳為土之色，故云。

【語　譯】辟穀的方法，近來已有了一百種左右。有的服用守中石藥幾十丸，便可以辟穀四五十天，不覺得飢餓。有的服用松柏膠脂或朮，也可以守中不餓。但是不如金丹仙藥，最長只能在十年以內。有的一次可辟穀一百二百天，也有的必須每天都服藥，才不會飢餓。有的是先作一頓美餐，吃得極飽，然後再服藥以保養所食之物，使它們不得消化，這樣可以辟穀三年。如果想要再吃五穀，就應服用葵子豬膏，則先前所吃的美食都被驅下，並未消化，保持如故。

洛陽有一個道士名叫董威輦，經常居住在白社中，完全不吃食物。陳子敘等人奉陪他，跟他學道很長時間，才得到藥方。說是以甘草、防風、莧實之類十許種擣製成藥散，先服一方寸匕，再吞雀蛋大小的石子十二枚，足以辟穀百日。然後再服散藥，辟穀期間顏色氣力如同從前。若是想再吃五穀，就應服葵子湯驅下石子，然後才能進食。又可用赤龍血、青龍膏，製作的方法是用丹砂、曾青水，將石子放進其中，稍等一會兒，石子就柔軟可食了。若不當時取出，石子就會消溶化盡。食用這種石子是盡量吃飽，可以使人身體健壯。又有引石散，將一方寸匕散藥倒入一斗白石子中，加水合煮，當即熟爛如芋頭，可以充當糧食食用。張太元全家及弟子數十人，隱居在林慮山中時，用此方法煮石子吃了十幾年，長得都很肥壯健康。只是此法須用白石，不像赤龍血、青龍膏，取得石子便可用，又用此法需要柴火熬煮，有些麻煩。

有的服符，有的服神水，有的符水兼服。或者同時服用乾棗，每天九粒，飲酒一兩升。有的服食十二時辰之氣。從夜半開始，從九九至八八、七七、六六、五五而止。或者春天向東方服食歲星之青氣，使氣入肝。夏天服食熒惑星之赤氣，使氣入心。四季之月服食鎮星之黃氣，使氣入脾。秋天服食太白星之白氣，使氣入肺。冬天服食辰星之黑氣，使氣入腎。又有中岳道士郗元節服食六戊之精氣，也很有效。假使甲子之旬，其中有戊辰日，則在這十天中經常向辰地的方向吞氣。到後一個十天，再向其中有戊之日的方位吞氣。

甘始法：即書寫六甲、六丁、玉女的名字，招之前來，與祝水一起飲用，也可以使牛馬都不飢餓。或者存想脾中之神，名叫黃裳子，只閉口吞食內氣。這些都有實效。

余數見斷穀人三年二年者，多皆身輕色好，堪風寒暑濕，大都無肥者耳。雖未見數十歲不食者，然人絕穀不過十許日皆死，而此等已積載而自若❶。亦何疑於不可大久乎？若令諸絕穀者轉羸極❷，常慮之恐不可久耳。而問諸為之者，無不初時少氣力，而後稍丁健❸。月勝一月，歲勝一歲。正爾，可久無嫌❹也。夫長生得道者，莫不皆由服藥吞氣而達之者，而❺不安也。夫服藥斷穀者，略無不先極❻也。但❼用符水及單服氣者，皆作四十日中疲瘦，過此乃健耳。

鄭君云：本性飲酒不多，昔在銅山[8]中，絕穀二年許，飲酒數斗不醉。以此推之，是為不食更令人耐毒，耐毒則是難病之候[9]也。余因此問：『山中那得酒？』鄭君言：『先釀好雲液[10]，勿壓漉，因以桂附子甘草五六種末合丸之，曝乾。以一丸如雞子許投一斗水中，立成美酒。』又有《黃帝雲液泉法》，以糵米[11]及七八種藥合之，取一升輒內一升水投中[12]，如千歲苦酒之內水也。無知盡時[13]，而味常好不變，飲之大益人。又符水斷穀，雖先令人羸，然宜兼知者，倘卒遇荒年，不及合作藥物，則符水為上矣。

有馮生者，但單吞氣，斷穀已三年。觀其步陟登山，擔一斛許重，終日不倦。又時時引弓，而略不言語，言語又不肯大聲。問之，云斷穀亡精費氣，最大忌也。余亦屢見淺薄道士輩，為欲虛曜奇怪[14]，招不食之名，而實不知其道，但虛為不啖羹飯耳。至於飲酒，日中斗餘。脯腊[15]、飴餔[16]、棗栗、雞子之屬，不絕其口。或大食肉而咽其汁，吐其滓，終日經口者數十斤，此直是更作美食矣。凡酒客但飲酒食脯而不食穀，皆自堪半歲一歲而不蹙頓[17]矣，未名絕穀耳。

吳有道士石春，每行氣為人治病輒不食，以須病者之愈，或百日，或一月乃食。吳景帝[18]聞之曰：『此但不久，必當飢死也。』乃召取鏁閉，令人備守之。

春但求三二升水，如此一年餘，春顏色更鮮悅，氣力如故，景帝問之：『可復堪幾時？』春言：『無限，可數十年。但恐老死耳，不憂飢也。』乃罷遣之。按如春言，是為斷穀不能延年可知也。今時亦有得春之法者。」

【章旨】列舉吞氣、飲水以長期辟穀的實例，說明辟穀確有效果，但是不能延長人的壽命。

【注釋】❶積載而自若　辟穀累年，而保持原來的神態。自若，自如。❷羸極　瘦弱、困頓。❸丁健　壯健。❹無嫌　不必懷疑。嫌，通「慊」。❺而　疑為衍文。❻略無不先極　大略都無不先經歷一個困倦的階段。❼但　只；僅。❽銅山　在廬州境內。〈黃白〉：「鄭君言曾與左君於廬江銅山中試作，皆成也。」❾候　徵兆；證候。❿雲液　美酒之別名。⓫麴米　即麴糵。指酒母、酒麴。⓬投中　二字疑衍。⓭無知盡時　可以循環反覆，以至無窮。⓮虛曜奇怪　有意炫耀，故作非同尋常。⓯脯腊　乾肉、腌肉之類。⓰飴餔　糖膏、點心小吃之類。⓱蹙頓　急迫、困頓。指身體健康狀況惡化，不堪忍受。⓲吳景帝　吳國之孫休，諡曰景帝。

【語譯】我多次見到辟穀達兩年三年的人。他們都身輕體瘦，容色良好，能耐風寒暑濕，大都不見有肥胖者。雖然未見幾十年不食五穀的人，但是普通人十來天不吃飯皆死，而這些人辟穀累年卻顏色如故。又何必疑慮辟穀不可以長久呢？如果那些辟穀者日益消瘦疲困，那就值得憂慮，恐怕不可長久。然而詢問那些辟穀者，沒有不是剛開始時少氣力，而後稍稍健壯，月勝一月，年勝一年。這樣可以長久辟穀，是無可懷疑的。那些長生得道者，沒有不是經由服藥、吞氣而達到的，這不是虛妄的。服藥而斷穀者，大體上沒有不是先經疲困的。僅僅服用符水以及單獨服氣者，都有四十天的疲困瘦弱，過了這段時間就健壯了。

鄭隱先生說，他本性飲酒不多。但是從前在銅山中時，絕穀兩年左右，曾經飲酒幾斗未醉。由此可以推斷，辟穀能夠更令人耐毒，而耐毒則是身體健康、能抗禦疾病的表現。我因此問：『山中哪裡得到酒呢？』鄭先生說：『先將酒釀好，勿壓勿漉。然後將桂、附子、甘草等五六種藥末拌合，製成丸，曬乾。以雞蛋大小的一丸，投進一斗水中，立刻便成美酒。』又有《黃帝雲液泉法》，以酒麴及七八種藥拌合，取一升酒便加一升水，就像向千歲苦酒之中加水一樣。如此往復不窮，能保持美味不變，飲之對人大有好處。又飲符水辟穀，雖然先使人瘦弱，然而也應懂得其法。因為倘若突然遭遇荒年，來不及合作藥物，則飲符水辟穀便為上策了。

有馮生其人，只是吞氣已經辟穀三年。看他步行登山，挑百十斤重的擔子，終日不會疲倦。又經常拉弓射箭，但是平常不肯言語，說話又不肯大聲。向他詢問，他說辟穀時耗精費氣，是最大的忌諱。我又經常遇到那些淺薄的道士之流，為了炫耀自己，故作非常之狀，以招辟穀之名。這些人實際上並不懂道法，只是假作不吃米飯羹粥而已。至於飲酒，每天斗餘。乾肉、點心、板栗、雞蛋之類，不絕於口。或者盡量吃肉而咽其汁，吐其殘渣，每天經口的肉食有數十斤。這只是改換方法吃美味食物罷了。人若是只飲酒食點心果脯而不吃米飯，都可以支持一年半載而不會困頓，這不叫絕穀。

吳國有一個名叫石春的道士，每當行氣為人治病時，便停止進食，等待病人痊癒。有時一百天，有時一個月才進食。吳景帝得知後，說：『如此不會長久，一定要餓死的。』吳景帝於是將石春召來，把他鎖閉在一間房中，令人嚴密防守。石春日常所用只要三兩升水，這樣一年有餘，他的臉色更顯得鮮潤健康，氣力如故。吳景帝問他：『還可以堅持多久?』石春說：『時間無限，可到數十年。只是耽心老死，不憂愁飢餓。』於是便將石春放回去了。據石春所說，就可知斷穀並不能長生延年。當今也有得石春之法的人。」

或問不寒之道。抱朴子曰：「或以立冬之日，服六丙六丁之符❶，或閉口行五火之氣千二百遍，則十二月中不寒也。或服太陽酒，或服紫石英、朱漆散，或先服雄丸❷一，後服雌丸二❸，亦可堪一日一夕不寒也。雌丸用雌黃、曾青、礬石、磁石也。雄丸用雄黃、丹砂、石膽也。然此無益於延年之事也。」

或問不熱之道。抱朴子曰：「或以立夏日，服六壬六癸之符❹，或行六癸之氣，或服玄冰之丸❺。或服飛霜之散，然此用蕭丘❻上木皮，及五月五日中時北行黑蛇血，故少有得合之者也。唯幼伯子❼、王仲都❽，此二人衣以重裘，曝之於夏日之中，周以十爐之火，口不稱熱，身不流汗。蓋用此方者也。」

【章旨】介紹不畏寒熱的各種方術。

【注釋】❶六丙六丁之符　天干中，丙丁屬火。丙為陽火，丁為陰火。丙火屬太陽大火，丁火屬燈盞小火。火能禦寒，故服六丙六丁之符，可以不畏寒冷。❷先服雄丸　原本無「先」字，據寶顏堂祕笈本校補。❸後服雌丸二　原注曰：「別本先雌後雄。」❹六壬六癸之符　天干中，壬癸屬水。壬為陽水，屬大海之水。癸為陰水，屬雨露之水。水性清涼，故服六壬六癸之符可以不畏炎熱。❺玄冰之丸　冰厚則色似玄，故玄冰謂厚冰。❻蕭丘　傳說海島中有蕭丘，其火為寒火。❼幼伯子　傳說中之仙人。《列仙傳》說他「冬常著單衣，盛暑著襦袴」。❽王仲都　漢代之道士。《神仙傳・卷七》說：「以盛暑時暴之，繞以十餘爐火而不熱，亦無汗。凝冬之月，命仲都單衣，無寒色，身上氣蒸如炊。」

【語譯】有人問不畏寒冷的法術。抱朴子說：「或者在立冬這一天，服六丙六丁之符。或者閉口行五火之氣一千二百遍，則臘月間也不覺得寒冷。或者服太陽酒，或者服紫石英、朱漆散，或者先服雄丸一粒，後服雌丸二粒，也可使一日一夜不覺寒冷。雌丸用雌黃、曾青、礬石、磁石。雄丸用雄黃、丹砂、石膽。然而這些對於長生延年，並沒有什麼補益。」

有人問不畏炎熱的法術。抱朴子說：「或者在立夏這一天，服六壬六癸之符。或者行六癸之氣，或者服玄冰之丸。或者服飛霜之散，只是它須用蕭丘上的樹皮，以及五月五日中時向北行的黑蛇之血，所以很少有能合成此藥的。只有幼伯子、王仲都，這二人在夏天的烈日之下，穿著厚厚的皮襖，周圍燃著十爐火。他們口不稱熱，身不流汗，就是服用了上述方藥的緣故。」

或問辟五兵之道。抱朴子答曰：「吾聞吳大皇帝❶曾從介先生❷受要道，云：『但知書北斗字及日月字，便不畏白刃。』帝以試左右數十人，常為先登鋒陷陣，皆終身不傷也。鄭君云：『但誦五兵名亦有驗。刀名大房，虛星❸主之；弓名曲張，氐星❹主之；矢名彷徨，熒惑星❺主之；劍名失傷，角星❻主之；弩名遠望，張星❼主之；戟名大將，參星❽主之也。臨戰時，常細祝之。』或以五月五日作赤靈符，著心前。或丙午日日中時，作燕君龍虎三囊符。歲符歲易之，月符月易之，日符日易之。或佩西王母兵信之符，或佩熒惑朱雀之符，或佩南極鑠金之符，或戴卻刃之符、祝融之符。或傅玉札散❾，或浴禁蔥湯，或取牡荊以作六陰神將符，符指敵人。或以月蝕時刻三歲蟾蜍喉下有八字者血❿，以書所持之刀劍。或帶武威符熒火丸⓫。或交鋒刃之際，乘魁履罡⓬，呼四方之長，亦有明效。今世之人亦有得禁辟五兵之道，往往有之。」

【章旨】介紹避免遭受各種兵器傷害的方術。

【注　釋】❶吳大皇帝　孫權。死後追尊為吳大帝。❷介先生　介象，字元則，會稽人。曾受氣禁之術。吳王徵至武昌，為起第宅，後入蓋竹山仙去。見《神仙傳・卷九》。❸虛星　二十八宿之一，為北方玄武之第四星。❹氐星　二十八宿之一，又名天根。❺熒惑星　即火星。❻角星　二十八宿之一，東方蒼龍七宿之第一宿。❼張星　二十八宿之一，南方朱鳥七宿之第五宿，亦稱鶉尾。❽參星　二十八宿之一，西方白虎七宿之末一宿。❾玉札散　玉札即地榆，又名玉豉，其實黑色如豉，為藥用植物。❿刻三歲蟾蜍喉下有八字者血　〈仙藥〉說：「萬歲蟾蜍，頭上有角，頷下有丹書八字再重。以五月五日日中時取之，陰乾百日……帶其左手於身，辟五兵。若敵人射己者，弓弩矢皆反還自向也。」三歲，一作「三千歲」。⓫武威符熒火丸　《雲笈七籤・卷七七》載熒火丸，亦名武威丸，可以避免五兵白刃傷害。⓬乘魁履罡　是一種道教法術。魁，指河魁；罡，指天罡，均為星宿名。

【語　譯】有人請教避免遭受兵器傷害的法術。抱朴子回答說：「我聽說吳大帝孫權曾經從介象先生接受要道，說：『只要得知書寫北斗星的姓字以及日月名字，便不怕刀刃的傷害。』吳大帝用此法術試驗身邊的數十人，讓他們經常衝鋒在前，都終身不受兵器傷害。鄭隱先生說：『只誦念各種兵器之名字亦有效。刀名叫大房，虛星是它的主神；弓名叫曲張，氐星是它的主神；矢名叫彷徨，熒惑星是它的主神；劍名叫失傷，角星是它的主神；弩名叫遠望，張星是它的主神；戟名叫大將，參星是它的主神。臨戰之時，經常細聲祝禱。』或者在五月五日這天製作赤靈符安放在心前。或者在丙午日日中時，製作燕君龍虎三囊符。歲符則一年一換，月符則一月一換，日符則一天一換。或者佩西王母兵信之符，或者佩熒惑朱雀之符，或者佩南極鑠金之符，或者佩帶卻刃之符、祝融之符。或者塗傅玉札散，或者洗浴禁蔥湯，或者取牡荊製作六陰神將符，指向敵人的方位。或者在月蝕時刻取壽達三歲、喉下有八字的蟾蜍之血，書寫所持的刀劍上。或者佩帶武威符熒火丸。或者在鋒刃交錯之際，乘魁履罡，呼喚四方官長之名，也有明顯的效果。現世的人中，得知避除兵器傷害的人，也往往可以遇見。」

或問隱淪之道。抱朴子曰：「神道有五，坐在立亡❶其數焉，然無益於年命之事。但在人間無故而為此，則致詭怪之聲，不足妄行也。可以備兵亂，危急不得已而用之，可以免難也。鄭君云：『服大隱符十日，欲隱則左轉，欲見❷則右回也。』或以玉粘丸塗人身中，或以蛇足散。或懷離母之草❸，或折青龍之草❹，以伏六丁之下❺。或入竹田之中，而執天樞❻之壤。或造河龍石室，而隱雲蓋之陰❼。或伏清泠之淵❽，以過幽闕之徑。或乘天一馬以遊紫房❾，或登天一之明堂❿，或入玉女之金匱。或背輔向官，立三蓋之下，或投巾解履⓫，膽煎⓬及兒衣符、子居蒙人、青液桂梗、六甲父母⓭、僻側之膠⓮、駮馬泥丸⓯、木鬼之子、金商之芝⓰。或可為小兒，或可為老翁。或可為鳥，或可為獸。或可為草，或可為木，或可為六畜。或依木成木，或依石成石，依水成水，依火成火。此所謂移形易貌，不能都隱者也。」

或問：「魏武帝曾收左元放而桎梏之，而得自然解脫，以何法乎？」

抱朴子曰：「吾不能正知左君所施用之事。然歷覽諸方書，有月三服薏苡子⓱，和用三五陰丹，或以偶牙陽胞，或以七月七日東行跳脫蟲，或以五月五日石上龍子單衣⓲，或以夏至日霹靂楔⓳，或以天文二十一字符⓴，或以自解去父血㉑，或以玉子餘糧㉒，或合山君目、河伯餘糧㉓、浮雲滓㉔以塗之，皆自解。然左君之變化無方，未必由此也。自用六甲變化㉕，其真形不可得執也。」

【章旨】介紹隱身藏形及解脫桎梏之法術。

【注釋】❶坐在立亡　即隱去形骸之術。❷見　通「現」。顯現形體。❸離母之草　即赤箭，又名獨搖。〈仙藥〉曰：獨搖芝「其根有大魁如斗，有細者如雞子十二枚，周繞大根之四方」，「懷其大根即隱形，欲見則左轉而出之」。❹青龍之草　六甲所在方位之草。六甲為青龍，見〈登涉〉。❺六丁之下　六丁所在方位之下。六丁指丁卯、丁丑、丁亥、丁酉、丁未、丁巳。❻天樞　北斗第一星為天樞，即土星。❼雲蓋之陰　雲層堆積如蓋，其中濃密之處。❽清泠之淵　指清靜幽僻之澗溪。❾乘天一馬以遊紫房　天一，星名。《晉書・天文志》曰：「天一星在紫宮門右星南，天帝之神也。主戰鬥，知人吉凶者也。」❿登天一之明堂　天一，疑為「太一」，承上而訛。《淮南子・天文》曰：「太微者，太一庭也；紫宮者，太一之居也。」太微又謂之明堂。⓫投巾解履　孫星衍曰：「中有缺文。」⓬膽煎　用膽水煎煮。古坑有水處曰膽水，古人認為可以浸鐵成銅。⓭六甲父母　章陸木之根。見《石藥爾雅》。⓮僻側之膠　即桃膠。見《石藥爾雅》。⓯駮馬泥丸　梓榆之木青白相間，遙望如駮馬，搗爛製作為丸。⓰金商之芝　即楸木耳。芝，原作「艾」，〈黃白〉有「金商芝」，據改。⓱薏苡子　薏苡果實。橢圓，果仁白色，又名薏米，可以入藥。⓲龍子單衣　蛇所脫蛻之皮。見《神農本草經》。⓳霹靂楔　雷電擊斷之碎木片。《嶺表錄異》：「雷州於霹靂得楔如斧，謂之霹靂楔。小兒佩之辟惡。」⓴天文二十一字符　〈遐覽〉曰：「符出於老君，皆天文也。」天文，相對人間文字而言。㉑去父血　癩蛤蟆之血。癩蛤蟆又名去父，或作蚨蚁。㉒玉子餘糧　《神仙傳・卷四》有〈玉子傳〉，玉子餘糧亦如禹餘糧之類。㉓河伯餘糧　相傳為仙人棄其餘糧而成，亦如禹餘糧、玉子餘糧之類。㉔浮雲滓　即雲母。㉕六甲變化　五行變化之術。《神仙傳・卷八》言左慈「學道術，尤明六甲」。

【語譯】有人請問隱身藏形的法術。抱朴子說：「神道有五個方面的內容，隱身藏形包括在其中。然而這種法術無益於養生延年。若是在人間無緣無故地隱去形體，就會招致詭怪的名聲，不值得隨意妄行。但是這種法術可以防備戰亂，在危急不得已時用此法術，能夠免除災禍。鄭隱先生說：『服大隱符十天，想要隱身則向左轉，想再現形體則向右轉。』或者用玉粭丸，或者用蛇足散塗抹身體。或者身懷離母之草，或者折取六甲方位之草，潛伏在六丁方位之下。或者進入竹田之中，而握持天樞星下之土。或者到河龍石室之中，隱於濃雲密集之處。或者通過幽深的小路，藏在清涼僻靜的澗溪旁。或者乘天一馬遊於紫房，或者登上太一之明堂，或者藏身玉女之金匱。或者背對天輔，面朝天官，立在三蓋之下。或者投巾解履，取膽水煎煮及兒衣符、子居蒙人、青液桂梗、六甲父母、僻側之膠、駮馬泥丸、木鬼之子、金商之芝等，服後或者可變化為小兒、或者可變化為老翁、或可變化為鳥、或可變化為獸、或可變化為草、或可變化為樹、或可變化為六畜，或者依樹變成樹、依石變成石、依水成為水、依火成為火，這就是所謂移形換貌，不能完全將形體隱藏起來。」

有人問道：「魏武帝曾經逮捕左慈，加上桎梏刑具，然而左慈得以自然解脫，用的是何種法術呢？」

抱朴子回答說：「我也不能準確地說出左先生所使用的法術。但是我遍讀各種道書，上面記載有每月三服薏苡子，和用三五陰丹，或者用偶牙陽胞，或者用七月七日東行跳脫蟲，或者用五月五日石上的蛇蛻皮，或者用夏至日雷電擊斷的木楔，或者用天文二十一字符，或者用自己脫逃的癩蛤蟆血，或者用玉子餘糧，或者用合山君目，或者用河伯餘糧，或者用雲母粉塗抹在身上，都可以自然解脫。然而左慈先生變化多端，未必是用上述法術。他善於運用五行變化之術，其真正的形體是凡人不可能掌握的。」

或問曰：「為道者可以不病乎？」

抱朴子曰：「養生之盡理者，既將服神藥，又行氣不懈，朝夕導引，以宣動榮衛❶，使無輟閡❷。加之以房中之術，節量飲食，不犯風濕，不患所不能，如此可以不病。但患居人間者，志不得專，所修無恆，又苦懈怠不勤，故不得不有疹疾❸耳。若徒有信道之心，而無益己之業，年命在孤虛之下❹，體有損傷之危，則三尸因其衰月危日，入絕命病鄉之時，招呼邪氣，妄延鬼魅，來作殃害。其六厄並會、三刑同方❺者，其災必大。其尚盛者，則生諸疾病；先有疹患者，則令發動❻。是故古之初為道者，莫不兼修醫術，以救近禍焉。凡庸道士不識此理，恃其所聞者，大至不關治病之方。又不能絕俗幽居，專行內事❼以卻病痛。病痛及己，無以攻療，乃更不如凡人之專湯藥者。所謂進不得邯鄲之步、退又失壽陵之義❽者也。

余見戴霸、華他❾所集《金匱》、《綠囊》、《崔中書黃素方》及《百家雜方》五百許卷，甘胡、呂傅、周始、甘唐通、阮河南❿等各撰集《暴卒備急方》，或一百十，或九十四，或八十五，或四十六，世人皆為精悉⓫不可加也。余究而觀之，殊多不備。諸急病甚尚未盡，又渾漫雜錯，無其條貫，有所尋按，不即可得。而治卒暴之候⓬，皆用貴藥，動數十種。自非富室而居京都者，不能素儲⓭，不可卒辦也。又多令人以針治病，其灸法又不明處所分寸，而但說身中孔穴榮輸⓮之名。自非舊醫備覽明堂流注偃側圖⓯者，安能曉之哉？余所撰百卷，名曰《玉函方》，皆分別病名，以類相續，不相雜錯。其《救卒》參卷⓰，皆單行徑易，約而易驗。籬陌之間，顧眄皆藥。眾急之病，無不畢備。家有此方，可不用醫。醫多承襲世業，有名無實，但養虛聲，以圖財利。寒白退士⑰，所不得使，使之者乃多誤人。未若自閑其要⑱，勝於所迎無知之醫。醫又不可卒得，得又不肯即為人使，使腠理⑲之微疾，成膏肓之深禍⑳，乃至不救。且暴急之病，而遠行借問，卒多枉死矣。」

【章旨】說明為道者應兼修醫術以救疾病，並介紹有關的醫書。

【注釋】❶宣動榮衛　使體內血氣暢通，循環不已。❷輟閡　發生阻礙，血脈不通。❸疹疾　病害、疾苦。❹年命在孤虛之下　古代占卜推算術中，以天干謂之日，地支謂之辰，日辰不全為孤虛。孤虛之日為凶辰，主事不成。❺三刑同方　遁甲術以地支與五行四方相配，子卯為一刑，寅巳申為二刑，丑戌未為三刑。凡逢三刑之地則凶。❻發動　發病。使病情加重、發作。❼內事　內視聽息、行氣養生之術。❽進不得邯鄲之步退又失壽陵之義　燕之壽陵人往趙都邯鄲學步，未學到邯鄲之步法，且又忘記了自己原來的步法。見《莊子・秋水》。義，或疑當作「儀」。❾華他　即華佗，字元化。精於方藥、針灸，是漢末、三國之名醫。❿阮河南　阮炳，字叔文，曾任河南尹，精通醫術。《隋書・經籍志》著錄《阮河南藥方》十六卷。原作「阮南河」，據《三國志・卷一六》裴松之注改。⓫皆為精悉　都認為精當、齊備。為，通「謂」。⓬卒暴之候　突發猝起的病症。⓭素儲　平素皆儲備有。⓮孔穴榮輸　經脈、穴位。⓯明堂流注偃側圖　載明經絡、穴位之圖。《隋書・經籍志》著錄有《黃帝明堂偃人圖》、《扁鵲偃側鍼灸圖》，皆此之類。⓰救卒參卷　即葛洪《附後救卒方》，又作《附後備急方》，今存。⓱寒白退士　家道貧寒、隱逸之士。⓲自閑其要　自己鑽研，以熟悉關鍵之醫術。⓳腠理　肌膚之間。⓴膏肓之深禍　病入膏肓的大禍。

【語譯】有人問道：「修道的人可以不生病嗎？」

抱朴子說：「善能修道養生的人既服食仙藥，又不懈怠地修煉行氣，早晚行導引之術，以使血脈運轉調和，不阻不滯。再加上施行房中術，節制飲食，不冒風濕，不強作力所不及之事，這樣便可以不生疾病。但是，令人憂慮的是人居世間，不能專心一意、持之以恆。又加上意志懈怠，不能勤行修煉，所以難以不生出疾病苦痛。如果空有信道之心，而沒有補益之功，遇到命中凶險的日子，身體有所損傷、病痛，則三尸之蟲便趁衰危之時，招來邪氣，引來鬼魅，造成禍害，使人病情嚴重。遇到禍害交會、凶險聚集，災難必定沈重。那些身體還健康的人，就會生出疾病。已經染病在身的人，就會病情發作、惡化。所以古代初修道者，沒有不是兼修醫術，以救治眼前的病患的。那些平庸的道士，不懂得這個道理。他們所得知的法術，大抵與醫藥治病無關。他們又不能離開世俗，隱居幽寂之地，專門修煉行氣守一之術，以祛除病害。一旦染上疾病，便沒有辦法治療，反而不如平常人之專以湯藥治病。這就好像壽陵少年向邯鄲人學步，沒有學到別人的步法，連自己本來的步法也丟掉了。

我看見戴霸、華佗所收集《金匱》、《綠囊》、《崔中書黃素方》以及《百家雜方》五百卷左右。甘胡、呂傅、周始、甘唐通、阮河南等人各自撰集了《暴卒備急方》，或者一百一十卷，或者九十四卷，或者八十五卷，或者四十六卷。世人都說這些醫方內容精當完備，不可復加。依我的觀察研究，其中仍有許多不齊備之處，加上內容混雜，沒有條理，如果有所查找，不能立即便得。而且治療暴發的病症，都是用的貴重藥物，往往一用就是數十種之多。如果不是常住京城的富貴人家，是不能平素便有所儲備的，因此難以短期辦齊。又經常讓人以針灸治療，其針灸之法又不說明在身體上的位置、分寸，而只說身中經絡、穴位的名稱。如果不是早已仔細看過明堂流注偃側圖的，又怎麼能知曉呢？我所撰百卷醫書，名叫《玉函方》，都分別病名，按照類別編輯，不相混雜。其《肘後救卒方》三卷，皆單行，簡單明瞭，易於檢索。竹籬阡陌之間，舉目所見皆可入藥。各種疾病眾多之藥方，無不全部收集。家中有此一書，便可不用求醫了。醫生職業多是世代相傳，有名無實，只是圖取虛名，以獲得財利。貧寒隱逸之士，不可去求這些徒有虛名的庸醫，否則多半誤事。不如自己鑽研，掌握關鍵的醫術，勝過去求那些無知的庸醫。那些醫生，急迫之間既不能求得，找到之後又不肯馬上為人治病。使得肌膚之間的小毛病，變成心腹之大患，乃至於病入膏肓，不可救藥。再說陡起的急病，而遠行求醫，結果多數是冤枉而死。」

或問：「將來吉凶、安危、去就，知之可全身，為有道乎？」

抱朴子曰：「仰觀天文，俯察地理，占風氣❶，布籌算❷，推三棊❸，步九宮❹，檢八卦，考飛伏之所集，診訞訛❺於物類，占休咎於龜筴❻，皆下術常伎，疲勞而難恃。若乃不出帷幕而見天下，乃為入神矣。

或以《三皇天文》❼召司命❽、司危❾、五岳之君、阡陌亭長❿、六丁之靈⓫，皆使人見之。而對問以諸事，則吉凶昭然，若存諸掌。無遠近幽深，咸可先知也。或召六陰玉女，其法六十日而成，成則長可役使。或祭致八史。八史者，八卦之精也，亦足以預識未形矣。或服葛花⓬及秋芒、麻勃⓭刀圭方寸匕，忽然如欲臥，而聞人語之以所不決之事，吉凶立定也。或用明鏡九寸以上自照，有所思存，七日七夕則見神仙，或男或女，或老或少。一示之後，心中自知千里之外，方來之事也。明鏡或用一；或用二，謂之日月鏡；或用四，謂之四規鏡。四規者，照之時前後左右各施一也。

用四規所見來神甚多。或縱目，或乘龍駕虎，冠服彩色不與世同，皆有經圖⑭。欲修其道，當先暗誦所當致見諸神姓名位號，識其衣冠。不爾，則卒至⑮而忘其神，或能驚懼，則害人也。為之，率欲得靜漠幽閑林麓之中，外形不經目，外聲不入耳，其道必成也。三童九女⑯節壽君，九首蛇軀⑰百二十官，雖來勿得熟視也。或有問之者，或有訶怒之者，亦勿答也。或有侍從暐曄⑱，力士甲卒，乘龍駕虎，簫鼓嘈嘈，勿舉目與言也。但諦念⑲老君真形，老君真形見，則起再拜也。老君真形者，思之姓李名聃，字伯陽，身長九尺，黃色，鳥喙⑳，隆鼻，秀眉長五寸，耳長七寸，額有三理㉑上下徹，足有八卦。以神龜為床，金樓玉堂，白銀為階，五色雲為衣，重疊之冠，鋒鋋之劍。從黃童百二十人，左有十二青龍，右有二十六白虎，前有二十四朱雀，後有七十二玄武，前道十二窮奇㉒，後從三十六辟邪㉓。雷電在上，晃晃昱昱㉔。此事出於《仙經》中也。見老君則年命延長，心如日月，無事不知也。」

【章　旨】介紹招致神靈、預知未來的法術。

【注　釋】❶占風氣　觀察風向、雲氣，以確定吉凶。❷布籌算　布置籌策，以推算吉凶。將數字刻在竹籌之上為籌策。❸推三棊　一種依據棋局變化以預測未來的方術。《隋書・經籍志》著錄有《九宮行棋經》，蓋此之類。❹步九宮　根據九宮的局勢作判斷。步，推算。❺訞訛　地上各種災害、變異、反常的現象。訞，同「祅」。❻占休咎於龜筴　以龜策占卜，以定禍福。休咎，善惡、吉凶。❼三皇天文　即《三皇文》，包括〈天〉〈地〉〈人〉三卷。〈地真〉曰：黃帝「受《三皇內文》以劾召萬神。」❽司命　星名。或曰文昌之第四星，或曰三臺中之上臺二星。❾司危　星名。《史記・天官書》曰：「司危星出正西西方之野。星去地可六丈，大而白，類太白。」❿阡陌亭長　指土地神之類。⓫六丁之靈　六甲旬中之丁神，可以役使取物，並知吉凶。⓬葛花　又名葛條花，性甘涼，中醫用作解酒毒之藥。⓭麻勃　即麻蕡，入口微辛而麻，有毒，常服致癮。⓮經圖　紋理與圖案之類。⓯卒至　猝然、突然而至。⓰三童九女　侍從之仙童玉女。《雲笈七籤・卷四八》：「明鏡有三童九女侍之。三童長六尺，九女長五尺。」⓱九首蛇軀　傳說共工之臣相柳氏九首人面，蛇身而青。此指仙官體型奇異。⓲暐曄　光彩閃耀之貌。⓳諦念　專心、聚精會神地存想。⓴鳥喙　方口厚唇，形如鳥喙然。㉑理　紋理。㉒窮奇　天神之名。在北方，其形如虎。㉓辟邪　神獸之名。似獅而帶翼。㉔晃晃昱昱　明亮閃動貌。

【語　譯】有人問：「推算未來之吉凶、安危、去就，若是早知道了就可以全身免禍，有無此種法術呢？」

抱朴子答道：「仰觀天象，俯察地理，觀看風雲之變幻，布置籌策以運算，測定三棋，推步九宮，檢索八卦，預測飛禽走獸聚集之地，判斷造成災異的物類，用龜策來考究禍福吉凶，這些都是平常的小方術，使人疲勞而難耐。如果能足不出帷幕而洞察天下之事，才算得是人神了。

或者用《三皇文》召來司命星神、司危星神以及五岳之神，召來土地之神及六丁之靈。讓這些神靈現形，使人們能夠看見，面對面地詢問各項事情。這樣是吉是凶也就明明白白，瞭如指掌了。無論遠近幽深之事，都可以事先得知。或者召來六陰玉女，其法術六十日則成，成後就可以經常役使她們了。或者以祭祀召來八史。八史是八卦之精，也能預先知道未來之事。或者服用葛花及秋芒、麻勃一刀圭方寸匕，服後便突然想睡覺，這時便聽見有人談到自己難以決定之事，是吉是凶也就可以確定了。或者用九寸以上的明鏡照著自己，專心存想，七日七夜就能見到神仙。或男或女，或老或少，神仙現形之後，心中自然知曉千里之外、未來之事了。明鏡或者用一個。或者用兩個，名叫日月鏡。或者用四個，名叫四規鏡。稱之為四規，是因為照時前後左右各有一個圓鏡。

用四規鏡，可見到甚多神，有的雙目直立，有的乘龍駕虎，冠帽衣服的樣式顏色，都不與人世相同，上面有紋飾圖案。若想修煉此種道術，應當先暗中記誦將要召來諸神的姓名及神號，並且能識別其帽子衣服。不然，當他們突然前來時，倘若忘記他們是神靈，就可能受到驚嚇，感覺害怕，則對人有害。修煉時，大都要在寂靜幽深的山林之中。若能外形不入目，外聲不入耳，道術就一定能修煉成功。所有侍從之仙童仙女、奇形怪體之仙界眾官，雖然降臨面前也不要盯著去看。如果仙官有所詢問，或者呵叱發怒，也不要回答。或者侍從金甲閃閃，力士甲卒乘龍駕虎，簫鼓齊鳴，也不要抬頭與之談話。只要專心存想老君的形象，等到老子的真身現形，則起身再拜。要想著老君的真形：老君姓李名聃，字伯陽。身長九尺，皮膚黃色。方口厚唇如鳥喙，高鼻梁，秀眉長五寸，兩耳長七寸，額前有三條上下通徹的紋理，足下有八卦，以神龜支床。住所為金樓玉堂、白銀臺階，以五色雲為衣，頭戴重疊之冠，身佩鋒鋌之劍。隨從仙童一百二十名，左有十二青龍，右有二十六白虎，前有二十四朱雀，後有七十二玄武。前有十二窮奇開道，後有三十六辟邪扈從。雷電在上，光亮閃灼。此事記載在《仙經》之中。見到老君就能延年益壽，心中洞明如日月，沒有不知之事。」

或問堅齒之道。抱朴子曰：「能養以華池❶，浸以醴液❷，清晨建齒❸三百過者，永不搖動。其次則含地黃煎、或含玄膽湯、及蛇脂丸、礬石丸、九棘散，則已動者更牢，有蟲者即愈。又服靈飛散者，則可令既脫者更生也。」

或問聰耳之道。抱朴子曰：「能龍導、虎引、熊經❹、龜咽、鷰飛、蛇屈、鳥伸❺，天俛地仰，令赤黃之景，不去洞房❻，猿據❼兔驚，千二百至，則聰不損也。其既聾者以玄龜薰之。或以棘頭、羊糞、桂毛、雀桂成裹塞之。或以狼毒❽

冶葛❾，或以附子❿蔥涕⓫，合內耳中。或以蒸鯉魚腦灌之，皆愈也。」

或問明目之道。抱朴子曰：「能引三焦⓬之昇景⓭，召大火⓮於南離⓯，洗之以明日⓰，熨之以陽光。及燒丙丁洞視符，以酒和洗之，古人曾以夜書也。或以苦酒煮蕪菁子⓱令熟，曝乾，末服方寸匕。日三，盡一斗，能夜視有所見矣。或以犬膽煎青羊、斑鳩、石決明⓲、充蔚⓳百華散，或以雞舌香、黃連、乳汁煎注之。諸有百疾之在目者皆愈，而更加精明倍常也。」

【章旨】介紹使牙齒牢固、耳朵靈敏、眼睛明亮的法術。

【注釋】❶華池　《黃庭內景經·中池章》務成子注曰：「舌下為華池。」❷醴液　指口中之津液。一名玉液，一名醴泉。❸建齒　叩齒。❹熊經　像熊攀樹，自懸於枝。❺鳥伸　像鳥飛空，自伸其腳。❻洞房　兩眉間直上，深一寸處為明堂宮。❼猿據　像猿猴攀枝上樹之狀。❽狼毒　植物瑞香狼毒或狼毒大戟、月腺大戟的根部，有抗菌殺蟲之功效。❾冶葛　一名野葛，又名鉤吻草，有毒，藥用有殺蟲之效。❿附子　烏頭的旁生塊根。《本草拾遺》說：「醋浸削如小指，納耳中，去聾。」⓫蔥涕　蔥之液汁，一名空亭液。見《石藥爾雅》。⓬三焦　中醫以上焦、中焦、下焦合稱三焦。又肺首亦稱三焦。《黃庭內景經·肺之章》：「肺之為氣三焦起。」⓭昇景　初升之日的光芒。⓮大火　星名。即熒惑星。⓯南離　易卦中〈離〉位在南，與身體之目相對應，這裡代指眼睛。⓰明日　原作「明石」，據《百子全書》本改。⓱蕪菁子　又名蔓菁子，主治青盲、目暗，有明目、清熱、利濕之效。⓲石決明　是一種貝殼，又名真珠母、九孔螺，有除熱明目之功效。⓳充蔚　草名。即益母草。

【語譯】有人問使牙齒牢固的法術。抱朴子說道：「能以口腔中的津液浸養牙齒，清晨叩齒三百下，則牙齒永不搖動。其次則是口含地黃煎、或者含玄膽湯，以及蛇脂丸、礬石丸、九棘散，可使已動搖的轉為牢固，蟲牙齲齒很快治癒。又服用靈飛散，則可使脫落牙的人重又生長出新的牙齒。」

有人問使耳朵靈敏的法術。抱朴子說道：「能夠練習導引之術：如龍運體，如虎引身，如熊掛樹，如龜咽氣，如燕子翻飛，如蛇蜿蜒屈伸，如鳥展翅伸足。上仰下俯，使赤黃之景不離眼前。又如猿攀枝爬樹，如兔突起驚奔。配合各種鍛鍊的運動，人的聽力就不會受到損害。那些已經耳聾的人，以玄龜熏耳，或者用棘頭、羊糞、桂毛、雀桂成裹塞入耳中，或者用狼毒、冶葛，或者用附子、蔥涕拌合，納進耳中。或者用蒸鯉魚腦灌耳，都可以使耳朵已聾的人恢復聽力。」

有人問使眼睛明亮的法術。抱朴子說道：「能引三焦之氣，專注初升旭日的光芒，能使星辰之光常在眼前。用明日去洗淨它，用陽光去鍛鍊它。以及燒化丙丁洞視符，拌酒清洗眼睛，古人曾用這些法術增進視力以致能在夜晚寫字。或者用苦酒將蕪菁子煮熟，曝曬乾燥，碾碎成末。每次服一方寸匕，每天服三次。服盡一斗，夜間就能看見東西了。或者用犬膽煎青羊、斑鳩、石決明、充蔚百華散，或者用雞舌香、黃連、乳汁合煎成湯藥洗目，則各種眼睛的疾病都能治好，視力會比平常倍增。」

或問登峻涉險、遠行不極❶之道。抱朴子曰：「惟服食大藥，則身輕力勁，勞而不疲矣。若初入山林，體未全實者，宜以雲珠粉❷、百華醴❸、玄子湯洗腳，及虎膽丸、朱明酒、天雄鶴脂丸、飛廉煎、秋芒、車前、澤瀉散，用之旬日，不但涉遠不極，乃更令人行疾，可三倍於常也。

若能乘蹻❹者，可以周流天下，不拘山河。凡乘蹻道有三法：一曰龍蹻，二曰虎蹻，三曰鹿盧蹻。或服符精思，若欲行千里，則以一時思之。若晝夜十二時思之，則可以一日一夕行萬二千里。亦不能過此，過此當更思之如前法。或用棗心木為飛車，以牛革結環劍以引其機❺，或存念作五蛇六龍三牛交罡❻而乘之，上昇四十里，名為太清。太清之中，其氣甚罡❼，能勝人❽也。師言鳶飛轉高，則但直舒兩翅，了不復扇搖之而自進者，漸乘罡氣❾故也。龍初昇階雲❿，其上行至四十里，則自行矣。此言出於仙人，而留傳於世俗耳，實非凡人所知也。又乘蹻須長齋，絕葷菜，斷血食，一年之後，乃可乘此三蹻耳。雖復服符，思五龍蹻⓫行最遠，其餘者不過千里也。其高下去留，皆自有法，勿得任意耳，若不奉其禁，則不可妄乘蹻，有傾墜之禍也。」

【章旨】介紹登高涉險、遠行不困以及乘蹻飛行的法術。

【注釋】❶不極　不困；不疲倦。❷雲珠粉　雲母五色並具而多赤者名雲珠。見〈仙藥〉。❸百華醴　蜂蜜。一名百卉花醴。見《石藥爾雅》。❹乘蹻　道家之飛行術。蹻是方士的鞋履。❺引其機　帶動發射的機關。今人王振鐸曾據此繪出飛車復原圖。見《中國歷史博物館館刊》一九八四年第六期。❻交罡　剛勁之力交合在一起。罡，通「剛」。❼罡　剛勁有力。❽勝人　托起人的重量。❾罡氣　剛勁之氣；勁風。❿階雲　乘雲，以雲為依托而升空。⓫五龍蹻　五龍指五行之神，人面而龍身。

【語譯】有人問到登高涉險、遠行不困的法術。抱朴子答道：「只要服食了仙藥，就能身體輕快、精力充足，勞而不疲。若是初進山林，體質還不充實，應以雲珠粉、百華醴、玄子湯洗腳，以及服用虎膽丸、朱明酒、天雄鶴脂丸、飛廉煎、秋芒、車前、澤瀉散，如此十天左右，不但遠行不困倦，還能使人行走加快，三倍於平常的速度。

若能乘蹻飛行，就可以周遊天下，不在乎山河的阻隔。乘蹻飛行有三種方法：一是龍蹻，二是虎蹻，三是鹿盧蹻。或是服符後專心存思，若是欲行千里，則存思一個時辰。若是存思晝夜十二個時辰，就能夠一日一夜行一萬二千里。也不能超出此數，超出此數則要再如前所說的重新存思。或者用棗心木製成飛車，用牛皮革套著綳緊的環劍以引動機關，發射上天。或者存想有五蛇、六龍、三牛的力量交合在一起，乘之而上升四十里，名叫太清之天。太清之天中，其氣剛勁有力，能將人托住。老師說鳶飛到高空之後，只要舒展開兩翅，完全不搧動翅膀就能自己前進，也就是逐漸憑藉剛氣為依托的緣故。龍初飛騰時以雲氣為依托，飛升到四十里時，就自己行動了。這些話都是仙人所說，留傳於人世，實在不是凡人所得知的。又乘蹻飛行必須長年齋戒，斷絕葷腥，不吃血食，堅持一年之後，才能行三蹻之法術。即使服符，也只有行五龍蹻之術飛行最遠，其餘不過千里而已。飛行時或高或低、或飛或住，都自有法術，不能隨心任意去作。如果不奉齋禁忌，則不能妄行乘蹻之術，否則有從空中翻倒跌落的禍災。」

或曰：「《老子》篇中記及《龜文經》❶，皆言大兵❷之後，金木之年❸，必有大疫，萬人餘一。敢問辟之道。」

抱朴子曰：「仙人入瘟疫祕禁法，思其身為五玉❹。五玉者，隨四時之色，春色青，夏赤，四季月❺黃，秋白，冬黑。又思冠金巾❻，思心如炎火，大如斗❼，則無所畏也。又一法，思其髮散以被身，一髮端輒有一大星綴之。又思作七星北斗，以魁❽覆其頭，以罡❾指前。又思五臟之氣從兩目出，周身如雲霧。肝青氣，肺白氣，脾黃氣，腎黑氣，心赤氣，五色紛錯，則可與疫病者同床也。或禹步呼直日⑩玉女，或閉氣思力士，操千斤金鎚，百二十人以自衛。或用射鬼丸、赤車使者丸、冠軍丸⑪、徐長卿散、玉函精粉、青牛道士薰身丸、崔文黃散⑫、草玉酒、黃庭丸、皇符、老子領中符、赤鬚子桃花符⑬，皆有良效者也。」

【章　旨】介紹以存想及藥物辟除流行瘟疫之法術。

【注　釋】❶老子篇中記及龜文經　《老子・第三十章》曰：「師之所處，荊棘生焉。大軍之後，必有凶年。」又〈遐覽〉著錄有《龜文經》一卷。❷大兵　原作「藥兵」，據宋浙本改。❸金木之年　金木相剋之年，如庚寅、辛卯等。❹五玉　指黃琮、青圭、赤璋、白琥、玄璜五種玉石。❺四季月　指三月、六月、九月、十二月，每季度的最末一月。❻思冠金巾　存想肺部黃童真人以金巾為冠也。《黃庭內景經・仙人章》：「黃童妙音難可聞……字曰真人巾金巾。」❼思心如炎火二句　存想心臟之景也。《黃庭內景經・心部章》：「心部之宮蓮含華。」❽魁　北斗七星之斗杓，即第一至第四星。❾罡　北斗七星之斗柄。❿直日　當值；值日。⓫冠軍丸　即熒火丸。⓬崔文黃散　崔文子，太山人。曾製作黃散赤丸，賣藥都市。後逢疫氣，飲黃散者即癒，為世所寶重。見《列仙傳・卷上》。⓭赤鬚子桃花符　赤鬚子，豐人。好食松實、天門冬、石脂，齒落更生，後為神仙。見《列仙傳・卷下》。

【語　譯】有人說道：「《老子》篇中及《龜文經》都說一場大的戰事之後，逢到金木相剋之年，必有大的瘟疫流行，生者只有萬分之一。請問辟除瘟疫之道。」

抱朴子說道：「仙人進入瘟疫流行區祕禁之法，存想自己的身體為五玉。五玉隨四時季節而改變顏色，春天是青色，夏天是赤色，每季末月是黃色，秋天是白色，冬天是黑色。又存想肺部黃童真人以金巾為冠，又存想心如炎火，大如斗，就無所畏懼了。又一種法術，存想頭髮四散，被滿全身，每一髮端就綴有一大星。

又思作北斗七星，以斗杓覆蓋自己的頭，以斗柄指向前。又存想五臟之氣從兩眼溢出，像雲霧一樣罩住全身。肝為青氣，肺為白氣，脾為黃氣，腎為黑氣，心為赤氣，五色交錯，這時就可與瘟疫病人同床而不受感染了。或者禹步呼喚當值的玉女，或閉氣存想力士持千斤金鎚，有一百二十人來保衛自己。或者用射鬼丸、赤車使者丸、冠軍丸、徐長卿散、玉函精粉、青牛道士薰身丸、崔文黃散、草玉酒、黃庭丸、皇符、老子領中符、赤鬚子桃花符，都有良好的效果。」

卷一六 黃白

【題解】黃白，介紹古代製作金銀的方術。

漢魏六朝時，人們普遍認為金銀可以用多種藥物製作而成，如《銅柱經》曰：「丹砂可為金，河車可作銀。立則可成，成則為真。」黃山子曰：「天地有金，我能作之。二黃一赤，立成不疑。」製作金銀的原料，主要是各種石藥，如丹砂、雄黃、雌黃、戎鹽、曾青、白礬、慈石、石膽、寒水石、太乙禹餘糧等，有時也用到銅、錫等賤金屬及動植物類的藥物。其方法多為溶解、加溫以促使其發生物理的或化學的變化，製成一種「藥金」。這種藥金不是現代意義上的黃金白銀，但它具有金銀的色澤，並且有著某些藥效。

古人認為製成了金銀，則長生可成，因此對黃白術特別重視。這種探索性的試驗促進了我國古代科技的發展，為我國古代化學、醫藥學的發展作出了貢獻。

抱朴子曰：「《神仙經・黃白之方》二十五卷，千有餘首。黃者金也，白者銀也，古人祕重其道，不欲指斥，故隱之云爾。或題篇云庚辛，庚辛亦金❶也。然率多深微難知，其可解分明者少許爾。世人多疑此事為虛誕，與不信神仙者正同也。余昔從鄭公❷受九丹及金銀液經❸，因復求受《黃白中經》五卷。鄭君言曾與左君❹於廬江銅山中試作，皆成也。然而齋潔禁忌之勤苦，與合金丹神仙藥無異也。

俗人多譏余好攻異端❺，謂予為趣欲強通天下之不可通者。余亦何為然哉？余若欲以此輩事❻騁辭章於來世，則余所著《外篇》及雜文二百餘卷，足以寄意於後代，不復須此。且此《內篇》皆直語耳，無藻飾也。余又知論此曹事，世人莫不呼為迂闊不急，未若論俗間切近之理，可以合眾心也。然余所以不能已於斯事，知其不入世人之聽❼，而猶論著之者，誠見其效驗，又所承授之師非妄言者。而余貧苦無財力，又遭多難之運❽，有不已之無賴❾。兼以道路梗塞，藥物不可得，竟不遑合作之。余今告人言我曉作金銀，而躬自飢寒，何異自不能行而賣治躄❿之藥，求人信之，誠不可得。然理有不如意，亦不可以一概斷也。所以勤勤綴之於翰墨⓫者，欲令將來好奇賞真之士⓬，見余書而具論道之意耳。

【章旨】自述孜孜不倦地撰寫《內篇》，為的是使後世之同志，藉此通曉仙道之意。

【注釋】❶庚辛亦金　天干與五行相配，庚辛屬金，故云。❷鄭公　即鄭隱，字思遠。葛洪之師。❸九丹及金銀液經　九丹即《黃帝九鼎丹經》，金銀液經即《金液丹經》。見〈金丹〉。❹左君　左慈，字元放，廬江人。葛玄之師。❺好攻異端　喜愛專門研究怪異之說。❻此輩事　指著論闡說神仙之道與黃白之術。❼不入世人之聽　不為世俗之人所愛聽。❽多難之運　指戰爭、社會動盪，天下多事之世。❾不已之無賴　天下動亂不已，使人無可奈何。❿躄　足不能行；雙足癱瘓。⓫綴之於

翰墨　聯綴為文章。指撰論著書。⑫好奇賞真之士　追求神仙道術之同志。

【語　譯】抱朴子說：「《神仙經・黃白之方》二十五卷，共有一千多條。所謂黃者，是指黃金；所謂白者，是指白銀。古人特別看重這種方術，不想直接指明，所以用這些隱語。也有的以庚辛為篇名，庚辛也是金的代號。然而這些記述多數用語深隱，意思難以明瞭，其中可以明白理解的只有少許一點。世人多懷疑此事怪誕不實，與不信神仙者完全相同。我從前跟從鄭隱先生，接受了《黃帝九鼎神丹經》以及《金液丹經》，於是又請求接受了《黃白中經》五卷。鄭君說，他曾經與左慈先生在廬江銅山中試作金銀，都成功了。然而齋戒禁忌，十分勤苦，與合煉金丹仙藥沒有區別。

世俗之人多譏諷我喜愛專門鑽研怪異之說，認為我是要勉強貫通天下不可通之事理。我又為什麼這麼作呢？如果說我想通過論述這些事，馳騁辭章以便流傳後世，則我所著《抱朴子・外篇》以及雜文共二百餘卷，足以寄託我的心意以傳於未來，不再需要這些文字了。再說《抱朴子・內篇》都是白話淺語，並無辭藻的修飾。我又知道論述這類事，世人莫不說是迂闊不急，不如談論世俗眼前的事理，可以符合眾人的心意。然而我之所以放不下此事，明知世人不愛聽仍然撰書論述此事，為的是的確看到了它的效果，加之我所奉事的老師不是信口妄言之人。但是由於我的家境貧窮，財力不夠，又遇到動亂不已的世道，令人無可奈何。加上道路阻塞，所需的藥物不可得到，竟然未來得及合作金銀。現在我對別人說我知道如何合作金銀，自己卻身遭飢寒之苦。這與自己不能行走，卻賣治療足疾之藥，又有什麼不同呢？希望別人相信，的確是不可能的。然而事情有時不如人意，因此不能一概而論。我之所以孜孜不倦地撰寫篇章，為的是使將來愛好仙術之士，看到我的著作而通曉仙道的意旨。

夫變化之術，何所不為？蓋人身本見，而有隱之之法。鬼神本隱，而有見之之方。能為之者往往多焉。水火在天，而取之以諸燧❶。鉛性白也，而赤之以為丹❷。丹性赤也，而白之而為鉛。雲雨霜雪，皆天地之氣也，而以藥作之，與真無異也。至於飛走之屬、蠕動之類，稟形造化，既有定矣。及其倏忽而易舊體❸、改更而為異物者，千端萬品❹，不可勝論。人之為物，貴性最靈。而男女易形❺，為鶴❻為石❼，為虎❽為猿❾，為沙為黿❿，又不少焉。至於高山為淵、深谷為陵，此亦大物之變化。變化者，乃天地之自然，何為嫌金銀之不可以異物作乎？譬諸陽燧所得之火、方諸所得之水，與常水火豈有別哉？蛇之成龍⓫、茅糝為膏，亦與自生者無異也。然其根源之所緣由，皆自然之感致。非窮理盡性⓬者，不能知其指歸⓭。非原始見終⓮者，不能得其情狀也。狹觀近識⓯，桎梏巢穴⓰，揣淵妙於不測⓱，推神化於虛誕⓲。以周、孔不說，墳籍⓳不載，一切謂為不然，不亦陋哉？

【章　旨】萬物變化，乃是自然之理。不是窮理盡性、洞見始終者不能理解其中的奧祕。

【注　釋】❶諸燧　方諸、陽燧。方諸是一種銅器，可以在月下承露取水。陽燧是一種凹面銅鏡，可以對日取火。❷鉛性白也二句　道家謂以鉛煉成之丹為鉛丹。❸倏忽而易舊體　即古人認為雉可化為蜃、雀可化為蛤、腐草化為螢之類。❹千端萬品　形形色色；各種各樣。❺男女易形　《漢書・五行志》載：漢哀帝建平中，豫章有男子化為女子。又《後漢書・方術列傳》載：徐登，閩中人，本女子化為丈夫。❻為鶴　人變化為鶴。傳說周穆王南征，一軍盡化，君子變化為鶴，小人變化為沙。❼為石　傳說秦王獻美女五人於蜀，蜀王遣五丁迎女。路見大蛇，五丁引蛇而山崩，五女皆化為石。❽為虎　傳說公牛哀病，七日化為虎。見《淮南子・俶真》。❾為猿　《白孔六帖・卷九四》載周穆王南征，一軍自化為猿。❿為黿　傳說漢靈帝時，江夏黃氏之母浴而化為黿，入於深淵。見《搜神記・卷一四》。⓫蛇之成龍　《史記・外戚世家》曰：「蛇化為龍，不變其文。」⓬窮理盡性　窮究萬物之事理，透悟人類之本性。⓭知其指歸　明白其意旨。指領悟萬物變化的奧妙。⓮原始見終　洞察萬物發展的起源及歸宿。⓯狹觀近識　指見識狹隘、目光短淺者。⓰桎梏巢穴　綑住自己的手腳，限制在小的範圍內。⓱揣淵妙於不測　猜想深妙難測之事。⓲推神化於虛誕　推測神妙變化之事，以為虛無怪誕。⓳墳籍　三墳五典之古籍。

【語　譯】天下變化之事，什麼樣的沒有呢？人的身體本是可以看見的，然而有隱身之術。鬼神的形狀是隱藏不見的，然而又有見鬼的方術。能有上述本領的人不少，常常可以見到。水火在天上，然而可以用方諸、陽燧取得。鉛粉是白色的，然而可以合成紅色的丹藥。丹藥是紅色的，又可以還成白色的鉛粉。雲雨霜雪，都是天地之氣自然的變化。然而以藥物造成雲雨霜雪，與自然界的真物則沒有區別。至於飛禽走獸之類、爬動昆蟲之屬，牠們的形體本來是已經確定的。然而突然之間改形換體，在短時期內變成了另一種生物，這樣的事情形形色色，不勝枚舉。人為萬物之靈，然而男變女、女變男，有的化為鶴，有的化為石，有的變為虎，有的變為猿，有的化作沙，有的化作黿，這樣的事又不少見。至於高山降為深淵，低谷升為山陵，這是地體結構的巨變。所以變化是天地間自然的現象，為什麼懷疑金銀能用他物作成這件事呢？比如陽燧所得之火、方諸所取之水，與平常的水火又有什麼不同呢？蛇變化為龍、茅糝製作為膏，亦與天然自生之物並無差異。然而這一切的根本原因，都是自然的感應變化。不是窮盡事理之奧祕者，不能明白其指歸；不是洞察萬物之起源與歸宿者，不能測知其情狀。見識狹隘、鼠目寸光的人，局限在一隅之地。揣想深妙不測的事理，將神妙精微之變化視為虛無怪誕。以周公、孔子所未說，三墳五典所未載錄之事，一概歸於不存在，這豈不是太淺陋了嗎？

又俗人以劉向作金不成❶，便云天下果無此道。是見田家或遭水旱不收，便謂五穀不可播殖得也。成都內史吳大文❷，博達多知，亦自說昔事道士李根❸，見根煎鉛錫，以少許藥如大豆者投鼎中，以鐵匙攪之，冷即成銀。大文得其祕方，但欲自作，百日齋便為之。而留連在官，竟不能得。恆歎息，言人間不足處也。

又桓君山❹言漢黃門郎程偉好黃白術，娶妻得知方家女❺。偉常從駕出而無時衣，甚憂。妻曰：『請致兩端縑❻！』縑即無故而至前。偉按《枕中鴻寶》❼作金不成，妻乃往視偉，偉方扇炭燒筩，筩中有水銀。妻曰：『吾欲試相視一事！』乃出其囊中藥，少少投之，食頃發之，已成銀。偉大驚曰：『道近在汝處，而不早告我，何也？』妻曰：『得之須有命者。』於是偉日夜說誘之，賣田宅以供美食衣服，猶不肯告偉。偉乃與伴謀撾笞伏之❽。妻輒知之，告偉言：『道必當傳其人。得其人，道路相遇輒教之。如非其人，口是而心非者，雖寸斷支解，而道猶不出也。』偉逼之不止，妻乃發狂，裸而走，以泥自塗，遂卒。

近者前廬江太守華令思❾，高才達學，洽聞之士也。而事之不經❿者，多所不信。後有道士說黃白之方，乃試令作之。云以鐵器銷鉛，以散藥投中，即成銀。又銷此銀，以他藥投之，乃作黃金。又從此道士學徹視⓫之方，行之未百日，夜臥即便見天文及四鄰了了，不覺復有屋舍籬障。又妾名瑤華者已死，乃見形，與之言語如平生。又祭廟，聞廟神答其拜，床似動有聲。令思乃歎曰：『世間乃定無所不有，五經雖不載，不可便以意斷也。』然不聞方伎者卒聞此，亦焉能不驚怪邪？

又黃白術亦如合神丹，皆須齋潔百日已上。又當得閑解方書⑫，意合者乃可為之。非濁穢之人及不聰明人，希涉術數⑬者所辨作也。其中或有須口訣者，皆宜師授。又宜入於深山之中清潔之地，不欲令凡俗愚人知之。而劉向止宮中作之，使宮人供給其事，必非齋潔者。又不能斷絕人事，使不來往也。如此安可得成哉？

桓譚《新論》曰：史子心見署為丞相史，官架屋，發吏卒及官奴婢以給之，作金不成。丞相自以力不足，又白傅太后⑭。太后不復利於金也，聞金成可以作延年藥，又甘心焉。乃除之為郎⑮，舍之北宮中，使者待遇。寧有作此神方可於宮中，而令凡人雜錯共為之者哉？俗間染繒練，尚不欲使雜人見之，見之即壞。況黃白之變化乎？凡事無巨細，皆宜得要。若不得其法，妄作酒醬醋羹臛⑯猶不成，況大事乎？

【章旨】列舉造作金銀成功的事例，並指出劉向在宮廷中、役用雜人作金銀不成，不能證明此道無憑。

【注釋】❶劉向作金不成　《漢書・楚元王傳》說：劉向獻書朝廷，言黃金可成。皇上令典尚方鑄作事，費甚多，不驗。劉向亦因此而入獄。❷內史吳大文　內史是諸侯國的民政官員。大文，《神仙傳》作「太文」。❸李根　字子源，許昌人。《神仙傳・卷一〇》說他「昔在壽春吳太文家，太文從之學道，得作金銀法，立成。」❹桓君山　桓譚，字君山。博學多通，遍習五經。著為《新論》十六篇。❺知方家女　通曉黃白術家之女。❻請致兩端縑　請讓我弄來兩端絹。端是古代布帛的長度單位，或曰六丈為一端。縑是一種細絹。❼枕中鴻寶　淮南王劉安好神仙，有《枕中鴻寶苑祕書》，記載役使鬼神及作金之方術。劉向之父劉德得之，以傳劉向。❽謀撾笞伏之　策劃毒打她，使她順從。撾，敲打。❾華令思　名譚，廣陵人。博學多通，著書三十卷，名曰《辨道》。事見《晉書・卷五二》。❿不經　荒唐怪誕，不合於經典。⓫徹視　視力能穿透障礙物。⓬閑解方書　嫻熟、理解載錄方術的道書。⓭希涉術數　對於方術了解甚少。⓮傅太后　即孝元傅昭儀，稱定陶皇后，是哀帝的祖母。⓯除之為郎　任命為郎官。除，授以官職。⓰臛　肉羹。

【語譯】又俗人因為劉向作金未獲成功，便說天下果然無此法術。這就好像看見農家遭受水旱災害沒有收成，便斷言五穀不可播種而得一樣。成都內史吳大文，為人博識多才。他自說曾經奉事道士李根，看見李根熔化鉛錫，用黃豆大的藥投入鼎中，再以鐵匙攪之，冷後便凝結為銀。吳大文得到了祕方，只是若想自己合作，應齋戒一百天。而公務纏身，竟未能施行。他常歎息說人間不值得居留。

又桓譚《新論》記載：漢黃門郎程偉喜愛合煉金銀之術。他的妻子是通曉黃白之術家中的女子。程偉經常隨從皇帝外出，沒有應時的服裝，心中很發愁。他的妻子說：『讓我弄來兩端細絹吧！』細絹也就無緣無故地出現在面前了。程偉按照《枕中鴻寶》一書製作金銀，未得成功。其妻前往探看，此時程偉正在煽炭火燒筩，筩中有水銀。其妻說：『有一件事，我想試試看！』於是取出袋中之藥，投進很少一點。約一頓飯時間，打開一看，筩中已經凝結為銀，程偉大驚說：『道術原來就在你這裡。不早些告訴我，是為什麼呢？』其妻說：『只有命中注定的人，才能得到道術。』於是程偉日夜引誘勸說，變賣田地房屋供給妻子美衣美食，其妻還是不肯將藥方告訴程偉。程偉又與人密商，要毒打妻子逼她屈服。妻子當即得知，對程偉說：『道術一定要傳授給適當的人。若是合適的人，即便是道路相遇也應傳授。如果不得其人，對於那種口是心非者，即使粉身碎骨，也不能傳以道術。』程偉逼迫不止，其妻於是發狂，裸身往外跑，將泥巴塗在自己的身上，便死去了。

近來有前廬江太守華令思，他是一位有才華學識、見聞廣博之士。對於荒誕不經之事，他多不相信。後來有道士談及製作金銀之事，華令思便令那個道士試作。他說用鐵器熔化鉛塊，投進藥粉，即刻變成白銀。再將銀塊熔化，投進別的藥粉，又製出了黃金。華令思又向此道士學習透視的方術。練習未到一百天，夜間睡在床上就能看見天上的星辰以及四鄰的景象，了了在目，不再覺得有屋舍牆壁的阻隔。華令思有一個名叫瑤華的小妾，已經去世。此時也現出形狀，與之言語交談，好似活人一樣。又祭廟拜神時，華令思還聽見廟神答拜的話語，廟神所坐的椅子也好似發出了聲響。華令思乃歎息說：『世間之事，無所不有，雖然五經未曾記載，卻不可單憑想像去斷定。』然而對於未聞道術方伎者，突然聽到這些事，怎麼能不感到驚異、奇怪呢？

又製作金銀之術也同合煉神丹一樣，都必須齋戒百日以上。又應當熟悉、透悟方書的內容，只有能體會道家之旨、與之合意的人才可以製作金銀，而不是那些污穢之輩，以及愚昧之人，或者很少涉及道術的人所能辦成的。其中有些必須依據口訣的，都應該得到師傅的傳授。又宜到深山之中、清潔之地，不要讓世俗愚人得知。而劉向在宮中製作，讓宮人參與其事。這些宮人一定未行齋戒，又不能斷絕人事，不與俗人往來。這樣怎麼可能得到成功呢？

桓譚《新論》說：史子心被任命為丞相的屬官，由官方蓋屋，調派吏卒以及官府奴婢供應用物，製作黃金，未獲成功。丞相自認為是財力不足，又稟告了傅太后。太后並不貪圖製金的財利，但是聽說黃金製成後可以用作延年之藥，又情願去作。於是任命史子心為郎官，讓他住在北宮中，給予使者的待遇。世間難道有在宮殿之中，使凡人混雜在一起製作金銀的嗎？世人染絹絲，尚且不願讓雜人看見，看見了就染不好。何況金銀的變化呢？凡事無論大小，都要把握關鍵之處。若是不得其法，隨意妄作，酒醬醋羹尚且不能成功，何況大事呢？

余曾諮於鄭君曰：『老君云，不貴難得之貨❶。而至治之世，皆投金於山，捐玉於谷❷。不審古人何用金銀為貴而遺其方也？』

鄭君答余曰：『老君所云，謂夫披沙剖石、傾山漉淵❸，不遠萬里，不慮壓溺❹，以求珍玩，以妨民時❺。不知止足，以飾無用。及欲為道，志求長生者，復兼商賈，不敦信讓❻，浮深越險，乾沒❼逐利。不吝軀命，不修寡欲者耳。至於真人作金，自欲餌服之致神仙，不以致富也。故經曰：金可作也，世可度也。銀亦可餌服，但不及金耳。』余難曰：『何不餌世間金銀而化作之？作之則非真，非真則詐偽也。』

鄭君答余曰：『世間金銀皆善。然道士率皆貧，故諺云無有肥仙人、富道士也。師徒或十人或五人，亦安得金銀以供之乎？又不能遠行採取，故宜作也。又化作之金乃是諸藥之精，勝於自然者也。《仙經》云：丹精生金。此是以丹作金之說也。故山中有丹砂，其下多有金。且夫作金成則為真物，中表如一，百鍊不減。故其方曰可以為釘，明其堅勁也。此則得夫自然之道也，故其能之。何謂詐乎？詐者謂以曾青[8]塗鐵，鐵赤色如銅，以雞子白[9]化銀，銀黃如金，而皆外變而內不化也。夫芝菌者自然而生，而《仙經》有以五石五木種芝。芝生，取而服之，亦與自然芝無異，俱令人長生。此亦作金之類也。雉化為蜃，雀化為蛤[10]，與自然者正同。故《仙經》曰：流珠九轉[11]，父不語子。化為黃白，自然相使。又曰：朱砂為金，服之昇仙者，上士也；茹芝導引，咽氣長生者，中士也；餐食草木，千歲以還者，下士也。又曰：金銀可自作，自然之性也，長生可學得者也。《玉牒記》云：天下悠悠，皆可生[12]也。患於猶豫，故不成耳。凝銀[13]為金，可中釘也。《銅柱經》曰：丹砂可為金，河車[14]可作銀。立則可成，成則為真。子得其道，可以仙身。黃山子曰：天地有金，我能作之。二黃一赤，立成不疑。《龜甲文》曰：我命在我不在天，還丹成金億萬年。古人豈欺我哉？』

但患知此道者多貧，而藥或至賤而生遠方，非亂世所得也。若戎鹽鹵鹹皆賤物，清平時了不直錢，今時不限價直而買之無地[15]。羌里石膽[16]，千萬錢求一斤亦不可得。徒知其方，而與不知者正同，可為長歎者也。有其法者，則或飢寒無以合之，而富貴者復不知其法也。就令知之，亦無一信者。假令頗信之，亦已自多金銀，豈肯費見財[17]以市其藥物，恐有棄繫逐飛[18]之悔，故莫肯為也。又計買藥之價，以成所得之物，尤⑲有大利，而更當齋戒辛苦，故莫克為也。

【章　旨】闡說道書關於以藥物製成金銀的記載及其效用，說明因為現實困難及心理顧慮，故世人難以有所成功。

【注　釋】❶不貴難得之貨　見《老子・第三章》。❷投金於山二句　將金玉棄置於山谷之中。《新語・術事》：「舜棄黃金於嶄巖之山，禹捐珠玉於五湖之淵。」❸傾山漉淵　翻山倒海，盡力搜求。❹壓溺　指車船翻覆、沈溺。❺民時　農時。❻不敦信讓　不講究信用、謙讓。❼乾沒　得利為乾，失利為沒。形容僥倖、冒險以追求利益。❽曾青　一種含銅的礦石。此指曾青水。以曾青一斤納生竹筒中，加硝石四兩、汞二兩，漆固封口，納華池中三十日成水。❾白　疑「黃」字之訛。❿雉化為蜃二句　《禮記・月令》說：季秋雀入大水化為蛤，孟冬雉入大水化為蜃。蜃是一種大蛤。⓫流珠九轉　以水銀之類藥物九轉成丹。水銀別名流珠，見《石藥爾雅》。⓬可生　原作「可長生」，此據《道藏・諸家神品丹法卷一》校改。⓭銀　原作「水銀」，一本作「汞」，此據《道藏》本。⓮河車　錫精別名河車。見《石藥爾雅》。⓯地　原作「也」，此據《道藏・諸家神品丹法》。⓰羌里石膽　石膽又名膽礬，礦物名。出自羌里之石膽色稍黑。⓱見財　現錢；現財。⓲棄繫逐飛　放棄到手之收穫，追捕難以預測之獵物。⓳尤　同「猶」。

【語　譯】我曾經問鄭隱先生道：『老子說不貴難得之貨。而太平之世，都將金玉投棄到山谷之中。不知古人為什麼又以金銀為貴，而傳留下製作的方術呢？』

鄭君回答我說：『老子所說，是指淘沙剖石、滿山搜尋、翻江倒海的撈取，不以萬里為遠，不畏翻車覆舟之禍，以求得珍寶珠玩，妨礙農時，永無止足，以修飾無益之事。以及既想修煉道法、有志追求長生，同時兼作商人，又不能講究信用、謙讓之事。這些人浮渡江河、經歷險阻，追求財利而不惜性命，不懂得清心寡欲。至於真人製作黃金，乃是為了自己服餌以求神仙之道，並非用為致富的手段。所以經書上說：金若能製成，就可以超世成仙。白銀也可以服餌，只是不及黃金罷了。』我又問道：『為何不服食人間的金銀，而要自己製作？自己製作的就不真實，不真實就是詐偽。』

鄭君答覆我說：『世間的金銀都是好的。然而道士大都貧窮，所以諺語說沒有肥仙人、富道士。有的師徒合計共有五人或十人，哪裡有足夠的金銀供給呢？又不能遠行登山採礦冶煉，所以只能以藥物製作。又化製而成之金，乃是諸藥的精華，勝過自然之金。《仙經》上說：丹砂之精生化成金。這是以丹砂製金的依據。所以山中上有丹砂，其下多有黃金。再說製作成功了就是真金，內外如一，百煉不減。所以方書上說：製成之金，可以作釘。說明它的堅硬。這是得之於自然變化之道，所以能夠如此。怎麼能說是詐偽呢？所謂詐偽，指的是用曾青水塗在鐵上，鐵的表面呈現銅紅色，或用雞蛋黃化在銀子中，使銀黃如金色。這都是表面色彩改變而內質並無變化。芝菌之類都是自然天生的，而《仙經》記載有用五石、五木種芝，待生長後取來服用，與自然生成的芝沒有不同，都可以使人得到長生之效。這也是與製作黃金同類的事情。雉鳥入水化為蜃，雀鳥入水化為蛤，與自然生長的相同。所以《仙經》說：金丹九轉，父不語子。化為金銀，自然相使。又說：丹砂化為金，服後升天者，為上士。服仙芝、習導引、咽氣長生者，為中士。服草木之藥，壽達千歲者，為下士。又說：金銀可以自作，乃是自然之性，所以長生可以學得。《玉牒記》說：天下之人，皆可長生。猶豫不決，所以不成。凝銀為金，可以製釘。《銅柱經》說：丹砂可以為金，錫精可以作銀。立則可成，成則為真。子得其道，神仙可成。黃山子說：天地有金，我能作之。二黃一赤，立成不疑。《龜甲文》說：我命在我不在天，還丹成金壽萬年。古人難道會欺騙我嗎？』

遺憾的是懂得這種道術的人都很貧窮，而有些藥物雖然不貴卻出產在遠方，不是亂世所能得到的。比如戎鹽鹵鹹都是便宜之物，太平時一點不值錢，但是如今無論什麼價錢都沒有地方買得到。羌里石膽，上千萬錢一斤也不可得。空知製作之方，與不知藥方一樣無能為力，這是最令人長歎不已的。懂得方法的人，有的飢寒交迫無錢製作，那些有錢的人又不知道方法。即使富人中有人得知，也沒有人肯相信。即使有人頗為相信，又以為自己已經擁有許多金銀，不肯破費錢財以購買藥物，恐怕無所收穫，後悔莫及，所以不肯去做。又有人計算買藥之價，對比製作成功後的收入，雖然還有豐厚的利潤，但是要忍受齋戒的辛苦，所以終究未能實行。

且夫不得明師口訣，誠不可輕作也。夫醫家之藥，淺露之甚，而其常用效方❶，便復祕之。故方有用後宮遊女❷、僻側之膠❸、封君泥丸❹、木鬼子、金商芝❺、飛君根❻、伏龍肝❼、白馬汗❽、浮雲滓❾、龍子丹衣❿、夜光骨⓫、百花醴⓬、冬鄒齋之屬，皆近物耳，而不得口訣，猶不可知。況於黃白之術乎？今能為之者，非徒以其價貴而祕之矣。此道一成，則可以長生。長生之道，道之至也，故古人重之也。凡方書所名藥物，又或與常藥物同而實非者。如河上姹女⓭，非婦人也；陵陽子明⓮，非男子也；禹餘糧⓯，非米也；堯漿，非水也。而俗人見方用龍膽⓰、虎掌⓱、雞頭⓲、鴨蹠⓳、馬蹄⓴、犬血、鼠尾㉑、牛膝㉒，皆謂之血氣之物也。見用缺盃㉓、覆盆㉔、釜鑩、大戟㉕、鬼箭㉖、天鉤，則謂之鐵瓦之器也。見用胡王使者㉗、倚姑新婦、野丈人㉘、守田公㉙、戴文浴㉚、徐長卿㉛，則謂人之姓名也。近易之草，或有不知。玄祕之方，孰能悉解？劉向作金不成，無可怪之也。及得其要，則復不煩聖賢大才而後作也，凡人可為耳。劉向豈頑人哉？直坐㉜不得口訣耳。

【章旨】製作金銀之藥方多用代號隱語，非常人所能明白。劉向正因為此，所以作金不成。

【注　釋】❶效方　驗方；屢服有效的藥方。❷後宮遊女　螢火蟲之別名。見《石藥爾雅》。❸僻側之膠　桃膠之別名。見《石藥爾雅》。❹封君泥丸　母豬頭猴獼頭，一名封君。❺金商芝　楸木耳之別名。❻飛君根　蜂子一名飛君。❼伏龍肝　一名釜臍下墨。陶弘景云即灶中對釜月下黃土。❽白馬汗　汗，疑當作「汁」。覆盆子一名白馬汁。見《石藥爾雅》。❾浮雲滓　雲母之別名。❿龍子丹衣　蛇蛻、蝦蟆皮，又名龍子單衣。⓫夜光骨　燭燼之別名。⓬百花醴　即蜂蜜。⓭河上姹女　水銀之別名。⓮陵陽子明　仙人名，此用作水銀之名。水銀一名子明。見《石藥爾雅》。⓯禹餘糧　一種礦石，色黃，可入藥。⓰龍膽　一種草藥。葉似龍葵，味苦如膽，故名。⓱虎掌　一種草藥。主治心痛寒熱。⓲雞頭　即芡。一種水生植物，又名雞頭，可以食用或入藥。⓳鴨蹠　一種草藥。主治寒熱瘴瘧等疾病。⓴馬蹄　杜衡葉似葵，形如馬蹄，俗云馬蹄香。㉑鼠尾　即鼠尾粟。多年生草本植物。入藥有清熱解毒之功效，可治赤白痢。㉒牛膝　一種草藥。主治腰膝骨痛、肢體拘攣等病癥。㉓缺盃　盃，疑當作「盆」。《爾雅．釋草》有蒛盆，實似莓而小，可食。或曰即覆盆子。㉔覆盆　藥草名。藤生，五月籽熟，亦名大麥莓。㉕大戟　藥草名。一名邛鉅。㉖鬼箭　《本草經》曰：衛矛一名鬼箭，味苦寒，生山谷。㉗胡王使者　草藥白頭翁，一名胡王使者。味苦溫無毒，治溫瘧諸疾。㉘野丈人　白頭翁之別名。㉙守田公　草名。似燕麥，生長荒廢田中。或曰即狼尾草。㉚戴文浴　王明曰：「戴文浴即戴文玉，草藥名。如金釵草，療血疾。」見趙學敏《本草綱目拾遺．卷四》。㉛徐長卿　味辛溫，生山谷中。主治蠱毒邪氣，久服輕身。或曰：一名鬼督郵。㉜坐　因為。

【語　譯】再說若是不得明師的口訣指點，的確不可輕易去作。醫家所用的藥物，實在是很淺露的，然而常用有效的藥方，也就祕不告人。所以藥方中有用後宮遊女、僻側之膠、封君泥丸、木鬼子、金商芝、飛君根、伏龍肝、白馬汗、浮雲滓、龍子丹衣、夜光骨、百花醴、冬鄒齋之類，都是眼前之物。然而不得口訣，它們到底是什麼還是不得而知。何況製作金銀之術呢？如今懂得此術的人，不僅僅因為金銀貴重而視為祕密，還因為金銀製成後又可以服食長生。長生之術是最重要的道術，所以古人特別重視。方書上所記載藥物之名，有的與通常名稱相同而實指卻不同。如河上姹女，並非指婦人女子。陵陽子明，並非指男子丈夫。禹餘糧，不是糧食。堯漿，不是湯水。而俗人看見藥方上用龍膽、虎掌、雞頭、鴨蹠、馬蹄、犬血、鼠尾、牛膝，便認為都是動物身上的部分。看見用缺盃、覆盆、釜鬵、大戟、鬼箭、天鉤，便認為都是陶器、鐵器之物類。

看見用胡王使者、倚姑新婦、野丈人、守田公、戴文浴、徐長卿，便認為都是人的名字。近在眼前的草木，有些尚且不知曉。深祕的藥方，誰又能完全理解呢？劉向製作黃金不成，也就沒有什麼奇怪的了。如果掌握了道術的關鍵，則不必聖賢大才而後才能作，一般常人都可以作。劉向豈是愚鈍之輩？只是因為他未得口訣指點而已。

今將載其約而效之❶者，以貽❷將來之同志焉。當先取武都雄黃❸，丹色如雞冠，而光明無夾石者，多少任意，不可令減五斤也。擣之如粉，以牛膽和之，煮之令燥。以赤土釜容一斗者，先以戎鹽❹、石膽❺末薦釜中，令厚三分。乃內雄黃末，令厚五分。復加戎鹽於上。如此相似，至盡。又加碎炭火如棗核者，令厚二寸。以蚓螻土❻及戎鹽為泥，泥釜外。以一釜覆之，皆泥令厚三寸，勿泄。陰乾一月，乃以馬糞火熅之三日三夜。寒，發出，鼓下其銅，銅流如冶銅鐵也。乃令鑄此銅以為筩❼，筩成以盛丹砂水。又以馬屎火熅之三十日，發爐，鼓之得其金。即以為筩，又以盛丹砂水❽。又以馬通火❾熅三十日，發取擣治之。取其二分生丹砂，一分并汞。汞者，水銀也❿。立凝成黃金矣。光明美色，可中釘也。

作丹砂水法

治丹砂一斤，內生竹筩中，加石膽、消石各二兩。覆薦上下，閉塞筩口，以漆骨丸封之。須⓫乾，以內醇苦酒中，埋之地中深三尺。三十日成水，色赤味苦也。

【章　旨】介紹以丹砂水製作黃金之法。

【注　釋】❶約而效之　簡單而行之有效。❷貽　遺留；傳給。❸武都雄黃　〈仙藥〉曰：「雄黃當得武都山所出者，純而無雜，其赤如雞冠、光明曄曄者乃可用耳。」❹戎鹽　巖鹽。因產於戎地，故名。❺石膽　礦物名。一名畢石。❻蚓螻土　蚯蚓、螻蛄活動處之土。❼筩　筒、桶之器具。❽又以馬屎火熅之三十日五句　此二十七字與前之內容重複，疑為旁注，誤入正文。❾馬通火　即馬糞火。❿汞者二句　此五字疑為旁注，誤入正文。⓫須　等待。

【語　譯】現在我就記下其中簡單有效的方法，以留傳給後世的同志。要先取武都雄黃，選擇其中紅色如雞冠，並且顏色光亮而無雜石的，多少隨意，但是不可少於五斤。擣細如粉末，以牛膽拌和，並將它煮乾。然後用可容一斗的赤土釜，先將戎鹽、石膽末墊入釜內，使厚三分。再裝進雄黃末，使厚五分，再加戎鹽於上。如此一層一層的裝滿釜。再加如棗核大的碎炭，使厚二寸。用蚓螻土及戎鹽為泥，塗在釜鍋外，再用一釜鍋覆蓋其上，塗泥使厚三寸，不要外露。陰乾一月，再以馬糞火燒烤三日三夜。冷後，再以猛火鼓之，使釜中銅汁如冶煉的銅鐵一樣流出。然後用此銅鑄造為筒，然後再裝入丹砂水。又以馬糞火燒烤三十日，然後開爐，鼓下得其金，即以為筒，再裝上丹砂水。又以馬糞火燉燒三十日，開爐擣治之。用二分生丹砂，一分汞。汞就是水銀。當即凝結為黃金。它的色彩光亮悅目，堅硬可以為釘。

作丹砂水法

先備好丹砂一斤，裝入生竹筒中。加進石膽、消石各二兩，覆蓋上下，封閉筒口，以漆骨丸封之。等到乾燥之後，放入陳年老醋之中，埋入地下深三尺處。三十天化為水，顏色赤紅而味苦，就成了。

金樓先生所從青林子受作黃金法❶：先鍛錫，方廣六寸，厚一寸二分。以赤鹽和灰汁，令如泥，以塗錫上，令通厚一分。累置於赤土釜中。率錫十斤，用赤鹽四斤，合封固其際。以馬通火熅之三十日，發火視之，錫中悉如灰狀。中有累累如豆者，即黃金也。合治內土甌❷中，以炭鼓之，十鍊之並成也。率十斤錫，得金二十兩。唯長沙、桂陽、豫章、南海土釜可用耳。彼鄉土之人作土釜以炊食，自多也。

治作赤鹽法

用寒鹽一斤，又作寒水石❸一斤，又作寒羽涅❹一斤，又作白礬❺一斤，合內鐵器中，以炭火火之，皆消而色赤。乃出之可用也。

【章　旨】介紹以赤鹽作黃金之法。

【注　釋】❶金樓先生所從青林子受作黃金法　唐梅彪《石藥爾雅》敘諸經傳歌訣有《青林子訣》、《金樓先生訣》。❷土甌　陶製瓦盆。❸寒水石　凝水石之異稱。是一種石藥。❹寒羽涅　羽涅為礬石之別名。❺白礬　即明礬。其色各異，有白礬、黃礬、綠礬、黑礬、絳礬五種。

【語　譯】金樓先生所從青林子受作黃金法：先鍛錫長寬六寸，厚一寸二分。用赤鹽拌和灰汁使如泥，塗在錫塊上，使每面厚一分。一塊一塊放置在赤土釜中。大抵十斤錫，需用赤鹽四斤，密封四周，使之嚴固。用馬糞火烤燒三十天，開釜觀看，可見錫塊如灰狀，中間有一粒一粒形狀如豆的，就是黃金。將金豆放入土盆中，再以猛火化煉。化煉十次，每次都成功了。大概十斤錫，可得黃金二十兩。只有長沙、桂陽、豫章、南海的土釜才可使用。那些地區的人民，用土釜燒飯，所以土釜甚多。

治作赤鹽法

用寒鹽一斤，又作寒水石一斤，又作寒羽涅一斤，又作白明礬一斤，一起裝入鐵器中。以炭火催燒，它們都溶為一體而紅色，然後取出，便可用了。

甪里先生從稷丘子所授化黃金法❶：先以礬石水❷二分，內鐵器中，加炭火令沸。乃內汞多少自在，攪令相得。六七沸，注地上成白銀。乃取丹砂水、曾青水各一分，雄黃水二分，於鑩❸中加微火上令沸，數攪之，令相得。復加炭火上令沸，以此白銀內其中，多少自在。可六七沸，注地上凝，則成上色紫磨金❹也。

治作雄黃水法

治雄黃內生竹筩中一斤，輒加消石二兩。覆薦上下，封以漆骨丸，內醇大醋中。埋之深三尺，二十日即化為水也。作曾青水方及礬石水同法，但各異筩中耳。

【章　旨】介紹以雄黃水等製作金銀之法。

【注　釋】❶甪里先生從稷丘子所授化黃金法　甪里先生，商山四皓之一。稷丘子，傳為古神仙。《列仙傳．卷上》有〈稷丘君傳〉，或即此人。〈遐覽〉著錄《甪里先生長生集》一卷，又梅彪《石藥爾雅．卷下》著錄有《稷丘子經》。❷礬石水　原作「礬水石」，此據宋浙本改。❸鑩　同「鬲」。鼎之類的器具。❹紫磨金　古人認為紫磨金是上等的黃金。孔融《聖人優劣論》：「金之優者，名曰紫磨，猶人之有聖也。」

【語譯】用里先生從稷丘子所授化黃金法：先用礬石水二分，裝入鐵器中，加炭火煮沸。然後加入汞，多少適當，攪拌使之完全合一。煮沸六七次，倒入地上便成了白銀。再取丹砂水、曾青水各一分，雄黃水兩分，在鼎器中加微火煎沸。多次攪動，使之完全融合一體。再在炭火上煮至沸騰，將此白銀放入其中，多少適度。煮開六七次，倒入地上，就成了上等的紫磨金。

治作雄黃水法

將一斤雄黃裝入生竹筒中，便加進消石二兩。下墊上蓋，然後用漆骨丸密封，放入陳年老醋之中，埋入三尺地下，二十天便化為水。製作曾青水、礬石水與此方法相同，只是要裝入不同的筒子中。

小兒作黃金法

作大鐵筩成，中一尺二寸，高一尺二寸。作小鐵筩成，中六寸，瑩磨❶之。赤石脂❷一斤，消石一斤，雲母一斤，代赭❸一斤，流黃❹半斤，空青❺四兩，凝水石❻一斤，皆合擣細篩。以醯❼和，塗之小筩中，厚二分。汞一斤，丹砂半斤，良非半斤。取良非法：用鉛十斤內鐵釜中，居爐上露灼之。鉛銷，內汞三兩。早出者以鐵匙抄取之，名曰良非也。攪令相得，以汞不見為候❽。置小筩中，雲母覆其上，鐵蓋鎮之。取大筩居爐上，銷鉛注大筩中。沒小筩中，去上半寸，取銷鉛為候。猛火炊之，三日三夜成，名曰紫粉。取鉛十斤於鐵器中銷之，二十日上下，更內銅器中。須鉛銷，內紫粉七方寸匕，攪之即成黃金也。欲作白銀者，取汞置鐵器中，內紫粉三寸已上❾。火令相得，注水中即成銀也。

務成子法❿

作鐵筩長九寸，徑五寸。擣雄黃三斤，蚓螻壤等分，作合以為泥。塗筩中⓫，使徑三寸，匱口⓬四寸。加丹砂水二合，覆馬通火上，令極乾。內銅筩中，塞以銅合蓋堅。以黃沙築上，覆以蚓壤，重泥上，無令泄。置爐炭中，令有三寸炭。筩口赤，可寒發之，雄黃皆入著銅筩，復出入如前法。三斤雄黃精，皆下入著筩中。下提取與黃沙等分，合作以為爐，爐大小自在也。欲用之，置爐於炭火中。爐赤，內水銀。銀動則內鉛其中，黃從傍起，交中央。注之於地，即成金。凡作一千五百斤，爐力即盡矣。

【章　旨】介紹另外兩種製作黃金的方法。

【注　釋】❶瑩磨　磨之使光潔。❷赤石脂　一種石藥。以色如臙脂、紋理細膩者為上。❸代赭　產於山西代縣之赭石。為赤鐵礦之一種。❹流黃　即硫黃。❺空青　一種石藥。青色，產於山谷銅礦中。❻凝水石　石藥名。色如雲母，辛寒無毒。一名寒水石。❼醢　醋。❽候　證候；火候。❾三寸已上　孫星衍曰：「寸已上」當作「方寸匕」。❿務成子法　務成子，相傳為舜時人。《漢書・藝文志》著錄有《務成子》十一篇。⓫筩中　原作「裏」，此據慎懋官校本。⓬匱口　疑當作「高口」。

【語　譯】小兒作黃金法

先作大鐵筒，直徑一尺二寸，高一尺二寸。再作小鐵筒，直徑六寸，磨之光潔。用赤石脂一斤、消石一斤、雲母一斤、代赭石一斤、硫黃半斤、空青四兩、凝水石一斤，都搗碎細篩，以醋拌和，塗在小筒內壁，使厚二分。用汞一斤、丹砂半斤、良非半斤拌和。取良非的方法是：用鉛十斤放入鐵釜中，在爐上燒烤，不用蓋頂。待鉛熔化之後，加進汞三兩，早出者以鐵匙舀取，這就是良非了。將汞、丹砂、良非攪和，使它們融為一體，以不見汞為準，然後置於小筒中。以雲母覆蓋其上，用鐵蓋蓋住。再取大筒放在爐上，將熔化的鉛水倒入大筒中，淹沒住小筒，離上半寸。以銷熔鉛為準，用猛火催燒三日三夜便成，名曰紫粉。取鉛十斤在鐵器中熔化二十天上下，再放進銅器中。等到鉛熔化後，放入紫粉七方寸匕，攪和即成黃金。要製作白銀，便取汞放置鐵器中，放入紫粉三方寸匕，加熱使之融為一體。注入水中，就成銀了。

務成子法

先作鐵筒長九寸，直徑五寸。搗雄黃三斤，備好同樣等分的蚯蚓蛣螻之土，揉和為泥。塗在鐵筒內壁上，使厚三寸，筒口厚四寸。加進丹砂水二合，覆蓋在馬糞火上，煎至極乾。然後再將鐵筒放進銅筒之中，以銅合蓋牢。用黃沙堆之於上，覆以蚯蚓之土，再用泥封閉，無使泄露。將此銅筒放在爐炭中，應有三寸厚的炭。待銅筒口燒紅後，可以再使之冷卻，打開封泥。此時，雄黃都滲入銅筒內，再像先前裝入一樣將筒中物退出。三斤雄黃之精華，都滲入筒中。再提取同等分的黃沙，合作為爐，爐之大小聽其自然。要製作時，將爐子放進炭火中，待爐子燒紅後，注進水銀。水銀燒開後再將鉛放進其中，此時有黃色從旁邊泛起，交合於中央。注之於地，便成了黃金。每只爐子製作黃金一千五百斤，爐力就消耗盡了。

此金取牡荊赤黍酒❶漬之百日，即柔可和也。如小豆服一丸，日三服，盡一斤，三蟲伏尸❷，百病皆去。盲者視，聾者聞，老者即還年如三十時。入火不灼，百邪眾毒、冷風暑濕不能侵入。盡三斤，則步行水上，山川百神皆來侍衛，壽與天地相畢。以杼❸血朱草❹煮一丸，以拭目眥❺，即見鬼及地中物，能夜書。以白羊血塗一丸，投水中，魚龍立出，可以取也。以青羊血、丹雞血塗一丸，懸都門❻上，一里不疫。以塗牛羊六畜額上，皆不疫病，虎豹不犯也。以虎膽蛇肪❼塗一丸，從月建上❽以擲敵人之軍，軍即便無故自亂，相傷殺而走矣。以牛血塗一丸以投井中，井中即沸。以投流水，流水則逆流百步。以白犬血塗一丸，投社廟舍中，其鬼神即見，可以役使。以兔血塗一丸，置六陰之地，行廚玉女立至，可供六七十人也。以鯉魚膽塗一丸，持入水，水為之開一丈，可得氣息水中以行，冒雨衣不霑也。以紫莧煮一丸，含咽其汁，可百日不飢。以慈石❾煮一丸，內髻中，以擊賊，白刃流矢不中之。有射之者，矢皆自向也。以六丁六壬上土❿并一丸，以蔽人中則隱形。含一丸，北向以噴火，火則滅。以庚辛日申酉時，向西地以一丸擲樹，樹木即日便枯。又以一丸，禹步擲虎狼蛇蝮，皆即死。研一丸以書石即入石，書金即入金，書木入木。所書皆徹其肌理⓫，削治不可去也。卒⓬死未經宿，以月建上水下一丸令入咽喉，并含水噴死人面，即活。以狐血鶴血塗一丸，內爪中，以指萬物，隨口變化。即山行木徙⓭，人皆見之，然而實不動也。

凡作黃白，皆立太乙、玄女、老子坐醮⑭，祭如作九丹⑮法，常燒五香⑯，香不絕。又金成，先以三斤投深水中，一斤投市中⑰，然後方得恣其意用之耳。」

【章旨】介紹所製黃金的各種神奇效用以及祭神的規則。

【注釋】❶牡荊赤黍酒　以赤黍、牡荊為原料釀造之酒。牡荊，一種落葉灌木。❷三蟲伏尸　體內的寄生蟲之類。伏尸，即三尸，傳為體內作祟之神。❸杼　一作「樗」。❹朱草　一種紅色的草本植物。古人認為是祥瑞之草。❺目眥　眼眶。❻都門　城門，或里巷之門。❼蛇肪　蛇油。❽月建上　農曆每月所置之辰為月建。此指月建之辰所在的方向。❾慈石　即磁石。俗稱吸鐵石。❿六丁六壬上土　六甲旬中六丁、六壬所在方向之土。⓫徹其肌理　指筆跡穿透書寫物之內質。⓬卒　猝；突然。⓭山行木徙　行乎山間，遷於樹上。⓮坐醮　神座；神之靈位。⓯九丹　〈金丹〉載有九丹之名可參看。⓰五香　青木香，亦作五木香。⓱一斤投市中　〈金丹〉曰：將禮天所餘金，以好韋囊盛之，默然放置都市中多人處，徑去無復顧。

【語譯】將製成的黃金用牡荊赤黍之酒浸泡一百天，就變得柔和了。每次服小豆大小一丸，每天服三次。服完一斤，則體內尸蟲、百病，掃除乾淨。能使瞎子看見，能使聾子聽見，使老人恢復年輕，彷彿三十歲左右的青年。入火不被燒傷，各種邪物毒蟲、風濕寒暑都不能侵犯。服盡三斤，便能步行水上，山川百神都會前來侍奉保衛。壽比天地，長生不死。以杼血朱草煮一丸，用它擦眼眶，便能看見鬼怪及地下埋藏之物，能夜間看書寫字。用白羊血塗一丸，投進水中，魚龍立即浮出水面，可以取得。用青羊血、丹雞血塗一丸，懸在城門上，一里以內不會感染瘟疫。用它塗牛羊六畜的額上，這些畜牲都不會感染疾病，虎豹也不會侵害。用虎膽、蛇油塗一丸，從月建之辰所在的方向投入敵人的陣營中，敵軍便會無緣故地自己發生混亂，會自相殘殺，四散奔走。用牛血塗一丸投入井中，井水就會沸騰。投入流水之中，流水則倒流百步。用白犬血塗一丸，投進社廟屋內，那裡的鬼神立即現形，可以供役使。用兔血塗一丸，放在六陰之地，則玉女會取來食物，可供六七十人食用。用鯉魚膽塗一丸，手持以進入水中，水為之分開一丈，可以在水中行走並且自由呼吸，可以在雨中而衣服不被淋濕。用紫莧煮一丸，含咽其汁，能夠一百天內不感飢餓。用磁石煮一丸，放置在髮髻中，在打擊盜賊時，刀槍飛箭都不能對他造成傷害。若是有人朝他射擊，箭頭會轉而朝向放箭者自己。用六丁、六壬上土揉合一丸，遮住人中就會隱身。口含一丸，朝北噴向火焰，火焰會熄滅。在庚辛日申酉時，用一丸投向西方之地的樹木，樹木當天便要枯死。再用一丸，以禹步投向虎狼毒蛇，虎狼毒蛇便會當即死亡。磨研一丸用以在石頭上寫字，筆跡會印入石頭中。在金屬上寫字，筆跡會印入金屬內。在木頭上寫字，筆跡會印入木頭內。所書寫的痕跡穿透材料的內質，砍削不去。突然死亡而未過一夜的，用月建之辰所在方向的水送服一丸，使入咽喉，並含水噴在死人臉上，死人能當即活轉來。用狐血、鶴血塗一丸，安置在手指甲內，用它指向萬物，能隨口變化。就是行於山谷，遷於樹木，人人都能看見，其實本人仍然在原地未動。

凡是製作金銀，都應立起太乙、玄女、老子的神座，祭祀之法與合煉九丹相同。要常燒五香，使香氣不絕。又金成之後，先將三斤投進深水之中，一斤放在集市之內，然後才能自己隨心所欲地使用。」

卷一七 登涉

【題解】登涉，講述登山涉水之道。包括四個方面的內容：一是登山的各種禁忌，主要是選擇進山的時間；二是避免山間各種毒蛇、惡蟲、百鬼、精怪為害的方術；三是介紹入山應該佩帶或安放的各種符文；四是辟除江海蛟龍以及步行水上、久居水中的法術。

這些法術及相關符文，表現了古代人民希望避免或減少自然災禍、戰勝及主導自然力的願望。

或問登山之道。抱朴子曰：「凡為道合藥❶，及避亂隱居者，莫不入山。然不知入山法者，多遇禍害。故諺有之曰：『太華之下，白骨狼藉。』皆謂偏知一事❷，不能博備。雖有求生之志，而反強死❸也。山無大小，皆有神靈。山大則神大，山小即神小也。入山而無術，必有患害。或被疾病及傷刺，及驚怖不安。或見光影，或聞異聲。或令大木不風而自摧折，巖石無故而自墮落，打擊煞人。或令人迷惑狂走，墮落坑谷。或令人遭虎狼毒蟲犯人。不可輕入山也。

當以三月、九月，此是山開月❹，又當擇其月中吉日佳時。若事久不得徐徐須❺此月者，但可選日時耳。凡人入山，皆當先齋潔七日，不經汙穢。帶昇山符出門，作周身三五法。又五岳有受殃之歲❻，如九州之地更有衰盛，受飛符煞氣，則其地君長不可作也。按《周公城名錄》：『天下分野，災之所及，可避不可禳。』居宅亦然，山岳皆爾也。又大忌不可以甲乙寅卯之歲，正月二月入東岳；不以丙丁巳午之歲，四月五月入南岳；不以庚辛申酉之歲，七月八月入西岳；不以戊己之歲，四季之月❼入中岳；不以壬癸亥子之歲，十月十一月入北岳。不須入太華、霍山、恆山、太山、嵩高山乃忌此歲，其岳之方面，皆同禁也。

【章　旨】凡山岳皆有神靈鎮守，因此入山當知禁忌。不明禁忌，則多遇禍害。

【注　釋】❶合藥　合煉丹藥。❷皆謂偏知一事　都是因為僅知一事，未得其全。謂，通「為」。❸強死　死於非命。❹山開月　古人傳說有山開之月，此時「金玉之精涌出」。見《太平御覽・卷三八》。❺須　等待；等到。❻五岳有受殃之歲　五岳指泰山、華山、恆山、嵩山、霍山，各有其遭受禍殃之時。❼四季之月　每季的最末一月。即春之三月、夏之六月、秋之九月、冬之十二月。

【語　譯】有人請問登山之道。抱朴子說：「凡是修煉仙道、合煉仙藥以及躲避動亂、絕世隱居者，沒有不進山的。然而不知入山之法，多遭遇禍害。所以有句諺語說：『太華之下，白骨狼藉。』都是因為單只知道一件方術，不能廣泛地通曉眾術，所以雖有求生之志，結果反而死於非命。山無論大小，都有神靈，山大則有尊貴之大神，山小則有普通之小神。入山而不懂方術，必然遭遇禍患。或者染上疾病、被咬傷刺傷，或者遭到驚嚇，恐怖不寧。或者見到奇怪的光影，或者聽到異常的聲音。或者大樹在無風之時自動摧折，或者山崖的石頭無故墜落，將人打死打傷。或者讓人著迷發狂，四處亂跑，掉進坑谷之中。或者令人受到虎狼毒蟲的傷害。所以不可以輕易進山。

入山應當選在三月、九月，這是山開之月。又要選擇其中的吉日良辰。如果相隔長久不能慢慢等到山開之月，就只能選擇吉祥的日子與時辰了。凡是人要進山，都應當先齋戒七天，不接近污穢之物，要佩帶昇山符出門，作周身三五法。又五岳都有各自遭受禍殃的時候。就像九州之地，各有盛衰。衰時遭受飛符殺氣，便不可出任該地的長官。據《周公城名錄》說：『天劃分為不同的區域，凡是災禍所及之地，可以躲避卻不可以禳除那裡的禍殃。』居家也是如此，入山莫不是這樣。又最大的禁忌是，不能在甲乙寅卯之歲的正月二月進入東岳，不能在丙丁巳午之歲的四月五月進入南岳，不能在庚辛申酉之歲的七月八月進入西岳，不能在戊己之歲的四季最末一月進入中岳，不能在壬癸亥子之歲的十月十一月進入北岳。不只是進入太華山、霍山、恆山、太山、嵩高山要忌諱上述的時間，與這些山岳同一方向的其他山峰，也同樣禁忌。

又萬物之老者，其精悉能假託人形，以眩惑人目而常試❶人，唯不能於鏡中易其真形耳。是以古之入山道士，皆以明鏡徑九寸以上懸於背後，則老魅不敢近人。或有來試人者，則當顧視鏡中。其是仙人及山中好神者，顧鏡中故如人形。若是鳥獸邪魅，則其形貌皆見鏡中矣。又老魅若來，其去必卻行❷。行可轉鏡對之其後而視之，若是老魅者必無踵❸也，其有踵者則山神也。昔張蓋蹹及偶高成❹二人，並精思❺於蜀雲臺山石室中，忽有一人著黃練單衣葛巾，往到其前曰：『勞乎道士，乃辛苦幽隱！』於是二人顧視鏡中，乃是鹿也。因問之曰：『汝是山中老鹿，何敢詐為人形！』言未絕，而來人即成鹿而走去。

林慮山下有一亭，其中有鬼。每有宿者，或死或病。常夜有十數人，衣色或黃、或白、或黑，或男、或女。後郅伯夷者過之宿❻，明燈燭而坐誦經。夜半有十餘人來，與伯夷對坐，自共樗蒲博戲❼。伯夷密以鏡照之，乃是群犬也。伯夷乃執燭起，佯誤以燭燼爇其衣，乃作燋毛氣。伯夷懷小刀，因捉人而刺之。初作人叫，死而成犬。餘犬悉走，於是遂絕。乃鏡之力也。

上士入山，持《三皇內文》❽及《五嶽真形圖》❾，所在召山神，及按鬼錄召州社及山卿宅尉❿問之，則木石之怪、山川之精不敢來試人。其次即立七十二精鎮符⓫，以制百邪之章⓬，及朱官印、包元十二印⓭，封所住之四方，亦百邪不敢近之也。其次執八威之節⓮，佩老子玉策⓯，則山神可使，豈敢為害乎？

余聞鄭君之言如此，實復不能具知其事也。余師常告門人曰：『夫人求道如憂家之貧、如愁位之卑者，豈有不得耶？但患志之不篤，務近忘遠。聞之則悅，倔倔前席⓰，未久則忽然若遺⓱。毫釐之益未固，而丘山之損不已。亦安得窮至言之微妙，成罔極之峻崇⓲乎？』

【章　旨】講述識別山中精魅以及制服鬼怪百邪的有關法術，並勉勵世人努力地追求道術。

【注　釋】❶試　戲擾；騷擾。❷卻行　倒退而行。❸踵　腳後跟。❹張蓋蹹及偶高成　蓋，一作「盍」。高，一作「豪」。偶高成，《太平廣記》作「甯成」。❺精思　一種修煉術。即存思、內觀冥想。❻郅伯夷者過之宿　郅伯夷，漢長沙太守郅若章之孫。郅，原作「郗」，據《後漢書》改。過，原作「遇」，形近而訛。❼樗蒲博戲　六博、圍棋之類的遊戲。❽三皇內文《三皇文》，包括〈天〉、〈地〉、〈人〉三卷。三國帛和所傳，鄭隱以授葛洪。〈地真〉曰：「《三皇內文》以劾召萬神。」❾五嶽真形圖　〈遐覽〉曰：「道書之重者，莫過於《三皇文》、《五岳真形圖》也。……諸名山五岳，皆有此書，但藏之於石室幽隱之地。應得道者入山，精誠思之，則山神自開山，令人見之。」❿山卿宅尉　山精宅神之屬。⓫七十二精鎮符　鎮伏各路精靈之符籙。⓬制百邪之章　制服百邪作祟，須上奏紫府以請天官。⓭包元十二印　包含五常之道為包元。⓮八威之節　八方之神的符節。八威，道教指八卦之神、八方之神。⓯玉策　玉牒。玉製的證件、文書。⓰倔倔前席　身體前傾，座位不覺之中朝前移動。形容專心、感興趣。⓱忽然若遺　忽略、不經意，好似遺忘了。⓲罔極之峻崇　指道術之高深莫測。峻崇，山勢高峻，借喻道行高妙。

【語　譯】又萬物中壽命老者，其精靈都能變化為人的形狀，以迷惑人並經常騷擾人，只是不能在鏡中改變其真實形體。所以古代的道士進山，都在背後懸掛一面直徑九寸以上的明鏡，這樣則精怪老魅不敢近人。如果有來戲擾人的，就要看看鏡中。若來者是仙人或好的山神，鏡中就現出如同人形的樣子。若是鳥獸老魅的精靈變化，則鏡中現出本來的形狀。又若有老魅精靈變形而來，離去時一定倒退而走。在轉身行走時可以鏡對著其後，若來的是老魅精怪則一定沒有腳後跟，有腳後跟的則是山神。從前張蓋蹹及偶高成二人在蜀地雲臺山石室中修煉存思內觀時，忽然有一人身穿黃練單衣，頭戴葛巾，來到他們面前說：『道士辛勞了，來到如此幽深之地！』於是二人觀看鏡中，發現來者乃是一頭鹿。二人於是問道：『你是山間老鹿，怎麼敢假託人形！』話未說完，來者即還形為鹿逃走了。

林慮山下有一所亭子，其中有鬼。每有人住宿其中，非死即病。夜間常有十數人，衣色有黃、有白、有黑，有男、有女。後來郅伯夷經過夜宿，點燃燈燭誦讀經書。夜半時有十餘人前來，與伯夷相對而坐，來者自己擺開棋局博戲。伯夷暗中用鏡子一照，發現來者原來是一群狗。於是伯夷手執燈燭起身，假裝不慎以燭火燒著了他們的衣服，便散發出燒焦毛的氣味。伯夷身懷小刀，捉住其中一人刺之，他初作人叫，死後現出狗的軀體。其他的狗都跑了，於是此亭鬼怪之患便完全消除了。這乃是鏡子的威力。

上士入山，持《三皇內文》以及《五嶽真形圖》，所到之處可以召來山神。依照鬼錄，召州社及山精宅神詢問，則當地木石之怪、山川之精不敢前來騷擾人。其次即立七十二精鎮符，以制百邪之章，及朱官印、包元十二印，封鎖所住的四方，百邪也就不敢靠近。再其次是執八威之符節，佩帶老子玉牒，那麼就可以役使山神，百邪之物怎麼敢為害呢？

我聽鄭君所言如此，實際上我自己也未能通曉其全部。我的老師時常對門生弟子說：『人求仙道，如果像憂愁家境貧寒、地位卑賤那樣，豈有不可得之理？只耽心志向不堅定，貪圖眼前而忘記長遠。初聽仙道內心十分高興，傾聽移座，專心致志。然而為時未久，又輕易地將它遺忘了。微小的補益尚未牢固，而巨大的損耗無休無止。這又怎麼能夠學得精微奧妙之祕旨，成就崇高無上的道業呢？』」

抱朴子曰：「入山之大忌，正月午，二月亥，三月申，四月戌❶，五月未❷，六月卯，七月甲子❸，八月申子❹，九月寅，十月辰未❺，十一月己丑❻，十二月寅❼。入山良日：甲子、甲寅、乙亥、乙巳、乙卯、丙戌、丙午、丙辰，已上日大吉。」

抱朴子曰：「按《九天祕記》及《太乙遁甲》云，入山大月忌三日、十一日、十五日、十八日、二十四日、二十六日、三十日，小月忌一日、五日、十三日、十六日、二十六日、二十八日。以此日入山，必為山神所試。又所求不得，所作不成。不但道士，凡人以此日入山，皆凶害，與虎狼毒蟲相遇也。」

抱朴子曰：「天地之情狀、陰陽之吉凶，茫茫乎其亦難詳也。吾亦不必謂之有，又亦不敢保其無也。然黃帝、太公皆所信仗❽，近代達者嚴君平、司馬遷皆所據用。而經傳有治歷明時❾、剛柔之日❿，古言⓫曰『吉日惟戊』⓬，有自來矣。王者立太史之官⓭，封拜置立，有事宗廟，郊祀天地，皆擇良辰。而近才庸夫，自許脫俗，舉動所為，恥揀善日，不亦戇愚哉？每伺今入山，不得其良時日交，下有其驗。不可輕入也。

按《玉鈐經》云：『欲入名山，不可不知遁甲之祕術⓮』，而不為人委曲說其事也。而《靈寶經》云：『入山當以保日及義日⓯，若專日⓰者大吉，以制日、伐日⓱必死』，又不一一道之也。余少有入山之志，由此乃行學遁甲書。乃有六十餘卷，事不可卒精⓲，故鈔集其要，以為《囊中立成》，然不中以筆傳。今論其較略，想好事者欲入山，行當訪索知之者，亦終不乏於世也。

《遁甲中經》曰：『欲求道，以天芮日、天芮時⓳劾鬼魅、施符書，以天禽日、天禽時⓴入名山，欲令百邪、虎狼、毒蟲、盜賊，不敢近人者。出天藏，入地戶，凡六癸為天藏㉑，六己為地戶㉒也。』又曰：『避亂世，絕跡於名山，令無憂患者，以上元丁卯日，名曰陰德之時，一名天心，可以隱淪，所謂白日陸沈、日月無光，人鬼不能見也。』又曰：『求仙道入名山者，以六癸之日、六癸之時，一名天公日，必得度世也。』又曰：『往山林中，當以左手取青龍上草㉓，折半置逢星㉔下，歷明堂㉕入陰中㉖。』禹步而行，三呪：諾臯㉗，太陰將軍！獨開曾孫王甲，勿開外人。使人見甲者，以為束薪；不見甲者，以為非人。則折所持之草置地上，左手取土以傅鼻人中，右手持草自蔽。左手著前，禹步而行。到六癸下，閉氣而住，人鬼不能見也。凡六甲為青龍，六乙為逢星，六丙為明堂，六丁為陰中也。

䷾比成《既濟》㉘卦，初一初二跡不任九跡數，然相因仍一步七尺。又云一尺㉙合二丈一尺，顧視九跡。又禹步法㉚：正立，右足向前，左足在後，次復前右足，以左足從右足併，是一步也。次復前右足，次前左足，以右足從左足併，是二步也。次復前右足，以左足從右足併，是三步也。如此，禹步之道畢矣。凡作天下百術，皆宜知禹步，不獨此事也。」

抱朴子曰：「《靈寶經》曰：『所謂保日㉛者，謂支干上生下之日也，若用甲午、乙巳之日是也。甲者木也，午者火也，乙亦木也，巳亦火也，火生於木故也。』又謂：『義日者，支干下生上之日也，若壬申、癸酉之日是也。壬者水也，申者金也，癸者水也，酉者金也，水生於金故也。所謂制日者，支干上克下之日也，若戊子、己亥之日是也。戊者土也，子者水也，己亦土也，亥亦水也。五行之義，土克水也。所謂伐日者，支干下克上之日，若甲申、乙酉之日是也。甲者木也，申者金也，乙亦木也，酉亦金也，金克木故也。』他皆倣此，引而長之，皆可知之也。」

抱朴子曰：「入名山，以甲子開除日，以五色繒各五寸懸大石上，所求必得。又曰，入山宜知六甲祕祝，祝曰『臨兵鬥者，皆陣列前行』凡九字。常當密祝之，無所不辟。要道不煩，此之謂也。」

【章旨】介紹入山禁忌及遁甲之術，包括時間的選擇、方位的規定等。

【注釋】❶四月戊　孫星衍曰：「戊當作丑。」❷五月未　未，一作「戌」。❸七月甲子　孫星衍以「甲」字為衍。❹八月申子　孫星衍以「申子」當作「巳」。❺十月辰未　孫星衍以「辰」字為衍。❻十一月己丑　孫星衍以「己丑」當作「辰」。❼十二月寅　孫星衍以「寅」當作「酉」。❽黃帝太公皆所信仗　傳說黃帝戰蚩尤時，九天玄女授以三官五意陰陽之略、太乙遁甲六壬步鬥之術等。又據說姜太公將奇門遁甲刪簡成七十二活局，善於奇門，精通兵法。❾治歷明時　修治曆數，以明天時。《周易・革卦》：「君子以治歷明時。」❿剛柔之日　古人將十日分為五剛日、五柔日。甲丙戊庚壬五奇為剛，乙丁己辛癸五偶為柔。《禮記・曲禮》：「外事以剛日，內事以柔日。」⓫古言　孫星衍疑當作「故詩」。⓬吉日惟戊　戊日最為吉利。語見《詩經・小雅・吉日》。⓭太史之官　古之太史，掌天文曆法。⓮遁甲之祕術　古代的一種方士術數，以三奇、六儀分置九宮，推斷吉凶，以決定趨避。⓯保日及義日　古人以天干、地支與金木水火土相配合，又用之計算時日。凡上生下為保日，下生上為義日。⓰專日　據《淮南子・天文》：「子母相得曰專。」⓱制日伐日　天干地支上剋下為制日，下剋上為伐日。伐日即「困日」。《淮南子》曰：「母勝子曰制，子勝母曰困。」⓲不可卒精　短期內不得精通其術。⓳天芮日天芮時　天芮星是遁甲術中九星之一。天芮日、天芮時指天芮星為值符之時日。芮，原作「內」，形似脫訛所致。⓴天禽日天禽時　以天禽星為值符之時日。天禽星也是遁甲術中九星之一。㉑六癸為天藏　六癸即癸酉、癸未、癸巳、癸卯、癸丑、癸亥，乃通天府之門。㉒六己為地戶　己巳、己卯、己丑、己亥、己酉、己未為六己，乃地戶的方位。地戶是地之門戶。㉓青龍上草　六甲所在方位之草。六甲為青龍。㉔逢星　六乙所在之方位。六乙為逢星。㉕明堂　六丙所在之方位。六丙為明堂。㉖陰中　六丁所在之方位。六丁為陰中。「陰」上原有「太」字，當為衍文。㉗諸皐　太陰。陰神名，或作呼召鬼神之詞。㉘既濟　含有成功的意思。㉙又云一尺　疑為衍文。㉚禹步法　以下介紹禹步之法，疑為小注竄入正文者。禹步法已見前〈仙藥〉，此處文字與之稍異。㉛保日　原作「寶日」，《淮南子・天文》曰「母生子曰保」，據改。

【語　譯】抱朴子說：「進山大忌之日：正月逢午、二月逢亥、三月逢申、四月逢戌、五月逢未、六月逢卯、七月甲子、八月申子、九月逢寅、十月辰未、十一月己丑、十二月逢寅。進山之良日：甲子、甲寅、乙亥、乙巳、乙卯、丙戌、丙午、丙辰，以上諸日大吉。」

抱朴子說：「據《九天祕記》及《太乙遁甲》說，進山大月忌三日、十一日、十五日、十八日、二十四日、二十六日、三十日，小月忌一日、五日、十三日、十六日、二十六日、二十八日。在這些日子進山，必定被山神騷擾，所求得不到滿足，所作不能夠成功。不僅道士如此，凡人在這些日子進山，都會遭遇凶禍，要碰見虎狼毒蟲之類。」

抱朴子說：「天地的變化、陰陽之吉凶，茫茫然難以明白。我也不能說它有，又不敢保證它沒有。然而黃帝、姜太公都相信並用之作戰，近代達者嚴君平、司馬遷也曾據以採錄與運用。經典中有『治歷明時』、剛日柔日的記載，《詩經》中說『吉日惟戊』，所以這種說法由來長久。帝王設立太史之官，凡是重要的人事任命、祭拜宗廟、郊祀天地，都要選擇吉日良辰。而淺近之人、平庸之輩，標榜自己超出世俗，有所行動，恥於選擇吉日，豈不是愚昧無知嗎？我時常觀察當今之人，他們進山不選擇良辰吉日，便有不祥的效驗。所以不可以輕易入山。

據《玉鈐經》說：『要進入名山，不可不知道遁甲之術』，但是書中沒有具體地向人們陳說此事。而《靈寶經》說：『進山應當選擇保日及義日。若是專日進山大吉，若是制日、伐日入山必死』，但是又未一一說明。我從小便有入山之志，因此學習遁甲之書。遁甲書共有六十餘卷，短期內不可能精通此事，所以鈔集其中最重要的，成為《囊中立成》，然而不能以筆墨相傳。現在述其概略，想來有志入山訪求這種書的人，在世上也終究不會少見。

《遁甲中經》說：『想要求道，應在天芮日、天芮時，劾鬼魅、施符書。在天禽日、天禽時進入名山，以使百邪、虎狼、毒蟲、盜賊，都不敢靠近。然後出天藏之方位，入地戶之方位。六癸是天藏之位，六己是地戶之位。』又說：『想要躲避亂世，藏身渺無人跡的名山之中以免除憂患者，應該在上元丁卯日，名曰陰德之時，又名天心，可以隱淪，就是所謂白日陸沈、日月無光，此時人鬼都不能看見你。』又說：『想求仙道入名山者，應當選擇在六癸之日、六癸之時，又名天公日，就一定能夠出世成仙。』又說：『往山林中，應當以左手折取青龍方位之草，折合為一半放置在逢星方位之下，經過明堂之位進入陰中之地。』以禹步行走，念動咒語三次說：『諾皋，太陰將軍！獨開曾孫王甲，勿開外人。使人見甲者，以為束薪；不見甲者，以為非人。』然後將所持之草放置地上，左手取泥土塗鼻、人中，右手持草遮住自己。左手放在前面，禹步行走到六癸方位之下，閉氣停留在那兒，則人與鬼都發現不了。六甲即為青龍，六乙即為逢星，六丙即為明堂，六丁即為陰中。

䷾比成〈既濟〉卦，初一、初二跡不任九跡數，然相因每步七尺，合為二丈一尺，顧視九跡。又禹步之法：先正立，伸右足在前，左足在後，然後再出右足，以左足跟右足併在一起，這是一步。次則向前出右足，再向前出左足，以右足跟左足併在一起，這是第二步。再次又向前出右足，以左足跟右足併在一起，這是第三步。如此，禹步之道就完全了。凡是施行天下各種方術，都應知禹步之法，不只此事如此。」

抱朴子說：「《靈寶經》說：『所謂保日，是指天干地支上生下之日，如甲午、乙巳這些日子就是的。甲者屬木，午者屬火，乙也是屬木，巳也是屬火。稱甲午、乙巳為保日是因為火生於木的緣故。』又說：『義日就是天干地支下生上的日子，如壬申、癸酉這些日子就是的。壬者屬水，申者屬金，癸者屬水，酉者屬金。稱壬申、癸酉為義日是因為水生於金的緣故。所謂制日，是指天干地支上剋下的日子，如戊子、己亥這些日子就是的。戊者屬土，子者屬水，己也是屬土，亥也是屬水。五行之義，土可以剋水。所謂伐日，是指天干地支下剋上的日子，如甲申、乙酉這些日子就是的。甲者屬木，申者屬金，乙也屬木，酉也屬金。稱甲申、乙酉為伐日是因為金可以剋木的緣故。』其他日子可以仿照上述之例，以此類推，就都知道了。」

抱朴子說：「要進入名山，若在甲子開除之日，以五色繒線各五寸懸在大石之上，則所求必得。又說：進山應知道六甲祕祝。祝語是『臨兵鬥者，皆陣列前行』共九個字。時常暗中祝禱，一切禍患都能辟除。關鍵緊要的道術並不煩多，就是指的這種情況。」

抱朴子曰：「山中山精之形如小兒而獨足，走向後❶，喜來犯人。人入山，若夜聞人音聲笑語，其名曰蚑。知而呼之，即不敢犯人也。一名熱肉❷，亦可兼呼之。又有山精如鼓赤色，亦一足，其名曰暉。又或如人，長九尺，衣裘戴笠，名曰金累。或如龍而五色赤角，名曰飛龍❸。見之皆以名呼之，即不敢為害也。」

抱朴子曰：「山中有大樹，有能語者，非樹能語也，其精名曰雲陽，呼之則吉。山中夜見火光者，皆久枯木所作，勿怪也。山中夜見胡人者，銅鐵之精。見秦人❹者，百歲木之精。勿怪之，並不能為害。山水之間見吏人者，名曰四徼，呼之名即吉。山中見大蛇著冠幘❺者，名曰升卿，呼之即吉。山中見吏，若但聞聲不見形，呼人不止，以白石擲之則息矣，一法以葦為矛以刺之即吉。山中見鬼來喚人，求食不止者，以白茅投之即死也。山中鬼常迷惑人，使失道徑者，以葦杖❻投之即死也。山中寅日有自稱虞吏者，虎❼也。稱當路君者，狼也。稱令長者，老狸也。卯日稱丈人者，兔也。稱東王父者，麋也。稱西王母者，鹿也。辰日稱雨師者，龍也。稱河伯者，魚也。稱無腸公子者，蟹也。巳日稱寡人者，社中蛇也。稱時君者，龜也。午日稱三公者，馬也。稱仙人者，老樹也。未日稱主人者，羊也。稱吏者，麞也。申日稱人君者，猴也。稱九卿者，猿也。酉日稱將軍者，老雞也。稱捕賊者，雉也。戌日稱人姓字者，犬也。稱成陽公者，狐也。亥日稱神君者，豬也。稱婦人者，金玉也。子日稱社君者，鼠也。稱神人者，伏翼❽也。丑日稱書生者，牛也。但知其物名，則不能為害也。」

【章旨】介紹山間生物變化之精靈怪異現象，以及呼喚其名而避害的方法。

【注釋】❶走向後　走，一作「足」。❷熱肉　肉，原作「內」，形近而訛。❸飛龍　原作「飛飛」，一本作「飛龍」。❹秦人　原無「人」字，據《太平御覽》補。❺冠幘　帽子、頭巾。❻葦杖　蘆葦做成的杖，相傳可以祛除邪鬼。❼虎　古人以十二地支與十二種動物相搭配，子屬鼠、丑屬牛、寅屬虎。以下類推。❽伏翼　即蝙蝠。一作服翼。

【語　譯】抱朴子說：「山中精怪的形狀，有一種形如小兒，但是只有一隻腳，足朝後方，喜歡侵犯人。人進入山谷，如果夜間聽到像人笑語的聲音，這種山精名叫『蚑』。知其名而呼之，它就不敢侵犯人了。又名『熱肉』，亦可同時呼喊『熱肉』之名。又有一種山精，形狀如鼓，赤色，也只有一隻腳，名叫『暉』。又有一種形狀像人，長九尺，穿裘衣，戴斗笠，名叫『金累』。又有一種形狀像龍而五色，有紅色的角，名叫『飛龍』。見到之後呼喚其名，它就不敢為害了。」

抱朴子說：「山中有能說話的大樹。並不是大樹會說話，說話的是樹之精魅，名叫『雲陽』。人只要呼喚它的名字，就會吉祥。山中的夜間發現火光，都是久枯的樹木所造成的，不要感到奇怪。山中夜晚遇見的胡人，那是銅鐵的精靈；遇見的秦人，那是百歲樹木的精靈。不要奇怪，它們都不能給人帶來危害。若在山水之間遇見吏人，它名叫『四徼』，呼喊其名就會吉祥。山中遇見頭戴帽子、頭巾的大蛇，名叫『升卿』，呼喚其名就會吉祥。山中遇到吏人，若是只聞其聲不見其形，向人呼叫不已，只要用白石投擲聲音就會平息。另一種方法是以蘆葦製成矛戟的形狀，朝其方向刺之就會吉祥。山中見到鬼呼喚人，不停地求食，用白茅投擲，鬼立刻便死。山中鬼常迷惑人，使人迷路，用蘆葦製成的杖投擲，鬼立刻便死。山中之寅日，若遇到自稱虞吏的，那是老虎變形而成。自稱當路君的，是狼變形而成。自稱令長的，是老貍變成。卯日自稱丈人的，是兔變成。自稱東王父的，是麋變成。自稱西王母的，是鹿變成。辰日自稱雨師的，是龍變化而成。自稱河伯的，是魚變化而成。自稱無腸公子的，是蟹變化而成。巳日自稱寡人的，是社廟中的蛇變化而成。自稱時君的，是龜變形而成。午日自稱三公的，是馬變形而成。自稱仙人的，是老樹變形而成。未日自稱主人的，是羊變化而成。自稱吏人的，是麞變形而成。申日自稱人君的，是猴變化而成。自稱九卿的，是猿變化而成。酉日自稱將軍的，是老雞變形而成。自稱捕賊的，是野雉變形而成。戌日自稱人之姓名的，是狗變形而成。

自稱成陽公的，是狐狸變化而成。亥日自稱神君的，是豬變形而成。自稱婦人的，是金玉變化而成。子日自稱社君的，是老鼠變化而成。自稱神人的，是蝙蝠變化而成。丑日自稱書生的，是牛變形而成。只要知道其名，牠們就不能為害了。」

或問隱居山澤辟蛇蝮之道。抱朴子曰：「昔圓丘❶多大蛇，又生好藥，黃帝將登焉。廣成子教之佩雄黃，而眾蛇皆去。今帶武都雄黃❷色如雞冠者五兩以上，以入山林草木，則不畏蛇。蛇若中人，以少許雄黃末內瘡中，亦登時❸愈也。蛇種雖多，唯有蝮蛇及青金蛇中人為至急，不治之，一日則煞人。人不曉治之方術者，而為此二蛇所中，即以刀割所傷瘡肉以投地，其肉沸如火炙，須臾焦盡，而人得活。此蛇七八月毒盛之時，不得齧人，而其毒不泄，乃以牙齧大竹及小木，皆即燋枯。

今為道士人入山，徒知大方，而不曉辟之之道，亦非小事也。未入山，當預止於家，先學作禁法。思日月及朱雀、玄武、青龍、白虎❹，以衛其身。乃行到山林草木中，左取三口氣閉之，以吹山草中。意思令此氣赤色如雲霧，彌滿數十里中。若有從人，無多少皆令羅列❺，以氣吹之。雖踐蛇，蛇不敢動，亦略不逢見蛇也。若或見蛇，因向日左取三氣閉之，以舌柱天❻，以手捻都關，又閉天門、塞地戶⑦，因以物抑蛇頭而手縈之，畫地作獄⑧以盛之，亦可捉弄也。雖繞頭頸，不敢囓人也。自不解禁，吐氣以吹之，亦終不得復出獄去也。若他人為蛇所中，左取三口氣以吹之，即愈，不復痛。若相去十數里者，亦可遙為作氣，呼彼姓字。男祝我左手，女祝我右手⑨，彼亦愈也。

介先生⑩法：到山中住，思作五色蛇各一頭，乃閉氣以青竹及小木板屈刺之。左徊禹步，思作吳蚣數千板⑪，以衣其身。乃去，終亦不逢蛇也。或以乾姜、附子帶之肘後，或燒牛羊鹿角薰身，或帶王方平雄黃丸⑫，或以豬耳中垢及麝香丸著足爪甲中，皆有效也。又麝及野豬皆啖蛇，故以厭之也。又雲日鳥⑬及蠳龜⑭亦皆啖蛇，故南人入山，皆帶蠳龜之尾、雲日之喙以辟蛇。蛇中人，刮此二物以塗其瘡，亦登時愈也。雲日，鴆鳥之別名也。又南人入山，皆以竹管盛活蜈蚣。蜈蚣知有蛇之地，便動作於管中。如此則詳視草中，必見蛇也。大蛇丈餘，身出一圍者，蜈蚣見之，而能以氣禁之，蛇即死矣。蛇見蜈蚣在涯岸間，大蛇走入川谷深水底逃。其蜈蚣但浮水上禁，人見有物正青，大如綖⑮者，直下入水至蛇處，須臾蛇浮出而死，故南人因此末蜈蚣治蛇瘡，皆登愈也。」

【章　旨】介紹隱居山澤辟除毒蛇以及治療毒蛇咬傷之法術。

【注　釋】❶圓丘　即員丘。《博物志・卷一》曰：「員丘山上有不死樹，食之乃壽。有赤泉，飲之不老。多大蛇，為人害，不得居也。」❷武都雄黃　武都山，在四川綿竹以北。〈仙藥〉曰：「雄黃當得武都山所出者，純而無雜，其赤如雞冠、光明曄曄者乃可用耳。」❸登時　即刻；馬上。❹朱雀玄武青龍白虎　二十八星宿，四方各有七宿。南方七宿名朱雀，北方七宿名玄武，東方七宿名青龍，西方七宿名白虎。又為四方神靈之象。❺羅列　排列成行。❻以舌柱天　將舌尖翹起，頂住上齶。❼閉天門塞地戶　封住東南西北四方。古人認為西北為天門，東南為地戶。❽畫地作獄　在地上畫圈，不許出其範圍。❾男祝我左手二句　〈釋滯〉曰：「聞有為毒蟲所中，雖不見其人，遙為噓祝我之手，男噓我左，女噓我右。而彼人雖在百里之外，即時皆愈矣。」❿介先生　即介象，字元則，會稽人。曾入東嶽受氣禁之術。能令雞犬三日不鳴不吠，令一市人皆坐不能起。見《神仙傳・卷九》。⓫吳蚣數千板　吳蚣，即蜈蚣。板，一作「枚」。⓬王方平雄黃丸　王遠，字方平，東海人。棄官入山修道，後成神仙。見《神仙傳・卷三》。⓭雲日鳥　即鴆鳥。⓮蠳龜　又名攝龜、呷蛇龜。是一種食蛇龜。⓯綖　「線」的異體字。

【語　譯】有人問隱居山澤之中避免毒蛇咬傷的法術。抱朴子說：「從前圓丘山多大蛇，又出產好藥。黃帝將要登上此山，廣成子教給他佩帶雄黃之法，於是眾蛇紛紛離去。如今佩帶武都山所產色如雞冠、重達五兩以上的雄黃，進入山林草木，就不畏懼被蛇咬傷了。蛇若傷人，只要以少量雄黃粉末納入瘡口，就會痊癒。蛇的種類雖多，但只有蝮蛇及青金蛇傷人最為危急，如果不治療，一天就能致人死亡。人若不懂得治療的方術，而被這兩種蛇咬傷，就用刀將傷口四周的肉割下扔在地上。其肉像被火燒烤一樣，一會兒就全部焦糊，人就可以保住性命。這種蛇七八月時毒性最重，若不能咬人則蛇毒不泄，牠便以牙咬嚙小樹及大竹，這些竹樹都會很快枯焦而死。

如今的道士進山，只知道金丹大方，而不知道辟除傷害之道，也不是一件小事。未進山之前，應當先在家中學習禁辟之法術。先存想日月以及朱雀、玄武、青龍、白虎等四方星宿，圍繞自己的身體。然後到山林草木之中，向左吞三口氣閉之，以吹山草中。意念想到令此氣呈紅色，像雲霧一樣瀰漫數十里中。若有隨從之人，無論多少都讓他們排列成行，以氣吹之。如此則即使踩到了蛇，蛇也不敢動，大致也不會遇上蛇。如果遇到蛇，便向太陽左邊取三口氣閉之，用舌尖抵上齶，用手捻都關，又閉塞四方，再用一物件按住蛇頭以手盤繞。畫地作牢將蛇關在當中，也可以將蛇捉弄遊戲。即使將蛇繞人頭頸，蛇也不敢咬人。只要不解除禁術，吐氣吹蛇，蛇也不會跑到畫定的圈子以外。若是別人被蛇咬中，便向左取三口氣以吹之，被咬傷者便不再疼痛了。若是相距十幾里遠，也可以在遠處吹氣，呼喚其名。男的吹噓左手，女的吹噓右手，遠方被咬傷者也能痊癒。

介先生辟除毒蛇的方法是：進山之前，存想五種顏色的蛇各一條，閉氣以青竹或小木板彎曲朝蛇刺去。向左邁禹步，存想有蜈蚣數千條附著在衣上，然後進山，就不會遇到蛇了。或者用乾薑、附子帶在肘後，或者焚燒牛羊鹿角薰身，或者攜帶王方平雄黃丸，或者用豬耳中污垢以及麝香丸安置在腳趾甲中，都有效果。因為麝與野豬都吃蛇，所以用牠們鎮服蛇類。又雲日鳥與蠳龜也都吃蛇，所以南方人進山，都隨身帶著蠳龜的尾巴、雲日鳥的嘴喙以辟除蛇類。被蛇咬中後，刮蠳龜尾、雲日鳥喙塗在傷口，也就即刻痊癒。雲日鳥，是鴆鳥的別名。又南方人進山，都用竹管盛著活蜈蚣，蜈蚣預知有蛇之地，便在竹管中動彈，這時仔細察看草中，一定能發現蛇。大蛇身長一丈有餘、粗有一圍的，蜈蚣發現後，如果能以氣禁之，蛇就會死。有人看見當蜈蚣在岸邊時，大蛇就逃向山谷中深水之下。蜈蚣只浮在水面上禁，便有青色之物像線一樣，直下水中到大蛇所在之處，不一會兒大蛇就浮出水面而死。所以南方人用蜈蚣末治蛇傷，都馬上痊癒。」

或問曰：「江南山谷之間，多諸毒惡，辟之有道乎？」

抱朴子答曰：「中州高原，土氣清和。上國❶名山，了無此輩。今吳楚之野暑濕鬱蒸，雖衡霍正岳❷，猶多毒螫❸也。又有短狐❹，一名蜮、一名射工、一名射影，其實水蟲也。狀如鳴蜩，狀似三合盃，有翼能飛，無目而利耳。口中有橫物角弩❺，如聞人聲，緣口中物如角弩，以氣為矢，則因水而射人。中人身者即發瘡，中影者亦病，而不即發瘡，不曉治之者煞人。其病似大傷寒，不十日皆死。又有沙蝨，水陸皆有。其新雨後及晨暮前，跋涉必著人。唯烈日草燥時，差稀耳。其大如毛髮之端，初著人，便入其皮裡。其所在如芒刺之狀，小犯大痛。可以針挑取之，正赤如丹，著爪上行動也。若不挑之，蟲鑽至骨，便周行走入身❻，其與射工相似，皆煞人。人行有此蟲之地，每還所住，輒當以火炙燎令遍身，則此蟲墮地也。若帶八物麝香丸❼、及度世丸、及護命丸、及玉壺丸、犀角丸、及七星丸、及薺苨❽，皆辟沙蝨、短狐也。若卒❾不能得此諸藥者，但可帶好生麝香亦佳。以雄黃、大蒜等分合擣，帶一丸如雞子大者亦善。若已為所中者，可以此藥塗瘡亦愈。㕮咀赤莧汁❿，飲之塗之亦愈。五茄根⓫及懸鉤草⓬、葍藤⓭，此三物皆可各單行，可以擣服其汁一二升。又射工蟲冬天蟄於山谷間。大雪時索之，此蟲所在其雪不積留，氣起如灼蒸。當掘之，不過入地一尺則得也。陰乾末帶之，夏天自辟射工也。若道士知一禁方，及洞百禁，常存禁及守真一⓮者，則百毒不敢近之，不假用諸藥也。」

或問：「道士山居，棲巖庇岫，不必有絪縟之溫⑮。直⑯使我不畏風濕，敢問其術也？」

抱朴子曰：「金餅散、三陽液、昌辛丸、葷草耐冬煎、獨搖膏、茵芋玄華散、秋地黃血丸，皆不過五十日服之而止，可以十年不畏風濕。若服金丹大藥，雖未昇虛輕舉，然體不受疾，雖當風臥濕，不能傷也。服此七藥，皆謂始學道者耳。姚先生但服三陽液，便袒臥冰上，了不寒振⑰。此皆介先生及梁有道臥石上及秋冬當風寒，已試有驗，祕法也。」

【章　旨】介紹居住山谷間辟除短狐、沙蝨以及防禦風濕之法。

【注　釋】①上國　指北方中原之地。②衡霍正岳　衡山在湖南，霍山在安徽。五岳之一，故曰正岳。③螫　以毒刺螫人的動物。④短狐　清段玉裁謂「狐」當作「弧」。此蟲以氣射人，氣如矢，則蟲體如弧，故稱作短弧。⑤角弩　二字疑衍。⑥入身　疑為「全身」。⑦八物麝香丸　葛洪方曰：辟沙蝨用麝香、大蒜，合羊脂搗，著小筒中帶之。見《太平御覽・卷九五〇》。⑧薺苨　即地參。根莖形似人參，可入藥。⑨卒　猝然；倉促之間。⑩吹咀赤莧汁　咀嚼而吞食赤色莧菜之汁。⑪五茄根　五加之根，有除風濕、壯筋骨之藥效。⑫懸鉤草　又名山莓、沿鉤子。莖上有刺，形如懸鉤。⑬葍藤　一種大葉、白花的藤類植物。⑭守真一　即守體內諸神，有姓字、長短，服色之區別。詳見〈地真〉。⑮不必有絪縟之溫　不一定有墊褥、床鋪等保暖之物。⑯直　只；但。⑰寒振　因寒冷而身體發抖。

【語　譯】有人問道：「江南山谷之間，有許多毒蟲惡物，有法術可以避免牠們的傷害嗎？」

抱朴子回答道：「北方中原地勢高平，土氣清和，名山之中，完全沒有此種毒惡之物。而如今江南吳楚之地，山野之中，暑濕之氣鬱積籠罩，即使是五岳之一的南岳，尚多毒蟲之類。有一種毒蟲名叫短狐，一名蜮，一名射工，一名射影，其實是一種水蟲。牠的形狀像鳴蟬一樣，又似三合盃。牠有翅膀，能飛行，沒有眼睛而聽力靈敏。口中有一橫物，當聽到人聲時，口中橫物便像弓弩一樣，以氣為箭，因水而射人。被射中的人就會長瘡，被射中影子的人也會生病，但是不立即長瘡，不懂得醫治的人就會死亡。其發病癥狀就像大傷寒，不到十天就要送命。又有一種毒蟲名叫沙蝨，水陸都有。在剛下雨之後以及早晨傍晚，人在行進涉水中牠必定附著在人身上。只有烈日當頭草木乾燥時，沙蝨才稍微稀少一些。這種蟲子大小如頭髮尖端，初附人體，便鑽入皮裡，所在之處便像針刺一樣疼痛難忍。可以用針將蟲子挑出來，其身體赤色如丹，放在手上會爬動。若不將蟲挑出，沙蝨就鑽入骨內，到處活動走遍全身。沙蝨與射工一樣，都能使人致死。人若通過有此種毒蟲之地，返回住所後，就應用火烤遍全身。如此則沙蝨落地，不能繼續為害。若是隨身攜帶有八物麝香丸、及度世丸、及護命丸、及玉壺丸、犀角丸、及七星丸、及薺苨，都可以辟除沙蝨、短狐的為害。若是倉促之間不能得到上述藥物，只要能帶上優質生麝香也好。用等量的雄黃、大蒜放在一起擣碎，帶上雞蛋大小一丸也是好的。若是已經為毒蟲所中傷，可以用此藥物塗抹瘡口亦能痊癒。吞食紅莧菜汁，或者用它塗抹也可以使病痛消失。五加根、懸鉤草、葍藤這三種藥物都可以單獨服用，可以擣取其汁一二升飲用。又射工蟲冬天時蟄伏在山谷之間。在下大雪時尋找射工蟲，此種蟲子潛伏之地其上的落雪都難以存留，有熱氣蒸騰而起。在該地挖掘，不過入地一尺就能夠找到射工蟲。陰乾成粉末隨身攜帶，夏天便可以辟除射工蟲。如果道士知道一種禁方，以及洞曉其他禁方，經常施行禁術或者守真一，則各種毒蟲都不敢靠近，而不必再用其他藥物。」

有人問道：「道士在山中，住宿在山巖石洞之中，不一定有墊褥、床被等保暖之物。若要使我不畏風濕，請問有哪些方術？」

抱朴子答道：「金餅散、三陽液、昌辛丸、葷草耐冬煎、獨搖膏、茵芋玄華散、秋地黃血丸，都不過服用五十天，就可以十年不畏風濕。若是服用了金丹大藥，即使沒有舉體飛升上天，身體也不會染上疾病。就是迎著風頭、睡在濕地，也不能對他們造成傷害。服用這七種藥，是指那些才開始學道的人。姚先生只服了三陽湯，便光著臂膀睡在冰上，完全不怕嚴寒。上述藥方都是介象、梁有道等先生通過睡在石上或者秋冬當風冒寒，試驗證明有效的祕方。」

或問涉江渡海辟蛇龍之道。抱朴子曰：「道士不得已而當游涉大川者，皆先當於水次❶，破雞子一枚。以少許粉雜香末，合攪器水中，以自洗濯，則不畏風波蛟龍也。又佩東海小童符❷、及制水符、蓬萊札，皆卻水中之百害也。又有六甲三金符、五木禁。又法：臨川先祝曰：『卷蓬卷蓬，河伯導前辟蛟龍，萬災消滅天清明。』又《金簡記》云：以五月丙午日日中，擣五石，下其銅。五石者，雄黃、丹砂、雌黃、礬石、曾青也。皆粉之，以金華池❸浴之，內六一神爐❹中鼓下之。以桂木燒為之，銅成以剛炭鍊之，令童男童女進火，取牡銅❺以為雄劍，取牝銅❻以為雌劍。各長五寸五分，取土之數，以厭水精❼也。帶之以水行，則蛟龍、巨魚、水神不敢近人也。欲知銅之牝牡，當令童男童女俱以水灌銅。灌銅當以在火中向赤時也，則銅自分為兩段。有凸起者牡銅也，有凹陷者牝銅也，各刻名識之。欲入水，以雄者帶左，以雌者帶右❽。但乘船不身涉水者，其陽日帶雄，陰日帶雌。又天文大字有《北帝書》，寫帛而帶之，亦辟風波、蛟龍、水蟲也。」

【章旨】介紹道士涉江渡海，辟除水中蛟龍百害之法術。

【注釋】❶水次　水邊；水濱。❷東海小童符　〈遐覽〉載錄有《小童符》。❸金華池　疑為鉛池。《周易參同契》：「鉛外黑，內懷金華。」❹六一神爐　六一泥所為之丹爐。六一泥，見〈金丹〉。❺牡銅　雄性之銅。牡，雄性之鳥獸。❻牝銅　雌性之銅。牝，雌性之鳥獸。❼取土之數二句　土為五行之一，方位在中央，取五為數。土可掩水，故云。❽以雄者帶左二句　古人以左為陽道，右為陰道。《老子．第三十一章》：「君子居則尚左。」

【語譯】有人請問渡越江海時辟除蛟龍為害之法術。抱朴子說：「道士不得已而渡越江海，都要先在水邊，打破一個雞蛋，將少許香料粉末，一起攪拌水中，自己洗濯，就不怕風波蛟龍了。又佩帶東海小童符，以及制水符、蓬萊札，都可以免除水中各種危害。又有六甲三金符、五木禁。又有一法是，在水邊先念祝道：『卷蓬卷蓬，河神引導辟蛟龍，災害消除天清明。』又《金簡記》說：在五月丙午日的中午，擣碎五石，熔化銅。五石是雄黃、丹砂、雌黃、礬石、曾青。都粉碎，在金華池中淘洗，放進六一泥密封丹爐中熔化。以桂木為柴燒火，銅成用鋼炭冶煉，使童男童女進火。取牡性銅製為雄劍，取牝性銅製為雌劍。劍各長五寸五分，取土之數，以鎮服水精。帶此劍行於水中，則蛟龍、大魚、水神都不敢靠近人。要想知道銅性的雄雌，應當讓童男童女以水灌銅來驗證。灌銅應當是在將銅在火中燒紅時進行，以水灌銅後則銅自分為兩段。有凸起部分的是牡性銅，有凹陷部分的是牝性銅，當時就刻名以便識別。要進入水中，以雄劍帶在左邊，以雌劍帶在右邊。只是乘船身子不下水的，陽日帶雄劍，陰日帶雌劍。又用天文大字書寫的《北帝書》，寫在絲帛上，隨身攜帶，也可以辟除風波、蛟龍，以及水蟲的危害。」

或問曰：辟山川廟堂百鬼之法。抱朴子曰：「道士常帶天水符❶、及上皇竹使符❷、老子左契❸，及守真一思三部將軍❹者，鬼不敢近人也。其次則論百鬼錄，知天下鬼之名字，及《白澤圖》❺、《九鼎記》❻，則眾鬼自卻。其次服鶉子赤石丸、及曾青夜光散、及蔥實烏眼丸、及吞白石英祇母散，皆令人見鬼，即鬼畏之矣。」

抱朴子曰：「有老君黃庭中胎四十九真祕符❼，入山林，以甲寅日丹書白素，夜置案中，向北斗祭之。以酒脯各少少，自說姓名，再拜受取，內衣領中，辟山川百鬼、萬精、虎狼、蟲毒也。何必道士，亂世避難入山林，亦宜知此法也。」

【章　旨】介紹佩帶符文及守真一以辟除山川廟堂百鬼的法術。

【注　釋】❶天水符　〈遐覽〉著錄有《天水神符》、《天水符》各一卷。❷上皇竹使符　〈祛惑〉曰：「自不帶《老君竹使符》、《左右契》者，不得入也。」❸老子左契　〈遐覽〉著錄有《左右契》一卷。❹思三部將軍　疑指存思三丹田之神，與守真一相合也。❺白澤圖　白澤為神獸之名。黃帝曾問以天下鬼神之事，白澤談及天下精氣為物、遊魂為變者凡一萬一千餘種。黃帝令以圖寫之，以示天下。見《雲笈七籤・軒轅本紀》。❻九鼎記　傳說夏禹鑄鼎象物，使民知神奸。故民入川澤山林，螭魅罔兩，莫能逢之。見《左傳・宣公三年》。❼四十九真祕符　〈遐覽〉著錄有《四十九真符》。

【語　譯】有人問及辟除山川廟堂百鬼之法術。抱朴子回答說：「道士經常佩帶天水符，以及上皇竹使符、老子左契，或者守真一存想三部丹田之神，則鬼怪不敢近人。其次則有百鬼的名冊，知道天下鬼怪的名字，以及《白澤圖》、《九鼎記》，則各種鬼怪自然退避。其次服用鶉子赤石丸、及曾青夜光散、及蔥實烏眼丸、及吞白石英祇母散，都能使人看見鬼怪，鬼怪也就害怕了。」

抱朴子說道：「還有老君黃庭中胎四十九真祕符。若要進山林，在甲寅日將此符丹書在白素絹上，夜晚放置案上，朝向北斗祭之。用酒菜各少許，自報姓名，再拜之後將符收起，安放進衣領中，可以辟除山川中所有鬼魂精怪、虎狼毒蟲。不只是道士，在亂世躲避戰事及其他災難進入山林，也應知道這一法術。」

入山符（ㄖㄨˋ ㄕㄢ ㄈㄨˊ）

一

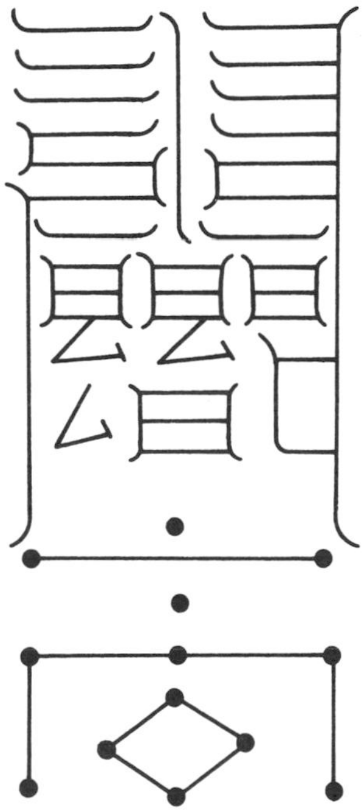

二

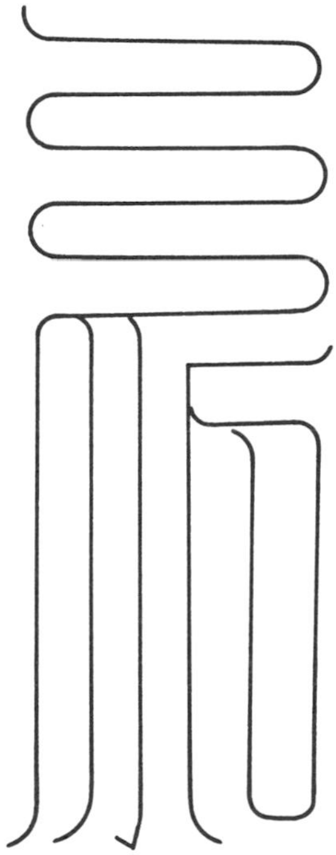

三ㄙㄢ

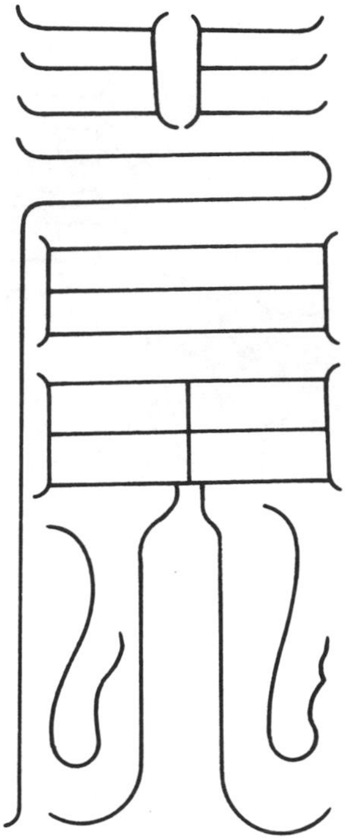

四ㄙˋ

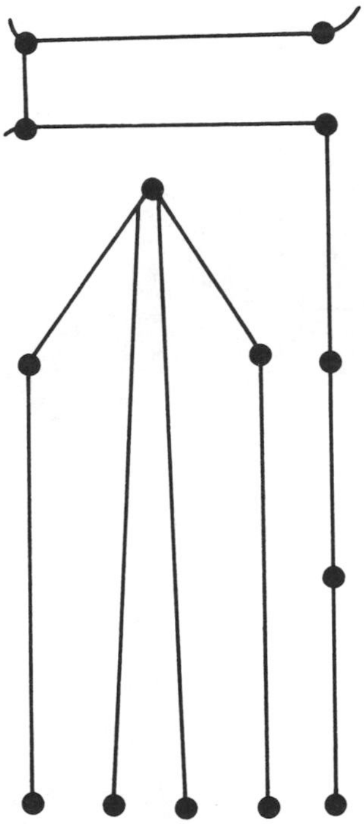

五

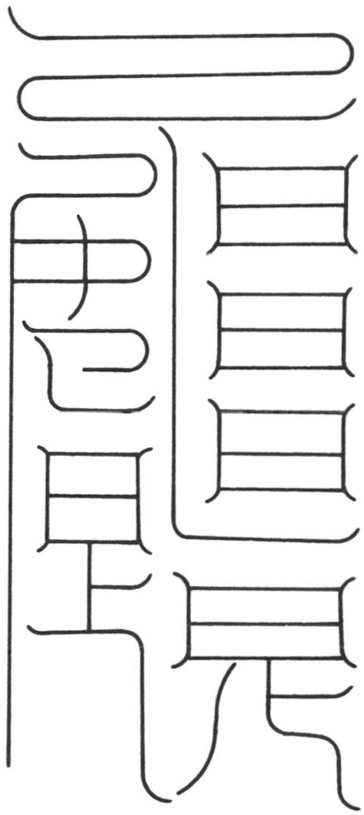

抱朴子曰：「上五符，皆老君入山符也。以丹書桃板上，大書其文字，令彌滿板上。以著門戶上，及四方四隅，及所道側要處。去所住處五十步內，辟山精鬼魅。戶內梁柱，皆可施安。凡人居山林及暫入山皆可用，即眾物不敢害也。三符以相連著一板上❶。意謂爾非葛氏❷。」

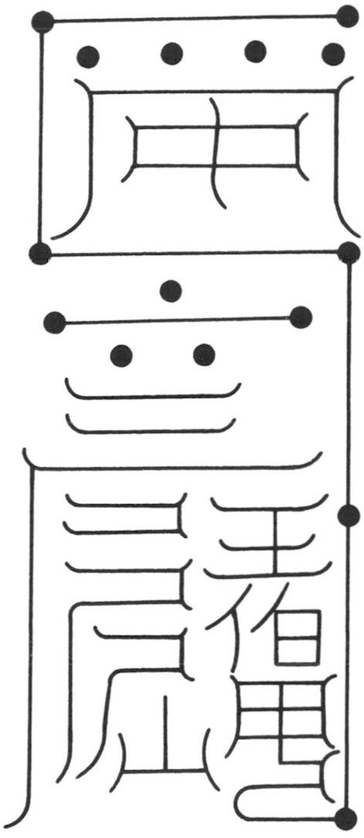

抱朴子曰：「此符亦是老君入山符，戶內梁柱皆可施。凡人居山林及暫入山，皆宜用之也。」

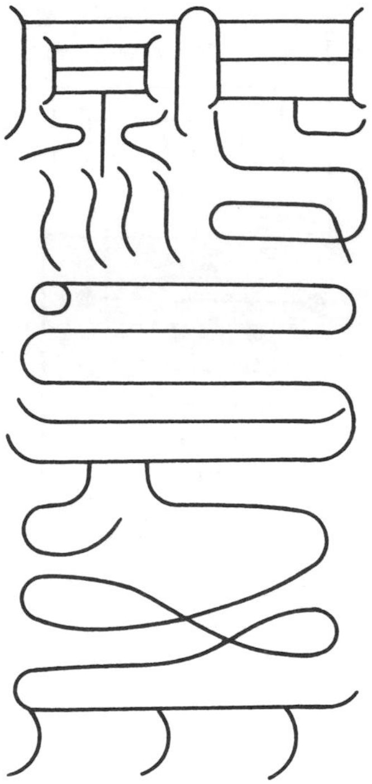

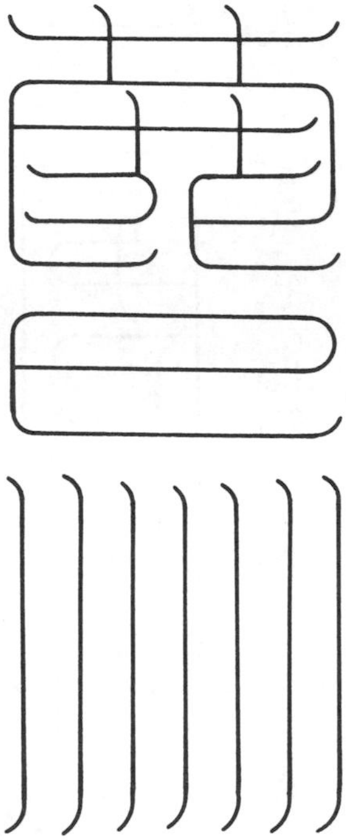

抱朴子曰：「此是仙人陳安世❸所授入山辟虎狼符。以丹書絹，二符各異之。常帶著所住之處，各四枚。移涉當拔收之以去，大神祕也。開山符以千歲虆❹名山之門，開寶書古文，金玉皆見，祕之。右一法如此，大同小異。」

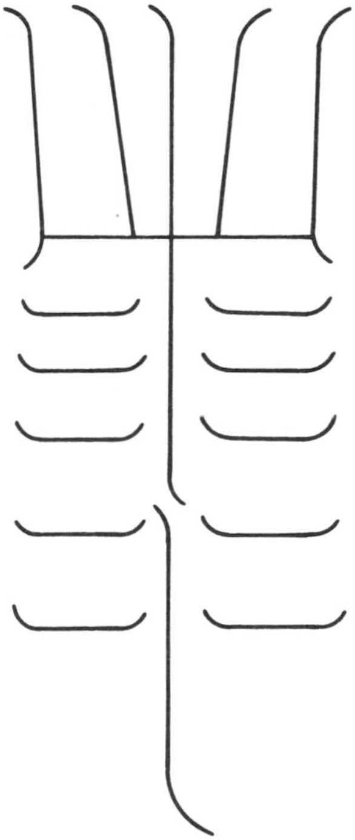

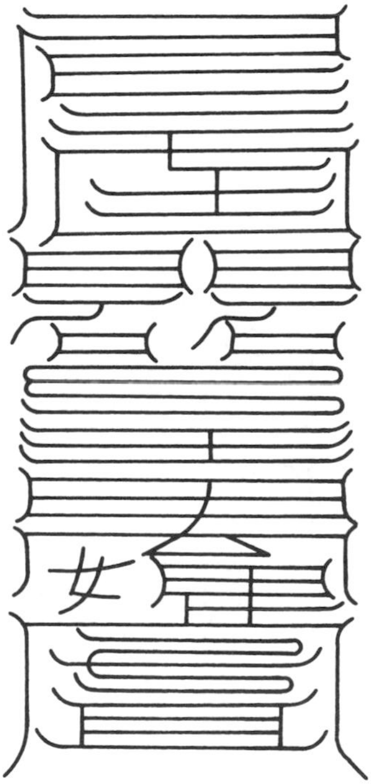

抱朴子曰：「此符是老君所戴[5]百鬼及蛇蝮、虎狼神印也。以棗心木方二寸刻之，再拜而帶之，甚有神效。仙人陳安世符矣。」

入山佩帶符

一

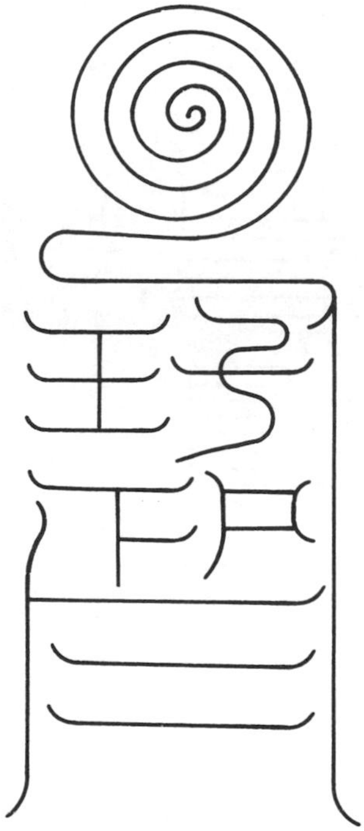

二

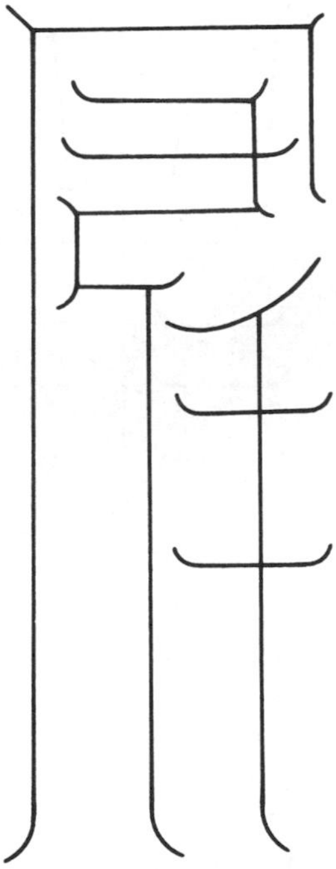

三

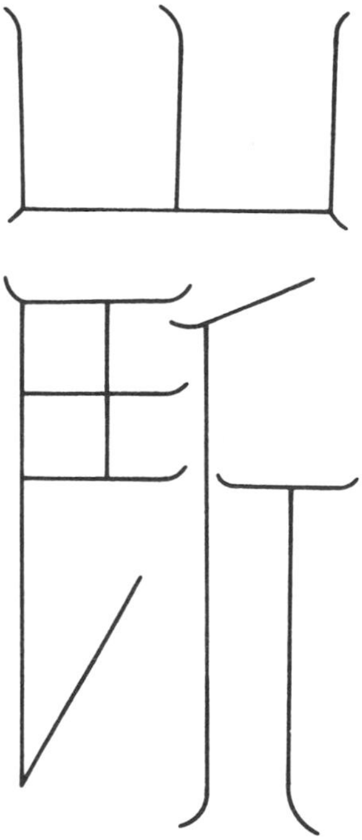

此三符，兼同著牛馬屋左右前後及豬欄上，辟虎狼也。

【章旨】介紹老君入山符以及辟虎狼蛇蝮百鬼之印符。

【注釋】❶著一板上　此下文意不屬，疑有脫文。❷意謂爾非葛氏　孫星衍曰：「末六字疑附注之語，誤入正文。」❸陳安世　京兆人，曾為灌叔平客。《神仙傳・卷三》有〈陳安世傳〉。❹千歲虆　藤生如葡萄狀，蔓延木上，一名葛藤。❺所戴　此下疑脫一「辟」字。

【語譯】入山符

第一則　抱朴子說道：「以上五符，都是老君入山符。用丹書寫在桃木板上，將文字寫得大大的，使佔滿桃板。安置在門窗以及四方角落，以及道路旁邊顯要之處，如此則距離住所五十步內，可以辟除山精鬼魅的禍患。戶內梁柱上，都可以安放。平常人居山林或暫時進山，都可用此符，則各種邪物不敢為害。三符以相連著一板上。意謂爾非葛氏。」

第二則　抱朴子說道：「此符也是老君入山符，戶內梁柱上都可以施放。平常人居住山林或者暫時進山，都適合用此符。」

第三則　抱朴子說道：「這是仙人陳安世所傳授入山辟虎狼符。用丹書寫素絹上，二符各不相同。經常佩帶並安放在所住之處，各四枚。搬家遷移時要收起此符，要十分認真的祕藏好。開山符要用千歲虆名山之門，開寶時以古文書寫，則金玉都會出現。要保守祕密。右一法如此，大同小異。」

第四則　抱朴子說道：「此符是老君隨身佩帶以辟除百鬼及蛇蝮、虎狼的神印。用方二寸的棗心木刻好，再拜而隨身佩帶，甚有神效。此是仙人陳安世所傳授的印符。」

第五則　此三符，一起施放在牛棚、馬廄的左右前後以及豬欄上，可以避免虎狼之患。

或問曰：「昔聞談昌，或步行水上，或久居水中，以何法乎？」

抱朴子曰：「以蔥涕和桂❶，服如梧桐子大七丸，日三服，至三年則能行水上也。鄭君言但習閉氣至千息，久久則能居水中一日許。得真通天犀角三寸以上，刻以為魚，而銜之以入水，水常為人開方三尺，可得氣息水中。又通天犀角有一赤理如綖❷，有自本徹末❸。以角盛米置群雞中，雞欲啄之，未至數寸即驚卻退，故南人或名通天犀為駭雞犀。以此犀角著穀積上，百鳥不敢集❹。大霧重露之夜，以置中庭，終不沾濡也。此犀獸在深山中，晦冥之夕，其光正赫然如炬火也。以其角為導，毒藥為湯，以此導攪之，皆生白沫湧起，則了無復毒勢❺也。以攪無毒物，則無沫起也，故以是知之者也。若行異域有蠱毒之鄉❻，每於他家飲食，則常先以犀攪之也。人有為毒箭所中欲死，以此犀叉刺瘡中，其瘡即沫出而愈也。通天犀所以能煞毒者，其為獸專食百草之有毒者及眾木有刺棘者，不妄食柔滑之草木也。歲一解角於山中石間。人或得之，則須刻木，色理形狀令如其角以代之，犀不能覺，後年輒更解角著其處也。他犀亦辟惡解毒耳，然不能如通天者之妙也。

或食六戊符千日，或以赤斑蜘蛛及七重水馬❼，以合馮夷水仙丸❽服之，則亦可以居水中。只以塗蹠❾下，則可以步行水上也。頭垢猶足以使金鐵浮水❿，況妙於茲乎？」

【章　旨】介紹久居水中或者步行水上之法術。

【注　釋】❶蔥涕和桂　〈仙藥〉曰：「桂可以蔥涕合蒸作水，可以竹瀝合餌之，亦可以先知君腦，或云龜，和服之。七年，能步行水上，長生不死也。」❷赤理如綖　紅色如線狀的紋理。理，紋路。❸自本徹末　從頭至末，一線貫穿。❹集　飛落於其上。❺毒勢　毒性。❻蠱毒之鄉　指以蠱蟲害人之地。蠱蟲相傳是一種人工培養的毒蟲。顧野王《輿地志》曰：江南數郡有畜蠱者，主人行之以殺人，行食飲中，人不覺也。❼水馬　一種水黽。身褐色，腹白色，有四足。能在水面上行走，輕快若飛。又稱水划蟲。❽馮夷水仙丸　馮夷是河神之名。❾蹠　足跟；腳掌。❿頭垢猶足以使金鐵浮水　《淮南萬畢術》說：「取頭中垢以塗針，塞其孔，置水即浮。」見《太平御覽・卷七三六》引。

【語　譯】有人問道：「從前聽說談昌能夠步行水上，又能夠久居水中，是什麼法術呢？」

抱朴子答道：「用蔥涕和桂製成丸，每次服梧桐子大的七粒，每天服三次。服足三年，則能步行於水上。鄭君說練習閉氣能達到千息，時間長了就能停留在水下一天左右的時間。如果得到真通天犀角三寸以上，將它刻為魚形，銜著進入水中，水常向兩邊分開三尺見方，使人可以在水中呼吸。通天犀角上有一條紅線貫穿首尾。以此角盛米放置雞群中，雞啄米未到數寸，會受驚而後退，所以南方人有的稱通天犀為駭雞犀。將這種犀角放在穀堆上，各種飛鳥都不敢落在上面。霧氣大或者露水濃的夜間，將它放置在庭院中，它始終也不會被霑濕。這種犀牛在深山中，不見光影的晚上，其光焰明亮如燈炬之火。以此犀牛角檢驗有毒的藥湯，用它攪動毒湯則都有白沫湧起，藥湯也就一點毒性都沒有了。以此角攪無毒之物，則沒有白沫泛起。所以由此便可以識別這種犀角。若是行途經過有蠱毒的地域，在別人家飲食之時，就要先用此種犀角攪動一下。若是有人被毒箭射中將死，只要將此犀角刺入箭傷之中，在創面就會出現白沫，箭傷也就會好了。通天犀所以能消除毒性，是因為這種動物專門吃有毒的草類以及有刺棘的樹木，不隨便去吃柔軟嫩滑的草木。通天犀每年在山石之間脫一次角。人若得到，必須用顏色紋理相似的樹木刻成此角的樣子放在原處作為代替。犀牛不能覺察，第二年才會又在此處脫角。其他的犀牛角也能辟惡解毒，但是不能如同通天犀角那樣靈妙。

或者服用六戊符一千天，或者用赤斑蜘蛛、七重水馬同馮夷水仙丸一起服用，則也可以居住水中。若只用以塗在腳掌下，則可以步行在水上。頭上的油垢尚且可以浮起金針，何況比它靈妙之物呢？」

或問：「為道者多在山林。山林多虎狼之害也，何以辟之？」

抱朴子曰：「古之人入山者，皆佩黃神越章❶之印，其廣四寸，其字一百二十。以封泥❷著所住之四方各百步，則虎狼不敢近其內也。行見新虎跡，以印順印之，虎即去。以印逆印之，虎即還。帶此印以行山林，亦不畏虎狼也。不但只辟虎狼，若有山川社廟血食惡神能作福禍者，以印封泥斷其道路，則不復能神矣。

昔石頭❸水有大黿❹，常在一深潭中，人因名此潭為黿潭。此物能作鬼魅，行病於人❺。吳有道士戴昞者，偶視之。以越章封泥作數百封，乘舟以此封泥遍擲潭中。良久，有大黿徑長丈餘，浮出不敢動，乃格煞❻之，而病者並愈也。又有小黿出，羅列死於渚上甚多。

山中卒❼逢虎，便作三五禁，虎亦即離去。三五禁法當須口傳，筆不能委曲❽矣。一法：直思吾身為朱鳥，令長三丈，而立來虎頭上，因即閉氣，虎即去。若暮宿山中者，密取頭上釵，閉氣以刺白虎上，則亦無所畏。又法：以左手持刀閉氣，畫地作方❾，祝曰：『恆山之陰，太山之陽。盜賊不起，虎狼不行。城郭不完，閉以金關。』因以刀橫旬日中白虎❿上，亦無所畏也。或用大禁，吞三百六十氣，左取右以叱虎，虎亦不敢起。以此法入山，亦不畏虎。

或用七星虎步⓫，及玉神符、八威五勝符⓬、李耳太平符、中黃華蓋印文⓭、及石流黃散，燒牛羊角，或立西岳公禁山符，皆有驗也。闕此四符也⓮。」

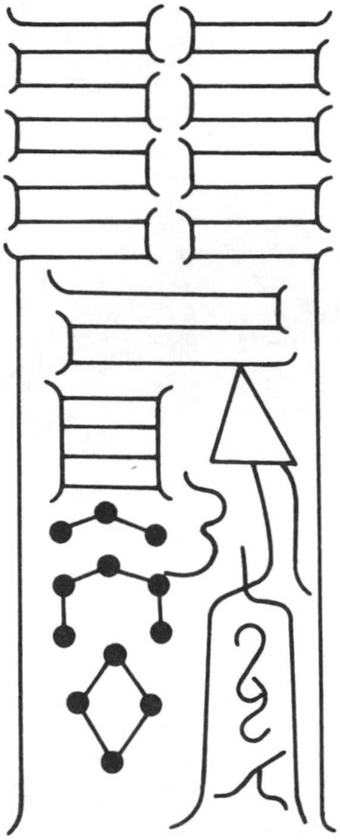

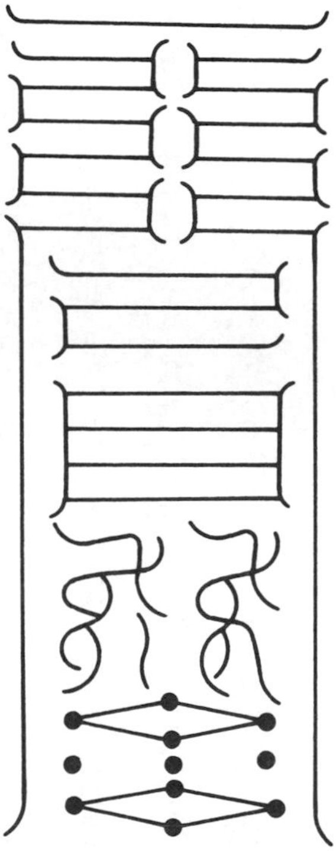

457 涉登 七一卷

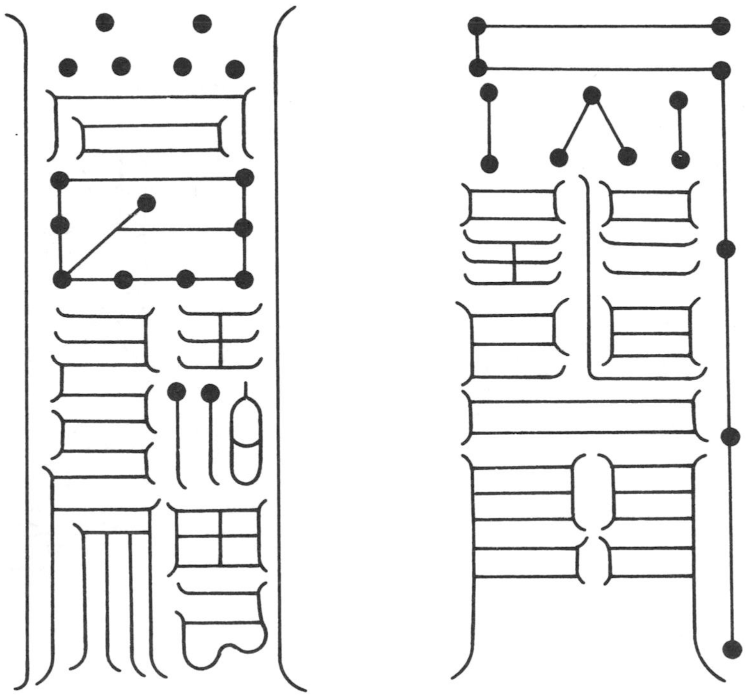

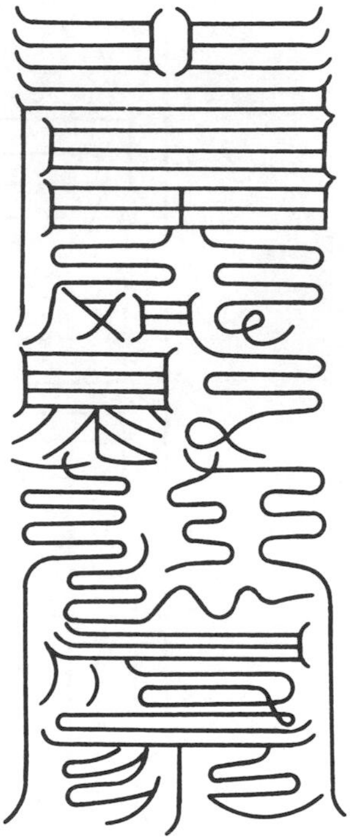

此符是老君入山符。下說如文。又可戶內梁柱皆施之。凡人居山林及暫入，皆可用之。

【章　旨】介紹居住山林辟虎狼之符文。

【注　釋】❶黃神越章　黃帝之印章。❷封泥　印有印章文字圖案的泥塊。❸石頭　地名，在江西南昌北。贛水之西岸有盤石，謂之石頭。❹黿　一種大鼈。❺行病於人　使人染上疾病。❻格煞　擊而殺之。❼卒　猝然；突然。❽委曲　詳盡具體。❾方　方術；法術。❿旬日中白虎　值日之神。⓫七星虎步　依北斗七星之圖案，以行虎步。⓬八威五勝符　〈遐覽〉載錄有《八威五勝符》一卷。⓭中黃華蓋印文　中黃丈人，相傳古之仙人。華蓋，星名。⓮闕此四符也　孫星衍疑此五字是附注之語，誤入正文。

【語　譯】有人問道：「修道者多在山林之中。而山林多虎狼之害，有什麼辟除的方法呢？」

抱朴子回答說：「古代人們進山，都隨身佩帶黃神越章之印。這種印廣四寸，上有一百二十字。將封泥放置在所住四方各百步遠的地方，則虎狼不敢進入其內。發現虎的新蹤跡，用黃神越章之印順印於地，虎即離去。將此印反印於地，虎即返歸。佩此印行進山林中，也就不畏虎狼了。不只是能辟除虎狼，若有山川社廟中殺生血食的惡神能造作禍患的，用此印封泥，隔斷其道路，則此惡神就再不能顯靈了。從前石頭水潭中有一大黿，常住在深潭之下，人們因此稱此處為黿潭。此大黿能化作鬼魅，使人染上疾病。吳地有一個名叫戴昞的道士，偶然發現此事。他於是坐著船，把黃神越章之封泥數百枚全部扔入潭中，過了許久，有長達一丈多的一隻大黿浮出水面，不敢動。於是將此大黿殺死，那些因此染病的患者也就都痊癒了。又有小黿浮出，排列死於小渚上的甚多。

在山中突然之間遇見老虎，便作三五禁法，老虎也就當即離去。三五禁法必須口頭傳授，筆下不能詳盡而具體地講述清楚。一法是：專心存想自己的身體化為朱鳥，使長三丈，當即立在虎頭上，摒息閉氣，老虎也就離去了。若是夜晚住宿山中，悄悄拔取頭上釵，閉氣以刺白虎之上，則亦無所畏懼了。又一法是：以左手持刀，閉氣畫地作方術，同時祝禱說：『恆山之陰，太山之陽。盜賊不起，虎狼不行。城郭不完，閉以金關。』於是以刀橫在值日白虎之上，也就不怕什麼了。或者用大禁，呑三百六十口氣，左取右以呵叱老虎，虎亦不敢起。用此法術進山，也不怕老虎。

或者用七星虎步，以及玉神符、八威五勝符、李耳太平符、中黃華蓋印文，以及石流黃散、燒牛羊角，或者立起西岳公禁山符，都有效驗。此四符已缺失。」

末一則　此符是老君入山符，下說如文。又可以在房內梁柱間到處施放。凡是居住山林以及暫入山林，都可以用此符避患。

卷一八 地真

【題解】地真，即地仙，亦即身處人世、遊於名山的仙人。本篇闡明修煉地仙之道，在於知一。一不僅是道家對於世界本源的認識，亦是仙術修煉中精神體驗之境界。《老子》說：「聖人抱一為天下式」，《莊子》說：「通於一而萬事畢」，《太平經》說：「夫一者，乃道之根也，氣之始也，命之所繫屬，眾心之主也」，本篇中說：「道起於一，其貴無偶」，都強調一的終極的、不可替代的品性。作為養生修煉的目標與手段，一主要指擺脫世俗的誘惑和外物的干擾，實現並保持心思的抱一、意念的專一、精神的純一，這就是守一之術。

從技術的層面講，守一包括守真一、守玄一兩種方法。守真一是守體內之神。體內神的多少及所處部位說法不同，其中關鍵在於守三丹田之神。因為諸神有姓字、長短、服色的區別，故掌握較難。守玄一是守體外之神，即求神於日中，所謂「知白守黑，欲死不得」，就是說守玄一的效果。玄一沒有固定的長短服色，所以較易求得。又有分形之道，則是守玄一的進一步的發展。

葛洪認為，堅持守一雖然不能實現如服食金丹之白日飛升，但是可以禳除百害，延年益壽，成為地仙。

抱朴子曰：「余聞之師曰：人能知一，萬事畢❶。知一者，無一之不知也；不知一者，無一之能知也❷。道起於一❸，其貴無偶❹。各居一處，以象天地人❺，故曰三一❻也。天得一以清，地得一以寧❼，人得一以生，神得一以靈❽。金沈羽浮⑨，山峙川流⑩。視之不見，聽之不聞。存之則在⑪，忽之則亡⑫。向之則吉，背之則凶。保之則遐祚罔極⑬，失之則命彫氣窮⑭。老君曰：『忽兮恍兮，其中有象⑮；恍兮忽兮，其中有物⑯』，一之謂也。

故《仙經》⑰曰：『子欲長生，守一當明⑱。思一至飢，一與之糧；思一至渴，一與之漿⑲。』一有姓字服色⑳，男長九分，女長六分。或在臍下二寸四分下丹田中，或在心下絳宮金闕㉑中丹田中，或在人兩眉間，卻行一寸為明堂㉒、二寸為洞房㉓、三寸為上丹田也。此乃是道家所重，世世歃血㉔口傳其姓名㉕。一能成陰生陽㉖，推步寒暑㉗。春得一以發，夏得一以長，秋得一以收，冬得一以藏。其大不可以六合㉘階，其小不可以毫芒比也。

【章旨】一能化生萬物，故修長生者必須明白守一之術。一在人體三丹田之中，所以守一即是守三丹田。

【注釋】❶能知一二句　《莊子・天地》曰：「通於一而萬事畢。」意謂通曉於道，則萬事可成。《太平經・聖君祕旨》曰：「子知一，萬事畢矣。」又曰：「夫一者，乃道之根也，氣之始也，命之所繫屬，眾心之主也。」則《太平經》之知一，重在修煉養生的守一之術。❷知一者四句　得道者則於萬事萬物，無所不知；未得道者則於萬物蒙昧無知。見《淮南子・精神》。❸道起於一　道始於一，然後化生出萬物。❹其貴無偶　一極為高貴，無可比擬。❺以象天地人　以天地人為形象，意謂一依附於天、地、人而顯形。❻三一　太極元氣涵孕天、地、人，所以又稱三一。❼天得一以清二句　見《老子・第三十九章》。❽人得一以生二句　《太平經・聖君祕旨》曰：「神不守一不生成，人不守一不活生」，與此意同。❾金沈羽浮　金重故沈，羽輕故浮，都是一的顯現。❿山峙川流　山嶽聳峙，江河流行，都是一的形象。⓫存之則在　專心思存、體會，能感覺到一的存在。⓬忽之則亡　漫不經心，一就消失無跡。⓭遐祚罔極　幸福長遠，無窮無盡。⓮命彫氣窮　生命死亡，氣數竭盡。⓯忽兮恍兮二句　形容世界之始，元氣恍忽無形，尚未形成萬物。⓰恍兮忽兮二句　形容元氣混成，萬物未分之狀。見《老子・第二十一章》。⓱仙經　以下引文見《道藏・太上靈寶五符序》，則此之仙經當指《靈寶五符經》。⓲守一當明　應當知曉明瞭守一之法。守一是道教修煉之法，主要是內視反聽、存思體內神靈。《太平經》曰：「守一明法，長壽之根也。」⓳思一至飢四句　意謂飢則食自然之氣，渴則飲舌下之液。《黃庭外景經》：「渴可得漿飢自飽。」⓴一有姓字服色　這裡的一指體內各部位的神靈。道教認為體內神都有姓名，如《黃庭經》說：「髮神蒼華字太元，腦神精根字泥丸」、「耳神空閑字幽田，舌神通命字正倫」等。體內神的服色，如《黃庭經》說：「黃庭內人服錦衣，紫華飛裙雲氣羅」、「中池內神服赤珠，丹錦雲袍帶虎符」皆是。㉑絳宮金闕　絳宮指心，金闕指肺。㉒明堂　古人認為人的頭部有九宮，明堂宮是其一。㉓洞房　洞房宮也是頭部九宮之一。㉔歃血　古代盟誓，口含牲畜血或以血塗在口旁，表示守信用。㉕其姓名　指三丹田神的姓名。《黃庭內景經》務成子注說，上丹田神叫上元老君，中丹田神叫中玄老君，下丹田神叫下黃老君。《黃庭內祕訣修行法》說上丹田其神名赤子，字光元先，一名帝卿；中丹田神名真人，字子丹光堅；下丹田神名元陽，字谷玄。㉖成陰生陽　化為陰陽，即一生二。㉗推步寒暑　推進寒暑的變化，以成四季。㉘六合　天地四方的總稱。

【語　譯】抱朴子說：「我從老師那裡聽說：人能知道一，則萬事都可以成功。知一的人，對於萬物則無所不知；不知一的人，對於萬物則無一能知。道生於一，它尊貴無比。一處在不同的地方，以天、地、人為其形象，所以又叫三一。天得一則清明，地得一則安寧，人得一則有生命，神得一則有靈。託體為下沈的金屬、上浮的羽毛，表現為聳峙的山嶽、流淌的江河。視之無形，聽之無聲。用心去體會，能感到一的存在；如果心思不專，一便消失了蹤跡。順著它的方向便吉祥，違背它的趨勢就凶險。保有它則福慶長遠，無窮無盡；失去它則氣竭數盡，生命消亡。老子說：『忽兮恍兮，其中有象；恍兮忽兮，其中有物』，說的就是一啊。

所以《仙經》上說：『你若是想求長生，應當明白守一之法。在飢餓的時候守一，一會給你食糧；在口渴的時候守一，一會給你水漿。』一有名字、服飾，男神長九分，女神長六分。或在臍下二寸四分下丹田中，或在心下絳宮金闕之間的中丹田中，或在人的兩眉之間——深一寸處為明堂宮、兩寸處為洞房宮、三寸處就是上丹田了。這是道家最重要的祕密，歷代都要歃血盟誓，然後再口頭傳授三丹田神的姓名。一又能促成陰陽的生成，推進四季寒暑的變化。春得一則萬物萌發，夏得一則萬物生長，秋得一則果實成熟，冬得一則萬物收藏。一其大無限，天地宇宙不如它的廣大；一其小非常，小得連毫芒也無法與之相比。

昔黃帝東到青丘❶，過風山❷，見紫府先生❸，受《三皇內文》❹以劾召萬神。南到圓隴陰❺、建木❻，觀百靈之所登❼，採若乾之華❽，飲丹巒之水❾。西見中黃子❿，受《九加之方》⓫。過崆峒⓬，從廣成子⓭受《自然之經》⓮。北到洪隄，上具茨⓯，見大隗君黃蓋童子⓰，受《神芝圖》⓱。還陟王屋⓲，得《神丹金訣記》⓳於玄女⓴。到峨眉山，見天真皇人㉑於玉堂㉒，請問真一之道㉓。皇人曰：子既君四海，欲復求長生，不亦貪乎？其相覆不可具說㉔，粗舉一隅㉕耳。夫長生仙方，則唯有金丹㉖；守形卻惡，則獨有真一㉗，故古人尤重也。《仙經》曰：九轉丹㉘、金液經㉙、守一訣，皆在崑崙五城㉚之內，藏以玉函㉛，刻以金札㉜，封以紫泥㉝，印以中章㉞焉。

【章　旨】以黃帝求得《仙經》的經過，說明守一訣為神仙所寶貴，與九轉丹、金液經同為最高的道術。

【注　釋】❶青丘　傳說南海中有長洲，別名青丘。那裡仙草靈藥、甘液玉英，無所不有，乃神仙居住之地。❷風山　神話中的地名，傳說乃生風之山。❸紫府先生　紫府指神仙居所，則紫府先生為神仙之化名。❹三皇內文　包括〈天皇文〉、〈地皇文〉、〈人皇文〉，都是劾召、指使鬼神的符書。❺圓隴陰　圓隴之陰。圓隴即圓丘、員丘，上多仙草，為神仙所居。❻建木　神話中的地名。傳說在天地之正中，眾神由此上下天府。❼百靈之所登　百神登空升天之所。百靈，眾神靈。❽若乾之華　疑當作「若木之華」。《山海經・大荒北經》曰：「上有赤樹，赤葉赤華，名曰若木。」《淮南子・墬形》曰：「若木在建木西，末有十日，其華照下也。」❾丹巒之水　即赤泉之水。《山海經・海外南經》曰：「有員丘山，上有不死之樹，食之乃壽，亦有赤泉，飲之不老。」❿中黃子　傳說中的仙人，一作中皇，一作中黃丈人。⓫九加之方　「加」《靈寶五符序》作「茄」。⓬崆峒　神話傳說中的地名，亦作空同山。《莊子・在宥》說黃帝立為天子十九年，聞廣成子在空同之山，故往見之，即此。原作「洞庭」，據《靈寶五符序》改。⓭廣成子　傳說中的仙人，隱居於崆峒山石室中，曾對黃帝講解至道之要，提倡「守其一而處其和」。見《神仙傳》。⓮自然之經　〈遐覽〉著錄有《自然經》。自然，原作「自成」，據《靈寶五符序》改。⓯具茨　神話傳說中的地名。《莊子・徐无鬼》說「黃帝將見大隗乎具茨之山」，即此。⓰大隗君黃蓋童子　古代神人之化名。⓱神芝圖　《靈寶五符序》作十二卷，《軒轅本紀》作七十二卷。⓲王屋　山名。道教奉為三十六洞天之首。屋，原作「室」，〈極言〉言黃帝「陟王屋而受丹經」，所述事相同，據改。⓳神丹金訣記　《靈寶五符序》作「金液九轉神丹經」，《軒轅本紀》作「九鼎神丹注訣」。⓴於玄女　玄女是上古神女，黃帝之師。此三字原缺，據《靈寶五符序》補。㉑天真皇人　傳說中元始天王的化身，是最高的真聖。㉒玉堂　天真皇人的住處蒼玉為屋、黃金為座，故曰玉堂。㉓真一之道　真一為道之別名，這裡用指體內之神。意守人體內神靈之法，即真一之道。㉔具說　完全陳說。具，同「俱」。㉕一隅　一角；一端。㉖長生仙方二句　《靈寶五符序》曰：「白日升天、飛步虛空、身生水火，變化無常，其天仙之真，唯有龍胎金液九轉之丹。」㉗守形卻惡二句　保衛形體，防禦邪惡的傷害，獨有守真一之法。《靈寶五符序》曰：「守形絕粒、辟除萬邪、使役鬼神、長生久視，爾乃血脈流宣、腸化為筋，百災不能傷，延朝至億萬，則唯有真一。」㉘九轉丹　反覆燒煉之金丹，服後三日即可得仙。㉙金液經　講述化煉金液之法的書。金液的效用同於金丹，服後全身呈金色，亦可成天仙。㉚崑崙五城　傳說崑崙山上有五城十二樓，乃神仙的居住處。㉛藏以玉函　藏在玉石製成的匣子中。《靈寶五符序》作「藏以紫玉之匱」。㉜刻以金札　刻在黃金簡策之上，以示貴重。《靈寶五符序》作「刻以黃金之札」。㉝紫泥　古人書信用泥封口，泥上加蓋印章，皇帝詔書則用紫泥。㉞印以中章　蓋上神仙的印章。《靈寶五符序》作「印以太上中章」。

【語　譯】當年黃帝來到青丘，經過風山，見到紫府先生，接受了《三皇內文》，以傳命役使眾多的鬼神。南到圓丘之陰、建木之地，觀看百神登空升天的處所。採摘神木之華，飲用赤泉之水。西見中黃子，接受了《九加之方》。又訪問了崆峒山，從廣成子那兒接受了《自然之經》。然後北到洪隄，上具茨之山，訪問大隗君黃蓋童子，接受《神芝圖》。又登上王屋山，從玄女那裡得到了《神丹金訣記》。到峨眉山，在玉堂中拜訪了天真皇人，請教真一之道。天真皇人說：你既是天下的君王，又想求得長生不死，豈不是太貪心了嗎？那些重複的東西不必一一都說，大致舉其一端罷了。若求長生的仙方，那麼唯有服用金丹；若要保持健康的體魄，防禦邪惡的侵擾，那麼就只有守真一之法，所以古人特別地看重它。《仙經》上說：九轉丹方、金液經、守一訣，都在崑崙山五城之中，藏在玉石函內，刻在黃金簡策上，用紫泥封著，上面還加蓋有神仙的印章。

吾聞之於先師曰：一在北極❶、大淵❷之中。前有明堂❸，後有絳宮❹。巍巍華蓋❺，金樓穹隆❻。左罡右魁❼，激波揚空❽。玄芝❾被崖，朱草蒙瓏❿。白玉嵯峨⓫，日月垂光⓬。歷火過水⓭，經玄涉黃⓮。城闕交錯⓯，帷帳琳琅⓰。龍虎列衛⓱，神人在旁⓲。不施不與⓳，一安其所。不遲不疾，一安其室。能暇能豫⓴，一乃不去。守一存真，乃能通神㉑。少欲約食㉒，一乃留息㉓。白刃臨頭，思一得生。知一不難，難在於終。守之不失，可以無窮。陸辟惡獸㉔，水卻蛟龍㉕。不畏魍魎㉖，挾毒之蟲。鬼不敢近，刃不敢中。此真一之大略也。」

【章　旨】用隱語的形式暗示真一在人體之中，只要堅持修煉，勤守不失，就能辟除邪惡，逢凶化吉。

【注　釋】❶北極　道家修煉時，意念存想北極星。又人體內亦有北極。〈至理〉：「結北極於黃庭」。❷大淵　即太淵。在人體中，一指口腔。《黃庭外景經》務成子注曰：「太淵玉漿甘如飴，近在吾身子不知。」一指臍中，一名中極，一名太淵，一名崑崙。參見《黃庭內景經・治生章》務成子注。❸明堂　道教認為人的頭部有九宮，兩眉正中深一寸處為明堂宮。❹絳宮　此之絳宮在人的頭部。一名紫房，一名玉房，通名明堂。參見《黃庭內景經・治生章》務成子注。❺華蓋　《黃庭內景經》曰：「眉號華蓋覆明珠。」又曰：「肺部之宮似華蓋。」這裡似指眉而言。❻金樓穹隆　金色的層樓高高聳起。這裡指人的喉嚨，喉嚨一名重樓，所以有「絳宮重樓十二級」之語。參見《黃庭內景經・黃庭章》務成子注。❼左罡右魁　存想罡星在左，魁星在右。罡、魁都是北斗七星中的星宿，罡是斗柄，魁是斗首。〈雜應〉：「又思作七星北斗，以魁覆其頭，以罡指前。」❽激波揚空　形容體內之氣如波浪一樣上升至頭部。《黃庭內景經》：「七液洞流衝廬間。」❾玄芝　靈草，黑色的仙芝。❿朱草蒙瓏　祥瑞之草生長茂盛。朱草是一種吉祥草。⓫白玉嵯峨　隱喻齒白如玉、排列山石狀。《黃庭內景經》：「朱鳥吐縮白石源」，務成子注：「白石，齒象。」《靈寶五符序》此句下有「甘泉無窮」四字。⓬日月垂光　日月之光華自上而下，照徹全身。《黃庭內景經》「出日入月呼吸存」，務成子注：「謂常存日月於兩目，使光與身合，則通真矣。」⓭歷火過水　從肺到腎。五行與五臟相配，肺屬火，腎屬水。⓮經玄涉黃　經天歷地，從頭到足。玄指天，人兩眉間有天庭。黃指地，人之足為地關。⓯城闕交錯　道教認為人體中有許多關闕，如《黃庭外景經》曰：「幽闕俠之高巍巍」，《黃庭內景經》曰：「玄泉幽關高崔巍。」又有三關之說，皆指人體內之部位而言，故曰交錯。⓰帷帳琳琅　帷帳美好，晶瑩如玉。隱喻人的心臟。心臟一名絳宮，又名紫房幃幙。參見《黃庭內景經・治生章》務成子注。⓱龍虎列衛　隱喻膽部、脾部之神如龍虎並列。《黃庭內景經・膽部章》：「龍旗橫天擲火鈴」，「佩金帶玉龍虎文」，又〈脾長章〉：「黃衣紫帶龍虎章。」⓲神人在旁　神人指居住在黃庭宮之神，即所謂三老。《黃庭內景經》：「三老同坐各有朋。」⓳不施不與　不散失、不洩漏，保守體內的元氣。「與」《靈寶五符序》作「寫」，瀉也。⓴能暇能豫　悠閒自在，心情歡悅。㉑守一存真二句　《靈寶五符序》作「存一至勤，一能通神」。㉒少欲約食　克制欲望，減少飲食。㉓留息　長留；長存。㉔陸辟惡獸　行於陸地，可以避除惡獸的傷害。㉕水卻蛟龍　行於水中，可以免掉蛟龍為患、舟船翻覆之禍。㉖魍魎　山川中的鬼怪精靈。

【語　譯】我從先師那裡聽說：一在人體內北極、大淵之中。前有明堂，後有絳宮。華蓋巍然在上，下有金色的重樓聳峙。罡星在左，魁星在右，體中之氣如波激浪湧，上衝天庭。玄芝披覆在山崖，朱草生長茂盛。齒如白玉排列整齊，日月光華照亮了全身。從肺到腎，從頭至足，經歷重重關闕，來到帷帳精美的心房。又見膽神脾神如同守護的龍虎，黃庭真人安居在旁。保存元氣不散不洩，一就安於其所；不慢不快，一就安於其室。精神悠閒而歡悅，一就不會離開人體；意守真一，就能通於神靈。克制欲望、減少飲食，一就能長遠留存。利刀架在頸脖上，想到一就能得生。知道一並不難，難在堅持到底。只要堅守不失，生命可以無窮。在陸地上不受猛獸的侵害，在水中可以免除蛟龍為患、舟船傾覆的禍災，又不怕山川鬼怪，各類毒蟲。鬼怪不敢近，刀槍不能中，這就是有關真一的大略的情況。」

抱朴子曰：「吾聞之於師云：道術諸經，所思存念作❶，可以卻惡防身者，乃有數千法。如含影❷、藏形❸、及守形❹、無生❺、九變❻、十二化❼、二十四生❽等，思見身中諸神，而內視令見之法，不可勝計，亦各有效也。然或乃思作數千物以自衛，率❾多煩難，足以大勞人意❿，若知守一之道，則一切除棄此輩⓫，故曰『能知一則萬事畢』者也。

受真一口訣，皆有明文。歃白牲之血⓬，以王相之日⓭受之。以白絹白銀為約，剋金契⓮而分之。輕說妄傳⓯，其神不行也。人能守一，一亦守人。所以白刃無所措其銳⓰，百害無所容其凶⓱，居敗能成⓲，在危獨安也。若在鬼廟⓳之中、山林之下、大疫⓴之地、塚墓㉑之間、虎狼之藪㉒、蛇蝮㉓之處，守一不怠，眾惡遠迸。若忽偶忘守一，而為百鬼所害，或臥而魘㉔者，即出中庭視輔星㉕，握固㉖守一，鬼即去矣。若夫陰雨者，但止室中，向北思見輔星而已。若為兵寇所圍，無復生地，急入六甲陰中㉗，伏而守一，則五兵㉘不能犯之也。能守一者，行萬里、入軍旅、涉大川，不須卜日擇時。起工㉙移徙，入新屋舍，皆不復按堪輿星歷㉚，而不避太歲太陰將軍㉛、月建煞耗之神㉜，年命之忌，終不復值殃咎也。先賢歷試㉝，有驗之道也。」

【章　旨】守真一之訣必須歃血盟誓，方能傳授。而只要守一不怠，便可以攘除鬼魅、辟兵去邪，免除種種的災禍。

【注　釋】❶思存念作　心想神靈，或默念祈禱等法術。❷含影　〈遐覽〉著錄有《含景圖》一書。❸藏形　即隱身之術。〈遐覽〉著錄有《坐亡圖》，當即此類。❹守形　守其形體。〈遐覽〉著錄有《守形圖》。❺無生　無生命。❻九變　〈遐覽〉著錄有《九變經》。❼十二化　〈遐覽〉著錄有《十二化經》。❽二十四生　〈遐覽〉著錄有《二十四生經》。❾率　大概；大都。❿大勞人意　使人精神十分疲勞。⓫除棄此輩　摒棄這些方術。輩，類。⓬歃白牲之血　口含畜牲之血以盟誓，表示鄭重。古人多斬白馬以盟誓，故云。⓭王相之日　陰陽家以五行與日月搭配，認為每一個季節都有王日、相日，如春三月為木王、火相，夏三月為火王、土相。王相之日則諸事吉利。⓮剋金契　將契約刻在金屬上，雙方各執一半為憑。⓯輕說妄傳　不通過儀式，輕易相傳授。一說「輕說」應為「輕脫」。⓰白刃無所措其銳　鋒利的白刃無所用之，即不能傷害。⓱百害無所容其凶　各種毒物害蟲不能逞凶。⓲居敗能成　處在不利之形勢，能夠反敗為勝。⓳鬼廟　野廟；野鬼聚集之所。⓴大疫　指流行的瘟疫。㉑塚墓　墳墓。塚是高墳。㉒虎狼之藪　虎狼成群出沒之地。藪，聚集之地。㉓蝮　毒蛇。㉔魘　夢中受到驚駭；作惡夢。古人認為是受到鬼魅妖邪的侵擾。㉕輔星　北斗七星旁邊的一顆陪星。道教說它是天真玉帝之星，認為它上總九天、下領九地，五嶽四瀆的仙官，都由它統率。參見《雲笈七籤・卷二〇》。㉖握固　凝聚心力，如有所握持。㉗六甲陰中　六甲是古代的一種方術，即預測吉凶，以決定趨避，所以又稱遁甲。《後漢書・方術列傳序》：「遁甲，推六甲之陰而隱遁也。」㉘五兵　戈、矛等各種兵器。㉙起工　開工興建房宅。㉚堪輿星歷　依據陰陽五行、天文曆數以確定建房、出行的方位與時間的方法。堪輿，相地看風水之書。星歷，天文曆數之書。㉛太歲太陰將軍　民間傳說：太歲是值歲之神，所在方向不可動土。《淮南子・天文》則說太歲是天神之貴者，又名太陰。㉜月建煞耗之神　月建是叢辰之名，陽建之神，不可面對其方向。所值之日，不可興造土功。㉝先賢歷試　前輩賢者多次試驗。

【語　譯】抱朴子說：「我從老師那裡聽說，有關道教法術的各種經書，所記載的用思存、默念以收到除惡防身效果的法術，有數千種之多。如含影法、藏形法、守形法、無生法以及九變、十二化、二十四生諸法術，想見身內的各處神靈，並且內視使之現形之法，多得不計其數，也都各有效果。只是有時要想像數千種物件保護自己，大都過於繁瑣，使人精神勞累。如果知道了守一之道，這一切就都不必要了。所以說『能知一則萬事可成』啊！

接受真一的口訣，都有明文規定。要宰殺白色的牲畜，歃血盟誓，要選擇在王相之日舉行受訣儀式。要備好白絹、白銀，訂下約言，刻好金契，各執一半為憑證。輕易、隨便的傳授真一祕訣，其神不至，則沒有效果。人能守一，一就留在人體內而不離去，因此鋒利的刀刃不能傷害，各種毒物害蟲不能逞凶。處在不利的形勢下能夠反敗為勝，在危險的時候能夠平安無事。如果身在野廟之中、山林之下、瘟疫流行之地、墳墓堆中、虎狼成群之地、毒蛇出沒之處，能專心守一而不懈怠，則鬼怪毒物都會遠遠的離開。如果偶爾忘記了守一，受到鬼怪的傷害，或者在睡中為鬼魅侵擾，就出到庭院中目視輔星，同時集中心神握固守一，鬼魅也就離開了。如果是陰雨天氣，只要在房中面向北方想像看見輔星就行了。如果被士兵或者強盜包圍，沒有活路，就趕緊躲進六甲之陰中，匍匐在地，專心守一，則各種兵器都不能傷害。能堅持守一的人，無論出行萬里、進入軍中、渡過江河，都不必選擇吉日良辰。興建房屋、遷移他地、搬入新居，也都不必遵照陰陽五行、天文曆數的禁忌。不避太歲太陰將軍及月建煞耗之神的方向，也不避年命的禁忌，最終仍然不會遭遇禍殃。

前輩賢者多次試驗，證明守一之道是有效的。」

抱朴子曰：「玄一之道，亦要法也，無所不辟❶，與真一同功❷。吾《內篇》第一名之為〈暢玄〉者，正以此也。守玄一復易於守真一❸，真一有姓字、長短、服色，此玄一但自見之❹。初求之於日中，所謂知白守黑❺、欲死不得者也。然先當百日潔齋，乃可候求得之耳。亦不過三四日得之，得之守之，則不復去矣。守玄一，並思其身分為三人。三人已見，又轉益❻之，可至數十人，皆如己身。隱之顯之❼，皆自有口訣，此所謂分形之道❽。左君❾及薊子訓❿、葛仙公⓫所以能一日至數十處，及有客座上有一主人與客語，門中又有一主人迎客，而水側又有一主人投鉤，賓不能別何者為真主人也。師言守一兼修明鏡⓬，其鏡道⓭成，則能分形為數十人，衣服面貌，皆如一也。」

抱朴子曰：「師言欲長生，當勤服大藥⓮；欲得通神，當金水分形⓯。形分則自見其身中之三魂七魄，而天靈地祇⓰，皆可接見，山川之神，皆可使役也。」

【章旨】闡說玄一之道與分形之術，其效果不僅能辟除一切邪惡，還能分身多處並與神靈交遊。

【注釋】❶無所不辟　能禳卻、辟除一切精魅、邪惡。❷同功　同樣的功效。❸守玄一復易於守真一　真一之神有姓字，須呼喚其名；有長短、服色的不同，須想像具體；又所居有固定之宮，所行有相伴之神；內容複雜，守之較難。玄一則無姓名、長短、服色的區別，只要集中心神專心意守即可，故較容易。❹此玄一但自見之　意謂玄一的形象任憑自見，其長短、服色皆無一定。原作「目玄一但此見之」，據宋臨安刊本校改。❺知白守黑　白比喻光明，黑以喻玄默。言以玄默之心而守光明之物。《老子・第二十八章》：「知其白，守其黑，為天下式。」❻轉益　再增加。❼隱之顯之　分形為數人即顯之，由數人之形再合為一人即隱之。❽分形之道　《雲笈七籤・卷四八》載有《老君明照法》，說：「能為此道，分身散形。以一為萬，立成六軍。」以一人之身分為眾人之形，即分形之道。❾左君　即左慈。《後漢書・方術列傳》說曹操要逮捕左慈，這時左慈或見於坐席上，或見於街市中，莫知誰是。❿薊子訓　建安時人，有神異之道。初到洛陽時，分身數十處拜見公卿，皆執斗酒片脯致意。臨去時，有數十處皆白雲起。見《藝文類聚・卷七八》。⓫葛仙公　葛玄，字孝先，葛洪之從祖，時人呼曰葛仙公。⓬明鏡　一種方術。修煉此種方術，當在幽室之中，或者極靜之地。左右懸以明鏡，叫日月鏡；四周懸以明鏡，叫四維鏡。然後聚精會神，守一不怠，並對鏡想像分形。參見《雲笈七籤・卷四八・老君明照法》。⓭鏡道　即對鏡分形之道。⓮當勤服大藥　大藥即仙藥。原本無「當」字，據《藝文類聚・卷七九》補。⓯金水分形　金鏡、靜水能照見人的影子，好似使人分形。《雲笈七籤・老君明照法》曰：「金水內景，以陰發陽。能為此道，分身散形。」⓰天靈地祇　天地神靈之類。

【語譯】抱朴子說：「玄一之道，也是重要的方法。守玄一，能辟除所有的鬼魅毒物，與守真一收到同樣的功效。我的《抱朴子・內篇》第一篇名叫〈暢玄〉，就正是為此緣故。守玄一又比守真一要容易一些，真一有姓字、長短、服色的區別，而玄一則任憑自己看見的形狀就行了。開始時意守日中，這就是所謂『知白守黑、求死不得』的意思。然而在此之前，要齋戒一百天，然後才可以開始修煉。也不過三四天就可以求得玄一，得到之後要堅持意守，玄一就不會再離去了。

守玄一，同時想像將身分為三人。等到看見三人之後，便再增加，可以分身達到幾十人，都跟自己一模一樣。分形合身，都各有口訣，這就是所說的分形之道。左慈及薊子訓、葛仙公所以能一天到幾十個地方，乃至在客座上有一個主人與客人交談，門口又有一個主人迎接客人，水邊又有一個主人在釣魚，來賓不能分辨哪一個是真的主人。老師對我說練習守一可以同時練習明鏡之道。這種道術修煉成功後，則能分形為數十人，他們的衣服容貌都是完全一樣的。」

抱朴子說：「老師說想要長生，應當勤服仙藥；若想與神仙交遊，就要修煉分形之術。分形之後可以見到自己身中的三魂七魄，天地神靈，都可以與之交遊。山川諸神，也都會聽從你的使喚了。」

抱朴子曰：「生可惜也，死可畏也。然長生養性辟死❶者，亦未有不始於勤而終成於久視❷也。道成之後，略❸無所為也。未成之間，無不為也。採掘草木之藥，劬勞❹山澤之中，煎餌治作❺，皆用筋力。登危涉險❻，夙夜不怠❼。非有至志，不能久也。及欲金丹成而昇天❽，然其大藥物❾皆用錢直❿，不可卒⓫辦。當復由於耕牧商賈以索資，累年積勤，然後可合⓬。及於合作之日，當復齋潔清淨，斷絕人事，有諸不易。而當復加之以思神守一，卻惡衛身。常⓭如人君之治國、戎將⓮之待敵，乃可為得長生之功也。以聰明大智，任經世濟俗之器⓯，而修此事，乃可必得耳。淺近庸人，雖有志好，不能克終⓰矣。

故一人之身，一國之象也。胸腹之位，猶宮室也；四肢之列⓱，猶郊境也。骨節之分，猶百官也。神猶君也，血猶臣也，氣猶民也。故知治身，則能治國也。夫愛其民所以安其國，養其氣所以全其身。民散則國亡，氣竭即身死。死者不可生也，亡者不可存也。是以至人⓲消未起之患，治未病之疾。醫之於無事之前，不追之於既逝⑲之後。民難養而易危⑳也，氣難清而易濁㉑也。故審威德所以保社稷㉒，割嗜欲所以固血氣。然後真一存焉，三七㉓守焉，百害卻焉，年命延矣。」

【章旨】追求長生必須積年卒勞，諸多不易。就像治國一樣，必須周密經營、認真從事，方能成功。

【注釋】❶養性辟死　養生修煉，追求長生久視。❷終成於久視　最終修成仙道，實現長生。❸略　大略；大體。❹劬勞　勞累。❺煎餌治作　煎熬、整治各類藥物。❻登危涉險　攀登高山，渡過激流險灘。❼夙夜不怠　從早到晚，毫不懈怠。❽欲金丹成而昇天　欲煉成金丹以供服食，實現飛升成仙之目的。❾大藥物　合成仙藥所需之物。❿錢直　錢財資金。⓫卒　同「猝」。倉促。⓬合　即用多種藥物合煉金丹。⓭常　一本作「當」。⓮戎將　軍事將領；將軍。⓯經世濟俗之器　有經營社會、管理國家之才幹器識。⓰克終　堅持到底一直到成功。⓱四肢之列　手足四肢，陳列四方。⓲至人　具有最高智慧與道德的人。⓳既逝　生氣耗散，如水已逝。⓴民難養而易危　百姓難以教化，容易出現危險之局面。養，教養；治理。㉑氣難清而易濁　精神血氣恬淡和愉即清，嗜欲過度或極端喜怒哀傷即濁。㉒審威德所以保社稷　審慎地恩威並施，以保全江山社稷。威指刑法、武功。德指恩澤、教化。㉓三七　三魂七魄。

【語譯】抱朴子說：「生命值得留戀，死亡令人畏懼。那些追求長生不死的人，沒有不是以勤勞開始，最後才實現長生之目的的。仙道成功之後，再也沒有什麼要做了；而仙道未成之時，則一切事情都要去做。要去挖掘草木之藥，在山川湖澤之中備嘗辛勞；要煎熬、整治各種藥物，都須耗費體力；要攀登高山、渡過激流，日夜不能懈怠。若是沒有堅定不移的決心，便不能長久堅持。待到想要燒煉金丹、服食飛升之時，所須合煉仙藥之物，又都要用錢去買，急遽之間不能很快地辦好。這時又要從事耕牧、經營商販以得到資金。需要積累多年的辛勞，然後才能開始燒煉。合煉之時，還要沐浴齋戒、斷絕人間的往來，有許多困難之事。加上還要專心守一、除惡防身，就像帝王治理國家、將軍防禦外敵一樣，才能夠收到長生的效果。只有以超凡的聰明才智、經世濟邦的器識，來修煉仙道，然後才能得到成功。目光淺近的平庸之輩，雖然有志於此事，也不能堅持到底的。

所以一人之身，就像一個國家一樣。胸腔腹腔所處的部位，就像是宮室一樣；手足四肢陳列之處，就像是郊區之境。人體有許多的骨節，就像是百官一樣。精神就像君主，血脈就像臣屬，元氣就像人民。所以知道治身的道理，就能治理國家。愛護百姓就能安定國家，就像培養血氣就能保全生命一樣。民心離散國家就會滅亡，血氣衰竭生命就會停止。人死不可以再生，國家滅亡不可以復存。所以至人在禍患未起時便將它消除了，在疾病未生時便將它治癒了。在病象未顯現前去醫治它，而不是在元氣消逝後再去用藥。百姓難以教化而容易出現危險的局面，血氣容易混濁而導致危及生命。所以要審慎地恩威並施以保全國家，要割棄嗜欲以培養堅固自身的血氣。然後真一就會長在人體之中，三魂七魄就會聚而不散，各種禍患就會遠遠離去，人的壽命就會得到延長了。」

抱朴子曰：「師言服金丹大藥❶，雖未去世❷，百邪❸不近也。若但服草木及小餌八石❹，適可❺令疾除命益❻耳，不足以禳外來之禍也。或為鬼所冒犯，或大山神❼之所輕凌❽，或為精魅所侵犯。唯有守真一，可以一切不畏此輩也。次則有帶神符❾。若了不知此二事❿以求長生，危矣哉。四門而閉其三，盜猶得入，況盡開者邪？」

【章　旨】求仙必須事先明瞭禳除外來禍患的方法。不明此法而求長生，將會招致危險。

【注　釋】❶大藥　仙藥。❷去世　指離開人間，飛升到神仙世界。❸百邪　各種鬼怪、邪惡。❹小餌八石　小餌丹藥，如八石丹之類。小餌丹是用丹砂合成之藥，未經飛煉，故藥力不及九鼎神丹。❺適可　只可以；僅僅能夠。❻疾除命益　治好疾病，有益於健康。❼大山神　〈登涉〉曰：「山無大小，皆有神靈。山大則神大，山小即神小也。」❽輕凌　欺凌；侮辱。❾帶神符　隨身佩帶符籙。〈登涉〉曰：「道士常帶天水符、及上皇竹使符、老子左契，及守真一思三部將軍者，鬼不敢近人也。」❿二事　指守真一、佩帶神符二事。

【語　譯】抱朴子說：「老師說只要服食了金丹仙藥，即使未離開人世，各種邪惡也不敢接近。如果只是服食草木之藥及小餌丹藥，如八石丹之類，僅能消除疾病、有益健康，不足以禳除外來的禍患。或有可能為鬼物所侵犯，或為山神所欺侮，或為精怪所傷害。唯有守真一，可以不害怕這些山神鬼怪之輩。其次則有佩帶神符，亦可以免掉此種禍患。如果不知此二事而求長生，則可能遭遇危險。四扇門關閉了三扇，盜賊尚且可以潛入，何況四門洞開著呢？」

卷一九 遐覽

【題解】遐覽，主要介紹葛洪之師鄭隱收藏的各類道書的篇目及卷數。

《漢書・藝文志》著錄有道家書近千篇，另有神仙家及房中家書各若干篇。道家，是指源出老莊的學說；神仙家，指養生、服餌、長生久視之書；房中家，房中術之祖。這些書籍至漢末時，或有散佚。而附會增益之道書，出世愈眾。故〈釋滯〉曰：「道書之出於黃老者，蓋少許耳，率多後世之好事者，各以所知見而滋長，遂令篇卷至於山積。」本篇著錄之道書總約六百七十卷，符書五百數十卷，合計一千二百餘卷，反映了這一時期道教文化發展的概貌，對於後世了解道教典籍的流傳及演變有著重要的歷史價值。

或曰：「鄙人面牆❶，拘繫儒教，獨知有五經、三史、百氏之言❷，及浮華之詩賦、無益之短文，盡思守此，既有年矣。既生值多難之運❸，亂靡有定❹，干戈戚揚❺。藝文不貴，徒消工夫。苦意極思，攻微索隱❻，竟不能祿在其中❼，免此壟畝，又有損於精思，無益於年命。二毛告暮❽，素志衰頹❾。正欲反迷，以尋生道。倉卒罔極，無所趨向。若涉大川，不知攸濟❿。先生既窮觀墳典，又兼綜奇祕⓫，不審道書凡有幾卷？願告篇目。」

抱朴子曰：「余亦與子同斯疾者也。昔者幸遇明師鄭君，但恨弟子不慧，不足以鑽至堅、極彌高⑫耳。於時雖充門人之灑掃，既才識短淺，又年尚少壯，意思不專，俗情未盡，不能大有所得，以為巨恨耳。鄭君時年出八十，先髮鬢斑白，數年間又黑，顏色豐悅。能引強弩射百步，步行日數百里，飲酒二斗不醉。每上山，體力輕便，登危越險，年少追之，多所不及。飲食與凡人不異，不見其絕穀。余問先隨之弟子黃章，言鄭君嘗從豫章還，於掘溝浦中連值大風。又聞前多劫賊，同侶攀留鄭君，以須⑬後伴。人人皆以糧少，鄭君推米以卹諸人，己不復食五十日亦不飢。又不見其所施為，不知以何事也。火下細書⑭，過少年人。性解音律，善鼓琴。閑坐，侍坐數人，口答諮問，言不輟響⑮。而耳並料聽左右操絃者，教遣長短，無毫釐差過也。

余晚充鄭君門人，請見方書。告余曰：『要道不過尺素，上足以度世，不用多也。然博涉之後，遠勝於不見矣。既悟人意，又可得淺近之術，以防初學未成者諸患也。』乃先以道家訓教戒書不要者近百卷，稍稍示余。余亦多所先見者⑯，頗以其中疑事諮問之。鄭君言：『君有甄事⑰之才，可教也。然君所知者，雖多未精，又意在於外學⑱，不能專一，未中以經深涉遠耳。今自當以佳書相示也。』

又許漸得短書縑素所寫者⑲。積年之中，合集所見，當出二百許卷，終不可得也。他弟子皆親僕使之役，採薪耕田。唯余尫羸⑳，不堪他勞，然無以自效，常親掃除，拂拭床几，磨墨執燭，及與鄭君繕寫故書而已。見待余同於先進者㉑，語余曰：『雜道書卷卷有佳事㉒，但當校其粗細，而擇所施行，不事盡諳誦，以妨日月而勞意思耳。若金丹一成，則此輩一切不用也。亦或當有所教授，宜得本末，先從淺始，以勸進學者。無所希准階由也。』

鄭君亦不肯先令人寫其書，皆當決其意。雖久借之，然莫有敢盜寫一字者也。鄭君本大儒士也，晚而好道，由㉓以《禮記》《尚書》教授不絕。其體望高亮㉔、風格方整㉕，接見之者皆肅然。每有諮問，常待其溫顏，不敢輕銳㉖也。書在余處者，久之一月，足以大有所寫。以不敢竊寫者，政㉗以鄭君聰敏，邂逅㉘知之，失其意，則更以小喪大也。然於求受之初，復所不敢，為斟酌時有所請耳。是以徒知飲河，而不得滿腹㉙。然弟子五十餘人，唯余見受金丹之經及《三皇內文》、《枕中五行記》，其餘人乃有不得一觀此書之首題者矣。他書雖不具得，皆疏㉚其名。今將為子說之，後生好書者可以廣索也。

【章旨】介紹追隨鄭隱從師學道之經過及得以閱讀道書之來由。

【注釋】❶面牆　面對牆壁而立，意謂不學，日無所見。《論語・陽貨》：「人而不為〈周南〉〈召南〉，其猶正牆面而立也與！」❷五經三史百氏之言　《詩》、《書》、《禮》、《易》、《春秋》謂五經，《史記》、《漢書》、《東觀漢記》謂三史，百氏之言指諸子百家之說。❸多難之運　社會動盪，災難不休之世。❹亂靡有定　禍亂不休，沒有安定之日。❺干戈戚揚　干是盾牌，戈是長柄橫刃之兵器，戚是斧，揚是鉞。代指戰爭。❻攻微索隱　發明精微，探索幽隱。指深入地研究典籍著作。❼竟不能祿在其中　意謂未能出仕作官，得一份俸祿。《論語・衛靈公》：「學也，祿在其中矣。」❽二毛告暮　頭髮斑白，已到生命的暮年。白髮黑髮相間，為二毛。❾素志衰頹　平素之志衰落、淡薄了。素志，這裡指追求世俗的榮名利祿。❿若涉大川二句　好像要渡越大江河，卻不知所以橫渡的方法。⓫兼綜奇祕　同時通曉各種奇聞祕術。⓬鑽至堅極彌高　贊美老師的學術人格高不可及，博大精深。顏回曾讚嘆孔子「仰之彌高，鑽之彌堅。瞻之在前，忽焉在後。」見《論語・子罕》。⓭須　等待。⓮火下細書　燈下書寫小字。⓯口答諮問二句　回答弟子的提問，言語滔滔不絕。⓰先見者　此上原重「先見」二字，為衍文。⓱甄事　辨別、分析事理。⓲外學　關於世俗的學問；經世之學。⓳短書縑素所寫者　抄寫在素絹上之道書。即前面所說「要道不過尺素」、「佳書」。⓴尪羸　身體瘦弱多病。㉑先進者　前輩；師兄。指跟隨鄭隱較早者。㉒佳事　記述或議論精彩之處。㉓由　「猶」的通假字。㉔體望高亮　德高望重，誠信正派。㉕風格方整　端莊方正，不苟言笑。㉖輕銳　輕易；輕狂。銳，一作「脫」。㉗政　通「正」。㉘邂逅　湊巧遇上。㉙徒知飲河二句　意謂雖知求學，而所得不多。《莊子・逍遙遊》：「偃鼠飲河，不過滿腹。」㉚疏　逐條寫出。

【語譯】有人說：「鄙人不學無術，局限於儒家的學說。只知道有五經、三史、諸子百家之言，以及浮華的詩賦、無用的文章。沈思於其中，已經有些年數了。既然生逢天下多難之世，動亂不休，戰事不已，文藝不為社會所重視，只是白白地浪費工夫。發明精微、考索幽隱，仍然未能得到一份俸祿，不能免除耕作田畝之勞。又有損於養生健體，無益於延年益壽。如今兩鬢斑斑、年歲已老，往昔積極用世的志向逐漸衰弱。我希望從迷途返歸，以尋生道。倉促之間，四顧茫茫，卻不知何去何從。好像要渡越江河，卻不知如何橫渡的方法。先生既然飽覽經典，又同時通曉各種奇方祕術，不知道書共有多少卷數？希望能將篇目相告。」

抱朴子說道：「我也是與你的境況相似、同病相憐。從前有幸遇見明師鄭隱先生，只恨自己愚頑不慧，未能繼承先生高妙的道術。當時我雖然充當鄭君的門生，然而才識短淺，加上年紀尚輕，意思不專一，俗情未盡，因此未能有大的收穫，至今引為巨大的遺憾。鄭先生當時年紀已過八十，原先鬢髮斑白，幾年之中頭髮轉黑，面容飽滿，肌膚潤澤。他能拉強弓，射百步之遠，每天能步行數百里，飲酒二斗不醉。每當上山時，身輕體快，登高越險，年輕人多數追趕不上。飲食與平常人沒有不同，未見到他辟穀。我曾問很早就跟隨他的弟子黃章，黃章說鄭先生從豫章歸來，途經掘溝浦中，當時正遇上連日大風。又傳說前方多強盜，同行者極力攀留鄭先生，要一起等待後來者結伴而行。當時大家的糧食都很少，鄭先生拿出自己的糧食救濟大伙兒。他自己不再吃食物，經過五十天也不飢餓。又沒見到他施行法術，不知是怎麼回事。燈燭下書寫小字，其視力超過了年輕人。鄭先生又懂音樂，擅長彈琴。平時閒坐，身邊侍奉的弟子數人，鄭先生回答弟子的提問，言語滔滔不絕。同時耳聽左右的彈琴聲，指教弟子指法長短，沒有絲毫的差錯。

我晚來充當鄭先生的門人，請求見識道書。鄭先生告訴我說：『關鍵的道術不過書寫在一尺或數尺絹素之上，然而卻可以據以修煉成仙，所以道書不必多，不過廣泛地閱讀，遠勝於不看道書。因為既可以加深領悟道家之旨，又可以學得淺近的方術，以防禦道術未成前可能遭遇的各種禍患。』鄭先生於是先將道家教導訓誡世人而並非關鍵之書近百卷逐漸給我看。這些書中不少是我先前見過的，我於是提了一些疑問請教鄭先生。鄭先生說：『你有分析辨別問題的才能，值得教誨。但是你所知道的雖多而不精，加之心思集中在用世之學上，未能專心一意，所以還不能理解道家的深遠精微之論，今後我會將好書給你看的。』又過了一段時間，我逐漸讀到短書、絹素上所寫的道家著作。累積歷年所讀，應當在二百卷左右，然而終究不能得到這些書。其他弟子都以身充當僕役，被差派砍柴耕田。只有我身體瘦弱，承擔不了其他的勞務，無法為老師效力。只能打掃庭院、拂拭桌椅、磨墨執燭，以及為先生抄寫故書而已。而鄭先生對待我如同對待前輩師兄一樣，他曾經對我說：『各種道書每卷都有精彩的地方，但是應當辨別其中的精華與粗疏，而有選擇地去施行。不必完全背誦，那樣未免浪費時間、耗費精力。如果金丹一成，則這些全都用不著了。還應當有老師傳授，應該知道輕重本末，先從淺近開始，以勸進後學者。否則，學者不能指望自行煉製成功。』

鄭先生也不肯未經同意就讓人抄寫他的道書，一切都要取決於他自己的意思。雖然借的時間長，也沒有一個人敢於偷偷地抄寫一個字。鄭先生本來是一位大儒士，晚年喜好道家，還是以講解《禮記》、《尚書》教授生徒不斷。他稟性正直，德高望重，端莊方正，被他接見者總是心情肅然。弟子們每有請教，總要等到他顏色溫和時，不敢輕易放肆。他的書留放在我這裡，時間可以長達一月，有充足的時間可以抄寫。我所以不敢私下抄寫，是因為鄭先生稟性聰敏，倘若偶爾讓他知道了，引得他不高興，則是因小而失大。然而在請求傳授之初仍然不敢抄寫，則是想到以後還會不時讀到這些書。所以雖然知道求學於明師，而所掌握的卻不多。然而鄭先生的弟子有五十餘人，卻只有我得見金丹之經以及《三皇內文》、《枕中五行記》，其他弟子有的連這些書的封面都未能見到。其他書雖然沒有一一得到，鄭先生也將書名逐條寫出。現在我將這些書目告訴你。後來者若是喜歡道書，可以廣泛地搜求。

道經有《三皇內文》❶〈天〉、〈地〉、〈人〉三卷、《元文》上、中、下三卷、《混成經》二卷、《玄錄》二卷、《九生經》、《二十四生經》、《九仙經》、《靈卜仙經》、《十二化經》❷、《九變經》、《老君玉歷真經》、《墨子枕中五行記》❸五卷、《溫寶經》、《息民經》、《自然經》❹、《陰陽經》、《養生書》一百五卷、《太平經》❺五十卷、《九敬經》、《甲乙經》❻一百七十卷、《青龍經》、《中黃經》、《太清經》、《通明經》、《按摩經》、《道引經》十卷、《元陽子經》、《玄女經》❼、《素女經》❽、《彭祖經》、《陳赦經》、《子都經》❾、《張虛經》、《天門子經》❿、《容成經》⓫、

《入山經》、《內寶經》、《四規經》⑫、《明鏡經》⑬、《日月臨鏡經》⑭、《五言經》、《柱中經》、《靈寶皇子心經》、《龍蹻經》⑮、《正機經》、《平衡經》、《飛龜振經》⑯、《鹿盧蹻經》⑰、《蹈形記》、《守形圖》⑱、《坐亡圖》⑲、《觀臥引圖》、《含景圖》⑳、《觀天圖》、《木芝圖》㉑、《菌芝圖》㉒、《肉芝圖》㉓、《石芝圖》㉔、《大魄雜芝圖》、《五嶽經》五卷、《隱守記》、《東井圖》、《虛元經》、《牽牛中經》、《王彌記》、《臘成記》、《六安記》、《鶴鳴記》、《平都記》、《定心記》、《龜文經》、《山陽記》、《玉策記》、《八史圖》㉕、《入室經》㉖、《左右契》、《玉歷經》㉗、《昇天儀》、《九奇經》、《更生經》、《四衿經》十卷、《食日月精經》、《食六氣經》、《丹一經》、《胎息經》㉘、《行氣治病經》、《勝中經》十卷、《百守攝提經》、《丹壺經》、《岷山經》、《魏伯陽內經》㉙、《日月廚食經》、《步三罡六紀經》、《入軍經》、《六陰玉女經》、《四君要用經》、《金鴈經》、《三十六水經》㉚、《白虎七變經》、《道家地行仙經》、《黃白要經》、《八公黃白經》㉛、《天師神器經》、《枕中黃白經》五卷、《白子變化經》、《移災經》、《厭禍經》、《中黃經》、《文人經》、《涓子天地人經》㉜、《崔文子肘後經》㉝、《神光占方來經》、《水仙經》、《尸解經》、《中遁經》、《李君包天經》、《包元經》㉞、《黃庭經》㉟、《淵體經》、《太素經》、《華蓋經》、《行廚經》、

《微言》三卷、《內視經》、《文始先生經》㊱、《歷藏延年經》㊲、《南闕記》㊳、《協龍子記》七卷、《九宮》五卷、《三五中經》、《宣常經》、《節解經》、《鄒陽子經》、《玄洞經》十卷、《玄示經》十卷、《箕山經》十卷、《鹿臺經》、《小僮經》、《河洛內記》七卷、《舉形道成經》五卷、《道機經》㊴五卷、《見鬼記》、《無極經》、《宮氏經》、《真人玉胎經》、《道根經》、《候命圖》、《反胎胞經》、《枕中清記》、《幻化經》、《詢化經》、《金華山經》、《鳳綱經》、《召命經》、《保神記》、《鬼谷經》㊵、《凌霄子安神記》、《去丘子黃山公記》、《玉子五行要真經》㊶、《小餌經》、《鴻寶經》、《鄒生延命經》㊷、《安魂記》、《皇道經》、《九陰經》、《雜集書錄》、《銀函玉匱記》、《金板經》、《黃老仙錄》、《原都經》、《玄元經》、《日精經》、《渾成經》、《三尸集》、《呼身神治百病經》、《收山鬼老魅治邪精經》三卷、《入五毒中記》、《休糧經》三卷、《採神藥治作祕法》三卷、《登名山渡江海敕地神法》三卷、《趙太白囊中要》五卷、《入溫氣疫病大禁》㊸七卷、《收治百鬼召五岳丞太山主者記》三卷、《興利宮宅官舍法》五卷、《斷虎狼禁山林記》、《召百里蟲蛇記》、《萬畢高丘先生法》㊹三卷、《王喬養性治身經》三卷、《服食禁忌經》、《立功益筭經》、《道士奪筭律》㊺三卷、《移門子記》㊻、《鬼兵法》、《立亡術》、《練形記》五卷、

《郗公道要》、《甪里先生長生集》㊼、《少君道意》㊽十卷、《樊英石壁文》㊾三卷、《思靈經》三卷、《龍首經》、《荊山記》㊿、《孔安仙淵赤斧子大覽》七卷、《董君地仙卻老要記》、《李先生口訣肘後》二卷。凡有不言卷數者，皆一卷也。

【章　旨】介紹各種道家經籍的書名及卷數。

【注　釋】❶三皇內文　包括〈天皇文〉、〈地皇文〉、〈人皇文〉。〈地真〉曰：「黃帝東到青丘，過風山，見紫府先生，受《三皇內文》以劾召萬神。」❷九變經　〈地真〉曰：「道術諸經，所思存念作，可以卻惡防身者，乃有數千法。如含影、藏形，及守形、無生、九變、十二化、二十四生等。」❸墨子枕中五行記　《隋書‧經籍志》有《墨子枕中五行紀要》一卷。❹自然經　〈地真〉曰：黃帝「過崆峒，從廣成子受《自然之經》。」❺太平經　又名《太平清領書》，以奉天地、順五行為本，雜以符圖、神仙方術，共一百七十卷。此言五十卷，疑為此書之別本。❻甲乙經　即《太平經》，分為甲、乙、丙、丁、戊、己、庚、辛、壬、癸十部，故名。❼玄女經　《隋書‧經籍志》有《玄女經》一卷。❽素女經　《隋書‧經籍志》有《素女祕道經》、《素女方》一卷。❾子都經　巫炎，字子都，北海人。有陰術，年二百餘歲，乃白日升天而去。事見《神仙傳‧卷八》。❿天門子經　王綱，號天門子，明補養之要。年二百八十歲，色如童子，後入玄洲仙去。事見《神仙傳‧卷四》。⓫容成經　容成公，傳為黃帝之師。道家採陰補陽之術，出於容成。《漢書‧藝文志》著錄《容成陰道》二十六卷。⓬四規經　用四面明鏡，前後左右各一面，謂之四規鏡，乃存想之法。見〈雜應〉。⓭明鏡經　明鏡乃存想分形之方術。〈地真〉曰：「師言守一兼修明鏡，其鏡道成，則能分形為數十人。」⓮日月臨鏡經　用兩面明鏡，前後各一，謂之日月鏡，亦存想之術。⓯龍蹻經　龍蹻乃道家飛行術之一種，參見〈雜應〉。⓰正機經平衡經飛龜振經　《神仙傳‧卷二》曰：華子期師祿里先生，受《隱仙靈寶方》，一曰《伊洛飛龜秩》，二曰《伯禹正機》，三曰《平衡方》。按合服之，日以還少。能日行五百里，力舉千斤，一歲十二易其形。後乃仙去。又〈釋滯〉曰：「《正機》《平衡》割乎文石之中。」⓱鹿盧蹻經　乘蹻術中有鹿盧蹻乃道家飛升之術。見〈雜應〉。⓲守形圖　見注❷。⓳坐亡圖　墮肢體，黜聰明，離形去知，物我兩忘，謂之坐亡。見《莊子‧大宗師》。⓴含景圖　即含影。參見注❷。㉑木芝圖　〈仙藥〉曰：木芝百二十種，自有圖也。㉒菌芝圖　〈仙藥〉曰：菌芝亦百二十種，自有圖也。㉓肉芝圖　〈仙藥〉曰：凡此又百二十種，此皆肉芝也。㉔石芝圖　〈仙藥〉曰：如此有百二十種，皆石芝也。㉕八史圖　〈雜應〉曰：「八史者，八卦之精也。」㉖入室經　諸本或作「八寶經」。㉗玉歷經　陳國符《道藏源流考》曰：「《抱朴子・遐覽》著錄《老君玉歷真經》、《玉歷經》各一卷。是《玉歷經》有二種。《雲笈七籤・卷一八》、〈卷一九〉收《老子中經》，云一名《珠宮玉曆》。〈卷一一〉、〈卷一二〉《上清黃庭內景經》注引作《玉曆經》，蓋即《玉歷經》。」㉘胎息經　〈釋滯〉曰：「得胎息者，能不以鼻口噓吸，如在胞胎之中，則道成矣。」㉙魏伯陽內經　魏伯陽，吳人。性好道術，作《周易參同契》三卷，論作丹之意。見《神仙傳・卷二》。㉚三十六水經　《道藏》有《三十六水法》，今存。㉛八公黃白經　淮南王劉安好神仙之道，有八公詣之，後成仙而去。見《神仙傳・卷六》。㉜涓子天地人經　涓子，齊人，好餌術，著《天人經》四十八篇。事見《列仙傳・卷上》。㉝崔文子肘後經　崔文子，太山人，世好黃老。曾製成黃散、赤丸，賣藥都市。事見《列仙傳・卷上》。㉞包元經　漢成帝時，齊人甘忠可詐造《天曆包元太平經》十二卷。見《漢書・李尋傳》。㉟黃庭經　《列仙傳》載，朱璜每日讀《老君黃庭經》三過。今存有《黃庭內景經》、《黃庭外景經》，載錄甚多。㊱文始先生經　周尹喜，號文始先生，所著書稱《文始真經》，又名《關尹子》。㊲歷藏延年經　《周易參同契》曰：「是非歷臟法，內視有所思。」內視五臟而存思，以達到養生延年的目的，即歷臟延年。㊳南闕記　闕，一作「闊」，又一作「關」。㊴道機經　〈金丹〉曰：《道機經》是魏世軍督王圖所撰耳。圖了不知大藥，欲以行氣入室求仙，作此《道機》。㊵鬼谷經　鬼谷子，傳為蘇秦、張儀師。《隋書・經籍志》著錄晉人注《鬼谷子》三卷。㊶玉子五行要真經　玉子，姓張名震，南郡人。精於五行之意，著道書百餘篇。玉，原作「王」，據《神仙傳・卷四》改。㊷鄒生延命經　漢淮南王劉安有《鄒衍重道延命方》，或即此書之異名。㊸入溫氣疫病大禁　〈雜應〉有「仙人入瘟疫祕禁法」，亦存思之法。㊹萬畢高丘先生法　《史記・龜策列傳》引有《萬畢石朱方》。《隋書・經籍志》著錄《淮南萬畢經》一卷。㊺道士奪筭律　〈微旨〉曰：「天地有司過之神，隨人所犯輕重，以奪其算。算減則人貧耗疾病，屢逢憂患，算盡則人死。」筭，通「算」。㊻移門子記　〈仙藥〉曰：「移門子服五味子十六年，色如玉女。」移門子，即羨門子。㊼甪里先生長生集　秦末漢初商山四皓之一曰甪里先生，一作角里。㊽少君道意　少君，漢代著名方士李少君。㊾樊英石壁文　樊英，字季齊，南陽人。習《周易》，又善風角、星算、推步災異諸方術。事見《後漢書・方術列傳》。㊿龍首經荊山記　〈極言〉引此二書，言黃帝之事。

【語　譯】道經有《三皇內文》〈天〉、〈地〉、〈人〉三卷、《元文》上、中、下三卷、《混成經》二卷、《玄錄》

二卷、《九生經》、《二十四生經》、《九仙經》、《靈卜仙經》、《十二化經》、《九變經》、《老君玉歷真經》、《墨子枕中五行記》五卷、《溫寶經》、《息民經》、《自然經》、《陰陽經》、《養生書》一百零五卷、《太平經》五十卷、《九敬經》、《甲乙經》一百七十卷、《青龍經》、《中黃經》、《太清經》、《通明經》、《按摩經》、《道引經》十卷、《元陽子經》、《玄女經》、《素女經》、《彭祖經》、《陳赦經》、《子都經》、《張虛經》、《天門子經》、《容成經》、《入山經》、《內寶經》、《四規經》、《明鏡經》、《日月臨鏡經》、《五言經》、《柱中經》、《靈寶皇子心經》、《龍蹻經》、《正機經》、《平衡經》、《飛龜振經》、《鹿盧蹻經》、《蹈形記》、《守形圖》、《坐亡圖》、《觀臥引圖》、《含景圖》、《觀天圖》、《木芝圖》、《菌芝圖》、《肉芝圖》、《石芝圖》、《大魄雜芝圖》、《五嶽經》五卷、《隱守記》、《東井圖》、《虛元經》、《牽牛中經》、《王彌記》、《臘成記》、《六安記》、《鶴鳴記》、《平都記》、《定心記》、《龜文經》、《山陽記》、《玉策記》、《八史圖》、《入室經》、《左右契》、《玉歷經》、《昇天儀》、《九奇經》、《更生經》、《四衿經》十卷、《食日月精經》、《食六氣經》、《丹一經》、《胎息經》、《行氣治病經》、《勝中經》十卷、《百守攝提經》、《丹壺經》、《岷山經》、《魏伯陽內經》、《日月廚食經》、《步三罡六紀經》、《入軍經》、《六陰玉女經》、《四君要用經》、《金鴈經》、《三十六水經》、《白虎七變經》、《道家地行仙經》、《黃白要經》、《八公黃白經》、《天師神器經》、《枕中黃白經》五卷、《白子變化經》、《移災經》、《厭禍經》、《中黃經》、《文人經》、《涓子天地人經》、《崔文子肘後經》、《神光占方來經》、《水仙經》、《尸解經》、《中遁經》、《李君包天經》、《包元經》、《黃庭經》、《淵體經》、《太素經》、《華蓋經》、《行廚經》、《微言》三卷、《內視經》、《文始先生經》、《歷藏延年經》、《南闕記》、《協龍子記》七卷、《九宮》五卷、《三五中經》、《宣常經》、《節解經》、《鄒陽子經》、《玄洞經》十卷、《玄示經》十卷、《箕山經》十卷、《鹿臺經》、《小僮經》、《河洛內記》七卷、《舉形道成經》五卷、《道機經》五卷、《見鬼記》、《無極經》、《宮氏經》、《真人玉胎經》、《道根經》、《候命圖》、《反胎胞經》、《枕中清記》、《幻化經》、《詢化經》、《金華山經》、《鳳綱經》、《召命經》、《保神記》、《鬼谷經》、《凌霄子安神記》、《去丘子黃山公記》、《玉子五行要真經》、《小餌經》、《鴻寶經》、《鄒生延命經》、《安魂記》、《皇道經》、《九陰經》、《雜集書錄》、《銀函玉匱記》、《金板經》、《黃老仙錄》、《原都經》、《玄元經》、《日精經》、《渾成經》、《三尸集》、《呼身神治百病經》、《收山鬼老魅治邪精經》三卷、《入五毒中記》、《休糧經》三卷、《採神藥治作祕法》三卷、《登名山渡江海敕地神法》三卷、《趙太白囊中要》五卷、《入溫氣疾病大禁》七卷、《收治百鬼召五岳丞太山主者記》三卷、《興利宮宅官舍法》五卷、《斷虎狼禁山林記》、《召百里蟲蛇記》、《萬畢高丘先生法》三卷、《王喬養性治身經》三卷、《服食禁忌經》、《立功益筭經》、《道士奪筭律》三卷、《移門子記》、《鬼兵法》、《立亡術》、《練形記》五卷、《郄公道要》、《角里先生長生集》、《少君道意》十卷、《樊英石壁文》三卷、《思靈經》三卷、《龍首經》、《荊山記》、《孔安仙淵赤斧子大覽》七卷、《董君地仙卻老要記》、《李先生口訣肘後》二卷。凡是未說明卷數的，都是一卷。

其次有諸符。則有《自來符》、《金光符》、《太玄符》三卷、《通天符》、《五精符》❶、《石室符》、《玉策符》、《枕中符》、《小童符》、《九靈符》❷、《六君符》、《玄都符》、《黃帝符》❸、《少千三十六將軍符》❹、《延命神符》、《天水神符》、《四十九真符》❺、《天水符》❻、《青龍符》❼、《白虎符》❽、《朱雀符》❾、《玄武符》❿、《朱胎符》、《七機符》、《九天發兵符》、《九天符》、《老經符》、《七符》、《大捍厄符》、《玄子符》、《武孝經燕君龍虎三囊辟兵符》⓫、《包元符》、《沈羲符》⓬、《禹蹻符》、《消災符》、《八卦符》、《監乾符》、《雷電符》、《萬畢符》⓭、《八威五勝符》⓮、《威喜符》⓯、《巨勝符》⓰、《採女符》、《玄精符》、《玉歷符》⓱、《北臺符》、《陰陽太鎮符》、《枕中符》、《治百病符》十卷、《厭怪符》十卷、《壺公符》⑱二十卷、《九臺符》九卷、《六甲通靈符》十卷、《六陰行廚龍胎石室三金五木防終符》合五百卷、《軍火召治符》、《玉斧符》十卷。此則大符也。其餘小小，不可具記。」

抱朴子曰：「鄭君言符出於老君，皆天文⑲也。老君能通於神明，符皆神明所授。今人用之少驗者，由於出來歷久、傳寫之多誤故也。又信心不篤，施用之亦不行。又譬之於書字，則符誤者不但無益、將能有害也。書字人知之，猶尚寫之多誤。故諺曰：『書三寫，魚成魯，虛成虎。』此之謂也。七與士，但以倨勾長短之間為異耳。然今符上字不可讀、誤不可覺，故莫知其不定也。世間又有受體使術、用符獨效者，亦如人有使麝香便能芳者，自然不可得傳也。雖爾，必得不誤之符，正心用之，但當不及真體⑳使之者速效耳，皆自有益也。凡為道士求長生，志在藥中㉑耳。符劍可以卻鬼辟邪而已。諸大符乃云行用之可以得仙者，亦不可專據也。昔吳世有介象㉒者，能讀符文，知誤之與否。有人試取治百病雜符及諸厭劾符㉓，去其籤題以示象，皆一一據名之。其有誤者，便為人定之。自是以來，莫有能知者也。」

【章　旨】介紹諸符的名稱及有關的知識。

【注　釋】❶五精符　五方之星為五精。❷九靈符　九天的神靈為九靈。《雲笈七籤·卷八》：「崑崙山有九靈之館。」❸黃帝符　傳說黃帝與蚩尤作戰，夢西王母遣人以授符。黃帝佩符而攻，即日擒蚩尤。見《太平御覽·卷七三六》。❹少千三十六將軍符　魯少千得仙人符，曾以治蛇魅。見《太平廣記·楚王英女》。又〈辨問〉曰：「少千執百鬼。」❺四十九真符　〈登涉〉曰：有老君黃庭中胎四十九真祕符，入山林，納衣領中，辟山川百鬼虎狼蟲毒也。❻天水符　〈登涉〉曰：道士常帶天水符，鬼不敢近人也。❼青龍符　青龍為東方星宿之名。❽白虎符　白虎為西方星宿之名。❾朱雀符　朱雀為南方星宿之名。❿玄武符　玄武為北方星宿之名。⓫武孝經燕君龍虎三囊辟兵符　〈雜應〉曰：辟五兵之道，或丙午日日中時，作燕君龍虎三囊符。⓬沈羲符　沈羲，吳郡人，有功德於民，升於天庭。得仙符、仙方，還人間以救治百姓之疾病。事見《神仙傳·卷三》。⓭萬畢符　《隋書·經籍志》著錄有《淮南萬畢經》，已佚。⓮八威五勝符　〈登涉〉曰：辟除虎狼之害，或用七星虎步，及玉神符、八威五勝符等。⓯威喜符　〈仙藥〉曰：茯苓萬歲，其上生小木，狀似蓮花，名曰木威喜芝。帶之辟兵。⓰巨勝符　胡麻的別名為巨勝。⓱玉歷符　即《玉歷經》。⓲壺公符　壺公，不知其姓名。當時所傳〈召軍符〉、〈召鬼神治病王府符〉凡二十餘卷，皆出於壺公，故總名為《壺公符》。見《神仙傳·卷九》。⓳天文　相對於人間文字而言，指神仙之文字。⓴真體　指天生自然、用符獨效的人。㉑志在藥中　關鍵在於金丹之仙藥。志，一作「制」。㉒介象　字元則，會稽人。博覽百家之言，又能讀符文，如讀書無誤謬。或有人取諸雜符，除其標注以示象，象皆一一別之。見《神仙傳·卷九》。㉓諸厭劾符　各種鎮服、彈劾鬼怪，以治療疾病的符文。

【語　譯】其次有各種符文，則有《自來符》、《金光符》、《太玄符》三卷、《通天符》、《五精符》、《石室符》、《玉策符》、《枕中符》、《小童符》、《九靈符》、《六君符》、《玄都符》、《黃帝符》、《少千三十六將軍符》、《延命神符》、《天水神符》、《四十九真符》、《天水符》、《青龍符》、《白虎符》、《朱雀符》、《玄武符》、《朱胎符》、《七機符》、《九天發兵符》、《九天符》、《老經符》、《七符》、《大捍厄符》、《玄子符》、《武孝經燕君龍虎三囊辟兵符》、《包元符》、《沈羲符》、《禹蹻符》、《消災符》、《八卦符》、《監乾符》、《雷電符》、《萬畢符》、《八威五勝符》、《威喜符》、《巨勝符》、《採女符》、《玄精符》、《玉歷符》、《北臺符》、《陰陽大鎮符》、《枕中符》、《治百病符》十卷、《厭怪符》十卷、《壺公符》二十卷、《九臺符》九卷、《六甲通靈符》十卷、《六陰行廚龍胎石室三金五木防終符》合計五百卷、《軍火召治符》、《玉斧符》十卷。這些都是大符。其餘小小雜符，不可一一列出。」

抱朴子說：「鄭隱先生說符文出自老子，都是用天上的文字寫成的。老子能與天上的神靈相通，這些符文都是神靈所傳授的。今人用符少有靈驗，是由於傳世長久，傳寫中有許多錯誤的緣故。又信心不誠，用起來也沒有效果。又像是寫字一樣，符文有所錯誤，不但無益，還可能有害。寫字之事每個人都知道，尚且經常寫錯。所以諺語說：『字寫三遍，魚字成魯，虛字成虎。』就是說的這種情況。『七』與『士』，只是彎鉤長短之間不同罷了。然而如今符上之字人們讀不懂，錯了也不能覺察，所以無法確定。世上又有天生下來就用符有效的人，也就像有人用麝香便能發出芳香一樣，乃是自然而不可傳授的。即使如此，若得正確無誤的符文，誠心正意地去施用，只是不及天生自然者迅速見效，卻都自然有益處。道士凡求長生，關鍵在於仙藥，符劍只能驅鬼避害而已。有人說使用各種大符能成仙人，但也不可單單依據這一種方術。從前吳國有一位介象，能讀懂符文，知道錯誤與否。有人試著取來各種治療百病以及鎮服鬼怪的符文，去掉標題給介象看，介象都一一說出它們的名稱。其中錯誤之處，介象便為人改正。從此以後，再沒有能懂得的人了。」

或問：「仙藥之大者，莫先於金丹，既聞命矣。敢問符書之屬，不審最神乎？」

抱朴子曰：「余聞鄭君言：道書之重者，莫過於《三皇文》、《五岳真形圖》❶也。古者❷仙官至人尊祕此道，非有仙名者不可授也。受之四十年一傳，傳之歃血而盟，委質為約❸。諸名山五岳，皆有此書，但藏之於石室幽隱之地。應得道者入山，精誠思之，則山神自開山，令人見之。如帛仲理❹者，於山中得之，自立壇委絹❺，常❻畫一本而去也。

有此書，當❼置清潔之處。每有所為，必先白之，如奉君父。其經曰：家有《三皇文》，辟邪惡鬼、溫疫氣、橫殃飛禍。若有困病垂死，其信道心至者，以此書與持之，必不死也。其乳婦難艱絕氣者❽持之，兒即生矣。道士欲求長生，持此書入山，辟虎狼、山精。五毒❾、百邪❿，皆不敢近人。可以涉江海、卻蛟龍，止風波。得其法，可以變化起工⓫，不問地擇日，家無殃咎。若欲立新宅及冢墓，即寫〈地皇文〉數十通，以布著地。明日視之，有黃色所著者，便於其上起工，家必富昌。又因他人葬時，寫〈人皇文〉，並書己姓名著紙裡，竊內人冢中，勿令人知之，令人無飛禍盜賊也。有謀議己者，必反自中傷。又此文先潔齋百日，乃可以召天神司命，及太歲日遊五岳四瀆⓬、社廟之神，皆見形如人，可問以吉凶、安危，及病者之禍祟所由⓭也。又有十八字以著衣中，遠涉江海，終無風波之慮⓮也。又家有《五嶽真形圖》，能辟兵凶逆。人欲害之者，皆還反受其殃。道士時有得之者，若不能行仁義慈心，而不精不正，即禍至滅家，不可輕也。

【章　旨】介紹兩種最重要的符書，即《三皇文》、《五岳真形圖》的有關情況。

【注　釋】❶五岳真形圖　傳說佩帶《五岳真形圖》，可以召所在之山神。今河南登封嵩山中嶽廟尚有此圖之碑刻。❷古者　原作「古人」，據宋浙本改。❸委質為約　貢獻禮物，以為誓約。質，通「贄」。❹帛仲理　帛和，字仲理，遼東人。傳說他在西城山，視壁三年，乃見古人所刻之《三皇文》、《五岳真形圖》等。見《神仙傳・卷七》。❺立壇委絹　即前文所謂「委質為約」。❻常　通「嘗」。❼當　原作「常」，據宋浙本改。❽乳婦難艱絕氣者　產婦難產，有生命危險。❾五毒　蝎子、蛇、蜈蚣、壁虎、蟾蜍等毒蟲。❿百邪　各種鬼怪邪物。⓫變化起工　隨意地破土動工。⓬五岳四瀆　指天下的名山大川。古代以泰山、衡山、華山、恆山、嵩山為五岳，以長江、黃河、淮河、濟水為四瀆。⓭皆見形如人三句　〈雜應〉曰：「或以《三皇天文》召司命、司危、五岳之君、阡陌亭長、六丁之靈，皆使人見之。而對問以諸事，則吉凶昭然。」⓮又有十八字以著衣中三句　〈登涉〉介紹涉江渡海辟蛟龍之道，有十八字咒語曰：「卷蓬卷蓬，河伯導前辟蛟龍，萬災消滅天清明。」

【語　譯】有人問道：「仙藥中最重要的，莫過於金丹，這一點已經聆聽過先生的教誨。請問符書之類，不知何種最有靈驗？」

抱朴子說：「我聽到鄭隱先生講過，道書中最為重要的，沒有超過《三皇文》與《五岳真形圖》的。古代的神人仙官特別貴重此種道法，不是命中注定當仙的人，不可傳授。接受符書的人四十年一傳，傳授時要歃血起誓，準備贄禮立為盟約。五岳及各處名山，都有此書，只是藏在石室之內、隱祕之所。命中應得道者，進入山中誠心存思，則山神自會開山，使人得以見之，就像帛和在山中面壁三年，得見道書之石刻。帛和於是設立祭壇，獻上絹帛，描畫一本而去。

有此道書，應當放置在清潔之地。每當有所作為，必定先行稟告，就像對待君父一樣。其經書上說：家有《三皇文》，可以辟除邪惡、防止瘟疫、免掉飛來的橫禍。若有疾病將死，而患者又誠心向道，將此符書讓患者握在手上，則患者一定不死。若是產婦難產，生命垂危，將此符書握持在手，小孩就能順利出生。道士修煉長生之道，手持此符書入山，可以辟除虎狼、山精之類。各種毒蟲邪物，也都不敢近人。可以渡越江海，防禦蛟龍為患，平息狂風駭浪。得其法術，可以隨意破土施工，不必選擇地點與時間，家中也不會有禍殃。

若要興建房舍以及修建墳墓，就寫〈地皇文〉數十張，平鋪在地上，第二天發現有黃色附著在紙上，便可在該地動工，未來的家境一定富足興旺。又在別人安葬時，抄寫〈人皇文〉，並在紙上寫自己的姓名，悄悄放在別人墓中，不要讓人知道，這樣可以使人不遭受橫禍，免除盜賊之患。如果有人謀劃暗算自己，一定反而會傷害謀劃者自己。又將此文先齋戒百日，則可以召來司命之神以及太歲日出遊五岳四瀆的社廟之神。可以讓這些神仙像人一樣現出形狀，又可以向神靈詢問安危吉凶，以及鬼怪為禍致病的緣由。又將十八字咒語裝在衣中，遠涉江海，終無狂風惡浪之患。又家中有《五嶽真形圖》，能避免兵器傷害及各種凶禍。若有人有意傷害，他結果反而會自受其殃。道士得到後，若不能以慈善之心推行仁義，行為不端、居心不正，全家就會遭滅亡之禍，不可輕視啊！

其變化之術，大者唯有《墨子五行記》❶，本有五卷。昔劉君安❷未仙去時，鈔取其要，以為一卷。其法用藥用符，乃能令人飛行上下，隱淪無方。含笑即為婦人，蹙面即為老翁，踞地即為小兒，執杖即成林木，種物即生瓜果可食。畫地為河，撮壤成山，坐致行廚，興雲起火，無所不作也。

其次有《玉女隱微》❸一卷，亦化形為飛禽走獸，及金木玉石。興雲致雨方百里，雪亦如之。渡大水不用舟梁。分形為千人❹。因風高飛，出入無間。能吐氣七色，坐見八極❺，及地下之物。放光萬丈，冥室自明，亦大術也。然當步諸星數十❻，曲折難識，少能諳❼之。其《淮南鴻寶萬畢》❽，皆無及此書者也。

又有《白虎七變法》，取三月三日所殺白虎頭皮、生駞血❾、虎血❿、紫綬、履組⓫、流萍，以三月三日合種之。初生草似胡麻，有實。即取此實種之，一生輒一異。凡七種之，則用其實合之，亦可以移形易貌，飛沈任意，與《墨子》及《玉女隱微》略同。過此不足論也。

【章旨】介紹有關分身化形、隱淪變化的三種道家著作。

【注釋】❶墨子五行記　即《墨子枕中五行記》。《神仙傳・卷四》載劉政治《墨子五行記》，「好為變化隱形，又能以一人作百人，百人作千人，千人作萬人。又能隱三軍之眾，使人化成一叢林木，亦能使成鳥獸」云云，皆此類也。❷劉君安　劉根，字君安。事見《神仙傳・卷三》。此之「君安」疑當作「政」。劉政治《墨子五行記》，見注❶。❸玉女隱微　「玉女」疑當作「玉子」。《神仙傳・卷四》載：玉子師長桑子，受其眾術。乃造一家之法，著道書百餘篇，其術以務魁為主，而精於五行之意，演其微妙以養性治病，消災散禍。❹分形為千人　《神仙傳》說：玉子能分形為數百千人。❺坐見八極　《神仙傳》說：玉子能使諸弟子舉眼見千里外物。❻步諸星數十　變化之前，要先行法術，其行走、進退、轉折，皆依據天上數十星辰的位置以行之。❼諳　原作「譜」，此據《道藏》本。❽淮南鴻寶萬畢　《隋書・經籍志》著錄有《淮南萬畢經》一卷。❾生駞血　駞，即「駝」字，疑「蛇」字之訛，取蛇龍變化之意。❿虎血　虎身花紋多變。《周易・革卦》：「大人虎變，其文炳也。」⓫紫綬履組　紫色的綬帶、鞋履上的彩色綾帶。

【語譯】道家變化之術，最重要的著作只有《墨子五行記》，本有五卷。從前劉君安未曾成仙時，曾抄取其中重要的內容以為一卷。它的方法是服藥、用符，乃能使人上下飛行、隱身藏形。含笑便可化為女子，皺眉就可變成老翁，蹲在地上便能化為小孩，手中的木杖可以變成樹木。種植瓜果當即生長，頓時結果，馬上可以食用。畫地就成河，堆土便成山。端坐可以招來食物，當面能夠興雲起火，沒有不能作到的事情。

其次有《玉女隱微》一卷，亦能變形為飛禽走獸，以及金木玉石。可以在方圓百里以內興雲布雨，也能同樣下雪。能夠渡越江河不用橋梁及船隻。能夠分形為千人，能夠乘風高飛，從無間隙之處出入。能夠吐出七色之氣，坐見八極景物以及地下所藏。能夠放出萬丈光芒，使暗室自然明亮，也是大的方術。然而要步踏數十星辰以作法，步法方位曲折難記，少有能熟練掌握的人。其他如《淮南鴻寶萬畢》，都不及此書。

又有《白虎七變法》，取三月三日所殺白虎頭皮、生駝血、虎血、紫綬、履組、流萍，在三月三日這天合在一起，種植入地下。初生草似胡麻，成熟結籽後，即取此籽種植。每次所生長的都與前次形狀不同。總共種七次，然後將七次的果實拌合在一起，也可以使人改形換貌。或飛入高空，或潛入深淵，可以隨意。其效果與《墨子五行記》及《玉女隱微》略同。除此之外，便不足以論說了。

〈遐覽〉者，欲令好道者知異書之名目也。鄭君不徒明五經、知仙道而已，兼綜九宮三棋❶、推步天文❷、《河》《洛》讖記❸，莫不精研。太安元年❹，知季世之亂❺，江南將鼎沸❻，乃負笈持仙藥之樸❼，將❽入室弟子，東投霍山，莫知所在焉。」

【章　旨】介紹著作〈遐覽〉的宗旨以及鄭隱先生的情況。

【注　釋】❶九宮三棋　推算預測之方術。棋，原作「奇」，同音而訛。〈雜應〉：「推三棊，步九宮。」❷推步天文　推算日月星辰運行的情況。❸河洛讖記　《河圖》、《洛書》、各種預言吉凶的文字圖錄之類。❹太安元年　太安為晉惠帝之年號。❺季世之亂　當時晉已興起「八王之亂」，攻伐不休，戰禍相接，達十多年之久，故云。季世，《太平御覽・卷六七二》引作「李晨」。❻鼎沸　局勢動亂紛擾，如鼎中開水翻滾沸騰之狀。❼樸　材料。原作「撲」，據宋浙本改。❽將　攜帶。

【語　譯】寫作〈遐覽〉的目的，是為了使愛好道術者知道各種道書的名目。鄭隱先生不僅通五經、明仙道，同時也掌握了九宮三棋預測之術，能推算天文曆法，懂得《河圖》、《洛書》及其他讖記。這些他都莫不造詣精深。太安元年，知道天下戰禍不休，江南將要長期的動亂紛擾，他於是帶著書籍與合煉仙藥的材料，攜帶著入室弟子，東投霍山而去，後來就失去蹤跡了。」

卷二〇 祛惑

【題解】祛惑，是要破除一切假藉仙術以行詐騙的行為。

這種欺詐的行為可以分為兩種情況：一是自己並無異能，卻招收弟子、眩惑後學，耽誤了世人的學仙；二是偶有方術，無益於長生，欺誑世人，以收財利，其後果是使世人懷疑神仙的存在。文中還列舉出古強、蔡誕、項曼都以及託名帛和之事例，告誡世人既要勤求明師，又要辨別真偽，使求仙修道能夠獲得成功。

抱朴子曰：「凡探明珠，不於合浦之淵❶，不得驪龍之夜光❷也。採美玉，不於荊山之岫，不得連城之尺璧❸也。承師問道不得其人，委去則遲遲冀於有獲，守之則終已竟無所成。虛費事妨功，後雖痛悔，亦不及已。世間淺近之事，猶不可坐知，況神仙之道❹乎？雖聖雖明，莫由自曉，非可以歷思❺得也，非可以觸類求也。誠須所師必深必博，猶涉滄海而挹水、造長洲❻而伐木。獨以力劣為患，豈以物少為憂哉？夫虎豹之所餘，乃狸鼠之所爭❼也。陶朱❽之所棄，乃原顏❾之所無也。所從學者，不得遠識淵潭❿之門，而值孤陋寡聞之人。彼所知素狹，源短流促。倒裝與人，則斬斬不捨⓫。分損以授，則淺薄無奇能。其所寶祕已不精，若復料⓬其粗者以教人，亦安能有所成乎？譬如假穀於夷齊⓭之門，告寒於黔婁⓮之家，所得者不過橡栗⓯、縕褐⓰，必無太牢之膳⓱、錦衣狐裘矣。

【章　旨】闡明必須得到造詣深厚、知識廣博的老師指導，才能求學有所成、修道有所得。

【注　釋】❶合浦之淵　漢之合浦郡，海中多產珠寶。❷驪龍之夜光　黑龍頷下的夜光珠。❸連城之尺璧　指和氏璧。卞和得璞玉於荊山，鑿為璧玉，即和氏璧。秦昭王願以十五城易之。❹道　原作「事」，據宋浙本改。❺歷思　長時間的思考。❻長洲　一名青丘，在南海之地。傳說洲上專是林木，上多大樹。見《十洲記》。❼爭　一作「飫」。❽陶朱　范蠡佐句踐滅亡吳國後，乃改姓易名，泛舟五湖。至陶地，稱朱公，治產業至巨萬。故世言富者則曰陶朱公。❾原顏　原憲、顏回，都是孔子的弟子。原憲是宋人，所居茅草為屋、桑條為戶樞、破甕為窗戶，上漏而下濕。顏回，家中貧窮，居在陋巷。❿遠識淵潭　見識遠大，學問淵深。⓫斬斬不捨　吝惜；捨不得。⓬料　估量；忖度。⓭夷齊　伯夷、叔齊。⓮黔婁　春秋魯人。生前貧窮，衣不蔽體。死時覆以布被，蓋住頭則足見，蓋住足則頭見。見劉向《列女傳》。⓯橡栗　櫟樹的果實，又名橡實、橡子。⓰縕褐　弊惡之粗衣。⓱太牢之膳　同時有牛、羊、豕三牲為菜餚的宴席。

【語　譯】抱朴子說：「凡是要尋找明珠，不是在合浦之淵，便不能得到驪龍頷下的夜光珠。要採得寶玉，不在荊山之上，便不能得到價值連城的和氏璧。求師問道，若未得合適的人選，想要離去則猶豫不決，希望會有所收穫，不離開則最後還是毫無所成。這樣白白地費時誤事，以後雖然痛悔，也已經來不及了。世上淺近之事，尚且不能推想而得知，況且神仙之道呢？即使是聖明之人，也不能無師自通，不可靠想像而得，不可以事類推求。必須要老師造詣深厚、學識廣博，學生弟子好像到大海中舀水，到長洲去砍樹，只顧慮自己力量不夠，怎麼會憂愁東西太少呢？虎豹吃剩餘的食物，貍鼠也就足夠吃飽肚子。陶朱所丟掉的東西，是原憲、顏回所沒有的。如果求學者不能得到見識遠大、道術精深的老師，而遇到一個孤陋寡聞的人，他的知識一向狹隘，造詣很淺。要他全部傳授給學生，他又吝惜而捨不得。拿出一部分傳授於人，則又淺薄無奇。他自以為寶貴的，已經並不精深。如果再估量著將其中粗淺者教給別人，怎麼能使人有所成就呢？這就好像到伯夷、叔齊門前去借糧食，到黔婁家中去借寒衣，所得到的只能是橡實、粗衣，不會有三牲太牢、錦衣狐裘之類，是毫無疑問的。

或有守事庸師，終不覺悟。或有幸值知者❶，不能勤求。此失之於不覺，不可追者也。知人之淺深實復未易，古人之難，誠有以❷也。白石似玉，姦佞似賢。賢者愈自隱蔽，有而如無。奸人愈自衒沽❸，虛而類實。非至明者，何以分之？彼之守求庸師而不去者，非知其無知而故不止也，誠以為足事故也。見達人而不能奉之者，非知其實深而不能請之也，誠以為無異也。

夫能知要道者，無欲於物也，不狥世譽❹也。亦何肯自標顯❺於流俗哉？而淺薄之徒，率多誇誕自稱說，以厲色希聲❻飾其虛妄，足以眩惑晚學。而敢為大言，乃云已登名山，見仙人。倉卒聞之，不能清澄檢校❼之者，鮮覺其偽也。余昔數見雜散道士輩，走貴人之門，專令從者為作❽空名，云其已四五百歲矣。人適問之年紀，佯不聞也，含笑俯仰云八九十。須臾自言我曾在華陰山斷穀五十年，復於嵩山少室四十年，復在泰山六十年，復與某人在箕山五十年，為同人遍說所歷。正爾欲令人計合之，已數百歲人也。於是彼好之家，莫不煙起霧合、輻輳❾其門矣。

又術士或有偶受體自然，見鬼神，頗能內占。知人將來及已過之事，而實不能有禍福之損益也，譬如蓍龜❿耳。凡人見其小驗，便呼為神人，謂之必無所不知。不爾者，或長於符水禁祝之法，治邪有效，而未必曉於不死之道也。或修行雜術，能見鬼怪，無益於年命。問之以金丹之道，則率皆不知也。因此細驗之，多行欺誑世人，以收財利，無所不為矣。此等與彼穿窬之盜⓫，異途而同歸者也。

【章　旨】世俗方術之士或者自我誇耀，迷惑後學，或者偶有小術，無益年命，虛而類實，真偽難辨。

【注　釋】❶知者　通曉道術之明師。❷有以　有所緣由；有原因。❸衒沽　自我吹噓、炫耀。❹不狥世譽　不捨身以求俗世之名。狥，同「徇」。❺標顯　標榜、顯示、炫耀自己。❻厲色希聲　或作嚴肅之容色，或低聲作神祕之態。形容裝腔作勢，故作姿態。❼清澄檢校　檢驗核察，澄清其事實。❽為作　原為「作為」，此據楊明照所引宋本改。❾輻輳　聚集、環繞，如車輻圍繞軸心。❿蓍龜　蓍草、龜甲，都是古代卜筮之具。⓫穿窬之盜　穿牆打洞之盜賊。窬，門邊的小洞。

【語　譯】有的人守著平庸的老師終不覺悟，又有的人有幸得遇明師卻又不能勤求。這是由於當時認識不清，事後追悔不及的。知道一個人的淺深，實在不是一件容易的事。古人尚且以此為難，的確是有緣由的。白石與玉相似、姦佞之徒有時與賢人相似。愈是賢者，愈將自己的才能隱蔽起來，大智若愚。愈是奸佞之輩愈是喜歡自我標榜、炫耀，使得虛偽類似真實。不是十分明白的人，怎麼能夠分辨呢？那些守著平庸之師而不離去的人，並不是明知其師無能而故意不離開，而是誠心實地認為其師值得奉事的緣故。遇見達者而不能尊奉為師，並不是明知其學識深厚而不願向他請教，而是確實認為他並無特別之處。

能夠掌握精妙要道的人，對於萬物無所欲望，對於世俗虛譽無所追求。又怎麼肯在流俗之前顯示自己呢？而那些淺薄之徒，大都喜愛自我誇耀，自吹自擂，裝腔作勢，以掩飾其虛妄。這就足以欺騙、迷惑後學之輩。這些人又敢於說大話，說自己已經登名山，見過了神仙。人們倉促之間聽到這番話，不能檢驗核察、澄清事實真相，很少能辨別其虛偽。我以前曾經多次遇見這種雜散道士，他們奔走於貴人之門，專門讓隨從者為其傳播虛名，說他已經有四五百歲了。人若問到他的年齡，他便假作沒有聽見，俯仰顧盼，笑著說八九十歲。一會兒又自言自語，說自己曾經在華陰山辟穀五十年，又在嵩山少室四十年，又在泰山六十年，又與某人在箕山五十年，向周圍的人一一數說自己的經歷。這樣的目的，是使人總計相加，相信自己已經是數百歲的人了。於是那些信奉者，也就如雲起霧合、紛紛聚集其門了。

有的方術之士偶然稟受特質，天生自然的能看見鬼神，頗能占卜預測。這種人知道人生之未來以及過去的事，而實際上並不能招福祛禍，其作用就像卜筮的蓍草、龜甲一樣。世俗凡人看見小有靈驗，便稱為神人，認為他一定無所不知。與這種人不同，又有人或者擅長於符水禁祝之術，禁制邪物能有效應，卻未必就通曉不死之道。有的方士修煉雜術，能看見鬼怪，卻無益於延年益壽。向這些人問起金丹之道，則大都一無所知。因此仔細考察，可知他們多數是欺騙世人，以謀取財利，什麼事都作得出來。這些人與那些穿牆打洞的盜賊，是途徑不同而目標一致的同等貨色。

夫託之於空言，不如著之於行事之有徵❶也。將為晚覺後學，說其比故可徵之偽物❷焉。昔有古強者，服草木之方，又頗行容成、玄素之法❸。年八十許，尚聰明，不大羸老。時人便謂之為仙人，或謂之千歲翁者。揚州稽使君聞而試迎之於宜都。既至，而咽嗚掣縮❹，似若所知實遠，而未皆吐盡者。於是好事者因以聽聲而響集、望形而影附❺，雲萃霧合，競稱歎之。饋餉相屬，常餘金錢。雖欒、李❻之見重於往漢，不足加也。常服天門冬❼不廢，則知其體中未嘗有金丹大藥也。而強曾略涉書記，頗識古事，自言已四千歲。敢為虛言，言之不怍❽。云已見堯、舜、禹、湯，說之皆萬萬如實❾也。世云『堯眉八采❿』，不然也，直兩眉頭甚豎，似八字耳。堯為人長大美髭髯，飲酒一日中二斛餘，世人因加之云千鐘⓫，實不能也，我自數見其大醉也。雖是聖人，然年老治事轉不及少壯時。及見去四凶⓬、舉元凱⓭，賴用舜耳。舜是孤煢小家兒耳，然有異才，隱耕歷山、漁于雷澤、陶于海濱⓮。時人未有能賞其奇者。我見之所在以德化民⓯，其目又有重瞳子⓰，知其大貴之相，常勸勉慰勞之。善崇高尚⓱，莫憂不富貴。火德已終⓲，黃精將起⓳。誕承歷數⓴，非子而誰！然其父至頑、其弟殊惡，恆以殺舜為事㉑。吾常諫諭曰：『此兒當興卿門宗，四海將受其賜，不但卿家。不可取次㉒也！』俄而受禪，嘗憶吾言之有徵也。

又云：孔子母年十六七時，吾相之當生貴子。及生仲尼，真異人也，長九尺六寸㉓。其顙似堯，其項似皐陶，其肩似子產，自腰以下不及禹三寸㉔。雖然貧苦孤微，然為兒童便好俎豆之事[25]，吾知之必當成就。及其長大，高談驚人，遠近從之受學者，著錄數千人。我喜聽其語，數往從之。但恨我不學，不能與之覆疏[26]耳。常勸我讀《易》云：『此良書也，丘竊好之。韋編三絕[27]，鐵擿三折[28]，今乃大悟。』魯哀公十四年，西狩獲麟，麟死[29]。孔子以問吾，吾語之，言此非善祥也。孔子乃愴然而泣。後得惡夢[30]，乃欲得見吾。時四月中，盛熱不能往。尋聞之病七日而沒。於今髣髴記其顏色也。

又云：秦始皇將我到彭城，引出周時鼎[31]。吾告秦始皇，言：『此鼎是神物也。有德則自出，無道則淪亡。君但修己，此必自來，不可以力致也。』始皇當時大有怪吾之色，而牽之果不得出也。乃謝吾曰：『君固是遠見理人也。』又說漢高祖、項羽皆分明。如此事類，不可具記。時人各共識之，以為戲笑。然凡人聞之，皆信其言。

又強轉惛耄，廢忘事機。嵇使君曾以一玉巵與強，後忽語嵇曰：『昔安期先生以此物相遺。』強後病於壽春黃整家而死。整疑其化去，一年許，試鑿其棺視之，其尸宛在矣。此皆有名無實，使世間不信天下有仙，皆坐此輩以偽亂真也。

【章　旨】介紹古強自稱四千歲，杜撰故事，以虛言欺騙世人之例。

【注　釋】❶行事之有徵　具體的事實、事例。❷比故可徵之偽物　考核屬實、有跡可驗的虛偽之徒。❸容成玄素之法　指房中術。容成，即容成公，傳為黃帝之師。道家採陰補陽之術，出於容成。《漢書・藝文志》著錄《容成陰道》二十六卷。玄素，玄女、素女，曾以房中術教黃帝。❹咽嗚掣縮　吞吐其辭，故作姿態。❺聽聲而響集望形而影附　依附、聚集，有如聲之回音、影之隨形。❻欒李　指漢代著名的方士欒大、李少君。❼天門冬　天門冬的塊根，有清肺降火、滋陰潤燥之功效。❽不怍　無慚愧之態。❾萬萬如實　或疑當作「了了如實」。❿堯眉八采　《白虎通義・聖人》曰：「堯眉八彩，是謂通明。歷象日月，璇璣玉衡。」《尚書大傳・卷四》：「堯八眉，……八眉者，如八字也。」⓫加之云千鐘　《孔叢子・儒服》云：「堯舜千鐘。」傅玄〈敘酒賦〉：「唐堯千鍾竭。」⓬去四凶　流放渾敦、窮奇、檮杌、饕餮四凶族，投諸四裔。見《左傳・文公十八年》。⓭舉元凱　任用八元、八凱等賢才之臣。高陽氏有才子八人，謂之八愷；高辛氏有才子八人，謂之八元。⓮隱耕歷山句　《墨子・尚賢下》曰：「昔者舜耕于歷山、陶于河濱、漁于雷澤、灰于常陽。堯得之服澤之陽，立為天子。」⓯所在以德化民　以其道德風範，所在之處教化百姓。《韓非子・難一》曰：「歷山之農者侵畔，舜往耕焉，期年甽畝正。河濱之漁者爭坻，舜往漁焉，期年而讓長。東夷之陶者器苦窳，舜往陶焉，期年而器牢。」⓰其目又有重瞳子　傳說舜目中有兩眸子，故曰重瞳。見《荀子・非相》。⓱善崇高尚　努力隱居，以修德化。《周易・蠱卦》：「不事王侯，高尚其事。」⓲火德已終　火德指唐堯，其帝位將終結。⓳黃精將起　黃精為土德，暗示舜將代堯稱帝。⓴誕承歷數　承天道，新的王朝將順天道而興起。誕，發語詞。㉑其父至頑二句　《史記・五帝本紀》曰：「舜父瞽叟頑，母嚚，弟象傲，皆欲殺舜。……欲殺，不可得。即求，嘗在側。」㉒取次　造次；隨意亂來。㉓長九尺六寸　《孔叢子》載萇弘語劉文公曰：「吾觀孔仲尼有聖人之表，……長九尺有六寸。」㉔其頟似堯四句　見《史記・孔子世家》，又見《論衡・骨相》。㉕好俎豆之事　傳說孔子兒童時，遊戲常陳俎豆，設禮容。見《史記・孔子世家》。㉖覆疏　往復疏通其義。㉗韋編三絕　用皮繩編綴《周易》之簡策，因為勤於翻閱，皮繩斷了三次。見《史記・孔子世家》。㉘鐵擿三折　鐵擿，即鐵如意。讀書至精彩處，則擊節以表示欣賞，鐵擿因此折斷了三次。㉙西狩獲麟二句　《左傳・哀公十四年》載：這年春天，在西部的大野狩獵，叔孫氏的御者獵得一隻麒麟。㉚後得惡夢　《史記・孔子世家》說：魯哀公十六年春，孔子生病，夜夢坐在兩柱之間，受人之祭奠。他認為這是將死的先兆。七日後便去世了。㉛秦始皇將我到彭城二句　《史記・秦始皇本紀》載：「二十八年，始皇還過彭城。齋戒禱祠，欲出周鼎泗水。使千人沒水求之，弗得。」

【語　譯】抒發空洞的議論，不如舉出實事更能證明。我要在此為後輩晚學舉出幾個考核屬實、有跡可察的虛偽之輩以為說明。從前有一個叫古強的人，服食草木之方，又施行房中之術，年紀八十多歲，還耳目聰明，不很衰老。當時人便稱他為神仙，也有人說他是千歲老人。揚州籍的稽太守聽說後，便試著將他迎接到宜都。古強抵達後，裝出欲語還休的樣子，故作姿態，似乎所知甚多，而未曾全部說出來。於是好事之徒，便像回聲和影子隨之而來，聚集成群，如同雲霧之多。這些人爭先恐後地稱歎不已。饋贈禮物接連不斷，因此他的錢用不完。即使是漢朝的欒大、李少君之被人推重，也不過如此了。古強常服用天門冬不間斷，可知他的體內並沒有金丹大藥。古強又曾閱讀了些書籍，頗能記住一些古事。他自稱已經活了四千歲，敢於大言欺世而且毫無慚愧之色。他說自己見過堯、舜、禹及商湯王，說起來具體形象，好像真的一樣。他說世上說『堯眉八采』，其實不然。只是堯的兩個眉頭翹起，好像八字而已。又說堯為人身材高大，鬍鬚甚美，飲酒每日二斛有餘，世人於是誇張說有千鍾的酒量，其實並不能夠，我就多次見過他的大醉。雖說是聖人，然而年老以後處理國事反而不及少壯年時。後來去四凶、任用八元八愷，靠的是舜。舜是孤門小戶家的孩子，然而才能卓異。舜初在歷山耕種、在雷澤捕魚、在海濱製作陶器，當時人還未能賞識他的特出之處。我看到他所在之地能以德行感化百姓，目中又有重瞳子，知道舜有帝王之命，所以時常勸勉慰勞他。要他發揚高尚的德化，不愁將來不會富貴。我告訴他火德已經終結，土德將要興起，繼承天命，除了你還會是誰呢！然而舜的父親非常愚妄，舜的弟弟也很凶惡，他們總想殺掉舜。我經常勸阻並開導他們說：『這個孩子將會興旺你們的家族，四海之內都會得到他的好處，不只是你們一家。不可輕易胡來啊！』不久舜接受禪讓，登上帝位，他們還回憶起我先前說過的這番話。

古強又說：孔子之母年約十六七歲時，我看出她將生貴子。孔子出生之後，真是非凡的人物！孔子身高九尺六寸，前額像堯，頸項像皋陶，肩膀像子產，自腰以下不及禹三寸。雖然家庭貧苦、門戶孤微，但是孔子還是兒童時便喜好祭祀禮儀之類的事，我知道他將來必定能有所成就。孔子長大後，談吐不凡，使人驚異。遠近跟他從師求學，記錄在冊的有幾千人之多。我喜歡聽他談話，多次前去見他。只恨我不好學習，未曾與孔子一起研討問題。孔子常勸我讀《周易》，他說：『這是一本好書，我很喜愛它。韋編三絕，鐵擿三折，長期反覆地研讀，如今才豁然貫通。』魯哀公十四年，在西方大野狩獵得麒麟，麒麟死了。孔子就此事問我，我回答說：這是不祥之兆。孔子於是悲傷地流下眼淚。後來孔子作了一個惡夢，於是想見到我。當時正值四月中，天氣很熱，不能前往，很快就傳來孔子病七日後去世的消息。現在我還能彷彿記得孔子的容貌顏色。

古強又說：秦始皇將我帶去彭城，想要將沈入深淵的周鼎牽引上岸。我告訴秦始皇說：『此鼎是神靈之物，君王有德它就自然出世，君王無道它就自己消失。你只要努力修身，積累德化，周鼎一定會自動出現。人力是不能使它前來的。』秦始皇當時頗流露出責怪我的臉色。而人力牽引周鼎果然未能成功，他於是向我表示歉意說：『先生真是遠見識理的人啊！』古強又述說漢高祖劉邦及項羽的情況，也都分明具體，如此之類的事情，不可一一記述。當時人各自記下這些，作為談笑戲語的材料。然而凡人聽到後，都相信他的這些話。

古強年老，變得糊塗了。常常忘記事情。有一次稽太守送給他一件玉卮，後來古強忽然對稽太守說：『從前安期先生將這件玉卮送給了我。』古強最後病死在壽春黃整家中。黃整懷疑古強尸解成仙了，約一年後，試著鑿開棺木，發現古強的屍體依然還在。這種人都是有名無實，使世人不相信天下有神仙，都是由於這種人以假亂真所造成的。

成都太守吳文說：五原❶有蔡誕者，好道而不得佳師要事，廢棄家業，但晝夜誦《黃庭》、《太清中經》、《觀天節詳》之屬諸家不急之書，口不輟誦，謂之道盡於此。然竟不知所施用者，徒美其浮華之說。而愚人又教之但讀千遍，自得其意。為此積久，家中患苦之，坐消衣食，而不能有異。己亦慚忿，無以自解。於是棄家，言仙道成矣，因走之異界深山中。又不曉採掘諸草木藥可以辟穀者，但行賣薪以易衣食。如是三年，飢凍辛苦。人或識之，而詭不知也。久不堪而還家，黑瘦而骨立，不似人。其家問之：『從何處來？竟不得仙邪？』因欺家云：『吾未能昇天，但為地仙也。又初成位卑，應給諸仙先達❷者，當以漸遷耳。向者為老君牧數頭龍，一斑龍五色最好，是老君常所乘者，令吾守。視之不勤，但與後進諸仙共博戲。忽失此龍，龍遂不知所在。為此罪見謫❸，送吾付崑崙山下，芸鋤草三四頃，並皆生細石❹中，多荒穢，治之勤苦不可論。法當十年乃得原，會偓佺子❺、王喬❻諸仙來按行❼，吾首請❽之。並為吾作力，且自放歸。當更自修理求去❾。』於是遂老死矣。

初誕還，云從崑崙來。諸親故競共問之：『崑崙何似？』答云：『天不問其高幾里，要於仰視之，去天不過十數丈也。上有木禾❿，高四丈九尺，其穗盈車。有珠玉樹、沙棠、琅玕、碧瑰之樹⓫，玉李、玉瓜、玉桃，其實形如世間桃李，但為光明洞徹而堅，須以玉井水洗之，便軟而可食。每風起，珠玉之樹枝條花葉互相扣擊，自成五音，清哀動心。吾見謫失志，聞此莫不愴然含悲。又見崑崙山上，一面輒有四百四十門，門廣四里⑫。內有五城十二樓。樓下有青龍、白虎，蜲蛇長百餘里，其口中牙皆如三百斛船。大蜂一丈，其毒煞象。又有神獸名獅子、辟邪、天鹿、焦羊、銅頭、鐵額、長牙、鑿齒之屬⑬，三十六種。盡知其名，則天下惡鬼惡獸不敢犯人也。其神則有無頭子、倒景君、翕鹿公、中黃先生，與六門大夫。張陽字子淵，俠備玉闕⑭。自不帶《老君竹使符》⑮、《左右契》⑯者，不得入也。五河⑰皆出山隅，弱水⑱遶之。鴻毛不浮，飛鳥不過，唯仙人乃得越之。其上神鳥、神馬，幽昌、鷦鳴⑲、騰黃⑳、吉光㉑之輩，皆能人語而不死。真濟濟快仙府也！恨吾不得善周旋其上耳。』於時聞誕此言了了，多信之者。

【章旨】介紹蔡誕求仙不成，詭稱上至崑崙仙境所見所聞，以欺騙世人之例。

【注釋】❶五原　地名。漢代設有五原郡。❷先達　前輩。❸見謫　被貶責；受處罰。謫，原作「責」，據宋浙本改。❹石　原作「而」，據宋浙本改。❺偓佺　偓佺，槐山採藥父。好食松實，曾以松子贈堯。事見《列仙傳・卷上》。❻王喬　王子喬，周靈王太子，好吹笙作鳳凰鳴。道士浮丘公接以上嵩高山。事見《列仙傳・卷上》。❼按行　巡行；巡察。❽首請　向他們請求寬恕。首，原作「守」，諸本多作「首」，據改。❾更自修理求去　意謂當重新修煉，以求返歸於仙界。疑有誤字。❿木禾　傳說崑崙之山方八百里，高萬仞，上有木禾，長五尋，大五圍。見《山海經・海內西經》。⓫有珠玉樹沙棠琅玕碧瑰之樹　都是神木的名稱。《淮南子・墬形》：崑崙山上有「珠樹、玉樹、琁樹、不死樹在其西，沙棠、琅玕在其東，絳樹在其南，碧樹、瑤樹在其北。」⓬有四百四十門二句　《淮南子・墬形》說：崑崙山「旁有四百四十門，門間四里。」⓭又有神獸句傳說西海中有聚窟洲，上多真仙靈官宮第。及有獅子、辟邪、鑿齒、天鹿、長牙、銅頭、鐵額之獸。見《十洲記》。⓮俠備玉闕　防衛、保護仙宮玉闕。俠，通「挾」。周匝。⓯老君竹使符　〈登涉〉曰：道士常帶上皇竹使符、老子左契，鬼不敢近人也。⓰左右契　〈遐覽〉著錄道經有《左右契》一卷。⓱五河　傳說仙境中有紫、碧、絳、青、黃五色之河，稱五河。⓲弱水　傳說崑崙之邱，其下有弱水之淵環繞之。見《山海經．大荒西經》。⓳幽昌鷫鷞　傳說幽昌為北方之神鳥，鷫鷞為南方之神鳥。⓴騰黃　又名乘黃，神馬之名。㉑吉光　神獸名。

【語譯】成都太守吳文說：五原有一個名叫蔡誕的人，喜好道術卻未能得到明師的指導。他荒廢家業，只是日夜誦讀《黃庭經》、《太清中經》、《觀天節詳》等並不重要的書籍。整天口不停誦，說是道就全都在此了。然而又不知如何修煉，只是欣賞其浮華的言辭。而愚昧之輩又告訴他，只要誦讀千遍自得其意。如此時間長久，家中白白地耗費衣食，卻沒有特別的效果，因此成為負擔，為之憂愁不已。他自己也慚愧不平，卻又沒有辦法。於是離家出走，說是已經成就了仙道。他去到其他地區的深山中，又不懂得挖掘草木之藥以供辟穀之需，只是賣柴換取衣食。這樣過了三年，飢寒交迫，歷盡辛苦。遇見有認識的人，他也假裝不認識。時間長久了，不堪忍受，只好回到家中。又黑又瘦，只剩一副骨架，不似人形。家裡人問他道：『從何處來？還是沒有成仙嗎？』他於是欺騙家人說：『我未能升天，只是成了地仙。又初成的仙人地位卑下，要侍奉仙界前輩，方能逐漸升遷。前些時為老君放養幾頭龍。其中一頭五色斑龍最好，是老君常用的坐龍，老君讓我照看好。我因照看不勤，只是與晚輩仙人一起下棋遊玩，使此龍突然走失，不知跑到哪裡去了。因為此事受到處罰，將我送到崑崙山下鋤草。有三四頃地，芝草生在細石中，多已荒蕪。整治勞作的辛苦，不可盡述。按照法規，要十年時間才能原諒我的過失。遇到偓佺子、王喬諸仙人前來巡察，我向他們請求寬恕。他們也都為我努力，主張姑且放我回到人間。我當再重新修煉，以求返回仙界。』後來蔡誕就老死了。

蔡誕初還家時，說是從崑崙山來。他的親戚朋友競相詢問：『崑崙山是什麼樣子？』他回答說：『不要問天有多高，在崑崙山上仰視，離天不過十幾丈的樣子。山上有木禾，高四丈九尺，禾穗能裝滿一輛車。有珠玉樹、沙棠樹、琅玕樹、碧瑰樹等仙木。有玉李、玉瓜、玉桃等，果實形如人間的桃李，只是光明透亮而堅硬。須用玉井水洗，然後柔軟可食。每當風起之時，珠玉之樹的枝條花葉互相扣擊，自然與五音相合，顯得淒清動人。我因受貶謫失意，聽到這種聲音莫不悽愴悲傷。又見崑崙山上，每面有四百四十座門，每座門寬四里，內有五城十二樓。樓下有青龍、白虎，逶迤曲折，長達一百多里，其口中牙齒都如容量三百斛的船一般大。大蜂有一丈長，毒力可以殺死大象。又有神獸，名叫獅子、辟邪、天鹿、焦羊、銅頭、鐵額、長牙、鑿齒之類，共有三十六種。全部記住牠們的名字，則天下的惡鬼猛獸，不敢侵犯人。其神則有無頭子、倒景君、翕鹿公、中黃先生，與六門大夫。有張陽，字子淵，負責仙宮玉殿四周的防衛。凡是沒有攜帶《老君竹使符》、《左右契》的，都不得入內。五河都發源於崑崙山麓。弱水環繞四周，鴻毛不能浮起，飛鳥不能越過，只有仙人才能通過。上面有神鳥幽昌、鷫鸘，神馬騰黃，神獸吉光之類，都能像人一樣講話，長生不死。真是美好的神仙世界啊！遺憾的是我未能好好的逍遙其中。』當時，聽到蔡誕講得如此形象具體，許多人都信以為真。

又河東蒲坂❶有項曼都❷者，與一子入山學仙，十年而歸家。家人問其故，曼都曰：『在山中三年精思❸，有仙人來迎我，共乘龍而昇天。良久，低頭視地，窈窈冥冥❹。上未有所至，而去地已絕遠。龍行甚疾，頭昂尾低，令人在其脊上，危怖嶮巇❺。及到天上，先過紫府，金床玉几，晃晃昱昱❻，真貴處也。仙人但以流霞一盃與我，飲之輒不飢渴。忽然思家，到天帝前謁拜失儀，見斥來還。令當❼更自修積，乃可得更往❽矣。昔淮南王劉安昇天見上帝，而箕坐❾大言，自稱寡人，遂見謫守天廁三年❿。吾何人哉？』河東因號曼都為斥仙人。世多此輩，種類非一，不可不詳也。此妄語乃爾，而人猶有不覺其虛者。況其微茫欺誑，頗因事類之象似者而加益之，非至明者，倉卒安能辨哉？

乃復有假託前世有名之道士者，如帛和⓫者，傳言已八千七百歲。時出俗間⓬，忽然自去，不知其在。其洛中有道士，已博涉眾事、洽鍊術數者，以諸疑難諮問和。和皆尋聲為論釋，皆無疑礙，故為遠識。人但不知其年壽，信能近千年不啻⓭耳。後忽去，不知所在。有一人於河北自稱為帛和，於是遠近競往奉事之，大得致遺⓮至富。而帛和子弟聞和再出，大喜，故往見之，乃定非也。此人因亡走⓯矣。

【章　旨】介紹項曼都謊稱乘龍升天以及有人假託帛和再世以行騙之事例。

【注　釋】❶蒲坂　東漢置蒲坂縣，故城在今山西永濟境內。❷項曼都　《論衡・道虛》載項曼都好道學仙，委家亡去三年而返，與此稍異。❸精思　存想。道家修煉術。❹窈窈冥冥　深遠、幽暗之貌。❺危怖嶮巇　險要高峻，令人恐怖。❻晃晃昱昱　明亮、閃耀。❼當　原作「常」，諸本或作「當」，據改。❽往　原作「後」，孫星衍校為「復」，此據宋浙本。❾箕坐　伸著雙足，箕踞而坐。是一種傲慢非禮的舉動。❿謫守天廁三年　天廁，原作「天廚」，此據《太平廣記・卷二八八》。⓫帛和　帛和初入地肺山師事董奉，董奉為三國吳人，則帛和亦當為三國人。⓬時出俗間　不時出沒於世俗間。言其長生不死。⓭千年不啻　不只千歲。⓮致遺　饋贈的禮物。⓯亡走　逃跑。

【語　譯】又河東蒲坂有一個名叫項曼都的人，與另一人一起入山學仙。十年後項曼都回到家中，家人問其緣故，他說：『在山中修煉存思三年，有仙人前來迎接我，與我共同乘龍上天。過了許久，低頭看地，只見一片幽深之景。此時上則未至仙界，下則距離地面很遠。龍飛行很快，頭部高昂，尾部低垂，使人在龍背上感覺危險，而心生恐怖。到了天上以後，先拜訪紫府。只見那裡金床玉几，明亮閃耀，真是尊貴的處所啊！仙人只以一盃流霞給我飲用，此後就不覺得飢渴了。我突然想到家中，結果在拜見天帝時，禮儀發生了差錯，因而被斥責重返人間。讓我繼續修煉，然後才能再登仙界。從前淮南王劉安升天見上帝，箕踞不禮，出言不遜，自稱寡人，結果被貶責守天廁三年。我又算得了什麼呢？』河東之地，於是稱呼項曼都為『斥仙人』。世上這種人不少，形形色色，不可不詳察。項曼都不過是信口妄語、胡說一通，還有人感覺不出其中的虛假。更何況在疑似之間、微茫難以辨識之際，過甚誇張其辭以行誑騙，若不是十分明白的人，倉促中又怎麼能夠辨別呢？

又有人假託前代有名的道士。比如帛和，世人傳說他已有八千七百歲，不時出現在人世間，忽然又消失無跡，不知去向。洛中有一個道士，已是通曉各種方術、見聞廣博者。他曾就疑難之事請教帛和，帛和應聲作答，予以論說解釋，使得疑難當即化解，其見識超遠可知。人們只是不知其年齡，然而不只千歲是可以相信的。後來忽然離去，不知所在。有一人在河北自稱為帛和，於是遠近的人們爭先恐後地前往奉事。此人得到許多饋贈的禮物，因此而致富。帛和的子弟聽說帛和再度出現，非常高興，便前去拜見，才確定不是真的帛和。於是此人便逃走了。

五經四部❶，並已陳之芻狗❷，既往之糟粕❸。所謂『跡』者，足之自出而非足也❹。書者，聖人之所作而非聖也。而儒者萬里負笈❺以尋其師。況長生之道，真人所重，可不勤求足問❻者哉？然不可不精簡❼其真偽也。余恐古強、蔡誕、項曼都、帛和之不絕於世間。好事者省❽余此書，可以少加沙汰❾其善否矣。又

《仙經》云：仙人目瞳皆方❿。洛中見之帛仲理者，為余說其瞳正方。如此果是異人也。」

【章　旨】求取長生之道，應該勤於求師，亦不可不認真辨別真偽，以免上當受騙。

【注　釋】❶四部　三國魏荀勗分書籍為四部：六藝小學為甲部，諸子兵書術數為乙部，史記載錄為丙部，詩賦圖贊為丁部。❷已陳之芻狗　芻狗是祭祀所用的草狗，一旦用過之後，就過時而無用了。❸既往之糟粕　糟粕是釀酒後剩下的酒糟。《莊子・天道》載輪扁與桓公的對話，稱聖人之言為「古人之糟魄」。❹跡者二句　跡是腳印，不是腳的實體。《莊子・天運》曰：「夫六經，先王之陳跡也。豈其所以跡哉？……夫跡，履之所出，而跡豈履哉！」❺負笈　背著書箱。❻足問　謂四處奔波，求師問道。❼精簡　仔細辨別，認真選擇。簡，查驗；分辨。❽省　讀到；看。❾沙汰　選擇。❿仙人目瞳皆方　〈論仙〉曰：「郊閒兩瞳之正方。」《神仙傳・卷一〇》載仙人李根「兩目瞳子皆方」。

【語　譯】五經及諸子群書，猶如祭祀用過的草狗、製酒剩餘的糟粕。就是所謂的足跡，是腳踩出的卻並非腳的本體。書籍是聖人所作，卻不是成就聖人的本體。而儒者尚且不遠萬里，身背書箱以尋求老師。何況長生之道，是真人特別寶貴的，難道能不勤於尋師問道嗎？雖然如此，還是不能不認真地辨識真偽。我恐怕古強、蔡誕、項曼都、假帛和之類的人，在世上是不會斷絕的。有意修道者讀到我的此書，可以稍加選擇、識別。又《仙經》說：仙人的瞳子是方正的。洛中見過帛和的人，曾對我說帛和的瞳子是四方的，如此則他果然是一位仙人了。」

◎新譯坐忘論

張松輝／注譯

唐代著名道士司馬承禎的代表著作《坐忘論》是具有重要影響的道教經典。書中強調生命的寶貴，主張養生莫過於修道；修道在於靜心，而靜心最好的方法就是「坐忘」——將莊子提出的養心方法發展為修煉成仙的途徑。本書以道藏本為底本，並參校《道藏精華錄》，是首次對《坐忘論》作注譯的讀本。對現代人而言，書中闡述道教「坐忘」的修煉方法，是破除一切煩惱，保持性靈寧靜安詳的很好參考。

◎新譯悟真篇

劉國樑、連遙／注譯

《悟真篇》為道教氣功內丹術專著，內容融儒、道、釋三家內修之說為一爐，並繼承《周易參同契》之學，詳論內丹由初生到丹成之修煉經過與方法，將丹法及丹訣總結為築基、煉精化氣、煉氣化神、煉神還虛四個階段，敘述全面而準確，是內丹學重要經典。本書注釋詳盡，並附以流暢的白話語譯，有助讀者閱讀與研究。

◎新譯養性延命錄

曾召南／注譯　劉正浩／校閱

《養性延命錄》是著名的道教養生著作，輯錄了上自神農、黃帝，下至魏晉諸賢的養生言論，內容十分豐富。在主要思想方面，提出人與天、形與神、動與靜、多與少等命題和原則，具有積極意義。不過由於受其世界觀和所處時代的限制和影響，不可避免地會存在若干錯誤和缺點，故本書在注釋上，採取了《千金要方》、《至言總》等書的內容，對它進行了詳盡的注解與校勘，值得讀者參考。

◎新譯道門觀心經

王卡／注譯　黃志民／校閱

本書從《道藏》中特別選出十篇短小的、與道教心性修持有關的經文，加以題解、校釋、語譯，以便讀者了解隋唐道教哲學和修持理論。本書對言簡意賅的原文，有時還大段引證同時代的其他道書，疏解經義。所有引證都儘量標明出處。且本書的語譯明白曉暢、切近原經旨義，更易幫助讀者了解經文真意與道書之美。

◎新譯性命圭旨

傅鳳英／注譯

《性命圭旨》是成書於明代中期一部論述道教內丹學的經典。藉由以圖配文，闡述內丹修練的基本理論和方法。因為它圖文並茂、形象直觀，有助於人們進一步了解玄奧難懂的內丹學義理，在普及道教內丹學上有很大的貢獻。本書參照多種《性命圭旨》版本，仔細排比優劣，並詳加校訂、注譯和說明，是您參研內丹學的不二選擇。

◎新譯長春真人西遊記

顧寶田、何靜文／注譯

十三世紀三十年代，丘處機應元太祖成吉思汗之邀，帶領十八位弟子前往中亞雪山行宮接受諮詢。此行往返三年，行程數萬里，由弟子李志常記錄一路上的所見所聞而成《長春真人西遊記》。書中所記包含沿途人文地理之描述、丘處機悟道詩詞及其為成吉思汗講道之內容等，不僅是著名的道教典籍，也是研究中外交通史、民俗、宗教等方面的珍貴史料。本書參考王國維等前人的研究，注譯簡明曉暢，提供讀者閱讀、研究之便。

◎新譯樂育堂語錄

戈國龍／注譯

《樂育堂語錄》乃清代著名養生學家、傳統內丹功宗師黃元吉於道光、咸豐年間講學四川樂育堂時所授道門心法，由其弟子記錄整理而成。《語錄》中既有系統的丹道理論，又有切實詳明的丹道工夫與火候的描述，是站在道教立場而融通三教的代表作。語言親切詳明，句句指歸大道，堪稱內丹學之《壇經》。它除了是研究道教之必讀丹經，對於現代人的身心修養和探索人體生命奧祕亦頗有啟示。

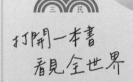